홍성인 목사의
성경강해 시리즈 1

연약으로의
초대

홍성인 목사의 성경강해 시리즈 1

연약으로의 초대
● 창세기 1-25장 ●

지은이 | 홍성인
펴낸이 | 원성삼
책임편집 | 김지혜
본문 및 표지디자인 | 한영애
펴낸곳 | 예영커뮤니케이션
초판 1쇄 발행 | 2019년 1월 25일
등록일 | 1992년 3월 1일 제2-1349호
주소 | 04018 서울시 마포구 동교로 55 2층(망원동, 남양빌딩)
전화 | (02)766-8931
팩스 | (02)766-8934
홈페이지 | www.jeyoung.com
ISBN 979-11-965114-5-6 (세트)
      979-11-965114-6-3 (04230)

값 35,000원

이 도서의 국립중앙도서관 출판예정도서목록(CIP)은 서지정보유통지원시스템 홈페이지
(http://seoji.nl.go.kr)와 국가자료공동목록시스템(http://www.nl.go.kr/kolis-
net)에서 이용하실 수 있습니다.(CIP제어번호: CIP2018042186)

모든 인간은 하나님의 형상을 닮은 존귀한 존재입니다. 사람은 인종, 민족, 피
부색, 문화, 언어에 관계없이 모두 다 존귀합니다. 예영커뮤니케이션은 이러한
정신에 근거해 모든 인간이 존귀한 삶을 사는 데 필요한 지식과 문화를 예수 그리스도의
사랑으로 보급함으로써 우리가 속한 사회에 기여하고자 합니다.

홍성인 목사의
성경강해 시리즈 1

언약으로의 초대

홍성인 지음

창세기는 하나님의 창조의 신비, 인간의 범죄와 타락 그리고 범죄한 인간의 수치를 가리고자 가죽옷을 지어 입히시는 하나님이 인간을 향한 애절하고 변함없는 사랑 이야기로 출발합니다. 그리고 언약이라고 하는 하나님의 특별한 사랑의 방식과 믿음의 족장들의 만남의 이야기를 서사적으로 그리고 있습니다. 이 서사시의 끝은 바로 광야를 행진하고 있는 이스라엘이었습니다. 이스라엘의 시작은 하나님의 전능하시고 신비하신 은혜와 변함없는 사랑이었습니다. 이스라엘은 하나님의 은혜와 사랑 안에 있을 때 존재의 이유가 있습니다. 하나님과 분리된 이스라엘은 상상할 수도 없습니다. 이것이 이스라엘의 실존입니다.

예영 커뮤니
케이션

Genesis

김지찬(총신대학교 신학대학원 구약학 교수)

2011년 처음 부흥회 강사로 봉동중앙교회를 방문했을 때, 홍성인 목사님은 교육관 건물은 건축이 중단된 채 수억의 빚을 안고 있는 읍 소재지 150명 정도의 교회로 부임하여 6년 만에 장년만 600명 규모의 교회로 성장시키고 있었습니다. 그 후 봉동중앙교회를 양적으로나 질적으로 성장시킨 신실하고 열정적인 목사님입니다. 그 뿐 아니라 홍 목사님은 사모님과 함께 교회 안에서 기도하는 목회자 부부로 널리 알려져 있습니다.

2015년 두 번째 부흥회 강사로 갔다가 새벽 예배보다 때론 몇 시간 일찍 나와 매일 같이 기도하다가 두 분의 건강까지 상하게 되었다는 이야기를 듣고 제가 왜 그렇게 힘들게 기도하냐고 물은 적이 있었습니다. 그러자 사모님은 "교회 문제와 교우들의 아픔을 놓고 기도하면, 숨이 꼴깍 넘어가기 직전에야 들어주시니 기도하지 않을 수가 없습니다."고 하셨습니다.

그러나 홍성인 목사님은 기도에만 열심 있는 분이 아닙니다. 그보다 더 열정적으로 하나님의 말씀을 순전하게 전하는 일에 목숨을 건 분입니다. 성경 한 권을 택해 매 주일 본문을 연속적으로 강해하는 일은 결코 쉬운 일이 아님에도 홍 목사님은 창세기를 128주 동안 연속강해 설교를 하셨습니다. 이런 시도조차도 쉽지 않은 일이건만, 홍성인 목사님의 창세기 강해 설교를 들어보면 건전한 주석에 근거한 신학적 메시지와 삶의 현장에의 적용점이 멋지게 조화된 탄탄한 메시지임을 알 수 있습니다.

창세기는 쉬운 책인 것 같지만 실제로는 그리 설교하기가 쉬운 책이 아닙니다. 우선 분량이 50장이나 되는데다가, 1-11장은 태고사를 담고 있기에 삶에 적용하기 쉽지 않고 12-50장의 족장들의 스토리는 내러티브라는 장르로 이루어져 있는데 내러티브의 의미 창출 메커니즘을 이해하지 못하면 창세기를 설교하는 것은 어렵기 그지없습니다. 옛날 이야기하듯이 예화로 사용하는 것은 쉽지만, 본문 자체를 오늘날 현대에도 적용되는 신학적 메시지를 담은 계시의 말씀으로 설교하는 것은 어려운 과제입니다.

그런데 홍성인 목사님은 이 과제를 잘 수행해 내셨습니다. 목회 현장에서 기도하며 말씀에만 전무하면서 성경을 하나님의 적용된 계시의 말씀으로 풀어내는 능력을 보여 주셨습니다. 그런 점에서 창세기를 강해하는 목회자나 장차 창세기를 설교해야 하는 신학생, 경건하게 은혜 받기를 원하는 일반 신도 모두에게 유익한 책으로 여겨 기쁨으로 추천합니다.

전용호 목사(오류동남부교회 담임 목사)

존경하는 목회자이신 홍성인 목사님의 창세기 설교가 책으로 출판됨을 기쁘게 생각합니다. 참으로 충성된 하나님의 종, 홍성인 목사님의 설교임을 알기에 기쁜 마음으로 추천의 글을 씁니다.

2002년 제가 영국에서 첫 한인 목회를 마치고 브리스톨(Bristol)에 위치한 트리니티신학교(Trinity College)에서 수학하게 되었을 때, 홍 목사님은 같은 신학교 1년 선배로서 저를 환대하며 공부에 도움이 되는 조언을 많이 주셨습니다. 때때로 학교 앞 넓은 공원을 함께 산책하면서 주 안에서 동역자로서 많은 간증과 고민을 서로 나누었던 것은 잊지 못할 추억입니다. 목사님이 성공적으로 석사과정을 마치시고 한국으로 부임하시게 되는 과정과 그 이후의 일들 하나하나는 믿음의 선택이었으며 드라마와 같은 간증이었습니다.

봉동중앙교회에 부임하신 목사님은 매일 새벽 2시면 기상하여 하나님 앞에 기도의 제단을 쌓아 생명을 다 쏟는 목양을 지금까지 해 오셨습니다. 그 결과, 부임하시던 때의 어렵고 척박한 상황을 딛고, 봉동중앙교회는 역동적이고 생기 있는 교회로 변화되었고, 기적적인 성장과 부흥을 보게 되었습니다. 이처럼 진액을 쏟으며 하나님의 얼굴을 구하는 주의 종을 통해, 하나님께서는 그 양떼들을 건강하게 살찌우는 은혜의 복된 말씀을 그동안 봉동중앙교회에 베풀어 오셨습니다. 강단에서 성도들을 위하여 기도와 영감으로 전달되었던 하나님의 말씀이 이제 활자의 모습으로 널리 알려지게 된 것을 감사하지 않을 수 없습니다.

활자로는 설교의 영감이 그대로 전달되는 데 한계가 있음을 알지만, 이 창세기 설교가 목사님의 진지한 연구와 묵상과 깊은 기도에서 나온 것인 만큼, 주께서는 독자들에게 다시 한 번 영감으로 감화하셔서 이 말씀이 살아 있고, 심령을 살려 내고, 강건케 하며, 소망으로 이끌어 주는 사랑과 은혜의 말씀이 되게 해 주실 것을 기대합니다.

교회의 성장이 둔화되고 정체성마저 흔들리는 위기 앞에서 매 주일 예배마다 성도들과 함께 묵상하기로 마음먹은 책이 창세기입니다. 교회가 어려운 시대적 환경을 극복하는 능력을 배양함은 물론, 성도 개개인이 하나님의 백성다운 삶을 회복하는 데 창세기보다 더 적절한 책은 없다고 생각했기 때문입니다.

하나님은 출애굽하여 광야를 행진하는 이스라엘 백성에게 모세를 통해 창세기의 말씀을 주셨습니다. 창세기를 통해 하나님은 이스라엘 백성으로 하여금 그들이 하나님 앞에서 누구인지를 깨닫게 함은 물론 창조주이신 하나님에 대한 바른 믿음 소유하기를 원하셨습니다. 그럴 때 이스라엘은 광야라는 고난을 극복할 수 있음은 물론 장차 가나안에서의 거센 영적 도전을 물리치고 언약 백성다운 삶을 살 수 있기 때문입니다.

창세기는 하나님의 창조의 신비, 인간의 범죄와 타락 그리고 범죄한 인간의 수치를 가리고자 가죽옷을 지어 입히시는 하나님의 인간을 향한 애절하고 변함없는 사랑 이야기로 출발합니다. 그리고 언약이라는 하나님의 특별한 사랑의 방식과 믿음의 족장들의 만남의 이야기를 서사적으로 그리고 있습니다. 이 서사시의 마침은 바로 광야를 행진하고 있는 이스라엘이었습니다. 이스라엘 존재의 시작은 하나님의 전능하시고 신비하신 은혜와 변함없는 사랑임을 알 수 있습니다. 하나님의 은혜와 사랑 안에 있을 때만 이 이스라엘은 이스라엘로서의 삶을 살 수가 있었던 것입니다. 하나님과 분리된 이스라엘은 상상할 수 없는 것입니다. 이것이 광야를 행진하는 이스라엘의 실존입니다.

이스라엘은 창조주이시며 구속주이신 하나님에 대한 참된 이해와 만남 없이는 자신의 실존을 깨달을 수 없습니다. 하나님의 언약 백성이라는 특별한 존재방식을 인정하게 될 때, 그들은 온 세상을 향하여 복이 될 수 있는 것입니다. 그러므로 이스라엘은 창세기를 통해 하나님을 알아야 했고, 하나님이 자신들을 위해 행하신 일을 보아야 했습니다. 그럴 때에 그들은 하나님을 향하여 온전하게 설 수 있으며 하나님의 선민다운 삶을 살 수 있는 것입니다.

그들의 삶의 목적은 하나님의 거룩하신 부르심에 응답하는 것입니다. 하나님의 부르심에 대한 응답이 분명하게 될 때에 그들은 시대를 초월하고, 환경을 초월한 선민 이스라엘로 살아갈 수 있기 때문입니다. 이처럼 하나님의 부르심 앞에 서 있는 자신을 바라보게 하므로 하나님과 세상 앞에서 고귀한 인생을 살도록 해 주는 책이 창세기입니다.

모든 사람이 이구동성으로 한국 교회의 지금을 위기의 시대 혼란의 시대라고 말하고 있습니다. 이를 극복하는 길은 다른 데에 있지 않습니다. 오직 하나님의 거룩한 부르심에 온전히 응답하므로 하나님이 거하시는 거룩한 성소다운 삶을 회복하는 것입니다. 광야의 이스라엘 백성이 창세기를 통해 하나님을 알고 자기의 정체성을 깨달으므로 인생의 나아갈 방향을 알고 사명을 깨달아야 했던 것처럼 이 시대의 우리도 하나님의 은혜 안에 있어야 하는 분명한 존재 방식을 깨달아 하나님의 성소답게 하나님과 동행하는 믿음의 실력을 키워야 하는 것입니다. 그럴 때 우리는 영적으로 암울하고 무기력한 이 시대를 다시 하나님의 은혜의 빛으로 가득하게 하는 진정한 하나님의 백성으로 살아갈 수 있는 것입니다.

128번의 강해설교가 진행되는 내내 하나님이 우리 교회에 부어 주신 은혜와 사랑은 이루 말로 다 표현할 수 없습니다. 교회의 양적인 성장은 물론 성도 개개인의 삶이 변화되는 성숙함이 더해지게 되었습니다. 모든 것이 하나님의 은혜입니다. 부족한 강해 설교지만 이 지면을 통해 감사의 마음을 드리고 싶은 분이 많습니다. 제게 한없는 사랑과 신뢰로 함께해 주는 봉동중앙교회 장로님들과 모든 성도님에게 먼저 감사드립니다. 귀한 성도님들 때문에 지금까지 교회가 아름답고 건강하게 성장하고 있는 것, 저만이 누리는 특별한 은혜입니다.

제게 목회와 신학의 눈을 뜨게 해 주신 영원한 스승이신 총신대학교 신학대학원 구약학 교수이신 김지찬 교수님께 머리 숙여 깊은 감사를 드립니다. 제가 항상 하나님의 얼굴을 향하여 설 수 있도록 곁에서 넘치는 격려와 위로를 베풀어 주시는 오류동남부교회 전용호 목사님께 감사드립니다. 또한 이 책을 위해 자신의 귀한 시간을 할애하여 세심한 노력을 기울여 주신 비전교회 정현섭 목사님의 헌신을 기억하며 감사드립니다. 저에게 이 책을 내도록 용기와 힘을 북돋아 주신 예영커뮤니케이션 대표님과 김지혜 자매에게 깊은 고마움을 전합니다. 부족한 저를 위하여 항상 격려해 주시고 기도해 주시는 모든 분들에게 감사하며, 특별히 전주 은소아과 원장 이재은 장로님과 예수병원 가정의학과 이진희 과장님의 갚을 길 없는 사랑에 깊은 감사를 드립니다. 끊임없는 기도와 사랑으로 묵묵히 곁에서 함께해 준 아내와 사랑하는 자녀 다니엘, 에스더에게 말로 형언할 수 없는 감사와 사랑을 전합니다. 마지막으로 이 책을 읽으시는 모든 분들에게 감사드리며 저와 함께하시며 은혜를 한량없이 부어 주신 우리 주 하나님의 은혜와 사랑이 동일하게 넘치기를 소원합니다.

1장

세상의 시작은
하나님으로부터

¹태초에 하나님이 천지를 창조하시니라.

창세기의 히브리어 이름인 '베레쉬트'는 시작이란 뜻입니다. 그러기에 창세기는 이 세상의 시작을 알리는 장엄한 선언으로 시작됩니다. 창세기 1장 1절의 "태초에 하나님이 천지를 창조하시니라."는 선언으로부터 하나님의 말씀, 즉 성경은 시작됩니다. 창세기의 시작은 어떤 이유의 설명이나 사건에 대한 자그마한 해설도 나타나지 않습니다. '하나님이 창조하셨다.' 라는 무조건적 선포로 시작하고 있습니다.

태초에 하나님이 천지를 창조하시니라.

이 구절 속에는 인간의 이해를 돕기 위한 어떤 수식어나 합리적인 정보도 들어 있지 않습니다. 그 이유는 하나님은 인간의 이성으로 이 본문이 이해되는 것보다 선포된 진리로 받아들이기를 원하셨기 때문입니다. 때문에 어떤 분은 이 선포가 인간이 할 수 있는 가장 위대한 찬양이라고 말하기도 합니다. 이 말씀은 인간의 이성과 합리성을 철저히 배제한 오직 하나님만의 사역이라는 의미를 내포하고 있습니다.

지난 목요일, 딸 에스더를 픽업하는 중에 에스더가 물었습니다.

"아빠, 이번 주 설교 본문이 어디야?"

"응, 창세기 1장 1절이야."

한참 고민하던 에스더가 이렇게 말했습니다.

"내가 20년 동안 교회 다녀 봐서 아는데 뭐 할 말 없겠네."

창세기를 시작하며 어떻게 설교할까 고민하던 저에게도 "뭐 할 말 없겠네."라는 에스더의 말은 정확한 표현이었습니다. 하나님의 창조에 대해 무슨 말이 필요하고, 무슨 설명이 필요하겠습니까? 이 세상에서 가장 지성과 지혜가 뛰어난 사람이라 할지라도 하나님의 창조 사역을 인간의 이성으로 이해할 수 없습니다. 오직 인간은 천지를 창조하신 하나님을 믿음으로 받아들이고 신앙할 때 창조 사역이 보이고 믿게 되기 때문입니다.

성경의 맨 처음 시작이 하나님의 창조 사역으로부터 시작된다는 것은 하나님의 천지창조가 모든 성경말씀의 기초가 된다는 것입니다. 하나님이 천지를 창조하셨다는 이 사실을 믿게 되면 성경의 모든 말씀을 아무런 의심 없이 믿게 되는 것입니다. 하나님의 천지 창조 사건이 믿어질 때 우리 죄로 인한 전적 타락과 부패가 인정되며, 예수님의 십자가 대속의 죽으심과 부활 그리고 재림이 믿어지게 되는 것입니다. 그래서 창조 신앙은 기독교 세계관의 첫 단추입니다. 하나님의 창조가 믿어질 때 성경에 기록된 모든 사건이 나와 관련된 일이라는 사실을 믿을 수 있습니다. 창조가 믿어지지 않으면 성경말씀이 자기 인생과는 무관한 것으로 생각됩니다. 창세기 1장 1절 안에 성경 66권이 다 들어 있다고 해도 과언이 아닙니다. 그러므로 하나님의 창조를 믿음으로 성경에 기록된 하나님의 역사와 기사와 복이 우리의 것이 되기를 바랍니다.

도미노 현상 또는 도미노 법칙이라는 것을 아시지요? 하나의 도미노를 쓰러뜨리는 것은 어렵지만 그 하나의 도미노가 쓰러진다면 다른 도미노들도 연달아 쓰러지는 법칙을 말합니다. 하나님의 천지창조 신앙이 기독교 세계관의 첫 번째 도미노입니다. 이 창조 신앙이 쓰러지게 되면 모든 기독교 세계관인, 인간의 타락, 십자가 대속의 죽음과 부활 그리고 예수님의 재림까지 다 쓰러지고마는 것입니다. 때문에 하나님이 천지를 창조하셨다는 것을 믿는 것은 기독교 신앙의 첫 단추입니다.

창세기의 기록 배경

하나님의 천지창조가 왜 기독교 세계관의 첫 번째 도미노가 되는지를 이해하기 위해서는 창세기의 기록 목적과 시기를 살펴보아야 합니다. 창세기는 모세오경 중 첫 번째 책이기도 합니다. 모세오경이란 모세가 기록한 성경의 맨 처음 5권을 말합니다. 창세기는 출애굽한 이스라엘 백성, 즉 광야 교회 성도를 위해 하나님이 모세를 성령으로 감동하사 기록하게 하였습니다. 창세기는 이스라엘 백성에게 왜 가나안 땅에 들어가야 하는지, 이스라엘 백성이 누구인지, 즉 이스라엘의 정체성에 대해서 알려 주는 것입니다. 창세기 말씀을 통해 이스라엘 백성은 가나안으로 갈 수 있었습니다. 척박한 광야를 지나는 여정에 하나님이 이스라엘 백성에게 주신 것은 율법(토라)이었습니다. 물과 먹을 음식도 제공하시지만 그것보다 더 중요한 것은 하나님의 율법이었습니다. 가나안이라는 비전의 땅을 향하여 힘든 광야를 지나는 그들에게 필요한 것은 먹을 것, 마실 것, 입을 것뿐만 아니라 더 중요한 것은 하나님의 말씀이었습니다.

출애굽기 19장에서 모세를 통해 시내산에서 하나님과의 혼인 예식으로 말미암아 하나님은 이스라엘 백성의 하나님이 되고 신부된 이스라엘 백성은 하나님의 백성이 되었습니다. 이스라엘 백성은 어떻게 살아야 하며, 하나님이 어떻게 신부된 이스라엘 백성을 지키고 보호하시는지를 보여 주고 있는 것이 율법입니다. 하나님의 보호의 증표로 하나님의 율법이 주어졌음에도 이스라엘 백성은 아직 하나님이 누구이신지, 자기 자신이 누구인지 온전히 깨닫지 못하였습니다.

"도대체 우리는 누구인가? 왜 하나님은 우리를 이 광야로 불러내셔서 이런 고난을 겪게 하시는 것일까? 왜 우리는 가나안에 들어가야 하는가?"

마치 저들이 영적으로 혼돈과 공허와 흑암 속을 헤매고 있는 것만 같았습니다. 하나님이 이런 이스라엘 백성의 심정을 아시고 창세기 말씀을 주신 것입니다. 마치 태초에 땅이 혼돈, 공허, 흑암 속에 있을 때 빛을 비추어 주신 것처럼 그들에게 하나님의 말씀을 주신 것입니다. 이스라엘 백성이 하나님의 백성다운 길을 걸을 수 있도록 말씀으로 그 앞길을 비추어 주신 것입니다.

지금 인생의 광야 길을 지나고 계시는 분이 있다면 창세기를 주목하십시오. 무엇보다도 천지만물을 창조하신 하나님을 바라보십시오. 그리고 그분만을 신뢰하십시오. 그럴 때 우리 앞을 가로막고 있는 홍해도 갈라지게 될 것이며, 인생 앞에 하나님의 구름기둥과 불기둥이 떠오를 것이며, 하늘에서 만나가 내리고 반석에서 물이 솟아나는 기적을 경험하게 될 것입니다. 중요한 것은 천지만물을 지으신 하나님에 대한 바른 믿음이 있다면 이러한 기적을 경험하는 것으로 끝나는 것이 아니라 가나안에 들어가 하나님의 선민다운 온전한 예배자의 삶을 살 수 있게 된다는 것입니다. 이스라엘에게 중요한 것은 기적이 아니라 천지를 창조하신 하나님에 대한 온전한 신앙이었던 것처럼 우리의 삶에도 온전히 하나님을 섬기는 것이 중요합니다.

광야의 이스라엘 백성을 보십시오. 하나님의 말씀을 듣고 하나님을 알고 자기 자신이 누구인지를 아는 사람들은 모두 가나안에 들어가 하나님의 언약의 말씀을 이루는 축복의 사람이 되었습니다. 반대로 말씀을 통해 하나님이 누구이시고 자기 자신이 누구인지를 깨닫지 못한 사람은 기적만 경험하다가 광야에서 생을 마감했습니다. 가나안에 들어가지 못했습니다. 1세대 사람들 가운데 단 두 사람, 여호수아와 갈렙만이 가나안에 들어가서 하나님의 언약의 열매가 되었습니다. 이스라엘 백성에게 가나안은 무엇일까요?

가나안은 이스라엘 백성의 꿈이 아닙니다. 하나님이 조상인 아브라함에게 들어가라고 지시하신 약속의 땅입니다. 그러므로 가나안은 아브라함을 통해 기초를 놓은 하나님의 꿈입니다. 이스라엘 백성은 그 하나님의 꿈을 이루라고 선택받은 민족, 즉 하나님의 선민이었던 것입니다. 그러므로 척박하고 거친 광야를 걷는 이들에게 창세기는 하나님이 누구이신지(1-11 장), 자기 자신이 누구인지(12-50장)를 깨닫게 해 주는 인생 내비게이션이 었던 것입니다. 창세기는 광야를 지나는 동안 이스라엘 백성에게 힘과 용기를 주신 하나님의 말씀입니다.

하나님만 예배하라

"태초에 하나님이 천지를 창조하시니라."는 말씀은 하나님을 온전히 예배할 것을 가르쳐 주고 있습니다.

지난번 장○○ 목사님이 오셔서 전하신 말씀 중에 "예수를 믿는다는 것은 신이 바뀌는 것이다."라는 말씀이 있었습니다. 옳은 말씀입니다. 예수님을 믿으면 귀신에서 벗어나 오직 하나님의 신인 성령의 충만한 삶을 살게 되는 것입니다.

출애굽한 이스라엘 백성에게는 하나님이 천지를 창조하셨다는 선언은 충격이었습니다. 이스라엘 백성은 애굽에서 400년 간의 종살이하는 동안 자신들도 모르게 우상 문화에 찌들어 살아왔습니다. 애굽은 다신교의 나라입니다. 수많은 신이 있었고, 주술과 우상 숭배가 그들의 일상이었습니다. 주술이 어느 정도 성행했는지 모세가 지팡이로 뱀을 만들었을 때 애굽의 주술사들도 뱀을 만들어 낼 정도였습니다. 하나님이 모세를 통해 내리신 10가지 재앙은 애굽 사람들이 섬기는 신에 대한 하나님의 저주를 상징하는 것입니다. 그만큼 애굽은 우상 숭배가 성행하던 나라이며, 이스라엘은 400년 동안 그 영향을 받았습니다.

하나님은 이스라엘 백성에게 애굽 사람들이 섬기는 눈에 보이는 태양(파라오-바로)이나 땅 그리고 모든 곤충, 동식물, 돌 등은 신이 아니라 모두 다 하나님이 창조한 피조물이라고 선언하고 있는 것입니다.

광야에서 불뱀에 물렸을 때 모세는 놋뱀을 만들어 이스라엘 백성에게 쳐다보라고 하였습니다. 그러나 애굽의 생활에 찌든 이스라엘 백성은 쳐다보지 못했습니다. 그것은 그들이 애굽에서 살 때 파라오의 문장을 새긴

깃발을 바라보지 못했기 때문입니다. 그것을 바라보면 파라오의 군사들이 그들의 목을 베었기 때문입니다. 그래서 이스라엘 백성은 애굽의 신의 형상 앞에서 얼굴을 들 수 없었습니다. 뱀은 애굽에서는 신이었고 그것을 바로 바라본다고 하는 것은 있을 수가 없는 일이었습니다.

이스라엘 백성이 지금까지 신으로 알고 있었던 것은 다 하나님이 만드신 피조물에 지나지 않습니다. 이제부터는 창조주이신 하나님만을 예배해야 하는 것입니다. 결국 하나님이 천지를 창조하셨다는 말씀은 하나님이 이 세상의 모든 피조물과 구별될 뿐 아니라 피조물의 주인되심을 선언하는 말씀입니다. 그러므로 이스라엘은 하나님이 만드신 피조물을 섬기는 것이 아니라 영원하신 창조주 하나님을 섬기는 하나님의 백성 됨을 깨달아야 하는 것입니다. 이스라엘 백성은 이 말씀을 통해 잘못된 신관에서 벗어나 창조주이신 하나님만을 예배하는 자들로 거듭나야 하는 것입니다.

하나님 중심의 삶을 살라

"태초에 하나님이 천지를 창조하시니라."는 말씀을 시작으로 창세기 1장에는 '하나님'이라는 단어가 무려 32회나 기록되어 있습니다. 이렇듯 30여 회 이상 하나님에 대해서 언급하는 것은 모든 창조 역사는 하나님이 주관하고 계시다는 것을 보여 주고 있습니다. 이 말씀은 우주 만물의 중심이 하나님이라는 것입니다. 당연히 하나님이 만드신 인간도 그 중심이 하나님이어야 한다는 것을 의미합니다. 모든 것은 하나님의 선하신 목적을 위해 창조되었습니다. 우리 인생도 하나님의 목적을 위해 창조되었습니다.

그런데 사람들은 자기 인생의 주인이 마치 자신인 줄 알고 행동합니다. 하나님 중심이 아닌 내가 인생의 중심이 되었을 때 모든 인생의 불행이 일어납니다. 나를 위해 생각하고, 나를 위해 말하고, 나를 위해 행동하고 결정합니다. 그 결과는 불행이고, 실패이고, 절망입니다. 인생의 불행은 내가 판단하고 내가 결정할 때 일어납니다. 하나님 중심으로 하나님께 묻고 하나님의 뜻을 따라 판단하고 결정할 때 인생은 행복할 수 있습니다. 하나님의 천지창조 원리는 하나님 중심이라는 사실을 잊지 말아야 합니다. 그 원리대로 생각해 보면 하나님이 우리를 위해 존재하는 것이 아니고 우리가 하나님을 위해 존재하는 것입니다. 우리 인생의 주인은 하나님이십니다.

사탄이 인간을 유혹할 때의 주된 내용은 '하나님 중심의 원리를 벗어나라.'는 것입니다. '너도 하나님처럼 되어서 만물의 중심이 되라.'는 것입니다. 그 결과를 보십시오. 인간은 무엇인가 남보다 더 가지게 되면 자신이 하나님인 것으로 착각합니다. 권력이 생기고, 지위가 올라가고, 부자가 되면 다른 사람을 지배하고 다스리려 하는 본능이 생기게 됩니다. 왜냐하면 피조물인 물질, 즉 권력, 명예, 돈이 인생의 중심이 되기 때문입니다. 그러다 보면 하나님을 부인하게 됩니다. 시편 14편 1절을 봅시다.

어리석은 자는 그의 마음에 이르기를 하나님이 없다 하는도다 그들은 부패하고 그 행실이 가증하니 선을 행하는 자가 없도다.

자신이 소유한 것이 하나님이 되어 다른 사람을 다스리니 하나님을 인정할 리가 만무합니다.

오직 하나님 중심의 삶을 살므로 하나님께 영광 돌리는 인생만이 하나님의 창조 원리에 부합한 인생이 됩니다. 지금부터라도 하나님께 인생을 맡기십시오. 하나님 중심의 삶을 살면 나도 행복하고 나를 통해 다른 사람도 행복합니다. 하나님은 지혜와 경륜으로 세상을 창조하셨습니다. 인간의 유한한 지혜로 자신의 인생의 중심을 삼으면 잘될 것 같지만 그렇지 않습니다. 오직 완전한 지혜로 세상을 창조하신 하나님의 지혜를 따라 하나님 중심으로 인생을 살아가시기 바랍니다.

무에서 유를 창조

'창조'라는 뜻을 가진 대표적인 히브리어는 두 가지가 있는데 '바라'는 말과 '바나'라는 말입니다. '바라'는 무에서 유를 창조하는 것입니다.

Nothing, 즉 아무것도 없는 데서 무엇인가를 만드는 것입니다. '바나'는 원래 존재하고 있는 상태에서 새로운 것을 만드는 것입니다. 예를 들면, 하나님이 아담의 갈비뼈를 취하여 하와를 만드셨을 때 쓰인 단어가 바로 '바나'입니다. 원래 존재 상태인 뼈에서 하와가 창조된 것입니다. 그런데 이 장의 본문인 "태초에 하나님이 천지를 창조하시니라."에서 창조는 '바라'입니다. 아무것도 없는 것에서 새로운 무엇인가가 만들어진 것을 의미합니다. 하나님이 흙으로 사람을 지으실 때는 있는 것으로 지으셨지만, 이 모든 천지를 창조하실 때는 없는 것에서 지으셨습니다. 아무것도 없는 데서 있는 것으로, '바라'로 창조하셨습니다.

무에서 유를 창조하신 목적을 이사야 선지자는 이렇게 말씀하십니다.

대저 여호와께서 이같이 말씀하시되 하늘을 창조하신 이 그는 하나님이시니 그가 땅을 지으시고 그것을 만드셨으며 그것을 견고하게 하시되 혼돈하게 창조하지 아니하시고 사람이 거주하게 그것을 지으셨으니 나는 여호와라 나 외에 다른 이가 없느니라(사 45:18).

창조의 목적은 첫째 사람인 우리를 위함입니다. 하나님의 지혜의 말씀으로 창조된 우리가 이 땅에서 하나님의 자녀답게, 행복하게 살게 하시기 위해 창조하신 것입니다. 또한 그 창조 사역을 통해 하나님 외에 다른 신이 없음을 알게 하시기 위함입니다.

하나님의 창조는 무에서 유를 창조하신 것인데, 그 시작은 '태초'라는 시간과 '천지'라는 공간을 창조하신 것입니다. '태초'라는 말은 시간이 시작되는 바로 그 순간을 가리키는 말입니다. 우리는 영원이라는 것을 인간적인 관점에서 시간적인 개념으로 이해하려는 경향이 있습니다. 영원은 존재적인 개념입니다. 영원한 존재이신 하나님이 태초라는 시간적 개념으로 들어오신 사건이 바로 하나님의 창조 활동입니다. 태초라는 시간 창조의 결과로 피조물인 우리 인생에게도 영생이라는 존재 양식이 선물로 주어졌습니다. 시간 창조를 통한 영생의 결과를 암시하는 것이 에덴 동산에 있는 생명 나무입니다. 인간의 타락의 결과 이 생명 나무로 나가는 길이 막혔고, 죽음이라는 죄에 대한 심판이 시작되었습니다. 창조주이신 예수님이 육체를 입으시고 "때가 차매(갈 4:4)." 시간 속으로 그리고 이 세상이라는 공간 속으로 오셔서 십자가에 죽으시고 부활하시므로 인생에게 다시 영생에 이르는 길이 열리게 된 것입니다.

그리고 하나님이 창조의 시작인 태초라는 시간은 역시 하나님의 창조물인 공간 안에서 존재하게 되었습니다. 어디에나 존재하고 편만하신 하나님이 천지라는 공간으로 들어오시사 인간과 함께 교제하시는 장소로 삼으셨습니다. 대표적인 공간이 에덴 동산입니다. 하나님은 창조 사역을 통해 인류 역사에 시간과 공간을 주신 것입니다. 그러므로 시간도, 공간도 인간의 것이 아닙니다. 하나님의 것입니다. 이 사실을 깨달아 시간과 공간을 소중히 여기는 사람이 진정으로 하나님 중심의 삶을 사는 사람인 것입니다. 그래서 사도 바울은 에베소서 5장 16절에서 "세월을 아끼라 때가 악하니라."고 말씀한 것입니다. '세월을 아끼라, 즉 시간을 아끼라.'라는 말씀은 '시간을 구원하라.'는 말입니다. 시간은 단순히 흘러가는 것이 아닙니다. 하나님이 태초라는 시간을 창조하셨듯이 그 창조된 시간을 허락받은 우리도 자신의 시간을 구원하여 새로운 시간으로 만들어 가야 하는 것입니다. 같은 시간이라도 어떤 자세로, 어떤 일을 하느냐가 중요합니다. 그 결과에 따라서 복되고 영광스러운 순간을 만들어 가는 사람이 있는가 하면, 절망과 고통의 순간을 만들어 가는 사람도 있기 때문입니다.

공간의 경우도 예외는 아닙니다. 하나님과 함께 있는 공간은 그 어디나 다 하늘나라입니다. 부족함이 없던 에덴 동산에서 하나님께 범죄함으로 스스로 하나님의 낯을 피하여 숨은 아담과 하와에게 에덴 동산은 수치와 부끄러움의 공간입니다. 하지만 범죄하기 전 하나님과 함께 교제를 나누었던 에덴 동산은 부족함이 없는 하나님의 낙원이었습니다. 시간도, 공간도 하나님과 함께하는 것이 중요합니다. "태초에 천지를 창조하시니라."

의 주어는 하나님입니다. 이것은 하나님과 함께하는 자는 하나님의 능력과 은혜 안에서 시간을 구원하는 자요, 만드는 자의 위치에 서게 되는 것입니다. 또한 하나님과 함께하는 자가 머무는 공간은 빛이 있고, 모든 것이 생육하고 번성하는 하나님 보시기에 심히 좋은 공간이 되는 것입니다.

시간과 공간을 하나님을 위해 사용해야 합니다. 하나님은 그 시간과 공간에서 우리와 교제하기를 원하셨습니다. 우리의 시간과 공간, 즉 인생을 허비하지 말고 우리 인생 속에서 우리 삶의 중심이신 영원하신 하나님을 찬양하고 하나님의 은혜를 통해 행복하기를 바랍니다.

성령의 역사로
이루어진 창조

: 창세기 1장 2절 :

²땅이 혼돈하고 공허하며 흑암이 깊음 위에 있고 하나님의 영은 수면 위에 운행하시
니라.

창세기의 서론이자 모세오경의 서론인 "태초에 하나님이 천지를 창조
하시니라."는 말씀을 살펴보았습니다. 이 말씀은 출애굽하여 광야를 지나
고 있는 이스라엘 백성에게 하나님이 누구신지, 자기 자신은 누구인지 깨
닫게 해 주는 혁명적인 말씀이라는 사실을 알게 합니다. 이 질문의 의미는
지금까지 애굽에서 400년의 세월을 하나님이 만드신 피조물을 신으로 알
고 두려워하며 섬겼던 이스라엘 백성이 이제 창조주이신 하나님만 경배해
야 함을 선포하는 것입니다. 예배의 대상을 바꾼다는 것은 인생의 목적을
바꾸는 것을 의미합니다.

창조주이신 하나님 앞에 거룩하고 온전한 예배자로 서는 것이 이스라엘
백성의 삶의 목적인 것입니다. 예배자의 특권은 전능하신 하나님이 주시
는 능력이 예배자에게 주어지는 것입니다. 하나님의 말씀을 통해 나의 정
체성을 깨닫고, 오직 하나님만 예배하고, 인생의 목적을 하나님께 고정하
여, 영원까지 하나님 말씀에 순종하는 성도가 되기를 바랍니다. 창세기 설
교를 통해 꿈꾸는 것이 있는데, 그것은 우리가 전지전능하신 하나님의 능
력을 힘입기를 원하고, 우리 인생의 정체성과 목적을 깨닫기를 진심으로
바라고 있습니다.

창세기를 이해하는 데 있어서 중요한 것은 하나님에 대한 믿음과 하나님 중심이라고 설명하였습니다. 그에 대해 헨리 모리스Henry M.Morris는 이렇게 말하였습니다.

창세기 앞부분에서 전개되고 있는 전 인류를 위한 하나님의 목적이라는 큰 맥락에서 보지 못하면, 이스라엘 백성을 다스리시는 하나님을 서술한 구약은 지역성을 벗어나지 못하는 편협한 책이 되고 만다. 하나님의 인간 구속 계획의 실행과 성취를 기술하고 있는 신약은 오로지 창세기에만 기록되어 있는 인간의 원시 역사에서 명백하게 드러난 인간의 상태, 즉 구원이 절대적으로 필요한 인간이라는 관점에 비추어 바라보지 못하면, 중복적이고 시대착오적인 책이 될 뿐이다. 그러므로 하나님 그리고 하나님과 사람의 관계가 갖는 의미를 이해하기 위해서는 창세기를 믿음으로 이해하는 것이 선행되어야 한다.

그러므로 창세기를 이해하는 것은 믿음이지, 세상 학문과 철학으로는 창세기의 말씀을 이해할 수 없습니다.

최초의 창조의 상태와 그 이론

최근에 세계적 곤충학자이며 이화여자대학교 석좌 교수로 재직하고 있는 최재천 교수가 쓴 두 권의 책『과학자의 서재』와『통섭적 인생의 권유』를 읽었습니다. 제1회 대한민국 과학문화상을 수상할 정도로 능력 있는 분입니다. 그런데 이분은 자신의 책에서 자신의 인생을 바꾼 책으로 현대를 대표하는 진화론자 리차드 도킨스가 출판한『이기적 유전자』The Selfish Gene를 소개하고 있습니다. 이 책에 의하면 "모든 생명체는 이기적 유전자를 가지고 있다는 것입니다. 그리고 이 이기적 유전자로 경쟁한다는 것입니다. 그래서 경쟁에서 이긴 자들이 독식하고 경쟁에서 진자들은 도태되어야 마땅하다는 것입니다. 여기에 선도 악도 없다."는 것입니다. 심지어 인간에 대해서는 이렇게까지 말합니다.

인간은 아무 것도 아니다. 그냥 인간의 이기적 유전자를 번식시키기 위해 여기 던져져 있을 뿐이다. 인생에 보다 높은 목적 따위는 없다.

인생에 아무런 목적이 없다는 것입니다. 단 하나 자기의 유전자를 남기기 위해 치열하게 경쟁할 뿐이라는 것입니다.

초두에 하나님을 향한 목적을 언급하면서 진화론자 이야기를 하는 것이 뜻밖일 수 있습니다. 그런데 이렇게 진화론을 언급하는 것은 진화론과 성경에서 말하는 창조론에 대해서 살펴보려고 합니다. 물론 두 개의 이론을 과학적으로 비교할 수는 없습니다. 다만 인생과 연결해서 살펴보려고 합니다. 진화론은 모두 허무로 끝납니다. 이유는 인생의 목적이 없기 때문입니다. 모든 것의 시작은 우연에서 오며 모든 것을 소멸해 버립니다. 그러기에 그들 인생의 목적은 아무것도 남아 있지 않습니다. 그러나 성경은 그렇게 말하지 않습니다. 인간이 단순히 이기적인 유전자를 번식시키기 위해 던져진 존재가 아니라 하나님의 목적을 위해 창조된 특별한 존재라는 것이 성경의 가르침입니다. 창세기 1장 28절을 보면 이렇게 말씀하고 있습니다.

하나님이 그들에게 복을 주시며 하나님이 그들에게 이르시되 생육하고 번성하여 땅에 충만하라, 땅을 정복하라, 바다의 물고기와 하늘의 새와 땅에 움직이는 모든 생물을 다스리라 하시니라.

하나님이 우리를 창조하실 때 우연하게 던져진 인생으로 만드신 것이 아니라 하나님의 창조물을 다스리고 관리할 하나님의 대리인이라는 분명한 사명과 목적을 주셨습니다. 그 대리인의 삶을 살 수 있도록 사람은 다른 동물과 달리 하나님의 형상대로 창조(1:27)하신 것입니다. 그렇습니다. 하나님을 대리하는 삶, 바로 이것이 인생의 존재의 이유이고 또한 존재의 목적입니다.

본문은 하나님의 창조 사역의 처음 상태를 묘사해 주고 있습니다.

땅이 혼돈하고 공허하며 흑암이 깊음 위에 있고 하나님의 영은 수면 위에 운행하시니라.

이 말씀은 우리에게 의아한 생각이 들게 합니다. "태초에 하나님이 천지를 창조하시니라."고 하셨으면 창조의 구체적인 모습들이 드러나야 되는 것 아니겠습니까? 성경은 구체적인 창조 사실의 언급보다는 창조물의 상태를 언급하고 있습니다. 그 상태가 '혼돈,' '공허,' '흑암'입니다. '혼돈'을 영어에서는 '형태가 없다' 또는 '형체가 없다'로 번역하고 있습니다. 처음 창조의 상태는 명확한 것이 없이 모든 것이 뒤섞여 있는 상태임을 말하고 있습니다. '공허하다'라는 말씀은 '비어 있다'는 말씀입니다. 처음 창조의 상태는 명확한 형체도 없을 뿐더러 하나의 생명체도 존재하지 않음을 말씀하고 있는 것입니다. 이렇게 비어 있고 형체가 없는 상태에서 하나님의 구체적인 창조가 질서정연하게 이루어진 것입니다.

이러한 창조 상태에 대해 여러 가지 견해가 난무하고 있습니다. 대표적인 견해로 간격 이론The Gap Theory이 있습니다. 이 이론은 "태초에 하나님이 천지를 창조하시니라."는 1절 말씀과 이 장의 본문인 2절 사이에 커다란 시간적·공간적 간격이 존재한다는 견해입니다. 즉 1절과 2절 사이에는 하나님이 창조하신 천지가 파멸되고 지질시대가 전개되는 긴 중간기가 있음을 암시하고 있다는 것입니다. 이 긴 시간 안에는 과학적으로 밝혀진 지질연대들의 대부분이 포함되어 있다고 주장합니다. 이 견해를 옹호하는 신학자들은 2절을 해석할 때 복구 이론The Restruction Theory 또는 재창조 이론The Recreation Theory을 제시합니다. 이들은 1절과 2절을 이분법으로 나누어 생각합니다.

그 이유에 대해서 이렇게 설명합니다. 1장 1절의 하나님의 최초의 창조는 완벽한 '선' 그 자체라는 것입니다. 왜냐하면 하나님은 악한 것을 창조할 수 없기 때문입니다. 그러나 2절은 '혼돈'과 '공허,' '흑암' 등 하나님과는 거리가 먼 단어가 등장하는 것을 볼 때에 2절에서 어떠한 특별한 상황이 전개되었다는 것입니다. 그리고 그 특별한 상황은 하나님이 창조한 창조세계를 루시퍼에게 다스리도록 맡기셨는데, 루시퍼가 하나님께 범죄합니다. 하나님은 루시퍼와 최초의 창조 세계를 심판하십니다. 그 결과 "땅이 혼돈하고 공허하며 흑암이 깊음 위에 있게 된 것"이라는 것입니다. 이러한 상태가 오랜 세월 지속되는 가운데 여러 지질층이 형성되었다는 것입니다. 이 기간이 끝나서야 하나님이 재창조에 돌입하셔서 땅에 존재하던 '혼돈'과 '공허,' '흑암'을 물리치게 되고, 창조에 새로운 질서를 부여하게 되었다는 것입니다. 새로운 창조를 보여 주는 것이 이어지는 1장 3-31절의 말씀이라고 주장합니다. 아더 핑크 목사는 "창세기 1장의 첫 두 절 사이의 알 수 없는 간격은 이미 경과했을 모든 선사 연대를 포함하기에 충분히 넓다. 그러나 창세기 1장 3절 이후에 일어난 모든 것은 6천 년도 안 된 기간에 발생한 것이다."라고 주석하기도 했습니다.

성경적 접근

상당히 일리가 있는 것처럼 보이지만 '이러한 이론이 과연 철저히 성경적인가?'라는 질문을 던져 보아야 합니다. 다른 해석학적이나 문법적인 접근보다는 우리가 가장 중요하게 생각해야 하는 것이 있습니다. 이 간격 이론의 핵심은 사탄의 타락이 주안점입니다. 우리는 창세기 3장에서 하나님이 아담과 하와를 창조할 당시 이미 악이 존재하고 있음을 알고 있습니다. 왜냐하면 사탄이 하와를 유혹하려고 거기에 이미 존재하고 있었기 때문입니다. 죄의 시작과 심판인 죽음 그리고 사탄에 대한 심판은 분명히 3장에서 등장합니다. 만약 간격 이론을 옹호하는 사람들의 말이 옳다고 한다면 사탄의 심판은 1장 1절과 2절 사이에 들어가야 됩니다. 만약 거기가 아니라면, 그 타락은 어디에 들어가야 합니까? 다른 선택은 창조 이전 밖에 없습니다. 그렇다면 사탄의 타락이 우리가 아는 어떤 것의 창조보다 먼저 일

언약으로의 초대: 창세기 1~25장

어났다는 논리가 되고 맙니다. 이 논리에 의하면 하나님이 악을 창조한 것이 되고 창세 이전에 사탄이 존재했다는 논리가 되어 버립니다. 그렇지만 좀 더 신학적으로 근거 있는 것은 사탄의 타락은 하나님의 창조가 완성된 후(사람까지) 하나님과 아담과 하와가 교제하기 시작한 후 일어난 것으로 보는 것이 일반적인 견해입니다.

진정한 의미

그렇다면 본문 2절의 말씀을 어떻게 해석해야 할까요? 많은 신학자들은 2절을 3절에 대한 종속절로 봅니다. 무슨 말인가 하면 '혼돈하고 공허한 땅'과 그리고 '수면'이라는 '물'을 첫째 날 빛과 함께 창조한 것으로 봅니다. 왜냐하면 창세기 어디에도 하나님이 땅과 물을 창조하셨다는 말씀이 나오지 않기 때문입니다. 6절에서 하나님이 물과 물 사이에 궁창을 만드셨다고 말씀하고 있습니다. 이미 물이 존재하고 있음을 의미하는 것입니다. 또 9절에서는 물이 한 곳으로 모여서 땅이 드러나게 하셨습니다. 땅을 창조하신 것이 아니라 이미 존재하고 있는 땅을 드러나게 하신 것입니다. 이미 1절에서 만드셨기 때문입니다. 그러면 흑암이라는 것은 무엇입니까? '빛이 없는 어두운 상태'를 말하는 것입니다. 그렇기 때문에 땅의 상태는 혼돈하고 공허한 것입니다.

혼돈과 공허라고 번역된 단어는 영어 성경에서 formless와 empty라고 번역되었습니다. 우리말 쉬운 성경에서는 '짜임새 있는 모습이 아니었다.' 또 '생물이 하나 없이 텅 비어 있었다'고 번역했습니다. 그러므로 "땅이 혼돈하고 공허하다"라는 말은 '형태가 없고 질서가 없이 모든 것이 비어 있다'라는 말로 해석해야 됩니다. 이러한 상태 위에 "하나님의 신이 수면 위에 운행하시니라."고 말씀하고 있습니다.

하나님의 신, 성령의 운행

본문은 천지창조가 성령님에 의하여 이루어진 것임을 말씀하고 있습니다. '하나님의 신'은 히브리어로 '루하흐'라고 하는데 그 의미는 '바람, 숨, 호흡'입니다. 성령님이 이 땅을 붙들고 움직이시되 성령 안에 있는 생명을 바람처럼 불게 하시므로 생명이 존재하게 된 것입니다. '운행하다'라는 말은 '움직이다, 진동하다, 흔들리다'라는 뜻입니다. 하나님이 혼돈하고 공허하고 흑암이 존재하고 있는 이 땅을, 움직이시고 계속적으로 붙들고 계신 상태를 '운행하다'라는 말로 표현한 것입니다.

어느 목사님께서 이 부분을 암탉이 계란을 품고 있는 것으로 해석해 놓은 것을 읽은 적이 있습니다.

암탉은 계란을 그저 품고 있는 것이 아니라 일정한 온도를 유지하도록 굴리고 있습니다. 이와 마찬가지로 성령님께서 이 지구를 품으시고 하나님의 생명을 집어넣으십니다. 이것이 바로 창조입니다.

하나님의 생명이 부어지므로 모든 창조물이 생명을 부여받게 되었습니다. 즉 살아 있게 된 것입니다. 생명은 생명이 있는 것만이 줄 수 있습니다. 생명의 근원이신 하나님이 창조를 통해 모든 동식물이 살게 하신 것입니다.

성령님은 곧 하나님이십니다. 하나님은 생명의 근원이십니다. 성령을 받는 자마다 생명을 받게 됩니다. 십자가에서 돌아가신 예수님도 성령의 생명의 영이 부활시키신 것입니다. 우리 안에도 생명의 영이 들어가면 죽었던 사람이 다시 살아나게 될 것이며, 죽은 영혼이 거듭나고 부활될 줄로 믿습니다. 이분이 성령님이십니다. 그러므로 성령님은 하나님 자신이십니다. 하나님의 생명이 성령님 안에 있는 것입니다. 또한 성령님은 그리스도의 영이십니다. 그러므로 성령님은 바로 그리스도이십니다. 그리스도의 영이 없으면 그리스도의 사람이 아니라고 했습니다. 이 말씀을 이해하기 위해서는 '하나님'이라는 단어를 살펴보아야 합니다.

'엘로힘'이라는 히브리어는 복수이면서 단수인 이상하면서도, 특별한

　　　　　　　　　　　언약으로의 초대: 창세기 1~25장

명사입니다. 성부·성자·성령, 삼위의 함께 역사함을 나타날 때는 복수로 해석하고, 하나님의 주권적인 역사를 표현할 때는 단수로 해석합니다.

¹태초에 말씀이 계시니라 이 말씀이 하나님과 함께 계셨으니 이 말씀은 곧 하나님이시니라 ²그가 태초에 하나님과 함께 계셨고(요 1:1-2).

말씀이 예수님이신데, 태초에 말씀이신 예수님이 하나님과 함께 계셨습니다. 본문 2절에도 "하나님의 신은 수면에 운행하시니라."고 말씀하십니다. 하나님의 신은 성령인데 성령께서는 태초부터 계셨습니다. 우리 하나님은 영원하십니다. 성부 하나님, 성자 하나님, 성령 하나님은 영원하십니다. 이 영원하신 하나님은 출애굽기 3장 14절 말씀처럼 스스로 계신 분이십니다.

나는 스스로 있는 자다.

이것이 하나님의 이름입니다. 하나님은 시작도 끝도 없으신 영원하신 분이십니다. 이 영원하신 하나님이 우리 안에 오십니다. 그분이, 예수님이 제자들에게 사도행전 1장에서 기다리라고 말씀하신 성령님이십니다. 영원하신 성령님을 받게 되면 우리에게 하나님의 영원한 생명이 공급되어 우리도 영생하게 됩니다. 하나님처럼 영원히 살게 됩니다. 요한복음 11장 25-26절에 보면 예수님이 이렇게 말씀하셨습니다.

²⁵예수께서 이르시되 나는 부활이요 생명이니 나를 믿는 자는 죽어도 살겠고 ²⁶무릇 살아서 나를 믿는 자는 영원히 죽지 아니하리니 이것을 네가 믿느냐.

이처럼 예수님을 믿으므로 예수님의 영이신 성령님이 오시면 우리의 육신은 죽어도 영혼은 죽지 않는 것입니다.

또한 성령님이 오시면 우리에게 지혜와 계시의 영을 주실 뿐만 아니라 우리로 하여금 기도하게 하시며, 죽었던 우리를 살리시며, 기쁨이 있게 하시며, 감사와 감격이 넘치는 살아 있고 행동하는 그리스도인이 되게 하십니다. 뿐만 아니라 하나님의 은혜와 축복이 충만히 넘치는 삶을 살게 되는 것입니다. '혼돈하고 공허하며 흑암이 깊음 위에 있던' 이 땅이 성령님이 운행하심으로 하나님 보시기에 좋았던 곳이 되었던 것처럼 우리의 인생도 성령 안에 있으면 하나님 보시기에 심히 아름답고 존귀하게 변화될 줄로 믿습니다. 인생의 모든 것이 질서가 있고, 충만하며, 빛으로 가득한 삶이 되기 위해서는 우리 인생 위에 성령이 운행하셔야 됩니다. 성령님이 우리에게 임하시면 생명이 충만하고 하나님의 능력이 충만한 인생이 되는 것입니다.

오늘 우리 인생 가운데에도 성령이 오셔서 운행하시므로 우리 삶에 날마다 하나님의 새롭게 하시는 창조의 역사가 일어나기를 바랍니다.

세상을 비추는
온전한 빛

: 창세기 1장 3-5, 14-19절 :

3하나님이 이르시되 빛이 있으라 하시니 빛이 있었고 4빛이 하나님이 보시기에 좋았더라 하나님이 빛과 어두움을 나누사 5하나님이 빛을 낮이라 부르시고 어두움을 밤이라 부르시니라 저녁이 되고 아침이 되니 이는 첫째 날이니라

14하나님이 이르시되 하늘의 궁창에 광명체들이 있어 낮과 밤을 나뉘게 하고 그것들로 징조와 계절과 날과 해를 이루게 하라 15또 광명체들이 하늘의 궁창에 있어 땅을 비추라 하시니 그대로 되니라 16하나님이 두 큰 광명체를 만드사 큰 광명체로 낮을 주관하게 하시고 작은 광명체로 밤을 주관하게 하시며 또 별들을 만드시고 17하나님이 그것들을 하늘의 궁창에 두어 땅을 비추게 하시며 18낮과 밤을 주관하게 하시고 빛과 어두움을 나뉘게 하시니 하나님이 보시기에 좋았더라 19저녁이 되고 아침이 되니 이는 넷째 날이니라.

하나님은 '태초'라는 시간을 창조하시고 '우주'라는 공간을 창조하셨습니다. 하나님은 창조하신 우주 공간 가운데에 이 땅, 즉 지구를 향한 특별한 계획을 갖고 계셨습니다. 그 계획을 이루시기 위해 혼돈하고 공허하며 흑암이 깊은 이 지구를 생명의 주인이신 성령께서 운행하시며 생명의 기운으로 붙들고 계셨습니다. 이제 말씀으로 형체가 없이 혼돈하고 비어 있으며 흑암이 깊은 지구에 하나님은 체계적인 모양과 모습을 불어 넣으시는 창조를 이어 가십니다. 말씀에 의한 창조는 6일 동안 계속되었습니다.

첫째 날에서 셋째 날은 형태가 없는 혼돈을 해결하시기 위해서 창조물

들이 들어갈 형태를 만드시고, 넷째 날에서 여섯째 날에는 텅 비어 있는 공허상태를 해결하시기 위해 그 형태를 생명으로 채워 넣으시는 창조가 뒤따르게 됩니다. 좀 더 자세히 설명하면, 이 6일의 창조는 첫 3일과 두 번째 3일이 대구를 이루고 있습니다. 첫째 날, 빛을 만드시고 넷째 날에는 그 빛을 낼 수 있는 발광체들을 만드셨습니다. 둘째 날에는 하늘과 바다를 만드시고, 다섯째 날에는 하늘에 있는 모든 것과 바다에 있어야 할 모든 것을 만드셨습니다. 셋째 날에는 땅을 드러나게 하시고 여섯째 날에는 땅에 살수 있는 모든 동물과 식물을 만드셨습니다.

창조의 순서를 보면 하나님이 사람이나 식물 그리고 동물을 창조하시기 전에 그들이 아름답고 행복하게 살 수 있는 환경을 먼저 만드신 것을 알수 있습니다. 그리고 그곳에 적절한 생물을 창조하십니다. 이것은 하나님이 사람을 얼마나 사랑하시는지 보여 줍니다. 모든 창조물의 정점은 사람을 사랑하시는 하나님의 사랑에 있습니다. 이 장에서는 창조 첫째 날과 넷째 날의 의미를 살펴보겠습니다.

말씀으로 천지를 창조하시는 하나님

하나님이 처음으로 행하신 구체적인 창조사역은 '빛'을 창조하시는 일이었습니다. 하나님이 "빛이 있으라."고 말씀하시니 그 말씀대로 빛이 있었습니다. 하나님은 말씀하심으로 빛을 창조하신 것입니다. 빛뿐만 아니라 다른 모든 창조물도 하나님의 말씀하심으로 창조됩니다. 하나님이 "하늘이 생기라." 하시면 하늘이 생겼습니다.

물이 나뉘어 땅이 드러나라.

말씀하시면 그대로 땅이 물 가운데 드러났습니다. 해, 달, 별이 낮과 밤을 주관하라 하시니 그대로 되었습니다. 모든 것이 하나님의 말씀대로 이루어진 것입니다. 하나님의 말씀은 곧 실체입니다. 하나님의 말씀은 창조의 능력입니다. 하나님은 모든 일을 말씀으로 성취하셨습니다. 그리고 말씀대로 이루어진 실체는 심히 아름다웠습니다. 이 창조 기사를 통해 우리는 하나님이 말씀하신 것은 반드시 성취된다는 사실을 믿어야 합니다.

출애굽한 이스라엘 백성은 하나님의 말씀으로 세상이 지어진 것을 그냥 피부로 느꼈습니다. 하나님은 그들에게 애굽에서 10가지 재앙을 일으키기 전에 모세를 통해 하나님의 말씀을 미리 전하여 줍니다. 나일 강이 피로 변할 것을 미리 알리시고 그 말씀이 이스라엘 백성 가운데 퍼졌을 때 실제로 나일 강이 피로 변했습니다. 이런 상황을 이미 경험한 광야에 있는 이스라엘 백성에게 하나님이 말씀으로 세상을 창조했다는 것은 그냥 실제로 이루어지는 것입니다. 오늘날 우리가 하나님의 말씀에 대해서 믿어야 한다는 의무감이나 거룩한 부담감으로 믿으려고 하는 것이 아니라 이스라엘 백성에게는 하나님의 말씀은 실체로 다가온 것입니다.

우리 교회의 권사님 중에 글자를 알지 못하는 분이 계셨습니다. 그런데 그분이 제게 '하나님' 글자를 크게 써서 벽에 붙여 달라고 하고 색연필을 사 달라고 해서 그렇게 했습니다. 글자를 모르는 권사님이 성경을 읽으면서 '하나님'이라는 글자에 동그라미를 쳤습니다. 이분이 성경을 다 읽었을 때에 한글을 읽게 되었습니다. 그리고 권사님께서 기도하시던 기도가 응답되었습니다. 하나님의 말씀을 사모하여 말씀을 붙들고 믿으면 하나님의 말씀에 기록된 모든 능력과 이적과 은혜가 우리에게 나타날 것입니다.

그러면 하나님의 말씀은 구체적으로 어떤 것일까요? 요한복음 1장 1-5절의 말씀을 기억해 보시기 바랍니다.

¹태초에 말씀이 계시니라 이 말씀이 하나님과 함께 계셨으니 이 말씀은 곧 하나님이시니라 ²그가 태초에 하나님과 함께 계셨고 ³만물이 그로 말미암아 지은 바 되었으니 지은 것이 하나도 그가 없이는 된 것이 없느니라 ⁴그 안에 생명이 있었으니 이 생명은 사람들의 빛이라 ⁵빛이 어두움에 비치되 어두움이 깨닫지 못하더라.

이 말씀에 의하면 말씀은 하나님이십니다. 그리고 만물이 그로 말미암아 지어졌고 그 안에 생명이 있고 그 생명이 사람들의 빛이라고 증언하고 있습니다. 말씀이신 하나님은 요한복음 1장 14절 말씀에 의하면 예수님이십니다.

말씀이 육신이 되어 우리 가운데 거하시매 우리가 그의 영광을 보니 아버지의 독생자의 영광이요 은혜와 진리가 충만하더라.

이 '말씀'은 하나님과 함께 계셨으며 본래 하나님이십니다. 그 말씀이신 하나님이 인간의 육신을 입고 이 세상에 오셔서 사람 가운데 거하시게 되었는데 그분이 하나님의 독생자 곧 예수 그리스도이십니다. 그리고 예수 그리스도 안에 하나님의 영광이 있습니다. 예수님은 하나님의 독생자이십니다. 예수님은 말씀의 형태로 존재하십니다. 말씀이신 예수님 안에는 생명이 있습니다. 이 생명은 사람들의 빛입니다. 예수님 안에 있는 생명의 빛이 사람들에게 비췄었지만 사람들은 그 빛을 거부하였습니다.

19그 정죄는 이것이니 곧 빛이 세상에 왔으되 사람들이 자기 행위가 악하므로 빛보다 어두움을 더 사랑한 것이니라 20악을 행하는 자마다 빛을 미워하여 빛으로 오지 아니하나니 이는 그 행위가 드러날까 함이요(요 3:19-20).

그러나 악을 행하는 자들은 예수님을 거부하였을 뿐 아니라 십자가에 못 박아 죽게 하였습니다. 하지만 우리는 그 십자가에 못 박혀 죽으신 예수 그리스도를 구주로 고백하고 믿으며 그 말씀에 순종합니다.

우리가 예수 믿는 과정은 창조의 과정과 동일합니다. 성령께서 혼돈하고 공허하며 흑암이 다스리고 있는 지구를 생명의 기운으로 감싸고 계실 때에 말씀이신 예수 그리스도의 능력이 질서정연하게 천하 만물을 창조하신 것처럼 우리가 예수 믿게 된 과정도 그러합니다. 우리가 우리의 힘이나 능력으로 예수님을 믿게 된 것이 아닙니다. 우리가 아직 죄인되어 인생이 혼돈하고 공허할 때 그리고 흑암의 권세가 다스리고 있을 때부터 이미 성령이 우리에게 찾아와 주셔서 거듭남이 가능하도록 우리 영혼 위에 운행하고 계셨습니다. 한마디로 예수 믿을 수 있는 환경을 성령님이 조성하고 계셨던 것입니다. 그 성령님의 역사 때문에 우리가 예수님을 믿게 된 것입니다. 내 능력과 지혜로 예수님을 믿게 된 것이 아니라 순전히 하나님의 은혜인 것입니다. 그래서 사도 바울은 고린도전서 12장 3절에서 "성령으로 아니하고는 누구든지 예수를 주시라 할 수 없느니라."고 말한 것입니다. 우리가 예수님을 믿게 된 것은 복 중의 복입니다. 하나님의 택함을 받았기 때문입니다. 수많은 별 중에 한 개의 별인 지구에 생명을 주신 것처럼 수많은 사람 가운데 나에게 성령님이 찾아오셔서 예수님을 믿어 그분의 복 안으로 들어가도록 역사하신 것입니다. 그러므로 창조의 원리나 개인의 구원 원리나 동일한 것입니다.

빛의 근원이신 예수 그리스도

그러면 주님께서 처음 창조하신 빛은 무엇일까요? 왜 하나님은 "빛을 낮이라 부르시고 어두움을 밤이라."고 부르셨음에도 또다시 광명체, 즉 해, 달, 별을 창조하셔서 낮과 밤을 주관하시게 하신 것일까요? 이것 또한 신약의 도움을 얻어야 해결할 수 있습니다. 요한복음의 1장의 말씀에 의하면 말씀이신 예수님 안에는 생명이 있습니다. 이 생명은 빛으로 비추입니다. 이 생명의 빛이 사람들에게 비친 상태를 사도 요한은 '아버지의 독생자의 영광'이라고 말씀합니다.

말씀이 육신이 되어 우리 가운데 거하시매 우리가 그의 영광을 보니 아버지의 독생자의 영광이요 은혜와 진리가 충만하더라(요 1:14).

즉 예수님 안에 있는 '생명의 빛'은 다름 아닌 '예수님의 영광'입니다.

'영광'은 '예수님의 생명의 빛'인 것입니다. 고린도후서 4장 6절에서 사도 바울은 영광의 빛에 대해 직접적인 해설을 하고 있습니다.

어두운 데에 빛이 비치라 말씀하셨던 그 하나님께서 예수 그리스도의 얼굴에 있는 하나님의 영광을 아는 빛을 우리 마음에 비추셨느니라.

예수 그리스도의 얼굴에 있는 하나님의 영광이 빛인 것입니다. 14-19절에 나오는 물리적인 빛이 아니라 자연적인 하나님의 영광의 빛인 것입니다. 첫날 "빛이 있으라." 하신 말씀은 '하나님의 영광이 비추어라.'는 말씀으로서 창조의 목적이 하나님께 영광임을 말씀하고 있는 것입니다. 이제 창조될 모든 피조물은 바로 하나님의 영광을 위해 창조된 것임을 알려 주는 것입니다. 동물이든 식물이든 물고기든 사람이든 그들은 하나님의 영광을 위해 창조되었습니다. 정확히는 예수님의 영광의 빛 아래서 창조된 것입니다. 예수님의 영광의 빛 아래서 창조되었다는 사실을 아는 사람들은 오직 하나님의 영광을 위해 살아가게 됩니다.

이 빛은 넷째 날 창조된 태양, 달, 별들과는 근본적으로 다릅니다. 이들은 발광체입니다. 물질입니다. 굳이 설명하자면 이러한 발광체들의 근원이 되는 빛이 맨 첫날부터 존재하게 된 것입니다. 이 빛은 항상 있으며 이 빛이 존재하므로 태양이 빛을 내고 달과 별들도 빛을 내는 것입니다. 사람들은 근본적으로 이 물질적인 빛 외에 다른 빛이 존재하고 있다는 사실을 알지 못합니다. 그런데 오늘 이 말씀을 받고 있는 이스라엘 백성은 이 빛의 근원을 직접적으로 경험한 적이 있습니다. 애굽의 바로가 하나님의 말씀을 거역했을 때 태양이 빛을 잃고 깊은 흑암이 애굽을 덮었을 때가 있었습니다. 출애굽기 10장 21-23절을 봅시다.

21여호와께서 모세에게 이르시되 하늘을 향하여 네 손을 내밀어 애굽 땅 위에 흑암이 있게 하라 곧 더듬을 만한 흑암이리라 22모세가 하늘을 향하여 손을 내

밀매 캄캄한 흑암이 삼 일 동안 애굽 온 땅에 있어서 ²³그동안은 사람들이 서로 볼 수 없으며 자기 처소에서 일어나는 자가 없으되 온 이스라엘 자손들이 거주하는 곳에는 빛이 있었더라(출 10:21-23).

태양은 흑암에 의하여 빛을 잃었지만 또 다른 빛이 이스라엘 백성을 비추고 있었던 것입니다. 흑암 가운데서 또 다른 빛을 경험한 이스라엘 백성은 태양 외에 또 다른 빛이 있다는 사실은 너무나 당연한 일이었습니다.

예수 믿는 사람들은 이 세상의 물질적인 빛으로 사는 사람들이 아닙니다. 예수 그리스도의 얼굴에서 나오는 그분의 영광의 빛으로 살아가는 자들입니다. 아무리 물리적인 태양이 빛을 잃고 온 세상이 흑암에 사로잡혀도 그분의 영광을 위해 살아가는 자, 그분의 십자가 보혈로 구원받은 자들에게는 그분의 광채가 빛이 되어 주어 생명이 지속되게 하시고 그 빛으로 갈 길도 인도함받는 것입니다. 인생이 앞뒤 구분이 안 되는 흑암 중에 사로잡혀 있다고 생각하시는 분이 있습니까? 먼저 주님의 영광을 회복하십시오. 인생에 예수 그리스도의 영광이 제일 목적이 된다면 내 인생에 예수 그리스도의 구원의 빛이 비추게 될 것입니다. 교회도 마찬가지입니다. 이 세상 풍조가 나날이 바뀌어도 우리가 예수 그리스도의 영광을 추구하는 교회라고 한다면 그분의 영광의 빛이 항상 우리에게 비치고 그 영광의 빛 안에 있는 풍성한 생명을 마음껏 누리게 될 것입니다.

우리의 빛을 비추라

어두움에 빛을 비추라고 하시던 하나님이 빛의 영광을 그 아들 예수 그리스도의 얼굴에 두시고 그 하나님의 영광을 아는 빛을 예수 그리스도를 믿는 우리에게도 주셨습니다. 죄로 타락한 인간으로부터는 거룩과 영광의 경험이 나오지 않습니다. 그러나 예수 그리스도를 믿고 구원받은 사람들은 거룩과 성령과 하나님의 영광을 경험할 수 있게 되는 것입니다. 예수님은 마태복음 5장 14-17절에서 예수님을 믿는 우리가 '세상의 빛'이라고 선언하셨습니다.

14너희는 세상의 빛이라 산 위에 있는 동네가 숨겨지지 못할 것이요 15사람이 등불을 켜서 말 아래에 두지 아니하고 등경 위에 두나니 이러므로 집 안 모든 사람에게 비치느니라 16이같이 너희 빛이 사람 앞에 비치게 하여 그들로 너희 착한 행실을 보고 하늘에 계신 너희 아버지께 영광을 돌리게 하라 17내가 율법이나 선지자를 폐하러 온 줄로 생각하지 말라 폐하러 온 것이 아니요 완전하게 하려 함이라.

'영광의 빛'이신 예수님은 어두움에 속해 있던 우리를 부르시어 구원하시고 우리 안으로 들어오셨습니다. 그리고 우리를 '세상의 빛'이라고 부르시며 우리의 빛을 세상 사람들을 향하여 비추라고 말씀하시고 계시는 것입니다. 우리가 세상의 빛이라는 증거는 무엇입니까? 바로 우리의 착한 행실입니다. 우리 안에 존재하는 예수님의 빛은 착한 행실이라는 우리의 변화된 삶을 의미합니다. 즉 예수님 닮은 삶을 통해서만 세상에 빛을 발하게 되는 것입니다. 우리의 삶이 빛이 되는 유일한 길은 말씀의 능력을 의지하는 것입니다. 말씀의 능력으로 우리는 날마다 새로워져야 세상의 빛의 사명을 감당할 수 있는 것입니다.

그러나 우리가 세상의 빛의 사명을 감당하는 길은 우리 힘으로 되지 않습니다. 오직 예수님의 십자가 은혜와 성령의 능력으로만 가능합니다. 하나님이 천지를 창조하시는 데에는 단 6일이면 충분했습니다. 그러나 죄악으로 죽어 가는 인간을 구원하시고 그들의 행실이 예수님 닮게 하는 데에는 수천 년에 걸쳐서 일하셨습니다. 수천 년에 걸쳐서 수많은 하나님의 종들이 하나님의 구원의 말씀을 전하다가 희생당하였습니다. 이 엄청난 창조물은 말씀 한마디로 창조되었지만 내 속에 있는 정욕을 자제하고 하나님의 말씀 앞에 내 고집을 꺾는 변화된 한 사람을 만들기 위해서는 수많은 말씀과 수많은 전도자들의 헌신과 속죄양으로 오신 예수 그리스도의 십자가의 죽으심이 있어야 했고, 성령의 강림이 있어야 하는 것입니다. 하나님을 대적하고 불순종하는 우리 안에 있는 죄성을 치료하고 하나님께 전적으로 기꺼이 순종하며 무릎 꿇고 겸손하게 말씀 앞에 엎드릴 수 있는 사람으로 변화되는 것은 사실 온 우주를 창조하는 것보다 더 어려운 것입니다.

오늘 우리는 하나님의 말씀 한마디로 빛이 생기고, 하늘이 생기고, 바다가 생기는 것을 보면서, 수많은 말씀을 들어도 변하지 않는 우리의 완악한 본성을 생각해 볼 필요가 있습니다. 하나님이 가장 귀히 여기시는 것이 무엇일까요? 우리가 진정으로 회개하고 하나님께 돌아와 말씀에 순종하는 사람으로 변화되어 세상의 빛이 되는 것입니다. 하나님은 그것을 보시려고 수많은 세월 동안 자신의 종을 보내셨습니다. 심지는 하나 밖에 없는 독생자를 보내어 십자가에 죽게 하셨습니다. 우리를 원래 자리인 하나님 앞에 세워 두시기 위해서 그렇게 인내하시며 모든 것을 내어 주셨습니다. 그러므로 천지창조보다 더 귀한 것은 죄인 한 사람이 회개하고 하나님께 돌아와 그분의 자녀다운 삶을 사는 것입니다. 하나님의 모든 말씀에 기꺼이 순종하고 헌신할 그 한 사람을, 하나님이 창조하신 온 천하보다 귀히 여기십니다. 생명의 말씀이 우리 안에서 역사하면 자기 자신의 완악한 고집, 기질, 성격이 변화됩니다. 우리가 하나님의 뜻에 순종하는 사람으로 변화되었다고 하는 것은 천지창조의 기적보다 더 위대한 축복입니다.

내가 하나님의 말씀 앞에 겸손히 엎드려 내 뜻과 내 생각, 내 고집을 버리고 순종할 준비가 되어 있으면 창조의 말씀이 내 속에서 역사해서 새로운 삶을 창조해 나가기 시작합니다. 삶 자체가 새로운 기적이 되는 것입니다. 이러한 사람은 단순히 기적을 경험하는 데 그치는 것이 아니라 자신의 삶 전체가 기적이라는 사실을 깨닫게 되는 것입니다. 명심하십시오. 말씀에 붙들린 사람을 하나님은 절대로 버리거나 포기하지 않으십니다.

남은 생애 오직 하나님의 창조의 말씀을 붙들고 예수님처럼 온전한 세상의 빛으로 존재하셔서 날마다 삶 속에 하나님의 창조의 기적이 일어나기를 바랍니다.

일반은총과
특별은총

창세기 1장 3-5, 14-19절

³하나님이 이르시되 빛이 있으라 하시니 빛이 있었고 ⁴빛이 하나님이 보시기에 좋았더라 하나님이 빛과 어두움을 나누사 ⁵하나님이 빛을 낮이라 부르시고 어두움을 밤이라 부르시니라 저녁이 되고 아침이 되니 이는 첫째 날이니라

¹⁴하나님이 이르시되 하늘의 궁창에 광명체들이 있어 낮과 밤을 나뉘게 하고 그것들로 징조와 계절과 날과 해를 이루게 하라 ¹⁵또 광명체들이 하늘의 궁창에 있어 땅을 비추라 하시니 그대로 되니라 ¹⁶하나님이 두 큰 광명체를 만드사 큰 광명체로 낮을 주관하게 하시고 작은 광명체로 밤을 주관하게 하시며 또 별들을 만드시고 ¹⁷하나님이 그것들을 하늘의 궁창에 두어 땅을 비추게 하시며 ¹⁸낮과 밤을 주관하게 하시고 빛과 어두움을 나뉘게 하시니 하나님이 보시기에 좋았더라 ¹⁹저녁이 되고 아침이 되니 이는 넷째 날이니라.

이 장에서는 첫째 날의 '빛' 창조와 넷째 날의 광명체 창조를 좀 더 구체적으로 살펴보고자 합니다. 첫째 날에 창조된 빛은 하나님의 영광의 빛입니다. 이 영광의 빛 때문에 하나님이 창조하신 땅의 형체가 구체적으로 드러나기 시작하였습니다. 이 '빛'은 넷째 날에 창조된 물리적인 광명체들과는 근본적으로 완전히 다른 것입니다. 이 빛은 다른 빛의 근본이 되는 것입니다.

이 빛을 이스라엘 백성은 이미 경험하였습니다. 태양이 빛을 잃어 흑암이 애굽을 덮고 있을 때에도 이스라엘 백성이 머무는 곳에는 빛이 있었습

니다. 그러므로 이스라엘 백성은 이 말씀을 분명하게 이해할 수 있었습니다. 뿐만 아니라 태양이 있을 때에도 이스라엘 백성은 하나님의 빛을 경험한 적이 있습니다.

모세가 그 증거의 두 판을 모세의 손에 들고 시내산에서 내려오니 그 산에서 내려올 때에 모세는 자기가 여호와와 말하였음으로 말미암아 얼굴 피부에 광채가 나나 깨닫지 못하였더라(출 34:29).

출애굽기 34장 29절에 보면 모세가 시내산에서 40일 동안 머무르며 율법을 받아서 백성에게 돌아왔을 때 아론과 이스라엘 백성은 모세의 얼굴을 쳐다보지 못했습니다. 모세의 얼굴에 하나님의 영광의 빛이 머무르고 있었기 때문입니다. 백성의 요구로 모세는 얼굴을 수건으로 가려야만 했습니다. 신약에서도 이 빛을 경험한 사람이 있습니다. 바로 사도 바울입니다. 예수 믿는 사람들을 핍박하기 위해 다메섹으로 향하던 바울은 길에서 빛으로 오신 예수님을 만나게 됩니다. 빛으로 오신 예수님은 사도 바울 안에 있는 모든 어두움을 몰아내셨습니다. 예수님을 만난 바울이 어떻게 변화되었는지는 우리가 다 잘 알고 있지 않습니까? 주님은 이렇게 빛으로 오십니다.

오늘날도 이 영광의 빛을 경험할 수 있습니다. 영광의 빛을 예수님의 얼굴에 두신 하나님이 택함 받아 예수 그리스도를 믿는 그의 백성에게도 하나님의 영광을 아는 빛을 주셨기 때문입니다. 고린도전서 4장 6절에서 사도 바울은 기록하고 있습니다.

어두운 데에 빛이 비치라 말씀하셨던 그 하나님께서 예수 그리스도의 얼굴에 있는 하나님의 영광을 아는 빛을 우리 마음에 비추셨느니라.

예수님의 얼굴에 있는 하나님의 영광의 빛을 아는 마음을 우리에게도 비추셨다고 분명하게 말씀하고 있습니다. 죄를 회개하고 예수님을 믿고 성령이 충만하고 말씀이 충만하면 예수님의 영광의 빛이 우리에게도 비추게 되는 것입니다.

그렇기 때문에 하나님을 의지하고 주님의 말씀으로 살아가면 그 사람의 얼굴빛이 달라집니다. 모든 근심과 걱정을 주님께 맡기고 살아가기 때문에 마음속에 근심이 사라지고 주님의 평안이 넘칩니다. 그래서 늘 기쁘고 감사한 마음으로 살다보니 그 얼굴이 빛나고 평안해 보이는 것입니다.

요한복음 8장 12절에서 예수님은 이렇게 말씀하셨습니다.

예수께서 또 말씀하여 이르시되 나는 세상의 빛이니 나를 따르는 자는 어두움에 다니지 아니하고 생명의 빛을 얻으리라.

예수님을 따르면 어두움의 세력이 쫓겨나게 되고 생명의 빛이 임하게 됩니다. 이 생명의 빛은 우리 안에 있는 어두움을 몰아내어 어두움에 속했던 삶을 버리게 하며, 옛 생활, 옛 습관을 끊어 버리게 합니다. 이러한 상태가 하나님이 창조를 보시고 말씀하셨던 "하나님이 보시기에 좋았더라."입니다. 우리의 심령에서 어두움이 물러가고 예수님이 주시는 생명의 빛이 가득한 상태, 그 상태를 하나님은 좋아하십니다. 죄인이 회개하고 하나님의 자녀되는 것을 하나님은 춤을 추며 기뻐하시는 것입니다.

빛과 어두움을 나누심

빛을 지으신 하나님은 빛과 어두움을 나누셨습니다. 하나님이 빛과 어두움을 나누신 이유는 낮과 밤이라는 구분을 통해 생겨난 '날'이라는 시간 때문입니다. "저녁이 되고 아침이 되니 이는 첫째 날"이라고 말씀하고 있지 않습니까? 이 시간의 구분을 통해 하나님은 시간이 인생의 것이 아니라 하나님의 것임을 깨닫기를 원하셨습니다. 시간을 주도하시는 하나님은 이스라엘 백성에게 하나님이 창조하신 시간 안에 창조와 구원 그리고 심판이 동시에 존재함을 기억하기를 원하셨던 것입니다.

무슨 말인가 하면 출애굽한 이스라엘 백성은 빛과 어두움이 나뉘는 것을 이미 목격하였습니다. 홍해를 건널 때 하나님은 빛과 어두움으로 애굽 군대와 이스라엘 백성을 분리시키셨습니다. 이스라엘 백성이 있는 곳에는 빛이 있었지만 애굽 군대에는 구름과 흑암이 있었습니다(출 14:20). 빛으로 가득한 이스라엘 진영에는 평화와 기쁨과 기적이 있었습니다. 그러나 흑암에 갇혀 있던 애굽에는 두려움과 심판과 죽음만이 존재할 뿐이었습니다. 결국 날의 개념 속에 들어 있는 어두움에는 하나님의 심판과 멸망이 숨겨져 있었고 빛에는 구원과 은혜가 숨어 있습니다. 그것을 보고 이스라엘 백성은 하나님의 뜻대로 살아가라고 요청하는 표식인 것입니다. 이렇게 빛과 어두움이 나누이는 장면을 목격한 이스라엘 백성은 하나님이 나누신 빛과 어두움을 바라보면서 '날'이라는 시간이 주는 은혜와 구원, 심판과 죽음의 경계를 날마다 확인했습니다.

이스라엘 백성은 자신들의 삶이 빛이신 하나님을 따라가고 있는지 아니면 심판받아 멸망받게 될 어두움에 속해 있는 자인지 '날'이라는 시간 속에서 항상 살펴보아야 했습니다. 저녁이 되고 아침이 되어도 자신의 삶에 무감각해져 그날이 또 그날 같은 인생을 살고 있다면 영적인 심각한 질병에 걸려 있는 것입니다. 저녁이 되고 아침이 되는 것을 보면서 내가 하나님의 피조물임을 깨달아야 합니다. 하늘의 징조와 어김없이 찾아오고 또 떠나가는 계절을 통해 날을 하나님이 주관하시고 다스리심을 믿어야 합니다. 하나님은 14절의 말씀처럼 창조하신 광명체로 하여금 징조를 나타내게 합니다. 계절의 변화와 24시간이라는 날의 개념과 1년이라는 해의 개념을 통해 하나님이 인생에게 일어나고 있는 모든 것을 주관하신다는 것을 깨닫기 원하셨습니다. 하늘의 달과 별 그리고 징조는 모두 하나님이 계시며, 그 하나님을 두려움으로 경외할 것을 보여 주고 있습니다. 우리는 징조와 시간을 통해서 유한한 이 세상이 아닌 영원한 하나님을 사모해야 합니다. 항상 빛 아래에 거하도록 예수님을 사모해야 합니다.

사도 바울은 에베소서 5장 8-14절에서 이렇게 말씀합니다.

8너희가 전에는 어두움이더니 이제는 주 안에서 빛이라 빛의 자녀들처럼 행하라 9빛의 열매는 모든 착함과 의로움과 진실함에 있느니라 10주를 기쁘시게 할 것이 무엇인가 시험하여 보라 11너희는 열매 없는 어두움의 일에 참여하지 말고 도리어 책망하라 12그들이 은밀히 행하는 것들은 말하기도 부끄러운 것들이라 13그러나 책망을 받는 모든 것은 빛으로 말미암아 드러나니 드러나는 것마다 빛이니라 14그러므로 이르시기를 잠자는 자여 깨어서 죽은 자들 가운데서 일어나라 그리스도께서 너에게 비추이시리라 하셨느니라.

우리는 빛의 자녀입니다. 빛의 자녀인 우리는 어두움의 일을 사랑하거나 따라갈 수 없습니다. 예수님을 모시고 사는 사람은 더 이상 어두움이 아니라 빛의 자녀가 됩니다. 뿐만 아니라 어두움의 일을 버리고 빛의 열매를 맺게 됩니다. 빛이신 예수님께 나오면 내가 행한 어두움의 일이 그 빛 아래서 어두움의 악한 일임을 깨닫고 성령의 도우심으로 악한 일이 다 끊어지게 됩니다. 어두움은 오직 빛으로만 물리칠 수 있습니다. 빛이신 예수님께로 나아와야 우리 삶 속에 있는 모든 어두움이 물러갑니다. 우리가 어두움 가운데 있을 때에는 더럽고 추한 일을 부끄러움도 모른 채 행하고 있었습니다. 그러나 빛으로 나아오면 모든 어두움 속에서 행한 일이 다 드러납니다. 그리고 이 어두움의 일은 빛을 창조하신 말씀의 능력에 의하여 완전히 끊어지게 됩니다.

하나님의 말씀이 우리 안에서 역사하면 빛으로 충만합니다. 더 이상 어두움이 머무르지 못합니다. 모든 어두움의 권세는 사라집니다. 나를 사로잡고 있던 죄책감도, 열등감, 악한 습관과 욕구도 다 사라집니다. 빛 아래 오면 어두움이 주관하던 모든 인생의 상처와 고통, 나를 지배하는 죄악의 사슬이 끊어집니다.

그럼에도 우리는 여전히 어두움의 사슬에 매여 살아가고 있을 때가 있습니다. 사람과의 관계에서 생긴 상처가 내 인생의 주인이 되어 있어 원망하고 불평하고 살아갑니다. 남이 무심코 던진 한마디 말 때문에 상처 받고 괴로워합니다. 과거의 실패와 상처가 인생의 주인이 되어, 확신도 평안도 자신감도 상실한 채로 패배자의 인생으로 살아가고 있습니다. 그러나 말씀이 임하고 말씀으로 역사하시는 예수님이 우리 삶 가운데 찾아오면 그 모든 사슬이 끊어집니다. 하나님의 말씀이 우리 안에 있는 모든 흑암의 권세를 깨뜨립니다. 우리로 하여금 기뻐 뛰며 찬송하게 만들며, 감사가 샘처럼 솟아납니다. 내 삶의 진정한 가치를 깨닫게 하며 어느 누구도 빼앗을 수 없는 자유를 영원히 누리게 하며, 내 안에 있는 모든 것이 소중함을 깨닫게 됩니다. 우리는 빛이신 예수님의 자녀이기 때문에 빛으로 충만한 인생을 살게 되는 것입니다.

광명체 창조의 이유

하나님은 첫째 날 창조하신 '영광의 빛'이 있음에도 넷째 날 물리적인 빛을 창조하셨습니다. 넷째 날부터는 이 물리적인 빛이 땅을 비추며 밤과 낮을 다스리게 하셨습니다. 이제부터는 하나님의 빛이 직접 지구를 다스리는 것이 아니라 하나님이 창조하신 또 다른 물리적 빛이 지구를 주관하게 된 것입니다. 신학적인 용어로 하나님이 특별은혜를 일반은혜로 바꾸어 놓으신 것입니다.

특별은혜가 무엇이고 일반은혜가 무엇인지를 이스라엘 백성의 경험을 통해 설명하고자 합니다. 하나님은 출애굽한 이스라엘 백성을 위해 하늘 양식인 만나를 내려 주셨습니다. 이 만나는 이스라엘 백성만을 위한 것이었습니다. 특별은혜입니다. 하지만 이 만나가 이스라엘 백성에게 영원히 내린 것은 아닙니다. 그들이 가나안에 들어간 후 농사를 짓게 되고 수확을 하게 되자 만나가 멈추었습니다. 이스라엘 백성도 다른 민족처럼 농사를 통해 양식을 마련해야 했습니다. 그들이 하나님의 특별한 백성이지만 이 세상 사람과 동일한 일반적인 방법으로 살아가야 했습니다. 이제 특별은혜를 일반은혜로 대신하게 된 것입니다.

하나님이 자신의 영광의 빛이라는 특별한 빛 대신 창조를 통해 빛을 내게 된 광명체로 하여금 이 땅을 주관하게 하신 이유도 동일합니다. 예수 믿는 사람들에게 지금도 기적이라는 특별한 은혜는 분명히 존재합니다. 하지만 하나님은 우리로 하여금 하나님이 창조하신 일반적인 자연질서 속에서 살아가게 하십니다. 마치 광야의 이스라엘 백성에게 계속해서 만나가 내리고 구름 기둥과 불기둥으로 인도하시고 반석에서 생수가 솟아나는 기적 대신, 가나안에 입성한 후에는 일반적인 은혜로 살아가게 하신 것처럼 말입니다. 그러나 이스라엘 백성이 일반적인 은혜로 살아가게 되었다고 해서 하나님의 특별은혜가 존재하지 않는 것은 아닙니다. 하나님의 말씀에 순종하는 신실한 삶을 사는 사람들을 통해 하나님은 지속적으로 특별한 은혜인 기적을 보여 주셨기 때문입니다.

예수님도 이 땅에 오셔서 특별한 은혜인 기적을 셀 수 없이 많이 일으키셨습니다. 하지만 예수님을 믿는 제자들에게 일반은혜를 폐하시고 특별은혜만 주신 것이 아닙니다. 항상 기적만 있었던 것이 아닙니다. 예수님 자신도 십자가의 고난을 몸소 겪으시지 않으셨습니까? 이와 마찬가지로 예수님의 제자들도 세상 사람이 겪는 고난과 환란을 겪어야 했습니다. 다만 예수님을 믿는 사람들은 일반적인 이 세상의 삶 가운데서도 언제나 함께 하십니다. 그래서 우리는 특별은총을 베푸시는 예수님을 신뢰하며 십자가의 길, 순교자의 삶을 이 땅 가운데서 살아내게 되는 것입니다. 이것이 믿음입니다. 일반은혜 가운데서도 하나님이 나를 언제든지 특별은혜로 도우실 수 있다는 것이 믿음입니다. 그리고 그 특별은혜의 하이라이트는 하나님의 신비로운 은혜로 도저히 구원받을 수 없는 나 같은 죄인이 구원받은 사실을 깨닫는 것입니다. 내가 구원받은 것보다 더 특별한 은혜는 이 세상에 없습니다. 저 세상 사람과 마찬가지로 지옥에 떨어져서 슬피 울며 이를 갈아야 될 사람이 하나님의 특별은혜인 예수님의 십자가의 피로 구원받은 이 사실이 기적 중의 기적이 아니겠습니까?

일반은혜 속에서도 특별은혜를 누리라

하나님이 광명체를 창조하시고 영광의 빛을 숨기신 이유가 무엇입니까? 그것은 세상 모든 사람을 사랑하시기 때문입니다. 모세의 밝아진 얼굴을 보기 위해서 사람들은 수건으로 그 얼굴을 가렸습니다. 다메섹으로 가는 길에서 바울 사도는 예수 그리스도를 만나면서 예수 그리스도께서 발하신 빛 때문에 사흘간 눈이 멀어 세상을 볼 수 없었습니다. 하나님의 영광의 빛을 직접적으로 보는 모든 사람은 모두 눈이 멀 것이며 살아갈 수 없습니다.

초대교회 황금의 입이라는 별명을 가진 크리소스톰의 일화가 있었습니다. 그의 제자가 주님을 보여 주면 주님을 믿겠다고 하자 크리소스톰은 그 제자를 데리고 밖으로 나가 태양을 가리키고 10분만 저 태양을 쳐다본다면 하나님을 보여 주겠다고 했습니다. 하나님이 만드신 물질인 태양이 발하는 빛도 사람이 제대로 쳐다볼 수 없는데 모든 창조의 근원인 빛을 사람이 바라본다는 것은 가능하지 않습니다. 사랑이신 하나님이 세상 모든 사람이 하나님의 은총 아래서 살기를 원하셨기 때문입니다.

또 다른 하나는 사람의 믿음을 시험하시기 위해서입니다. 사람은 눈에 보이는 것만 믿습니다. 자신이 보지 못하는 것, 경험하지 못한 것은 잘 믿으려 하지 않습니다. 하지만 예수님을 믿게 되면 마음의 눈이 열리게 되어 일반적인 눈으로 보지 못하는 하나님의 특별하신 은혜를 바라볼 수 있게 됩니다. 즉 영안이 열리는 것입니다. 하나님은 특별한 기적 때문이 아니라 날마다 일상의 삶 가운데서 하나님을 발견하고 하나님께 찬송과 경배를 드리기를 원하는 것입니다. 우리는 생각하기를 날마다 기적이 일어나고 특별한 일이 일어나면 하나님을 믿기가 쉬울 것처럼 생각합니다. 하지만 그렇지 않습니다. 광야의 이스라엘 백성을 보십시오. 날마다 일어나는 기적 속에서도 하나님을 예배하는 예배자로 살아가기보다는 자신들의 욕구만을 충족시키고 이기적인 욕심을 채우는 데 하나님을 이용한 삶을 살았던 것입니다. 그 결과 가나안에 들어가자마자 하나님을 버리고 좀 더 자신들의 삶을 풍요롭게 만들어 준다고 하는 가나안 사람들이 섬기는 바알을 선택한 것입니다.

다시 말씀드리지만 하나님이 특별은혜인 기적을 날마다 보이지 않게 감추어 두시고 창조물인 인간이 일반적인 자연법칙으로 살아가게 하시는 것은 은혜이자 시험입니다. 사실 우리가 살고 있는 오늘은 일반은총이 더 충만한 시대입니다. 과학이 발달하고, 의학이 발달하고, 문명이 하루가 다르게 발달하고 있습니다. 중요한 것은 이렇게 발달하는 문명은 다 보이는 것입니다. 이 보이는 것 속에서 보이지 않는 하나님을 바라보고 그분의 특별한 은총이 존재하고 있음을 믿는 것이 중요합니다. 하나님은 일반은총 뒤에 하나님의 특별은총을 숨겨 두셨습니다. 그러기에 믿음으로 바라보는 사람은 일상생활 속에서 하나님이 역사하시는 특별은총을 보게 됩니다. 오늘날도 특별은총, 흔히 말하는 기적을 일으키십니다. 그렇지만 우리의 일상생활 속에 주어지는 일반은총을 하나님의 은총으로 인정하는 사람만이 그 특별은혜를 경험할 수 있습니다. 그리고 이 일반은총을 허락하신 분이 하나님이심을 날마다 고백하고 찬송해야 하는 것입니다.

이스라엘 백성이 가나안에서 실패한 이유가 무엇입니까? 광야에서 음식을 내려 주신 분이 하나님이라는 사실은 분명하게 알고 있었지만 가나안에서는 자신들의 힘과 지혜로 먹고 살게 되었다고 생각한 것입니다. 추수한 농산물만 바라보았지, 농사가 가능하도록 햇빛을 주시고 이른 비와 늦은 비를 주시고 자연 재해로부터 지켜 주신 하나님을 기억하지 못한 것입니다. 그들은 자기 자신의 힘과 노력으로 모든 것을 얻었다고 생각한 것입니다.

우리도 마찬가지입니다. 비록 노력해서 직장을 얻고 더 나은 자리에 올라가고 다른 사람보다 형통한 길을 걷게 될 때에도, 이 자리에 있도록 인도하시고 지켜 주시고 함께해 주신 하나님을 기억하고 찬양할 수 있다면 진정한 믿음의 사람입니다. 하지만 내가 노력한 결과이고 내가 똑똑해서 얻은 열매라고 생각한다면, 가나안의 이스라엘 백성과 다를 것이 없습니다.

이스라엘 백성은 광야에 있을 때보다 가나안에 들어갔을 때 더 많이 기도해야 했고, 더 깊이 하나님을 경외해야 했습니다. 왜냐하면 가나안 땅의 축복이 그들의 눈을 가려 하나님을 바라보지 못하게 할 가능성이 높기 때문이었습니다. 우리도 마찬가지입니다. 가난하고 힘들 때보다는 풍요롭고 모든 것이 형통할 때 더 많이 하나님을 찾고 간구해야 합니다. 직장이 없을 때보다 직장이 생겼을 때 그 직장에 취해서 하나님을 잃어버리지 않도록 더 많이 기도해야 합니다. 집이 없을 때보다 집이 있을 때 더 많이 기도해야 합니다. 인간의 마음이 너무나 간사하기 때문입니다. 대학에 들어가기 전보다 들어가고 나서 더 많이 기도해야 합니다.

교회도 마찬가지입니다. 지금이 더 많이 기도해야 할 때입니다. 이렇게 아름답고 훌륭한 예배처를 주신 하나님을 기억하고 날마다 더 많이 기도해야 합니다. 불과 1년 전 지하에서 예배드릴 때보다 지금이 더 많이 기도해야 할 때입니다. 더 나아가 7년 전에는 그렇게 교회 문제 해결로 간절히 기도할 때보다 지금이 더 기도해야 할 때입니다. 그렇지 않다면 가나안에 들어가서 하나님을 잃어버리고 자신의 공로에만 사로잡혀 멸망의 길로 달려간 이스라엘 백성과 다를 것이 없기 때문입니다.

끝까지 하나님만 바라보십시오. 그렇지 않으면 태양이나 달, 별 때문에 빛의 근원이 존재하고 있다는 사실을 까마득히 잊어버리게 되기 때문입니다. 직장을 얻고, 대학을 들어가고, 기도가 응답되고 하나님을 잃어버리면 안됩니다. 돈을 얻고 하나님을 잃어버리면 안됩니다. 하나님은 자신이 허락하신 일반은총 뒤에 지금도 특별은총으로 존재합니다. 어떤 상황과 환경 속에서도 언제나 특별은총으로 함께하시는 하나님만 바라보는 귀한 성도가 되기를 바랍니다.

하나님의 섭리:
나눔과 채움

창세기 1장 6-8, 20-23절

6하나님이 이르시되 물 가운데에 궁창이 있어 물과 물로 나뉘라 하시고 7하나님이 궁창을 만드사 궁창 아래의 물과 궁창 위의 물로 나뉘게 하시니 그대로 되니라 8하나님이 궁창을 하늘이라 부르시니라 저녁이 되고 아침이 되니 이는 둘째 날이니라

20하나님이 이르시되 물들은 생물을 번성하게 하라 땅 위 하늘의 궁창에는 새가 날으라 하시고 21하나님이 큰 바다 짐승들과 물에서 번성하여 움직이는 모든 생물을 그 종류대로, 날개 있는 모든 새를 그 종류대로 창조하시니 하나님이 보시기에 좋았더라 22하나님이 그들에게 복을 주시며 이르시되 생육하고 번성하여 여러 바닷물에 충만하라 새들도 땅에 번성하라 하시니라 23저녁이 되고 아침이 되니 이는 다섯째 날이니라.

하나님은 6일 동안 천지를 창조하셨습니다. 하나님의 창조사역은 규칙적이고 질서 있게 이루어졌음을 알 수 있습니다. 먼저 창조사역은 "하나님이 이르시되(10회: 3, 6, 9, 11, 14, 20, 24, 26, 28, 29절)"라는 말씀을 통해 시작이 됩니다. 하나님이 말씀으로 "~이 있으라(8회: 3, 6, 9, 11, 14, 20, 24, 26절)."고 하시면 모든 것이 하나님의 말씀대로 이루어지게 됩니다. 말씀대로 이루어진 결과에 대한 하나님의 평가는 언제나 "보시기에 좋았더라(7회: 4, 10, 12, 18, 21, 25, 31절)."입니다. 그리고 "저녁이 되고 아침이 되니 이는 ~째 날이니라(6회: 5, 8, 13, 19, 23, 31절)."는 말로 창조 사역은 끝을 맺게 됩니다.

여러 차례 말씀드린 대로 첫째 날에서 셋째 날은 혼돈하던 땅에 특별한 형태가 이루어지게 하는 창조이며, 넷째 날에서 여섯째 날은 형태는 있지만 비어 있는 이 땅을 필요에 따라 적절하게 채워 넣는 과정이 뒤따르게 됩니다. 하나님의 천지창조 사역이 얼마나 정교하고 질서 있게 진행되었는지를 알 수 있는 대목입니다. 하나님은 지구라는 그릇을 먼저 예비하시고 그 그릇을 필요에 따라 채워 가듯이 창조 사역을 펼치신 것입니다. 우리 인생도 마찬가지입니다. 하나님이 우리의 무엇인가를 채워 주기를 원한다면 그릇을 예비하는 것이 우선입니다. 그릇 준비가 되어 있지 않은데 무엇인가를 채울 생각부터 하는 것은 어리석은 일입니다.

나눔과 채움

그런데 하나님의 천지창조 과정에서 눈여겨봐야 할 것이 있습니다. 하나님이 혼돈하던 땅을 특별한 형태가 나타나도록 하셨던 첫째 날에서 셋째 날까지의 사역은 '나눔(분리)'이라는 특정한 사역으로 이루어지게 되었다는 점입니다. 하나님은 첫째 날 빛을 만들어 어두움과 나누시고, 둘째 날 위의 물과 아래의 물을 나누어 궁창, 즉 하늘을 만드셨으며, 셋째 날 물과 마른 땅을 나누셨습니다. 땅이 드러나게 된 것입니다. 이 하나님의 '나눔'의 사역을 통해 하나님은 이스라엘 백성에게 언제나 빛을 선택하고 하늘에 계신 하나님을 바라보게 하며 땅을 드러나게 하신 하나님의 은혜를 기억하게 하는 것이었습니다. 이 '나누이다'라는 말을 잘 나타내 주는 말이 있습니다. 바로 '거룩'입니다. 우리는 세상과 구별된 하나님의 백성입니다. 빛과 어두움이 나누이듯이 우리는 빛의 자녀요 세상은 어두움의 자녀인 것입니다. 거룩하게 구별되게 사는 것이 창조의 능력을 힘입는 비결인 것입니다.

첫째로 하나님의 '나눔'을 통한 빛과 어두움의 분리는 낮과 밤이 되어 '날'이라는 특별한 시간이 결정되게 된 것입니다. 앞 장에서 말씀드린 대로 '날', 히브리어 '욤'이라는 개념은 분명하게 시간의 양을 나타내는 명사입니다. 그리고 이 '날'의 양은 여러 가지 해석이 난무하지만 24시간의 개념이라고 말씀드릴 수 있습니다. 하지만 하나님이 광야를 여행하는 이스라엘 백성에게 '날'이라는 시간의 창조를 통해 깨닫기를 원하는 것은 시간의 양보다 의미였습니다. 날 안에 포함되어 있는 구원의 은혜와 심판의 의미를 깨닫기 원하셨던 것입니다. 이스라엘 백성은 빛과 어두움이 공존하는 상황을 경험하였습니다. 빛에 속한 자신들은 홍해를 건너서 구원을 얻는 감격과 기쁨을 누리게 된 반면에 어두움에 갇혀 있던 애굽 군대는 멸망당하게 되었습니다. 그러므로 이스라엘 백성에게 가장 중요한 삶의 목표는 언제나 빛에 속하는 것이었습니다. 빛 속에 생명이 있고, 은혜가 있고, 축복이 있고 능력이 있었던 것입니다. 그러나 어두움에는 하나님의 심판과 징계와 멸망이 기다리고 있었던 것입니다. 저녁, 즉 어두움과 아침, 즉 빛으로 이루어진 날을 살면서 이스라엘 백성은 언제나 빛에 속하여 하나님의 자녀답게 말씀대로 살면서 빛의 열매를 맺어야 했습니다.

둘째로 위의 물과 아래의 물을 나누시므로 하늘을 만드셨습니다. 하나님은 물과 물을 나누시므로 궁창, 즉 하늘을 창조하신 것입니다. 하나님이 궁창을 만드시고 궁창 아래의 물과 궁창 위의 물로 나뉘게 하셨습니다. 성경을 보면 세 가지의 하늘이 나옵니다. 인간이 숨 쉬며 살 수 있는 하늘과 우주 행성과 은하계를 나타낼 때 사용되는 '하늘의 하늘' 또는 복수를 써서 '하늘들'이라는 표현이 있습니다. 또 다른 '하늘'이 있는데 그곳은 하나님이 계시는 곳으로서 하나님의 보좌라고도 표현되기도 합니다. 히브리서 9장 24절을 봅시다.

그리스도께서는 참 것의 그림자인 손으로 만든 성소에 들어가지 아니하시고 바로 그 하늘에 들어가사 이제 우리를 위하여 하나님 앞에 나타나시고.

하나님이 계신 보좌가 있는 곳이 바로 하늘입니다. 그래서 예수님이 가르쳐 주신 기도를 보면 하나님이 하늘에 계신 것으로 묘사되어 있습니다.

"하늘에 계신 우리 아버지여"라고 기도가 시작됩니다.

그러므로 이스라엘 백성은 하늘을 바라보고 살아야 했습니다. 하늘에 계신 하나님을 바라볼 때마다 그들에게는 특별한 은총이 임재한 것을 볼 수 있습니다. 그들은 땅의 것을 바라보고 사는 인생으로 부름 받은 것이 아니라 하늘, 즉 하나님을 바라보고 살도록 창조된 것입니다. 그 하늘을 바라볼 때 생명이 있고 구원이 있었습니다. 하늘을 볼 때 감사가 있고, 기쁨이 있고, 평안이 있습니다. 그러나 땅을 볼 때는 낙심, 절망, 원망, 불평에 사로잡히게 됩니다. 결국 둘째 날의 나누심을 통해 하나님의 자녀들은 하나님을 바라보고 살아야 함을 절감하게 된 것입니다.

역대하 20장 5-13절을 보면 유명한 여호사밧의 기도가 나옵니다.

5여호사밧이 여호와의 전 새 뜰 앞에서 유다와 예루살렘의 회중 가운데 서서 6이르되 우리 조상들의 하나님 여호와여 주는 하늘에서 하나님이 아니시니이까 이방 사람들의 모든 나라를 다스리지 아니하시나이까 주의 손에 권세와 능력이 있사오니 능히 주와 맞설 사람이 없나이다 7우리 하나님이시여 전에 이 땅 주민을 주의 백성 이스라엘 앞에서 쫓아내시고 그 땅을 주께서 사랑하시는 아브라함의 자손에게 영원히 주지 아니하셨나이까 8그들이 이 땅에 살면서 주의 이름을 위하여 한 성소를 주를 위해 건축하고 이르기를 9만일 재앙이나 난리나 견책이나 전염병이나 기근이 우리에게 임하면 주의 이름이 이 성전에 있으니 우리가 이 성전 앞과 주 앞에 서서 이 환난 가운데에서 주께 부르짖은즉 들으시고 구원하시리라 하였나이다 10옛적에 이스라엘이 애굽 땅에서 나올 때에 암몬 자손과 모압 자손과 세일 산 사람들을 침노하기를 주께서 용납하지 아니하시므로 이에 돌이켜 그들을 떠나고 멸하지 아니하였거늘 11이제 그들이 우리에게 갚는 것을 보옵소서 그들이 와서 주께서 우리에게 주신 주의 기업에서 우리를 쫓아내고자 하나이다 12우리 하나님이여 그들을 징벌하지 아니하시나이까 우리를 치러 오는 이 큰 무리를 우리가 대적할 능력이 없고 어떻게 할 줄도 알지 못하옵고 오직 주만 바라보나이다 하고 13유다 모든 사람들이 그들의 아내와 자녀와 어린이와 더불어 여호와 앞에 섰더라.

하늘에 있는 주님만을 바라볼 때 여호사밧과 이스라엘은 승리하게 됩니다. 하나님을 바라보는 자는 언제나 하나님의 구원을 경험하게 되고 승리하는 인생을 살게 되는 것입니다.

셋째로 물과 마른 땅을 나누시므로 땅이 드러나게 하셨습니다. 천하의 물을 한 곳으로 모아서 물에서 땅을 나누어 드러나게 하신 하나님을 기억하면서 이스라엘 백성은 땅의 속한 모든 일 또한 하나님이 주관하고 계심을 믿어야 했습니다. 장차 가나안에 들어가서 농사를 하든 목축을 하든, 땅의 것 때문에 하나님을 잊어버리거나 떠나서는 안 되는 것입니다. 아담과 하와가 범죄한 이후에 하나님이 제일 먼저 '땅을 저주하신 것'을 생각해 보십시오. 범죄 이전의 땅은 엉겅퀴나 가시가 자라지 못할 만큼의 순수한 생명력이 넘쳤던 곳입니다. 어떤 씨앗을 뿌리든지 그 씨앗이 가지고 있는 본래의 열매만 풍성하게 맺었던 것입니다. 그러나 범죄 이후에는 그 땅의 순수한 생명력이 사라지게 되었습니다. 잡초와 온갖 독초가 끈질기게, 원래의 유익한 씨앗의 생명력을 위협하게 되었습니다. 이 사실을 잘 알고 있는 이스라엘 백성은 비록 이 땅을 딛고 살고 있지만 하나님이 주시는 풍성한 생명의 열매를 사모하며 살아야 했습니다. 이 세상 사람들은 땅만 바라보고 살아갑니다. 이 땅의 것이 전부인 것으로 생각합니다. 하지만 이 땅을 창조하신 창조주 하나님이 계시다는 것을 생각하며 그분께 나아가 그분만을 경배할 때 이 땅에서도 하늘의 복을 누리며 살아가게 될 것입니다.

하늘을 창조하신 하나님

하나님이 태초에 천지를 창조하시던 상태를 기억해 보면 하나님의 신이신 성령이 수면 위에 운행하고 계셨습니다. 물이 온 땅을 감싸고 있었음을 알 수 있습니다. 하나님이 지구를 물로 감싸신 이유는 물이 생명이기 때문입니다. 땅은 물을 통해 생명을 공급받게 되어 있습니다. 토성이나 화성 등 다른 행성을 탐사할 때 애타게 찾는 것이 물의 흔적입니다. 물이 없으면 생명이 존재할 수 없기 때문입니다. 이렇게 물로 지구를 감싸게 하셨던 하나님은 물 가운데에 궁창을 두시고 "물과 물로 나뉘라."고 말씀하십니다. 하나님의 말씀대로 궁창을 중심으로 아래 물과 위의 물로 나뉘게 됩니다. 궁창은 '공간'이라는 뜻입니다. 하나님은 아래 물과 위의 물 사이를 하늘이라고 부르신 것입니다. 이 말씀을 읽고 있는 이스라엘 백성은 홍해를 가르시던 하나님을 생각하게 될 것입니다. 하나님의 말씀대로 홍해가 갈라지고 물이 양쪽으로 쌓이게 되는 것을 이미 경험하였기 때문입니다.

이 하늘에 쌓여 있는 물을 출애굽하여 메마른 광야를 지나고 있는 이스라엘 백성의 입장에서 생각해 보십시오. 그들에게 가장 중요한 것은 마실 물입니다. 그러나 광야는 물이 없는 곳입니다. 물이 없다는 것은 살 보장이 없다는 것입니다. 이러한 그들에게 하나님은 내가 쌓아 놓은 물이 하늘 위에 있다는 것을 말씀하며 염려하지 말라고 하십니다. 너희들의 눈으로는 볼 수 없지만 하나님이 예비해 놓은 물이 있으니 두려워하지 말라는 것입니다. 말씀으로 물을 쌓아 놓으신 분이, 말씀으로 이스라엘 백성을 인도하고 계시는 하나님이십니다. 이스라엘 백성이 하나님 말씀대로만 순종한다면 얼마든지 필요한 대로 물을 공급받을 수 있게 되는 것입니다. 그러므로 하늘 위에 있는 물은 이스라엘에게 생명이나 다름없습니다. 그들의 생명이나 다름없는 물은 하나님이 주관하고 계십니다.

엘리야 시대의 이스라엘을 생각해 보십시오. 하나님이 하늘의 문을 닫으시면 비가 내리지 않았습니다. 무려 3년 반 동안이나 비가 내리지 않았습니다. 그러나 엘리야가 간절히 기도하자 하늘 문이 열리고 비가 내렸습니다. 그때 엘리야가 뭐라고 기도합니까?

37여호와여 내게 응답하옵소서 내게 응답하옵소서 이 백성에게 주 여호와는 하나님이신 것과 주는 그들의 마음을 돌이키심을 알게 하옵소서 하매 38이에 여호와의 불이 내려서 번제물과 나무와 돌과 흙을 태우고 또 도랑의 물을 핥은지라 [39]모든 백성이 보고 엎드려 말하되 여호와 그는 하나님이시로다 여호와 그는 하나님이시로다 하니(왕상 18:37-39).

비를 통해 알게 하고자 하는 것은 무엇입니까? 하나님의 하나님 되심입니다. 하나님은 비를 통해 그들의 마음을 하나님께로 돌이키고자 하는 것입니다. 우리 인생은 하나님의 은혜 없이는 살 수 없습니다. 비단 물이 아니더라도 온 우주만물을 주관하고 계신 분이 하나님이십니다. 하나님의 하나님 되심을 인정하고 하나님께 우리 마음을 돌이켜야 하늘 위의 물을 끌어다 쓸 수 있는 것입니다.

지금 인생의 광야를 지나며 하나님의 특별한 은혜, 즉 하늘 위의 은혜의 단비를 원하시는 성도가 계십니까? 먼저 오직 하나님만이 나의 하나님 되심을 진심으로 인정하고 하나님께 나의 생사가 달려 있음을 믿음으로 고백하시며 하나님께 나아가십시오. 전적으로 의지하던 세상 것으로부터 마음을 돌이켜 하나님께로 돌아오십시오. 온 마음 다해 주님만을 사랑하십시오. 하나님이 반드시 하늘의 창을 여시고 우리에게 하늘 위의 물을 내려 주실 줄로 믿습니다. 그 물 때문에 우리의 광야 같은 인생이 푸른 풀밭으로 바뀌게 될 것입니다. 하나님이 내려주시는 은혜의 단비 때문에 인생이 새롭게 살아나는 역사가 일어나게 될 줄로 믿습니다.

은혜와 심판 사이에서

이스라엘 백성은 엄청난 물이 하늘 위에 쌓여 있다는 것을 잘 알고 있습니다. 조상들로부터 노아 시대의 홍수 심판을 들어서 알고 있기 때문입니다. 그때 땅에 있는 모든 샘들이 터지고 하늘의 물이 쏟아졌습니다. 위에 쌓여 있던 물이 쏟아졌기 때문에 모든 생물이 홍수로 죽게 된 것입니다. 하나님의 섭리 앞에 인간이 할 수 있는 일은 아무것도 없습니다. 노아의 홍수로 하늘 위에 쌓여 있던 물이 쏟아진 후에 크게 두 가지의 변화가 생겼습니다. 하나는 이상 기후의 발생입니다. 창세기 1장 14절의 말씀처럼 "징조와 계절과 날과 해를 이루었던" 창조 질서가 손상을 입게 되고 사람들이 예측할 수 없는 기상 이변이 생겨나 혹한, 혹서가 생기게 된 것입니다.

또 하나는 인간의 생명이 단축되었다는 점입니다. 노아의 홍수 이전에는 사람들이 보통 900여 세를 살았습니다. 그러다가 노아 시대에는 3-4백 세를 살게 되고 나중에는 점점 수명이 줄어들어 결국 평균 수명이 70-80세까지 줄어들게 되었습니다. 하나님이 하늘 위로 쌓아 놓으신 물을 생각하면서 우리의 한계와 능력의 유한함을 절감해야 합니다. 내 능력, 내 지식, 내 경험이 하나님 앞에서 얼마나 어리석고 누추한 것인지를 깨달아야 합니다. 그리고 전능하신 하나님 앞에 겸손하게 무릎으로 나아가야 합니다. 날마다 하늘을 바라보고 살아야 합니다.

하늘에는 물만 있는 것이 아닙니다. 우리의 양식도 있습니다. 능력도 있습니다. 우리에게 필요한 모든 것이 하나님 보좌에서 나오는 것입니다. 우리는 이 땅의 것만 생각하고 땅에만 전념하는데, 하늘에는 우리에게 영육 간에 필요한 모든 것이 쌓여 있습니다. 우리는 천국의 열쇠를 받은 사람들입니다. 하늘을 바라보면 우리가 사는 땅과 하늘이 하나가 되는 것입니다. 예수님이 베드로에게 말씀하신 것을 생각해 보십시오.

내가 천국 열쇠를 네게 주리니 네가 땅에서 무엇이든지 매면 하늘에서도 매일 것이요 네가 땅에서 무엇이든지 풀면 하늘에서도 풀리리라 하시고(마 16:19).

날마다 하늘을 바라보며 기도로 나아가시는 성도가 되기를 바랍니다. 기도하면 하늘 문이 열리게 될 것입니다.

생명
사역

: 창세기 1장 6-8, 20-23절 :

⁶하나님이 이르시되 물 가운데에 궁창이 있어 물과 물로 나뉘라 하시고 ⁷하나님이 궁창을 만드사 궁창 아래의 물과 궁창 위의 물로 나뉘게 하시니 그대로 되니라 ⁸하나님이 궁창을 하늘이라 부르시니라 저녁이 되고 아침이 되니 이는 둘째 날이니라.

²⁰하나님이 이르시되 물들은 생물을 번성하게 하라 땅 위 하늘의 궁창에는 새가 날으라 하시고 ²¹하나님이 큰 바다 짐승들과 물에서 번성하여 움직이는 모든 생물을 그 종류대로, 날개 있는 모든 새를 그 종류대로 창조하시니 하나님이 보시기에 좋았더라 ²²하나님이 그들에게 복을 주시며 이르시되 생육하고 번성하여 여러 바닷물에 충만하라 새들도 땅에 번성하라 하시니라 ²³저녁이 되고 아침이 되니 이는 다섯째 날이니라.

    하나님은 '나눔'과 '채움'을 통해 6일 동안의 천지창조 사역을 전개하셨습니다. 빛과 어두움을 나누시고, 궁창 위의 물과 아래의 물로 나누시며, 물과 마른 땅을 나누신 후 나누어진 상태와 환경에 알맞게, 질서를 따라 적절한 생물을 채우셨습니다. 셋째 날 두 번째 창조에서 땅을 식물로 채우고, 넷째 날 궁창을 광명으로 채웠으며, 다섯째 날 궁창과 궁창의 아래의 물을 새와 물고기로 각각 채우셨습니다. 그리고 여섯째 날 땅을 사람과 동물로 채우셨습니다. 그러므로 하나님이 6일 동안 여덟 번 창조 사역에 개입하셨다는 것을 알 수 있습니다. 나눔의 마지막 날인 세 번째 날에 '땅과 식물'을 창조하시는 두 번의 창조사역이 있었으며, 당연히 채움의 마지막 날인 여

셋째 날에 '동물과 사람' 두 번의 창조 사역이 있었습니다. 그 결과는 항상 "하나님 보시기에 좋았더라."는 말씀입니다. "하나님이 보시기에 좋았더라."는 말씀은 1장에서만 총 7번 등장합니다. 4, 10, 12, 18, 21, 25, 31절에 나타납니다. 하지만 둘째 날 창조사역, 즉 위에 물과 아래 물을 나누어 하늘을 창조하신 사역에는 이 말씀이 등장하지 않습니다.

신학자들은 "하나님이 보시기에 좋았더라."는 말씀이 의도적으로 생략된 것으로 보고 있습니다. 왜냐하면 셋째 날에 가서야 둘째 날의 창조사역이 완결되었다고 보기 때문입니다. 즉 둘째 날에는 하늘, 셋째 날에는 땅이 창조되었는데, 하늘과 땅이 서로 쌍을 이룬 것을 보고 하늘과 땅이 아름답게 조화를 이루게 되었을 때 비로소 하나님은 보기에 좋다는 말씀을 하셨다는 것입니다. 하늘이 하나님의 보좌요, 땅의 창조의 최종 목적이 인간을 위한 것이라고 생각한다면, 범죄 이전의 에덴 동산에서의 하나님과 아담이 말씀을 통해 이루는 아름다운 교제를 생각해 보면 그 상태가 진정으로 "하나님 보시기에 좋은" 상태에 이르게 되는 것입니다. 아무튼 신학자들은 하늘의 창조가 땅의 창조의 준비단계 과정으로 이루어진 것으로 간주하기 때문에 둘째 날 "보시기에 좋았더라."는 말씀이 생략된 것으로 생각하고 있습니다. 그러면 하나님이 "보시기에 좋았더라."는 말씀을 반복적으로 하신 이유는 무엇일까요?

하나님 보시기에 좋았더라

"하나님이 보시기에 좋았더라."는 말씀은 단순히 "창조가 잘 이루어졌다."는 뜻이 아니라 하나님의 창조의 전체적인 계획과 목적대로 완전하게 일치한 것을 의미하는 말씀입니다. 창조의 실행자도 하나님이시요, 그 창조를 평가하시는 분도 하나님이십니다. 창조는 하나님으로부터 시작해서 하나님으로 마칩니다. 창조에는 온통 하나님 밖에 없습니다. 그러므로 이 세상의 모든 피조물은 오직 하나님만을 드러내야 합니다. 이 말씀을 듣는 이스라엘 백성에게 중요한 것은 '하나님의 피조물답게 자신 안에 하나님만 존재하는가?' '그 하나님이 나를 보시고 "보시기에 좋았더라."고 말씀하실 수 있는가?'를 생각하는 것입니다.

"하나님이 보시기에 좋았더라."는 말씀을 듣는 이스라엘 백성도 분명히 하나님의 피조물이므로 그들 자신과 그들의 삶도 "하나님 보시기에 좋았더라."고 할 수 있어야 합니다. 이제 그들이 추구해야 할 인생의 중요한 목적은 "하나님 보시기에"라는 말씀이 되어야 했습니다. 그것이 광야를 통과하는 제일 중요한 이유였습니다. 삶의 기준을 바꾸고 삶의 태도를 바꾸어야 했습니다. 애굽에서 죄의 노예로 살아가던 옛 습관을 버리고, 내 생각과 내 고집, 내 경험을 포기하고 철저하게 하나님이 주시는 말씀 앞에 서야 했던 것입니다. 지금까지는 내가 내 인생의 주인이었지만 이제부터는 살아 계셔서 말씀으로 천지를 창조하시는 하나님이 내 인생의 주인이시므로 그분 앞에 거룩한 모습으로 서야 했던 것입니다. 그리고 하나님 앞에 서 있는 나를 향하신 하나님의 말씀이 "보시기에 좋았더라."여야 하는 것입니다.

그러나 광야에서의 이스라엘은 하나님 보시기에 아름다운 인생으로 회복되고 변화된 것이 아니라 이미 애굽을 떠나왔음에도 애굽의 영화와 육신의 평안함을 구했습니다. 겉으로는 율법을 지키고 예배도 하고, 구름기둥과 불기둥의 인도함을 받고 있었지만 그들의 속사람은 세상의 이기적인 욕심으로 가득했던 것입니다. 이러한 인간 중심, 욕구 중심의 신앙이 순간마다 하나님께 불순종하게 하는 주된 원인이었습니다. 그들은 좋고 싫음, 즉 선과 악의 판단을 자신들이 하고 있었습니다. 그 결과는 원망과 불평불만이었습니다. 이스라엘 백성은 좋고 나쁘고의 판단을 자신들을 불러내시고 구원하신 하나님이 하시도록 전적으로 맡겨 드리지 않았습니다. 모든 것을 자신들이 판단하고, 싫고 좋고를 결정했습니다. 이스라엘 백성은 하나님이 인정하시고 판단하실 때까지 묵묵히 순종하며 나아가는 것이 아니라 자신들이 하나님의 자리를 차지하고 있었습니다. 그러니 하나님께 감사하기는커녕 원망하고, 불평하며, 불순종한 것입니다.

우리도 마찬가지입니다. 지금까지 내 마음대로 내 뜻대로 신앙생활하여 왔다면 나를 포기하고 내려놓아야 합니다, 나를 부인하고 나를 죽여야 합니다. 내 인생의 주인이 하나님이심을 인정하고 내 안에 하나님의 피조물답게 하나님으로만 충만해야 합니다. 내 뜻이 아닌 오직 하나님의 뜻만이 이루어져야 하나님이 보시기에 좋은 상태에 이르게 되는 것입니다.

그래서 예수님은 제자들에게 기도를 가르쳐 주실 때에 "뜻이 하늘에서 이루어진 것 같이 땅에서도 이루어지이다."라고 기도하신 것입니다. 하늘의 하나님이 보여 주신 뜻이 내 마음에 들지 않아도, 내 뜻에 맞지 않아도, 순종하며 나아가야 합니다. 내가 만족할 때까지가 아니라 하나님이 만족하실 때까지 순종하는 것이 하나님 보시기에 아름다운 사람인 것입니다. 예수님이 제자들을 향하여 "누구든지 나를 따라오려거든 자기를 부인하고 자기 십자가를 지고 나를 따를 것이니라(마 16:24)."고 말씀하신 것도 같은 맥락입니다. 나를 부인하고 십자가를 지게 될 때, 나를 죽이고 사명을 붙잡을 때 나를 통해 하나님의 영광이 나타나고 하나님이 보시기에 아름다운 인생을 살게 되는 것입니다.

창세기 6장의 노아를 보십시오. 사람의 죄악이 세상에 가득하고 사람의 마음으로 생각하는 모든 계획이 악한 것뿐임을 보시고 땅 위에 사람 지으심을 한탄하시던 하나님이 심판을 계획하고 계실 때(6:5-6), 창세기 7장 1절에 보면 "여호와께서 노아에게 이르시되 너와 네 온 집은 방주로 들어가라 이 세대에서 네가 내 앞에 의로움을 내가 보았음이니라."고 노아에 대한 평가를 말씀하고 있습니다. 모든 사람이 시집가고 장가가고 세상 쾌락에 빠져 자기 자신이 주인되어 살 때 노아는 다른 사람이 어떻게 행하든지, 그 시대가 어떤 모습이든지, 상관하지 않고 자기 자신을 하나님 앞에 당대의 완전한 자요 의인으로 세우는 삶을 살아갔다는 것입니다. 사람을 보고 세상을 보는 것이 아니라 왕이신 하나님을 바라보며 오직 그 앞에 믿음으로 서 있었던 것입니다. 그 결과 모든 사람이 물로 심판당할 때에 노아는 하나님의 새로운 구원의 역사를 이루는 사람으로 사용받게 되었습니다. 우리를 향하여 하나님이 "내 앞에 내 의로움을 보았다."고 기뻐하시는, 좋아하시는 삶을 살아야 하는 것입니다.

창세기에서 하나님이 보시는 것이 얼마나 중요한지를 다시 한 번 생각해 보겠습니다. 창세기 38장을 보면 유다 이야기가 나옵니다. 이 이야기의 시작은 유다의 큰 아들인 엘과 둘째 아들 오난이 죽는 장면으로부터 시작됩니다. 창세기 38장 7절에 보면 "유다의 장자 엘이 여호와가 보시기에 악하므로 여호와께서 그를 죽이신지라."라고 말씀하고 있고, 이어지는 10절에 보면 "그 일이 여호와가 보시기에 악하므로 여호와께서 그도 죽이시니"라고 유다의 두 아들들이 여호와 보시기에 악하므로 죽었다고 분명하게 성경이 증거하고 있습니다.

지금 신앙 기준은 무엇입니까? 사람의 기준입니까? 아니면 하나님의 기준입니까? 예수님이 외식하는 바리새인들을 향하여 외치셨던 말씀을 기억해야 합니다.

> 27화 있을진저 외식하는 서기관들과 바리새인들이여 회칠한 무덤 같으니 겉으로는 아름답게 보이나 그 안에는 죽은 사람의 뼈와 모든 더러운 것이 가득하도다 28이와 같이 너희도 겉으로는 사람에게 옳게 보이되 안으로는 외식과 불법이 가득하도다(마 23:27-28).

바리새인들이 왜 이런 책망을 받았습니까? 인생의 기준이 하나님인 듯하지만 사람이었기 때문입니다. 자기들에게 적합하다고 하는 것은 기쁨으로 선택하지만 자기들에게 손해가 되는 것은 다른 여러 가지 법을 만들어 교묘하게 피했기 때문에 예수님으로부터 겉모습만 아름다운 회칠한 무덤이라는 책망을 들은 것입니다. 회개하고 옛 사람을 버리고 하나님께 나아가는 것이 진정한 하나님의 영광이요, 그 영광 안으로 들어가는 자들은 언제나 하나님의 은혜로 모든 어두움을 물리치고 승리하게 된다는 것을 그들은 몰랐던 것입니다. 부디 심판받아 화가 미치는 인생을 산 바리새인이 아니라 진실로 우리의 속사람이 말씀으로 변화된 하나님 보시기에 아름다운 인생이 되시기 바랍니다.

물들은 생물로 번성케 하라

앞장에서 말씀드린 대로 하나님은 물로 지구를 감싸고 계셨습니다. 둘째 날에 하나님은 지구를 감싸고 있는 물 가운데에 궁창을 만드시고 궁창 아래의 물과 궁창 위의 물로 나누셨습니다. 궁창, 즉 하늘 위의 물은 노아의 홍수시대에 심판의 도구로 사용되었고, 그 결과 인간의 수명이 노아의 홍수 심판을 계기로 급격하게 줄어들기 시작했습니다. 아마도 인간을 보호하고 있던 위의 물층이 깨졌기 때문일 것입니다. 이처럼 물은 인간의 생명과 밀접하게 관련되어 있습니다. 우리가 읽은 창세기 1장 20절 말씀을 보면 물이 우리 인간에게 얼마나 중요한지를 알 수 있습니다. "하나님이 이르시되 물들은 생물을 번성하게 하라."는 말씀을 보면 하나님이 물에게 명령하십니다. 이 말씀을 주의해서 보면 생물의 번성은 물과 관련이 있습니다. 즉 이 땅에 사는 식물이든 동물이든 생명이 있는 것은 물이 있어야 생육하고 번성할 수 있습니다. 사람도 몸의 70%가 수분으로 이루어졌다고 합니다. 물이 있어야 생명체들은 그들의 생명을 유지할 수 있을 뿐 아니라 번성하고 증가할 수 있는 것입니다. 하지만 이토록 중요한 물이 인간이 하나님을 떠난 후부터 오염되기 시작했습니다. 물은 모든 생물의 생명 유지에 아주 중요한 요소임을 깨달아 소중히 여겨야 되는 것입니다.

종류대로 창조하신 하나님

본문 21절을 보면 하나님이 "모든 생물을 그 종류대로, 날개 있는 모든 새를 그 종류대로 창조하시니."라는 말씀이 있습니다. 생물이든 새든 어느 날 갑자기 생겨난 것이 아니라 하나님이 창조하신 것입니다. 하나님은 큰 바다 짐승과 물에서 번성하여 움직이는 모든 생물을 그 종류대로 창조하셨습니다. 그러므로 이스라엘 백성은 애굽에서 보았던 것처럼 이 동물들을 두려워하고 우상으로 섬기는 것이 아니라 그것을 만드신 하나님을 두려워하고 경배해야 하는 것입니다. 해, 달 별 뿐 아니라 모든 생물을 바라보면서 하나님의 오묘하신 솜씨를 찬양해야 하며 그분의 전능하심을 신뢰해야 하는 것입니다. 하나님만을 예배해야 하는 것입니다.

하나님이 궁창 위의 물과 궁창 아래의 물을 나누시고 그곳에 채우신 맨처음 생물은 '큰 바다 짐승'이었습니다. 작은 것이 진화하여 커다란 개체가 된 것이 아니라 애초부터 하나님이 큰 짐승을 창조하시고 모든 생물을 그 종류대로 지으셨습니다. 절대로 어떤 개체에서 진화되어 나타난 것이 아닙니다. 고래는 처음부터 고래였고, 새우는 처음부터 새우였습니다. 물론 이 큰 바다 짐승이 공룡이냐 아니냐를 따지는 것은 창세기를 주신 목적에서 벗어나는 것입니다. 다시 말씀드리지만 창세기는 과학적인 증명을 위해 주어진 것이 아니라 이스라엘 백성에게 하나님이 창조주이시며, 오직 그분만을 예배하고 섬겨야 됨을 가르쳐 주시기 위해 기록된 말씀입니다. 욥기 38-41장을 보십시오. 모든 만물을 창조하시고 섭리하시는 분은 하나님이심을 보여 줍니다. 무엇보다 모든 것이 하나님의 말씀대로 창조되었다는 것을 볼 때에 우리에게 하나님의 말씀보다 중요하고 위대한 것은 없습니다. 하나님의 말씀에 우리의 생명이 있고 능력이 있습니다. 하나님의 말씀이 임하면 우리 인생이 바뀌어 능력 있고 축복된 인생을 살게 되는 것입니다.

생육하고 번성하라

하나님은 그것들을 지으시고 보시기에 좋으셨다고 감탄만 하신 것이 아닙니다.

하나님이 그들에게 복을 주시며 이르시되.

하나님은 그들에게 복을 주셨습니다. 그 복은 생육하고 번성하는 복입니다. 이렇게 하나님이 바다 짐승과 모든 바다 생물과 공중 나는 새들도 번성하라고 복을 주신 이유가 무엇입니까? 바로 우리들을 사랑하시기 때문입니다. 아직 창조되지 않은 인간을 위해 하나님은 그들이 이 땅 가운데서 살아가는 데 필요한 모든 것을 다 구비하는 것입니다. 바다에 사는 생물들, 공중에 사는 새들, 들에 피는 백합화 하나까지 다 하나님이 주관하시고 생육하고 번성하게 하시는 것입니다. 그렇다고 한다면 그분의 형상과 모양대로 창조된 사람인 우리야 오죽하시겠습니까? 하나님이 아담을 창조하시고 축복하신 말씀을 생각해 보십시오.

하나님이 그들에게 복을 주시며 하나님이 그들에게 이르시되 생육하고 번성하여 땅에 충만하라 땅을 정복하라 바다의 물고기와 하늘의 새와 땅에 움직이는 모든 생물을 다스리라 하시니라(1:28).

바다 짐승과 생물 그리고 새에게 복을 주신 이유는 바로 인간에게 다스림받게 하기 위해서입니다. 하나님은 우리들을 이토록 치밀하게 축복해 주셨습니다. 그런데 우리도 광야의 이스라엘 백성처럼 먹을 것, 입을 것, 마실 것 등 이 땅의 것 때문에 창조주이신 그리고 그 창조물을 나를 위해 운행하고 계신 하나님을 잊어버리고 살 때가 있다는 것입니다.

예수님이 제자들을 부르시고 그들에게 구체적인 사명을 주시기 전에 교훈하신 말씀이 있습니다. 마태복음 처음 설교인 산상보훈에 속하여 있는 마태복음 6장 16-34절에 보면 이렇게 기록되어 있습니다.

16금식할 때에 너희는 외식하는 자들과 같이 슬픈 기색을 보이지 말라 그들은 금식하는 것을 사람에게 보이려고 얼굴을 흉하게 하느니라 내가 진실로 너희에게 이르노니 그들은 자기 상을 이미 받았느니라 17너는 금식할 때에 머리에 기름을 바르고 얼굴을 씻으라 18이는 금식하는 자로 사람에게 보이지 않고 오직 은밀한 중에 계신 네 아버지께 보이게 하려 함이라 은밀한 중에 보시는 네 아버지께서 갚으시리라 19너희를 위하여 보물을 땅에 쌓아 두지 말라 거기는 좀과 동록이 해하며 도둑이 구멍을 뚫고 도둑질하느니라 ²⁰오직 너희를 위하여 보물을 하늘에 쌓아 두라 거기는 좀이나 동록이 해하지 못하며 도둑이 구멍을 뚫지도 못하고 도둑질도 못하느니라 ²¹네 보물 있는 그 곳에는 네 마음도 있느니라 ²²눈은 몸의 등불이니 그러므로 네 눈이 성하면 온 몸이 밝을 것이요 ²³눈이 나쁘면 온 몸이 어두울 것이니 그러므로 네게 있는 빛이 어두우면 그 어두움이 얼마나 더하겠느냐 ²⁴한 사람이 두 주인을 섬기지 못할 것이니 혹 이를 미워하고 저를 사랑하거나 혹 이를 중히 여기고 저를 경히 여김이라 너희가 하나님과 재물을 겸하여 섬기지 못하느니라 ²⁵그러므로 내가 너희에게 이르노니 목숨을 위하여 무엇을 먹을까 무엇을 마실까 몸을 위하여 무엇을 입을까 염려하지 말라 목숨이 음식보다 중하지 아니하며 몸이 의복보다 중하지 아니하냐 ²⁶공중의 새를 보라 심지도 않고 거두지도 않고 창고에 모아들이지도 아니하되 너희 하늘 아버지께서 기르시나니 너희는 이것들보다 귀하지 아니하냐 ²⁷너희 중에 누가 염려함으로 그 키를 한 자라도 더할 수 있겠느냐 ²⁸또 너희가 어찌 의복을 위하여 염려하느냐 들의 백합화가 어떻게 자라는가 생각하여 보라 수고도 아니하고 길쌈도 아니하느니라 ²⁹그러나 내가 너희에게 말하노니 솔로몬의 모든 영광으로도 입은 것이 이 꽃 하나만 같지 못하였느니라 ³⁰오늘 있다가 내일 아궁이에 던져지는 들풀도 하나님이 이렇게 입히시거든 하물며 너희일까보냐 믿음이 작은 자들아 ³¹그러므로 염려하여 이르기를 무엇을 먹을까 무엇을 마실까 무엇을 입을까 하지 말라 ³²이는 다 이방인들이 구하는 것이라 너희 하늘 아버지께서 이 모든 것이 너희에게 있어야 할 줄을 아시느니라 ³³그런즉 너희는 먼저 그의 나라와 그의 의를 구하라 그리하면 이 모든 것을 너희에게 더하시리라 ³⁴그러므로 내일 일을 위하여 염려하지 말라 내일 일은 내일이 염려할 것이요 한 날의 괴로움은 그날로 족하니라.

지금 삶이 너무나 힘들고 고통스러우십니까? 공중 나는 새를 보십시오. 들의 백합화를 보십시오. 직장 때문에, 먹을 것 때문에, 입을 것 때문에, 돈 때문에 염려가 되고 근심이 되시거든 공중 나는 새를 보십시오, 들의 꽃을 보십시오. 이방인들처럼 그것들을 구하지 마시고 하나님의 나라와 그의 의를 구하십시오. 그러면 하나님이 책임져 주실 것입니다. 엘리야를 까마귀를 통해 먹여 주신 하나님이 우리를 그분의 방법과 뜻대로 먹이시고 입히실 것입니다. 하나님은 우리의 모든 필요한 것들을 창조해 놓으시고 우리를 지으셨습니다. 우리 모두에게 필요한 것을 하나님은 먼저 축복해 놓으셨습니다. 하나님을 믿으시고 하나님이 보시기에 좋았더라고 선언하실 만한 축복의 사람으로 살아가기를 바랍니다.

말씀하신
대로

창세기 1장 9-13, 24-25절

9하나님이 이르시되 천하의 물이 한 곳으로 모이고 뭍이 드러나라 하시니 그대로 되니라 **10**하나님이 뭍을 땅이라 부르시고 모인 물을 바다라 부르시니 하나님이 보시기에 좋았더라 **11**하나님이 이르시되 땅은 풀과 씨 맺는 채소와 각기 종류대로 씨 가진 열매 맺는 나무를 내라 하시니 그대로 되어 **12**땅이 풀과 각기 종류대로 씨 맺는 채소와 각기 종류대로 씨 가진 열매 맺는 나무를 내니 하나님이 보시기에 좋았더라 **13**저녁이 되고 아침이 되니 이는 셋째 날이니라.

24하나님이 이르시되 땅은 생물을 그 종류대로 내되 가축과 기는 것과 땅의 짐승을 종류대로 내라 하시니 그대로 되니라 **25**하나님이 땅의 짐승을 그 종류대로, 가축을 그 종류대로, 땅에 기는 모든 것을 그 종류대로 만드시니 하나님이 보시기에 좋았더라.

둘째 날 하늘을 창조하신 하나님은 "보시기에 좋았더라."는 말씀을 하지 않으셨습니다. 하지만 땅이 물에서 드러나는 모습을 보시며 "보시기에 좋았더라."고 말씀하셨습니다. "보시기에 좋았더라."는 말씀을 땅이 창조될 다음날까지 아끼신 것입니다. 그래서 셋째 날은 "하나님이 보시기에 좋았더라."는 말씀을 유일하게 두 번씩이나 하셨다고 기록하고 있습니다. 하늘과 땅의 조화가 얼마나 중요한지를 우리에게 말씀해 주고 있는 것입니다. 하늘은 하나님이 계시는 보좌이고 땅은 사람을 위한 공간이라고 한다면 하나님과 인간이 하나 된 그 상태가 하나님 보시기에 좋은 상태인 것입니다. 예수님이 제자들에게 기도를 가르쳐 주시며 "하늘에 계신 우리 아버지여"라고 먼저 하나님을 기도 가운데 초청하신 부분을 생각해 보십시오. 물론 하나님은 아니 계신 곳이 없지만 하늘을 하나님의 보좌로 여기신 것입니다. 그리고 "뜻이 하늘에서 이루어진 것처럼 땅에서도 이루어지이다."라고 기도하신 것을 생각해 보면 하나님이 보시기에 좋은 상태는 하나님의 뜻이 하늘에서도, 땅에서도 이루어지는 것입니다. 뜻이 하늘과 땅에서 이루어진다는 것은 하나님과 사람이 하나 되는 것을 의미합니다.

우리 인생이 누릴 수 있는 복 중의 복은 창조의 모습을 회복하는 것입니다. 창조의 회복은 하나님과 내가 하나 되는 것을 의미합니다. 하나님의 뜻이 우리의 삶 가운데서 완전하게 이루어지어 하나님과 내가 하나 되는 것이 창조의 회복입니다. 그렇기 때문에 예수님은 십자가를 앞에 두고 기도하실 때 "나의 원대로 마옵시고 아버지의 원대로 하옵소서."라고 기도하신 것입니다. 십자가가 하나님의 뜻인 것을 알기에 자기 자신의 뜻을 포기하신 예수님 때문에 죄로 파괴된 이 세상이 새로운 창조의 은혜를 누리게 되었습니다. 예수님의 십자가 대속의 은혜를 힘입어 창조주이신 하나님께 나아가 하나님의 형상을 회복하게 되는 것이 우리 안에 창조의 기쁨과 능력을 회복하는 것이며, 하나님 보시기에 좋았더라고 말씀하실 수 있는 최고의 상태에 이르게 되는 유일한 길입니다.

물에서 땅을 드러나게 하신 하나님

본문 말씀을 보면 땅은 물에서 드러나게 됩니다. 마치 위의 물과 아래 물이 나뉘어 각각의 곳에 모이게 되었을 때 창조된 하늘처럼 이 땅도 물이 한 곳으로 모이게 하심으로 창조된 것입니다.

> 하나님이 이르시되 천하의 물이 한 곳으로 모이고 뭍이 드러나라 하시매 그대로 되니라.

창세기 1장에서 "하나님이 이르시되, 그대로 되니라"가 반복되어 나타나는 이유가 무엇일까요? 우리가 잘 아시다시피 물의 속성은 높은 데서 낮은 데로, 위에서 아래로 흐릅니다. 하나님의 말씀은 이 물의 속성마저도 초월하여 역사하신 것입니다. 지난번에 말씀드린 것처럼 창세기의 말씀을 받은 이스라엘 백성은 이미 물이 자연의 속성을 거스르고 쌓여 있게 된 것을 경험한 적이 있습니다. 하나님의 말씀대로 홍해가 갈라져 양편에 물이 쌓이게 되어 바다를 마른 땅 같이 통과한 적이 있었고, 또한 요단강 물이 멈추어 쌓이게 된 것을 경험한 사람들입니다. 하나님의 말씀은 이처럼 인간의 상식과 자연의 법칙을 뛰어넘는 능력이라는 사실을 이스라엘 백성은 두 눈으로 똑똑히 경험한 것입니다.

하나님은 말씀으로 물에서 땅이 드러나게 하셨을 뿐 아니라 그 말씀의 능력으로 하나님은 땅과 바다의 경계를 정하셔서 물이 다시 땅을 침범하지 못하게 하셨습니다. 예레미야 5장 22절을 보면 그 사실을 분명하게 알 수 있습니다.

여호와의 말씀이니라 너희가 나를 두려워하지 아니하느냐 내 앞에서 떨지 아니하겠느냐 내가 모래를 두어 바다의 한계를 삼되 그것으로 영원한 한계를 삼고 지나치지 못하게 하였으므로 파도가 거세게 이나 그것을 이기지 못하며 뛰노나 그것을 넘지 못하느니라.

하나님이 연약하고 보잘 것 없는 모래에게 말씀으로 바다와 땅의 한계가 되라고 명령하시니 그 모래가 영원한 땅과 바다의 경계가 된 것입니다. 모래 위에 말씀의 능력이 임하니 바다와 땅의 경계를 지금까지 정하고 있는 것입니다. 말씀의 능력이 이렇게 위대한 것입니다. 이 위대한 말씀의 능력을 신뢰하지 못하기 때문에 이스라엘은 패망한 것입니다. 우리의 인생도 모래처럼 연약할 수 있지만 하나님의 방법은 내가 생각지 못하고 기대하지 못한 것이 일어납니다. 때문에 우리는 하나님을 두려워할 줄 알아야 하고 하나님의 말씀이 우리 안에서 활동하도록 하는 것이 필요합니다.

베드로후서 3장 4-5절을 보십시오.

땅이 물에서 나와 물로 성립된 것이 분명히 하나님의 말씀으로 이루어진 것임을 증언하고 있습니다. 물로부터 땅을 창조하신 하나님의 말씀을 신뢰하지 못하기 때문에 예수님의 재림까지 부인하게 되는 것입니다. 결과에만 집착하지 말고 살아 계신 하나님께 집중함으로 말씀 중심의 신앙을 회복하기를 바랍니다.

히브리서 11장 3절은 말씀으로 이루어진 하나님의 천지창조를 이렇게 다시 한 번 확증하고 있습니다.

믿음으로 모든 세계가 하나님의 말씀으로 지어진 줄을 우리가 아나니 보이는 것은 나타난 것으로 말미암아 된 것이 아니니라.

천지창조는 말씀으로 이루어졌으며 이 사실은 보이는 것으로 확인할 수 있는 것이 아니라 오직 믿음으로만 가능하다는 것을 말씀하고 있습니다. 말씀을 믿고 의지하면 환경에 의해 조종당하는 것이 아니라 하나님의 말씀의 능력으로 회복됩니다.

말씀대로 되니라

지금까지 우리가 살펴본 대로 창세기 기자가 창조 기사를 통해 계속 반복하여 강조하는 것이 있습니다. 하나님이 말씀하시는 대로 모든 것이 이루어진다는 것입니다. 말씀이 곧 하나님의 창조의 능력이라는 것입니다.

그러므로 말씀을 대하는 이스라엘 백성은 눈에 보이는 이적과 기적을 좇아가는 것이 아니라 창조의 능력이 있는 하나님의 말씀을 따라가야 했습니다. 이적과 기적을 통해 평안하고 안락한 삶을 추구하는 것이 아니라 천지를 창조하신 하나님의 말씀을 좇아가야 했습니다.

하나님의 말씀을 붙들고 순종하면 그들의 인생이 새롭게 창조되고 그들 안에 하나님의 형상과 모양이 회복되는 것입니다. 기적이 그들의 인생을 바꾸는 것이 아니라 말씀이 그들의 인생을 바꿀 수 있는 유일한 대안이었습니다. 왜냐하면 말씀이 예수 그리스도이기 때문입니다. 말씀이신 예수 그리스도가 심령 안에 들어오게 되면 새로운 피조물, 즉 창조물이 되는 것입니다. 그래서 사도 바울은 고린도후서 5장 17절에서 이렇게 선언한 것입니다.

> 그런즉 누구든지 그리스도 안에 있으면 새로운 피조물이라 이전 것은 지나갔으니 보라 새 것이 되었도다.

그리스도인들이 누릴 수 있는 복은 기적에 의한 물질적인 것이 아닙니다. 예수 그리스도 안으로 들어감으로 말미암아 말씀을 통해 새로운 피조물로 변화되어 이전 모습과는 완전히 다른 전혀 새로운 사람으로 거듭나는 것이 축복 중의 축복인 것입니다. 예수님을 따르는 사람들에게 하나님의 창조의 영광이 드러납니다.

그러나 이스라엘 백성이 붙잡은 것은 말씀이 아니라 기적이었습니다. 그것은 예수님 시대에도 마찬가지였습니다. 예수님에게 믿음을 위해 더 큰 표적을 요구하였습니다. 표적만을 요구하는 유대인들에게 예수님이 보여 주시고자 하는 표적은 요나의 표적 밖에 없었습니다. 요나의 표적이 무엇을 의미합니까? 요나가 물고기 배 속에 사흘을 머문 것처럼 인자이신 예수님이 십자가에 죽으시고 사흘 만에 다시 부활하는 것을 증거하는 표적입니다. 표적을 요구하는 유대인들에게 예수님이 주시고자 하는 것은 십자가의 죽으심과 부활이었습니다. 십자가의 죽으심과 부활 없이는 우리가 결코 하나님의 새로운 피조물이 될 수 없기 때문입니다. 새로운 피조물이 되지 않고는 결단코 천국 백성이 될 수 없기 때문입니다.

하나님의 말씀에 창조의 능력이 있음을 가장 잘 이해하고 믿은 사람이 예수님의 어머니 마리아입니다. 남자를 알지 못하는 처녀의 몸으로 아이를 잉태하게 된다는 천사 가브리엘의 말을 들었을 때 "어떻게 이 일이 일어 날 수 있습니까?"라고 묻습니다. 그러자 천사가 마리아에게 들려주었던 말씀이 이 말씀입니다.

대저 하나님의 모든 말씀은 능하지 못하심이 없느니라(눅 1:37).

하나님의 입에서 나오는 모든 말씀이 곧 능력이요, 가능이요, 희망이요, 실제인 것입니다. 하나님의 모든 말씀 아래에서는 능하지 못하심이 없다는 것을 믿은 마리아가 이처럼 고백합니다.

…말씀대로 내게 이루어지이다…(눅 1:38).

받은 말씀대로 모든 것이 이루어는 줄 마리아는 믿었습니다. 마리아의 고백 속에는 그 말씀이 이루어지기를 소망하며, 그것을 위해서는 그녀가 어떤 감당을 해도 좋다는 결단이 포함되어 있습니다. 그녀의 고백에는 말씀대로 되는 창조의 표현이 그대로 등장합니다. 돌에 맞아 죽어도 그 말씀이 이루어진다면 그 길을 걷겠다는 것이 마리아의 창조의 능력인 말씀을 받아들이는 신앙인 것입니다.

우리가 지금 말씀을 받는 대로 모든 것이 이루어지게 되는 줄로 믿기를 바랍니다. 하나님의 모든 말씀 앞에서는 능치 못할 일이 없습니다. 그 말씀이 이루어지기를 소망하며 믿으면 우리의 삶 가운데에 마리아를 덮었던 성령의 능력이 임하게 되고 하늘의 기적이 이 땅 가운데서도 일어나게 되는 것입니다. 말씀대로 살면 하나님의 영광이 이루어지지만 우리가 감당해야 할 고난이 있습니다. 말씀대로 사는 것이 광야의 삶이고, 고난과 역경의 삶이라도 말씀대로 살아가시기 바랍니다. 그것이 곧 말씀의 능력입니다.

천지창조의 능력인 하나님의 말씀은 지금도 우리에게 들려지고 있습니다. 우리가 듣고 있는 말씀은 공중의 물을 붙들고 있으며, 바닷물이 경계를 따라 움직이게 하는 말씀이며, 물에서 땅이 드러나게 하신 능력의 말씀입니다. 따라서 이 말씀을 듣고 믿고 순종하는 사람에게는 창조의 능력이 임하여 인생이 새롭게 변화되고 회복되는 것을 볼 수 있습니다. 말씀을 통해 성령의 능력이 우리 삶 가운데 임하므로 지금까지의 삶과는 전혀 다른 삶이 우리에게 펼쳐지게 되는 것입니다. 아무리 타락한 사람이라도 아무리 가능성 없는 사람이라 할지라도 이 말씀이 임하기만 하면 새로운 사람으로 변화되는 것입니다.

우리 교회 한 성도님께 받은 메일을 소개하고 싶습니다.

목사님, 감사드립니다.
목사님, 저 때문에 많이 힘드시죠. 죄송하고, 부끄럽고, 그러네요. 제가 교회 처음 예배드린 날이 2009년 11월입니다. 목사님께서는 여러 장로님, 집사님께 저를 소개해 주셨습니다. 세례까지 받은 전 교회에 충실하지 못했고, 봉사도 하지 않았고, 그냥 인사치레로 잠깐 예배드리고 그 시간에 졸고, 시계 보고 그랬습니다. 제가 너무 부끄럽고 정말 용서받지 못할 사람이라는 걸 이제야 느꼈습니다.
한동안 힘들고 주체하지 못할 정도로 어려운 상황에 있다 보니 대인기피증도 조금 있었던 것 같아요. 방황도 많이 하고, 혼자서 고립된 생활도 하고 그랬습니다. 이렇게 어려운 시간 속에 전 그냥 삶이 그렇겠지 막연히 생각했습니다. 그런데 지금 생각을 해 보니 하나님께서 절 구원해 주시기 위한 방법이었다는 것을 알았습니다.

목사님께서 그러셨죠. 하나님께서는 참을 수 있을 만큼만 시련을 주신다고요. 참지 못할 것은 주지 않으신다고 말씀하셨습니다. 그래서 알았습니다. 제가 죄는 많이 지었지만 하나님께서는 절 버리지 않으셨다는 것을요. 특별새벽기도 또한 저를 위한 특별한 예배였던 것 같아요. 일주일 내내 기도하면서 울었고요. 운전하고 가면서도 울고, 복음성가 들으면서 울고, 운전하다가 갑자기 차 세우고 기도하고, 저의 변화되는 것을 누군가에게 물어 보고 싶었는데, 마음이 터질 정도로 답답하고 누군가와 이야기를 나누고 싶었는 데, 그런 사람이 없더라고요.

5년 동안 교회에 불성실하게 다닌 결과라고 생각했습니다. 이렇게 힘들 때 곁에 아무도 없다는 것을요. 외롭다는 생각을 하면서 교회를 다른 곳으로 가야 하는 그런 생각을 잠시 잠깐했었고요. 하지만 하나님께서는 저에게 안정을 주셨고, 일을 주셨고, 힘을 주셨습니다. 지금 너무 많이 느끼고 있습니다. 새벽기도를 통해 제가 구원받을 수 있고 용서받을 수 있다는 것을 알았습니다. 목사님 감사드립니다. 절 변화되게 해 주신 점, 저를 위해 기도해 주신 점 너무 감사드립니다.

지금 제 생활은 주일 목사님 말씀하신 거 녹음해서 잠자리에 들기 전까지 계속 듣고 있고요. 찬송가도 계속 듣고, 불러보고, 새벽기도 또한 특별한 출장이 아니면 계속 기도드리려고 하고 있습니다. 일주일동안 주일 예배드릴 마음에 주일을 기다리고, 밤에 눈 감을 때 새벽기도 가야지 하는 들뜬 마음에 잠을 청하고 있습니다.

목사님!! 5년 동안 그냥 보내 버린 시간이 너무 후회스럽습니다. 앞으로 살아가야 할 시간을 정말 하나님을 위해 봉사하면서 살아갈 수 있도록 노력하겠습니다. 목사님 감사합니다. 하나님 감사합니다.

사랑하는 이 성도님이 말씀을 통해 하나님을 만났습니다. 그리고 변화되었습니다. 완전한 새로운 피조물이 되었습니다.

누군가와 이야기하고 싶은데 곁에 사람이 없었던 것입니다. 이것이 어쩌면 우리 교회의 현실입니다. 좋게 이야기하면 거의 다 새신자이기 때문에 이런 현상이 일어나는 것이기도 하지만 너무 개인주의화된 것입니다. 우리 모두 다 새신자이지만 옆에 있는 사람에게 먼저 다가가고 손 내밀고 사랑할 수 있는 사랑의 사도들이 되었으면 좋겠습니다.

하나님은 말씀으로 이분을 붙잡아 주시고 하나님 앞에 서도록 이끌어 가셨습니다. 하나님의 말씀이 오직 하나님만을 사모하는 위대한 삶으로 역사하신 것입니다. 말씀만이 우리의 능력이고 인생의 해답인 것을 깨닫게 하신 것입니다.

땅을 채우심

땅을 창조하신 하나님은 풀과 채소와 나무를 만드셨습니다. 아직 해, 달, 별이 창조되기 전이지만 첫째 날 창조하신 빛이 있었기 때문에 각종 식물을 지으신 것입니다. 얼마나 성경이 정확무오합니까! 무엇보다 중요한 것은 맨 처음부터 풀은 풀로 존재했고, 채소는 채소로 지어졌으며, 나무는 나무로 만들어졌다는 것입니다. 하나님은 종이 섞이거나 진화되거나 발전되어 새로운 개체가 나오는 것이 아니라 맨 처음부터 식물은 식물로, 물고기는 물고기로, 하늘을 나는 새는 새로 만드셨습니다.

여섯째 날 지으신 동물도 마찬가지입니다. 생물은 그 종류대로 가축과 기는 것과 땅의 짐승을 종류대로 지으셨습니다. 거듭 말씀드리지만 이 지구상의 모든 생명체는 맨 처음부터 완제품 내지는 완성품이었습니다. 하등 식물이 고등 식물로 진화하거나 하등 동물이 고등 동물로 진화한 것이 아닙니다. 하나님은 태초에 지금 우리가 바라보는 그대로의 식물과 생물과 동물을 창조하셨습니다.

하나님이 이렇게 모든 동식물을 종류대로 창조했다고 반복적으로 강조하시는 이유는 무엇입니까? 이스라엘 백성에게 하나님이 만드신 피조물을 신으로 섬기는 우상 숭배를 하지 말라는 의미입니다. 이스라엘 백성이 살던 애굽은 점성술부터 시작해서 각종 생물을 우상으로 숭배하는 우상 숭배 국가입니다. 애굽의 파라오는 다 자기 별이 있었습니다. 그들은 자기 별들과 운명을 같이 한다고 믿었습니다. 그래서 왕위에 즉위하자마자 피라미드를 건설하고 자기가 누울 자리를 만들되 자기 눈과 자기 별이 일치하도록 하였습니다. 그래야 죽어서 자기 별로 갈 수 있다고 믿었기 때문입니다. 점성술 때문에 엄청나게 수학과 천문학이 발달한 나라입니다.

그럼에도 그들은 토테미즘의 굴레에서 벗어나지 못했습니다. 많은 동물들을 신으로 숭배했는데 그 대표적인 동물이 맹독성을 가진 코브라였습니다. 물리면 몇 초 안에 죽기 때문에 코브라를 두려워하여 숭배한 것입니다. 또한 소를 신으로 섬기기도 하였습니다. 출애굽한 이스라엘 백성이 금송아지 우상을 만든 이유는 소가 애굽 사람들이 섬기는 일반적인 신이었기 때문입니다. 소가 없이는 노동도, 연료 공급도, 고기도 공급받지 못했기 때문에 소를 귀하게 여긴 나머지 신으로 경배한 것입니다. 심지어 애굽 사람들은 개구리 파리 등 여러 곤충도 신으로 숭배하였습니다. 이집트에서 발굴된 여러 무덤을 보면 이러한 곤충을 신으로 숭배한 것을 분명하게 알 수 있습니다.

이렇게 우상을 숭배하게 된 원인은 인간이 범죄한 후에 찾아온 두려움 때문입니다. 아담과 하와가 범죄하자마자 느낀 새로운 감정은 수치심과 두려움이었습니다. 그리하여 범죄한 아담은 하나님의 낯을 피하여 숨었습니다. 동생인 아벨을 죽인 가인은 보복을 두려워하였습니다.

주께서 오늘 이 지면에서 나를 쫓아내시온즉 내가 주의 낯을 뵈옵지 못하리니 내가 땅에서 피하며 유리하는 자가 될지라 무릇 나를 만나는 자마다 나를 죽이겠나이다(4:14).

걱정하고, 염려하고, 두려워하는 것을 보게 됩니다. 이처럼 범죄한 인간에게는 걱정, 근심, 염려, 두려움이 몰려오게 되었고, 이러한 마음 때문에 우상을 숭배하게 된 것입니다. 나로호 발사 때 돼지머리 놓고 고사 지내는 우리의 현실도 별반 다르지 않습니다. 사실 최고의 지식인이요 지성인이라는 사람들이 더 하나님이 만드신 자연과 피조물을 두려워하고 실패를 두려워합니다. 그 결과 미신을 섬기고 징크스에 집착하는 것을 볼 수 있습니다. 성경은 하나님이 이 모든 생물을 다 창조하셨으니 그것들을 두려워하지 말라고 말씀하고 있습니다. 오직 말씀의 주가 되시는 하나님만 두려워하고 경배하라는 것입니다.

하나님을 신뢰하는 사람들에게는 두려움도, 염려도 없습니다. 그래서 예수님도 "너희는 마음에 근심하지 말라 하나님을 믿으니 또 나를 믿으라."고 말씀하신 것입니다. 디모데후서 1장 7절에 보면 "하나님이 우리에게 주신 것은 두려워하는 마음이 아니요 오직 능력과 사랑과 절제하는 마음이니"라고 했습니다. 두려움은 하나님이 주시는 마음이 아닙니다. 사탄이 주는 마음입니다. 두려움을 통해 하나님 대신 하나님이 창조하신 피조물을 붙들게 하는 것이 사탄의 전략인 것입니다. 요한 사도는 요한일서 4장 18절에서 "사랑 안에 두려움이 없고 온전한 사랑이 두려움을 내쫓나니 두려움에는 형벌이 있음이라 두려워하는 자는 사랑 안에서 온전히 이루지 못하였느니라."고 말씀하셨습니다. 두려움에는 형벌이 있습니다. 하나님의 사랑 안에 거하십시오. 그리하면 하나님의 온전한 사랑이 우리 안에 있는 모든 두려움을 내어 쫓을 것입니다. 온전한 사랑 안에는 두려움이 없습니다.

아무것도 염려하지 마십시오. 두려워하지 마십시오. 하나님을 믿으십시오. 하나님을 사랑하십시오. 하나님은 우리를 위해 모든 것을 예비해 놓으셨습니다. 우리를 위한 것은 이미 준비되어 있습니다. 오직 하나님만을 생명 다하도록 신뢰하기 바랍니다.

사람: 하나님의 모습

창세기 1장 26-31절

26하나님이 이르시되 우리의 형상을 따라 우리의 모양대로 우리가 사람을 만들고 그들로 바다의 물고기와 하늘의 새와 가축과 온 땅과 땅에 기는 모든 것을 다스리게 하자 하시고 27하나님이 자기 형상 곧 하나님의 형상대로 사람을 창조하시되 남자와 여자를 창조하시고 28하나님이 그들에게 복을 주시며 하나님이 그들에게 이르시되 생육하고 번성하여 땅에 충만하라, 땅을 정복하라, 바다의 물고기와 하늘의 새와 땅에 움직이는 모든 생물을 다스리라 하시니라 29하나님이 이르시되 내가 온 지면의 씨 맺는 모든 채소와 씨 가진 열매 맺는 모든 나무를 너희에게 주노니 너희의 먹을 거리가 되리라 30또 땅의 모든 짐승과 하늘의 모든 새와 생명이 있어 땅에 기는 모든 것에게는 내가 모든 푸른 풀을 먹을 거리로 주노라 하시니 그대로 되니라 31하나님이 지으신 그 모든 것을 보시니 보시기에 심히 좋았더라 저녁이 되고 아침이 되니 이는 여섯째 날이니라.

하나님의 창조 사역의 절정은 사람 창조입니다. 이 절정의 순간을 위해 하나님은 지난 5일을 사람에게 필요한 모든 것을 창조하시는데 할애하신 것입니다. 하늘과 땅, 바다, 해, 달, 별, 이 모든 것을 사람을 위해 먼저 창조하신 것입니다. 우리가 이 시간 확신해야 할 것은 이 세상의 모든 것은 하나님이 인간을 위해 창조하신 것이라는 사실입니다. 하나님은 우리가 숨 쉬고, 먹고, 입고, 살아가는 모든 것을 완벽하게, "하나님 보시기에 좋았더라."고 할 만큼 준비해 놓으셨습니다. 왜냐하면 인간은 하나님에게 제일 중요한 피조물입니다. 아무리 하나님이 창조하신 우주와 지구가 아름답다 할지라도 사람이 없으면 무용지물입니다.

인간 창조의 위대성

인간이 하나님의 피조물 가운데 가장 중요한 존재라는 사실은 다른 피조물과 전혀 다른 창조 방법과 과정이 적용된 것으로 확인할 수 있습니다. 크게 두 가지가 다른데 첫째는 하나님이 회의를 통해 창조를 행하십니다. 다른 피조물을 창조하실 때 하나님의 창조사역은 "하나님이 이르시되"라는 말씀으로 시작되었습니다. 아무런 논의나 준비없이 바로 말씀으로 창조사역을 수행하셨습니다. 하지만 사람을 만들 때에는 하나님 단독으로 말씀하신 것이 아니라 하나님이 생각하시고, 논의하시고, 창조하신 것을 볼 수 있습니다.

본문 26절을 보시면 "하나님이 이르시되 우리의 형상을 따라 우리의 모양대로 우리가 사람을 만들고"라고 되어 있습니다. 이 말씀을 보면 하나님의 사람 창조에는 특별한 준비 과정이 있었는데, 그 준비는 하나님이 서로 논의하신 것입니다. 이토록 하나님은 인간을 만드실 때보다 더 신중하게 접근하고, 많은 생각을 하셨음을 알 수 있습니다. 다른 창조물과 다른 방법, 둘째는 각기 종류대로가 아닌 오직 하나님의 형상을 닮은 하나의 존재를 만드십니다. 사람을 하나님의 형상과 모양대로 창조하는 것이었습니다. 이러한 사람 창조의 과정을 보면 인간이 얼마나 존귀하고 영광스러운 존재로 창조되었는지를 알 수 있습니다. 다른 창조물과의 대비를 통해 인간이 존귀한 존재임을 드러내고 있습니다.

[13]주께서 내 내장을 지으시며 나의 모태에서 나를 만드셨나이다 [14]내가 주께 감사하옴은 나를 지으심이 심히 기묘하심이라 주께서 하시는 일이 기이함을 내 영혼이 잘 아나이다 [16]내 형질이 이루어지기 전에 주의 눈이 보셨으며 나를 위하여 정한 날이 하루도 되기 전에 주의 책에 다 기록이 되었나이다(시 139:

13-14, 16).

하나님은 우리의 형질이 이루어지기 전, 즉 태어나기 전에 우리를 보고 계셨으며, 그 보이신 대로 우리 인생의 모든 것을 기록해 놓으십니다. 이 놀라운 창조 역사를 다윗은 신묘막측(개역한글)이라고 표현합니다. 우리가 이 땅에 태어난 것은 인간의 말로 표현할 수 없는 참으로 놀라운 신비입니다. 우리는 이렇게 하나님의 신비로운 방법으로 창조된 존귀한 자입니다.

하나님은 이사야 선지자를 통해 이렇게 말씀하십니다.

¹야곱아 너를 창조하신 여호와께서 지금 말씀하시느니라 이스라엘아 너를 지으신 이가 말씀하시느니라 너는 두려워하지 말라 내가 너를 구속하였고 내가 너를 지명하여 불렀나니 너는 내 것이라 ⁴네가 내 눈에 보배롭고 존귀하며 내가 너를 사랑하였은즉 내가 네 대신 사람들을 내어 주며 백성들이 네 생명을 대신하리니(사 43:1, 4).

우리를 지으신 분은 전능하신 하나님이십니다. 그 전능하신 하나님의 눈에 우리가 보배롭고 존귀할 뿐 아니라 우리를 사랑하고 계시다고 증언하고 있습니다. 왜 우리가 존귀한 자들입니까? 하나님이 사랑하시며, 하나님이 찾으시며, 하나님이 함께하는 하나님의 보배이기 때문입니다. 이 사실을 분명하게 깨닫게 될 때에 비록 광야를 여행하는 나그네 같은 인생이라 할지라도 하나님의 형상과 모습을 잃지 않는 거룩하고 존귀한 삶을 살 수 있게 되는 것입니다.

하나님의 하나 됨

인간이 위대하고 영광스러운 존재로 창조된 것은 하나님의 하나 되심의 열매입니다. 하나님은 인간의 창조에 앞서서 "우리"라는 복수 형태로 나타나십니다.

우리의 형상을 따라 우리의 모양을 따라 우리가 사람을 만들자.

이 하나님의 선언 속에는 인간에게 삼위 하나님의 형상과 모양을 그대로 나타내시고자 하시는 특별한 의도가 있음을 알아야 합니다. 하나님은 세 분으로 존재하십니다. 성부 하나님, 성자 예수님, 성령 하나님이십니다. 삼위 하나님의 일체적인 사역이 바로 사람 창조의 근원이 된 것입니다. 세 분 하나님은 모두 다 독립적인 개체와 인격을 가지고 각자 독립적으로 섭리를 하시는 독자적인 존재이십니다. 그러면서도 한 분이시며, 하나로 존재하십니다. 이것이 삼위일체 하나님의 신비인 것입니다. 믿음이 아니고는 결단코 이해할 수 없는 하나님의 신비 중의 신비입니다.

삼위일체 하나님이 인간의 창조에서 보여 주신 가장 큰 은혜는 하나 됨입니다. 하나님의 하나 됨의 모습이 사람이 하나님의 형상과 모양대로 창조된 에너지인 것입니다. 만일 하나님의 형상과 모양대로 하나님의 하나 됨을 따라 창조된 인간이 범죄하지 않았다고 한다면 분열도, 미움도 전쟁도 없었을 것입니다. 최초 사람에 대한 하나님의 명령이 무엇인지 아십니까? 하나가 되라는 것입니다.

이러므로 남자가 부모를 떠나 그의 아내와 합하여 둘이 한 몸을 이룰지로다 (2:24).

범죄하고 난 이후의 아담과 하와를 보십시오. "이는 내 뼈 중의 뼈요 살 중의 살"이라는 최고의 사랑 고백은 오간데 없고 하나님이 나에게 주신 그 여자 때문에 내가 선악과를 먹었노라고 변명하고 책임을 전가하는 모습을 생각해 보십시오. "내 뼈 중의 뼈, 살 중의 살"이라는 말보다 더 탁월하게 하나 됨을 표현한 말은 이 지구상에 존재하지 않는 것 같습니다. 그런데 죄가 들어오고 나니 이 하나 됨이 파괴되고 서로 비난하고 정죄하는 분열이 제일 먼저 들어오게 됩니다. 이 분열은 하나님의 하나 됨을 따라 창조된 창조의 속성이 깨진 비참한 열매인 것입니다.

그래서 우리가 간절히 소원한 것이 에베소서를 통한 교회의 하나 됨의 열망 아니었습니까?

<blockquote>¹그러므로 주 안에서 갇힌 내가 너희를 권하노니 너희가 부르심을 받은 일에 합당하게 행하여 ²모든 겸손과 온유로 하고 오래 참음으로 사랑 가운데서 서로 용납하고 ³평안의 매는 줄로 성령이 하나 되게 하신 것을 힘써 지키라 ⁴몸이 하나요 성령도 한 분이시니 이와 같이 너희가 부르심의 한 소망 안에서 부르심을 받았느니라 ⁵주도 한 분이시요 믿음도 하나요 세례도 하나요 ⁶하나님도 한 분이시니 곧 만유의 아버지시라 만유 위에 계시고 만유를 통일하시고 만유 가운데 계시도다 ⁷우리 각 사람에게 그리스도의 선물의 분량대로 은혜를 주셨나니(엡 4:1-7).</blockquote>

사람이 살아가는 원리 중 하나님이 가장 기뻐하시는 원리는 하나 됨입니다. 하나님과 범죄한 인간이 하나 되고 인간과 인간이 하나 되는 삶을 위해 예수님이 십자가에서 못 박혀 죽으신 것입니다. 예수님이 십자가에 죽으심으로 하나님과 우리가 화평을 누리고 인간과 인간이 진정한 화해와 용서의 삶을 살게 된 것입니다. 부부가 하나 되고, 성도가 하나 되고, 교회가 하나 되고, 우리가 하나 되는 것을 하나님은 가장 기뻐하십니다. 하나님과 하나 되면 창세기 1장 28절의 복이 우리의 것이 될 것입니다.

하나님의 형상대로

우리가 지금까지 살펴본 창조 기사 중에 가장 많이 등장하는 단어는 '하나님'입니다. 다음으로 제일 많이 등장하는 단어는 "그 종류대로"라는 단어입니다. 그러나 사람을 창조함에 있어서는 "그 종류대로"라는 말이 사라집니다. 대신 "하나님의 형상과 모양"을 따라 창조되었다고 선언하고 있습니다. 하나님의 능력으로 하나님의 모습을 닮은 인간이 창조된 것입니다.

그래서 피조물 가운데 유일하게 하나님과 교제할 수 있는 존재가 인간입니다.

원어적으로 보면 '하나님의 형상'이란 '하나님의 내면적인 모습'이며, '하나님의 모양'은 '하나님이 외면적인 모습'이라고 할 수 있습니다. 하나님의 형상이란 하나님의 성품을 의미하는 말로서 하나님의 이성, 하나님의 도덕성, 하나님의 의지를 포함한 인격을 말합니다. 우리는 하나님처럼 인격을 가진 존재, 알고 느끼고 판단하고 분별할 수 있는 존재, 사랑할 수 있고, 무엇인가를 창조할 수 있는 존재로 지음을 받은 것입니다. 그리고 그 하나님의 성품이 우리의 인격 속에 머물다가 우리 삶에 행위적인 열매로 나타나는 것이 바로 '하나님의 모양'인 것입니다. 우리의 인격이 의지적인 말과 행위로 드러나게 되는 것 그것이 바로 '하나님의 모양'인 것입니다. 이처럼 하나님은 우리를 만드실 때 하나님을 원형 삼아서, 즉 하나님을 모델로 해서 창조하셨습니다.

그런데 인간이 범죄하므로 하나님의 형상과 모양을 잃어버리게 되었습니다. 죄로 말미암아 생각하는 것이 늘 악하게 되었고 말과 행동은 파괴적으로 변질되게 되었습니다. 하나님은 죄에 대한 문제가 해결이 되어야 인간에게서 창조시의 하나님의 형상이 회복될 것을 아셨습니다. 그래서 독생자 예수 그리스도를 십자가에서 죽이시기로 결정하셨습니다. 삼위 하나님의 결정대로 예수님은 이 땅에 오셔서 인간의 죄를 대신 지시고 십자가에서 죽으셨습니다. 죄로 오염된 하나님의 형상을 회복시키기 위한 것이었습니다. 하나님의 형상의 회복을 다른 말로 하면 '새로 남,' '거듭남', '다시 남'이라고 할 수 있습니다.

예수님은 제자들에게 "사람이 물과 성령으로 나지 아니하면 하나님 나라에 들어갈 수 없다"고 말씀하셨습니다(요 3:5). 거듭난다는 것이 무엇일까요? 죄로 말미암아 잃어버린 하나님의 형상을 다시 회복하는 것입니다. 그리고 그와 같은 하나님의 형상을 다시 회복하는 것이 성경이 말씀하는 구원이라고 생각합니다. 예수를 믿는 궁극적인 목적은 구원입니다. 그것을 다른 말로 표현한다면 하나님의 형상을 회복하는 것이라고도 할 수 있습니다. 거듭남으로 하나님의 형상이 회복되는 사람만이 하나님의 것, 하나님이 지으신 하나님의 소유가 되는 것입니다.

> 20예수께서 말씀하시되 이 형상image과 이 글inscription이 누구의 것이냐 21이르되 가이사의 것이니이다 이에 이르시되 그런즉 가이사의 것은 가이사에게, 하나님의 것은 하나님께 바치라 하시니 22그들이 이 말씀을 듣고 놀랍게 여겨 예수를 떠나가니라(마 22:20-22).

우리는 이 본문을 단순히 그 당시 통용되던 화폐 문제로 생각하는 경우가 많습니다. 그러나 이 대화의 핵심은 화폐 문제가 아니라 제자들에게 지금 누구의 소유인지를 묻고 있는 가르침입니다. 여기 예수님이 물으시는 '형상'이라는 말이 있습니다. 드라크마에 가이사의 형상을 새겨 놓은 것은 '가이사의 소유'라는 의미를 갖고 있습니다. 가이사의 것으로 살아가는 사람들은 물질이, 권력이, 출세와 성공이 자신의 주인입니다. 이런 사람들에게 사람이라는 것은 하나의 이용가치요 수단에 불과합니다. 사람을 사랑의 대상이요 존귀한 하나님의 형상으로 바라보는 것이 아니라 억압하고, 착취하고, 이용하여 자기 자신의 배를 채우기 위한 단순한 수단으로 생각합니다. 그들에게 인간은 동물 이상 아무 것도 아닙니다. 그렇기 때문에 물질을 위해서라고 한다면 인격을 말살하고 인권을 유린하는 일도 서슴지 않게 되는 것입니다. 이용가치가 있으면 그래도 사람 대접을 해 주지만 더이상 효용가치가 떨어지면 가차 없이 쓰레기처럼 버리게 되는 것이 가이사의 형상 아래서 살아가는 사람들의 특징입니다.

제자들도 마찬가지입니다. 세상에서 물질을 추구하고 이 세상 것의 노예로 살아가게 되면 가이사의 형상이 새겨진 가이사의 것이지만, 하나님의 것으로서 하나님 소유로 살아가면 하나님의 것이 됩니다. '하나님의 것'이란 무엇입니까? 하나님의 형상을 회복하여 창조 때의 사람으로 변화되는 것을 의미합니다. 그러면 하나님의 형상은 무엇으로 회복할 수 있습니까? 믿음으로 회복할 수 있습니다. 믿는 자들 안에서 역사하시는 성령의 능력이 우리 안에 있는 하나님의 형상을 회복할 것입니다. 하나님의 형상이 회복된 사람은 하나님의 성품과 그 성품의 열매인 모양이 완벽한 하나님이 원하시는 사람다운 사람으로 살아가게 되어 있습니다. 그러므로 진정한 믿음의 사람은 하나님의 형상이 회복되므로 하나님 닮은 사람으로 변화되어 갑니다.

지금 물과 성령으로 거듭나서 하나님의 형상이 회복된 하나님의 소유로 살아가고 있습니까? 어떤 삶의 변화와 회복이 있습니까? 우리 마음에 더 이상 더러운 세상의 것을 탐해서 안 될 것입니다. 존귀하신 하나님의 형상과 모양대로 창조된 사람답게 믿음으로 이 세상을 이기고 죄를 이기고, 나 자신을 이겨 내야 할 것입니다. 그리하여 세상 사람에게 하나님의 모습을 보여 주어야 할 것입니다. 세상 사람들이 우리 얼굴을 볼 때 하나님의 얼굴을 보았다고 고백할 수 있도록 우리 삶을 거룩하고 존귀하게 살아내야 합니다. 나를 보면 사람들이 하나님을 보았다고 할 수 있어야 합니다. 예수님은 하나님을 보여 달라는 빌립에게 "나를 본 자는 하나님을 본 것과 같다."고 말씀하셨습니다. 우리 얼굴에서 마귀가 보이지 않기를 바랍니다. 우리의 얼굴에서 죄가 보이지 않기를 바랍니다. 우리 얼굴을 보면 예수님을 발견하고 천국을 발견할 수 있는 축복의 사람이 되기를 바랍니다.

축복하시는 하나님

사람을 하나님의 형상과 모양대로 창조하신 하나님이 곧바로 행하신 일은 무엇입니까? 바로 사람을 축복하는 일이었습니다. 창세기 1장 28절을 보십시오.

하나님이 그들에게 복을 주시며 하나님이 그들에게 이르시되 생육하고 번성하여 땅에 충만하라, 땅을 정복하라, 바다의 물고기와 하늘의 새와 땅에 움직

창조주 하나님은 자신의 모습대로 인간을 창조하신 후 그대로 방치하신 분이 아니십니다. 하나님은 자신의 모습을 닮은 완벽하고 영광스러운 존재로 사람을 창조하신 후 그들의 영광스러움과 존귀함이 유지되도록 축복하셨습니다. "생육하고 번성하여 땅에 충만하라, 땅을 정복하라, 다스리라."는 구체적인 축복을 한마디로 요약하면 '하나님의 대리자'가 되는 것입니다. 하나님을 대신하여 하나님이 창조하신 모든 피조물을 '다스리라'는 위임 명령을 하신 것입니다. 자기 자신은 물론 이 세상 피조물이 하나님의 창조 목적대로 유지되도록 다스리는 축복을 받게 된 것입니다.

원어적으로 보면 '다스리다'는 말은 다른 그 어떤 것에 의해서도 지배를 받지 않는 것을 말하며 오직 하나님에 의해서만 굴복하고 하나님만이 움직일 수 있는 상태를 말하는 것입니다. 예수님을 생각해 보십시오. 예수님은 환경이나 그 어떤 것에 의해서도 영향을 받지 않으셨습니다. 성난 물결과 바람도, 귀신들도, 질병도, 외로움도, 가난도, 굶주림도, 그 어떤 대적들도 심지어는 십자가의 죽음도 예수님을 굴복시키지 못했습니다. 하나님의 백성에게 '다스린다'라는 것은 그 어떤 것에도 굴복당하지 않는 영적 자존감을 이야기합니다. 하나님 외에는 그를 굴복시킬 수 없습니다. 오직 하나님만이 그를 움직일 수 있습니다.

'다스린다'라는 또 다른 의미는 적극적 의미로서 '창조의 질서와 목적에 합당하게 하다'는 뜻이 있습니다. 원래의 창조의 목적이 왜곡되거나 변질되지 않고 유지되게 하는 것이 '다스린다'는 의미입니다. 이 다스림의 상태를 잘 표현한 말씀이 이사야서 말씀입니다. 이사야 11장 6-9절을 보면 메시아이신 예수님이 다시 오셔서 다스리시게 될 때 회복되는 이 땅의 모습을 이렇게 노래하고 있습니다.

6그때에 이리가 어린 양과 함께 살며 표범이 어린 염소와 함께 누우며 송아지와 어린 사자와 살진 짐승이 함께 있어 어린 아이에게 끌리며 [7]암소와 곰이 함께 먹으며 그것들의 새끼가 함께 엎드리며 사자가 소처럼 풀을 먹을 것이며 [8]젖 먹는 아이가 독사의 구멍에서 장난하며 젖 뗀 어린 아이가 독사의 굴에 손을 넣을 것이라 [9]내 거룩한 산 모든 곳에서 해 됨도 없고 상함도 없을 것이니 이는 물이 바다를 덮음 같이 여호와를 아는 지식이 세상에 충만할 것임이라.

이러한 상태가 바로 하나님이 주시는 다스림의 복에서 나오는 것입니다. 이처럼 우리의 다스림 권세를 회복시키시기 위해 하나님이 주신 복 중의 복은 바로 하나님 자신입니다. 하나님은 죄로 오염된 우리를 회복시키기 위해 죄로 오염되지 아니하신 예수님을 이 땅에 보내셨습니다. 그리고 피 흘림 없이는 죄 사함이 없기에 예수 그리스도의 보혈로 우리의 더러운 죄 값을 지불한 것입니다. 주님은 아무런 죄가 없지만 우리를 대신하여 십자가에서 고통당하신 것입니다. 십자가에서 예수님이 우리를 대신하여 고통당하시므로 놀라운 신적 교환Divine Exchange이 이루어졌습니다. 우리의 형벌을 용서로 바꿔 주셨습니다. 상처를 치유로 바꾸어 주셨습니다. 죄를 의로 바꾸셨습니다. 죽음을 영생으로 바꾸셨습니다. 가난을 부요함으로 바꾸셨습니다. 수치를 영광으로 바꾸셨습니다. 저주를 축복으로 바꾸셨습니다.

이것이 하나님이 우리에게 허락하신 복 중의 복인 것입니다. 우리에게는 하나밖에 없는 독생자 예수님을 내어 주신 하나님의 사랑이 있음을 기억해야 합니다. 주님은 오늘도 우리를 끝없는 사랑으로 축복하시므로 우리가 주님에게 보배롭고 존귀한 존재로 서게 됩니다.

2장

창조의
완성, 안식

창세기 2장 1-3절

¹천지와 만물이 다 이루어지니라 ²하나님이 그가 하시던 일을 일곱째 날에 마치시니 그가 하시던 모든 일을 그치고 일곱째 날에 안식하시니라 ³하나님이 그 일곱째 날을 복되게 하사 거룩하게 하셨으니 이는 하나님이 그 창조하시며 만드시던 모든 일을 마치시고 그날에 안식하셨음이니라.

어떤 신학자는 하나님의 창조 세계를 영어 '3개의 H'로 함축하여 설명할 수 있다고 말합니다. 첫 번째 H는 'Holy'입니다. 거룩하다는 것입니다. 거룩하신 하나님이 창조주이시므로 하나님이 지으신 모든 세계 또한 그 자체로 거룩한 것입니다. 죄로 물들지 않고 깨끗하고 순수했기 때문입니다. 창조 세계의 두 번째 H는 'Harmony'입니다. 조화입니다. 하나님의 창조 세계는 어느 것 하나 모자람도 없었고, 지나침도 없었습니다. 완벽한 조화가 창조 세계의 모습이었습니다. 창조세계의 세 번째 H는 'Happy'입니다. 하나님은 "보시기에 심히 좋았더라."며 기뻐하셨습니다. 뿐만 아니라 창조된 모든 피조물이 하나님의 기쁨에 참여하여 하나님과 함께 기뻐하였습니다. 처음 창조된 세계 속에서 모든 피조물은 행복했습니다.

이 장의 본문은 이렇게 거룩하고, 조화롭고, 행복했던 하나님의 천지창조의 결론 부분에 해당하는 말씀입니다. "태초에 하나님이 천지를 창조하시니라(1:1)."는 말씀으로 시작되었던 하나님의 장엄한 천지창조가 "천지와 만물이 다 이루어지니라(2:1)."는 창조의 종결선언으로 끝을 맺게 됩니다. 하나님의 다 이루었다라는 선언을 들을 때 우리는 하나님의 은혜를 기억할 수밖에 없습니다. 다 이룬 것은 예수 그리스도의 십자가 사건에 맞추어져야 하는 것은 당연한 것이지만 천지창조 이후에 하나님은 안식을 선포하시고 일곱째 날을 "복되게 하사 거룩하게 하셨"습니다. 이 안식에 대해서 살펴보도록 하겠습니다.

일곱 째 날만의 특징

하나님의 안식으로 이어지는 일곱째 날은 지난 엿새 동안의 창조와 확연하게 구분됨을 알 수 있습니다. 첫 번째는 지난 엿새 동안에 하나님이 매일 새로운 창조 사역을 행하실 때마다 먼저 등장하는 말씀이 있습니다. 바로 "하나님이 이르시되"라는 말씀입니다. 그런데 제7일에는 "하나님이 이르시되"라는 말씀이 전혀 등장하지 않습니다. 말씀으로 천지를 지으신 하나님의 창조 사역이 모두 다 종결되었기 때문입니다.

일곱째 날이 다른 날과 다른 두 번째 특징은 그 일곱째 날을 언급하는 방법이 지금까지와는 다르다는 것입니다. 예컨대 하나님이 천지만물을 창조하신 엿새 동안, 각 날에 대한 언급은 각 한 번씩만 나타납니다.

저녁이 되며 아침이 되니 이는 몇째 날이니라.

그러나 일곱째 날에 와서는 다릅니다. "저녁이 되고 아침이 되니"라는 말이 생략된 채 바로 "일곱째 날"이라고 세 번씩이나 언급하고 있습니다.

세 번째 특징은 본문을 보면 하나님은 일곱째 날을 "복되게 하사 거룩하게 하셨"다고 말씀하고 있습니다. 하나님은 시간이라는 비물질세계에 복을 주시되 거룩하게 하는 복을 주셨습니다. 무엇보다 이 날이 중요한 것은 성경에서 '거룩'이라는 단어가 최초로 사용되었기 때문입니다. 이 세 가지의 언어적 특징을 통해 하나님은 안식일을 다른 날과 특별하게 구별하셨습니다.

안식의 이유

이 장의 본문은 하나님이 '안식하셨다'라는 말씀을 두 번이나 반복하여 말씀하고 있습니다.

> ²하나님이 그가 하시던 일을 일곱째 날에 마치시니 그가 하시던 모든 일을 그치고 일곱째 날에 안식하시니라 ³하나님이 그 일곱째 날을 복되게 하사 거룩하게 하셨으니 이는 하나님이 그 창조하시며 만드시던 모든 일을 마치시고 그 날에 안식하셨음이니라.

왜 하나님이 안식하셨습니까? 그 지으시던 일이 다했기 때문입니다. 이제는 모든 창조가 마쳐졌고, 완성되었고, 종결되었기 때문에 하나님은 안식하신 것입니다. 하나님은 창조사역을 이루시느라 피곤하셔서 쉬신 것이 아닙니다. 모든 사역이 완성되므로 쉬신 것입니다.

이사야 40장 28절의 말씀을 보십시오.

> 너는 알지 못하였느냐 듣지 못하였느냐 영원하신 하나님 여호와, 땅 끝까지 창조하신 이는 피곤하지 않으시며 곤비하지 않으시며 명철이 한이 없으시며.

창조주 하나님은 사람처럼 피로를 느끼시는 분이 아니십니다. 시편 121편 4절을 보면 "이스라엘을 지키시는 이는 졸지도 아니하시고 주무시지도 아니하시리로다."라고 말씀하고 있습니다. 따라서 하나님이 안식하셨다는 말씀은 창조 사역으로 인해서 많은 힘을 소진하셨기 때문에 휴식을 취하셨다는 뜻은 아닙니다. 모든 창조가 하나님의 뜻대로, "보시기에 심히 좋았더라."고 하실 만큼 완벽하게 끝났기 때문에 안식하신 것입니다.

안식의 의미

안식일의 소극적 의미는 하나님의 창조의 '일'을 멈추신 것입니다. 이런 의미로 보면 안식은 '일하지 않는 것'not to do work입니다. 모세를 통해 이스라엘 백성에게 주신 계명을 보면 안식이 일하지 않는 것을 의미한다는 것을 잘 이해할 수 있습니다.

> 일곱째 날은 네 하나님 여호와의 안식일인즉 너나 네 아들이나 네 딸이나 네 남종이나 네 여종이나 네 가축이나 네 문안에 머무는 객이라도 아무 일도 하지 말라(출 20:10).

> 너는 엿새 동안에 네 일을 하고 일곱째 날에는 쉬라 네 소와 나귀가 쉴 것이며 네 여종의 자식과 나그네가 숨을 돌리리라(출 23:12).

하나님이 모든 일을 마치시고 안식하신 것처럼 이스라엘 백성도 일을 하지 말아야 했습니다.

그러나 안식일의 진정한 의미를 단순히 '일을 하지 않는 것'으로만 이해하는 것은 소극적인 이해입니다. 안식일은 그동안의 일에 대한 '성취감을 누리는 것'satisfaction of accomplishment입니다. 하나님이 창조하신 이 세상은 더 이상 부족한 것이나 모자라는 것이 없는 완벽한 상태에 있었습니다. 그 결과 일곱째 날에는 그 지으신 모든 세계와 모든 만물이 각각 원래의 목적대로 자신의 역할을 다하고 서로 조화를 이루고 운행되게 하심으로써 그 만족스러운 창조의 상태를 누리며 편안히 즐기셨음을 가리키는 말이라고 생각합니다. 이 하나님이 성취감을 누리시는 안식의 상태를 성경은 '평안'이라고 설명하고 있습니다.

> 이는 나와 이스라엘 자손 사이에 영원한 표징이며 나 여호와가 엿새 동안에 천지를 창조하고 일곱째 날에 일을 마치고 쉬었음이니라 하라(출 31:17).

하나님은 완성된 천지만물을 바라보시면서, 심히 기뻐하시고 즐거워하시며 만족하셨습니다. 그리고 창조의 성취감을 '평안' '샬롬'으로 누리셨습니다. 하나님의 안식은 바로 평안 그 자체였습니다. 하나님이 하시는 일은 이처럼 모두 다 평안한 상태의 안식에 이르게 됩니다. 우리 인생도 마찬가지입니다. 우리가 하는 일이 하나님의 뜻이고 하나님이 기뻐하시는 일이라고 한다면 마음속에 평안이 임하는 것입니다. 평안이 우리 인생을 향한 하나님의 응답인 것입니다. 이 평안한 인생을 사는 비결이 바로 안식일을 거룩히 지키는 것입니다.

그런데 '평안하셨다'는 말씀을 히브리어 원어는 '바인나파쉬,' 즉 '성령(네페쉬)'이 '임하셨다(바인-들어오셨다)'는 것입니다. 그러므로 이 말씀은 하나님이 안식하실 때 성령이 임하시고, 임하신 그 성령 안에서 자신을 새롭게 하셨다는 말입니다. 여기서 우리는 안식일의 또 하나의 복된 목적을 확인합니다. 그것은 우리의 영을 성령으로 충만하게 하는 특별한 날이라는 것입니다. 안식일을 거룩히 지킴으로 성령의 충만함을 받고 아울러 육적인 새 힘을 얻게 되면 그 사람은 능히 이어지는 세상에서의 날을 하나님의 복으로 채우게 될 것입니다. 따라서 우리에게는 안식이 있어야 합니다. 그래야 우리 삶 가운데 축복과 회복의 역사가 일어나게 되는 것입니다. 이렇게 복스러운 안식일을 여성 신학자 마르바 던은 『안식』이라는 책에서 "그리하여 우리가 안식일을 지키는 것이 아니라 안식일이 우리를 지킨다."고 말한 것입니다.

안식의 복

첫째 날부터 여섯 째 날까지 창조를 마치신 하나님이 마지막으로 하신 말씀은 "보시기에 좋았더라."는 말씀이었습니다. 하지만 이 날들에게 복을 주셨다고 하는 말씀은 없습니다. 하나님이 안식일을 복되게 하실 때 사용된 복은 '바라크'라는 단어로 하나님이 세상에 베푸신 물질적인 측면의 복을 말합니다. 우리가 이 땅을 살아가는 데 필요한 생육하고, 번성하고 형통한 인생이 되기 위해 채워 주시는 세상적인 복을 의미합니다. 이 '바라크'

의 복은 이미 다섯째 날에 등장합니다. 창세기 1장 22절에 보면 "하나님이 그들에게 복을 주시며 이르시되 생육하고, 번성하여 여러 바닷물에 충만하라 새들도 땅에 번성하라 하시니라."고 말씀하시는데 이것은 복의 구체적인 것을 표현해 주고 있습니다. 즉 '번성하라'는 의미는 '넘치다,' '풍성하다'는 의미로 광주리에 과일이 넘치듯 수확이 많은 것을 의미합니다. 그리고 '충만하다'는 말은 '살지다,' '풍부하다,' '편만하다'는 의미로 온 땅에 가득한 것을 말합니다. '생육하다'라는 말은 '창대하다'는 의미로 기름진 땅에서 햇빛을 충분히 받아 잘 자란 과목에 열매가 주렁주렁 매달린 상태를 말합니다. 이러한 복을 하나님이 안식일 자체에 베풀어 두신 것입니다.

그러므로 세상에서 이 '바라크'의 복을 누리고 살아가는 것의 비결은 안식일에 있습니다. 우리 인생의 성공 비결은 세상에서 6일에 달려 있는 것이 아닙니다. 안식일인 일곱째 날에 달려 있습니다. 그 복을 공급받는 날로 하나님이 정해 놓으신 특별한 날이기 때문입니다. 하나님은 우리를 6일로만 살게끔 창조하셨습니다. 예수 믿지 않는 사람들은 7일 내내 일해도 부족한 삶을 살지만 우리는 6일만 일해도 충분하게 창조되었습니다. 하나님의 백성은 하나님의 말씀으로 사는 자들입니다. 하나님의 자녀는 세상의 법칙으로 살아서는 안됩니다. 하나님은 하루를 안식하며 하나님을 경외하고 예배함을 통해, 6일 동안 믿음으로 살도록 힘주시고 창조의 능력으로 도우실 것을 안식일을 복 주시므로 약속하셨습니다.

하나님은 안식일을 통해 하나님을 향한 우리의 믿음을 시험해 보십니다. 하루의 손해를 감수하면서까지 하나님의 말씀에 순종하는지를 하나님이 시험하시는 날이 주일인 것입니다. 하루의 손해가 아까워서 주일을 온전히 지키지 못하는 사람은 나머지 6일 동안도 하나님의 온전한 자녀답게 살아갈 수 없습니다. 하나님을 경외하고 말씀대로 사는 사람은 결단코 망하지 않습니다. 물론 세상에서 6일을, 우리는 최선을 다해 예수 믿는 자답게 성실하게 살아야 합니다. 하지만 아무리 성실하고 최선을 다해 산다고 할지라도 하나님이 '바라크'의 복으로 구별해 놓으신 일곱째 날이 잘못된다고 한다면 우리는 절대로 번성하고, 충만하고, 생육하는 복을 누릴 수 없습니다.

하나님은 안식일 날인 일곱 째 날만 복을 주셨습니다. 이 일곱째 날인 안식일을 거룩하게 지키게 될 때 안식일이 우리를 지키고, 하나님의 복으로 인도해 주는 것입니다. 이 안식일에 하나님께 헌신하면 복을 받게 되어 있습니다. 주일을 온전하게 하나님의 날로 여기므로 하나님께 예배하고, 헌신하는 사람들이 풍성한 하나님의 축복을 누리는 것입니다. 믿음의 사람에게는 주일이 더 힘들고 피곤한 것이 사실입니다. 하나님께 자신의 삶을 바치어 하나님 마음대로 쓰시게 하는 날이기 때문입니다. 하나님을 위해서, 다른 사람을 위해 온전히 헌신하다 보면 지쳐서 쓰러질 지경입니다. 하지만 그 피곤함이 나머지 6일의 삶 동안에 하나님으로부터 받게 될 축복의 양이라는 것을 잊어서는 안됩니다.

요한복음 5장에 보면 예수님이 베데스다 연못에서 38년 된 중풍병자 한 사람을 고쳐 주신 일이 기록되어 있습니다. 그 일로 유대인들이 예수님을 박해하게 되었습니다. 왜냐하면 그날이 안식일이었기 때문이라는 것입니다. 안식일에 병자를 고쳐 준 것은 안식일을 범한 일이라며 죽이겠다고 하는 유대인들을 향하여 예수님이 하신 말씀이 무엇이었습니까?

내 아버지께서 이제까지 일하시니 나도 일한다(요 5:17).

안식일에 아버지 하나님이 하시고 예수님이 하신 일은 무엇입니까? 하나님의 영광을 위해 죽어 가는 영혼들을 돌보신 것입니다. 예수님처럼 주일에는 가난한 사람들에게 사랑을 베풀어야 하고, 병든 사람을 고쳐야 하고, 불쌍한 사람을 도와주는 일을 해야 하는 것입니다. 내가 아닌 다른 사람을 위해 행하는 그 일이 바로 아버지의 일이며 예수님의 일인 것입니다. 이렇게 말씀에 순종하여 하나님의 영광을 위해 온전히 헌신적인 삶을 믿음으로 사는 사람들을 위해 하나님은 안식일에만 복을 허락해 놓으신 것입니다.

안식의 거룩함

또 하나 이 장의 본문에서는 하나님이 일곱째 날을 복 주셨다는 말씀과 그날을 거룩하게 하셨다는 말씀이 연결되고 있습니다. 따라서 하나님이 일곱째 날을 구별하여 그날을 특별한 날로 구별하셨다는 사실 그 자체가 하나님이 일곱째 날을 복 주신 것입니다. 다른 날과 구별됨 자체가 안식일의 복인 것입니다. "거룩하게 하셨다"라는 '카다쉬'는 '깨끗케 하다,' '구별하다,' '드리다'로 번역되는 단어입니다. 하나님이 거룩하게 하신 것은 하나님만을 위해 사용해야 하는 하나님의 날이기 때문입니다. 성경은 특별한 목적을 위해 구별되게 하는 것을 '거룩하게 하셨다'라고 말하고 있습니다. 하나님이 거룩하게 하신 것은 절대로 다른 것을 위해 사용하면 안됩니다. 오직 하나님만을 위해 사용해야 하는 것입니다. 그래서 안식일에는 하나님의 일 외에 사람을 위한 일을 해서는 안됩니다. 아무리 인간의 일이 중요하다고 할지라도 이 날만큼은 일해서는 안 되는 것입니다.

이스라엘 백성에게 안식일을 지키라고 한 이유도 동일합니다. 하나님이 정하신 이 날은 하나님이 인간에게 주신 모든 것을 복되게 만드는 날이며 또한 구별하여 하나님이 받으시는 날이 되게 하셨다는 것입니다. 하지만 하나님이 준비하신 완전한 복인 안식이 인간이 타락한 이후에 사라져 버리고 말았습니다. 범죄로 인간의 심령 속에 탐욕이 자리 잡게 되었기 때문입니다. 탐욕은 인간으로 하여금 더 많은 것을 소유하도록 하고, 더 나은 것을 추구하려고 하고, 더 만족한 것을 얻으려고 쉬지 않고 일하도록 하였습니다. 한마디로 이 세상의 것에 노예가 되게 하였습니다. 노예에게는 안식이 없습니다. 끊임없이 일과 일 사이에서 자기를 찾을 수 없습니다.

이스라엘 백성이 출애굽했을 때에 하나님은 이스라엘 백성에게 안식일을 명하셨습니다. 출애굽이 외적 자유의 상징이었다면 안식은 내적 자유의 상징이었습니다. 내적 자유는 탐욕으로부터 자유로운 상태를 의미합니다. 하나님이 내려 주신 만나를 생각해 보십시오. 만나는 많이 거둔 자도 남음이 없고, 적게 거둔 자도 부족함이 없었습니다. 그리고 각 사람은 먹을 만큼만 거두게 하셨습니다(출 16:18). 그리고 아침까지 만나를 남겨 두지 못하게 하셨습니다. 만약에 남겨 두면 상하여 냄새가 나고 벌레가 생기게 하셨습니다. 하지만 안식일을 준비하기 위해 이틀치를 거두고 간수하게 하셨습니다. 이 명령대로 순종했더니 냄새도 나지 아니하고 벌레도 생기지 아니하였습니다. 만나를 통해 하나님은 이스라엘 백성들로 하여금 내적인 자유, 탐욕으로부터의 자유를 소망하신 것입니다. 그래서 예수님도 제자들에게 기도를 가르쳐 주시면서 "일용할 양식을 주시옵고."라고 기도하게 하신 것입니다. 매일매일 삶 속에서 하나님을 바라보아야 하는 삶 그리고 하나님이 허락하시는 분복만을 누리는 것을 만족으로 여기는 삶을 통해 하나님은 우리가 진정한 안식을 누리는 거룩한 자가 되기를 원하신 것입니다.

하나님은 이스라엘 백성에게 완전한 안식, 즉 쉼을 주기를 원하셨습니다. 하나님은 안식을 통해 이스라엘 백성이 노예근성을 버리고 진정한 외적 자유와 내적 자유를 누리게 하시므로 축복된 인생 살기를 원하셨습니다. 심지어는 종이나 나그네, 육축, 들짐승, 토지까지 모두 쉬게 했습니다. 안식을 통해서 이스라엘 공동체의 사회윤리의 문제까지도 하나님이 주시는 안식에 들어가게 함은 물론 자연 생태계까지도 참 쉼을 얻게 했습니다. 안식년, 희년을 제정하신 이유도 마찬가지입니다. 인간 안에 있는 탐욕을 하나님의 말씀으로 이기고, 하나님이 주시는 축복만을 사모하며, 그 복이 주는 평안을 누리기를 원하신 것입니다. 돈 있다고 행복한 것이 아닙니다. 성공하고 출세했다고 행복한 것이 아닙니다. 이 세상 것에 구속되지 않는 진정한 자유가 있을 때 평안이 있고, 이 평안이 주인이 될 때 인생은 비로소 진정한 행복을 맛보게 되는 것입니다.

하나님이 복되게 하신 삶의 원리를 지킬 때에 우리는 진정한 자유와 행복을 누릴 수 있습니다. 아무리 우리가 열심히 살고, 쉬지 않고 노력한다고 할지라도 하나님이 제정하신 축복의 삶을 따라가지 못한다고 한다면 그 결과는 언제나 불만과 좌절과 불행뿐입니다. 하나님이 제정하신 축복의 원리를 지나 우리 힘으로 살아가다 보니 하나님이 우리에게 복되게 주신 모든 것을 잃어버리고 누리지 못했습니다. 말씀으로 돌아와야 합니다. 하나님이 주시는 안식으로 들어가야 진정한 복을 누릴 수 있게 되는 것입니다. 부디 안식일을 거룩히 지키시므로 6일 동안의 삶 가운데에 하나님이 약속하신 모든 축복을 다 받아 누리기를 바랍니다.

살아 계신 하나님을 닮은
살아 있는 사람

창세기 2장 4-7절

4이것이 천지가 창조될 때에 하늘과 땅의 내력이니 여호와 하나님이 땅과 하늘을 만
드시던 날에 **5**여호와 하나님이 땅에 비를 내리지 아니하셨고 땅을 갈 사람도 없었으
므로 들에는 초목이 아직 없었고 밭에는 채소가 나지 아니하였으며 **6**안개만 땅에서
올라와 온 지면을 적셨더라 **7**여호와 하나님이 땅의 흙으로 사람을 지으시고 생기를
그 코에 불어넣으시니 사람이 생령이 되니라.

창세기 1장 1절-2장 3절을 통해 우리는 천지를 창조하신 하나님에 관하
여 생각해 보았습니다. 한마디로 창조주이신 하나님에 관하여 배운 것입
니다. "태초에 하나님이 천지를 창조하시니라."는 말씀으로 시작해서 하
나님이 창조를 마치시고 일곱째 날에 안식하심으로 창조 사역을 종결하신
것을 살펴보았습니다. 이제부터 모세는 그 천지를 창조하신 능력의 하나
님이 사람과 어떤 관계가 있는지 본격적으로 설명하기 시작합니다.

우리가 살펴볼 창세기 2장 4절은 우리를 혼란스럽게 할 요지가 충분히
있는 말씀입니다. 이미 창세기 1장 1절-2장 4절까지 하나님이 천지를 창
조하신 과정과 창조를 마치신 후의 안식까지 언급되어 있으므로 하나님의
창조는 종료되었습니다. 그런데 또다시 2장 4절은 "이것이 천지가 창조될
때에 하늘과 땅의 내력이니 여호와 하나님이 땅과 하늘을 만드시던 날에"
라고 기록하므로, 마치 또 다른 창조 내지는 두 번째 창조가 시작되는 듯한
말씀이 나타난 것입니다.

게다가 히브리어로 보면 1장에서 나타난 하나님의 이름과 2장에서 나타난 하나님의 이름이 다릅니다. 창세기 1장에서 사용된 하나님의 이름은 '엘로힘'이고 창세기 2장에서 사용된 하나님의 이름은 '여호와'입니다. 이러한 차이점 때문에 여러 가지 오해들이 양산이 되고 있는 것이 사실입니다. '문서설'이 등장하기도 하고, '재 창조설'이 등장하기도 합니다. 이러한 현상은 가장 기본적인 창세기의 기록 목적을 무시하기 때문에 나타나는 것입니다. 창세기는 출애굽한 광야 이스라엘 백성에게 하나님은 누구시며 그들은 누구인지 그들과 하나님은 무슨 관계가 있는지를 가르쳐 주는 말씀입니다. 이러한 시각에서 창세기를 다시 살펴보면 이러한 오해는 풀릴 수 있을 것입니다.

우리가 이미 살펴본 창세기 1장 1절-2장 3절까지는 하나님 중심에서의 창조를 설명하고 있습니다. 하나님이 창조를 계획하시고, 실행하시고, 평가하십니다. 그래서 창조주이신 하나님을 장엄하고 전지전능하시며 위대하신 '엘로힘' 하나님으로 묘사하고 있습니다. 하지만 2장 4절부터는 하나님이 이루어 놓으신 창조 사역의 초점을 사람에게 맞추어 놓은 것을 보게 됩니다. 그래서 사람에게 관심을 갖고 계시고 사람을 사랑하시는 구원자이신 '여호와 하나님'이라는 이름이 사용되게 된 것입니다.

출애굽기 3장 14절을 보면 모세가 만난 하나님, 이스라엘을 구원할 하나님의 이름이 '여호와,' 즉 '스스로 계시는 하나님'입니다. 이 스스로 계시는 하나님의 관심이 애굽에서 고통받고 있는 이스라엘 백성에게 있었습니다. 하나님은 그들의 부르짖음을 듣고 계셨고 그들을 구원하시기로 스스로 작정하셨습니다. 그리고 모두에게 완벽하게 잊혀져 있다고 생각하는 모세에게 찾아오셔서 이스라엘을 향한 하나님의 사랑과 그 사랑에 따른 구원 계획을 말씀하셨습니다. 하나님은 처음부터 모세를 관심을 갖고 지켜보고 계셨던 것입니다. 그러므로 창세기 2장을 서술할 때 모세는 '여호와'라는 이름이 어떤 의미인지를 충분하게 알고 있었던 것입니다. 사랑과 구원의 하나님이신 것입니다.

톨레도트

창세기 전체 50장을 함께 들여다보면 이 사실을 더 분명하게 알 수 있습니다. 2장 4절에서 사용된 '내력'이라는 말씀은 창세기에 무려 11차례(2:4, 5:1, 6:9, 10:1, 11:10, 27, 25:12, 19, 36:1, 9, 37:2)나 등장합니다. 그리고 이 '내력'이라는 말씀은 2장 4절을 제외한 다른 10곳에서는 단순히 '족보(히브리어 toledoth-낳다)'라고 번역되어 있습니다. 그러므로 2장 4절 또한 '족보'라고 번역되어야 옳습니다. 그런데 이 단어는 창세기 내에서 상당히 중요한 위치를 차지하고 있습니다. 이 단어는 앞의 내용을 요약하기도 하고 이어지는 내용의 서문이 되기도 합니다. 창세기의 다른 곳에서 이 단어가 사용된 후에는 거명된 사람의 후손들이 한결같이 뒤따르고 있습니다.

예를 들면 창세기 5장 1절에서 톨레도트라는 단어가 쓰인 문장은 아담의 후손들을 소개하고 있습니다. 6장 9절의 그 단어가 쓰인 문장에서는 노아의 후손들이 언급되고 있습니다. 10장 1절에서는 그 단어 뒤에 '셈,' '함,' '야벳'의 후손을 소개하고 있습니다. 이러한 것으로 보면 창세기를 이렇게 구분하여 설명할 수 있습니다. 하나님은 자신의 천지창조의 그 위대한 사역에 관하여는 1장 1절-2장 4절까지 짧게 개괄적으로 설명하신 후에 최고의 창조 작품인 '사람'에 관한 이야기를 '톨레도트,' 즉 '족보'를 중심으로 2장 4절-50장 26절까지 아주 길게 설명하고 있는 것입니다. 그러므로 창세기 2장 4절은 창조의 두번째 이야기가 아니라 하늘과 땅의 창조의 뒤를 따라오는 하나님의 족보 이야기인 것입니다.

하나님의 아들인 사람

창세기 2장 4절에서 창조의 '내력'이 사람 창조로 이어지는 과정을 자연스럽게 연결해 보십시오. 창조 후에 처음 사람인 아담이 창조되었는데 그것이 내력이라고 한다면 그는 창조주이신 하나님의 아들이라는 것입니다. 아담은 하나님의 아들인 것입니다. 아담이 하나님의 아들이라고 한다면 이스라엘 또한 하나님의 아들인 것입니다.

²²너는 바로에게 이르기를 여호와의 말씀에 이스라엘은 내 아들 내 장자라 ²³내가 네게 이르기를 내 아들을 보내 주어 나를 섬기게 하라 하여도 네가 보내 주기를 거절하니 내가 네 아들 네 장자를 죽이리라 하셨다 하라 하시니라 (출 4:22-23).

분명하게 이스라엘을 하나님의 아들이라고 말씀하고 있습니다. 그러므로 광야를 행진하고 있는 이스라엘 백성은 아담의 후손으로 하나님의 형상과 모양대로 창조된 하나님의 아들인 것입니다. 그들은 노예가 아니라 하나님의 아들인 것입니다. 이것은 이스라엘 백성에게는 자기 정체성을 깨닫게 하는 것입니다.

우리 또한 하나님의 형상과 모양이 있는 하나님의 아들입니다. 사도 바울은 고린도후서 6장 17-18절에서 이렇게 말씀하였습니다.

¹⁷그러므로 너희는 그들 중에서 나와서 따로 있고 부정한 것을 만지지 말라 내가 너희를 영접하여 ¹⁸너희에게 아버지가 되고 너희는 내게 자녀가 되리라 전능하신 주의 말씀이니라 하셨느니라.

우리를 향한 하나님의 목적은 우리가 하나님의 자녀, 즉 하나님의 아들이 되게 하는 것입니다. 하나님의 소원은 하나님은 우리의 아버지가 되시고, 우리는 하나님의 자녀가 되는 것입니다. 하나님의 형상과 모양으로 창조된 우리는 하나님을 닮았고 전능하신 창조의 능력이 있는 것이 하나님의 자녀입니다. 제 딸아이를 보면 홍 목사의 딸이라는 것을 누구라도 압니다. 왜냐하면 외모가 닮았기 때문입니다. 외모만 닮은 것이 아니라 성품도 닮습니다. 그러기에 하나님의 자녀들은 하나님을 닮아야 합니다. 하나님의 성품을 잃어버린 사람은 짐승보다 못한 존재로 취급받습니다. 하나님의 형상을 회복해야 합니다.

14무릇 하나님의 영으로 인도함을 받는 사람은 곧 하나님의 아들이라 15너희는 다시 무서워하는 종의 영을 받지 아니하고 양자의 영을 받았으므로 우리가 아빠 아버지라고 부르짖느니라(롬 8:14-15).

두 번째 아담이신 예수 그리스도(고전 15:45, 47)를 믿음으로 허락받은 하나님의 성령이 있는 우리는 하나님을 우리의 아버지로 믿고 부르짖어 기도하는 것입니다.

이기는 자는 이것들을 상속으로 받으리라 나는 그의 하나님이 되고 그는 내 아들이 되리라(계 21:7).

성경 마지막 부분에서도 하나님의 소원은 하나님이 우리의 아버지가 되고 우리는 그분의 아들이 되는 것입니다.

중요한 것은 이스라엘의 아버지 되신 하나님은 천지를 창조하신 분이시며 그분의 허락과 복이 없이는 비도 내리지 아니하며, 채소도 나지 아니한다는 것입니다. 하나님이 모든 것을 다 창조하셨지만 그 창조물이 자동적으로 사람들을 위해 일하고 유지되는 것은 아닙니다. 하나님이 말씀하시고 복을 주셔야 비도 내리고, 채소도 내리고, 경작하는 땅에서 생명이 자라나는 것입니다. 무슨 말씀입니까? 눈에 보이는 창조물들이 중요한 것이 아닙니다. 하나님의 아들로서 아버지이신 하나님과의 관계가 제일 중요한 것입니다. 하나님의 아들답게 하나님의 형상과 모양으로 하나님 앞에 서 있다면 모든 창조물들이 그들을 향하여 축복의 결실로 다가 올 것입니다. 그러나 하나님과의 관계에 실패하게 된다고 한다면 하늘 문이 닫히게 되고 모든 피조물들이 멈추어 서게 되는 것입니다. 이스라엘 백성은 창세기에 나타난 인물들을 통해 하나님의 형상이 있는 아들답게 살아가는 법을 배워야 했습니다.

창세기의 인물을 보십시오. 그들은 하나님의 아들로서 하나님의 형상과

언약으로의 초대: 창세기 1~25장

모양을 회복하기 위해 오직 하나님의 말씀대로 순종한 믿음의 사람들입니다. 아벨은 온전한 예배와 삶으로 하나님의 아들 됨을 입증하였으며, 노아는 하나님의 의로서 그 혼탁한 세대 가운데서 하나님의 형상과 모양이 있는 사람이 어떻게 살아가야 하는 가를 보여 줌으로써 하나님의 아들 됨을 입증했으며, 아브라함은 믿음으로 순종하였을 뿐 아니라, 하나님이 찾아오셔서 소돔과 고모라의 심판 문제를 미리 말씀하실 정도로 인정받는 아들이었습니다. 그의 아들 이삭을 보십시오, 그랄 왕 아비멜렉이 "너는 우리 민족보다 강하다."라고 인정할 만큼의 하나님의 축복을 받은 온유한 사람이었습니다. 그의 삶과 성품으로 세상 민족을 굴복시킨 하나님의 아들이었습니다. 야곱은 하나님의 아들로서 세상의 왕을 축복하는 자신의 영적인 자존감을 지킨 믿음의 사람이었습니다. 요셉은 하나님이 함께하시므로 어디로 가든지 형통하는 인생을 살았습니다. 이처럼 창세기는 하나님의 아들로서 하나님의 형상과 모양으로 세상을 살아간 사람들의 이야기라고 말할 수 있는 것입니다.

우리도 마찬가지입니다. 우리에게 필요한 것은 세상의 것이 아닙니다. 돈, 명예, 출세, 성공, 권력이 아니라 하나님의 아들답게 하나님의 형상을 회복하는 것입니다. 우리는 세상과 타협하지 아니하고, 죄의 유혹에 넘어가지 아니하고, 영적인 무기력과 게으름에 사로잡히지 아니하므로 하나님의 형상과 모양으로 지음 받은 하나님의 아들임을 세상에 보여 주어야 하는 것입니다. 하나님의 아들이라는 정체성을 깨닫고 하나님의 아들답게 살아가는 것, 이것이 땅을 다스리고, 정복하고, 충만하고, 번성할 수 있는 방법인 것입니다.

예수님이 아버지이신 하나님과 아들인 우리와의 관계 및 그 관계에 따른 삶을 잘 설명해 주셨습니다.

29너희는 무엇을 먹을까 무엇을 마실까 하여 구하지 말며 근심하지도 말라
30이 모든 것은 세상 백성들이 구하는 것이라 너희 아버지께서는 이런 것이 너

희에게 있어야 할 것을 아시느니라 ³¹다만 너희는 그의 나라를 구하라 그리하면 이런 것들을 너희에게 더하시리라 ³²적은 무리여 무서워 말라 너희 아버지께서 그 나라를 너희에게 주시기를 기뻐하시느니라 ³³너희 소유를 팔아 구제하여 낡아지지 아니하는 배낭을 만들라 곧 하늘에 둔 바 다함이 없는 보물이니 거기는 도둑도 가까이 하는 일이 없고 좀도 먹는 일이 없느니라 ³⁴너희 보물 있는 곳에는 너희 마음도 있으리라(눅 12:29-34).

우리 아버지되시는 하나님은 우리에게 그분의 나라 주기를 기뻐하십니다. 하나님의 형상이 회복된 사람은 이 땅의 것을 바라보지 않습니다. 오직 하나님 나라를 바라보며 하나님만을 위해 헌신합니다.

사람을 지으시는 과정

흙으로

하나님은 허리를 굽혀 땅의 흙으로 아담을 지으시고 아담에게 생기를 불어넣으시고자 그분의 입을 아담 얼굴 곁으로 가져가셨습니다. 그리고 그분의 숨결을 불어넣으셨습니다. 하나님의 영광이 보잘 것 없는 흙에 비추었을 때, 하나님의 숨결이 흙으로 빚어진 사람에게 이르렀을 때, 하나님의 형상과 모양을 닮은 사람이 창조되었습니다. 사람은 보잘 것 없는 흙과 가장 고귀한 하나님 영광의 결합체라고 할 수 있습니다. 창조물 중에서 가장 특별하고 독특한 존재임이 분명합니다.

흙은 성경에서 하찮은 가치의 상징물로 나타나곤 합니다. 예컨대, 아브라함이 소돔을 위해 하나님께 중보기도를 드릴 때 하나님 앞에 있는 자신이 하찮은 존재임을 강조하고자 할 때 이렇게 표현합니다.

²⁷아브라함이 대답하여 이르되 나는 티끌이나 재와 같사오나 감히 주께 아뢰나이다 ²⁸오십 의인 중에 오 명이 부족하다면 그 오 명이 부족함으로 말미암아

온 성읍을 멸하시리이까 이르시되 내가 거기서 사십오 명을 찾으면 멸하지 아니하리라(18:27-28).

또 다른 예로 간절한 기도로 사무엘을 허락받은 것에 감사하는 한나의 찬양에는 이러한 구절이 나옵니다.

가난한 자를 진토에서 일으키시며 빈궁한 자를 거름더미에서 올리사(삼상 2:8).

이처럼 흙은 사람이 무가치한 존재임을 나타낼 때 종종 사용되었습니다.

기억하옵소서 주께서 내 몸 지으시기를 흙을 뭉치듯 하셨거늘 다시 나를 티끌로 돌려보내려 하시나이까(욥 10:9).

우리는 흙으로 만들어진 티끌과 같은 존재입니다. 흙이 우리의 본질입니다. 그래서 사람은 죽으면 흙으로 돌아가는 것입니다. 우리가 살 수 있는 것은 하나님의 은혜 때문입니다. 그러므로 우리는 하나님께 의존할 수밖에 없으며, 하나님이 우리를 떠나시면 언제든지 티끌이 되어 흙으로 돌아갈 수밖에 없는 존재입니다. 이렇게 무가치한 존재인 사람에게 하나님의 영광이 임하여 하나님 닮은 존재가 된 것입니다. 우리는 우리를 창조하신 하나님의 은혜로 영광스러운 존재로 이 땅에 보내지게 된 것입니다. 그러므로 우리는 오직 하나님의 영광만을 바라보고 간구하는 인생을 살아야 하는 것입니다. 무가치한 땅을 바라보고 사는 자들이 아니라 하늘의 영광, 하나님의 영광을 사모하며 간구하는 삶을 살아야 하는 것입니다.

생기

사람은 하나님의 영이 부어진 흙 이상의 존재입니다. 창세기 2장 7절은 하나님이 사람을 흙으로 지으신 후에 그 코에 생기를 불어넣으셨다고 말함으로 사람이 영적인 존재가 되었음을 말하고 있습니다. 중요한 것은 여기에서 사용된 '숨'과 '영'이 동일한 단어로 인식되어 왔습니다. '영'이라는 단어는 히브리어로 '루하흐'인데 숨을 쉬는 소리를 그대로 옮겨 놓은 단어라고 합니다. 그러므로 이 '생기'라는 단어는 하나님이 자신의 숨을 사람에게 불어넣으심으로써 그가 영적인 존재로 특별하게 지음받았다는 것을 히브리 족속인 이스라엘 백성은 단번에 알 수 있었던 것입니다. 신약을 기록하는 데 사용된 헬라어에서는 '영'이라는 단어가 '프뉴마'인데, 이 단어 역시 '숨을 쉰다'는 뜻을 가지고 있습니다. 인간은 성령의 숨을 쉼에 의하여 생명을 유지할 수 있는 영적인 존재라는 의미를 갖고 있는 것입니다. 이처럼 사람은 흙으로는 육신을, 영으로는 하나님의 숨인 생기를 가진 존재입니다. 그래서 육신을 위해서는 떡을 먹어야 되고 영을 위해서는 '말씀'을 먹어야 하는 것입니다.

예수께서 대답하여 이르시되 기록되었으되 사람이 떡으로만 살 것이 아니요 하나님의 입으로부터 나오는 모든 말씀으로 살 것이라 하였느니라 하시니(마 4:4).

이 예수님의 말씀은 사람이 육적인 존재인 동시에 하나님의 영으로 부음받은 영적인 존재임을 나타내는 말씀입니다. 하나님의 말씀을 먹지 못하여 영이 죽은 사람은 하나님과 교제할 수 없습니다. 하나님이 예비하신 복도 누릴 수 없습니다. 온전한 예배도 드릴 수 없습니다. 예수님이 사마리아 수가성 여인에게 가르쳐 주신 말씀을 다시 한 번 생각해 보아야 합니다.

하나님은 영이시니 예배하는 자가 영과 진리로 예배할지니라(요 4:24).

아무리 육신을 가지고 다섯 번씩 남편을 가져도 이 여인에게는 인생의 즐거움과 만족이 없습니다. 영이신 하나님을 만날 수 없기 때문입니다. 진리이신 예수님을 만나고 성령을 받으므로 영이 비로소 살게 되고 하나님의 임재 안으로 들어갈 수 있기 때문에 그렇습니다.

우리도 마찬가지입니다. 아무리 내 육신이 잘 먹고 잘 입고 잘 살아도 내 영이 말씀을 먹지 못하여 죽어 있다면 하나님의 임재를 느끼지 못하고 하나님의 형상을 회복할 수 없는 것입니다. 생령, 즉 살아 있는 영으로 살아가는 것이 아니라 영이 죽었으므로 이미 심판받은 인생을 살고 있는 것입니다.

생령

하나님이 흙으로 사람을 지으시고 하나님의 숨, 즉 '생기'를 불어넣어 주시므로 사람은 '생령'이 되었습니다. '생령'이라는 말은 사람이 단지 살아 있는 존재에 그치지 않고 자신이 살아 있다라는 사실을 자각하고 느끼는 존재가 된 것을 의미하는 것입니다. 하나님이 사람에게 생기를 주시므로 살아 움직이는 존재가 되게 하신 것입니다. 중요한 것은 사람은 그 생명이 누구에게서 온 것인지를 알며 자신에게 생명을 주신 하나님을 향해 어떻게 서야 하는지를 알고 있는 존재로 지어졌다는 것입니다. 그러므로 사람이 '생령'으로 존재하기 위해서는 하나님께 자신의 생명이 달렸으므로 하나님만 의지해야 하고 하나님만 사모하는 삶을 살아야 합니다.

사람은 하나님을 만나기 전까지 절대로 자기 자신이 누구인지 자신의 모습이 어떠한지 알 수 없습니다. 왜냐하면 사람의 원형이신 하나님을 만나야 자신의 어디가 문제인지, 어디가 하나님과 다른지를 깨달을 수 있기 때문입니다. 하나님을 만나면 하나님을 닮을 수 있습니다. 우리에게서 하나님의 형상과 모양이 회복될 수 있는 유일한 방법은 하나님을 만나야 하는 것입니다. 하나님을 만나면 변화받지 못할 사람이 없습니다. 모두 변화되어 하나님의 형상을 회복할 수 있습니다. 사도 바울을 보십시오. 그렇게 예수님과 교회를 핍박하던 사도 바울이 예수님을 만나고 거꾸러지고 변화되어 하나님 닮은 사람으로 변화되지 않았습니까? 그러므로 하나님 앞에 나오면 못 고칠 사람이 없습니다. 아무리 세상이 포기한 사람이라 할지라도 하나님을 만나면 하나님의 사람으로 변화됩니다. 그 안에 하나님의 형상과 모양이 있기 때문입니다. 우리 모두 하나님을 만나 하나님의 형상과 모양이 회복되기를 바랍니다.

에덴에서의 삶

8여호와 하나님이 동방의 에덴에 동산을 창설하시고 그 지으신 사람을 거기 두시니라 9여호와 하나님이 그 땅에서 보기에 아름답고 먹기에 좋은 나무가 나게 하시니 동산 가운데에는 생명 나무와 선악을 알게 하는 나무도 있더라 10강이 에덴에서 흘러 나와 동산을 적시고 거기서부터 갈라져 네 근원이 되었으니 11첫째의 이름은 비손이라 금이 있는 하윌라 온 땅을 둘렀으며 12그 땅의 금은 순금이요 그 곳에는 베델리엄과 호마노도 있으며 13둘째 강의 이름은 기혼이라 구스 온 땅을 둘렀고 14셋째 강의 이름은 힛데겔이라 앗수르 동쪽으로 흘렀으며 넷째 강은 유브라데더라 15여호와 하나님이 그 사람을 이끌어 에덴 동산에 두어 그것을 경작하며 지키게 하시고 16여호와 하나님이 그 사람에게 명하여 이르시되 동산 각종 나무의 열매는 네가 임의로 먹되 17선악을 알게 하는 나무의 열매는 먹지 말라 네가 먹는 날에는 반드시 죽으리라 하시니라.

이스라엘 백성이 하나님의 아들로서 영광스러운 존재로 창조되었음을 천명한 모세는 하나님이 사람을 위해 창설하신 에덴이라는 특별한 공간을 이야기하고 있습니다. 모세가 에덴이라는 실제적인 이름을 전하고 있는 것은 이스라엘 백성이 에덴 동산을 역사적이고 실제적인 장소로 알고 있었기 때문이라고 생각됩니다. 특히 에덴 동산이 있었던 장소로 직접 언급되고 있는 '동방'은 이스라엘 백성이 그곳이 어디인지를 알고 있었다는 것입니다. 그들이 모르는 환상의 장소이거나 전혀 처음 듣는 지역이 아니라는 것입니다. 아라비아사막 건너 티그리스강과 유브라데강에 인접해 있는 어딘가에 에덴이 존재하고 있었다는 것을 공감했을 것입니다.

예를 들면, 마태복음에 의하면 예수님이 탄생하실 때 제일 먼저 아기 예수님을 경배한 사람들은 '동방 박사들'이었습니다. 그 당시 마태로부터 복음서를 전해 들은 사람들도 동방이 어디인지에 대한 분명한 개념이 있었던 것입니다. 그래야 예수님의 탄생을 역사적 사실로 인정하는 것 아니겠습니까? 이렇게 동방이라는 구체적 방향이 제시되어 있다는 것은 이스라엘 백성의 인생 목적이 어디를 향하는지를 알게 해 주는 것입니다. 비록 지금은 광야를 행진하고 있지만 그들은 잃어버린 에덴 동산을 회복해야 하는 삶으로 선택받은 것입니다. 단순히 가나안 정복이 인생의 목적이 아니라 하나님의 형상을 회복하고 잃어버린 낙원인 에덴 동산을 회복시키므로 하나님과의 온전한 교제를 이루게 되는 것이 인생의 목적이어야 했던 것입니다. 우리 인생의 최종 목적도 마찬가지입니다. 하나님이 주시는 축복도 중요하지만 우리 안에 하나님의 형상을 회복하고 우리의 삶 자체가 에덴 동산이 되게 하므로 언제나 창조주이신 하나님과 아름다운 교제를 이 땅 가운데서 나누는 것 그리고 그 교제가 천국까지 이어지게 하는 것이 우리 인생의 목적이어야 하는 것입니다.

에덴 동산의 환경

에덴은 실제적인 장소일 뿐 아니라 완벽한 환경으로 구성되어 있음을 알 수 있습니다. "보기에 아름답고(9절)"라는 말씀을 생각해 보십시오. 하나님이 에덴에 두신 나무들은 흠 잡을 데 없는 아름다운 것이었습니다. 창세기 1장에서 모든 창조 날 끝에 주님이 하셨던 평가를 생각해 보십시오. "보시기에 좋았더라."는 말씀 아닙니까? 하나님이 이처럼 인간에게 주신 것은 모두 다 아름다운 것이었습니다. 또한 에덴은 "먹기에 좋은" 나무가 가득한 실질적 장소였습니다. 나무가 아름다움으로 끝이 난 것이 아닙니다. 그 아름다움에 풍부한 열매가 있어서 사람들에게 부족함이 없도록 실용적인 나무로 하나님이 환경을 조성해 주신 것입니다. 그래서 에덴의 이름 뜻이 '즐거움,' '기쁨'입니다. 이 기쁨의 동산에서 아담과 하와는 하나님과 깊은 영적인 교제를 나눈 것입니다.

우리들도 하나님과의 교제를 위한 특별한 나만의 장소가 있다면 그곳이 에덴인 것입니다. 하나님과 교제를 위한 나만의 에덴을 만들어야 합니다. 우리는 그 에덴에서 하나님이 부어 주시는 풍성한 기쁨을 누리게 될 것입니다. 우리의 가정이 에덴이 되기를 원합니다. 우리 교회가 에덴이 되기를 원합니다. 무엇보다 우리의 심령에 하나님을 모셔 놓고 하나님과 교제하며 영적인 깊은 사귐이 있어서 우리의 마음이 에덴이 되어 기쁨이 넘치기를 바랍니다.

범죄 이전의 이 세상은 완벽한 아름다움, 그 자체였습니다. 존 칼빈은 에덴 동산을 이렇게 묘사합니다.

> 그때는 땅의 어떤 구석도 불모지가 없었고 어떤 땅도 지극히 비옥하고, 기름지지 않은 땅이 없었다. 그러나 다른 곳에서 상대적으로 적당했던 그러한 하나님의 축복은 이 장소에서는 놀랄 만하게 부어졌다. 왜냐하면 그곳은 양식의 공급이 풍성했을 뿐 아니라 그 양식에 입맛을 만족시키는 달콤함과 눈을 즐겁게 해 주는 아름다움이 더해졌기 때문이었다. 그러므로 이러한 하나님의 자비로운 특혜의 상황에서 사람의 탐욕이 얼마나 납득할 수 없는 것인지 극명하게 드러난다.

이렇게 완벽한 아름다움이 있었던 환경을 하나님처럼 되고자 하는 탐욕이 파괴한 것입니다.

환경이 문제가 아니었습니다. 그들의 마음에 찾아온 탐욕이 문제였습니다. 그러므로 우리는 늘 우리의 생각을 지키고, 감정을 다스리고, 마음을 지켜야 합니다. 인간이 하나님의 형상으로 창조된 증거가 하나님처럼 생각하고 감정을 느낀다는 점입니다. 모든 죄는 생각에서 시작됩니다. 생각을 지키지 못하면 죄가 들어오는 것입니다. 생각을 지키지 못하면 욕심이 들어오고, 미움이 들어오고, 갈등이 생깁니다. 우리는 생각을 지키고 감정을 하나님께 드려야 합니다. 하나님이 원하시는 감정, 하나님이 기뻐하시는 감정이 되도록 하나님의 사랑을 사모하고 예수님의 십자가 은혜를 사모해야 합니다. 하나님의 은혜가 충만할 때 우리의 감정이 하나님으로 채워지게 되는 것입니다.

마음속에 하나님의 사랑이 충만하고 은혜가 충만한 사람은 모든 것을 이기게 됩니다. 하지 못할 일이 없습니다. 내 마음속에 하나님의 사랑이 있으면 어떤 어려움도 다 이겨 낼 수 있습니다. 마음속에 하나님의 사랑이 충만하고, 예수님의 은혜가 충만하고, 성령이 충만하면 죄가 들어오지 못합니다. 그러므로 에덴은 우리의 마음에 달려 있습니다. 우리 마음 안에 하나님으로 충만하면 그곳이 바로 에덴이 되는 것입니다.

여호와를 기억하라

우리는 앞 장에서 하나님이 허락하지 않으면 비도 내리지 않고, 인간이 먹고 살 수 있는 식물의 최소 단위인 채소도 나지 않는 것에 대해 생각해 보았습니다. 하지만 이 장의 본문을 보면 사람을 창조하신 후 하나님이 모든 것을 사람을 위해 아름답고 풍족하게 공급해 주시는 것을 볼 수 있습니다. 내 인생의 부족과 결핍도 하나님이 하시는 일이며, 내 인생의 아름다움과 풍요도 하나님이 허락하시는 것입니다. 제일 중요한 것은 부족하여 고통스러울 때에도 풍족하여 넘칠 때에도 창조주이신 하나님, 내 인생에 간섭하시고 함께하시는 하나님을 잊지 말아야 한다는 것입니다.

사도 바울을 보십시오.

11내가 궁핍하므로 말하는 것이 아니니라 어떠한 형편에든지 나는 자족하기를 배웠노니 12나는 비천에 처할 줄도 알고 풍부에 처할 줄도 알아 모든 일 곧 배부름과 배고픔과 풍부와 궁핍에도 처할 줄 아는 일체의 비결을 배웠노라 13내게 능력 주시는 자 안에서 내가 모든 것을 할 수 있느니라(빌 4:11-13).

언약으로의 초대: 창세기 1~25장

그가 이렇게 자신의 삶에 만족할 수 있었던 것은 하나님을 신뢰하고 의지하였기 때문입니다.

다윗을 보십시오. 다윗은 인생의 가장 힘든 시기에 시편 23편을 기록합니다. "여호와는 나의 목자시니 내게 부족함이 없으리로다." 뿐만 아니라 "내 잔이 넘치나이다."라고 고백한 사람입니다. 환경 때문이 아닙니다. 자신과 함께하셔서 자신의 목자가 되어 주시는 하나님 때문입니다. 그는 여호와 하나님을 목자로 믿고 의지하므로 가장 행복한 인생을 살게 된 것입니다.

에덴 동산의 가장 큰 교훈은 아름답고 먹음직스러운 나무가 가득한 아름다운 환경이 아니라 사람을 위해 그 환경을 만들어 주신 하나님의 은혜를 기억하는 것입니다. 기쁨 자체를 기억하는 것이 아니라 기쁨을 통해 기쁨을 주신 하나님의 은혜를 기억해야 하는 것입니다. 고난보다 하나님을, 슬픔보다 하나님을, 축복보다 하나님을, 은혜보다 하나님을 기억해야 하는 것이 에덴 동산이 우리에게 주는 교훈입니다.

생명 나무

동산 중앙에는 특별히 언급된 두 개의 나무가 있습니다. 하나는 생명 나무요 다른 하나는 선악과입니다. 우선 생명 나무를 살펴보면 이 생명 나무에는 과실이 있어서 이 과실을 먹는 자들은 하나님의 생명으로 살게 됩니다. 중요한 것은 이 나무 자체에 영원한 생명이 있는 것이 아닙니다. 영원한 생명은 이 나무 열매 자체에 있는 것이 아니라 생명 나무라 칭한 하나님의 말씀 위에 있는 것입니다. 하나님은 이 나무를 통해 본질적으로 흙에 불과한 인생에게 영원한 생명이 있음을 알게 하시고자 하신 것입니다. 인간은 생명 나무를 바라볼 때마다 하나님이 약속하신 영생의 영광을 사모해야 하는 것입니다. 하나님은 인간을 생명 나무를 통해 하나님께 의존적인 존재로 살게 하셨습니다. 이 생명 나무는 인간이 하나님 없이는 살 수 없는 존재임을 확인시켜 주는 언약의 나무입니다. 이런 의미로 생명 나무는 인생과 하나님의 최초 언약 도구입니다. 하나님을 의지하고 하나님의 말씀대로 살기만 하면 생명 나무를 통해 약속해 주신 영원한 생명을 주시기로 하신 것입니다.

이 나무는 인간의 범죄 이후에 사라졌다가 예수 그리스도로 말미암아 다시 나타납니다.

> 귀 있는 자는 성령이 교회들에게 하시는 말씀을 들을지어다 이기는 그에게는 내가 하나님의 낙원에 있는 생명 나무의 열매를 주어 먹게 하리라(계 2:7).

이기는 그에게는 범죄 이전에 닫힌 생명 나무로 가는 길을 열어 주어 그 열매를 먹게 하겠다는 이 말씀은 에베소 교회에게 주어진 약속의 말씀입니다. 에베소 교회는 모든 것을 다 갖춘 교회였습니다. 그러나 그들이 버린 중요한 한 가지가 있습니다. 바로 처음 사랑입니다. 에베소 교인들은 예수님께 칭찬을 들었습니다.

> 2내가 네 행위와 수고와 네 인내를 알고 또 악한 자들을 용납하지 아니한 것과 자칭 사도라 하되 아닌 자들을 시험하여 그의 거짓된 것을 네가 드러낸 것과 3 또 네가 참고 내 이름을 위하여 견디고 게으르지 아니한 것을 아노라(계 2:2-3).

그러나 이어지는 4절 말씀에서 "처음 사랑을 버렸다"고 책망을 받았습니다. 처음 사랑이 무엇입니까? 예수님과의 관계 아닙니까? 예수님을 만나고 구원받은 은혜와 감격 그 사랑을 잃어버린 것입니다. 그들을 향하여 예수님은 요한계시록 2장 5절에서 말씀하십니다.

> 그러므로 어디서 떨어졌는지를 생각하고 회개하여 처음 행위를 가지라 만일 그리하지 아니하고 회개하지 아니하면 내가 네게 가서 네 촛대를 그 자리에서 옮기리라.

돌이켜 회개하여 처음 행위인 예수 그리스도와의 처음 사랑을 회복할 때 생명 나무로 나아갈 수 있는 은혜를 경험하게 됩니다. 처음 사랑을 찾도록 모든 것을 이기라는 것입니다. 그리하면 다시 생명의 빛이 임하여 어두움은 물러갈 것이고, 모든 것이 다 살아나게 된다는 것입니다. 누구든지 생명 나무의 과실을 먹는 자는 어두움에서 빛으로 인도함받을 것이며, 죽음에서 생명으로 나아오게 될 것이며, 모든 질병과 저주와 고통에서 해방될 것입니다. 하나님을 사랑하는 사랑이 내 안에 있으면 모든 것을 살게 하는 생명 나무의 능력이 내 안에 있는 것입니다. 그래서 말씀의 능력이 나타나고, 부활의 능력이 나타나고, 회복의 능력이 나타나게 됩니다.

선악을 알게 하는 나무

선악을 알게 하는 나무 또한 생명 나무처럼 보기에 좋고 먹음직한 열매를 맺는 평범한 나무입니다. 하지만 이 평범한 나무를 통해 하나님은 사람과 언약을 맺으신 것입니다. 하나님은 이 나무를 통해 하나님에 대한 인간의 의도가 무엇인지를 알고자 하셨습니다. 즉 인간이 그들의 하나님의 형상과 모양 안에 있는 전 인격과 지·정·의를 사용하여 하나님을 사랑하는지 확인하고 싶으셨던 것입니다. 전인격적으로 하나님을 신뢰하고 사랑한다면 말씀에 순종하여 결코 선악과를 먹지 않을 것이기 때문입니다.

하나님이 선악을 알게 하는 나무를 통해 말씀하신 것은 무엇입니까? 하나님의 말씀에 불순종하면 반드시 죽는다는 것입니다. 육체가 죽을 뿐 아니라 하나님 안에 있는 영원한 생명으로부터 분리된다는 것입니다. 맨 처음에 아담과 하와는 하나님께 순종하여 동산을 경작하고 지키는 청지기의 직분을 잘 감당하였습니다. 하나님의 대리인으로서 동산을 잘 관리하여 생명이 창조의 질서를 좇아 풍성해지도록 열심히 경작도 하고, '지키라'는 말씀대로 동산을 떠나지 않고 열심히 에덴 동산을 지켰습니다. 모든 것이 만족이었고 기쁨이었습니다.

하지만 그들 마음속에 '탐욕'이 찾아왔습니다. 이 탐욕은 하나님의 대리인으로 만족하는 것이 아니라 하나님처럼 되고자 하는 교만으로 이어지게 되었습니다. 에덴 동산을 영원한 자신의 소유로 만들고 그곳의 주인이 되고자 하는 욕심에 사로잡히게 되었습니다. 그 결과 하나님의 말씀에 불순종하여 선악을 알게 하는 나무의 열매를 따 먹게 되었습니다. 그들은 하나님의 음성을 들은 것이 아니라 마귀의 음성을 듣게 된 것입니다. 그리고 고의적으로 하나님을 배신하였습니다. 자신들은 하나님의 은혜 없이는 살 수 없는 연약한 티끌임을 잊었던 것입니다.

하나님이 선악과에 특별한 의미를 두시고 명령과 약속을 하신 이유는 아담 스스로가 하나님의 영으로 창조된 존재로서 오직 말씀으로만 살아야 하는 하나님의 형상임을 항상 일깨워 주기 위해서입니다. 즉 아담은 하나님의 형상으로 창조되었지만, 자기 자신을 창조해 주신 하나님을 늘 기억하여 그분 앞에서 신실하게 서 있어야 할 피조물임을 일깨워 주기 위해서 주신 나무인 것입니다. 그런데 아담은 그 피조물의 자리를 떠나 창조주의 자리에 오르려 했던 것입니다.

하나님이 창조하신 에덴 동산의 모든 나무는 "보기에도 아름답고 먹기에 좋은 나무"로 구성되어 있다고 하였습니다. 그러면 선악과는 어떠했을까요? 물론 선악과도 그러했을 것입니다. 하지만 하와가 사탄의 유혹에 넘어져 선악과를 바라볼 때 "먹음직도 하고 보암직도 하고, 지혜롭게 할 만큼 탐스럽기도 한 나무인지라(3:6)."고 말하고 있습니다. 맨 처음 하나님이 에덴 동산에 두신 나무를 하와의 언어로 표현해 보면 "보암직도 하고 먹음직도 한 것"이었습니다. 그런데 사탄의 유혹을 받아서 하와가 선악과를 보니 "먹음직도 하고 보암직도 한 것"이었습니다. 사탄의 유혹을 받아 탐욕이 발동한 하와의 눈에 선악과는 "먹음직"한 인간의 욕구를 채우기에 우선적으로 좋은 나무로 다가왔던 것입니다.

그러면 동산 중앙에 있는 생명 나무와 선악과는 무엇입니까? 생명 나무는 하나님과의 관계, 즉 사랑과 신뢰를 뜻하는 것이고, 선악과는 하나님의 또 다른 편의 속성인 공의와 심판을 상징하는 것입니다. 하나님은 에덴 동산의 중앙에 하나님의 형상과 모양이 무엇인지를 새겨 놓으신 것입니다. 우리는 사랑의 하나님, 우리를 구원하신 자비와 은혜의 하나님을 통해 구원의 감격 속에서 그분을 찬양해야 하고, 또한 공의의 하나님을 생각하고 그분을 두려움으로 존경해야 합니다. 진심으로 여호와를 경외하는 것이 복입니다. 여호와를 경외하므로 그들이 선악과를 먹지 않았다면 하나님의 형상으로 하나님과 깊고 아름다운 교제를 이루므로 에덴 동산에서 기쁨이 충만한 삶을 살았을 것입니다.

인간은 자신의 힘으로 살 수 없습니다. 마귀는 하나님 없이 네 스스로도 모든 것을 잘할 수 있다고 유혹합니다. 하나님 없이 내 능력, 지식, 경험으로 잘할 수 있다고 생각하는 것이 하나님 앞에서 얼마나 큰 교만인지 모릅니다. 마귀는 우리 스스로에게 왕이 되라고 유혹합니다. 하나님은 사람을 처음 창조하실 때 인간 스스로의 힘으로 살 수 있도록 창조하지 않으셨습니다. 언제나 하나님께 의존적인 존재가 되어서 하나님을 믿고 순종하므로 하늘의 능력과 생명을 공급받도록 창조하신 것입니다. 우리는 하나님이 주시는 힘과 능력과 은혜로만 살게 되어 있음을 잊지 말아야 합니다.

인간의 삶은 하나님과의 관계에 의하여 모든 것이 결정됩니다. 내가 하나님과의 영적인 깊고 깊은 교제를 나누고 있으면 모든 것을 은혜로 여기게 됩니다. 지배하고 빼앗을 탐욕으로는 보이지 않습니다. 내가 하나님의 은혜에 사로잡혀 있으면 고난도 유익으로 보이지만 은혜가 없으면 불편하고 힘든 고통으로 보입니다. 모든 것은 하나님과의 관계에 달려 있습니다.

하나님과의 관계에 성공한 아브라함은 동서남북의 모든 세계를 얻었지만 롯은 심판받을 소돔과 고모라를 택하게 된 것입니다. 하나님의 관점에서 모든 것을 바라본 여호수아와 갈렙은 가나안을 하나님이 주신 선물로 여겼지만 나머지 백성은 가나안을 멸망의 장소로 바라보게 되어 결국은 그 축복의 땅에 들어가지 못하게 되었습니다. 중요한 것은 하나님과의 관계입니다. 부디 하나님과의 관계에 성공하시므로 인생이 언제나 기쁨이 넘치시는 에덴 동산되기를 바랍니다.

하나 됨의 기초: 가정

18여호와 하나님이 이르시되 사람이 혼자 사는 것이 좋지 아니하니 내가 그를 위하여 돕는 배필을 지으리라 하시니라 **19**여호와 하나님이 흙으로 각종 들짐승과 공중의 각종 새를 지으시고 아담이 무엇이라고 부르나 보시려고 그것들을 그에게로 이끌어 가시니 아담이 각 생물을 부르는 것이 곧 그 이름이 되었더라 **20**아담이 모든 가축과 공중의 새와 들의 모든 짐승에게 이름을 주니라 아담이 돕는 배필이 없으므로 **21**여호와 하나님이 아담을 깊이 잠들게 하시니 잠들매 그가 그 갈빗대 하나를 취하고 살로 대신 채우시고 **22**여호와 하나님이 아담에게서 취하신 그 갈빗대로 여자를 만드시고 그를 아담에게로 이끌어 오시니 **23**아담이 이르되 이는 내 뼈 중의 뼈요 살 중의 살이라 이 것을 남자에게서 취하였은즉 여자라 부르리라 하니라 **24**이러므로 남자가 부모를 떠나 그의 아내와 합하여 둘이 한 몸을 이룰지로다 **25**아담과 그의 아내 두 사람이 벌거벗었으나 부끄러워하지 아니하니라.

꽃(김춘수)

내가 그의 이름을 불러 주기 전에는 / 그는 다만 하나의 몸짓에 지나지 않았다. / 내가 그의 이름을 불러 주었을 때 / 그는 나에게로 와서 꽃이 되었다. / 내가 그의 이름을 불러 준 것처럼 / 나의 이 빛깔과 향기에 알맞은 / 누가 나의 이름을 불러다오. / 그에게로 가서 나도 그의 꽃이 되고 싶다. / 우리들은 모두 무엇이 되고 싶다. / 나는 너에게 너는 나에게 / 잊혀지지 않는 하나의 의미(눈짓)가 되고 싶다.

하나님이 에덴 동산 안에서 거니셨습니다. 동산 안에 있는 복은 하나님과의 교제에 있습니다. 오히려 오늘날 인간이 복으로 여기고 있는 여러 보석들은 동산 밖에 있었습니다. 인간에게 주어진 가장 큰 복은 하나님과 교제하며 살아가는 것입니다. 물질적 복이 중요한 것이 아니라 에덴 동산 안에 있는 하나님의 은혜와 말씀으로 순종하는 삶을 살아가는 것이 우리 모두가 소망해야 할 하나님의 복입니다.

이 장의 본문은 하나님이 자신의 대리인인 아담에게 돕는 배필을 선물하시므로 에덴 동산에서 완벽한 행복을 누리는 모습을 말하고 있습니다. 에덴 동산을 창설하시고 얼마 동안인지 모르지만 남자로 하여금 에덴을 경작하고 지키게 하신 하나님은, 이제 그 남자를 위해 여자를 지으시고 그에게로 이끌어 오십니다. 그리고 그 남자는 그 사람을 여자라고 부르며 완벽한 행복이 존재하는 진정한 에덴 동산을 이루게 되는 것입니다.

여호와 하나님이 이르시되 사람이 혼자 사는 것이 좋지 아니하니 내가 그를 위하여 돕는 배필을 지으리라 하시니라(2:18).

이 장의 본문을 보면 창조 과정을 통틀어 처음으로 '좋지 않다'라는 말씀을 하십니다. "사람이 혼자 사는 것이 좋지 아니하니"라고 말씀하신 것입니다. 이 "좋지 않다"라는 말씀은 하나님의 창조의 실패를 말씀하시는 것이 아닙니다. 하와가 왜 창조되어야 했는지를 부정형으로 표현한 것입니다.

하나님이 최초로 등장한 좋지 아니한 상황을 좋은 것으로 바꾸시는 과정을 보면 우리 신앙의 모습이 어떠해야 하는지를 알 수 있습니다. 하나님은 좋지 아니한 상황을 바꾸기 위해 단번에 일하시지 아니하십니다. 아담이 하나님의 시각, 즉 좋지 않는 상황을 인정하고 받아들이고 공감할 방법을 제시하십니다. 그리고 그 방법은 사역, 즉 일입니다. 하나님이 창조하신 짐승들과 공중의 각종 새를 아담 앞으로 이끌어 오시고 아담으로 하여금 이름을 짓게 하십니다. 하나님이 남자에게 이름을 짓게 하신 것은 마치 동물과 각종 새들의 소유권을 그 남자에게 이양하는 것과 마찬가지입니다. 남자가 새와 짐승들을 만들지 아니하였음에도 마치 만든 것과 같은 위치에서 이름을 짓게 하신 것입니다.

이름 짓는 사역을 통해 아담 스스로 "돕는 배필이 없으므로(20절)"를 깨닫고 인정하게 하신 것입니다. 2장 18절의 "사람이 혼자 사는 것이 좋지 아니하니."라는 말씀은 하나님의 시각에서 하신 말씀이고 20절의 "아담이 돕는 배필이 없으므로"는 아담의 시각입니다. 아담이 돕는 배필이 없다라는 것을 인정하게 되었을 때 하나님은 아담을 잠들게 하시고 하와를 지으신 것입니다. 아무리 하나님이 일하시고 싶으셔도 사람이 그 일에 공감하지 않으면 하나님은 그 일을 진행하지 않으십니다. 즉 하나님의 생각과 인간의 생각이 같아질 때까지 하나님은 기다리시는 것입니다. 자신의 대리인인 사람을 사랑하시는 하나님의 사랑이자 겸손 때문입니다. 그러므로 하나님이 명하신 일을 순종하므로 우리를 향하신 하나님의 뜻을 발견할 수 있습니다.

진실한 사명자는 업적이나 축복이 먼저 눈에 들어오지 않습니다. 자기 자신의 실존을 먼저 보게 됩니다. 그 결과 하나님을 더욱 갈망하게 됩니다. 예를 들면, 누가복음 5장 1-11절에 보면 예수님과 베드로와의 만남이 자세히 소개되어 있습니다. 밤새 수고하였지만 고기 한 마리 낚지 못한 예수님은 베드로에게 깊은 데로 가서 그물을 내리라고 말씀하십니다. 자신의 경험상 도저히 순종하지 못할 말씀이고, 지금의 자신의 육체적 상태로 볼 때에도 감당하기 어려운 상황이지만 베드로는 순종하여 그물을 내립니다. 그 결과 엄청난 고기를 잡아서 친구의 배까지도 가득하게 되었습니다. 그때의 베드로를 보십시오. 베드로는 배가 넘치도록 가득한 물고기를 바라보고 흡족해하고 기뻐하는 것이 아닙니다. 자신에게 말씀을 주신 예수님 앞에 서 있는 자신의 실존을 발견하게 됩니다. 그 실존이 무엇입니까?

"주여 나는 죄인이로소이다 나를 떠나소서."

자신이 죄인이라는 자아를 발견하는 것 아닙니까?

사도 바울을 보십시오. 자신을 찾아와 주시고 사도로 세워 주신 예수님의 십자가의 복음을 전하며 엄청난 사역을 감당하면 할수록 바울을 사로잡는 것은 예수님 앞에 있는 자신의 실존, 즉 "나는 죄인 중의 괴수로다."라는 그래서 하나님의 은혜 아니고는 자기 자신이 될 수 없다고 하는 겸손한 고백만이 전부인 인생을 살게 된 것 아니겠습니까? 반대로 하나님이 주신 일을 감당하며 자신 안에 있는 하나님의 능력에 도취되고 업적과 성취에 사로잡힌 인생들은 자신의 실존을 오해하여 자기 자신이 하늘에 닿을 수 있다고 하는 교만함에 이르게 되는 것 아닙니까? 그것이 유명한 바벨탑 사건입니다. 그 결과 언어가 달라지고 온 지면에 흩어지게 되어 방황하고, 불신하고, 미워하고, 갈등하는 인생을 살게 된 것 아니겠습니까.

우리도 마찬가지입니다. 하나님이 주신 일을 믿음으로 감당하다 보면 자신의 부족과 무능함을 더욱더 깨닫게 됩니다. 순종하면 할수록 부족하고 연약한 모습 밖에 보이질 않게 됩니다. 그러나 그 부족은 부족으로 끝나지 않습니다. 하나님의 사역의 현장이 되는 것입니다. 그러므로 진정한 사역자는 날마다 하나님 앞에 엎드리는 인생을 살게 되며, 오직 심령 속에 하나님에 대한 갈망으로 가득하게 되는 것입니다. 아담처럼 자기 자신은 도울 배필이 없는 인생, 즉 부족한 인생임을 깨닫고 나를 지으시고 함께하시며 사명을 주신 하나님만 사모하고 바라보는 인생이 되는 것입니다. 그러면 없는 인생에서 넘치는 인생, 보기 좋지 못한 인생에서 보시기에 심히 아름다운 인생으로 변화되는 축복을 누리게 될 것입니다.

돕는 배필

'돕는 배필'은 히브리어로 '에제르'인데 '약한 부분을 채워서 완전한 존재로 만드는 협력자'를 의미합니다. 그런데 19절에 보면 아담이 얼마나 지혜로운지 모릅니다. 들짐승과 공중의 새의 이름을 부를 때 아무렇게나 생각나는 대로 부른 것이 아닙니다. 이름을 부른다는 것은 그 생물의 정체성을 규정하는 것입니다. 그러므로 상당한 능력이 있어야 하고 노력이 있어야 합니다. 범죄 이전의 아담은 하나님의 지혜가 있어서 하나님의 대리자로서 모든 일을 충분히 잘해 낼 수 있었습니다. 그럼에도 그에게 약한 부분이 있었던 것입니다. 그 약한 부분은 인격적, 육체적 결함을 이야기하는 것이 아닙니다. 아담은 온전한 하나님의 형상이요 모양대로 창조된 완전체입니다. 그러면 무엇이 부족하다는 말씀입니까? '우리'라는 관계성의 부족을 의미하는 것입니다. 하나님이 사람을 창조하실 때에 분명히 '우리의 형상과 모양'이라는 복수를 사용하셔서 말씀하셨지, '나의 형상'이라는 단수를 말씀하지 않으셨습니다. 하나님은 언제나 '우리'라는 완전한 하나 됨 속에서 일하셨습니다. 그러므로 아담이 아무리 탁월한 능력과 지혜가 있다 할지라도 '우리'라는 관계를 통한 하나 됨을 이루지 못한다면 '좋지 아니한 것'입니다. 모든 것이 완벽하게 갖추어진 에덴 동산에 거주하고 그 어느 것 하나 부족한 것이 없었지만 아담은 '나'로 있었지 '우리'가 아니었던 것입니다.

창세기 1장 26-28절을 보면 사람을 창조하신 이유와 목적이 잘 나타나 있습니다.

> [26]하나님이 이르시되 우리의 형상을 따라 우리의 모양대로 우리가 사람을 만들고 그들로 바다의 물고기와 하늘의 새와 가축과 온 땅과 땅에 기는 모든 것을 다스리게 하자 하시고 [27]하나님이 자기 형상 곧 하나님의 형상대로 사람을 창조하시되 남자와 여자를 창조하시고 [28]하나님이 그들에게 복을 주시며 하나님이 그들에게 이르시되 생육하고 번성하여 땅에 충만하라, 땅을 정복하라, 바다의 물고기와 하늘의 새와 땅에 움직이는 모든 생물을 다스리라 하시니라.

이 인간 창조의 핵심은 관계로 설명될 수 있습니다. 자연과의 관계, 남자와 여자라는 사람의 관계, 하나님의 복을 받아 살아야 되는 하나님과의 관계가 그것입니다. 심지어는 이 말씀을 통해 처음 사람의 삼중직을 이야기하는 사람도 있습니다. '다스리다'라는 말씀에서 '왕'으로서의 직임을, 사람과 사람의 관계에서 서로 하나님의 말씀으로 교훈해야 하는 '선지자'로서의 직임을, 하나님께 복을 받아 땅에 생육하고 번성하고 충만해야 함을 통해 '제사장'으로서의 직임을 갖고 있음을 이야기하는 분도 있습니다. 이 처음 사람이 타락함으로 이 고귀한 삼중직을 상실하고 두번째 아담이신 예수님이 이 삼중직을 완벽하게 수행하시므로 인간의 구원을 이루시고 진정한 하나님 나라를 회복하였다는 것입니다.

하나님의 형상대로 창조된 사람에게 가장 중요한 '우리'를 통해 완벽한 관계를 이루게 될 때 하나님의 대리인으로서 완전해질 수 있다는 것입니다. 여자의 도움이 있어야 땅에서 생육하고, 번성하고, 충만하고, 정복하고 다스릴 수 있는 온전한 대리인으로 설 수 있는 것입니다. 이 완전한 관계를 이루기 위해 하나님은 '돕는 배필'을 허락하신 것입니다. 여자의 도움 없이는 남자는 하나님 보시기에 좋은 존재로 설 수 없는 것입니다.

여자의 신비

여자가 만들어지는 과정을 생각해 보시면 남자에게 여자가 얼마나 중요한 존재인지를 잘 알 수 있습니다. 하나님은 아담을 깊이 잠들게 하셨습니다. 어떤 분은 이 깊은 잠을 죽음으로 이해하기도 합니다. 여자는 남자의 죽음을 통해서 혹은 남자의 죽음까지 이르는 희생을 통해 창조된 존재라는 것입니다. 어떤 이는 "남자가 죽어야 여자가 산다."라고 할 만큼 여자의 소중성을 강조하기도 합니다. 무엇보다 여자에게는 남자가 모르는, 오직 하나님만 아시는 신비하고 비밀한 은혜와 축복이 담겨져 있습니다. 그러므로 여자는 남자에게 가장 소중한 보물입니다.

아무튼 아담의 옆구리가 터져 피가 나고 갈비뼈가 뽑혀진 다음에야 여자가 만들어지게 된 것입니다. 이로써 '우리'라는 가정이 이루어지게 된 것입니다. 남자의 희생과 고통을 통해 여자가 창조되었다는 사실은 마치 예수님이 십자가에서 옆구리가 창에 찔려 피를 흘리시므로 창조된 교회의 탄생과 동일합니다. 그래서 아내와 교회 사랑을 비교해 놓은 에베소서 5장을 보면 '아내를 사랑하는 사랑의 정도는 예수님이 교회를 사랑하신 것과 동일해야 합니다.'고 말씀하고 있습니다. 여기서 예수님은 아내 사랑을 말씀하실 때 '에로스'가 아닌 '아가페'를 사용하셨습니다. 한마디로 희생적이고, 무조건적인 십자가 사랑으로 아내를 사랑해야 하는 것입니다. 그래서 결혼 시에 남자의 가장 중요한 사명은 '에로스'로 시작된 아내 사랑을 '아가페'로 승화시키는 일인 것입니다. 아내의 소중함을 베드로 사도는 베드로전서 3장 7절에서 이렇게 말씀하고 있습니다.

> 남편들아 이와 같이 지식을 따라 너희 아내와 동거하고 그를 더 연약한 그릇이요 또 생명의 은혜를 함께 이어받을 자로 알아 귀히 여기라.

아내가 연약한 그릇 같은 존재이지만 아내가 있어야 생명의 은혜를 유업으로 받을 수 있다고 말씀하고 있습니다. 생명의 은혜가 무엇입니까? 예수님이 십자가에서 희생하시므로 구원받은 그 은혜를 함께 누리는 자가 아내인 것입니다.

본문 21절 말씀을 보면 하나님이 갈빗대로 여자를 만드시는 장면이 나옵니다. 이 구절을 통해 우리는 여자의 창조와 관련해서 몇 가지 사실을 깨달을 수 있습니다. 첫째, 여자는 창조사역 중 가장 마지막에 창조된 존재라는 사실입니다. 둘째, 여자는 흙으로 창조된 남자보다 더욱 귀한 재료로 창조되었다는 사실입니다. 셋째, 여자는 하나님의 손길에 의해 세심한 주의를 기울여 만들어졌다는 사실입니다. 그때 하나님은 아담을 깊은 잠에 들게 하심으로 그 만드는 일을 보지도 않고 관여하지도 않게 하셨습니다. 왜 많은 뼈 중에서 갈빗대를 선택해서 여자를 만드셨을까요? 주석가인 메튜 헨리는 이렇게 말하고 있습니다.

> 하나님께서 머리뼈로 여자를 만들지 않은 것은 남자를 지배하지 못하게 하기

위해서이며, 하나님께서 다리뼈로 여자를 만들지 않은 것은 남자에게 짓밟히지 않게 하기 위해서이고, 남자의 옆구리 부분에서 갈빗대를 취해 만든 것은 남녀가 인격적으로 상호 동등한 위치에 있음을 보여 주는 것이며, 그의 팔 아래의 갈빗대를 취해서 만든 것은 여자는 남자로부터 보호되어야 하며 그의 심장 근처에 있는 갈빗대로 만든 것은 사랑받아야 하는 존재임을 보여 주는 것이다.

세상에서 가장 아름다운 고백

아담으로부터 취한 갈비뼈로 하와를 만드신 하나님은 아담에게로 하와를 이끌어 오셨습니다. 얼마인지는 잘 모르지만 아담은 그동안 홀로 에덴동산에서 하나님의 대리인으로서 모든 동식물을 다스리는 훈련을 받았습니다. 하나님의 뜻대로 살아갈 수 있는 능력이 배양된 후에 드디어 '우리'를 이룰 수 있는 하와를 선물로 보냄 받게 된 것입니다. 무엇보다 주목해야 할 것은 이 두 사람이 아닙니다. 이 두 사람 사이에 계신 하나님입니다. 최초의 가정을 하나님이 만드셨고 하나님이 계셨다는 것이 중요한 것입니다. 아름답고 행복한 가정을 이룰 수 있는 비결은 세상의 것에 있지 않습니다. 하나님이 그 가정에 계시냐, 그렇지 아니하냐에 달려 있는 것입니다.

이는 내 뼈 중의 뼈요 살 중의 살이라(23절).

이 구절에 대해 영국의 세익스피어는 말했습니다.

지금까지는 물론이고 앞으로도 마찬가지이다. 이보다 더 아름다운 사랑 고백은 존재하지 않을 것이다.

인류 최초의 사랑 고백은 상대방에 대한 찬사 중의 찬사요, 감탄 중의 감탄입니다. 그 감탄의 내용은 "당신은 내 생명보다 훨씬 빼어난 생명이

다."는 의미를 갖고 있습니다.

하나님으로부터 자신의 생명보다 더 아름다운 생명을 허락받은 남자는 그 보답으로 선물을 하게 됩니다. 일종의 결혼 예물인 것입니다. 그 예물은 다름 아닌 이름을 부르는 것이었습니다. 지금까지 각종 들짐승과 공중의 새의 이름을 부르며 모든 것에 대한 정체성을 깨달은 남자는 자신의 생명보다 더 소중한 생명을 '여자'라고 부르기로 합니다. 하나님이 '여자'라는 이름을 위해 미리 아담을 훈련시키신 것입니다. 그 훈련의 결과가 '여자'인 것입니다. 아담은 그 여자를 보고 히브리어로 '이솨'라고 불렀습니다. 히브리어로 남자는 '이쉬'이고 여자는 '이솨'입니다. 모음 하나 차이 밖에 나지 않습니다. 자신과 모든 것이 동등하면서도 무엇인가가 더 있는 듯한 인상을 주는 탁월한 이름을 선물한 것입니다. 아담과 하와는 이렇게 하나님에 의하여 하나가 되었습니다. 그러므로 결혼은 하나님이 정하신 법칙입니다. 그래서 공관복음에 보면 예수님은 "하나님이 짝지어 주신 것을 사람이 나누지 못할지니라."고 말씀하신 것입니다. 결혼은 감정의 문제나 사랑의 방식의 문제가 아닙니다. 결혼은 하나님이 정하신 법칙으로서 창조의 결론인 것입니다.

가정의 세 가지 원칙

부모를 떠나서

하나님이 정하신 가정의 첫번째 원칙은 '떠남'입니다. 지금까지 익숙하고 편안하고 의지가 되었던 현실의 삶을 포기하고 하나님 안에 있는 새로운 축복과 비전을 향하여 나아가는 것이 결혼입니다. 사람은 자신에게만 있는 비전과 축복을 이루기 위해 떠나야 하는 것입니다. 마치 아브라함에게 아비, 친척, 본토를 떠나서 하나님이 보여 주실 땅으로 가라고 하신 것도 이와 마찬가지입니다.

연합하여

사람은 결혼을 해서 남편과 아내가 연합해야만, 독처함에서 벗어날 수 있습니다. 그때 비로소 사람은 하나님의 축복을 누릴 수 있는 주체가 되는 것입니다. 결혼을 히브리어로 '키두신'이라고 합니다. 이 말은 "하나님께 봉헌된 온전한 제물"이라는 뜻입니다. 남자 혼자서는 하나님 앞에 온전히 봉헌될 수 없지만 이제 결혼을 통해 하나님이 기뻐 받으실 만한 온전한 제물이 되었고 하나님 앞에 봉헌된 인생이 되었다는 것입니다. 아내의 역할은 남편이 내 남자요, 내 사람이기 전에 하나님 앞에 온전한 봉헌물이 되도록 하는 것입니다. 나 때문에 남편이 하나님이 기뻐받으시는 온전한 제물이 되게 하는 것입니다. 나 때문에 비로소 하나님 보시기에 심히 좋은 제물이 된 것입니다.

한 몸을 이루라

성경에 '둘이 한 몸이 되다'라는 말을 찾아보면 '쉬네죽센(짝짓다)'인데 그 뜻은 '함께 멍에를 진다.'는 말입니다. 두 소가 함께 멍에를 지려면 둘이 보조를 잘 맞추어야 합니다. 하나만 노력해서는 안됩니다. 둘이 똑같이 노력해야 합니다. 오늘 성경에 보면 가정의 완벽한 모습을 마지막 25절에 "벌거벗었으나 부끄러워 아니하더라."고 했습니다. 범죄하기 이전의 완전한 부부의 모습을 '부끄러워 아니하더라'로 요약 설명한 것입니다. 기쁨을 상징하는 에덴 동산이 완벽하게 이 두 사람을 통해 이루어진 것입니다.

하나님이 아담에게 원하시는 존재 양식은 '나'가 아니라 '우리'입니다. 성부·성자·성령, 삼위 하나님이 '우리'로 존재하시는 것처럼 아담도 돕는 배필인 하와로 말미암아 하나님의 형상에 걸맞는 '우리'로 존재하게 되었습니다. '우리'라는 관계 형성을 통해 아담은 온전한 하나님의 대리자가 될 수 있었던 것입니다. 하나님의 온전한 대리자로 서게 된 아담의 기쁨은 하와를 향한 사랑의 세레나데에 잘 드러나 있습니다.

창조되어 온 하와를 향한 아담의 고백은 '당신은 내 생명보다 훨씬 빼어난 생명이다.'는 뜻입니다.

이 고귀한 생명인 하와의 창조를 위해 아담은 옆구리가 터지고 피를 흘렸습니다. 마치 예수 그리스도께서 십자가에서 피 흘리심으로 교회가 탄생한 것과 동일한 원리입니다. 그렇기 때문에 예수님은 교회 사랑과 아내 사랑을 동일시하시며 아가페의 사랑을 강조하신 것입니다.

오늘 이 시대에 우리가 아담과 하와처럼 생육하고, 번성하고, 충만하고, 정복하고 다스릴 수 있는 온전한 하나님의 사람으로 설 수 있는 유일한 길은 진정한 부부의 아가페적 사랑의 회복입니다. 진정한 사랑을 통하여 남편과 아내가 하나님 앞에 '우리'라는 온전한 관계적 존재로 서게 될 때에 하나님의 창조의 목적을 이룰 수 있는 것입니다.

오늘날 우리가 겪는 위기는 대부분은 가정 파괴에서 비롯된 것입니다. 물질과 세상의 가치 때문에 가장 중요한 성경의 가치인 가정을 소홀히 하는 어리석은 삶이 팽배해 가고 있는 것입니다. 시대의 흐름이 어떻게 흘러가든 우리는 하나님이 창조하신 가정의 원리를 좇아 서로 사랑하고, 둘이 한 몸이 되어, 함께 인생의 멍에를 지고 하나님을 향하여 나아가야 합니다. 이러한 성경적 가정관이 회복될 때에 우리는 하나님의 모든 비전을 이룰 수 있는 건강한 정신 건강한 영혼을 소유한 복 있는 자로 세상에 존재할 수 있게 되는 것입니다. 부디 우리 모든 성도의 가정에 사랑이 온전하게 회복되기를 소원합니다.

3장

인간
불행의 시작

창세기 3장 1~7절

1그런데 뱀은 여호와 하나님이 지으신 들짐승 중에 가장 간교하니라 뱀이 여자에게 물어 이르되 하나님이 참으로 너희에게 동산 모든 나무의 열매를 먹지 말라 하시더냐 2여자가 뱀에게 말하되 동산 나무의 열매를 우리가 먹을 수 있으나 3동산 중앙에 있는 나무의 열매는 하나님의 말씀에 너희는 먹지도 말고 만지지도 말라 너희가 죽을까 하노라 하셨느니라 4뱀이 여자에게 이르되 너희가 결코 죽지 아니하리라 5너희가 그것을 먹는 날에는 너희 눈이 밝아져 하나님과 같이 되어 선악을 알 줄 하나님이 아심이니라 6여자가 그 나무를 본즉 먹음직도 하고 보암직도 하고 지혜롭게 할 만큼 탐스럽기도 한 나무인지라 여자가 그 열매를 따 먹고 자기와 함께 있는 남편에게도 주매 그도 먹은지라 7이에 그들의 눈이 밝아져 자기들이 벗은 줄을 알고 무화과나무 잎을 엮어 치마로 삼았더라.

마틴 루터는 아담이 사자 또는 곰보다 더 큰 힘, 시라소니 또는 독수리보다 더 날카로운 시력을 갖는 등, 동물이 강했던 부분에서조차 그들을 능가했을 것이라고 생각했습니다. 만일 아담에 관한 이러한 견해가 사실이라면 하나님이 아담을 위해 창조하셨던 하와는 어떠했겠습니까? 루터는 하와도 남자처럼 강하고 빠르고 시력이 날카롭고 두뇌가 좋았을 것이라고 생각했습니다. 그것에 더해 그녀는 틀림없이 남자를 능가하는 아름다움과 우아함을 가지고 있었을 것이다고 생각했습니다. 아담과 하와에 대한 루터의 견해가 절대적으로 옳은 것인지는 알 수 없지만 아담과 하와가 하나님의 형상과 모양으로 창조되었다는 사실만으로도 충분히 그들이 육적으로, 영적으로 다른 동물들과는 비교할 수 없는 탁월한 존재로 창조된 것이 분명합니다.

그런데 이 장의 본문에 보면 그들의 그 탁월함이 죄에 넘어지는 하나의 원인으로 작용하는 듯합니다. 하나님이 주신 탁월함을 뛰어넘어 하나님같이 되고자 하는 교만과 탐욕 때문에 사탄의 거짓 유혹에 넘어가게 됩니다.

최초의 유혹자

요한계시록 12장 9절에 "옛 뱀 곧 마귀라고도 하고 사탄이라고도 하며 온 천하를 꾀는 자"라고 말씀하는 것을 보면 이 장의 본문의 뱀은 하나님의 대적자 사탄이라는 것에는 의심의 여지가 없습니다. 정확히는 사탄이 뱀을 하수인으로 이용하고 있는 것입니다. 사탄은 간교한 뱀을 앞세워 하와를 유혹한 것입니다. 뱀이 하나님이 지으신 들짐승 중에 가장 간교했기 때문입니다. 사탄은 이처럼 간교하고 교활한 성품의 소유자들을 이용하여 자신의 목적을 달성합니다. 권모술수에 능하고, 교만하고, 영리한 사람들이 사탄의 표적입니다.

우리는 우리의 성품을 살펴보아야 합니다. 만약 우리의 성품이 간교하고 이중적이라고 한다면 철저히 회개하여 예수님의 마음을 회복해야 합니다. 신실하신 하나님을 닮아야 합니다. 하나님을 믿는 사람의 인성은 신실해야 합니다. 크리스천의 축복은 신실함에서 비롯되는 것입니다. 신실한 사람은 능력이 조금 부족해도, 조건이 미약해도 언젠가는 하나님이 축복하시고 사용하십니다. 하나님을 닮았기 때문에 신실한 사람에게는 거짓이 없습니다. 모든 것이 밝게 드러나는 투명함이 있습니다. 언행이 일치합니다. 그러나 마귀가 좋아하는 사람은 신실하지 않아 거짓되고 모든 것이 알 수 없을 정도로 불투명합니다. 사탄이 이스라엘 백성을 대적하기 위해 애굽의 바로를 사용했으며, 예수 그리스도를 십자가에 못 박기 위해 가룟 유다를 이용했다는 사실을 명심해야 합니다.

그렇다면 이 사탄은 어디에서 온 것입니까? 창세기 3장과 성경 다른 곳에 의하면 완전하게 창조되었지만 교만으로 인해 선함을 저버린 사탄과 같은 존재가 있다는 것, 그 사탄이 하나님을 먼저 배반하고 이후에 많은 천사들이 그를 따랐다는 것 그리고 인류 역사의 시작점에 아담과 하와를 유혹하기 위해 동산에 나타났다는 것입니다.

사탄의 존재와 타락에 대해 관련된 성경 구절 가운데 대표적인 것은 에스겔 28장 12-15절과 이사야 14장 12-15절입니다. 에스겔 말씀에 의하면 원래 사탄도 아름답고 완전한 존재로 창조된 것이 분명합니다. 그러나 그들은 곧 아름다움과 완전함을 상실합니다. 그 이유는 교만하여 하나님을 대적하였기 때문입니다. 특히 이사야 14장은 예수님이 누가복음 10장 18절에서 사탄과 관련하여 인용하신 구절로 유명합니다. 그 구절은 사탄에 대해 이렇게 말하고 있습니다.

> [14]너 아침의 아들 계명성이여 어찌 그리 하늘에서 떨어졌으며 너 열국을 엎은 자여 어찌 그리 땅에 찍혔는고 [15]네가 네 마음에 이르기를 내가 하늘에 올라 하나님의 뭇별 위에 내 자리를 높이리라 내가 북극 집회의 산 위에 앉으리라 [16]가장 높은 구름에 올라가 지극히 높은 이와 같아지리라 하는도다 [17]그러나 이제 네가 스올 곧 구덩이 맨 밑에 떨어짐을 당하리로다(사 14:12-15).

사탄은 낮은 하늘에서 뭇별을 통해 집회의 산으로, 더 나아가 뭇별 위의 산의 가장 높은 곳으로, 바로 하나님의 보좌에까지 높아지려 하는 야욕을 점점 강화시키고 있는 것을 볼 수 있습니다. 교만하여 하나님의 자리에까지 이르려 하는 것입니다. C. S. 루이스는 교만을 "모든 사악함으로 인도하는 것"이라고 할 정도로 교만을 "부도덕의 센터요, 극도의 악"이라고 말하였습니다. 나중에 바벨탑을 쌓은 사람들도 바로 이 사탄의 교만함을 물려받은 자들임을 알 수 있습니다. 무엇보다 이 구절 속에는 "내가 ~하리라"는 표현이 5회나 반복되어 나타납니다. 하나님이 주어가 아니라 "내가" 주어가 되어 하나님의 다스림을 거부하고 하나님의 자리에 오르려 하는 존재가 사탄이라는 것을 알 수 있습니다.

우리가 신앙생활을 하면서 가장 경계해야 하는 단어가 있습니다. 바로 "내가 ~하리라"는 단어입니다. 이 말씀 속에는 하나님을 배반하는 정도가 아니라 하나님에 대해 대적하려 하는 그리하여 내가 하나님을 대신하려 하는 강력한 탐욕이 숨겨져 있는 것입니다. 하와도 "내가 ~하리라"는 유혹에 넘어졌습니다. 사실 아담과 하와에게 선을 알게 하는 나무는 일종의 제어장치입니다. 아담과 하와는 하나님의 형상대로 창조된 최고의 걸작품입니다. 그들에게는 하나님 안에 있는 지혜와 능력이 탁월하게 존재했습니다. 하나님은 그들의 탁월한 지혜를 선악을 알게 하는 나무를 통해 제어하시고자 했던 것입니다. 그들은 자신의 능력과 지혜를 하나님의 뜻에 따라 제한해야 하고, 오직 하나님께 영광 돌리는 데 사용해야 했습니다. 이것이 바로 "선과 악을 아는 나무 열매를 먹지 말라"고 하신 하나님의 근본 의도인 것입니다.

모든 것을 하나님의 뜻에 따라 절제할 수 있을 때 하나님의 영광이 올바르게 나타나는 것입니다. 그래서 성령의 9가지 열매 중에 절제가 맨 마지막 열매인 것입니다. 하나님이 선과 악을 아는 나무의 열매를 통해 인간과 언약을 맺으신 이유는 인간이 하나님이 주신 능력과 지혜를 통해 하나님과 같이 되고자 해서는 안 된다고 생각하셨기 때문입니다. 그 나무의 열매를 통해 너는 본질이 흙이라는 것을 잊지 말기를 원하신 것입니다. 그런데 인간은 사탄처럼 "내가 ~하리라"라는 하나님의 자리를 탐하고 만 것입니다. 이것이 인류 불행의 시작점입니다.

말과 다스리는 권세

성경을 보면 짐승이 말을 한 경우는 두 차례 나타납니다. 한번은 이 장의 본문은 뱀이고, 다른 하나는 민수기 22장에 나오는 발람을 태우고 다니던 나귀였습니다. 그런데 언어, 즉 말은 하나님이 인간에게만 주신 특별한 은총입니다. 말씀하시는 하나님의 형상을 따라 창조된 사람만이 말을 할 수 있습니다. 뱀은 짐승이기 때문에 말을 해서는 안됩니다. 하와는 뱀이 말하는 것을 이상하게 여기고 피하든지 꾸짖어야 했습니다.

분명히 하나님은 아담과 하와에게 모든 들짐승과 공중의 새를 다스리는 권세를 주셨습니다. 하와는 자신에게 있는 동물을 다스리는 권세를 사용하여 뱀을 꾸짖고 원래의 상태로 돌아가게 했어야 합니다. 이것은 하와 개인에 대한 도전이 아니었습니다. 하나님이 창조하신 피조 세계에 일어난 반란이었습니다. 하나님 나라를 상징하는 에덴 동산에 일어난 창조 질서의 파괴였으므로 만약 하와가 하나님의 말씀대로 충만한 삶을 살고 있었다고 한다면 충분히 그 사태를 다스리고 진압할 수 있었습니다. 하와가 자기 자신의 직분이 무엇인지 사명이 무엇인지, 모르는 영적인 나태함에 있을 때, 깨어 있어서 하나님과 충분한 교제를 이루고 있지 못하고 있었을 때에 사탄이 찾아온 것입니다. 자신 안에 무슨 축복이 있고, 무슨 권세가 있는지조차 모를 정도로 영적으로 나태해졌을 때 사탄이 찾아온 것입니다. 우리는 온전한 헌신을 드리지 아니하면 사탄을 대적할 수 없습니다. 하와는 뱀이 하나님의 말씀으로 질문했을 때 그것을 하나님이 주시는 권세로 다스려야 했습니다.

우리도 마찬가지입니다. 영적으로 깨어 있어서 자신의 사명이 무엇인지, 할 일이 무엇인지를 분명하게 깨닫고 있는 사람은 자신에게 주신 하나님의 권세를 활용하여 자신의 삶에 찾아온 사탄의 계략을 물리칠 수 있습니다. 하와가 마귀의 유혹에 넘어간 것은 자신에게 있는 권세와 축복을 중요한 것으로 생각하지 못했기 때문입니다. 만약 하와가 자신에게 주시는 하나님의 복을 중요하게 여겨 그 복을 매일 묵상하며 하나님께 감사하고 감격하고 있었다면 충분히 모든 것을 다스릴 수 있었을 것입니다. 자신에게 있는 복이 얼마나 중요하고 아름다운 것인지를 모르기 때문에, 사탄의 하나님과 같이 되리라는 엉뚱한 복을 욕심내게 된 것입니다. 하나님이 복 주시기만을 바라지 말고 지금 자신에게 있는 축복을 바라보시며 소중하게 여기십시오. 그리고 그 복을 주신 하나님께 감사하십시오. 그럴 때 사탄은 도망하게 됩니다.

생명보다 귀한 말씀

사탄은 분명히 하나님과 아담이 맺은 언약을 들었을 것입니다.

> [16]여호와 하나님이 그 사람에게 명하여 이르시되 동산 각종 나무의 열매는 네가 임의로 먹되 [17]선악을 알게 하는 나무의 열매는 먹지 말라 네가 먹는 날에는 반드시 죽으리라 하시니라(2:16-17).

이 말씀을 들은 사탄은 즉시 하와에게 이 말씀을 변형하여 공격했습니다. "하나님이 참으로 너희에게 동산 모든 나무의 열매를 먹지 말라 하시더냐." 사탄은 하나님 말씀을 변개하여 하나님에 대해 의심하도록 하는 것입니다.

사탄은 하와를 넘어뜨리기 위해 폭력적이고 물리적인 방법을 사용한 것이 아닙니다. 말씀에 대한 의심을 불러일으킴으로 하와를 넘어뜨린 것입니다. 만일 사탄이 하와에게 찾아와서 하나님이 계시지 않다거나 하나님이 하신 말씀이 모두 거짓이라고 했다면 하와는 속아 넘어가지 않았을 것입니다. 그런데 말씀의 일부분을 인용하므로 하나님의 전체 말씀을 의심하도록 한 것입니다. 죄의 시작은 하나님의 말씀에 대한 불신에서 시작된 것입니다. 사탄은 하나님 말씀의 진실성을 의심하도록 의도된 의문부호를 사용합니다. "하나님이 참으로 ~하시더냐?" 이것이 성경에 나오는 첫번째 의문부호입니다. 물론 원어 성경에는 의문부호가 없습니다. 그러나 본문의 정황이 분명히 질문을 던지고 있기 때문에 의문부호라고 단정지어도 무리가 없습니다.

사탄은 하나님이 동산 안에 있는 오직 하나의 열매를 제외한 모든 나무의 열매를 먹으라는 긍정적인 허락을 "하나님이 참으로 너희에게 동산 모든 나무의 열매를 먹지 말라 하시더냐?"는 부정적인 금지로 바꾸므로 하나님의 선하신 의도를 의심하도록 만들었습니다. 하나님은 아담과 하와에게 단 하나를 제외한 모든 창조물을 임의대로 할 수 있는 권리를 주셨습니다. 하나님이 금지하신 선악을 알게 하는 나무를 두신 것도 하나님의 말씀을 어겼을 때의 결과를 설명해 주시므로 사람이 동산 안에서 무한한 자유와 축복을 누리도록 허락하신 것입니다. 그러나 사탄은 하나님이 본질적으로 인간의 자유를 제한하도록 모든 것을 금지해 놓은 것처럼 받아들이도록 유혹하고, 그 결과 하나님은 선하지 않으시며 절대로 인간에게 세상에서 가장 좋은 것을 주기를 원하지 않는 분으로 오해하도록 했습니다.

마귀는 우리를 공격할 때 우리 안에 있는 말씀을 공격합니다. 마귀는 우리에게 있는 그 어떤 것에도 관심이 없습니다. 내가 가지고 있는 물질, 명예, 권세에 대해서는 관심 없습니다. 이런 것으로는 육체는 괴롭고 힘들게 할지 몰라도 영은 영향을 끼치지 않기 때문입니다. 마귀의 관심은 영혼의 젖줄인 하나님의 말씀입니다. 예수님이 왜 "사람이 떡으로만 살 것 아니요 하나님의 입에서 나오는 모든 말씀으로 살 것이라."고 하셨는지 다시 한 번 생각해야 합니다. 하나님의 말씀이 있어야 가장 중요한 영혼이 살 수 있습니다. 영이 죽으면 내가 소유하고 있는 그 모든 것은 무용지물이 된다는 것을 마귀는 잘 알고 있습니다. 우리가 하나님의 말씀을 붙들고 그 말씀대로 살고자 애쓰면 마귀는 패배합니다. 이렇게 말씀이 중요하기에 사탄은 우리로 하여금 말씀에서 멀어지고, 의심하게 만드는 것입니다.

마귀는 우리가 말씀을 듣지 못하도록, 묵상하지 못하도록, 읽지 못하도록 온갖 것으로 유혹합니다. 특히 하나님의 말씀을 듣지 못하도록 집중 공격합니다. 왜냐하면 하나님의 말씀을 들으면 그 사람에게서 믿음이 자라나기 때문입니다.

그러므로 믿음은 들음에서 나며 들음은 그리스도의 말씀으로 말미암았느니라 (롬 10:17).

말씀을 듣고 믿음이 자라나면 마귀의 어떤 유혹과 시험도 이겨 낼 수 있기 때문입니다. 그러므로 마귀는 우리가 설교를 집중하여 듣는 것을 제일 싫어합니다. 마귀는 우리가 교회에 오는 것을 막지 않습니다. 교회에 와서 말씀을 듣지 못하게 합니다. 다른 사람에게, 다른 일에 마음을 빼앗기게 합니다. 다른 생각에 사로잡히게 합니다. 하나님의 말씀을 듣지 못해야 영혼이 죽게 되기 때문입니다. 말씀을 듣지 못하게 하는 것은 내 영혼에 대한 살해 행위입니다. 마귀가 설교를 듣지 못하도록 하는 방법은 간단합니다. 그것은 말씀을 선포하고 가르치는 목사를 미워하게 하는 것입니다. 그러면 아무리 좋은 설교도 귀에 들어오지 않게 되는 것입니다. 한마디로 "너나 잘해라."라고 속으로 분노하게 되는 것입니다. 마귀의 관심은 돈도, 물질도, 성공도 아닙니다. 우리로 하여금 하나님의 말씀과 접촉하지 못하도록 하는 것입니다.

하나님의 말씀에는 능력이 있습니다. 권세가 있습니다. 우리 인생의 모든 문제에 대한 해답이 말씀 안에 있습니다. 인생을 바꿀 수 있는 능력이 하나님의 말씀에 있습니다. 말씀을 믿고 신뢰하면 말씀이 우리의 삶을 바꾸어 놓는 것입니다. 이 중요한 말씀의 능력을 신뢰하시기 바랍니다. 말씀의 은혜를 경험하시기 바랍니다. 교회를 아무리 오래 다녀도 말씀의 능력을 경험하지 못하면 마귀의 도전에 패배하게 되어 있습니다. 하나님의 말씀에 붙잡혀서 심령이 뜨거워지는 경험을 해야 합니다. 내 삶 속에서 모든 것을 말씀으로 운행하시는 하나님을 경험해야 합니다. 말씀이 살아 있음을 경험하는 것이 기쁨이고 축복입니다. 하와는 교만 때문에 이 말씀의 능력을 사용하지 못한 채 하나님의 동산에 죄를 끌어 들인 것입니다.

말씀을 신뢰하십시오. 순종하십시오. 말씀이 우리의 삶을 회복시키고 하나님의 축복으로 가득하게 할 것입니다.

말씀하신
대로 2

: 창세기 3장 1-7절 :

1그런데 뱀은 여호와 하나님이 지으신 들짐승 중에 가장 간교하니라 뱀이 여자에게 물어 이르되 하나님이 참으로 너희에게 동산 모든 나무의 열매를 먹지 말라 하시더냐 **2**여자가 뱀에게 말하되 동산 나무의 열매를 우리가 먹을 수 있으나 **3**동산 중앙에 있는 나무의 열매는 하나님의 말씀에 너희는 먹지도 말고 만지지도 말라 너희가 죽을까 하노라 하셨느니라 **4**뱀이 여자에게 이르되 너희가 결코 죽지 아니하리라 **5**너희가 그것을 먹는 날에는 너희 눈이 밝아져 하나님과 같이 되어 선악을 알 줄 하나님이 아심이니라 **6**여자가 그 나무를 본즉 먹음직도 하고 보암직도 하고 지혜롭게 할 만큼 탐스럽기도 한 나무인지라 여자가 그 열매를 따 먹고 자기와 함께 있는 남편에게도 주매 그도 먹은지라 **7**이에 그들의 눈이 밝아져 자기들이 벗은 줄을 알고 무화과나무 잎을 엮어 치마로 삼았더라.

우리는 앞 장에서 성경에 등장하는 최초의 질문을 살펴보았습니다. 사탄은 하나님의 말씀에 의문 부호를 사용하여 하와를 넘어뜨리고 말았습니다. 사탄은 말씀의 일부분을 인용하므로 하나님의 전체 말씀을 의심하도록 한 것입니다. 죄의 시작은 하나님의 말씀에 대한 불신에서 시작되었습니다. 인생의 모든 비극은 여기에서 비롯됩니다. 오늘 우리의 삶에 고통이 주인이 되고 온갖 슬픔과 불행이 인생의 주어가 된 이유는 한 가지입니다. 말씀에 철저하게 헌신하지 않았기 때문입니다. 말씀을 판단하고 평가한 후에 의심한 결과 인간의 삶에 죄가 들어오게 되었고 우리 인생에 슬픔과 불행이 시작되었습니다.

우리의 삶에 행복과 평안을 찾게 하는 방법은 한 가지입니다. 하나님의 말씀에 철저하게 헌신하여 말씀을 말씀대로 인정하고 순종하는 것이 우리의 삶을 평안과 행복 그리고 기쁨으로 가득하게 채우는 방법입니다. 예수를 믿으면서도 아직도 우리의 행복이 돈에 있고, 명예에 있고, 출세에 있다고 생각한다면 마귀에게 속고 있는 것입니다. 오직 말씀을 주신 하나님의 의도를 깨달아 그 의도대로 정확하게 살아가게 되는 것이 더딘 것 같지만 행복으로 가는 지름길이며 유일한 방법입니다. 광야 속에 있는 이스라엘 백성에게 40여 일 이후에 주신 것은 물질적인 것이 아니라 하나님의 계명이었음을 기억하시기 바랍니다. 우리의 삶에도 하나님의 말씀에 따라 순종하는 것이 제일 먼저 해야 할 일입니다.

말씀에 철저히 헌신하라

하와는 지금까지 들어왔던 하나님의 말씀을 정확하고, 분명하게 붙들고 있지 않았습니다. 자기 감정에 따라, 자기 생각에 따라, 자기 기분에 합당하게 선택적으로 기억하고 붙들고 있었던 것입니다. 이렇게 말씀을 자기 생각대로 붙드는 사람의 결과가 무엇입니까? 하나님에 대한 원망입니다. 하와가 하나님의 말씀을 추가하는 부분을 생각해 봅시다. 3절에 보면 "하나님이 동산 중앙에 있는 나무의 실과는 먹지도 말고 만지지도 말라고 했다고 대답하고 있습니다. 하와는 "만지지도 말라."는 말을 추가하고 있습니다. 하나님이 원래하셨던 말씀에 대해서 가감하는 것을 볼 수 있습니다. 그런데 단순히 말씀을 더한 행위를 한 하와의 행위 너머에 있는 것을 살펴보면, 이 추가된 말 속에는 하나님에 대한 서운함과 원망하는 감정이 묻어 있습니다. 마치 하나님이 자기들의 자유를 제한하고 억압하고 있다는 듯한 원망스런 표현을 하고 있는 것입니다. 사람은 원망과 섭섭함이 생기면 있지도 않은 말을 만들어 냅니다.

게다가 하나님의 말씀을 평가하기 시작하니 하나님이 선언하시는 죽음의 심판 선언을 약화시키고 있습니다. 하나님은 "너희가 먹는 날에는 반드시 죽으리라."고 말씀하셨는데 하와는 "혹시 죽을지도 모른다."는 식으로 심판을 약화시키는 죄를 범하고 있는 것입니다. 왜냐하면 하와의 마음 속에는 하나님 말씀을 두려워하는 마음이 없었던 것입니다. "이깟 열매 한 개 따서 먹었다고 해서 설마 하나님이 우리를 죽이기야 하겠어?"라고 하나님의 말씀을 약화시키고 있는 것입니다. 자기중심적으로 해석한 결과입니다. 이것은 결국 하나님의 말씀을 약화시키는 결과를 낳았습니다.

하나님의 말씀은 그대로 이루어지는 것이 창세기 1장의 결론입니다. 때문에 하나님 말씀은 말씀을 주신 하나님의 입장에서 해석되어야 합니다. 모든 말씀은 하나님의 의도에 맞게 해석되고 적용되어야 합니다. 그럴 때 우리의 삶에 그 말씀이 생명이 되고, 영생이 되고, 구원이 되는 것입니다.

> 하나님의 약속은 얼마든지 그리스도 안에서 예가 되니 그런즉 그로 말미암아 우리가 아멘 하여 하나님께 영광을 돌리게 되느니라(고후 1:20).

모든 하나님의 말씀에 아멘으로 화답할 때 우리의 삶에 그 말씀의 능력이 나타나고 하나님께 영광을 돌리게 됩니다. 그러나 하와처럼 내 생각에 맞게 하나님의 말씀을 추가한다든지 축소시킨다든지 하면 그것이 바로 죽음이고 멸망입니다.

지금 이 말씀을 듣는 사람들이 누구입니까? 바로 하나님의 은혜로 구원받아 약속의 땅 가나안으로 향하고 있는 이스라엘 백성입니다. 모세는 구원의 감격을 경험한 이스라엘 백성에게 오직 하나님의 모든 말씀으로 살아야 영생이 있고 하나님의 영광 안으로 들어가는 것이지, 상황과 환경에 따라 하나님의 말씀을 임의대로 해석하거나 적용하면 하와처럼 죽음을 경험할 것을 경고하고 있는 것입니다. 이스라엘 백성에게는 떡과 물이 생명이 아닙니다. 하나님의 말씀이 생명입니다. 오직 하나님의 말씀을 있는 그대로 받아들이고 그 말씀이 의도하는 대로 순종할 수 있는 겸손함을 유지할 때 그들에게 잃어버린 하나님의 형상이 회복되고 에덴 동산이 회복되는 것입니다.

그런데 오늘날에도 하나님이 주신 말씀을 멍에로 알고 하와처럼 자신이 감당할 수 있을 만큼만 약화시켜 편안하게 신앙생활하려고 하는 사람이 많이 있습니다. 하나님의 말씀이 기준이 아니라 자신의 상황과 환경이 기준이 되어 주일 성수도 아니하고, 헌금 생활도 자기 마음 내키는 대로 하고, 봉사도 자기 마음에 맞아야 하는 삶을 사는 사람이 너무 많습니다. 하와처럼 하나님의 말씀에 철저하게 헌신되어 있지 않은 사람, 말씀에 목숨 걸지 않은 사람은 사탄의 시험에 넘어지게 됩니다. 만약 내가 진정한 하나님의 자녀라고 한다면 하나님의 말씀에 목숨을 걸어야 합니다. 비록 그 말씀이 내 마음을 찌르는 가시처럼 다가올지라도 하나님 말씀의 권위를 따라 순종하십시오. 하나님의 말씀을 내 감정에 따라 지켰다가 어겼다가 하는 것이 아니라 절대적으로 순종해야 합니다. 왜냐하면 이 세상 모든 것은 말씀대로 이루어지기 때문입니다.

잘못된 비전

하나님은 우리에게 비전을 주십니다. 예를 들면, 창세기 1장 28절을 보십시오. 하나님이 창조하신 피조세계를 정복하고, 다스리고, 충만하라는 사명을 주셨습니다. 그러나 사탄은 하와에게 비전이 아닌 탐욕을 심어 주었습니다. 하나님이 주인이라는 의식 대신에 내가 인생의 주인이 되고 하나님 같이 되라는 것입니다. "네가 하나님 노릇하라."는 것이 사탄의 유혹입니다. 그 유혹은 비전이 아니라 탐욕입니다.

말씀에서 무너진 하와는 5절에서 마귀가 심어 주는 잘못된 비전에 포로가 되고 맙니다. 첫째는 "눈이 밝아지게 된다."는 것입니다. "눈이 밝아진다."는 것은 시력이 좋아진다는 것이 아니라 "지금까지 네가 알지 못했던 새로운 사실을 깨닫게 된다."는 것입니다. 마귀는 지금까지 하나님이 너희들에게 모르게 한 새로운 사실이 있는 것인냥 하와를 속였습니다. 하나님이 너희가 하나님처럼 될까 봐 숨겨 놓은 사실이 있다고 유혹하고 있는 것입니다. 하나님은 자신의 형상과 모양 그리고 심지어 영생까지 그들에게 다 허락해 주셨습니다. 하나님은 인간 안에 하나님을 알 수 있도록 하나님의 성품과 인격까지 다 계시해 놓으셨습니다. 그럼에도 말씀에 대한 확신이 없어지니 하나님의 무한하신 사랑에 의심이 간 것입니다.

이단에 빠지는 분은 어떻게 넘어갑니까? 그곳에 가면 '새롭다'는 것 아닙니까? 기존 교회에서 가르쳐 주지 않는 무엇인가가 있다고 생각하게 만들어서 넘어뜨리는 것 아닙니까? 미래의 일을 알면 좋을 것 같지만 그것은 결코 새로운 것도 아니고 하나님을 섬길 수도 없습니다. 미래의 일을 알고 10년쯤 되돌아가서 살게 되면 누가 하나님을 섬기겠습니까? 아마도 부동산에 로또에 투자해서 돈 벌 생각만 가득할 것입니다. 그 이유는 죄인된 인간의 밑바닥에 욕심이 존재하기 때문입니다. 그것은 새로운 것이 아닙니다. 마귀에게 속은 것입니다. 아담과 하와가 깨달은 새로운 것이 있습니다, 바로 그들이 벌거벗었다는 사실입니다. 수치와 부끄러움을 발견한 것입니다. 새로운 것이 있을 것 같아서 속아 넘어간 하와에게 남은 것이 수치와 부끄러움이듯이 이단에 넘어가서 새로운 지식을 배우는 것 같지만 결국 그들에게도 남는 것은 수치와 부끄러움 밖에 없는 것입니다.

새로운 것을 찾는 것 대신에 영원하신 말씀을 찾고 사모하고 갈급해야 합니다. 목마른 사슴이 시냇물을 찾듯이 우리의 영혼이 주를 찾기에 갈급해야 합니다. 영원하신 하나님으로 만족하는 사람은 부족함이 없습니다. 언제나 내 잔이 넘친다고 고백할 수 있습니다. 하와가 새로운 것을 찾았다고 하는 것은 하나님으로 만족하지 못하고 있었다는 것입니다. 부디 하나님 한 분만으로 만족할 수 있기를 바랍니다.

둘째 비전은 "네가 이것을 먹으면 하나님처럼 되리라."는 것입니다. 신이 된다는 환상보다 더 황홀한 환상은 없을 것입니다. 인간이면서도 인간 이상이 되고 싶어 하는 것은 마귀가 주는 잘못된 비전입니다. 오늘날처럼 사람에게 신을 붙여서 호칭하는 경우는 드물었던 것 같습니다. 예쁜 여자

언약으로의 초대: 창세기 1~25장

는 '여신'으로, 야구에 해박한 모 감독을 '야신'으로, 거의 모든 분야에서 최고로 인정받는 사람들에게는 '신'이라는 호칭을 붙여 부릅니다. 그러나 인간은 절대로 신이 될 수 없습니다. 인간은 인간으로 머무르며 인간으로서 한계를 느끼고 하나님을 의뢰하게 될 때 오히려 하나님의 영광과 임재 안으로 들어가 하나님의 기쁨과 만족을 누릴 수 있게 됩니다.

우리의 능력이 어디에 있습니까? 하나님과 함께하는 데 있습니다. 하나님이 우리의 힘입니다. 능력입니다. 그래서 다윗은 시편 18편에서 "나의 힘이 되신 여호와여 내가 주님을 사랑합니다."라고 고백한 것 아닙니까? 시편 73편 27-28절에 보면 시인인 아삽이 이렇게 고백합니다.

> 27무릇 주를 멀리하는 자는 망하리니 음녀 같이 주를 떠난 자를 주께서 다 멸하셨나이다 28하나님께 가까이 함이 내게 복이라 내가 주 여호와를 나의 피난처로 삼아 주의 모든 행적을 전파하리이다.

하나님께 행하는 가장 악한 죄가 무엇인지 아십니까? 주님을 멀리하는 것입니다. 주님의 말씀을 업신여기고 주님을 떠나는 것입니다. 그러나 반대로 하나님의 말씀을 귀히 여기고 하나님을 가까이 하는 것이 인생의 복입니다. 이 사실을 마귀가 가장 잘 알고 있습니다. 그래서 마귀는 의심을 통해 하나님과 우리 사이를 멀어지게 합니다.

셋째 비전은 "네가 이것을 먹으면 선과 악을 알게 된다."는 것입니다. 지금 아담과 하와는 하나님의 선의 세계를 살고 있고 하나님의 선하심을 날마다 맛보아 알고 있습니다. 선을 충분히 알고 있는 그들에게 사탄은 '악'을 알라고 부추기고 있습니다. 얼마나 교묘한 계략인지 모릅니다. 악을 알아야 하나님이 될 수 있다는 논리입니다. 그러나 우리가 믿고 고백하시다시피 하나님에게는 선하심과 인자하심 밖에 없습니다. 악이 존재하지 않습니다. 선하신 그 모습대로 아담과 하와는 창조되어 있습니다. 그들이 선악과를 먹지 않는다면 결단코 악은 동산과 그들 안에 들어오지 못할 것입니다. 선 속에서 선 밖에 모르는 사람들, 악이 무엇인지 모르는 사람에게 선과 악을 분별할 능력을 갖으라는 잘못된 비전을 마귀가 심어 준 것입니다. 예를 들면, 빛의 세계에 있는 사람은 어두움을 의식할 필요가 없으며, 생명의 세계에서는 죽음을 생각할 필요가 없습니다. 사랑의 세계에서는 미움을 알 수가 없습니다. 마찬가지로 선의 세계에 살고 있는 아담과 하와는 악을 의식할 필요가 없었던 것입니다.

악을 전혀 모르는 아담과 하와는 하나님같이 된다고 하는 말에 악에 관심을 갖기 시작했고 급기야 악이 그들을 점령하게 되었습니다. 악을 아는 방법은 하나님의 말씀을 거역하고 어기는 것이기 때문입니다. 이제는 그들 삶에 언제나 선과 악이 함께하게 되었습니다. 우리가 아무리 예수를 잘 믿어도 언제나 우리 안에는 선과 악이 함께 공존합니다. 날마다 영적으로 깨어 있어 말씀이 충만하고 성령이 충만하지 아니하면, 그 악이 우리 안에 있는 선을 삼켜 버리고 맙니다. 미움이 사랑을 이기고, 질투와 시기와 분쟁이 평화를 이깁니다. 우리는 선과 악을 아는 일을 중지하고 오늘부터 예수님의 마음처럼 사랑과 용서의 마음을 가져야 합니다. 누구든지 용서하고 사랑하고 관용을 보이게 되면, 악은 점점 힘을 잃고 우리 안에 에덴 동산에서 잃어버렸던 선이 가득하게 되는 날이 임할 것입니다.

먹음직, 보암직, 지혜롭게 할 만큼 탐스러움

사탄의 유혹을 받아 말씀에서 떠난 상황에서 바라본 선악을 알게 하는 나무의 열매에 대한 하와의 욕구는 훗날 육체 중심의 삶을 살아가는 인생들이 추구하는 삶의 근본이 되고 말았습니다. 한 사람의 넘어짐이 그 후손들이 하나님 말씀 중심의 삶을 살게 하는 것이 아니라 본능 위주의 삶을 살게 한 것입니다. 먹는다고 하는 것은 인간 안에 내재되어 있는 가장 근본적이고 본질적인 욕구이자 본능입니다. 먹는 것은 인간 본능 중에서 가장 기초적이고 중요한 물질세계의 대표입니다. 둘째로 보암직한 것은 먹는 것처럼 물질적인 것이 아니라 정신적인 영역을 말하는 것입니다. '본다'라는 것은 동경하는 것입니다. 정신적이고 심미적인 만족을 줄 수 있을 정도로 동경하는 것들을 갖고 싶어 하는 것을 말하는 것입니다. 셋째로, 영적인 유혹으로서 지혜로 자신의 마음속에 있는 모든 욕망을 채우고자 하는 유혹인 것입니다. 선과 악을 아는 지혜만 있으면 자신 안에 있는 모든 탐욕을 이룰 수 있는 것처럼 생각하는 것입니다.

이 유혹을 요한 사도는 요한일서 2장 15-16절에서 이렇게 해석하여 강조하고 있습니다.

15이 세상이나 세상에 있는 것들을 사랑하지 말라 누구든지 세상을 사랑하면 아버지의 사랑이 그 안에 있지 아니하니 16이는 세상에 있는 모든 것이 육신의 정욕과 안목의 정욕과 이생의 자랑이니 다 아버지께로부터 온 것이 아니요 세상으로부터 온 것이라.

육신의 정욕, 안목의 정욕, 이생의 자랑은 마귀가 하와를 유혹했던 것과 아주 유사합니다. '육체의 정욕'은 '먹음직한 것'이고, '안목의 정욕'은 '보암직한 것'이고 '이생의 자랑'은 '지혜롭게 할 만큼 탐스러움'을 의미하는 것입니다.

이렇게 하와가 무너진 것은 말씀에 전적으로 헌신하지 않았기 때문이며 자기 자신이 아담의 '돕는 배필'로 창조되었다고 하는 인생의 목적을 상실했기 때문입니다. 말씀을 잃어버리면 내가 누구인지, 왜 살아가고 있는지, 인생의 목적도, 삶의 이유도 놓쳐 버리고 맙니다. 그 결과 선악을 알게 하는 나무를 그와 함께 있는 남편에게 주어 먹게 한 것입니다. 한 사람이 죄를 범하면 함께 있는 사람에게 똑같은 죄의 전가가 아니더라도 정신적으로, 육체적으로 손해를 끼치게 되어 있습니다. 이처럼 한 사람이 중요합니다. 한 사람이 말씀에 매여 인생의 목적을 분명하게 깨닫고 살아가면 그 가정은 물댄 동산 같은 축복의 동산이 됩니다. 그 사람의 깨어 있음 때문에 모두가 주님의 샬롬을 누리게 됩니다. 하지만 한 사람이 범죄하게 되면 그 죄의 영향 아래서 신음하게 됩니다.

아담의 타락

아담의 타락은 하와의 타락과 또 다른 것입니다. 성경은 아담이 사탄의 속임수에 의하여 넘어졌다고 그 어느 곳에서도 말씀하지 않고 있습니다. 하와는 사탄의 유혹에 넘어진 것입니다. 하지만 아담은 하나님의 말씀에 대해 정면으로 도전하고 배반했습니다. 아담과 하와의 이 차이점을 사도 바울은 디모데전서 2장 14절에서 이렇게 말씀하고 있습니다.

아담이 속은 것이 아니고 여자가 속아 죄에 빠졌음이라.

아담은 속아서 실수로 넘어진 것이 아닙니다. 의도적으로 하나님을 배반한 것입니다.

하나님이 아담에게 선악을 알게 하는 나무를 두신 이유는 아담이 절대로 하나님이 아니라는 사실을 깨닫기를 원하셨던 것입니다. 그러나 아담은 이러한 하나님의 섭리를 거부했습니다. 그 나무의 열매를 따 먹고 하나님의 자리에 앉아 에덴 동산의 주인이 되기를 소망한 것입니다. 이것이 성경이 인류의 타락에 대한 책임을 하와에게 두지 않는 이유입니다. 성경은 사탄에게 속아서 넘어진 하와에 대한 비난을 단 한번도 언급하지 않습니다. 대신에 아담의 책임은 분명하게 다루고 있습니다.

21사망이 한 사람으로 말미암았으니 죽은 자의 부활도 한 사람으로 말미암는 도다 22아담 안에서 모든 사람이 죽은 것 같이 그리스도 안에서 모든 사람이 삶을 얻으리라(고전 15:21-22).

12그러므로 한 사람으로 말미암아 죄가 세상에 들어오고 죄로 말미암아 사망이 들어왔나니 이와 같이 모든 사람이 죄를 지었으므로 사망이 모든 사람에게

이르렀느니라 ¹⁷한 사람의 범죄로 말미암아 사망이 그 한 사람을 통해 왕 노릇
하였은즉 더욱 은혜와 의의 선물을 넘치게 받는 자들은 한 분 예수 그리스도
를 통해 생명 안에서 왕 노릇 하리로다 ¹⁹한 사람이 순종하지 아니함으로 많은
사람이 죄인 된 것 같이 한 사람이 순종하심으로 많은 사람이 의인이 되리라
(롬 5:12, 17, 19).

아담은 하나님의 형상으로 창조된 피조물답게 처음에는 죄가 없었습
니다. 하나님의 창조는 완벽했습니다. 그러나 아담은 스스로 범죄함으로
이 완전한 창조물의 자리에서 이탈하고 말았습니다. 그래서 하나님이 그
를 위해 예비하셨던 위대한 축복의 자리에서 쫓겨나고 말았습니다. 이처
럼 죄는 하나님을 배반하는 것입니다. 하나님에게서 이탈된 것입니다. 우
리를 향한 하나님의 계획은 "선하시고 기뻐하시고 온전하신 뜻"입니다.
그 뜻을 떠나 우리가 하나님에게서 배신하고 이탈된 것입니다. 그러나 그
리스도 안에서 하나님의 능력과 은혜로 우리는 다시금 하나님의 창조계획
안으로 돌아오게 되어 있습니다.

타락의 결과

이렇게 유혹을 받아 넘어진 인간에게 사탄의 말대로 눈이 밝아지게 되
었습니다. 그리고 새로운 것을 발견하게 되었습니다. 바로 그들이 벗었다
는 사실입니다. 철학자 키에르케고르가 '죽음에 이르는 병'에서 말한 "죄
악이란 절망으로 인해 하나님 앞에 자신을 고스란히 드러내고 싶지 않은
상태"라고 말하였습니다. 그는 본질적 의미의 죄는 "자신의 가치를 하나님
아닌 다른 것 위에 세우는 것"이라고 말하고 있습니다.

타락 이전의 벗음은 가장 선하고 아름다움 그 자체였으나 타락 이후에
벗음은 수치와 부끄러움입니다. 그들은 하나님 앞에 완전히 노출된 채 서
있었으나 부끄러움이 없었습니다. 아무런 부끄러움 없이 하나님과 사귀며
교제했습니다. 서로에게도 마찬가지였습니다. 서로에게 아무런 부끄러움

이나 수치심이 존재하지 않았습니다. 타락 이후에는 서로의 시선을 의식하게 되었으며, 부끄러워하고, 수치스러워하게 되었습니다. 그리고 그들의 몸을 무화과나무 잎으로 가림으로 서로에 대한 불신과 낯선 감정을 갖게 되므로 하나 됨이 깨져 버린 것입니다.

우리가 죄로부터 도망하지 않으면 하나님으로부터 도망하게 되고 우리 주변의 무엇이건 무화과나무 역할을 하는 것으로 우리의 영적 벌거벗음을 가리려고 할 것입니다.

죄에 빠진 인간에 대한
하나님의 위로

: 창세기 3장 8-13절 :

8그들이 그날 바람이 불 때 동산에 거니시는 여호와 하나님의 소리를 듣고 아담과 그의 아내가 여호와 하나님의 낯을 피하여 동산 나무 사이에 숨은지라 9여호와 하나님이 아담을 부르시며 그에게 이르시되 네가 어디 있느냐 10이르되 내가 동산에서 하나님의 소리를 듣고 내가 벗었으므로 두려워하여 숨었나이다 11이르시되 누가 너의 벗었음을 네게 알렸느냐 내가 네게 먹지 말라 명한 그 나무 열매를 네가 먹었느냐 12아담이 이르되 하나님이 주셔서 나와 함께 있게 하신 여자 그가 그 나무 열매를 내게 주므로 내가 먹었나이다 13여호와 하나님이 여자에게 이르시되 네가 어찌하여 이렇게 하였느냐 여자가 이르되 뱀이 나를 꾀므로 내가 먹었나이다.

하와가 사탄의 유혹을 받은 후 바라본 선과 악을 아는 나무는 "먹음직도 하고 보암직도 하고 지혜롭게 할 만큼 탐스럽기도 한 나무"였다고 하였습니다. 먹음직하다는 것은 본능, 즉 물질 위주의 삶을 의미하고, 보암직하다는 것은 명예와 정서적인 추구를 의미하며, 지혜롭게 할 만큼 탐스럽기도 하다는 것은 자신의 업적을 드러내는 모습을 의미합니다. 이 고백 이후에 인생의 행복 기준은 더 이상 하나님이 아니었습니다. 하나님의 뜻대로 사는 것이 행복의 기본인데 사탄은 행복의 기준을 인간적인 요소로 바꾸어 놓았습니다. 사도 요한이 말한 것처럼 인생은 사탄의 영향으로 하나님이 아닌 세상의 조건, 즉 "육체의 정욕, 안목의 정욕, 이생의 자랑"을 추구하게 되었습니다. 사도 요한은 '육체의 정욕'과 '안목의 정욕' '이생의 자랑'은 세상으로부터 왔다고 했습니다(요일 2:16). 그리고 이 세상의 권세 잡은 자는 마귀입니다. 그러므로 '육체의 정욕'과 '안목의 정욕'과 '이생의 자랑'은 마귀에게서 난 것입니다. 더 나아가 사도 요한은 인간이 정욕에 따라 행하는 것은 하나님을 사랑하지 않기 때문이라고 하였습니다. 하나님을 사랑하고 하나님 말씀 안에서 살아가는 사람은 절대로 세상에서 만족, 즉 행복을 얻을 수 없습니다. 오직 하나님과의 관계에서만 행복할 수 있습니다. 이것이 하나님 나라의 기준인 산상수훈이 말하는 진정한 '행복,' 즉 '마카리오스'의 복 아니겠습니까?

솔로몬을 생각해 보십시오. 솔로몬은 가장 고귀한 신분이었습니다. 메시아의 가문의 후손으로서 다윗 왕에게 정통성을 인정받은 고귀한 혈통의 소유자였습니다. 뿐만 아니라. 정치, 외교, 문화, 종교 등 모든 분야에서 가장 탁월한 업적을 남긴 이스라엘 역사상 가장 훌륭한 왕이었습니다. 그의 궁전은 이 땅에 세워진 하나님의 다스림의 전형이었습니다. 그가 건축한 예루살렘 성전은 하나님의 성의 모형이었습니다. 그의 부가 얼마나 많았던지 은과 금은 길가의 돌처럼 흔했으며, 그 당시에 최고의 건축 자재였던 백향목은 야산의 뽕나무처럼 흔했었습니다. 최고의 음식을 위해 소비되는 식재료는 엄청난 규모를 자랑했으며 그의 마굿간에는 수천 필의 아름다운 말이 가득하였습니다.

그에게는 아름답고 훌륭한 궁전, 종, 포도원, 낚시터, 정원 등이 있어서 날마다 색다른 즐거움을 추구하며 지루하지 않고 재미있는 인생을 살았습니다. 게다가 천 명에 이르는 부인이 있었습니다. 무엇보다 그는 역사상 최고의 지혜로운 왕이어서 수많은 나라에서 그의 지혜를 보려고 몰려들기도 하였습니다. 그는 모든 것을 다 가진 왕이었습니다. "먹음직도 하고, 보암직도 하고 지혜롭게 할 만큼 탐스러운" 열매를 맛 본 사람은 솔로몬일 것입니다. 이 세상의 기준으로 보면 그는 한없이 행복해야 할 사람이었습니다. 그러나 그는 이 모든 것에 대해 "헛되고 헛되니 모든 것이 헛되도다(전 1:2)."라고 했습니다. 모든 것이 텅 비어 공허하다는 것입니다. 아무리 세상의 먹음직하고, 보암직하고, 지혜롭게 할 만큼 탐스러운 삶을 살고 있었지만 하나님과 분리된 사람은 아무리 채워도 채울 수 없는 공허한 블랙홀인 것입니다. 그래서 예수님은 인생의 행복이 "소유의 넉넉함에 있지 않다(눅 12:15)."고 말씀하신 것입니다. 하나님을 소유하지 못하고 하나님과 분리된 인생은 그 어떤 것으로 만족도, 행복도 얻을 수 없습니다.

하나님이 우리에게 요구하시는 것은 어떠한 엄청난 일을 하거나 뛰어난 업적을 남기는 것이 아닙니다. 우리가 하나님과 바른 관계에서 하나님의 말씀만을 붙들고 살아가기를 소망하십니다. 하나님은 우리가 어떠한 일을 하든지 하나님의 말씀 안에서 헌신하며 하나님과의 관계를 최우선적으로 생각하기를 원하십니다. 내가 아무리 하고 싶은 일이고 또 그 일이 아무리 중요한 일이라 할지라도 하나님이 원하시지 않고 말씀에 맞지 않으면 포기할 수 있는 사람이 진정한 하나님의 사람입니다.

인간의 착각

철학자 키에르케고르가 『죽음에 이르는 병』에서 죄에 대해 중요한 두 가지를 말하고 있습니다. 하나는 본질적 의미의 죄는 "자신의 가치를 하나님 아닌 다른 것 위에 세우는 것"이라고 했고, 또 하나는 "죄악이란 절망으로 인해 하나님 앞에 자신을 고스란히 드러내고 싶지 않은 상태"라고 말하였습니다. 하나님 아닌 자기 자신에게 가치를 두고자 했던 아담은 그 죄악의 결과 하나님의 낯을 피하여 숨고 말았습니다. 그런데 인간은 결코 하나님을 피하여 숨을 수 없습니다. 다윗은 시편 139편 7-8절에서 이렇게 고백하고 있습니다.

7내가 주의 영을 떠나 어디로 가며 주의 앞에서 어디로 피하리이까 8내가 하늘에 올라갈지라도 거기 계시며 스올에 내 자리를 펼지라도 거기 계시니이다.

다윗의 고백처럼 하나님을 피하여 결코 숨을 수 없습니다.

아담이 하나님의 낯을 피하여 숨은 이유가 무엇입니까? 여기 하나님의 '낯'을 피하였다는 말씀을 주목하여 보시기 바랍니다. '낯'은 하나님의 형상과 모양을 상징하는 말입니다. 범죄한 아담은 그 영광스러운 하나님의 낯을 잃어버린 것입니다. 하나님의 영광을 잃어버리면 모든 것을 잃어버립니다. 하나님의 형상을 잃어버린 인간은 하나님의 낯 앞에 나설 수가 없습니다. 하나님의 낯을 잃어버리기 전에 아담의 즐거움은 영광스러운 하나님과의 교제였습니다. 아담과의 교제를 위해 하나님은 아담을 친히 찾아와 주셨습니다. "날이 서늘할 때"라고 성경이 하나님이 아담을 찾아와 주시는 특정한 시간을 묘사하고 있는 것을 보면 하나님이 언제나 일정하게 아담을 찾아오시고 아담과 함께 교제하신 것을 볼 수 있습니다. 하나님이 찾으시는 그 한 사람, 아담이 그렇게 영광스러운 존재였던 것입니다. 그럼에도 아담은 하나님 앞에 나오지 않고 동산 나무 뒤에 숨어 있습니다. 아담은 범죄한 후에 그 영광은 사라지고 다스려야 될 동산의 나무에 의지하여 자신의 수치와 치욕을 숨겨야 되는 비극적인 존재가 된 것입니다. 그러나 나무는 완전히 감추어 주지 않습니다. 오직 하나님만이 우리의 있는 모습 그대로를 맞아 주시고, 고쳐 주시고, 새롭게 해 주실 분입니다. 때문에 아담은 나무 뒤에 숨을 것이 아니라 하나님 앞에 자신을 그대로 드러내야 했습니다.

이에 그들의 눈이 밝아져 자기들이 벗은 줄을 알고 무화과나무 잎을 엮어 치마로 삼았더라(7절).

아담과 하와는 지혜롭게 된 것이 아니라 벗은 줄을 알게 되었습니다. 벗을 줄 알게 된 이후에 찾아온 감정은 수치스러움입니다. 죄는 인간을 수치스럽게 합니다.

…벌거벗었으나 부끄러워하지 아니하니라(2:25).

타락 이전에 아담과 하와에게는 부끄러움이 없었습니다. 그들은 하나님 앞에 완전히 노출된 채 서 있었으나 부끄러움이 없었습니다. 아무런 부끄러움 없이 하나님과 사귀며 교제했습니다. 아담과 하와 서로에게도 마찬가지였습니다. 서로에게 아무런 부끄러움이 존재하지 않았습니다. 우리가 죄로부터 도망하지 않으면 하나님으로부터 도망하게 되고 우리 주변의 무엇이건 무화과나무 역할을 하는 것으로 우리의 영적 벌거벗음을 가리려고 할 것입니다. 그러나 우리가 마련한 무화과가 무엇이든지 간에 그것으로는 우리의 부끄러움을 가릴 수 없습니다. 우리의 손에 있는 무화과 나뭇잎을 내려 놓으시기 바랍니다. 오직 하나님만이 우리의 수치를 가릴 수 있는 분이십니다.

하나님의 찾아오심

비록 아담과 하와가 하나님을 배신하고 숨어 버렸지만 신실하신 하나님은 아담과 하와를 찾아와 주었습니다. 만약에 하나님이 아담을 찾아오지 않으셨다고 한다면 아담은 그 죄악 아래서 멸망할 수밖에 없습니다. 하나님이 그들을 찾아오신 것은 죄를 치유하시기 위해 찾아오신 것입니다. 책망하시고 징계하시기 위해 오신 것이 아닙니다. 심판하시는 것이 목적이라고 한다면 찾아오실 필요 없이 그대로 버려두면 죄 아래서 죽게 될 것입니다. 하나님은 아담이 죄 아래서 멸망당하시는 것을 원치 않으시기 때문에 찾아오신 것입니다.

하나님은 절대로 우리를 포기하지 않으십니다. 우리가 죄를 짓고 하나님을 떠나 세상 끝에 숨어 산다 할지라도 하나님은 우리를 찾아내십니다. 이것이 하나님의 사랑입니다. 인간은 하나님을 버리고 떠나버릴지라도 하나님은 언제나 우리와 함께하시며 우리를 버리시지 않으십니다. 하나님은 약속에 신실하신 하나님이십니다. 하나님은 인간이 하나님과의 약속을 저버리고 말씀에 불순종하였음에도 끝까지 인간과의 약속을 지키시고 사랑하셨기에 아담을 찾아오신 것입니다.

아담을 찾아오신 하나님을 보면서 가장 감사하고 감격해야 될 사람이 있습니다. 바로 모세와 이스라엘 백성입니다. 모세는 조상의 나라인 히브리로도 갈 수 없고 자기가 자라나고 왕자로 있었던 애굽으로도 갈 수 없어서 이방 땅에서 식객이 되었습니다. 그런 자기 자신에게 찾아와 영광스러운 여호와의 이름으로 타는 떨기나무 불꽃 가운데에 임재하신 하나님을 다시 한 번 기억했을 것입니다. 또한 400년 동안 애굽에서 종살이하던 이스라엘 백성, 더 이상 미래도, 꿈도 없다고 생각하며 그저 하루하루를 절망 가운데 보내던 그들에게 부르짖음을 들으신 하나님이 찾아와 그들을 구원해 내신 것입니다. 이처럼 하나님은 언제나 먼저 찾아오시는 하나님이십니다. 하나님은 지금도 동일하게 우리를 찾아오십니다. 찾아오셔서 모든 죄를 용서하시고 회복시켜 주기를 원하십니다.

갈릴리마을 「해와 달」의 발행인인 최용덕 간사님이 곡을 쓰신 "오 신실하신 주"라는 복음송이 있습니다.

하나님 한 번도 나를 실망시킨 적 없으시고 / 언제나 공평과 은혜로 나를 지키시네 / 오 신실하신 주 오 신실하신 주 / 내 너를 떠나지도 않으리라 / 내 너를 버리지도 않으시라 / 약속하셨던 주님 / 그 약속을 지키사 / 이 후로도 영원토록 나를 지키시리라 확신하네 / 지나온 모든 세월들 돌아보아도 / 그 어느 것 하나 주의 손길 안 미친 것 전혀 없네 / 오 신실하신 주 오 신실하신 주 / 내 너를 떠나지도 않으리라 / 내 너를 버리지도 않으시라 / 약속하셨던 주님 / 그 약속을 지키사 / 이 후로도 영원토록 나를 지키시리라 확신하네.

아담아 네가 어디 있느냐!!

아담을 찾아오신 하나님은 "아담아, 네가 어디 있느냐?"라고 물으십니다. 이것은 숨어 있는 장소를 묻는 것이 아닙니다. 아담의 상태를 묻는 말입니다. "아담아 지금 나로부터 분리되어 어디에 있느냐?"는 것입니다. "네 안에 내가 있느냐?" 또는 "네게 나는 어떤 존재냐?"라는 영적인 상태를 묻는 질문입니다. 우리도 겉보기에는 좋은 성도처럼 보이며 때로는 훌륭하게 봉사도 하고, 전도도 하고, 헌금도 합니다. 그런데 그 안에 하나님이 계시지 않는다는 것이 문제입니다. 지금 하나님의 곁에 있습니까? 아니면 하나님으로부터 분리되어 어딘가에 하나님이 찾으실 만큼 멀리 떨어져 계십니까? 아담을 향한 하나님의 질문 속에는 아담이 살 길인 회복의 길이 담겨져 있습니다. 숨지 말고 하나님께 나아오라는 것입니다. 하나님의 소리가 있는 하나님의 말씀이 있는 곳에 다시 서라는 것입니다. 그 하나님의 소리, 즉 말씀으로 다시 회복되라는 것입니다. 하나님은 범죄한 아담을 그 상태로 버려 두지 않으시고 즉시 하나님께 돌아오라고 초청하고 계시는 것입니다.

그러나 아담은 "내가 동산에서 하나님의 소리를 듣고 내가 벗었으므로 두려워하여 숨었나이다(3:10)."라고 죄의 고백은 하지 않은 채 죄의 결과만 붙들고 있습니다. 본문에서 "내가"라는 말씀이 두 번이나 계속해서 반복적으로 쓰입니다. 내가 범죄하므로 실망하시고 안타까워하실 하나님을 생각하는 것이 아니라 자기의 벗었다는 수치심과 두렵다는 죄의 열매에 매여 있는 아담을 보게 됩니다. 우리도 하나님 앞에 섰을 때 우리의 본질적인 문제에 집중하기보다는 아담처럼 내가 당면하고 있는 외관적인 문제에 급급한 경우가 허다합니다.

"하나님 지금 저는 건강을 잃어버렸습니다. 하나님 물질이 필요합니다. 직장이 필요합니다. 이번 시험에 반드시 합격해야 합니다."

하나님이 지금 우리에게 듣고 싶어 하시는 것은 이것이 아닙니다. 하나님과 나 사이의 관계를 가로 막고 있는 근본적이고 본질적인 문제인 죄 문제를 가지고 서야 합니다.

죄의 문제를 해결할 수 있는 길은 단 한 가지입니다. 하나님께 나아오는 것입니다. 그리고 그 하나님께 나아가기 위해 우리가 붙들어야 할 것은 어린 양 예수 그리스도의 십자가 보혈 밖에 없습니다. 인간의 수치를 가리기 위해 하나님이 친히 마련하신 가죽옷을 생각해 보십시오. 가죽옷 때문에 에덴 동산에 최초의 짐승의 희생이 있어야 했듯이 인간의 죄를 위해 희생 당하신 예수 그리스도를 통해서만 하나님께 나아갈 수 있는 것입니다. 예수 그리스도가 하나님에게 나아가는 유일한 길입니다.

예수께서 이르시되 내가 곧 길이요 진리요 생명이니 나로 말미암지 않고는 아버지께로 올 자가 없느니라(요 14:6).

우리의 어떤 노력으로도 우리는 죄와 그 열매인 수치를 가릴 수 없습니다. 오직 예수님의 십자가 보혈만이 우리의 죄도, 죄의 수치와 부끄러움도 가릴 수 있는 것입니다. 하나님의 낯을 피하지 마십시오. 하나님의 소리, 하나님의 말씀이 있는 곳에 나와 서십시오. 주께서 십자가의 보혈로 우리를 싸매 주시고, 치유하시고, 용납하시고 다시 한 번 그 넓으신 품에 안아 주실 것입니다.

하나님 앞에 서게 되면 우리의 모든 문제는 해결이 됩니다. 마귀는 죄에 대해 정죄하므로 우리로 하여금 두려움의 포로가 되게 하여 하나님으로부터 숨게 하고 멀어지게 합니다. 그러나 하나님은 지금도 우리 모두를 기다리고 계십니다.

수고하고 무거운 짐진 자들아 다 내게로 오라 내가 너희를 쉬게 하리라 (마 11:28).

예수님의 이 간절한 찾으심에 순종하여 말씀 앞에 서기만 하면 우리 삶에 다시 평안과 기쁨이 샘솟게 되는 것입니다. 저주스러운 인생에서 축복이 가득한 인생으로 바뀌게 되는 것입니다.

세계적인 문호 빅토르 위고의 이야기입니다. 그의 인생은 1841년을 기점으로 완전히 변화됩니다. 원래 그는 주색에 빠져 있던 방탕한 사람이었습니다. 그러던 어느 날 19세 딸이 강물에 빠져 죽는 익사 사고가 발생합니다. 그 딸이 남긴 유서가 발견됩니다.

"아빠! 제발 하나님의 품으로 돌아오세요!"

빅토르 위고는 딸의 시신을 부둥켜안고 울부짖습니다. 그 후 그는 완전히 변화된 삶을 삽니다. 절필하고 후생국에 들어가 가난한 사람들을 위해 봉사합니다. 그러다 말년에 다시 작품을 쓰게 되는데, 그때 쓴 작품들이 그를 세계적인 문호로 만들었습니다. 그 대표적인 작품이 바로 『레미제라블』(일명 장발장)입니다. 그는 프랑스 국민들에게 크게 존경받았습니다. 그가 별세하자 그 장례를 정부에서 국장으로 치렀는데 애도하는 국민들로 인산인해를 이룰 정도였습니다. 그의 생애는 하나님께 나아오므로 생명과 축복 그리고 영광으로 가득할 수 있었던 것입니다.

우리의 인생을 바꿀 수 있는 길은 오직 예수 안에 있습니다. 예수님께 나아와 내 죄를 자복하고 회개하면 진정한 행복과 평안을 맛볼 수 있습니다. 예수님께 나아오기만 하면 예수님은 우리의 모든 죄를 사하여 주십니다. 예수님께 나아오면 죄의 모든 두려움과 공포에서 벗어날 수 있습니다. 예수 그리스도 안에 있으면 모든 두려움에서 벗어나게 됩니다. 예수님께 나아오십시오. 모든 두려움, 염려, 근심, 걱정 대신 하늘의 평화를 맛보게 될 것입니다.

죄의 결과와
해결

: 창세기 3장 11-15절 :

11이르시되 누가 녀의 벗었음을 네게 알렸느냐 내가 네게 먹지 말라 명한 그 나무 열매를 네가 먹었느냐 **12**아담이 이르되 하나님이 주셔서 나와 함께 있게 하신 여자 그가 그 나무 열매를 내게 주므로 내가 먹었나이다 **13**여호와 하나님이 여자에게 이르시되 네가 어찌하여 이렇게 하였느냐 여자가 이르되 뱀이 나를 꾀므로 내가 먹었나이다 **14**여호와 하나님이 뱀에게 이르시되 네가 이렇게 하였으니 네가 모든 가축과 들의 모든 짐승보다 더욱 저주를 받아 배로 다니고 살아 있는 동안 흙을 먹을지니라 **15**내가 너로 여자와 원수가 되게 하고 네 후손도 여자의 후손과 원수가 되게 하리니 여자의 후손은 네 머리를 상하게 할 것이요 너는 그의 발꿈치를 상하게 할 것이니라 하시고.

'하나님 같이 될 수 있다.'는 마귀의 말에 속아 아담과 하와는 하나님의 말씀을 저버리고 죄를 범했습니다. 그 결과 인간은 무화과나무 잎으로 치마를 엮어 부끄러움을 가리고 동산 나무 사이에 숨어 여호와의 낯을 피하는 신세가 되고 맙니다. 하나님의 얼굴을 볼 수 없는 상태, 부끄럽고 두려워서 하나님을 피하여 숨어야만 하는 상태, 이것이 하나님과 분리되어 스스로 하나님이 되고자 한 인간에게 나타난 죄악의 첫 결과였습니다.

성경은 하나님의 얼굴 앞에 서는 것을 최고의 복이라고 말합니다. 그렇기 때문에 민수기 6장에서 하나님은 모세를 통해 직접 기도문을 써서 주시고 대제사장에게 선포하게 하셨습니다. "여호와는 네게 복을 주시고 너를 지키시기를 원하며, 여호와는 그의 얼굴을 네게 비추사 은혜 베푸시기를 원하며 여호와는 그 얼굴을 네게로 향하여 드사 평강주시기를 원하노라(민 6:24-27)."고 축복하라고 명하신 것입니다. 복 중의 복이 여호와의 얼굴을 보게 되는 것입니다. 이 축복을 1년의 단 한차례 대속죄일에 외치는 이유는 에덴의 실패를 회복하기 위한 하나님의 은혜입니다. "얼굴을 향하여 드사 은혜 베푸시기를" 부끄러움 때문에 무화과나무 잎으로 치마를 엮어 입었던 아담의 모든 수치를 가릴 수 있는 것은 하나님의 은혜, 하나님의 은혜로만 사람의 수치를 가릴 수 있습니다. 뿐만 아니라 "평강주시기를 원하노라."고 말씀합니다. 이는 죄 때문에 두려워하여 하나님의 얼굴을 피하여 숨은 아담의 그 두려움을 해결하고도 남음이 있는 평강을 주시는 것입니다.

사도 바울도 고린도 교인들을 향하여 인생의 축복을 이야기할 때 이렇게 말하고 있습니다.

우리가 지금은 거울로 보는 것 같이 희미하나 그때에는 얼굴과 얼굴을 대하여 볼 것이요 지금은 내가 부분적으로 아나 그때에는 주께서 나를 아신 것 같이 내가 온전히 알리라(고전 13:12).

하나님과 다시 얼굴과 얼굴을 대해 하나님을 온전히 알게 되는 복된 날이 임할 것이라고 말씀하고 있습니다. 하나님의 낯을 대할 수 있는 상태, 그 상태가 인생에게 최고의 영광스러운 축복인 것입니다. 돈이나 명예 등이 세상의 물질적인 것이 하나님이 주시는 최고의 축복이 아니라 하나님의 얼굴을 바라보며 하나님과 아버지, 아들의 관계를 회복하는 것이 최고의 축복이라는 사실을 깨닫기 바랍니다. 죄악으로 말미암아 아담은 그 영광스러운 축복대신 수치심과 두려움에 사로잡혀 하나님의 낯을 피하여 숨을 수밖에 없었습니다.

범죄한 인간은 선과 악을 아는 지혜 대신 부끄러움을 알게 되고 그 부끄러움을 가리기 위해 무화과나무 잎으로 치마를 만드는 최초의 노동을 행하게 됩니다. 이것은 하나님의 영광을 위한 것이 아닌 자기 자신을 위한 노동이 되었습니다. 범죄 이전에는 하나님을 위한 사역이었지만 범죄 이후에는 수치와 부끄러움을 가리기 위한 일을 해야 했습니다. 하나님의 영광을 위해 창조된 인간이 하나님의 영광을 위해 살아가면 하나님이 선포하신 복처럼 복이 임하게 되지만, 자기를 위해, 육체를 위해 일을 하게 되면 무엇을 먹을까, 무엇을 입을까 염려하는 삶이 됩니다.

죄 때문에 하나님을 위한 사역, 즉 에덴 동산을 지키고 경작하는 사역이 아닌 인간 자신을 위한 최초의 노동이 이루어진 것입니다. 그 이후로 인간은 노동을 통해 자신의 육체를 돌보아야 하는 존재가 되었습니다. 이제 인간은 하나님의 낯을 바라보고 사는 영광스러운 존재가 아니라, 자신의 부끄러움을 바라보고 그 부끄러움을 가리기 위해 몸부림치는 수치스러운 존재가 된 것입니다.

그러나 인간 스스로의 힘으로는 절대로 부끄러움을 가릴 수 없습니다. 인간 스스로 부끄러움을 가릴 수 있다고 생각하는 것 자체가 교만 중의 교만입니다. 이 세상의 그 어떤 것으로도 죄악을 가릴 수 없습니다. 우리 손에 있는 무화과나무 잎을 내려놓고 오직 하나님께 나와야 합니다. 하나님께 나아와서 예수님의 십자가 보혈로 죄 씻음을 받아야 그 죄로부터 자유로울 수 있습니다.

부끄러움에 이어서 죄 때문에 인간이 경험하는 감정은 두려움입니다. 이 두려움은 하나님을 떠난 인간의 본질입니다. 반대로 하나님과 함께하는 사람에게는 두려움이 없습니다.

하나님이 우리에게 주신 것은 두려워하는 마음이 아니요 오직 능력과 사랑과 절제하는 마음이니(딤후 1:7).

하나님과 함께하는 인생에게는 두려움 대신에 능력이 있습니다. 사랑이 있습니다. 모든 일 뿐 아니라 마음까지 절제하는 능력이 있습니다.

하나님은 죄를 짓고 두려움에 사로잡혀 숨어 있는 아담과 하와에게 찾아오셨습니다. 하나님은 아담과 하와를 포기하지 않으신 것입니다. 하나님은 절대로 우리를 포기하지 않으십니다. 우리가 어디에 있든지 무엇을 하든지 어떤 상태로 있든지 하나님은 반드시 사랑하는 자를 찾아내시고 말씀으로 회복시키십니다. 하나님은 우리가 어떤 죄와 허물을 가지고 숨어 있다 할지라도 절대로 포기하지 않으시고 찾아내셔서 죄에서 건져 내십니다. 우리가 숨어 있는 곳이 하늘 끝이라 할지라도, 바다 끝이라 할지라도, 땅의 끝이라 할지라도 반드시 찾아내셔서 죄에서 건져 주시고 다시 자녀 삼아 주시는 사랑의 하나님이십니다.

말씀하시는 하나님

아담과 하와를 찾아오신 하나님은 두 가지 질문을 하십니다. 첫째 질문은 "누가 너의 벗었음을 네게 고하였느냐?"는 것이고, 둘째 질문은 "내가 네게 먹지 말라 명한 그 나무 열매를 네가 먹었느냐?"는 것입니다. 하나님의 질문을 통해 알 수 있는 것이 있습니다. 하나는 벗었음을 알게 하는 배후 세력이 있다는 것입니다. 그러므로 부끄러움은 인간 스스로 알고 느끼는 것이 아닙니다. 죄의 배후에 있는 사탄이 인간을 범죄하게 하고 그 죄를 고소하고 정죄하므로 느껴지게 하는 감정입니다. 둘째 질문을 통해 알 수 있는 것은 하나님이 명령한 것을 지키지 않으면 하나님의 얼굴을 피하게 됩니다.

하나님의 이 두 가지의 질문은 우리의 신앙의 상태를 점검해 볼 수 있는 중요한 요소입니다. 우리의 모든 범죄 뒤에는 사탄이 있다는 사실입니다. 사탄은 우리로 하여금 분노하고, 미워하고, 거짓말하게 하고, 그 죄 때문에 우리로 하여금 부끄러워하게 합니다. 그리하여 우리로 하여금 인간적인 열등의식과 수치심, 상실감에 사로잡히게 하여 사람들과 교회로부터 멀어지게 하고 결국 고립되어 숨게 만듭니다. 그리고 하나님으로부터 멀어져 말씀을 거부하고 불순종하는 것, 그것은 내가 하는 것이 아닙니다. 사탄이 역사하는 것입니다. 그 생각 배후에는 사탄이 있습니다. 예배의 자리에서, 기도의 자리에서, 말씀을 듣는 자리, 찬양을 드리는 자리를 거부하게 만들어 하나님의 말씀이 들어올 틈조차 막아 버리는 것이 사탄의 전술입니다.

하나님을 원망하는 아담

하나님의 질문 앞에 아담은 하나님에게 그 책임을 전가하고, 하와는 사탄에게 책임을 전가하는 것을 볼 수 있습니다. 절대로 자신의 죄라고 고백하지 않습니다. 먼저 하나님에게 책임을 전가하는 아담을 살펴보겠습니다. 아담은 하와를 가리켜 "하나님이 주신 그 여자"라고 말하고 있습니다. 자신은 하와를 원하지 않았는데, 하나님이 주셨다고 항변하고 있는 것입니다. 하나님이 그 여자를 주시지 않았다면 결단코 이런 일이 일어나지 않았을 것이라고 자신의 범죄의 탓을 하나님께 돌리고 있는 것입니다. 이 아담의 죄악된 본성이 그대로 그 후손인 이스라엘과 우리에게 드러납니다.

출애굽기 14장 11-12절을 보면 광야의 이스라엘 백성도 출애굽하여 당한 처음 고난에서 아담과 같은 반응으로 하나님을 원망하는 것을 볼 수 있습니다.

> ¹¹그들이 또 모세에게 이르되 애굽에 매장지가 없어서 당신이 우리를 이끌어 내어 이 광야에서 죽게 하느냐 어찌하여 당신이 우리를 애굽에서 이끌어 내어 우리에게 이같이 하느냐 ¹²우리가 애굽에서 당신에게 이른 말이 이것이 아니냐 이르기를 우리를 내버려 두라 우리가 애굽 사람을 섬길 것이라 하지 아니하더냐 애굽 사람을 섬기는 것이 광야에서 죽는 것보다 낫겠노라.

이스라엘은 하나님이 애굽에 베푸신 10가지 재앙을 목도한 후에는 담대하게 애굽을 떠났습니다. 그러나 바로가 추격해 오니까 전능하신 하나님의 능력을 경험한 믿음은 오간 데 없고 하나님과 모세를 원망하기 시작합니다.

이러한 원망은 오늘날 우리도 마찬가지입니다. 맨 처음 은혜를 받고 예수님을 따를 때에는 물불 안 가리고 충성하다가 어려움이 닥치게 되면 "나를 왜 이곳에 보내셔서 이런 일을 겪게 하십니까?"라며 모든 것을 하나님의 탓으로 돌리며 원망하는 어리석은 죄를 범하게 됩니다. 하나님이 지으시고 자신에게 이끌어 온 하와를 처음 볼 때, 그 유명한 사랑 고백 "내 뼈 중의 뼈요 살 중의 살이라."고 외쳤던 사랑은 허공으로 사라지고 이제는 원망과 미움으로 갈등하게 되는 아담과 하와를 보게 됩니다. 사랑하는 사람과의 갈등이 왜 일어날까요? 바로 우리 안에 있는 죄 때문입니다. 인간의 사랑 안에는 유통기한이 있습니다. 그 유통기한을 없애는 방법은 하나님의 말씀으로 충만해지는 것입니다.

그러므로 항상 말씀 안에 있고 은혜 받은 사람은 다른 사람을 탓하고 원망하는 것이 아니라 오히려 자기를 돌아보고 모든 책임을 자신에게 돌리는 것을 볼 수 있습니다. 모세가 바로 그런 사람입니다. 시내산에서 하나님을 만나, 얼굴을 대면하고 말씀을 받아 은혜가 충만했던 모세는 원망 대신 용서와 사랑의 중보자가 되었습니다. 여기서 중요한 것은 하나님의 얼굴을 대면하고 말씀을 받은 것입니다. 출애굽기 32장에 보면 금송아지 우상을 만들어 놓고 이방인들이 행하던 풍속을 좇아 우상을 숭배하고 있던 이스라엘 백성에게 진노하시는 하나님을 볼 수 있습니다. 하나님은 이스라엘을 명하시고 모세로 하여금 새로운 이스라엘을 대신하여 큰 나라가 되게 하시겠다고 하시자 모세는 이스라엘 백성을 위해 하나님의 얼굴 앞에 엎드려 간절히 중보기도를 올리게 됩니다.

11모세가 그의 하나님 여호와께 구하여 이르되 여호와여 어찌하여 그 큰 권능과 강한 손으로 애굽 땅에서 인도하여 내신 주의 백성에게 진노하시나이까 12어찌하여 애굽 사람들이 이르기를 여호와가 자기의 백성을 산에서 죽이고 지면에서 진멸하려는 악한 의도로 인도해 내었다고 말하게 하시려 하나이까 주의 맹렬한 노를 그치시고 뜻을 돌이키사 주의 백성에게 이 화를 내리지 마옵소서(출 32:11-12).

모세의 중보기도는 먼저 하나님의 영광을 위한 기도로 이루어졌습니다. 이스라엘은 하나님의 큰 권능과 강한 손에 의하여 구원받은 백성입니다. 그리고 이스라엘 백성이 하나님의 백성임을 온 천하가 다 아는데 그들을 진멸하게 되면 하나님의 영광이 더렵혀진다는 것입니다. 하나님의 영광 때문에 저들의 죄를 용서해 달라고 기도하면서 자신에게 온 최고의 축복을 거절하고 하나님과 범죄한 이스라엘을 다시금 하나 되게 하는 중보기도를 한 것입니다. 이것이 은혜 받은 사람의 특징입니다. 자기 자신의 형통함과 평안함을 추구하는 것이 아니라 다른 사람, 특히 범죄하여 하나님의 진노 아래에 있는 백성을 위해 하나님 앞에 엎드리고 간구하므로 하나님과의 관계가 다시 회복되도록 희생 제물이 되는 삶을 사는 것이 은혜 받은 사람의 진정한 모습입니다.

회개와 회복

하나님의 진노 앞에서 나 때문이라고 내 죄 때문이라고 자복하고 통회하고 우는 사람이 진정한 하나님의 백성입니다. 우리는 원망하거나, 불평하거나, 남에게 죄의 책임을 전가하지 말아야 합니다. 하나님 앞에 내가 죄인된 것을 철저하게 인정하고 회개해야 합니다. 그리하면 하나님이 우리를 그 죄에서 회복시켜 주시고 용서해 주십니다.

우리는 범죄 앞에서 사울이 되지 말고 다윗이 되어야 합니다. 사울이 아말렉과의 전투에서 하나님의 말씀에 불순종하자 사무엘 선지자가 그 죄를 지적했습니다. 그러나 사울은 아담과 하와처럼 끝까지 죄를 인정하지 않고 자신의 죄를 다 백성의 탓으로 돌리고 말았습니다. 회개할 기회를 놓쳐 버린 것입니다. 그 결과 하나님으로부터 버림받고 말았습니다. 다윗은 어떻습니까? 하나님께 마음이 합한 사람이라는 인정을 받은 다윗은 밧세바와의 간음 이후에 나단 선지자로부터 죄를 지적받자 즉시 그 죄를 시인하고 회개하는 것을 볼 수 있습니다. 범죄 앞에서 정직한 다윗을 보게 됩니다. 하나님과 마음이 합한 사람은 죄를 짓지 않는 사람이 아니라 죄를 깨닫고 즉시 회개하여 하나님께 돌이키는 사람인 것입니다.

다윗의 유명한 회개시인 시편 51편을 보면 다윗은 이렇게 죄를 고백하고 있습니다.

> 16주께서는 제사를 기뻐하지 아니하시나니 그렇지 아니하면 내가 드렸을 것이라 주는 번제를 기뻐하지 아니하시나이다 17하나님께서 구하시는 제사는 상한 심령이라 하나님이여 상하고 통회하는 마음을 주께서 멸시하지 아니하시리이다(시 51:16-17).

하나님이 우리에게 얻고자 간절히 소망하시는 것은 재물이 아닙니다. 우리의 능력이 아닙니다. 죄 때문에 아파하고 고통스러워하는 회개하는 심령인 것입니다. 진심으로 회개하는 자를 하나님은 다시 일으켜 세워 주시고 회복시켜 주시는 것입니다.

이사야 선지자는 죄의 회개를 촉구하고 있습니다.

> 18여호와께서 말씀하시되 오라 우리가 서로 변론하자 너희의 죄가 주홍 같을지라도 눈과 같이 희어질 것이요 진홍 같이 붉을지라도 양털 같이 희게 되리라 19너희가 즐겨 순종하면 땅의 아름다운 소산을 먹을 것이요 20너희가 거절하여 배반하면 칼에 삼켜지리라 여호와의 입의 말씀이니라(사 1:18-20).

우리는 죄를 속할 능력이 없습니다. 우리의 죄를 씻을 수 있는 유일한 방법은 죄를 자백하고 하나님 앞에 나오는 것입니다. 죄를 자백하면 예수님의 십자가 보혈로 그 어떤 죄라도 다 사함받게 됩니다. 요한 사도는 "만일 우리가 우리 죄를 자백하면 그는 미쁘시고 의로우사 우리 죄를 사하시며 우리를 모든 불의에서 깨끗하게 하실 것이요(요일 1:9)."라며 죄를 자백하고 회개하여 죄 사함 받기를 촉구한 것입니다. 죄를 인정하고, 회개하면, 의로우시고 자비로우신 하나님이 우리의 모든 죄를 사하여 주십니다.

죄의 값, 저주

하나님은 뱀에게 두 가지 저주를 내리십니다. 첫째로, 배로 다닐 것을 명하신 것이며, 둘째로, 살아 있는 동안 흙을 먹을 것을 명하셨습니다. 하나님은 뱀에게 "왜 이렇게 하였느냐?"고 질문하지 않으시고 곧바로 저주하셨습니다. 뱀을 저주하신 사건 속에는 두 가지의 의미가 있습니다. 하나는 사탄의 도구로 이용된 실제의 뱀에 대한 저주입니다. 뱀은 본래 네 발로 걸어 다니는 짐승으로 창조되었지만 이제는 배로 기어 다니는 짐승이 되었습니다. '배로 기어 다니다'의 의미는 '낮아짐,' '천하게 됨'입니다. 배로 기어 다니며 살아 있는 동안 흙을 먹고 살게 되었습니다. 하나님은 흙으로 사람을 만드셨습니다. 그러므로 흙에는 인간 육체의 요소가 있습니다.

인간은 흙에서 나와 흙으로 돌아가는 존재입니다. 마귀는 이제 인간의 육체에 간섭하며 살아가게 되었습니다. 인간의 육체에 병과 고통을 주면서 살게 될 것입니다. 마귀는 우리의 육체를 손댈지 모르지만 우리의 영혼은 주관할 수 없습니다. 오직 우리는 하나님의 자녀가 되었기에 우리의 영혼은 하나님만이 주관하십니다.

최초의 예언과 원시복음

15절은 성경 최초의 예언입니다. 그래서 성경학자들은 이 구절을 원시복음이라고 부릅니다. 하나님은 이 언약을 통해 사탄을 완전히 패배시키셨습니다. 그러나 인간은 완전히 심판하지 않으시고 구원하셨습니다. 인간의 타락과 하나님의 구원이 동시에 이루어진 것입니다. 이것이 하나님의 사랑이고 복음입니다. 예를 들어 우리는 누가복음 15장에 나오는 탕자를 생각할 때 그가 아버지에게로 돌아왔을 때 아버지가 용서해 주신 것으로 생각합니다. 아닙니다. 아버지는 이미 아들이 집을 떠나는 그 순간에 용서하고 기다린 것입니다. 이미 아버지가 이루어 놓으신 용서를 누리는 길은 '아버지에게로 돌아오는 것,' 즉 '회개'하는 것입니다.

우리의 죄는 이미 2천 년 전, 갈보리 예수님의 십자가에서 용서받았습니다. 예수님의 십자가로 우리의 죄와 허물과 죽음과 모든 질병이 해결된 것입니다. 우리를 사랑하신 하나님은 우리를 구원하시기 위해 스스로 인간의 모습으로 오셔서 죄를 지시고 십자가에서 죽으셨습니다. 죄가 없으신 하나님이 직접 오셔서 십자가에서 죽으시는 방법 외에 죄를 속할 수 있는 방법이 없었던 것입니다. 하나님의 사랑이 아니고는 이해될 수 없는 것이 십자가 은혜입니다. 우리가 할 일은 이 사랑의 하나님께 나아오는 것입니다. 주님께 나아오기만 하면 이미 십자가에서 사해 놓으신 그 은혜가 드디어 효력을 발휘하는 것입니다. 사랑의 하나님은 지금 우리가 전심으로 돌이켜 하나님께 나아오기만 기다리고 계시는 것입니다. 명심하십시오. 인간이 죄를 범한 그 순간부터 하나님은 여자의 후손에게서 메시아가 태어나고 그 메시아가 사탄을 완전히 십자가에서 멸망시킬 것이라는 예언을 주신 것입니다.

하나님이 사탄에게 질문도 없이 바로 저주하신 이유는 사탄은 절대로 회개할 수 없고 하나님께 돌아올 수 없는 존재라는 사실을 분명히 가르쳐 주시기 위함입니다. 하나님께 영원히 멸망받은 존재와 함께하지 말라는 것입니다. 사탄에게서는 절대로 선한 것이 나오지 않습니다. 멸망과 고통과 수치와 부끄러움만 남게 됩니다. 그러므로 이 원시복음을 통해 우리가 알아야 할 것은 우리가 접하는 것이 하나님의 말씀인가 아니면 사탄의 유혹인가를 분별해야 한다는 것입니다. 사탄에게 나온 말을 들으면 반드시 멸망하게 되고 저주 받는 자리에 놓이게 됩니다.

이 원시 복음을 통해 깨달아야 될 둘째 내용은 인간은 두 부류에 속할 수 있다는 것입니다. 하나는 뱀에게 속한 뱀의 후손과 다른 하나는 여자에게 속한 여인의 후손입니다. 즉 멸망받을 후손과 구원받을 후손이 존재할 뿐입니다. 그러므로 뱀의 후손과 여인의 후손은 연합해서는 안됩니다. 그런데 이 두 후손이 연합했던 때가 있습니다. 바로 노아 시대에 하나님의 아들과 사람의 딸이 결혼으로 연합하게 됩니다. 저주받은 뱀의 후손과 하나님의 후손으로 예비된 자들이 연합하자 하나님은 홍수를 예비하시고 모든 인류를 지면에서 끊어지게 하셨습니다. 뱀의 후손과 하나님의 후손이 연합해서는 안됩니다. 요즈음의 시대는 종교 통합을 추구하는 말세입니다. 노아 때보다 더 악한 시대입니다. 종교 통합이 평화를 이루는 길이라며 우리 기독교 일부 지도자들이 불교, 로마 가톨릭 그리고 힌두교들, 이방 신을 섬기는 자과 통합 운동을 벌이고 있는 시대입니다. 하나님은 하나님의 후손인 우리로 하여금 세상과 구별되고, 분별되기를 원하신 것입니다.

여인의 후손이신 예수 그리스도의 십자가 은혜로 구원받은 자답게 남은 생에 동안에 세상과 연합하지 마시고 오직 복음을 따라 충성하시므로 영원한 하나님의 후손이 되기를 바랍니다.

죄에 대한
형벌

16도 여자에게 이르시되 내가 네게 임신하는 고통을 크게 더하리니 네가 수고하고 자식을 낳을 것이며 너는 남편을 원하고 남편은 너를 다스릴 것이니라 하시고 17아담에게 이르시되 네가 네 아내의 말을 듣고 내가 네게 먹지 말라 한 나무의 열매를 먹었은즉 땅은 너로 말미암아 저주를 받고 너는 네 평생에 수고해야 그 소산을 먹으리라 18 땅이 네게 가시덤불과 엉겅퀴를 낼 것이라 네가 먹을 것은 밭의 채소인즉 19네가 흙으로 돌아갈 때까지 얼굴에 땀을 흘려야 먹을 것을 먹으리니 네가 그것에서 취함을 입었음이라 너는 흙이니 흙으로 돌아갈 것이니라 하시니라 20아담이 그의 아내의 이름을 하와라 불렀으니 그는 모든 산 자의 어머니가 됨이더라 21여호와 하나님이 아담과 그의 아내를 위하여 가죽옷을 지어 입히시니라.

하나님의 심판 순서는 죄를 범한 순서와 일치합니다. 사탄, 하와 그리고 아담의 순서로 심판이 이루어집니다. 하나님은 뱀을 심판하실 때, "네가 왜 여자를 유혹하여 범죄하게 하였느냐?"고 질문하지 않으셨습니다. 하나님은 뱀을 소환하자마자 정죄하시고, 심판하셨습니다. 이 심판은 여자와 사탄이 서로 원수가 되게 하는 것입니다. 이 원수 관계는 후손들에게도 적용됨으로 여인의 후손과 뱀의 후손이 서로 원수가 되게 하셨습니다. 뱀의 후손은 여인의 후손의 발꿈치를 상하게 할 것이며 여인의 후손은 뱀의 머리를 상하게 하실 것이라는 성경 최초의 예언을 하셨습니다. 이 하나님의 예언은 갈보리 언덕의 십자가상에서 그대로 이루어지게 됩니다. 사탄은 결국 여인의 후손인 예수 그리스도에 의하여 머리가 상하게 되므로 패배하게 된 것입니다. 하나님은 사탄의 저주를 통해 범죄한 인간을 구원하시기로 작정하시고, 범죄의 현장에서 이미 구원자인 메시아를 준비하신 것입니다. 하나님이 얼마나 인간을 사랑하시는 줄 알게 하는 말씀입니다.

이후로 인간은 크게 두 부류로 나눌 수 있습니다. 하나는 뱀의 후손이고 하나는 여인의 후손입니다. 아담과 하와 이후에 사탄의 속성을 닮아 속이고, 빼앗고, 이간질시키고, 거짓말하고, 빼앗고 파괴하는 뱀의 후손들이 존재할 것입니다. 반면에 하나님의 구원을 실현하게 될 특별한 여인의 후손들이 존재하게 될 것입니다. 이 두 후손은 연합해서는 안됩니다. 이들이 연합하는 것은 하나님이 내리신 심판과 저주에 대한 도전입니다. 이 두 후손들이 하나님의 말씀을 어기고 연합한 때가 있었습니다. 창세기 6장에 보면 하나님의 구원을 위해 예비된 하나님의 아들과 뱀의 후손을 상징하는 사람의 딸이 결혼했다고 하는 말씀이 나옵니다. 하나님의 저주의 말씀에 정면으로 위배된 행위를 벌인 것입니다. 하나님은 그들의 결혼을 홍수 심판으로 응징하셨습니다.

하나님은 하나님의 자녀가 사람의 자녀와 연합하는 것을 싫어하셨습니다. 오늘날 종교 다원주의가 평화라는 가면 뒤에서 사탄의 영향력을 확대하고 있습니다. 하나님의 자녀들은 세상의 자녀들과 구별되어야 합니다. 우리는 오직 여인의 후손인 예수 그리스도와만 연합해야 합니다. 세상과 연합해서는 안됩니다. 하나님의 죄에 대한 진노하심을 거울삼아 우리의 죄를 속량하신 구세주이신 예수님과 연합하므로 하나님께 나아가야 합니다. 하나님께 나아가야 살 수 있습니다.

하와와 아담의 소환

사탄을 정죄하시고 심판하신 하나님은 이번에는 사람을 소환하십니다. 하나님은 죄를 범한 아담과 하와에게 그 책임을 물으시되 뱀을 정죄하신 것처럼 저주하시고 심판하지는 않으셨습니다. 하나님은 아담과 하와에게는 질문하시며 범죄하게 된 동기를 물으셨습니다. 하나님이 인간의 범죄 동기를 몰랐기 때문이 아니라 그들에게 구원의 은총을 베풀고자 죄를 깨달을 수 있는 기회를 주신 것입니다. 하나님은 범죄한 인간에게 죄를 깨달을 수 있는 은혜도 주시고 회개할 수 있는 기회를 주시며, 용서의 자비도 베풀어 주십니다. 하나님은 우리가 아무리 무서운 범죄를 저질렀다고 해도 회개할 기회를 주시고, 자비와 긍휼을 베풀어 주십니다. 왜냐하면 그 죄에 대한 저주는 하나님이 당하실 것이기 때문입니다. 인간이 받아야 할 저주를 하나님이 대신 받으신 것이 예수님의 십자가입니다. 인간을 죄의 저주에서 구원해 내신 십자가가 하나님의 긍휼과 사랑의 열매입니다.

이처럼 죄의 저주는 하나님이 담당하시지만 인간에게 죄에 대한 책임은 물으십니다. 예를 들어 말씀드리면 밧세바와의 간음을 회개하는 다윗을 하나님은 용서하셨습니다. 그러나 그 죄의 책임마저 없게 하신 것은 아닙니다. 앞으로 다윗의 집에서 칼이 떠나지 않을 것을 죄에 대한 책임으로 말씀하셨습니다. 그래서 다윗은 외친 것입니다.

> [1]허물의 사함을 받고 자신의 죄가 가려진 자는 복이 있도다 [2]마음에 간사함이 없고 여호와께 정죄를 당하지 아니하는 자는 복이 있도다(시 32:1-2).

그러므로 죄를 두려워해야 합니다. 죄와 피를 흘리기까지 싸워 이겨야 하는 것입니다.

공통적 형벌

먼저 하와와 아담은 범죄하고 난 이후에 공통적으로 받은 형벌은 '수고' 하는 인생을 살게 되었습니다. 이후로부터 수고는 인생의 대명사가 되었습니다. 수고함 없이 인간은 살 수 없습니다. 하와는 '수고'하고 자식을 낳게 되었고(16절), 아담은 평생에 '수고'해야 땅의 소산을 먹게 된 것(17절)입니다.

하와가 수고하고 자식을 낳는 것이나 아담이 수고하고 땅의 소산을 먹는 것이나 인간의 본능적 생산 활동과 관련이 있는 말 아닙니까? 어쩌면 인간의 삶은 종족을 번식하기 위해 자녀를 낳는 일 그리고 먹을 것을 얻기 위해 생산 활동하는 일, 이것이 인간 삶의 가장 기초적이고 중요한 것이라고 말할 수 있습니다. 인간의 다른 활동은 사실 이 두 가지 생산 활동의 연장선상에 있을 뿐입니다. 이 두 가지의 근본적 생산 활동을 위해 인간은 이제부터 수고해야 했던 것입니다. 인간의 이 수고는 죽는 날까지 멈출 수 없습니다.

그러나 인간을 사랑하시는 하나님은 인간이 이러한 수고 속에서 고통스러운 인생을 살아가는 것을 불쌍히 여기셨습니다. 그래서 예수님을 이 땅에 보내셨습니다. 예수님은 인생을 "수고하고 무거운 짐 진 자들"이라고 규정하셨습니다.

수고하고 무거운 짐 진 자들아 다 내게로 오라 내가 너희를 쉬게 하리라(마 11:28).

이 말씀처럼 수고 대신 쉼을 주시기 위해, 무거운 짐 대신 쉽고 가벼운 짐을 주시기 위해 십자가에서 죽으신 것입니다. 인간은 예수님께 나아오기 전에는 절대로 마음의 쉼도 얻을 수 없고 육체의 쉼도 얻을 수 없습니다. 인생의 안식은 오직 예수님에게서만 얻을 수 있습니다.

하와의 벌

하와가 사탄의 유혹을 받아 선악과를 따 먹으므로 받게 되는 형벌은 크게 두 가지입니다. 첫째, 축복이 고통으로 바뀌었다는 것입니다. 하나님이 사람을 지으시고 내리신 축복이 창세기 1장 28절에 기록되어 있습니다.

하나님이 그들에게 복을 주시며 하나님이 그들에게 이르시되 생육하고 번성하여 땅에 충만하라, 땅을 정복하라, 바다의 물고기와 하늘의 새와 땅에 움직이는 모든 생물을 다스리라 하시니라.

하나님이 인간에게 주신 제일 중요한 복이 '생육하고 번성하여 땅에 충만한 것'입니다. 범죄 이전의 인간이 생육하고 번성하고 땅에 충만하는 데에는 그 어떤 고통도 없었습니다. 해산하는 것은 하나님이 가장 우선시해서 주신 복이었고 자식은 하나님의 상급이었습니다. 그러나 인간이 범죄하고 난 이후에는 가장 중요한 복이 고통으로 바뀌게 된 것입니다.

우리 인생에 있어서 가장 중요한 것은 어쩌면 복을 구하는 것이 아니라 복을 지키는 것입니다. 믿음으로 하나님의 자녀된 우리를 하나님은 이미 축복해 놓으셨습니다. 그러나 이 축복대신 고통이 찾아온 것은 바로 우리 죄 때문입니다. 그러므로 복을 달라고 기도해야 하는 것이 아니라 하나님이 우리에게 주신 복이 삶에 무거운 짐이 되고 고통이 되지 않도록 거룩하게 하나님 앞에 언제나 바르게 서는 것이 더 중요합니다.

둘째, 하와가 받은 고통은 '돕는 배필'의 지위를 박탈당한 것입니다. 이제 아담과 동등한 위치인 한 몸의 자리, '돕는 배필'의 자리가 아니라 아담에게 다스림 받아야 하며, 그 다스림마저도 사모해야 하는 주종 관계로 전락해 버리고 맙니다. 이제부터 남편 때문에 고통받아야 하고 자주적인 사랑이 아닌 사랑을 구걸해야 되는 처지가 된 것입니다. 영적인 능력이 사라진 하와에게는 허영심만 남았습니다. 이것을 조절하기 위해 남성에게 다스림을 허락했습니다. 여성이 영적 능력을 가지고 있을 때는 돕는 배필로서 역할을 하기 때문에 여성의 말을 듣는 것이 좋습니다. 그러나 영적 능력을 상실한 여성은 돕는 배필로서의 역할을 상실했기에 남편의 다스림을 받는 것입니다. 그러기에 여성들은 말씀과 기도로 영적 능력을 회복하는 것이 하나님의 뜻입니다. 그럴 때 아름다운 가정을 이룰 수 있습니다.

아담의 벌

하나님은 아담을 소환하셔서 하와에게 말씀하시지 않았던 징벌과 심판과 고통의 이유를 말씀하십니다. 아담이 하나님에게 징벌을 받은 이유 또한 두 가지입니다. 첫째는, 하나님의 말씀이 아닌 하와의 말을 들었기 때문입니다. 아담은 하나님을 기쁘시게 한 것이 아니라 사람을 기쁘게 했습니다. 하나님은 하나님의 사람이 말씀이 아닌 사람의 말을 듣는 것을 싫어하십니다. 둘째로, 하나님과 같이 되고 싶어 하는 탐욕에 사로잡혀 하나님의 말씀에 불순종했기 때문입니다. 하나님을 진심으로 사랑하는 사람은 헛된 욕망의 포로가 되지 않습니다. 그에게 소중한 것은 하나님 밖에 없습니다. 우리는 하나님 중심으로 살아야 합니다. 헛된 탐욕에 이끌리어 돈이나 명예에 사로잡혀 말씀을 어기게 되면 반드시 심판받게 되어 있습니다. 우리에게 하나님과 바꿀 수 있는 것이 아무것도 없기를 바랍니다.

아담이 받은 첫 번째 벌은 땅이 저주를 받은 것입니다. 그토록 보암직도 하고 먹음직도 한 아름다운 열매를 내었던 땅이 이제는 "가시덤불과 엉겅퀴"를 내게 되었습니다. 이 가시덤불과 엉겅퀴를 제거하고 채소를 얻기 위해 인간은 땀 흘리는 수고를 해야 했습니다. 하나님이 자신에 주신 복을 관리하고 에덴 동산을 경작하고 지키며, 동물과 식물을 관리하는 거룩한 청지기의 자리가 아니라 이제는 목숨을 부지하기 위해 자연과 싸우고 인간과 경쟁하고 다투어서 이겨야만 하는 존재가 된 것입니다. 원래 하나님이 우리에게 주신 노동의 의미는 그런 것이 아닙니다. 육체를 위해 투쟁하고 다투고 경쟁하는 것은 사탄이 의도하는 것입니다. 진정한 노동의 의미는 단순히 물질을 얻기 위해 땀 흘리고 수고하는 것이 아니라 하나님의 주신 축복을 하나님의 의도대로 관리하고 사랑하고 섬기는 것입니다.

이 노동의 의미를 잘 보여 주는 곳이 가정입니다. 우리가 가정에서 일할 때 돈을 받고 일하지 않습니다. 빨래하고 밥하고 청소하는 것, 가정을 사랑하기 때문에 섬기고 관리하는 차원해서 수고하는 것이지 절대로 물질적 이익을 기대하고 일하는 것은 아닙니다. 우리 교회에서도 노동의 참된 의미를 찾아볼 수 있습니다. 토요일이면 장로님들과 안수집사님들이 아무런 대가 없이 화장실 청소로 섬기시고, 연세 드신 권사님들이 4층을 쓸고 닦으시며, 몇몇 집사님들이 이 넓은 예배당을 쓸고 닦습니다. 그밖에 계단 청소, 로비 청소, 유리창 청소, 쓰레기 정리 등 이름도 없이, 빛도 없이 수고하시는 분이 너무나 많이 있습니다.

이분들을 바라볼 때 경제적, 물질적 가치가 아니라 하나님이 베풀어 주시는 소망과 위로와 사랑을 공급받게 되는 것 아니겠습니까? 주일에도 주방에서, 주차장에서, 차량 봉사로 헌신하시는 모든 분을 바라보면서 하나님의 위대하심을 찬양하게 됩니다. 역시 우리 교회가 세상의 희망임을 느끼게 됩니다. 이것이 노동의 진정한 의미입니다. 진정한 노동이 주는 복은 물질적인 것이 아니라 영적인 것이고 정신적인 것입니다. 그러나 인간이 범죄한 이후에는 노동의 가치가 다 없어지고 사람의 인격마저도 말살 될 정도로 물질이, 돈이 노동의 가치요 목적으로 바뀌고 만 것입니다. 범죄하므로 죽을 때까지 물질의 노예가 되어서 아등바등 몸부림치며 살게 된 것입니다.

두 번째 벌은 저주받은 땅의 흙으로 돌아가게 된 형벌입니다.

…너는 흙에서 왔으니 흙으로 돌아갈지니라(3:19).

하나님의 영이 부어지기 이전의 상태로 돌아가는 것이 죽음을 통해 경험하게 되는 고통입니다. 하나님의 영이 없어지게 되므로 하나님과의 영광스러운 교제도 끝나게 된 것입니다. 그러므로 "너는 흙에서 왔으니 흙으로 돌아갈지니라."라는 말씀은 하나님과 인간의 생령으로서의 교제가 단절된 영적인 사망선고를 의미하는 것입니다.

하나님의 영이 없으면 인간은 동물과 마찬가지입니다. 흙이 되고 마는 것입니다. 뱀이 저주를 받아 먹게 된 것이 무엇입니까? 바로 흙입니다. 이것이 남자가 받은 형벌 중의 형벌입니다. 그러나 하나님은 흙으로 돌아가지 않을 길을 제시해 놓으셨습니다. 바로 하나님과의 온전한 동행입니다. 말씀의 순종을 통해 하나님과 함께하는 인생은 하나님이 흙으로 돌아가지 않도록 죽음을 경험하지 않게 하셨습니다. 하나님과 동행한 에녹을 보십시오. 말씀과 능력의 엘리야를 보십시오. 부디 우리 인생에 하나님 말씀 안에서 하나님과 동행하므로 흙으로 돌아가는 존재가 아니라 하나님의 은혜에 의하여 영과 육이 다 구원받는 놀라운 축복을 누리기를 바랍니다.

셋째는 축복이 고통이 됨은 물론 축복의 지경이 제한되는 형벌을 받게 되었습니다. 아담이 받은 벌은 단순히 먹을 것이 '밭의 채소'로 제한되는 벌을 말하는 것이 아닙니다. 창세기 1장 29절 말씀을 보십시오.

하나님이 이르시되 내가 온 지면의 씨 맺는 모든 채소와 씨 가진 열매 맺는 모든 나무를 너희에게 주노니 너희의 먹을 거리가 되리라.

범죄 이전의 아담은 "온 지면의 씨 맺는 모든 채소와 씨 가진 열매 맺는 모든 나무"를 먹을 수 있었습니다. 그러나 이제는 '온 지면' 대신에 자신의 힘으로 수고하여 일군 밭에서 나는 채소만 먹을 수 있게 되었습니다. 죄를 지으면 하나님이 온 지면에 주신 축복이 고통이 되어 축복이 축소되고 제한되었습니다. 죄를 짓지 말아야 하는 이유가 여기에 있습니다. 받을 축복이 제한되기 때문입니다.

축복의 지경을 넓히라

구약 역대기에 보면 이 수고를 통한 육체의 고통과 축복의 지경이 제한되는 축복을 넓히고자 애쓴 사람이 나옵니다. 역대기는 유다가 예루살렘에서 쫓겨나 70년간의 바벨론 포로생활을 마치고 귀환하였을 때 이스라엘을 지파별로 다시 정리하여 그 바탕 위에 새롭게 이스라엘의 역사를 기록한 책입니다. 역대기 기자는 예루살렘을 에덴 동산으로 바벨론 포로 생활을 에덴 동산에서 쫓겨난 인간이 당하는 고통으로 은유해서 이스라엘의 뿌리를 다시 정리한 책입니다. 흥미로운 것은 이 역대상 4장에 보면 유다의 또 다른 족속들을 소개하는 과정에서 유독 한 사람에 대해 출생과정과 그의 환경이 소개되고 그가 하나님께 기도한 장면이 자세히 기록되어 있습니다. 그 사람이 바로 야베스입니다.

9야베스는 그의 형제보다 귀중한 자라 그의 어머니가 이름하여 이르되 야베스라 하였으니 이는 내가 수고로이 낳았다 함이었더라 10야베스가 이스라엘 하나님께 아뢰어 이르되 주께서 내게 복을 주시려거든 나의 지역을 넓히시고 주의 손으로 나를 도우사 나로 환난을 벗어나 내게 근심이 없게 하옵소서 하였더니 하나님이 그가 구하는 것을 허락하셨더라(대상 4:9-10).

야베스의 이름 뜻은 '고통의 아들, 괴로움의 아들'이라는 뜻입니다. 이렇게 고통과 괴로움 속에서 태어난 야베스가 형제보다 귀중한 자가 된 이유는 다른 데 있지 않습니다. 부르짖는 기도에 있었습니다. 야베스는 하나님께 나아가 자신의 지경을 넓혀 달라고 기도했으며, 주의 손으로 도우사 환난을 벗어나 근심이 없는 인생을 간구하였습니다. 그리고 하나님은 야베스의 기도에 응답하셨습니다. 수고와 고통 중에 살되 축복의 지경을 제한 당한 아담을 보는 듯 하지 않습니까?

그렇지만 하나님은 인간이 이렇게 비참하게 인생을 끝마치기를 원치 않으셨습니다. 야베스처럼 하나님께 나아와 간절히 기도하면 죄의 열매인 수고와 고통과 환란과 근심을 없이 하여 주실 뿐 아니라 인생의 지경이 다시 온 지면까지 이르게 해 주시는 축복을 주십니다. 인간에게 주신 최초의 축복 '온 땅에 충만하라'는 복을 회복시켜 주시는 것입니다. 우리에게도 이 복이 허락되어 있습니다. 나의 죄를 위해 십자가에 못 박혀 죽으신 예수님께 나아와 우리의 죄를 자복하고 회개하기만 하면 우리의 모든, 최초의 축복이 회복됩니다. 누가복음 15장에서 탕자가 한 일은 아버지께 돌아온 것뿐입니다. 그는 품꾼의 한 사람을 기대하고 돌아왔을 뿐입니다. 그런데 아버지는 그에게 좋은 옷을 입히고 손에 가락지를 끼워 주고, 새로운 신발을 신기고, 온갖 좋은 음식을 차려 놓고 잔치를 배설하여 주셨습니다. 이것이 아버지 하나님께 돌아오는 자들이 누리는 천국의 기쁨인 것입니다.

인생이 수고와 고통과 근심과 환란으로 가득 차 있으십니까? 아버지께 나아오십시오. 그리고 기도하십시오. 하나님께 나의 축복의 지경을 넓혀 주기를 기도하십시오. 범죄한 인간에게 내리셨던 그 수고와 근심 대신 안식과 평강 주시기를 기도하십시오. 우리가 온 맘 다하여 진정으로 하나님께 돌아왔다고 한다면 하나님이 우리의 모든 기도를 허락하여 주실 줄로 믿습니다.

하나님의
선한 의로움

²⁰아담이 그의 아내의 이름을 하와라 불렀으니 그는 모든 산 자의 어머니가 됨이더라 ²¹여호와 하나님이 아담과 그의 아내를 위하여 가죽옷을 지어 입히시니라 ²²여호와 하나님이 이르시되 보라 이 사람이 선악을 아는 일에 우리 중 하나 같이 되었으니 그가 그의 손을 들어 생명 나무 열매도 따 먹고 영생할까 하노라 하시고 ²³여호와 하나님이 에덴 동산에서 그를 내보내어 그의 근원이 된 땅을 갈게 하시니라 ²⁴이같이 하나님이 그 사람을 쫓아내시고 에덴 동산 동쪽에 그룹들과 두루 도는 불 칼을 두어 생명 나무의 길을 지키게 하시니라.

에덴 동산에 찾아온 범죄에 대한 하나님의 판결이 끝났습니다. 사탄의 도구로 이용된 뱀은 배로 기어 다니며 흙을 먹게 되는 가장 비천한 짐승으로 전락하고 말았습니다. 여자는 축복이 고통으로 바뀌어 해산하는 수고를 해야 했으며, 무엇보다 돕는 배필이라는 영적인 존재에서 남자를 원하고 또 그 남자에게 다스림 받아야 하는 육적인 존재가 되고 말았습니다. 남자는 축복의 지경이 축소되어 온 땅이 아닌 밭의 소산만 먹을 수 있게 되었습니다. 게다가 땀흘리는 수고가 있어야 저주받아 가시덤불과 엉겅퀴를 내는 땅에서 겨우 소산을 거두게 되는 존재가 되었습니다. 그리고 그의 결국은 땅으로 돌아가는 것이었습니다.

이 장의 본문은 하나님이 내리신 심판에 대한 사람의 반응과 그 반응에 대한 하나님의 응답이라고 할 수 있습니다. 심판을 받은 인간이 하나님의 심판을 어떻게 받아들이는가와 또한 심판주이신 하나님이 인간을 어떻게 대하시는지가 기록되어 있습니다. 하나님과 사람의 새로운 관계 설정이 이루어지게 된 것입니다.

판결에 대한 아담의 반응

먼저 하나님의 판결을 받아들이는 아담의 태도를 살펴보고자 합니다. 하나님으로부터 형벌을 받은 아담은 여자에게 하와라는 이름을 지어 부릅니다. 그리고 하와가 산 자의 어머니가 될 것이라는 확신에 찬 고백으로 하나님의 판결에 대해 응답하고 있습니다. 하와는 지금까지 '여자(1:27)' 또는 '그 여자(2:22-23)' 혹은 '아내(2:24, 25, 3:8),' '돕는 배필(2:18)'로 불리어 왔습니다. 그런데 아담은 왜 이 시점에서 하와라는 이름을 지어 준 것일까요? 하와라는 이름의 뜻과 의미를 살펴보기 전에 이름을 짓고 있는 아담의 심정부터 살펴보고자 합니다.

우리가 이미 살펴본 대로 하나님이 하와를 지으시기 전에 각종 들짐승들을 아담의 앞으로 지나가게 하시므로 이름을 짓게 하셨습니다. 그리고 아담은 그 동물의 특성에 맞게 아름다운 이름을 지어 주었습니다. 아담은 하와라는 이름을 지으면서 하나님이 자신을 징벌하시면서도 자신 안에 있는 하나님의 특별한 지혜와 능력이 거두어지지 않았음을 깨닫고 감사했을 것입니다. 하나님이 자신이 창조하신 각종 들짐승의 이름을 짓게 하신 이유는 아담을 하나님의 특별한 동역자요 모든 창조물을 다스릴 권세가 있는 자로 인정하고 계신 것입니다. 그런데 범죄로 인한 형벌 중에도 그 능력과 지위를 하나님이 거두지 않으신 것입니다. 하와라는 이름을 지으면서 아담은 하나님의 변함없는 은혜에 감동하였을 것입니다. 끝까지 자기를 하나님의 특별한 동역자로 인정하고 계시다는 사실 때문에 감격하며 아내의 이름을 하와라고 불렀을 것입니다.

우리를 향한 하나님의 사랑은 이렇게 나타납니다. 우리를 향한 하나님의 사랑은 영원토록 변함이 없습니다. 아담 안에 하나님이 주신 특별한 은혜를 지속시키므로 범죄한 지금이 아니라 하나님의 뜻을 이룰 미래를 바라보시는 분이 하나님이십니다. 예수님을 세 번씩이나 부인한 베드로를 보십시오. 부활하신 예수님은 베드로를 찾아가 벌을 내리시거나 책망하지 않으셨습니다. 그저 "네가 나를 사랑하느냐?"고 세 번씩 물어 보시므로 베드로 안에 예수님을 향한 사랑을 회복시키셨습니다. 그리고 베드로에게 자신의 양을 먹이라고 맡기셨습니다. 예수님은 자신이 가장 중요하게 여기는 영혼을 구원하는 사역을 베드로에게 위임하신 것입니다. 자신의 눈앞에서 자신을 저주하며 부인한 베드로 안에 있는 능력과 은혜를 거두어 가신 것이 아니라 오히려 그에게 교회와 자신의 온 양떼를 맡기신 것입니다. 우리는 죄인들에게 베푸시는 이런 예수님의 사랑을 기억해야 합니다.

혹시 우리의 힘으로 감당하지 못할 죄 때문에 지금 사명의 자리에서 떠난 성도가 계십니까? 하나님이 혹시 우리의 죄를 책망하시고 징벌하신다 할지라도 그분의 영광을 위해 우리 안에 허락해 놓으신 은사와 능력은 여전히 우리 안에 존재하고 있습니다. 문제는 아담처럼 하나님의 형벌 앞에서도 약속의 말씀을 붙들고 믿음으로 끝까지 하나님 앞에 서 있는가하는 것입니다. 부디 오늘 아담이 형벌 뒤에 온전한 믿음으로 하나님을 감동시킨 것처럼 우리를 버리지 않으시고 영원히 함께하실 하나님 앞으로 나오기를 바랍니다.

생명이 된 하와

창세기 5장에 보면 아담의 계보가 소개되고 있습니다. 그런데 그 계보에 하와라는 이름은 나타나질 않습니다. 대신에 그들의 이름을 '사람'이라고 하고 있습니다. 창세기 5장 1-2절입니다.

[1]이것은 아담의 계보를 적은 책이니라 하나님이 사람을 창조하실 때에 하나님의 모양대로 지으시되 [2]남자와 여자를 창조하셨고 그들이 창조되던 날에 하나님이 그들에게 복을 주시고 그들의 이름을 사람이라 일컬으셨더라.

하나님이 하와에게 주신 이름은 '사람'으로서 그녀의 남편의 이름인 '아담'이었습니다. 아담이라는 말이 사람을 의미합니다. 하나님은 하와를 아담 또는 사람으로 부르셨습니다. 그러므로 아담도 하와가 아담인 것을 알고 있습니다.

그럼에도 아담이 하와를 하와라고 부른 것은 '직함'을 준 것입니다. 이제 하와를 단순한 여자가 아닌 하나님의 특별한 사명이 있는 사명자로 본 것입니다. 육체적인 여자로 바라보며 자신의 범죄의 탓을 돌린 허물이 가득한 사람이 아니라 하나님의 특별한 사명자로 본 것입니다. 아담의 시각이 바뀐 것입니다. 이처럼 은혜를 받으면 사람에 대한 시각이 바뀝니다. 단점과 약점이 보이는 것이 아니라 그 사람 안에 있는 장점과 달란트와 사명이 보이는 것입니다. 그러므로 사람이 은혜 받았는지 받지 않았는지의 기준은 그 사람이 다른 사람을 어떻게 바라보고 있는가로 판단하면 됩니다. 여전히 다른 사람의 허물과 죄에 관점을 두고 있다면 그 사람이 문제가 아니라 바로 내 자신이 문제인 것입니다. 하나님의 심판 이후에 훨씬 더 성숙해진 아담을 볼 수 있습니다. 하나님의 징계를 징계답게 받은 것입니다. 하나님의 징계는 사랑입니다. 징계를 낭비하는 것은 하나님의 사랑을 낭비하는 것입니다. 부디 징계 중에 있고 고난 중에 있다고 할지라도 아담처럼 진정한 영적인 성숙의 계기로 삼는 우리가 되기를 바랍니다.

하와의 사명이 무엇입니까? 창세기 3장 15절에서 약속된 사탄의 머리를 상하게 할 후손을 낳게 할 여자로서의 삶, 그것이 하와의 사명입니다. 이제부터 하와의 삶은 그 사명을 감당하고 이루는 데 집중되어야 합니다. 사탄의 머리를 상하게 할 여인의 후손, 즉 메시아에 대한 소망이 하와라는 이름으로 구체화된 것입니다. 그러므로 아담이 하와를 직함으로 부른 데에는 하나님의 약속을 믿는 믿음 때문입니다. 분명히 하나님이 자기 자신들에게 고통을 안겨 준 사탄에 대해 완전히 심판을 이루실 것이라는 확신이 있었고 그 일을 이룰 여인으로 하와를 인정한 것입니다.

'하와'는 '생명을 주는 자'라고 해석할 수 있으므로 '생명' 그 자체라고 할 수 있습니다. 그러므로 모든 생명의 어머니가 되는 것입니다. "그는 모든 산 자의 어머니가 됨이더라(3:20)."는 온전한 하나님에 대한 믿음이 아니고는 불가능한 고백인 것입니다. 특히 본문 바로 앞 절인 19절에서, 하나님은 아담을 심판하시면서 그가 흙으로 돌아가야 할 것을 말씀하셨습니다. 그러기에 아담은 그와 그의 아내가 죽어야만 한다는 사실을 잘 알고 있었습니다. 그럼에도 아담은 그의 아내의 이름을 '하와'라고, '생명'이라고 불렀습니다. 아담이 하와를 맨 처음 만났을 때 "이는 내 뼈 중의 뼈요 살 중의 살이라."는 고백이 심미적인 고백이라고 한다면, '생명'이라는 고백은 삶의 고통을 해결할 수 있는 실제적이고 영적인 고백입니다. 이 고백 속에서 아담은 그의 아내 하와가 모든 산 자의 어머니가 될 것이라고 확신하고 있습니다. 하나님 말씀에 대한 믿음이 아니고는 이런 고백을 할 수 없는 것입니다. 이 이름 짓는 것을 통해 아담은 믿음의 사람이 되고, 비전의 사람이 되었습니다.

아담과 하와의 믿음은 첫째 아들의 이름을 '가인'이라는 데서 더 분명해집니다. 가인의 이름 뜻은 '낳다' 또는 '얻다'는 의미입니다. 그런데 이 말은 구어체로 풀어 보면 '나는 그를 얻었다' 또는 '그가 왔다'라는 말로 표현할 수 있습니다. 여기서 '그'라는 말은 창세기 3장 15절에 등장하는 바로 하나님이 약속하신 사탄의 머리를 깨뜨릴 구원자라는 의미입니다. 아담과 하와는 임신하고 가인을 출산했을 때 하나님이 약속하신 그 구원자로 가인을 얻었다고 생각한 것입니다. 그래서 4장 1절에서 "내가 여호와로 말미암아 득남하였다."라고 고백한 것입니다. 이것이 아담과 하와의 오해라는 것을 우리는 알고 있습니다. 하지만 아담과 하와는 하나님이 하와를 통해 구원자를 반드시 보내 주실 것이라는 믿음은 분명하였다는 것입니다. 특히 가인이 아벨을 돌로 쳐 죽였을 때조차도 가인이 사탄의 머리를 깨뜨린 것으로 생각할 정도로 하나님의 약속을 믿음으로 고대하고 소망한 것을 알 수 있습니다. 아담과 하와가 아벨의 죽음에 대해 침묵하고 있는 것을 보면 알 수 있습니다. 사람이 은혜를 받으면 사람에 대한 시각이 바뀌게 됩니다. 단순히 밥하고 빨래하는 사람이 아닌 하나님의 뜻을 함께 이루어 나갈 사람이라고 보는 것입니다. 또한 남편도 돈 벌어다 주는 사람으로만 보이지 않는 것입니다. 함께 하나님의 사명을 이루어 가야 할 사람으로 보이는 것입니다. 아담은 이름 짓는 것을 통해 새로운 비전과 사명을 깨닫는 믿음의 사람이 되었습니다. 우리 모두 이런 믿음의 사람이 되기를 간절히 바랍니다.

하나님의 화답

하나님은 인간의 벌거벗음을 위해 가죽옷을 예비하셨습니다. 하나님이 가죽옷을 직접 예비하신 이유는 인간의 어떠한 노력으로도 그들의 죄를 가릴 수 없기 때문입니다. 죄는 하나님만이 해결할 수 있습니다. 그러므로 범죄한 인간이 할 수 있는 유일한 일은 자신의 죄를 하나님 앞에 내려놓는 것입니다. 인간의 육체를 위한 최초의 노동이 무화과나무 잎을 엮어 치마를 만들어 부끄러움을 가리는 것이었다고 한다면, 인간에게 가죽옷을 지어 입히신 것은 하나님의 최초의 노동입니다. 창조주 하나님은 지금까지 말씀으로 온 천지를 창조하셨습니다. 그러나 인간의 죄를 가리는 일에는 친히 창조하신 짐승을 잡아 죽이시고 가죽옷을 만드시는 수고를 하시게 됩니다. 이 하나님의 수고는 십자가에서 예수님을 죽게 하시는 구속의 은혜를 예표하는 것입니다. 하나님 스스로 죄의 고통을 담당하시므로 사람의 죄와 수치를 가리시기로 하신 것입니다. 하나님의 사랑이 위대하고 놀라운 이유는 인간을 벌하실 수 있는 모든 능력과 권세를 가지신 분임에도 스스로 죄 때문에 희생과 고통을 당하셨기 때문입니다. 하나님의 사랑은 우리의 허물과 죄를 덮어 주는 것으로부터 시작됩니다.

이 사랑 때문에 우리가 하나님을 찬양하며 하나님 앞에 나아갈 수 있게 되었습니다. 이 사랑을 받아 하나님의 자녀된 우리도 다른 사람의 허물과 죄를 덮어 주어야 합니다. 진정한 사랑은 상대방의 허물을 덮어 주는 것입니다. 더 정확히는 다른 사람의 허물을 감추어 주기 위해 하나님처럼 수고해야 하는 것입니다. 내가 희생될 때에 다른 사람의 허물이 덮어지는 것입니다. 어떤 사람은 다른 사람의 허물을 들추어냅니다. 들추어내는 정도가 아니라 다른 사람의 약점과 단점을 찾아내려고 혈안이 되어 있는 사람이 있습니다. 그리하여 정죄하고 비판합니다. 예수님이 산상수훈에서 다른 사람을 비판하고 정죄하지 말라고 하셨습니다. 먼저 우리 안에 있는 대들보를 제하고 상대방의 티를 보라고 하셨습니다. 하나님이 우리의 허물을 가리우신 것처럼 우리도 모든 사람의 허물과 죄를 덮어 줄 수 있는 진정한 사랑의 사람이 되기를 바랍니다.

다른 사람의 허물을 덮어 주면 나를 향한 하나님의 자비와 사랑이 더 커지게 됩니다. 내가 다른 사람을 사랑하면 하나님이 나를 이처럼 사랑하셨다라는 사랑의 확신이 더 커지게 됩니다. 그러나 반대로 다른 사람의 허물을 덮어 주지 못하고 사랑하지 못하면 하나님의 사랑을 느낄 수 없고 우리의 심령은 메마른 가시나무가 됩니다.

창세기 9장에 보면 홍수 후에 포도주를 마시고 인사불성이 되어 벌거벗은 노아의 이야기가 나옵니다. 그때에 함은 아버지의 벌거벗은 허물을 폭로했고 셈과 야벳은 아버지 노아의 부끄러움을 덮어 주었습니다. 그 결과 함의 아들인 가나안은 저주를 받게 되고 셈과 야벳은 대대로 축복을 받게 됩니다. 처음 사람의 벌거벗은 수치를 덮어 주셨던 하나님의 성품을 닮았느냐, 닮지 않았느냐가 축복과 저주의 갈림길이 된 것입니다. 축복과 저주 이 두 가지는 모두 내 성품 안에 있습니다.

이철환 님이 쓰신 『연탄길』이라는 책에 나오는 내용입니다.

어디를 보나 나무랄 데가 없는 한 여자가 있었습니다. 한 가지 숨겨진 큰 컴플렉스가 있다면 그것은 눈썹이 정말 하나도 없다는 것이었습니다. 그래서 항상 짙은 화장으로 눈썹을 그리고 다녔지만 마음은 편치 않았습니다. 그러던 이 여자에게도 사랑하는 남자가 생겼습니다. 정말로 사랑했습니다. 남자도 여자에게 다정하고 따스하게 대해 주었고 둘은 결혼을 했습니다. 그러나 여자는 눈썹 때문에 항상 불안했습니다. 1년이 지나고 2년이 지나도 여자는 자기만의 비밀을 지키면서 행여나 들키면 어쩌나. 그래서 남편이 자기를 싫어하게 되면 어쩌나 조마조마한 나날들을 보내고 있었습니다. 따뜻하기만 한 남편의 눈길이 경멸의 눈초리로 바뀌는 건 정말 상상조차 할 수 없었습니다.

그렇게 삼 년이란 세월이 무사히 지나갔습니다. 그러다가 이들 부부에게 예상치 않던 불행이 닥쳐왔습니다. 상승일로를 달리던 남편의 사업이 일순간 망하게 된 것입니다. 둘은 길거리로 내몰리고 밑바닥부터 다시 시작해야 했습니다. 제일 먼저 시작한 것이 연탄배달이었습니다. 남편은 앞에서 끌고 여자는 뒤에서 밀며 열심히 연탄을 배달했습니다. 그런데 어느 날 바람이 살랑살랑 불어오던 오후였습니다. 언덕에서 불어오는 바람 때문에 리어카의 연탄재가 날아와 여자의 얼굴은 온통 검정 투성이가 되었습니다. 눈물이 나고 답답했지만 여자는 얼굴을 닦을 수 없었습니다. 혹시나 자기의 비밀이 들켜버릴까. 그때 남편이 걸음을 멈추고 아내에게 다가왔습니다.

"미안해 여보 내가 못나서 당신을 고생시키는구려 조금만 힘을 냅시다."

그리고 수건을 꺼내어 얼굴을 닦아 주기 시작했습니다. 남편은 아내의 눈썹부분만은 건드리지 않고 얼굴의 다른 부분을 모두 닦아 주었습니다. 그렇게 아내의 눈물까지 다 닦아 준 후 다정하게 웃으며 남편은 다시 수레를 끌기 시작했습니다. 그녀의 눈에선 하염없이 눈물이 흘러내렸습니다. 남편은 이미 그녀의 눈썹까지 사랑하고 있었던 것입니다.

이것이 진정한 사랑의 의미입니다.

허물을 덮어 주는 자는 사랑을 구하는 자요 그것을 거듭 말하는 자는 친한 벗을 이간하는 자니라(잠 17:9).

베드로전서 4장 8절에도 "사랑은 허다한 죄를 덮느니라."라고 말씀하십니다. 하나님은 우리를 사랑하셔서 우리의 모든 죄와 허물을 다 덮어 주셨습니다. 얼마나 감사한 일입니까? 그러니 이런 사랑을 받은 우리는 예수님의 그 사랑으로 우리의 형제와 친구, 더불어 사는 이웃들의 허물과 죄를 덮어 주면서 살아가야 합니다.

죽음에 대한 첫 경험

우리가 주목해야 할 것은 죽어야 할 아담과 하와 대신에 짐승이 희생되는 에덴 동산에 처음으로 죽음의 실체가 등장하게 된다는 것입니다. 하나님이 선악을 알게 하는 나무 열매를 따 먹으면 반드시 죽으리라고 말씀하셨음에도 아직 인간은 죽음을 경험하지 않았습니다. 그러나 자신들을 위해 가죽옷이 만들어지는 과정을 통해서 짐승의 죽음을 보게 되었습니다. 이후로 인간의 죄를 위해 수많은 짐승이 희생 제물로 죽어야만 했습니다. 이 짐승의 죽음은 예수님의 십자가 죽음을 상징하는 것입니다. 그러므로 예수님만이 우리의 죄를 가릴 수 있는 진정한 가죽옷이 되는 것입니다. 예수님이 죽으시고 그가 주시는 의의 옷을 입을 때 비로소 우리의 부끄러움은 가려지게 되고 우리의 영은 살아나게 됩니다.

오늘도 하나님은 우리의 모든 죄와 허물을 예수님의 보혈로 다 덮어 주십니다. 죄로 더럽혀진 영혼의 수치를 예수님의 십자가 피로, 하나님 어린 양의 피로 깨끗하게 해 주셨습니다. 그리고 우리에게 예수로 옷을 입혀 주셨습니다.

누구든지 그리스도와 합하기 위하여 세례를 받은 자는 그리스도로 옷 입었느니라(갈 3:27).

12밤이 깊고 낮이 가까웠으니 그러므로 우리가 어두움의 일을 벗고 빛의 갑옷을 입자 13낮에와 같이 단정히 행하고 방탕하거나 술 취하지 말며 음란하거나 호색하지 말며 다투거나 시기하지 말고 14오직 주 예수 그리스도로 옷 입고 정욕을 위하여 육신의 일을 도모하지 말라(롬 13:12-14).

하나님은 진노 중에서도 그들을 사랑하시고 아끼셔서 그들이 부끄럽지 않도록 수치를 가리는 옷을 지어 주셨습니다. 아담과 하와는 자신의 죄를 위해 죄가 없는 다른 생명이 죽는 것을 보면서 하나님의 사랑과 자비를 다시 한 번 깨닫게 됩니다. 하나님은 말씀을 어긴 벌로 아담과 하와를 반드시 죽게 하실 수 있는 분이셨습니다. 그러나 하나님은 사람이 아닌 다른 무죄한 짐승을 죽게 하시므로 죄 때문에 대신 죽을 수 있다는 사실을 알게 해 주셨습니다. 이것이 십자가에서 죄가 없으신 예수님이 우리를 위해 대신 죽어 주신 사랑의 그림자입니다. 예수님이 인간의 모든 죄를 대신하여 십자가에서 피 흘려 죽으심으로 영원한 대속의 역사가 이루어진 것입니다.

이 위대한 하나님의 사랑 이야기가 에덴 동산의 가죽옷에서부터 시작됩니다. 무화과나무로 만든 옷을 벗기시고 자신이 만드신 가죽옷을 입혀 주시는 하나님의 마음을 헤아려 보시기 바랍니다. 그 하나님이 오늘 우리의 모든 수치와 부끄러움의 옷을 친히 다 벗겨 주시고 그리스도 예수로 옷 입혀 주실 것입니다. 이 시간 하나님 앞에 있는 모습 그대로 서십시오. 죄로 더러워지고 얼룩진 옷을 하나님이 벗기시고 거룩한 예수 그리스도로 옷 입게 하시므로 우리 안에 심어 놓으신 축복이 새롭게 시작될 것입니다.

이 위대한 하나님의 사랑 이야기가 에덴 동산의 가죽옷에서부터 시작된 것입니다. 무화과나무로 만든 옷을 벗기시고 자신이 만드신 가죽옷을 입혀 주시는 하나님의 마음을 헤아려 보시기 바랍니다. 요한복음 13장에 보면 예수님은 십자가를 지시기 전에 제자들과 최후의 만찬을 가지시면서 겉옷을 벗고, 수건을 허리에 두르고, 제자들의 발을 씻어 주십니다. 제자들의 모든 더러운 것을 씻어 주시기 위해 겉옷을 벗으신 것입니다. 사람의 수치와 부끄러움을 씻어 주시기 위해 가죽옷을 입혀 주셨던 주님은 오히려 수치의 모습이 되기 위해 겉옷을 벗으셨습니다. 그리고 사람을 에덴 동산에서 쫓아내셨던 예수님은 이제 홀로 에덴 동산을 상징하는 예루살렘으로 추방당하셔서 골고다로 향하시게 됩니다. 그리고 우리의 모든 죄를 가려 주셨습니다.

에덴에서의
추방

ː 창세기 3장 22-24절 ː

22여호와 하나님이 이르시되 보라 이 사람이 선악을 아는 일에 우리 중 하나 같이 되었으니 그가 그의 손을 들어 생명 나무 열매도 따 먹고 영생할까 하노라 하시고 23여호와 하나님이 에덴 동산에서 그를 내보내어 그의 근원이 된 땅을 갈게 하시니라 24이같이 하나님이 그 사람을 쫓아내시고 에덴 동산 동쪽에 그룹들과 두루 도는 불 칼을 두어 생명 나무의 길을 지키게 하시니라.

하나님의 심판에 대해 아담은 믿음으로 반응했습니다. 선악과를 통한 죽음을 생명으로 바꾸어 줄 구원자에 대한 확신을 소망하고 기대한 것입니다. 이 믿음을 통해 '하와,' 즉 '생명'이라는 이름을 자신의 아내에게 지어 준 것입니다. 하나님은 이러한 아담과 하와의 믿음의 고백을 보신 후에 그들의 부끄러움과 수치를 가려 주시기 위해 가죽옷을 입혀 주십니다. 인간의 죄는 절대로 인간의 힘으로 해결할 수 없으며 오직 하나님만이 해결할 수 있다는 것을 암시하는 것입니다. 그리고 죄를 가리기 위해서는 반드시 피 흘림이 있는 희생이 있어야 함을 보여 주신 것입니다. 아담과 하와가 짐승의 가죽옷을 입기 위해서 짐승이 죽어야만 했습니다. 이 가죽옷은 예수 그리스도의 십자가 사건을 암시하는 것입니다. 훗날 갈보리 언덕에서 예수님이 십자가에 못 박혀 죽으심으로 흘리신 보혈로 인생의 죄가 가려지고 사탄의 머리가 상하게 된 것입니다. 하나님이신 예수님이 죽으심으로 인생의 죄 문제가 해결된 것입니다.

사람의 수치와 부끄러움을 가려 주시기 위해 가죽옷을 입혀 주셨던 예수님은 오히려 십자가 위에서 벌거벗으신 채로 죽임을 당하셨습니다. 그리고 이 장에서 살펴보게 될 이야기처럼 사람을 에덴 동산에서 쫓아내셨던 예수님은 스스로 에덴 동산을 상징하는 예루살렘으로 추방당하셔서 골고다로 향하시게 됩니다. 십자가에서 죽으심으로 가죽옷에서 시작된 하나님의 사랑을 성취하신 것입니다.

하나님의 두 번째 회의

여호와 하나님이 이르시되 보라 이 사람이 선악을 아는 일에 우리 중 하나 같이 되었으니 그가 그의 손을 들어 생명 나무 열매도 따 먹고 영생할까 하노라 하시고(22절).

이 구절을 주목하여 보면 하나님이 스스로를 '우리'라고 표현하고 계시는 것을 알 수 있습니다. 이 '우리'라는 표현은 창세기에서 두 번째로 등장합니다. 한 번은 사람을 창조하실 때입니다.

하나님이 이르시되 우리의 형상을 따라 우리의 모양대로 우리가 사람을 만들고 그들로 바다의 물고기와 하늘의 새와 가축과 온 땅과 땅에 기는 모든 것을 다스리게 하자 하시고(1:26)

하나님은 사람을 창조하셨을 때에도 또 인간을 에덴에서 추방할 때에도 삼위일체 하나님의 회의를 통해 결정하셨습니다. 인간의 창조만큼 추방 또한 중요한 결정이라는 것을 알 수 있습니다. 삼위 하나님의 결정대로 사람은 하나님의 형상을 따라서 지음받았습니다. 그러기에 사람은 선만 알았습니다. 그러나 사람이 선악과를 먹고 난 뒤에, 사람은 선과 함께 동시에 악도 알게 되었습니다. 하나님은 선과 악을 아는 일에 하나님처럼 된 인간이 영생하실 것을 우려하셨습니다.

　물론 하나님이 악을 아시는 것과 사람이 악을 아는 것은 의미가 전혀 다릅니다. 하나님은 악과는 전혀 상관이 없으십니다. 그러기에 하나님이 악을 아시는 것은 하나님 밖에 있는 악을 지각적으로 아시는 것입니다. 그러나 사람이 악을 아는 것은 이와는 다릅니다. 사람은 하나님의 말씀을 거역하는 악을 직접 행했습니다. 그 결과 악이 사람 안으로 들어왔습니다. 그래서 사람은 자기 안에 있는 악을 경험적으로, 체험적으로 알게 되었습니다.

　이것을 비유적으로 설명해 보겠습니다. 의사가 질병에 걸린 환자를 진단하고 있습니다. 이때 의사도 질병을 알고, 환자도 질병을 압니다. 그러나 의사는 자기 몸 밖에 있는 질병을 아는 것입니다. 반면에 환자는 자기 몸 안으로 들어온 질병을 아는 것입니다. 이와 마찬가지입니다. 하나님은 악을 아시되, 악과는 전연 상관이 없으십니다. 하나님은 악을 지각적으로 아실뿐입니다. 그러나 사람은 다릅니다. 사람은 악을 행함으로, 악이 그 속으로 들어오게 되었습니다. 그러기에 사람은 악을 경험적으로 알게 된 것입니다. 그러나 문제는, 인간은 죄를 지을 수는 있지만 죄를 없앨 수는 없습니다. 죄를 지은 인간은 죄를 해결할 능력이 없기 때문에 저주와 심판을 받게 된 것입니다. 죄를 없애는 능력은 오직 하나님께만 있습니다. 하나님만 죄와 사탄을 멸하시고 심판하시는 능력이 있는 것입니다.

　하나님은 원래 선악을 알게 하는 나무 외에는 사람에게 동산 각종 나무의 열매는 마음대로 먹을 수 있게 하셨습니다. 그러므로 생명 나무 열매는 얼마든지 먹을 수가 있었습니다. 범죄하기 전의 아담과 하와는 이 열매를 먹을 필요가 없었습니다. 범죄하기 전에는 죽음을 알지 못했기 때문입니다. 그러나 범죄하므로 죽음이 무엇인지를 깨닫기 시작합니다. 특히 하나님이 그들을 위해 가죽옷을 지어 입히실 때 처참하게 피 흘려 죽는 짐승을 보면서 죽음의 실상을 경험한 것입니다. 짐승은 붉은 피를 흘려야 했습니다. 고통스럽게 숨을 헐떡거리며 죽어야 했습니다. 죽음을 처음으로 목격한 아담과 하와에게는 그 광경이 참으로 끔찍하게 다가왔을 것입니다.

그러기에 아담과 하와는 무슨 수를 써서라도 죽음을 피하고 싶었을 것입니다. 하나님이 이러한 사람의 마음을 간파하신 것입니다. 그래서 하나님은 생명 나무에 이르는 길을 막으시고 인간을 에덴에서 추방하시기로 하신 것입니다. 죄가 이처럼 무서운 것입니다. 죄는 우리로 하여금 생명 나무에 이르지 못하게 했습니다. 그러므로 아담과 하와에게 중요한 것은 단순히 에덴 동산에서 떠나 사는 것이 문제가 아니라 생명의 단절입니다.

이제 아담과 하와는 에덴 동산이 아니라 우리로 창조하시고, 징계하시고, 구원하시게 될 하나님을 사모하며 살아가야 합니다. 그들이 속한 곳이 가시나무와 엉겅퀴를 내는 곳이라 할지라도 우리와 함께하시며 구속의 은혜를 베푸실 하나님과 동행하므로 그곳을 물댄 동산으로 만들어야 하는 것이 바로 아담과 하와의 사명입니다.

생명 나무

우리가 잘 아시다시피 생명 나무 또한 어떠한 생명의 능력을 가진 신비한 나무가 아닙니다. 하나님과의 관계를 위해 하나님이 말씀으로 영생이 있도록 약속해 놓은 나무일 뿐입니다. 하나님이 말씀으로 약속하셨기 때문에, 사람이 생명 나무의 열매를 먹으면 죽지 않고 영생하도록 되어 있는 것이지 나무 자체에 신비한 효능이 있는 것이 아닙니다. 그러므로 먼저 하나님의 말씀에 순종하는 것이 중요합니다. 하나님의 말씀에 순종하며 이 생명 나무의 열매를 먹을 때 하나님의 생명이 그들에게 공급되어 영생하는 것입니다.

그러면 하나님이 아담과 하와가 생명 나무로 나아가는 길을 막으신 이유는 무엇입니까? 아담과 하와를 사랑하셨기 때문에 생명 나무로 나가는 길을 막으신 것입니다. 죄의 결과는 죽음입니다. 만약 아담과 하와가 이 죄 문제를 해결하지 않고 생명 나무를 먹으므로 영생한다고 하는 것은 저주 중의 저주입니다. 왜냐하면 죄와 함께 영원히 살아야 하기 때문입니다. 수치와 부끄러움을 안고 영원히 산다는 것을 생각해 보십시오. 정신적으로 감당하지 못할 고통이 분명합니다. 게다가 육체적으로도 죄의 값으로 영원토록 수고하며 고통을 당하는 삶을 살아야 한다는 뜻입니다. 형언할 수 없는 고통 속에서 인생을 살아간다는 것은 결코 축복된 일이 아닙니다. 오히려 그것은 자체가 벌이요, 또 하나의 심판일 수밖에 없습니다.

그렇기 때문에 인간에게 주어지는 징계도 은혜임을 알아야 합니다. 하나님이 우리에게 즐거운 일을 허락하실 때는 당연히 하나님의 은혜라고 생각합니다. 그 즐거운 때만 아니라 우리가 생각할 때 우리에게 주어지는 좋지 않은 일도 은혜임을 깨달아야 합니다. 왜냐하면 결국 고난을 통해 하나님을 더욱 깊숙이 만날 수 있기 때문입니다. 그러므로 고난도 하나님의 은혜로 주어짐을 인정하시고 그 끝에 베풀어 주실 하나님의 은혜를 기대하시기 바랍니다.

예수님은 아담이 잃어버린 생명 나무 열매를 십자가에 죽으심으로 우리에게 허락해 주셨습니다. 예수님은 자기 자신을 "나는 생명의 떡"이라고 말씀하셨습니다. 우리는 생명의 떡이신 예수님을 먹어야 살 수 있습니다.

나는 하늘에서 내려온 살아 있는 떡이니 사람이 이 떡을 먹으면 영생하리라 내가 줄 떡은 곧 세상의 생명을 위한 내 살이니라 하시니라(요 6:51).

예수님이 바로 생명 나무 열매입니다. 우리는 그 살을 먹고 그 피를 마시므로 영생에 들어갈 수 있습니다. 예수님의 십자가 사랑과 은혜를 믿게 될 때 죄로 죽었던 우리가 다시 살아나 영원한 생명으로 들어가게 되는 것입니다.

땅을 갈아야 되는 인생

에덴에서 쫓겨난 인생은 이제 더 이상 하나님의 은혜와 능력으로 살 수 없습니다. 이제 그들은 다른 자연적인 힘으로 살다가 흙으로 돌아가야 합니다. 아담의 근본인 흙을 수고하고 땀 흘리며 갈아서 먹을 것을 얻다가 흙으로 돌아가는 것입니다. 하나님이 아담에게 이러한 비참함에 이르게 한 것은 하나님 없는 인생의 결국을 알게 하시기 위해서입니다. 그러함에도 이 장의 본문은 하나님의 은혜로 시작되고 있음을 알 수 있습니다. 우리가 창세기 2장에서 1장에 나타난 하나님의 이름은 '엘로힘' 하나님이고 2장의 하나님은 '여호와' 하나님임을 알게 되었습니다. 그래서 1장의 창조의 중심은 하나님의 관점에서 2장은 사람의 관점에서 서술되었지만, 사람에게 임한 하나님의 은혜의 관점으로 이루어진 것임을 깨달았습니다. 이 장의 본문을 잘 보십시오. 은혜의 '여호와 하나님'이 모든 일의 주관자 되심을 알 수 있습니다. 그러므로 아담이 땅을 갈게 된 것은 하나님의 은혜와 연관된 일임을 알 수 있습니다.

물론 땅을 갈아야 하는 아담은 육체적으로 고통을 당하게 되어 있습니다만, 이 말씀이 은혜인 것은 땅을 가느라 수고하며 고통하는 아담이 하나님과 교제하며 부족함이 없었던 에덴 동산을 그리워했을 것입니다. 에덴에서 쫓겨나서야 하나님의 은혜 속에서 살던 에덴이 소중함을 더욱 깨닫게 된 것입니다. 땅을 갈고 살고 있지만 저 영원한 생명이 있는 에덴을 바라보고 그리워하며 살게 된 것입니다. 그러므로 아담과 하와는 자신이 겪고 있는 고통을 해결해 줄 여인의 후손으로 오실 예수님을 사모하며 기다리게 된 것입니다. 자신들의 모든 고통은 여인의 후손으로 이 땅에 오실 예수님으로 말미암아 해결될 것입니다. 그렇습니다. 우리 인생의 모든 수고와 고통은 예수님이 오셔야 끝이 납니다. 예수님이 우리 심령 가운데에 찾아오시면 수고와 고통 대신 안식과 평안이 찾아옵니다. 성경을 보면 예수님을 만난 사람들은 하나 같이 삶이 치유되고 회복이 되고 인생의 목적이 바뀌고 삶의 질이 달라진 것을 알 수 있습니다.

예컨대 삭개오를 생각해 보십시오. 세리장으로서 모든 사람에게 지탄의 대상이었지만 예수님을 만나고 그의 인생이 바뀌게 됩니다. 돈으로도 사지 못한 진정한 행복과 평화를 누리게 됩니다. 구원을 약속받았으며 그토록 인정받고 싶었던 아브라함의 자손(눅 19:9)이라고 예수님에게 인정받은 것입니다. 예수님을 만나면 이처럼 인생의 모든 문제를 해결받을 수 있는 것입니다. 예수님이 우리 삶에 오셔야 합니다. 예수님이 오시면 저주가 축복으로 바뀌고, 멸시가 사랑과 존경으로 바뀌며, 사망이 생명으로 바뀌게될 것입니다. 하나님의 사람은 이 땅에 소망을 두고 살아서는 안됩니다. 하나님의 백성은 예수님을 바라보며, 예수님께 소망을 두고 살아야 합니다. 예수님을 바라볼 때 구원의 역사, 치유의 역사, 회복의 역사가 일어나는 것입니다.

이스라엘 백성이 광야에서 하나님을 원망하다가 불뱀에 물려 죽어 가게되었습니다. 그때 하나님은 모세에게 놋뱀을 만들어 장대에 매달아 "눈을들어 놋뱀을 바라보라."고 하였습니다. 그 말을 듣고 놋뱀을 바라본 자마다 고침받고 살아나고 구원을 얻었습니다. 죽을 수밖에 없는 자신의 고통스러운 상황이 아닌 공중에 달려 있는 놋뱀을 바라본 자들은 다 살아난 것입니다. 이 놋뱀은 장차 십자가에 달리실 예수님을 상징하는 것 아니겠습니까?

14모세가 광야에서 뱀을 든 것 같이 인자도 들려야 하리니 15이는 그를 믿는 자마다 영생을 얻게 하려 하심이니라(요 3:14-15).

인생의 본질인 땅, 그 땅을 가느라 너무도 고통스러운 분이 계십니까? 예수님을 사모하십시오. 예수님을 바라보십시오. 예수님만이 우리의 고통을 해결할 수 있습니다. 예수님 없이 우리 힘으로는 절대로 그 수고와 고통에서 벗어날 수 없습니다. 하나님은 이 사실을 깨우치시기 위해서, 아담에게 그의 근원이 된 땅을 갈게 하신 것입니다.

그룹과 불 칼

하나님은 범죄한 그들이 에덴 동산에 들어오지 못하도록 동쪽에 그룹들과 두루 도는 불 칼을 두셨습니다. 그 결과 아담과 하와는 에덴 동산에 아예 접근하지 못하게 되었습니다. 이것은 죄인에 대한 하나님의 진노를 나타내는 것입니다. 죄는 인간과 하나님을 철저하게 분리시켰습니다. 그분리의 상징이 바로 그룹들과 두루 도는 불 칼입니다. 그룹은 하나님의 임재와 영광과 연관된 특별한 천사입니다. 나중에 이스라엘 백성은 그룹들을 성전의 언약궤의 속죄소의 양쪽 끝에 있도록 하였습니다. 특히 성막의 법궤 뚜껑 위에 두 그룹이 날개를 마주 대하게 만들었고 하나님은 그 그룹들 사이에서 말씀하셨습니다. 그리고 성소와 지성소에 수많은 그룹들을 수놓아서 하나님의 임재와 영광을 선포하게 하였고, 그 영광스러운 자리가 죄인으로부터 구별된 자리임을 알게 하였습니다. 죄인이 만약에 접근하면 하나님은 불로 소멸하셨습니다. 왜냐하면 하나님은 소멸하시는 불이시기 때문입니다. 죄가 완전하게 정결해지지 않으면 인생은 하나님 앞에 나아갈 수 없었습니다.

또한 하나님은 '두루 도는 불 칼'을 두시어 생명 나무의 길을 지키게 하셨습니다. 이 불 칼이 무엇인지 구체적으로 알 수는 없지만 죄에 대한 하나님의 진노를 상징하는 것만큼은 분명합니다. 이 진노의 불 칼이 없어지지 않는 한 절대로 인간은 하나님 앞으로 나아갈 수 없습니다. 그러나 반대로 생각하면 이 불 칼은 에덴 동산의 위치를 가르쳐 주는 등대 역할을 하였을 것입니다. 아담과 하와가 언제나 찾을 수 있도록 말입니다. 그러나 더 이상 아담과 하와는 이 동산으로 나아갈 수 없었습니다. 하나님이 두신 그룹들과 불 칼이 제거되지 않는 한 절대로 에덴 동산으로 다시 들어갈 수 없었습니다.

그런데 이 그룹들과 진노의 불 칼을 없애신 분이 바로 예수님이십니다. 예수님이 십자가에서 우리를 대신하여 죽으심으로 이 불 칼과 그룹들을 제거하셨습니다. 예수님이 십자가에 달리실 때 그룹들이 수놓인 성전 휘장이 위에서부터 아래로 찢어졌습니다. 혹자는 에덴 동산을 지키고 있던 하나님의 불 칼이 성전 휘장을 찢었다고 합니다. 성소의 휘장이 찢어지므로 우리는 다시 하나님 앞에 담대히 나아갈 수 있게 된 것입니다. 히브리서 기자는 이 사실을 이렇게 말씀합니다.

> 그러므로 우리는 긍휼하심을 받고 때를 따라 돕는 은혜를 얻기 위하여 은혜의 보좌 앞에 담대히 나아갈 것이니라(히 4:16).

예수님의 십자가 은혜 때문에 우리는 하나님 보좌로 나아갈 수 있게 된 것입니다. 보좌로 나아가 때를 따라 하나님의 돕는 은혜를 공급받고 힘과 능력을 공급받을 수 있게 된 것입니다. 이제 하나님과 우리 사이를 가로 막고 있는 것은 아무것도 없습니다. 사탄도, 죄도, 사람도, 가난도 그 무엇도 우리가 하나님 보좌 앞에 나아가는 것을 막을 수는 없습니다. 이 세상의 그 어떤 것으로도 우리를 막을 수 없습니다. 마치 출애굽한 이스라엘 백성을 바로의 권세도, 홍해도, 광야도, 요단강도 막아서지 못한 것처럼 이 세상의 그 무엇으로도 우리가 하나님을 향하여 나아가는 길을 막을 수 없습니다.

뿐만 아니라, 예수님이 십자가에 죽으실 때부터 에덴 동산을 지키던 그룹들과 불 칼은 우리를 지키고 보호하는 하나님의 은혜의 상징이 되었습니다. 예수님은 임마누엘 은총으로 영원히 우리와 함께하시며 천사들과 불 칼을 통해 우리를 지키시고 보호하시는 것입니다. 세상의 그 어떤 것으로도 우리를 향한 하나님의 이 사랑과 은혜를 끊을 수 없는 것입니다.

> 31그런즉 이 일에 대하여 우리가 무슨 말 하리요 만일 하나님이 우리를 위하시면 누가 우리를 대적하리요 32자기 아들을 아끼지 아니하시고 우리 모든 사람을 위하여 내주신 이가 어찌 그 아들과 함께 모든 것을 우리에게 주시지 아니하겠느냐(롬 8:31-32).

> 37그러나 이 모든 일에 우리를 사랑하시는 이로 말미암아 우리가 넉넉히 이기느니라 38내가 확신하노니 사망이나 생명이나 천사들이나 권세자들이나 현재 일이나 장래 일이나 능력이나 39높음이나 깊음이나 다른 어떤 피조물이라도

우리를 우리 주 그리스도 예수 안에 있는 하나님의 사랑에서 끊을 수 없으리라(롬 8:37-39).

예수님 때문에 인생에 축복이 다시 시작되고 승리의 행진 나팔이 울려 퍼지게 되고 하나님의 사랑을 노래하게 된 것입니다. 예수님 외에는 다른 길이 없습니다.

예수께서 이르시되 내가 곧 길이요 진리요 생명이니 나로 말미암지 않고는 아버지께로 올 자가 없느니라(요 14:6).

길이요 진리요 생명이신 예수님을 의지하고 아버지 앞에 나아가는 성도가 되기를 바랍니다. 그리하여 에덴 동산에서 멈추어 버린 축복의 시계를 다시 돌리시므로 하나님이 주시는 영생의 능력과 모든 은혜를 풍성히 누리시는 복된 삶을 살기를 바랍니다.

4장

하나님이 받으시는
참된 예배

창세기 4장 1-7절

1아담이 그의 아내 하와와 동침하매 하와가 임신하여 가인을 낳고 이르되 내가 여호와로 말미암아 득남하였다 하니라 2그가 또 가인의 아우 아벨을 낳았는데 아벨은 양치는 자였고 가인은 농사하는 자였더라 3세월이 지난 후에 가인은 땅의 소산으로 제물을 삼아 여호와께 드렸고 4아벨은 자기도 양의 첫 새끼와 그 기름으로 드렸더니 여호와께서 아벨과 그의 제물은 받으셨으나 5가인과 그의 제물은 받지 아니하신지라 가인이 몹시 분하여 안색이 변하니 6여호와께서 가인에게 이르시되 네가 분하여 함은 어찌 됨이며 안색이 변함은 어찌 됨이냐 7네가 선을 행하면 어찌 낯을 들지 못하겠느냐 선을 행하지 아니하면 죄가 문에 엎드려 있느니라 죄가 너를 원하나 너는 죄를 다스릴지니라.

이 장의 본문은 에덴 동산에서 쫓겨난 인간의 이 세상에서의 모습을 소개하고 있습니다. 그 삶은 크게 두 가지입니다. 하나는 아담과 하와가 아들들을 얻었다는 것과 다른 하나는 그들이 하나님을 예배하는 예배자였다는 것입니다. 동산에서 추방당한 인간이 세상에서 생육하고 번성하되 예배하는 예배자로 살아가는 모습을 통해서 하나님은 그들과 지속적으로 교제하시는 모습을 볼 수 있습니다.

약속의 사람인가?

본문 1절은 "아담이 그의 아내 하와와 동침하매 하와가 임신하여 가인

을 낳고 이르되 내가 여호와로 말미암아 득남하였다 하니라."라는 말로
아담과 하와의 세상 속에서의 처음 삶을 묘사하고 있습니다. 본문 말씀에
"여호와로 말미암아"라는 말씀을 유의하여 보시기 바랍니다. 원래 히브리
원어에는 '말미암아'라는 말은 없습니다. 그러므로 이 말씀은 두 가지로 해
석이 가능합니다. 하나는 '여호와로부터'라고 해석할 수 있고, 다른 하나는
'여호와의 도우심으로'라고 해석할 수 있습니다.

먼저 '여호와로부터'라고 해석하면 '이 아들은 하나님이 보내신 그 아
들'이라고 할 수 있습니다. 이 해석은 가인의 출생을 아담과 하와가 "여자
의 후손은 네 머리를 상하게 할 것이요 너는 그의 발꿈치를 상하게 할 것이
니라(3:15)."는 약속의 성취로 생각하고 있음을 말하는 것입니다. 아담과
하와는 그들의 믿음대로 그 이름을 '가인'이라고 불렀습니다. 가인은 '얻
다'라는 뜻을 가지고 있습니다. 창세기 3장 15절의 약속의 관점에서 보면
'그가 왔다' 또는 '내가 그를 얻었다'는 말입니다. 하와는 가인을 하나님이
보내신 사탄의 머리를 상하게 할 구원자로 생각했기 때문에 '그가 왔다'라
고 불렀던 것입니다. 하와는 가인을 낳고 저주 받은 땅에서 다시 삶이 회복
되어 에덴 동산으로 돌아갈 수 있을 것이라는 기대를 갖게 되었습니다.

다른 하나인 "여호와의 도우심으로" 볼 때에는 하와가 해산할 때 여호
와께서 말씀하시는 해산의 고통이 어떤 것인가를 직접 경험하였다는 것입
니다. 죄에 대한 징계로 해산의 고통을 하나님이 말씀하셨을 때 그 고통을
이론적으로는 생각해 보았지만 실제로 경험해 보니 거의 죽음에 임박한
고통이라는 것을 깨닫게 된 것입니다. 하와는 그 고통 가운데서 하나님을
기억하고 뼈아픈 회개의 눈물을 흘렸을 것입니다. 이러한 회개의 기도 가
운데서 하와는 하나님의 도우심을 기억하고 감사한 것입니다. 이처럼 "여
호와로 말미암아"는 '여호와의 도우심으로'라고 해석할 수 있습니다. 나름
일리 있는 해석이지만 저는 '여호와로부터 얻은 아들,' 즉 가인을 하나님이
약속하신 '구원자'로 아담과 하와가 기대하고 있었던 것에 더 비중을 두고
싶습니다.

그러나 아담과 하와는 자신들이 하나님의 말씀을 어기고 범죄한 것이 얼마나 크고 엄청난 결과를 초래하는 것인 줄 모르고 있었습니다. 이제는 자신들을 대신하여 짐승이 죽는 것 정도가 아니라 자기 자신이 그토록 구원자이길 기대하던 자식이 자신의 또 다른 자식을 죽이는 살인으로 이어지는 것을 보아야 했습니다. 그토록 소원하고 기대를 가졌던 아들이 살인자로 드러나게 되었을 때 비로소 그들은 자신들의 죄가 얼마나 처참하고 두려운 것인지를 깨닫게 되었습니다. 게다가 가인의 살인을 시작으로 이 죄는 급격하게 증대되기 시작합니다. 노아 시대에 이르러서는 사람을 죽이는 일이 너무도 자연스럽게 일어나게 되고, 결국 온 땅이 무고한 생명의 피로 물들이기 시작합니다. 아담과 하와는 하나님과의 아름다운 관계의 파괴가 곧바로 인간 사이의 관계 파괴로, 나아가 살인이라는 죽음이 확산된다는 사실 때문에 엄청난 두려움에 사로잡히게 되었습니다. 그제야 죄가 얼마나 무서운 것인가를 생각하게 되었을 것입니다.

대부분의 사람이 죄의 결과를 너무 단순하게 생각하기 때문에 죄를 두려워하지 않습니다. 그것은 저도 마찬가지입니다. 그러나 내가 뿌린 죄의 씨가 퍼져가고 증가되면서 나타나는 열매는 인생의 힘으로는 감당하기 어려운 것입니다. 죄처럼 무서운 것이 없습니다. 영혼의 파괴는 물론 육체의 축복을 다 망가뜨리는 것이 죄입니다. 하나님은 죄 위에 절대로 은혜와 복을 주시지 않습니다.

죄를 가리는 제사

이 장의 본문을 보면 하나님은 비록 범죄한 아담과 하와를 에덴 동산에서 내쫓으셨으나 인간과의 관계를 끊지 않으셨다는 알 수 있습니다. 하나님은 그들과 예배라는 새로운 제도를 통해 교제하고 있음을 알 수 있습니다. 하나님이 범죄한 인생에게 제시하신 예배는 에덴 동산을 다시 찾고 잃어버린 하나님의 형상과 모양을 회복할 수 있는 유일한 수단임을 알아야 합니다. 그러므로 범죄한 인간에게 예배보다 중요한 것은 없습니다. 홍수 심판이 끝난 후 노아가 제일 먼저 한 일이 무엇입니까? 하나님께 예배하는 일이었습니다. 아브라함이 이동할 때마다 제일 먼저 한 일은 단을 쌓고 하나님께 예배한 것입니다. 하나님은 예배를 통해 인간과 말씀하시고 교제하셨습니다. 중요한 것은 아담과 하와가 하나님을 예배했다는 말씀이 없음에도 가인과 아벨이 하나님께 제사를 드리게 되었다는 것입니다. 그들의 예배의 시작이 어떻게 이루어지게 되었는지 알 수는 없지만 그 제사의 결과는 성경이 말씀하고 있습니다. 하나님은 가인과 그의 제사는 거절하시고, 아벨과 그의 제사만 받으셨습니다. 그 이유가 무엇일까요?

가인과 아벨의 제사의 가장 큰 차이점은 제물입니다. 그리고 그 제물의 차이의 기준점은 죄를 가릴 수 있는가 없는가의 문제입니다. 가인의 제물인 땅의 소산물로는 죄를 가리울 수 없습니다. 마치 자신의 부모인 아담과 하와가 땅의 소산인 무화과나무 잎으로 치마를 만든 것과 같은 이치입니다. 아담과 하와가 만든 무화과나무 잎이 죄의 수치를 가리지 못한 것처럼 가인은 하나님의 임재 앞에 나아갈 때 그의 제물로는 죄의 수치를 가릴 수 없었던 것입니다.

그러나 아벨은 하나님께 나아갈 때 하나님이 인생에게 베푸신 은혜의 방법을 좇아 나왔습니다. 하나님이 아담과 하와의 벌거벗음을 가려 주기 위해 가죽옷을 입혀 주셨을 때 짐승이 피 흘리며 희생되었습니다. 그렇기 때문에 죄를 용서받기 위해서는 죄 없는 희생물이 죽어야 하는 것입니다. 그리고 그 제물은 장차 그리스도의 십자가 죽음을 예표하는 것입니다. 그러므로 아벨이 피 있는 제물을 가지고 나왔다는 것은 자신이 말할 수 없는 죄인이며 하나님의 긍휼 없이는 하나님 앞에 나아갈 수 없는 타락한 죄인이라는 믿음의 고백이 들어 있었습니다. 아벨이 드린 이 제사는 나중에 모세에 의하여 정착된 제사와 동일합니다. 어쩌면 하나님은 아벨의 제사를 후손들에게 중요한 표본으로 삼고 싶으셨는지도 모릅니다.

믿음으로 아벨은 가인보다 더 나은 제사를 하나님께 드림으로 의로운 자라 하시는 증거를 얻었으니 하나님이 그 예물에 대하여 증언하심이라 그가 죽었으나 그 믿음으로써 지금도 말하느니라(히 11:4).

위의 말씀에서 하나님이 가인의 제사를 열납하지 않고, 아벨의 제사를 열납하신 이유는 바로 그들의 믿음 때문이었습니다. 그 믿음은 자신의 죄를 단순히 가리는 정도가 아니라 죄를 씻어 주고 사탄의 머리를 상하게 하실 구원자이신 예수님에 대한 믿음의 여부인 것입니다.

오늘 우리도 십자가에 못 박혀 죽으신 예수 그리스도의 보혈이 아니고는 하나님 앞에 설 수 없는 죄인이라는 사실을 깨달아야 합니다. 그리고 예수 그리스도의 피를 의지하고 나아가면 하나님의 자비하심이 우리 모든 죄를 깨끗하게 해 줄 것을 믿어야 합니다. 교회에 와서 의자만 덥히고 가는 것이 아니라 어린 양 예수 그리스도의 피를 의지하여 죄를 깨끗이 씻음 받고 하나님 앞에 의로운 자가 되어 진정한 경배와 찬양을 드리는 것이 참된 예배입니다. 이러한 예배를 하나님이 기뻐 받으시는 것입니다.

예배는 희생의 문제이다

그 다음 두 사람의 예배의 문제는 희생의 문제입니다.

세월이 지난 후에 가인은 땅의 소산으로 제물을 삼아 여호와께 드렸고(3절).

주경 신학자들은 '가인은 땅의 소산으로 제물을 삼아 여호와께 드렸다.'는 말씀은 가인이 그의 농사의 수확물 중 특별히 좋은 것이 아니라 그저 그의 수확물의 일부를 드린 것으로 이해합니다. 만약에 가장 좋은 수확물 중에 드렸다고 한다면 반드시 '첫 번째 소산'이라거나 '가장 좋은 곡식'이라고 명시했을 것입니다.

아벨은 자기도 양의 첫 새끼와 그 기름으로 드렸더니 여호와께서 아벨과 그의

언약으로의 초대: 창세기 1~25장

제물은 받으셨으나(4절).

4절 말씀에 대해서는 아벨이 정성으로 가장 좋은 제물을 드렸다고 해석합니다. 본문의 '양의 첫 새끼'라는 것은, 성경에서 '첫 것'은 '가장 대표성을 가진 것'을 의미합니다. 그러므로 원문의 뜻은 아벨이 그의 '양 무리들 가운데 가장 좋은 것'을 드렸다는 의미입니다. 아벨은 하나님께 예배하기 위해 자신에게 있는 것 중 가장 좋은 것을 희생한 것입니다. 그러나 가인의 제물은 그냥 자신에게 있는 것을 드렸기 때문에 희생이 빠진 것입니다.

구약 시대에 예배를 제사라고 했는데, 이 제사를 영어로 Sacrifice, 즉 '희생'이라고 부릅니다. 예배는 예배자의 희생을 드리는 것입니다. 마치 아담과 하와의 벌거벗음을 가리우기 위해 짐승의 목숨이 희생된 것과 같은 이치입니다. 희생이 제사의 핵심이므로 구약 시대에는 소를 끌고 오고, 양을 몰고 오고, 비둘기를 잡아와서, 그것을 죽여 희생 제사를 드렸습니다. 그러므로 오늘날 우리가 드리는 예배의 핵심도 희생입니다. 우리 죄를 대신하여 자신의 생명을 십자가에서 버리신 예수님의 희생을 생각하며 나를 사랑하신 그 주께, 내게 있는 것에서 희생으로 나아가는 것입니다. 그렇기 때문에 내게 있는 여분의 것, 쓰고 남는 것으로 예배하는 것은 희생이 아닙니다. 반드시 예배를 위해 희생이 뒤따르고 손해가 뒤따를 때 그 예배가 열납되는 것입니다.

오늘날 우리 주위에도 희생 없이 예배드리려는 사람이 의외로 많이 있습니다. 교회 안에 희생을 추구하기보다는 편함을 추구하는 사람이 많이 있습니다. 어떤 사람은 시간을 희생하지 않으려고 합니다. 문제가 생겨서 한두 번 늦는 것이 아니라, 예배에 항상 늦는 사람도 있습니다. 또 어떤 사람들은 물질을 헌신하지 않으려고 합니다. 한 끼 식사를 위해서는 몇만 원 또는 몇십 만 원씩 척척 내면서 헌금할 때에는 인색한 사람이 있습니다. 하나님은 희생이 빠진 예배, 희생이 들어가지 않은 예배를 받지 않으십니다.

사무엘상 2장 30절 말씀을 보십시오.

그러므로 이스라엘의 하나님 나 여호와가 말하노라 내가 전에 네 집과 네 조상의 집이 내 앞에 영원히 행하리라 하였으나 이제 나 여호와가 말하노니 결단코 그렇게 하지 아니하리라 나를 존중히 여기는 자를 내가 존중히 여기고 나를 멸시하는 자를 내가 경멸하리라.

아벨은 하나님을 귀히 여기므로 자기가 가진 것 중에서 최고 중의 최고를 드렸습니다. 나에게 있는 것 중 가장 귀한 시간, 가장 소중한 물질, 가장 아름다운 달란트를 드리시기 바랍니다. 가장 귀한 시간을 주께 드리고, 가장 귀한 물질을 주께 드리고, 내 실력의 가장 귀한 것을 주께 드리는 것이 주님을 귀히 여기십니다.

예배는 삶의 문제이다

본문에 "가인과 그의 제물은 받지 아니하신지라(5절)."고 했고 "아벨과 그의 제물은 받으셨으나(4절)."라고 말씀하고 있습니다. 삶이 문제입니다. 예배는 삶으로 드려야 합니다. 아벨의 삶을 생각해 보면 제물 문제도 해결될 수 있습니다. 성경은 아벨이 '양을 치는 자'였다고 말씀하고 있습니다. 아벨의 직업을 말하고 있는 것은 상당히 의미심장합니다. 가인과 아벨의 시대에는 아직 육식이 허용되고 있지 않을 때입니다. 하나님이 인간에게 육식을 허락하신 시기는 홍수 심판 이후입니다.

모든 산 동물은 너희의 먹을 것이 될지라 채소 같이 내가 이것을 다 너희에게 주노라(9:3).

홍수 심판으로 인해 땅의 식물이 없어져 먹을 것이 없을 때 하나님은 노아와 그 가족들에게 육식을 허락하셨습니다. 그 이전까지 인간은 채식만 했습니다.

그렇다면 왜 아벨은 양식으로 사용할 수도 없는 양을 키우는 사람이 되

언약으로의 초대: 창세기 1~25장

었겠습니까? 우리는 그 이유를 두 가지로 생각해 볼 수 있습니다. 하나는 옷을 만들어 입기 위해서입니다. 에덴 동산에서 범죄한 후 벌거벗은 것을 보고 부끄러워하는 아담과 하와를 위해서 하나님은 가죽옷을 지어 입혀 주셨습니다. 그때부터 인간은 옷을 입기 시작했습니다. 하나님이 가죽옷을 지어 주신 것처럼, 아벨은 옷을 지어 입기 위해서 양을 쳤을 것입니다. 또 다른 이유는 하나님께 예배하기 위해서입니다. 아벨은 자신의 육신을 위한 직업을 갖고 있었지만 그 직업 속에서 예배자라는 사명자로서의 삶을 살다간 순교자입니다. 그래서 예수님도 아벨을 순교자로 인정하시는 것입니다.

그러므로 의인 아벨의 피로부터 성전과 제단 사이에서 너희가 죽인 바라갸의 아들 사가랴의 피까지 땅 위에서 흘린 의로운 피가 다 너희에게 돌아가리라(마 23:35).

아벨은 하나님께 예배를 위해 자신의 모든 삶을 드린 사명자요, 순교자입니다.

반면에 가인에 대하여는 성경이 이렇게 증언하고 있습니다.

화 있을진저 이 사람들이여, 가인의 길에 행하였으며 삯을 위하여 발람의 어그러진 길로 몰려 갔으며 고라의 패역을 따라 멸망을 받았도다(유 1:11).

가인은 악했습니다. 요한일서 3장 12절은 가인이 악한 자였음을 이렇게 증언하고 있습니다.

가인 같이 하지 말라 그는 악한 자에게 속하여 그 아우를 죽였으니 어떤 이유로 죽였느냐 자기의 행위는 악하고 그의 아우의 행위는 의로움이라.

그들의 사람 됨, 삶 자체가 근본적으로 달랐습니다. 설령 가인이 드린 제사와 아벨이 드린 제사 사이에 비록 제물의 차이가 없다하더라도 그 제사를 드리는 가인과 아벨 사이에는 본질적인 차이가 분명히 있었습니다. 가인은 이미 하나님 보시기에 삶이 합당하지 않은 사람이었던 것입니다.

예배의 결과

모든 예배자에게 하나님은 찾아오십니다. 예배에 성공한 사람에게는 은혜와 축복으로 찾아오시고 예배에 실패한 사람들에게는 진노로 찾아오십니다. 그룹들과 두루 도는 불 칼 너머에 계신 하나님이 찾아오셔서 한 사람의 예배는 열납하시고, 한 사람의 예배를 거절하신 것을 보십시오. 예배에는 반드시 두 가지 결과가 있습니다. 열납과 거절입니다. 열납과 거절은 예배자들이 압니다. 악한 가인도 자신의 예배가 거절되었다는 것을 알고 있었습니다. 그래서 안색이 변하고 분노한 것 아니겠습니까? 우리의 예배가 열납되었는지 되지 않았는지 예배 후의 내 심령을 들여다보면 알 수 있습니다. 열납되는 예배를 드린 사람은 찬양 중에, 기도 중에, 말씀을 듣는 중에 말로 표현할 수 없는 신비한 감동이 자신 안에 충만해짐을 느끼게 됩니다. 하나님이 두렵기도 하고 지난날의 삶이 억울해서 눈물을 하염없이 흘리기도 합니다. 또한 심령 깊숙이 숨어 있는 죄악 때문에 가슴을 두드리며 회개하기도 하고, 온갖 더러운 것이 깨끗이 씻어지는 은혜도 경험하게 됩니다. 분노가 사라지고 미움이 봄 눈 녹듯이 사라지게 되는 것을 느끼게 됩니다. 두려움과 염려 걱정 근심 대신에 말로 할 수 없는 기쁨과 행복이 밀려오는 것을 경험하게 됩니다. 이러한 과정을 통해 삶의 목적이 바뀌고 인생의 우선순위가 바뀌게 되는 것을 경험하게 됩니다.

진정한 예배에는 하나님의 임재로 인한 두려움이 있습니다. 또한 나 같은 죄인에게 찾아와 주신 하나님의 은혜에 대한 감사와 감격이 있습니다. 오래 신앙생활 한 사람의 문제는 자신의 예배가 거절당한 죽은 예배임에도 그 사실을 전혀 느끼지 못한다는 사실입니다. 가인보다 못한 사람입니다. 그런 사람들의 예배에는 감사도 기쁨도 없습니다. 변화는 고사하고 심령은 날로 날로 화석화되어 마치 예수님의 말씀처럼 "피리를 불어도 춤추지 않고 슬피 울어도 가슴을 치지(마 11:17)" 않는 죽은 밀납 같은 사람이 되고 마는 것입니다. 예배를 통해 하나님을 만나고 죄를 씻음 받고 회개하므로 새로운 삶을 살아야겠다는 열정은 커녕 오히려 예배를 평가하고 정죄하는 죄마저도 짓게 됩니다.

참으로 모든 예배마다 회개하는 마음으로 하나님 앞에 나아가므로 예수님의 십자가 보혈로 죄사함 얻으시고 모든 두려움과 의심이 깨끗이 사라짐은 물론 하나님의 임재로 인한 평강과 기쁨이 충만하기를 바랍니다.

에덴에서 쫓겨남: 땅에서 유리함

8가인이 그의 아우 아벨에게 말하고 그들이 들에 있을 때에 가인이 그의 아우 아벨을 쳐죽이니라 **9**여호와께서 가인에게 이르시되 네 아우 아벨이 어디 있느냐 그가 이르되 내가 알지 못하나이다 내가 내 아우를 지키는 자니이까 **10**이르시되 네가 무엇을 하였느냐 네 아우의 핏소리가 땅에서부터 내게 호소하느니라 **11**땅이 그 입을 벌려 네 손에서부터 네 아우의 피를 받았은즉 네가 땅에서 저주를 받으리니 **12**네가 밭을 갈아도 땅이 다시는 그 효력을 네게 주지 아니할 것이요 너는 땅에서 피하며 유리하는 자가 되리라 **13**가인이 여호와께 아뢰되 내 죄벌이 지기가 너무 무거우니이다 **14**주께서 오늘 이 지면에서 나를 쫓아내시온즉 내가 주의 낯을 뵈옵지 못하리니 내가 땅에서 피하며 유리하는 자가 될지라 무릇 나를 만나는 자마다 나를 죽이겠나이다 **15**여호와께서 그에게 이르시되 그렇지 아니하다 가인을 죽이는 자는 벌을 칠 배나 받으리라 하시고 가인에게 표를 주사 그를 만나는 모든 사람에게서 죽임을 면하게 하시니라.

아담과 하와가 쫓겨난 이후에도 하나님과의 교제는 계속되었습니다. 인간은 하나님이 제시해 주신 예배를 통해 하나님을 만날 수 있었습니다. 예배는 타락하여 쫓겨난 인간을 위해 하나님이 제시해 주신 새로운 은혜의 방편이었습니다. 인간은 이제 예배를 통해서만 하나님을 만날 수 있었습니다. 그러므로 에덴 동산에서의 삶이 아닌 세상에서의 삶을 살아야 할 인간에게 예배보다 더 중요한 것은 없습니다. 창조와 에덴 동산 이야기 이후에 바로 예배에 대해 언급하고 있는 것만 보아도 예배가 얼마나 중요한 것인지를 알 수 있습니다.

아담과 하와의 아들들은 예배로 하나님께 나아갔습니다. 하나님이 아벨의 제사는 열납하셨지만 가인의 제사는 거절하셨습니다. 그들의 예배에 있어서 가장 중요한 것은 '아벨과 그 제물, 가인과 그 제물'이라는 표현입니다. 이 표현은 사람과 제물은 하나라는 것입니다. 우리가 드리는 기도, 찬송, 헌금은 바로 우리 자신이라는 것을 명심해야 합니다. 두려운 마음으로 예배하게 될 때에 하나님이 열납하시고 우리를 만나 주십니다. 가인과 아벨이 비록 제물을 통해 하나님께 나아가는 것이지만 사실은 자기 자신을 드리는 것입니다.

가인은 아담의 뒤를 따라 땅의 소산물로 자신의 죄를 가리고자 하였으나 아벨은 하나님의 방법으로 나아갔습니다. 피가 있는 희생 제물로 하나님께 나아간 것입니다. 무엇보다 가인의 삶은 땅의 소산에 지배 받는 삶을 살았지만 아벨은 자기 자신의 모든 삶을 속죄의 은혜를 사모하므로 하나님과의 관계 회복을 위해 헌신하였다는 점이 너무나 달랐던 것입니다. 두 사람의 예배의 열납과 거절은 삶을 통해 결정되었습니다.

하나님의 질문과 경고

본문 6-7절에 보면 하나님이 예배가 거절된 후 안색이 변하여 분노하고 있는 가인에게 나타나셔서 "네가 분하여 함은 어찌 됨이며 안색이 변함은 어찌 됨이냐 네가 선을 행하면 어찌 낯을 들지 못하겠느냐."고 물으셨습니다. 이 구절을 보면 가인이 이미 하나님이 제시하신 예배를 알고 있었다는 것을 알 수 있습니다. 하나님의 이 질문에 대해 가인은 잘못을 시인하고 회개해야 했습니다. 그러나 가인은 회개하기를 거부했습니다. 이 구절은 이렇게 바꾸어 놓을 수 있습니다. "네가 왜 얼굴을 들지 못하느냐? 그것은 네가 바르게 제물을 드리지 않았음을 네가 잘 알기 때문이 아니냐?" 어떤 번역에서는 이 부분을 "네가 옳은 것을 행하면 받아들여지지 않겠느냐?"로 옮기고 있습니다. 즉 하나님은 지금 가인을 책망하시고 계시지만 다시

한 번 옳은 예배를 드릴 수 있는 기회를 주십니다. 그러므로 이 말씀은 책망보다는 새로운 약속의 말씀입니다. 네가 다시 옳게 예배하면 내가 그 예배를 열납하여 주겠다는 약속의 말씀인 것입니다.

하나님은 이 약속의 말씀과 더불어 경고의 말씀도 계속해서 주십니다.

네가 선을 행하면 어찌 낯을 들지 못하겠느냐 선을 행하지 아니하면 죄가 문에 엎드려 있느니라 죄가 너를 원하나 너는 죄를 다스릴지니라(4:7).

하나님의 방법에 맞게 하나님이 원하시는 제사로 하나님께 다시 나아가지 아니하면 죄에 사로잡힐 위험이 있다는 것입니다. 우리 죄의 시작이 어디라고 생각하십니까? 하나님이 열납하시는 예배를 드리지 못하는 순간 이미 우리 문 앞에 엎드려져 기다리고 있는 죄가 우리를 청구한다는 사실입니다. 우리가 성령과 진리로 예배해야 할 이유가 여기 있습니다. 예배에 성공하지 못하면 죄에게 패배할 수밖에 없는 것입니다.

순교자 아벨

하나님의 책망을 거절한 가인은 아벨을 찾아갑니다. 아벨을 찾아서 '들로 나가자'고 유인을 합니다. 오늘 우리 성경에는 없습니다만, 고대 역본에는 "우리가 들로 나가자."라고 아벨을 꾀었다는 말씀이 있습니다. 형의 말을 듣고 들로 따라 나온 아벨을 가인은 돌로 쳐 죽이고 맙니다. 왜 가인은 아벨을 죽여야만 했을까요? 만약에 가인이 권력이나 명예나 이익이나 돈 때문에 아벨을 죽였다고 한다면 조금이나마 이해하기가 쉬울 것입니다. 그러나 가인은 예배 때문에 아벨을 죽였습니다.

가인은 하나님이 예배를 거절한 것에 대한 분노를 아벨에게 전가한 것입니다. 하나님에 대한 분노와 반항을 아벨을 죽임으로 극대화한 것입니다. 가인은 하나님으로부터 자신의 제사가 분명히 잘못되었다는 지적을 받자마자 하나님께 대해 분노하기 시작했습니다. 그리고 그 분노의 폭탄을 아벨에게 터뜨린 것입니다. 옳은 예배자를 죽여 없앰으로 하나님께 도전하고자 했습니다. 마치 아담과 하와가 선악과를 먹으므로 하나님같이 되고자 하는 마음과 비슷한 것입니다. 진정한 예배자를 죽임으로써 다시는 자신의 삶에 하나님이 간섭하지 못하게 하고 싶었던 것입니다. 자신 마음대로 예배하고, 자신하고 싶은 대로 하나님의 간섭 없이 살고자 한 것입니다. 예배를 통해 인간을 만나 주시기를 소원하셨던 하나님의 계획을 의도적으로 방해하므로 자기 자신이 하나님이 되고자 한 것입니다. 예배의 실패 속에 더 엄청난 죄가 숨어 있습니다. 예배가 무엇입니까? 하나님을 하나님 되게 하는 것이 예배 아닙니까? 가인은 하나님의 하나님 되심을 거부한 것입니다.

예배가 이렇게 중요합니다. 오늘 우리가 드리는 예배가 가인의 예배일 수도 있고 아벨의 예배일 수도 있습니다. 아벨처럼 하나님이 열납하는 예배를 드리시는 분은 하나님의 하나님 되심을 인정하므로 하나님이 내려주시는 온갖 축복과 은혜를 누릴 수 있습니다. 반대로 하나님이 원하는 예배가 아닌 자기 마음대로 내가 주인되어 드리는 예배에는 하나님의 하나님 되심을 거부하는 무서운 죄가 숨겨져 있습니다. 우리는 아벨과 같은 예배자가 되어야 합니다. 하나님의 하나님 되심을 인정하는 진정한 예배를 드리는 사람들에게는 예수 그리스도의 향기가 나고, 귀신이 떠나가고, 질병이 치유되고, 성령이 임하고, 심령이 변화되는 놀라운 역사가 나타납니다. 무엇보다 하나님의 영광이 우리 삶 가운데 임재합니다. 이처럼 우리의 삶의 행복과 불행은 예배에서 결정됩니다.

아벨은 성경이 증언하는 최초의 순교자였습니다. 그는 예배 때문에 순교했습니다. 예배는 이처럼 목숨 걸고 드리는 것입니다. 순교할 만큼 중요한 것이기 때문입니다. 예배에 목숨을 걸고 순교의 심정으로 임하고 계십니까? 순교할 각오로 예배하시면 하나님이 임재하십니다. 불로써 역사하십니다. 그리고 그 예배에 합당한 복을 내려주십니다.

가인의 두 번째 소환

하나님이 가인에게 "네 아우 아벨이 어디 있느냐?"고 물으셨습니다. 하나님이 아벨이 어떻게 되었는지 모르셔서 물으신 것이 아닙니다. 범죄한 아담과 하와에게 물으신 것과 동일한 질문입니다. 가인의 본질적인 죄인 "왜 살인을 하였느냐?"고 물으신 것입니다. 하나님은 언제나 질문으로 인생에게 나아오십니다. 하나님은 가인에게 두 번째로 그의 죄를 자복할 기회를 주신 것입니다.

그런데 가인의 대답이 무엇이었습니까?

내가 알지 못하나이다 내가 내 아우를 지키는 자니이까(9절).

가인은 하나님의 물으심에 답하기를 거부하였습니다. 그것은 하나님께 대한 더 노골적인 불평이며, 하나님의 뜻에 대항하는 것이었습니다. 가인의 아우 아벨의 생업은 양을 지키는 것이었습니다. 그러므로 "내가 내 아우를 지키는 자니이까?"라는 말은 조금 바꾸어 보면 "내가 양 지키는 자를 지키는 자니이까?"라는 말입니다. 그 말 뒤에는 "지키는 것을 잘하는 사람이 자기도 잘 지키면 될 것 아닙니까?" 이 말의 더 깊은 의미는"제물을 받으신 하나님이 그를 지켜야 되는 것 아닙니까? 그처럼 예배도 잘 드리고 충성하고 열심히 봉사하는 데 왜 그 사람이 건강 잃고 물질을 잃어버렸습니까? 하나님이 지키시지 않으셨기 때문입니다."라는 하나님을 향한 조롱입니다. 이 말은 하나님을 향해 빈정거리는 소리로 들릴 수 있습니다. 또 더 나아가 "양 지키는 사람 제물만 좋아하시는 하나님이 직접 지키시지 왜 받지도 않으신 제물을 드린 나더러 지키라 하십니까?"라는 항변이 깔려 있다고도 여겨집니다.

가인은 회개하기를 거부하였습니다. 그가 회개하고 하나님께 간청했다면 그의 인생이 달라졌을 것입니다. 다른 기회는 놓친다 할지라도 회개의 기회는 놓치지 마시기 바랍니다. 예수님은 이렇게 말씀하셨습니다.

만일 우리가 우리 죄를 자백하면 그는 미쁘시고 의로우사 우리 죄를 사하시며
우리를 모든 불의에서 깨끗하게 하실 것이요(요일 1:9).

우리가 회개하기만 하면 모든 죄를 사하시고 깨끗하게 해 주실 예수님
에게 나아오기를 바랍니다. 우리도 가인과 똑같습니다. 하나님이 늘 말씀
으로 찾아오셔서 권면해 주심에도 오직 이 땅의 것만 염려하면서 회개하
기를 거부하는 삶을 살아가고 있습니다. 하나님께 돌이키고 회개하면 영
혼이 살게 되는데 오직 우리 생각은 육신의 것을 잃어버린 일에만 집중하
여 가인처럼 하나님을 향하여 원망하고 불평하는 것입니다.

우리는 사울과 다윗의 차이를 알고 있습니다. 하나님의 말씀을 불순종
하여 아말렉과의 전투에서 불순종한 사울에게 사무엘 선지자가 죄를 지적
했을 때 사울은 가인처럼 여러 이유를 대며 회개하기를 거부하였습니다.
반면에 밧세바와 간음한 다윗은 나단 선지자의 지적에 옷을 찢고 금식하
며 진정한 회개의 눈물을 흘렸습니다. 하나님은 회개를 거부한 사울은 버
리셨고, 다윗은 용서하시고 그의 왕위를 영원하도록 축복하셨습니다.

사울과 다윗보다 더 극적인 회개의 은총을 누린 사람이 있습니다. 바로
예수님과 함께 십자가에 매달린 한 편 강도입니다. 회개한 한 강도는 예수
님을 욕하고 저주하는 다른 편의 강도를 이렇게 꾸짖었습니다.

40하나는 그 사람을 꾸짖어 이르되 네가 동일한 정죄를 받고서도 하나님을
두려워하지 아니하느냐 41우리는 우리가 행한 일에 상당한 보응을 받는 것
이니 이에 당연하거니와 이 사람이 행한 것은 옳지 않은 것이 없느니라 하고
(눅 23:40-41).

그 강도는 예수님께 죄를 회개하였습니다. 뿐만 아니라 예수님을 구주
로 영접하고 인정하였습니다. 그리고 이렇게 예수님께 고백하였습니다.

이르되 예수여 당신의 나라에 임하실 때에 나를 기억하소서 하니(눅 23:42).

예수님이 그 강도를 향하여 이렇게 말씀하셨습니다.

예수께서 이르시되 내가 진실로 네게 이르노니 오늘 네가 나와 함께 낙원에 있으리라 하시니라(눅 23:43).

예수님이 그 강도에게 허락하신 '낙원'이라는 단어를 주목해 보십시오. 이 '낙원'은 '파라다이스'라는 말로서 아담과 하와가 쫓겨난 '에덴'을 뜻하는 단어입니다. 물론 예수님이 말씀하시는 것은 영원한 하늘나라입니다. 그러나 회개하고 하나님께 돌이키는 자들에게는 추방당한 에덴 동산의 회복, 곧 죄 없이 하나님과 영원한 교제를 나누는 에덴 동산을 허락하신다는 의미입니다. 극악한 강도는 회개하므로 아담과 하와가 쫓겨난 에덴 동산을 상속받게 된 것입니다. 이것이 회개가 주는 축복입니다.

최초의 인간 저주

아벨은 죽었지만 그의 핏소리가 땅에서부터 하나님께 호소하고 있습니다. 그러므로 아벨의 육신은 죽었지만 영혼은 죽지 않았음을 암시하고 있습니다. 본문 11절에 보면 가인을 향한 하나님의 저주가 나옵니다.

땅이 그 입을 벌려 네 손에서부터 네 아우의 피를 받았은즉 네가 땅에서 저주를 받으리니(11절)

아담이 범죄하였을 때 아담은 저주를 받지 않았습니다. 대신 땅이 저주를 받았습니다. 그런데 이번에는 땅이 가인을 저주합니다. 그래서 가인이 아무리 땅을 갈아도 땅이 다시는 그 효력을 내지 않을 것입니다. 아담에게는 땀 흘리고 수고하면 밭에서 채소는 거둘 수 있었습니다. 하지만 가인은 아무것도 거둘 수 없게 되었습니다. 앞에서 말씀드린 대로 아담과 하와는 최초의 범죄에서 저주를 받지 않았습니다. 오직 사탄만이 저주를 받았습니다. 그러므로 가인이 받은 저주는 인간에게 하나님으로부터 내려진 최초의 저주인 것입니다.

가인은 땅에서 쫓겨나 땅에서 피하며 유리하는 자가 되는 것입니다. '유리하는 자'는 '방황하는 자'입니다. 이 '방황'이라는 말은 '시작은 있지만 끝이 없는 것'을 나타낼 때 쓰이는 표현입니다. 혹 우리 중에 일의 시작은 잘하는데 마무리되는 일이 없어서 아무런 소득과 열매를 거둘 수 없는 인생을 살고 계신 분은 두 가지를 점검해야 합니다. 하나는 제물이고 또 다른 하나는 예배입니다. 이 두 가지가 잘못되면 가인과 같이 방황하는 인생을 살아서 시작하는 일은 있지만 끝내는 일은 없게 되는 것입니다. 끝이 없는 인생보다 더 비참한 인생은 없습니다. 가인은 아무 곳에도 뿌리를 내릴 수 없습니다. 땅이 그를 거부하기 때문입니다. 사람들도 자신을 거부합니다. 누군가가 자신을 죽일지 모른다는 두려움 때문에 한 곳에 정착하여 살 수가 없습니다. 세상 그 어디에도 그의 머리를 기대고 쉴 만한 곳이 없다는 것입니다. 아무도 자기편이 되어 주지 않습니다. 힘들고 지칠 때 평안과 쉼을 얻을 수 있는 따뜻한 품이 없습니다. 계속해서 고된 삶을 반복적으로 살아야 합니다. 이것보다 더 힘든 것이 세상에 어디 있겠습니까?

게다가 더 이상 주의 낯을 보지 못하고 죽음에 대한 두려움에 사로잡혀 끝없는 불안과 도피의 연속이 가인이 받은 저주입니다. 죄인이었지만 가인도 하나님의 얼굴을 보고 사는 것이 얼마나 큰 복인지 알고 있었던 것입니다. 그래서 유리하는 방황자가 되는 것보다 하나님의 낯을 보지 못하는 것을 처음으로 언급하고 있는 것입니다. 하나님의 낯을 보지 못한다는 것은 앞으로 예배해도 하나님이 임재하지 않을 것이라는 상실감을 나타내는 것입니다. 그리고 더 이상 하나님과 말씀으로 교제하지 못하게 된 것을 한탄하는 것입니다.

벌 중에 가장 무서운 벌은 하나님 말씀을 듣지 못하게 내쫓는 것입니다.

신약에서는 말씀을 듣지 못하게 하는 것을 '사탄에게 내어 준다'고 표현합니다. 아모스 선지자는 이스라엘 백성이 받을 가장 큰 벌은 다른 기근이 아니라 바로 하나님 말씀을 듣지 못하는 기근이라고 말씀하고 있습니다. 가인이 가장 두려워하는 벌은 하나님 얼굴을 보지 못하도록 쫓겨나므로 더이상 하나님 말씀을 듣지 못하게 된 것입니다. 천지를 창조하던 그 말씀이 들려져야 인생을 회복시킬 수 있는데 그 기회가 지금 박탈된 것입니다. 그렇게 가인은 하나님의 낯을 떠나 유리하게 될 것입니다.

우리도 하나님의 말씀을 들을 수 있는 은혜의 자리에서 박탈당하고 끝없는 세상의 일에만 붙잡혀 살아간다면 바로 가인이 받은 저주를 받고 있는 사람입니다. 주일에 예배에 나올 수 없을 정도로 바쁜 일이 생긴다든지, 내가 지금 하고 있는 일이 너무나 잘되어서 주일에 쉴 수조차 없다든지, 중요한 약속이 주일에 계속해서 잡히고, 피치 못할 일이 생기는 것은 모두 영적인 일입니다. 하나님의 낯을 피하여 말씀을 듣지 못하고 세상에서 끝없이 유리하는 가인의 벌을 받은 것인지도 모릅니다.

자비를 구하는 가인

가인은 그 삶이 너무너무 힘들다는 것을 알고 그때서야 하나님께 자비를 구합니다.

"내 죄벌이 너무 무겁습니다. 방황하다가 언제 누구의 손에서 죽을지 모릅니다. 너무너무 두렵습니다."

그러자 하나님이 세 번째 자비를 베푸십니다. 아무도 가인을 죽이지 못하게 하십니다. 가인에게 표를 주어, 어느 누구도 가인을 죽이지 못하게 해주셨습니다.

비록 동생을 죽인 살인자이지만 하나님은 가인을 사랑하셨습니다. 사랑하셨기에 그에게 나타나 두 번씩이나 경고해 주셨고, 아무도 그를 죽이지 못하게 표를 주셨습니다. 하나님은 죄인을 불쌍히 여기십니다. 에덴 동산에서 범죄한 아담과 하와를 위해서 하나님은 가죽옷을 만들어 입혀 주셨습니다. 사랑의 표시입니다. 동생을 죽인 죄의 형벌로 떠돌이 생활을 해야 하는 가인에게는 표를 주셨습니다. 어느 누구도 가인을 죽이지 못하도록 말입니다. 두려움에 떨고 있는 가인에게 평강을 주신 것입니다.

하나님은 우리가 죄를 지었다고 우리를 미워하시지 않습니다. 우리를 포기하지 않으십니다. 우리가 죄의 노예가 되어 고통당하고 있을 때 하나님은 너무너무 안타까워하시며 사랑으로 우리를 찾아오십니다. 우리를 찾아오시는 하나님은 우리가 아직 죄인되었을 때 독생자 예수 그리스도를 보내셔서 우리를 위한 영원한 생명의 길을 마련해 놓으셨습니다. 하나님과 원수로 있던 우리를 살리시기 위해 예수님을 십자가에 죽게 하셨습니다. 죄에 빠졌다고 절망할 이유가 없습니다. 하나님이 찾아와 책망하시고 깨우쳐 주실 때 빨리 하나님께로 돌아서면 하나님이 더 큰 은혜를 베풀어 주십니다. 사도 바울은 고백합니다.

그러나 죄가 더한 곳에 은혜가 더욱 넘쳤나니(롬 5:20).

동생을 죽인 살인자 가인, 하나님은 그도 사랑하셨습니다. 우리가 어떤 삶의 자리에 있든지 하나님은 우리를 사랑하십니다.

가인의
후손들

: 창세기 4장 16-26절 :

16가인이 여호와 앞을 떠나서 에덴 동쪽 놋 땅에 거주하더니 17아내와 동침하매 그가 임신하여 에녹을 낳은지라 가인이 성을 쌓고 그의 아들의 이름으로 성을 이름하여 에녹이라 하니라 18에녹이 이랏을 낳고 이랏은 므후야엘을 낳고 므후야엘은 므드사엘을 낳고 므드사엘은 라멕을 낳았더라 19라멕이 두 아내를 맞이하였으니 하나의 이름은 아다요 하나의 이름은 씰라였더라 20아다는 야발을 낳았으니 그는 장막에 거주하며 가축을 치는 자의 조상이 되었고 21그의 아우의 이름은 유발이니 그는 수금과 퉁소를 잡는 모든 자의 조상이 되었으며 22씰라는 두발가인을 낳았으니 그는 구리와 쇠로 여러 가지 기구를 만드는 자요 두발가인의 누이는 나아마였더라 23라멕이 아내들에게 이르되 아다와 씰라여 내 목소리를 들으라 라멕의 아내들이여 내 말을 들으라 나의 상처로 말미암아 내가 사람을 죽였고 나의 상함으로 말미암아 소년을 죽였도다 24가인을 위하여는 벌이 칠 배일진대 라멕을 위하여는 벌이 칠십칠 배이리로다 하였더라 25아담이 다시 자기 아내와 동침하매 그가 아들을 낳아 그의 이름을 셋이라 하였으니 이는 하나님이 내게 가인이 죽인 아벨 대신에 다른 씨를 주셨다 함이며 26셋도 아들을 낳고 그의 이름을 에노스라 하였으며 그때에 사람들이 비로소 여호와의 이름을 불렀더라.

창세기 4장은 예배를 통해 인간과 계속 교제하기를 원하시는 사랑에 대한 인간의 거절과 그 결말로 이루어져 있습니다. 하나님이 제정하신 온전한 예배에 대한 거절은 '살인'이라는 죄로 이어졌고, 그 죄의 결과가 인간

사회에 어떠한 영향을 끼치게 되었는지를 보여 주고 있습니다. 하나님은 예배의 실패자요, 최초의 살인자인 '가인'에게 땅으로부터 저주를 받아 '유리하는 자,' 즉 방황하는 자가 되게 하셨습니다.

가인이 아무리 수고하고 밭 갈아도 땅은 그 효력을 내지 않을 것입니다. 그것은 단순히 농사에 관한 형벌이 아닙니다. 그가 하는 모든 일의 시작은 있지만 끝은 없을 것입니다. 인생 결실과 열매의 상실 그리고 그것으로 말미암아 방황하는 것이 가인이 받은 형벌이었습니다. 이보다 더 무서운 형벌은 없을 것입니다. 그 사실을 잘 알고 있는 가인은 창세기 4장 13절에서 하나님을 향하여 "내 죄벌이 지기가 너무 무거우니이다."라고 고백합니다. 땅에서 유리함으로 말미암아 생기는 공허함과 허무는 이 세상 그 무엇으로도 해결할 수 없는 인생의 무거운 짐입니다. 그래서 예수님도 인생을 향하여 "수고하고 무거운 짐 진 자들아 다 내게로 오라 내가 너희를 쉬게 하리라(마 11:28)."고 말씀하신 것입니다. 예수님께 나아오지 않는 한, 예수님을 믿음으로 영접하지 않는 한, 인생의 무거운 짐을 가볍게 할 수도 없고 인생의 유리함, 방황도 끝낼 수 없습니다. 이 인생의 모든 짐은 오직 예수님으로만 해결할 수 있습니다. 예수님의 십자가 없이는 인간은 절대로 자신의 방황을 끝내고 쉴 수가 없습니다.

이 장의 본문은 죄악의 무거운 짐을 지고 방황하는 자가 된 가인으로부터 라멕 그리고 셋의 후손인 에노스라는 세 사람을 통해 인간의 죄악에도 계속되는 하나님의 구원의 역사를 살펴보게 될 것입니다. 인생이 어떠하든지 인간에게 구원의 약속을 주신 하나님의 역사는 결코 멈추지 않습니다. 우리를 향한 하나님의 신실하신 사랑의 역사는 우리의 형편과 상관없이 계속될 것입니다.

하나님을 떠난 가인

이 장의 본문은 가인이 하나님을 떠나게 되었다는 내용으로 시작됩니다. 하나님의 임재를 경험하였고, 하나님과 대화하며, 하나님이 원하시는 것이 무엇인지도 알았던 가인이 결국 하나님을 떠나고 만 것입니다. 그 결과 하나님과 완전히 단절을 의미하는 성을 쌓게 됩니다. 그의 아버지 아담은 적어도 "여호와의 낯을 피하여 숨기는" 하였어도 여호와 앞을 떠나지는 않았습니다. 아직 하나님 앞에 여지를 남겨 두고 하나님을 두려워하며 기다리고 있었던 것입니다. 결국 "여호와의 낯을 피하여 숨어 있는" 아담에게 하나님은 찾아오셨습니다. 그런데 여호와 앞을 떠난 가인을 하나님은 찾아가지 않으셨습니다. 가인을 유리하다 죽도록 내버려 두셨습니다. 이것이 아담과 가인의 커다란 차이입니다.

그러므로 혹시 범죄하여 하나님 보시기에 악한 삶을 살고 있다 할지라도 여호와 앞을 떠나서는 안됩니다. 하나님과의 관계의 끈이 끊어지는 순간 그의 삶은 절망과 고통과 방황, 허무 밖에 없습니다. 절대로 하나님을 떠나서는 안됩니다. 예배의 자리를 떠나서는 안됩니다. 하나님의 말씀을 떠나서는 안됩니다. 비록 하나님이 원하지 않는 죄악된 삶을 살고 있다 할지라도 하나님의 손을 놓아서는 안됩니다. 하나님의 손을 붙들고 있으면 하나님이 언젠가는 모든 죄를 끊어 버릴 능력과 은혜를 주실 것입니다. 어떠한 자리에 있다 할지라도 하나님의 손을 붙들고 있으면 하나님이, 하나님의 때에, 하나님의 방법으로 역사하셔서 하나님이 원하시는 인생으로 회복시킬 것입니다.

여호와 앞을 떠난 자가 살 길은 돌아오는 길 밖에 없습니다. 너무도 어려운 일이지만 돌아와서 회개하고 돌이키게 될 때 인생의 방황은 끝나고, 진정한 기쁨이 넘치는 안식을 누리게 될 것입니다. 누가복음 15장에 나오는 탕자의 비유를 생각해 보십시오. 탕자가 제일 잘한 일은 아버지께 돌아온 것입니다. 돌아오므로 모든 것이 해결되었습니다. 해결되었을 뿐 아니라 가장 좋은 것으로 허락받았습니다. 이것이 하나님 은혜의 신비입니다. 우리가 할 수 있는 최고의 아름다운 결정은 날마다 하나님을 기억하고 하나님께 돌아가는 것입니다. 하나님께 돌아가면 그 어떠한 죄가 있다 할지라도 하나님은 다 받아 주십니다. 그리고 용납하여 주심은 물론 우리 인생에 가장 좋은 것으로 채워 주시고 회복시켜 주시는 분이십니다. 이것이 값없이 우리에게 부어 주시는 하나님의 은혜의 본질인 것입니다.

호세아 6장 1-3절을 보십시오. 하나님이 우리에게 원하시는 것이 무엇인지를 분명히 알 수 있습니다.

[1]오라 우리가 여호와께로 돌아가자 여호와께서 우리를 찢으셨으나 도로 낫게 하실 것이요 우리를 치셨으나 싸매어 주실 것임이라 [2]여호와께서 이틀 후에 우리를 살리시며 셋째 날에 우리를 일으키시리니 우리가 그의 앞에서 살리라 [3]그러므로 우리가 여호와를 알자 힘써 여호와를 알자 그의 나타나심은 새벽 빛 같이 어김없나니 비와 같이, 땅을 적시는 늦은 비와 같이 우리에게 임하시리라 하니라.

우리가 할 일은 여호와께 돌아가는 것입니다. 그러면 인생을 고쳐 주시고 회복시켜 주시고 우리를 살리실 것입니다. 뿐만 아니라 영원토록 그 앞에서, 즉 하나님 앞에서 살게 하실 것입니다. 그리고 날마다 하나님의 충만하신 임재를 경험하게 되는 것입니다. 하나님께 돌아오십시오. 그리고 날마다 그 모습 그대로 하나님 앞에서 살아가시기 바랍니다.

다윗은 시편 16편 11절에서 이렇게 노래하고 있습니다.

주께서 생명의 길을 내게 보이시리니 주의 앞에는 충만한 기쁨이 있고 주의 오른쪽에는 영원한 즐거움이 있나이다.

주님 앞에서 사는 인생은 충만한 기쁨을 누리는 것입니다. 또한 역대하 6장 14절을 보십시오.

이르되 이스라엘의 하나님 여호와여 천지에 주와 같은 신이 없나이다 주께서는 온 마음으로 주의 앞에서 행하는 주의 종들에게 언약을 지키시고 은혜를 베푸시나이다.

주의 앞에서 살아가는 인생에게는 하나님의 축복의 언약이 날마다 이루어지고 하늘의 무궁무진한 은혜가 베풀어지는 것입니다.

성과 단절

여호와 앞을 떠난 가인은 그의 아들 에녹을 낳자 성을 쌓고, 그의 아들의 이름으로 성을 이름합니다. 가인이 성을 쌓은 것은 마치 아담이 하나님께 범죄하여 동산 나무 사이에 숨은 것처럼 그도 그의 성에 스스로 숨은 것입니다. 또한 그는 성을 쌓으므로 하나님이 내리신 징벌에 도전하고자 했습니다. 하나님이 내리신 형벌인 '땅에서 피하여 유리하는 인생'을 자신의 힘으로 극복해 보고자 한 것입니다. 한마디로 인간적인 방법으로 하나님의 진노를 피해 보고자 한 것입니다. 그처럼 성을 쌓으면 그 성에서 다시는 방황하지 않고 정착할 수 있다고 생각한 것입니다. 또한 자신의 목숨을 스스로 보호할 수 있다고 생각한 것입니다. 이제는 하나님이 주신 표 없이도 스스로 자신의 목숨을 보전할 수 있다고 생각한 것입니다. 하나님을 떠나서 스스로 이제 하나님이 되어 성을 쌓고 자신의 왕국을 건설한 것입니다. 이 가인의 성향이 그대로 바벨탑을 건설한 사람에게 전달됩니다. 그들도 스스로 하늘에 닿아 하나님이 되고자 한 것입니다. 그들 스스로를 보호하고 다스리고자 한 것입니다.

가인은 성을 통해 하나님과 자기 자신을 완전히 단절시키고 다른 사람과도 단절된 것입니다. 하나님은 물론 다른 사람과 단절과 고립, 이것이 죄인의 일반적인 특성입니다. 죄가 사람을 주장하면 담을 쌓게 됩니다. 폐쇄적이고 다른 사람이 내 영역에 접근하는 것에 민감하게 반응합니다. 내 안에 있는 것에 집착하게 되고 자신의 것을 내려놓질 못하게 됩니다. 이 성은 가인에게만 있는 것이 아닙니다. 우리에게도 있습니다. 서로 마음을 열고 이해하고 용서하고 사랑해야 되는데, 자꾸만 나만의 성을 쌓고 담을 쌓아

가고 있는 사람은 다른 사람이 문제가 아닙니다. 내 안에 근본적으로 다른 사람이 쳐다볼 수 없는 스스로의 성을 쌓고 그 성에 만족하며 자신이 하나님 되어 살아가는 사람인 것입니다.

예수님이 왜 오셨습니까? 하나님과 사람 사이에 막힌 담을 허무시고 사람과 사람이 서로 사랑으로 소통하기 위해 오신 것 아닙니까? 에베소서 2장 14-18절을 보십시오.

14그는 우리의 화평이신지라 둘로 하나를 만드사 원수 된 것 곧 중간에 막힌 담을 자기 육체로 허시고 15법조문으로 된 계명의 율법을 폐하셨으니 이는 이 둘로 자기 안에서 한 새 사람을 지어 화평하게 하시고 16또 십자가로 이 둘을 한 몸으로 하나님과 화목하게 하려 하심이라 원수 된 것을 십자가로 소멸하시고 17또 오셔서 먼 데 있는 너희에게 평안을 전하시고 가까운 데 있는 자들에게 평안을 전하셨으니 18이는 그로 말미암아 우리 둘이 한 성령 안에서 아버지께 나아감을 얻게 하려 하심이라.

예수님이 오셔서 십자가에서 원수된 것을 소멸하시고 인간의 죄악의 담을 허무사 하나님께 나아갈 수 있는 길을 여신 것입니다. 예수님의 십자가 때문에 인생은 평안을 얻을 수 있고, 서로 하나가 되는 축복을 누리게 된 것입니다.

하나님의 없는 가인의 후손

성경은 더 이상 가인에 대해 언급하지 않습니다. 이제 그의 후손을 언급하면서 5대 만에 완전히 하나님 없이 사는 세대가 도래했음을 이야기하고 있습니다. 그 사람의 이름은 라멕인데, 성경은 라멕을 언급하며 그가 성경 최초로 두 명의 처를 두었음을 지적하고 있습니다. 하나님 없는 세대의 특징은 말씀의 파괴입니다. 한 남자가 한 여자와 결혼하여 부부가 되는 것이 하나님이 정하신 법칙입니다. 하나님이 정하신 결혼의 법칙을 라멕은 아무런 두려움 없이 깨뜨린 것입니다. 결국 라멕에 의하여 노아 홍수 이전의 타락이 시작된 것입니다. 홍수 심판의 시작점이 된 사람이 바로 이 라멕입니다. 축복의 시작이 되고 씨앗이 되어도 부족한 판에 하나님 진노의 시작점이 되고, 심판의 시작점이 된 인생이 라멕인 것입니다. 지금 우리는 축복의 시작입니까? 심판의 시작입니까? 오직 하나님의 말씀대로 순종하시는 백성이 되기를 바랍니다.

그런데 이렇게 말씀 없이, 하나님 없이 살아가는 라멕의 자녀가 모두 다 탁월했다는 것입니다. 첫 번째 부인인 아다는 야발과 유발이라는 두 아들을 낳았는데, 큰아들인 야발은 장막에 거하며 가축을 치는 사람입니다. 단순히 양 몇 마리 기른 사람이 아니라 기업적인 목축업자로서 상당히 부를 축적한 사람입니다. 또 유발은 음악의 전문가였습니다. 아마도 예술인의 조상이 된 듯 싶습니다. 두 번째 부인인 씰라에게서는 두발가인이라는 아들이 있었는데, 그는 동철로 각양 날카로운 기계를 만드는 사람이었습니다. 탁월한 엔지니어로서 벌써 이 시대에 철기문명을 선도하고 있는 인물이었던 것입니다. 게다가 씰라에게는 '나아마'라는 딸이 있었다고 합니다. 아들들 가운데 딸이 갑자기 소개되는 것으로 볼 때 그녀는 무엇인가 세상 사람들에게 주목받을 만한 것이 있었을 것입니다. 미모가 출중했든지 아니면 다른 그 무엇으로 세상 사람들이 알아 주는 사람이었을 것입니다.

이런 의미로 보면 라멕은 그 시대에 모두가 부러워할 만큼 대단히 큰 성공을 이룬 사람입니다. 아무것도 부러운 것도, 또 두려운 것도 없이 살았던 사람임을 알 수 있습니다. 성경이 그에 대해 마지막으로 언급하는 것이 바로 살인이기 때문입니다. 라멕은 모든 면에서 성공한 사람이지만 그의 인생의 결론을 보십시오. 그는 살인자일 뿐 아니라 자신의 살인에 대한 찬양가를 만든 악인이었던 것입니다. 하나님 없이 사는 삶의 대표적 인물이 된 것입니다.

본문 23-24절을 보십시오.

세상적으로는 성공한 사람이었는지 모르지만 그 역시 살인자였던 것입 니다. 그것도 한 사람이 아니라 여러 사람을 죽인 살인자였으며, 자기의 살 인을 노래하는 자였으며, 자기 스스로 형량까지 정하는 중대한 죄인인 것 입니다. 게다가 그는 하나님이 가인을 보호하실 수 있는 것보다 자신을 더 보호해 주실 것이라고 선포하고 있습니다. 가인의 형벌을 알고 있는 것으 로 보아서 그는 하나님에 관하여 알고 있는 자였습니다. 그러함에도 하나 님을 섬기고 예배하는 것이 아니라 세상에 주어진 조건 때문에 하나님을 멸시하고 조롱하는 살인 노래를 부르고 있는 것입니다.

프란시스 쉐퍼는 이 라멕의 살인 노래에 대해 이렇게 말합니다.

여기에 하나님 없는 인간 문화가 있다. 그것은 사람이 중심이 된 이기적인 것 이고 교만한 것이다. 이 문화는 하나님의 개념을 잃어버렸을 뿐 아니라 그의 형제를 사랑하는 자로서의 개념도 잃어버렸다.

옳습니다. 하나님을 두려워하는 신앙도 또 형제를 사랑하고 긍휼히 여 기는 인간애도 없는 세상이 하나님을 떠나서 자신의 성을 쌓고 살아가던 가인의 씨에서 나온 것입니다.

성을 쌓은 가인의 이야기가 더 이상 언급이 없듯이 살인을 한 라멕의 이 야기도 거기서 멈춥니다. 뿐만 아니라 라멕과 그토록 잘 나가던 자식들의 이야기도 더 이상 언급되지 않습니다. 이제 그의 살인 노래는 그들 모두를 심판하게 될 노아의 대 홍수로 연결되는 것입니다. 하나님 없는 사람의 탁 월함이 하나님의 심판으로 이어지게 되는 것입니다. 홍수 심판으로 가인과 라멕이 이루어 놓은 것은 다 사라지게 되는 것입니다.

다시 시작되는 구원의 노래

라멕의 살인 노래에 이어 우리는 짧은 두 구절 속에서 다시 시작되는 하나님의 구원의 노래를 들을 수 있습니다. 이 세상의 것이 아닌 오직 '여호와의 이름을 부르는 자들'이 등장합니다. 하나님 없이 이 세상의 모든 것을 자신이 하나님되어 누리는 자들의 역사가 아닌 하나님을 찾고 사모하는 하나님의 이름을 부르는 진정한 예배자들이 나타나기 시작한 것입니다. 그 예배자들은 하나님이 아담에게 허락해 주신 셋의 후손을 통해 나타나기 시작한 것입니다. 기업적인 목축업이 발달하여 물질이 신이 되어가고, 세상의 문화와 예술이 인간의 쾌락을 위해 존재하기 시작하고, 누군가를 상해할 수도 있는 날카로운 철기문명이 번창하는 이 시기에 그 모든 세상의 가치와 세대의 흐름과는 상관없이 오직 하나님을 부르며 하나님께 영과 진리로 예배하는 사람이 다시 나타나기 시작한 것입니다.

그들의 시작은 의로운 아벨과 셋 그리고 창세기 5장에 나타나는 아담의 계보를 통해 경건한 노아와 그의 후손을 통해 계속되는 것입니다. 중요한 것은 아담이 셋의 출산을 하나님이 주관하신 것으로 하나님을 인정하고 셋을 주신 하나님께 감사하는 장면입니다.

> 아담이 다시 자기 아내와 동침하매 그가 아들을 낳아 그의 이름을 셋이라 하였으니 이는 하나님이 내게 가인이 죽인 아벨 대신에 다른 씨를 주셨다 함이며(4:25).

이러한 하나님에 대한 고백은 가인의 후손에게서는 절대로 나타나지 않습니다. 무엇보다 셋의 출생을 통해 아담과 하와의 신앙이 훨씬 더 성숙함을 드러내고 있습니다. 그들이 그토록 기다리던 처음 아들인 가인을 얻었을 때, 주어는 '내가'였습니다. '내가 여호와로 말미암아 득남, 즉 그 구원자를 얻었다.'라고 고백했지만 그는 살인자가 되고 말았습니다. 그러나 셋을 얻은 후에는 '하나님'이 주어로 등장합니다. '하나님이 내게' 가인의 교훈을 통해 아담과 하와가 깨달은 것은 자신들의 죄를 속량할 구원자는 자신의 뜻과 행위로 인해 올 수 있는 것이 아니라 오직 하나님이 주관하시는 하나님만의 역사라는 사실을 깨닫게 되었습니다.

지금 인생의 주어는 무엇입니까? '나'입니까? '하나님'입니까? 혹시 우리가 그토록 소원하시는 일이 이루어졌다 할지라도 '하나님이 내게'가 되어야지 '내가 하나님으로 말미암아'가 되어서는 안 됩니다. '내가' 주인이 된 가인의 살인 문화를 보십시오. 겉으로 보기에는 물질의 번영과 풍부함과 정서적으로 즐길 수 있는 문화와 문명 그리고 자신의 삶을 풍요롭게 하거나 자신의 모든 것을 지킬 수 있는 생활의 도구를 만들어 인생이 윤택해지는 것 같지만 그들 속에는 오직 살인을 추구하고 노래하는 악만 키워 갈 뿐입니다. 오늘날의 세대를 보십시오. 가인의 후손의 세대와 얼마나 동일합니까? 그러나 아무것도 없는 것 같고, 가난한 자 같고, 나약한 자 같으나 연하고 보잘 것 없는 셋에서 나오기 시작하는 경건한 후손과 그들의 신앙 유산은 하나님이 일으키십니다. 즉 하나님으로부터 시작되는 것입니다.

셋이 아들 이름을 '에노스'라고 지었는데 그 뜻은 '약한 자' '또는 죽을 수밖에 없는 운명'이라는 뜻입니다. 셋은 인간은 하나님 없이는 죽을 수밖에 없는 약한 존재임을 자신에게 알게 하므로 오직 하나님만을 의지하게 했습니다. 인생에게는 하나님이 필요하고 인생이 하나님을 의지하고 살아가게 될 때, 진정한 행복이 있음을 가르쳐 주고 있습니다.

5장

아담의
후손들

창세기 5장 1-5, 21-32절

[1]이것은 아담의 계보를 적은 책이니라 하나님이 사람을 창조하실 때에 하나님의 모양대로 지으시되 [2]남자와 여자를 창조하셨고 그들이 창조되던 날에 하나님이 그들에게 복을 주시고 그들의 이름을 사람이라 일컬으셨더라 [3]아담은 백삼십 세에 자기의 모양 곧 자기의 형상과 같은 아들을 낳아 이름을 셋이라 하였고 [4]아담은 셋을 낳은 후 팔백 년을 지내며 자녀들을 낳았으며 [5]그는 구백삼십 세를 살고 죽었더라.

[21]에녹은 육십오 세에 므두셀라를 낳았고 [22]므두셀라를 낳은 후 삼백 년을 하나님과 동행하며 자녀들을 낳았으며 [23]그는 삼백육십오 세를 살았더라 [24]에녹이 하나님과 동행하더니 하나님이 그를 데려가시므로 세상에 있지 아니하였더라 [25]므두셀라는 백팔십칠 세에 라멕을 낳았고 [26]라멕을 낳은 후 칠백팔십이 년을 지내며 자녀를 낳았으며 [27]그는 구백육십구 세를 살고 죽었더라 [28]라멕은 백팔십이 세에 아들을 낳고 [29]이름을 노아라 하여 이르되 여호와께서 땅을 저주하시므로 수고롭게 일하는 우리를 이 아들이 안위하리라 하였더라 [30]라멕은 노아를 낳은 후 오백구십오 년을 지내며 자녀들을 낳았으며 [31]그는 칠백칠십칠 세를 살고 죽었더라 [32]노아는 오백 세 된 후에 셈과 함과 야벳을 낳았더라.

가인은 여호와 앞을 떠나서 <u>스스로</u> 하나님이 내리신 '땅에서 유리하는 벌'에 대해 도전하기 위해 '성'을 쌓습니다. 여호와께 도전하며 반항할 뿐 아니라 스스로를 하나님과 분리시키려는 가인이 이룬 인간 중심의 삶은 그의 5대손인 라멕에 이르러 완전히 하나님 없는 죄악이 가득한 세상을 이

240   언약으로의 초대: 창세기 1~25장

루게 됩니다. 하나님이 제정하신 결혼의 신성함이 깨뜨려져 일부다처제가 등장하게 되어 성적으로 타락한 문화를 이루고 무조건적인 보복과 살인이 하나님의 말씀을 대신하고 있었습니다. 이들의 이러한 범죄는 결국 대홍수로 막을 내리게 됩니다. 성경은 가인의 후손에 대해 죽음을 결코 이야기하지 않습니다. 이 장의 본문에 나타나는 아담과 셋의 후손들은 몇 세에 죽었더라는 죽음에 대한 언급이 있습니다. 여호와 앞을 떠나 사는 가인의 후손들은 그들이 아무리 찬란한 문화와 문명을 이루고 살고 있다고 할지라도, 또 아무리 살인을 해도 도전할 수 없는 권세를 누리고 살고 있다 할지라도, 성경은 그들을 산 사람이 아니라 이미 죽은 자들로 여기기 때문에 그들의 죽음조차 논할 필요가 없습니다. 그들의 악이 관영함에 따라 하나님의 심판으로 일시에 멸함을 받게 됩니다.

하나님은 가인과 가인의 후손을 아담의 계보에서 제외하십니다. 대신 아담의 계보는 아벨을 대신한 셋이라는 아들을 통해 이어지게 하십니다. 이 장의 본문은 아담부터 노아까지 10대의 계보를 소개하고 있습니다. 아담의 계보를 잇게 되는 셋은 비록 인류의 탁월한 문화를 이루거나 엄청난 업적을 이루지 아니하였을지라도 '여호와의 이름을 부르는 예배자'의 조상이 됩니다. 셋의 후손은 여호와의 앞을 떠난 가인과 그의 후손과 달리 '여호와의 이름을 불러 예배하는 자'의 삶을 살았다거나 '하나님과 동행하였다'는 사실만 언급하고 있습니다.

사람의 관점과 하나님의 관점이 이렇게 다릅니다. 사람들은 업적과 명성 그리고 권세에 관심이 있지만 하나님은 오직 하나님의 이름을 부르며 하나님과 함께하는 사람에게 관심이 있습니다. 셋의 후손은 하나님을 사모하고 하나님과 함께 교제했던 에덴의 회복을 자신의 사명이라고 생각한 것입니다. 가인의 후손이 세상에서의 성공과 출세를 존재의 목적으로 삼았다고 한다면 셋의 후손은 하나님 앞에 온전한 예배자로 서는 사명을 이루는 것을 자신의 존재 목적으로 삼았습니다. 하나님은 이렇게 자신의 이름을 부르는 예배자를 통해 약속하신 구원의 역사를 이루어 나가십니다.

오늘 우리가 살피게 될 아담의 계보는 하나님의 구원사를 이루기 위해 하나님이 택하신 인물의 집합입니다. 아담의 계보를 볼 때 하나님의 구원사는 노아라는 인물을 향하여 가고 있음을 알 수 있습니다. 노아에게서 셈이 나오고 셈의 후손 가운데서 아브라함이 나오고 아브라함의 후손 가운데서 그들이 그토록 소망하는 사탄의 머리를 깨뜨릴 예수 그리스도께서 나오는 것입니다.

사람의 모양과 형상으로 태어난 사람들

아담은 일백삼십 세에 셋째 아들인 셋을 낳았는데 "자기의 모양 곧 자기의 형상 같은" 아들을 낳았다고 기록되어 있습니다. 아담은 본문 1절에도 기록되어 있지만 원래 하나님의 형상으로 창조된 영광스러운 존재였습니다. 게다가 그들은 하나님으로부터 복을 받은 존재였습니다(2절). 그들이 범죄하지 않았다면, 하나님의 형상에서 나오는 하나님의 영광을 좇아 하나님과 아름다운 교제가 영원토록 이어졌을 것이며, 하나님이 공급해 주시는 모든 복을 풍성히 누렸을 것입니다. 그러나 죄를 지은 후의 인간은 하나님의 형상을 잃어버리게 되고 복 대신에 죽음의 저주를 맛보게 되었습니다. 삶 자체가 수고이고 무거운 짐을 지고 가는 고통이었습니다. 그때부터 질병과 고통, 미움, 증오 그리고 살인이 범죄의 열매로 인간 곁에 머물게 되었습니다. 아무리 위대하고 찬란한 문화와 문명을 이루어도 인간다운 삶을 살 수가 없게 되었습니다.

아담의 계보 가운데 가장 슬픈 이야기는 아담이 셋을 낳았는데 "자기의 모양 곧 자기의 형상 같은" 아들을 낳았다는 것입니다. 만약 아담이 범죄하지 않았다고 한다면 그의 자녀들은 모두 하나님의 형상과 모양으로 태어났을 것입니다. 범죄한 이후부터는 사람의 모양과 형상, 즉 죄인의 모양과 형상으로 사람이 태어난다는 것입니다. 아담 한 사람의 범죄로 말미암아 모든 인류가 죄인의 모양과 형상으로 태어나게 되었습니다. 하나님의 형상은 범죄로 말미암아 철저히 파괴되고 사람의 모양과 형상만 남게 된 것입니다.

우리가 자녀를 낳아도 우리의 모양과 형상을 닮은 죄성으로 인해 가득한 자녀를 낳을 수밖에 없습니다. 우리가 자녀들에게 거짓과 폭력과 미움과 증오 그리고 살인을 가르쳐 주지 않아도 본능 속에 내제되어 있는 죄성이 그들을 폭력적이고 이기적이고 미워하는 존재로 자라게 하는 것입니다. 우리가 자녀들에게 선한 것을 가르쳐 주고자 아무리 노력해도 쉽게 되지 않습니다. 그러나 악한 것은 가르쳐 주지 않아도 쉽게 따라하는 것, 그것이 바로 죄인 된 사람의 모양과 형상으로 태어난 증거인 것입니다.

하지만 중요한 것이 하나 있습니다. 비록 하나님의 형상과 모양을 잃어버렸다 할지라도 아담과 셋의 후손 중에서 하나님과 동행한 에녹이 나오고 하나님의 위로를 소망하며 확신하는 라멕이 나오고, 하나님이 인정한 의인인 노아가 나오는 이유는 무엇입니까? 바로 아담의 철저한 회개와 변화입니다. 아담이 인생의 우선순위를 '내가' 아닌 '하나님'에게로 옮겨 놓은 이후부터 하나님이 그에게 거룩한 계보를 이을 수 있는 셋을 주셨다는 것이 희망입니다. 아담의 변화와 회개가 아담 자신의 계보가 가인에 속하지 않게 하시고 셋에게 속하게 하는 복으로 이어진 것입니다. 만약에 아담의 족보가 가인에 있었다면 아담도 함께 심판받아 멸망당할 존재였지만 하나님이 아담을 통해 인류 구원의 씨인 셋을 얻게 하시고 그 계보에 아담이 있으므로 아담도 그 구원의 역사에 포함되게 하신 것입니다. 고린도전서 15장 45절을 읽어 보십시오.

기록된 바 첫 사람 아담은 생령이 되었다 함과 같이 마지막 아담은 살려 주는 영이 되었나니.

아담은 범죄하였지만 예수 그리스도를 기다리는 맨 처음 사람으로 성경이 기록하고 있습니다. 그는 구백삼십 년 동안 끊임없이 자신이 뿌려 놓은 죄의 값을 청산해 주실 메시아를 소망하고 기다리는 삶을 산 것입니다. 이처럼 비록 죄를 짓고 실수를 했지만 하나님의 이름을 부르며 하나님께 나아가기를 사모하는 사람들에게는 하나님의 회복의 은혜가 있는 것입니다.

본문에 보면 열 대의 사람들 이야기를 1,000년이 넘는 시간의 배경으로 소개하고 있습니다. 그 세월 속에서 순교자 아벨의 신앙으로 무장한 사람들이 변함없이 하나님을 사모하고 소망하였다는 것입니다. 그리고 이들의 삶을 통해 죄악된 가인의 후손을 심판하실 때에도 하나님의 구원의 소망은 이어지게 되는 것입니다.

모세는 출애굽한 이스라엘 백성이 이 창세기의 말씀을 받을 때에 애굽의 찬란한 문명이나 앞으로 들어가게 될 발달된 가나안 문명에 동화되지 말기를 소망하였을 것입니다. 세상의 문화나 문명 때문에 하나님을 버리지 말라는 것입니다. 이 세상의 문화나 문명을 누리지 말라는 것이 아닙니다. 그것들 때문에 하나님을 버리고 하나님의 말씀에 불순종하는 삶을 살지 말라는 것입니다. 이스라엘 백성은 오직 하나님 앞에 언제나 거룩한 예배자로 서야 했습니다. 그리고 그 하나님의 입에서 나오는 말씀으로 살아야 했습니다. 그러면 하나님이 약속해 주신 모든 축복을 누리며 사는 인생을 살게 될 것입니다.

이스라엘 백성이 이 아담의 계보를 통해 반드시 얻어야 하는 교훈은 하나님의 말씀은 정확무오하다는 것입니다. 모든 사람이 실로 엄청난 세월을 살았지만 하나님의 말씀대로 결국 죽었다는 것입니다. "선악을 알게 하는 나무를 먹으면 결단코 죽으리라."는 말씀대로 인간은 백 년을 살든 천년을 살든 죽음을 피할 수 없다는 것입니다. 죄를 지은 인간은 언젠가는 죽게 되어 있습니다. 심지어 예수님이 다시 살리신 나사로도 다시 죽었습니다. 이처럼 인간은 죽게 되어 있습니다. 오직 하나님의 말씀만 영원합니다.

7풀은 마르고 꽃이 시듦은 여호와의 기운이 그 위에 붊이라 이 백성은 실로 풀이로다 8풀은 마르고 꽃은 시드나 우리 하나님의 말씀은 영원히 서리라 하라 (사 40:7-8).

광야의 이스라엘 백성은 언젠가는 죽어야 될 육신을 위해 사는 것이 아니라 영원한 주의 말씀을 위해 살아가는 자들임을 깨달아야 했습니다.

죽음을 보지 않은 에녹

이렇게 낳고 죽는 역사 속에서 죽음을 보지 않고 하나님께로 옮겨간 에녹이라는 사람이 나옵니다. 그 이유를 성경은 '하나님과의 동행'이라고 말씀하고 있습니다. 인간이 원래 하나님과 함께했던 곳은 에덴입니다. 그러나 아담의 범죄로 인간은 이 에덴을 상실하고 맙니다. 에덴을 상실한 인간은 하나님과 동행할 수 없었습니다. 그런데 에녹만은 하나님과 동행했습니다. 에녹의 삶이 에덴 동산을 능가하는 새로운 하나님의 임재의 처소였던 것을 알 수 있습니다. 중요한 것은 에녹이 세상적으로는 탁월한 점이 없었다는 것입니다. 가인처럼 성을 쌓았다든지, 어떤 큰 업적을 이루지 않았다는 것입니다. 단지 그를 설명해 주고 수식해 주는 말은 '하나님과 동행'입니다. 우리는 하나님이 기뻐하시는 것이 무엇인지를 알아야 합니다. 하나님은 우리가 세상에서 엄청난 업적을 이루고 유명해지고 세상적인 영향력을 끼치는 사람이 되는 것보다 믿음으로 하나님과 동행하는 삶을 원하십니다.

히브리서 11장 5절에서 에녹에 대해 이렇게 말씀하고 있습니다.

믿음으로 에녹은 죽음을 보지 않고 옮겨졌으니 하나님이 그를 옮기심으로 다시 보이지 아니하였느니라 그는 옮겨지기 전에 하나님을 기쁘시게 하는 자라 하는 증거를 받았느니라.

에녹은 하나님을 기쁘시게 하는 사람이었다고 말씀하고 있습니다. 하나님을 기쁘시게 하는 것이 무엇입니까? 변함없이 하나님을 신뢰하고 믿는 것입니다. 이어지는 히브리서 11장 6절을 보면 잘 알 수 있습니다.

믿음이 없이는 하나님을 기쁘시게 하지 못하나니 하나님께 나아가는 자는 반
드시 그가 계신 것과 또한 그가 자기를 찾는 자들에게 상 주시는 이심을 믿어
야 할지니라.

이 말씀을 자세히 묵상해 보면 하나님을 기쁘시게 하는 것이 무엇인지
하나님과 동행하는 것이 무엇인지 알 수 있습니다. 하나님을 기쁘시게 하
는 것은 언제나 하나님을 신뢰하는 것입니다. 하나님을 믿음으로 언제나
하나님께 나아가는 것입니다.

에녹은 므두셀라를 낳고, 즉 자식을 낳는 등 평범한 생활 속에서도 믿음
으로 결단하고 하나님만 좇아갔습니다. 삼백 년 동안 에녹이 하나님과 동
행했다는 것은 그만큼 변함없이 하나님을 믿고 따랐다는 것입니다. 믿음
은 언제나 어떤 상황에서나 하나님 중심으로, 하나님만을 좇는 삶을 이야
기합니다. 아브라함은 하나님의 말씀을 듣고서 이 세상의 기준으로 볼 때
가장 소중한 것들을 버리고 말씀을 좇아 한 번도 경험해 보지 못한 가나안
으로 갔습니다. 제자들은 예수님의 말씀을 듣고서 배와 그물과 아버지와
일꾼들을 버리고 예수님을 따라갔습니다. 믿음은 이렇게 하나님을 따라가
는 것입니다. 말씀을 신뢰하고 이끄시는 대로 순종하는 것입니다. 아무리
소중한 것이라도 버리고 포기하고 내려놓고 말씀을 따라 행하는 것 그것
이 믿음이고 이 믿음이 하나님을 기쁘시게 하는 것입니다.

광야에서 이스라엘이 무려 40년 동안 훈련받은 것이 바로 이 하나님과
의 동행입니다. 하나님이 이끄시는 대로 따라가는 훈련을 받은 것입니다.
자신의 생각과 욕망을 내려놓고 하나님과 보폭을 맞추며 어디로 이끄시든
지 그대로 순종하는 삶을 훈련받은 것입니다. 하나님과 걸음을 맞추려면
내가 죽어져야 합니다. 내가 살아 있으면 절대로 하나님과 걸음을 같이 할
수 없습니다. 내게 가장 소중하다고 생각하던 가치관과 습관 그리고 모든
계획을 버리는 완전히 죽어짐을 통해서 하나님과 동행할 수 있는 것입니
다. 내가 죽어져 하나님과 걸음을 맞추는 동행이 이루어지게 될 때 비로소

우리는 하나님의 영광을 바라볼 수 있습니다. 하나님은 하나님과 동행하는 사람에게 얼굴을 보여 주시고 자신의 능력을 나타내 주십니다. 하나님과 동행하므로 영광을 경험하는 사람은 이 세상의 것이 부럽지 않습니다. 부족한 것도 없습니다. 능력주시는 예수님 안에서 모든 것을 할 수 있는 능력의 사람으로 변화되는 것입니다.

우리 모두 이 세상에서 큰일을 이루기보다는 믿음으로 하나님과 동행하므로 하나님을 기쁘시게 하는 삶을 살아야 하는 것입니다. 대부분의 사람들이 하나님과 믿음으로 동행하기를 꿈꾸기보다는 큰일을 이루려는 욕심 때문에 시험에 드는 경우가 많습니다. 죄로 오염된 인간이 큰일을 한다면 얼마나 큰일을 할 수 있겠습니까? 우리는 그저 믿음으로 하나님과 동행하면 되는 것입니다. 하나님과 동행보다 하나님을 기쁘시게 하는 삶은 없습니다. 또한 하나님과 동행하는 믿음의 사람만이 하나님의 구속사에 동참할 수 있는 특권을 누리게 되는 것입니다. 심판받을 큰일을 이 세상에서 이루는 삶에 목숨을 거시겠습니까? 아니면 믿음을 통해서 하나님과 동행하므로 하나님을 기쁘시게 하는 인생을 사시겠습니까?

하나님은 에녹을 너무 사랑하셔서 죽음을 보지 않고 하나님께로 옮겨 가시므로 에녹을 존귀하게 하셨습니다. 하나님의 범죄한 인간에게 내리신 죽음이라는 저주를 에녹에게서는 거두신 것입니다. 삼백 년을 한결같이 하나님을 믿고 동행한 에녹이 받은 상급은 이 세상의 것이 아니었습니다. 바로 죽음을 통과하지 않고도 들어가는, 원래 범죄하기 이전에 아담에게 있었던 생명 나무의 영원한 생명을 에녹이 받은 것입니다.

하나님의 안식 노아

노아의 아버지 '라멕'은 아들을 낳고 하나님 안에 있는 소망을 확신하는 뜻으로서 '휴식'이라는 뜻을 가진 '노아'라고 이름을 짓습니다.

이름을 노아라 하여 이르되 여호와께서 땅을 저주하시므로 수고롭게 일하는 우리를 이 아들이 안위하리라 하였더라(29절).

라멕이 소원하는 것은 노아를 통한 '하나님의 위로'였습니다. 라멕은 이 땅을 고칠 수 있는 것은 문화나 문명의 발달이 아니라 하나님의 위로뿐이라는 것을 알았습니다. 수고로이 무거운 짐을 지고 가는 인생에게 안식을 주시고 회복을 주실 수 있는 분은 하나님 밖에 없음을 라멕은 알고 있었던 것입니다. 인생의 문제를 해결할 수 있는 것은 과학의 발달이 아닙니다. 기술이나 의학이 아무리 발달한다고 할지라도 인생의 삶에는 진정한 안식과 평강이 있을 수 없습니다. 라멕은 인생의 해답이 오직 하나님께만 있음을 믿었던 것입니다. 비록 자신의 시대에는 그 꿈이 이루어지지 않았지만 자신의 자식의 시대에는 분명히 하나님의 위로가 인생 가운데 임재할 것을 믿었던 것입니다.

라멕의 믿음은 미래지향적인 믿음의 소유자였습니다. 지금의 삶이 고달프고 고통스러워도 노아 때문에 이 땅 위에 하나님의 위로가 나타날 것임을 믿었던 것입니다. 현재를 보고 절망하고 낙심하는 것이 아니라 미래를 확신하며 자식에게 하나님을 향한 비전을 유산으로 물려준 사람이 라멕인 것입니다. 라멕은 노아가 이 세상에서 엄청난 업적을 이루고 출세하고 성공하여 유명하게 되기를 소망한 것이 아니라 하나님의 위로를 경험할 수 있는 믿음의 삶을 살기를 소망한 것입니다. 노아는 아버지 라멕의 기대와 믿음대로 하나님 앞에 당세의 의인이며, 완전한 자요, 하나님과 동행하는 사람으로 살아가게 됩니다. 이러한 노아를 통해 하나님은 하나님의 구원 역사를 이루어가시기로 작정하십니다. 대홍수 심판 때 아버지 라멕의 믿음대로 노아는 하나님의 위로를 경험하는 사람이 되어 가족이 구원되고 새로운 믿음의 조상으로 사용받게 되는 것입니다. 우리에게 이러한 축복이 있기를 바랍니다.

6장

타락한
세상

1사람이 땅 위에 번성하기 시작할 때에 그들에게서 딸들이 나니 2하나님의 아들들이 사람의 딸들의 아름다움을 보고 자기들이 좋아하는 모든 여자를 아내로 삼는지라 3여호와께서 이르시되 나의 영이 영원히 사람과 함께 하지 아니하리니 이는 그들이 육신이 됨이라 그러나 그들의 날은 백이십 년이 되리라 하시니라 4당시에 땅에는 네피림이 있었고 그 후에도 하나님의 아들들이 사람의 딸들에게로 들어와 자식을 낳았으니 그들은 용사라 고대에 명성이 있는 사람들이었더라 5여호와께서 사람의 죄악이 세상에 가득함과 그의 마음으로 생각하는 모든 계획이 항상 악할 뿐임을 보시고 6땅 위에 사람 지으셨음을 한탄하사 마음에 근심하시고 7이르시되 내가 창조한 사람을 내가 지면에서 쓸어버리되 사람으로부터 가축과 기는 것과 공중의 새까지 그리하리니 이는 내가 그것들을 지었음을 한탄함이니라 하시니라 8그러나 노아는 여호와께 은혜를 입었더라.

약 일천 년 동안 지속되어 오던 셋의 후손들의 하나님과의 행복한 동행이 막을 내리게 되고 하나님이 인간을 지으신 것을 슬퍼하시는 장면이 나옵니다. 그리고 하나님의 슬픔은 대홍수라는 심판으로 이어지게 됩니다. 지금까지 하나님은 인간의 범죄에 대해 끊임없이 긍휼을 베푸시고 오래 참아 주셨습니다. 범죄한 아담과 하와를 에덴 동산에서 내쫓으시면서도 구원을 약속해 주셨고, 그들의 죄로 인한 수치와 허물까지 가죽옷을 친히 지어 입히시므로 가려 주셨습니다. 심지어는 예배의 실패자요, 동생을 죽인 살인자요, 하나님께 지속적으로 반역하고 도전하는 가인에게도 특별한 표를 주어서 살게 하셨습니다. 가인의 후손인 라멕 또한 마찬가지입니다. 당장 벌하시지 않으시고 살게 하셨습니다. 하나님을 떠난 자들이지만 행여라도 회개하고 하나님께 다시 돌아오기를 기다리신 것입니다.

그러나 창세기 6장에서는 더 이상 인간의 범죄에 대해 하나님이 참지 않으시고 모든 생물들과 함께 멸하시기로 작정하십니다. 그 이유가 무엇일까요?

하나님의 아들들의 타락

이 장의 본문은 하나님의 아들들이 사람의 딸들의 아름다움을 보고 자기들이 좋아하는 모든 여자를 아내로 삼음으로 말미암아 하나님을 근심시키는 장면으로 시작하고 있습니다. 하나님의 아들들이 누구인지에 대해서는 신학계에서 지금까지도 논란이 되고 있습니다만 대부분 하나님의 아들들은 셋의 후손이며, 사람의 딸들은 가인의 후예라고 생각하고 있습니다. 우리가 앞 장에서 살펴본 아담과 경건한 셋의 계보를 보면 하나님이 사람을 창조하신 이야기부터 시작합니다. 즉 아담의 시작이 하나님이시므로 아담은 하나님의 아들이 되는 것입니다. 이 견해는 신약에서도 지지를 얻습니다. 요한복음 1장 12절에 보십시오.

영접하는 자 곧 그 이름을 믿는 자들에게는 하나님의 자녀가 되는 권세를 주셨으니.

예수 그리스도를 영접하고 믿으면 우리가 하나님을 아버지라고 부를 수 있는 자녀가 됩니다. 예수 그리스도를 통해 하나님의 자녀가 되는 것이 바로 하나님 나라의 회복입니다.

그런데 이러한 하나님의 아들들이 천 년 이상을 보존해 온 하나님 앞에서의 거룩을 포기하고 가인의 후손 중 라멕이 걸어간 길을 걷기 시작한 것입니다. 셋의 후손들은 하나님 앞에 거룩한 예배자로 서는 것보다 가인의 후손들이 누리고 있었던 인간적인 아름다움과 그들의 삶의 방식을 더 동경하게 된 것입니다. 셋의 후손들이 가인의 후손들과 결혼하므로 타락하여 하나님 앞에서의 거룩한 삶을 더 이상 살지 못한 것입니다. 왜 이렇게 되었을까요?

그들이 자신을 사람인 셋의 후손으로 생각하였지 하나님의 언약 안에 있는 특별한 후손인 여인의 후손이라는 사명의식을 생각하지 못했기 때문입니다. 그들은 물론 육신적으로는 셋의 후손이지만 하나님이 그들에게 두신 본래의 목적과 사명은 여인의 후손이었습니다. 그래서 하나님은 그들을 하나님의 아들들로 부르고 계시는 것입니다. 그들은 여인의 후손으로서 죄의 근원인 사탄을 멸할 그리스도가 오실 통로가 되는 것이었습니다. 그러기에 그들은 아담의 범죄 이후로 물려진 죄악된 본성을 하나님의 은혜와 사랑으로 누르고 하나님의 뜻을 이루어야 했던 것입니다.

주님은 우리를 부르실 때 단순히 제자로 부르시는 것이 아닙니다. 물론 제자로 부르시지만 제자로 부르신 분명한 이유와 목적을 말씀해 주십니다. 예컨대, "나를 따라 오라 내가 너희를 사람을 낚는 어부가 되게 하리라(마 4:19)." 이 말씀 속에는 제자들의 삶이 이제 '물고기 낚는 것'에 있지 않습니다. 사람을 낚는 것에 있습니다. 좀 더 정확히는 영혼에 있습니다. 영혼을 구원하는 일이 제자로 부르심 받은 목적인 것입니다. 그런데도 제자들은 육신의 고기 낚는 어부, 즉 세상의 관점에서 예수님을 따라 다니며 총리가 되고, 장관이 되고, 서로 높아지려 한 것입니다. 그러다 예수님 부인하고 떠나게 된 것입니다. 셋의 자손도 마찬가지입니다. 단순히 셋의 후손으로서 당연히 예배하고 살아가는 데서 그치는 것이 아니라 여인의 후손으로서 그리스도의 약속된 구원을 소망하며 하나님이 복음 속에서 약속하신 여인의 후손으로서 인류를 죄로부터 구원이라는 사명에 사로잡혀서 살아야 했던 것입니다.

우리도 마찬가지입니다. 단순히 그리스도인이요 예수님의 제자로 부르심 받은 것이 아닙니다. 세상에서 분리된 자답게 성령으로 거룩하게 살아야 합니다. 온 인류를 죄로부터 구원할 사명 중심의 삶을 살게 될 때 죄로부터 오염되지 않고 하나님의 구원사역을 이루어 드릴 하나님의 신실한 예배자가 되는 것입니다.

반면에 가인의 후손은 우리가 잘 아는 대로 하나님을 스스로 떠나고 대적하며 하나님 없이 자기 스스로 하나님이 되어 살아가는 사탄의 후손인 뱀의 후손입니다. 그들에게는 오직 죄악된 본능 밖에 없습니다. 하나님은 여인의 후손과 뱀의 후손은 영원히 원수가 되게 하셨습니다. 그런데 원수로 지내야 될 이들이 결혼을 통해 한 몸이 된 것입니다. 하나님의 유일한 대안이었던 셋의 후손이 세상의 아름다움에 팔려서 하나님의 말씀과 언약을 저버린 것입니다.

이 일이 하나님의 심판의 원인으로 작용하였다는 것입니다. 하나님은 예배자의 자리를 포기하고 자신의 정욕에 이끌려 셋의 후손이 가인의 후손으로 살아가기 시작하였을 때 사람을 지으신 것을 슬퍼하시며 심판하시기로 작정하신 것입니다. 그러므로 심판은 가인의 후손인 죄인 때문에 오는 것이 아닙니다. 하나님의 아들들의 타락 때문에 오는 것입니다. 아마도 예수님의 재림도 이런 차원에서 이루어질 것입니다. 예수님을 믿고 구원 받은 백성이 이 세상 문화에 취해서 하나님을 버리고, 거룩한 예배자의 사명을 버리게 될 때 영원한 심판주이신 예수님이 오실 것입니다. 그렇기 때문에 예수님은 오셔서 마태복음 24장의 말씀대로 교회 안에서부터 심판하실 것입니다. 누가 양인지 염소인지를 구별하시고 심판을 진행하실 것입니다.

나라가 망하는 것, 세상의 정치가들이 부패하고 경제를 이끌어 가는 사람들이 무능하기 때문이 아닙니다. 하나님의 거룩한 백성이 타락하기 때문입니다. 교회가 하나님의 거룩을 좇아 오직 말씀대로 순종해야 함에도 세상과 타협하고 심지어는 세상을 본받아 세속적 물질만능주의를 추구하게 되므로 나라가 망하는 것입니다. 나라가 망하고, 내가 속한 기업이 형통하지 못하며, 내가 속한 가정이 행복하지 못한 것 바로 내가 원인입니다. 내가 하나님이 찾으시는 그 한 사람, 진정한 예배자가 된다고 한다면 하나님의 은혜가 공급되어 모든 것이 회복될 터인데 우리가 세상을 따라 살기 때문에 문제가 생기는 것입니다.

우리 교회의 영원한 슬로건은 "우리가 세상의 희망이다."입니다. 우리가 세상의 희망이 되는 이유는 교회가 규모가 커서이거나 어떠한 사회사업을 많이 한다거나 다른 사람들로부터 명망을 얻는 사람들이 있어서가 아닙니다. 우리가 이 세상이 어떠하든지 말씀과 성령으로 예배하는 거룩한 예배자의 삶을 살아가기 때문입니다. 하나님을 향한 진정한 예배로 우리 교회가 이 세상의 희망이 되는 것입니다. 우리가 성령과 진리로 예배하고 이 세상을 향하여 온전한 중보자로 설 수 있는 삶이 수반될 때 아무리 죄악의 물결이 세차게 흐르고 죄악이 관영한다 할지라도 하나님은 우리 교회를 보시고 기뻐하실 것입니다. 이것이 우리가 이루고자 하는 교회의 실제 모습인 것입니다. 이러한 교회를 이루는 길이 우리가 드리는 예배에 있습니다. 기도에 있습니다. 찬양에 있습니다.

본문의 말씀대로 심판의 책임은 하나님의 아들들이 자기 사명을 잃어버리고 사람의 딸들의 아름다움에 끌려 거룩한 예배자의 삶을 포기하고 가인의 후손들의 삶의 방식대로 살아가는 데서 시작되었습니다. 이것이 하나님의 슬픔이 된 것임을 잊지 말아야 합니다.

사람의 시각과 하나님의 시각

본문에서 가장 중요한 단어를 선택하면 '보다'라는 단어입니다. 이 '보다'라는 단어가 인간의 타락과 하나님의 심판의 이유를 설명하고 있기 때문입니다. 먼저 본문 2절에 보면 하나님의 아들들이 사람의 딸들의 아름다움을 보았습니다. 그리고 그들 마음에 소원대로 데려다가 아내를 삼게 됩니다. 여기 "보기에 아름답다"tobe 그래서 "취하다"lakha라는 말을 자세히 들어다보면 창세기 3장에서 하와가 선악과를 따 먹고 범죄한 것과 동일한 구조로 이루어져 있음을 알 수 있습니다. 하와가 선악을 알게 하는 나무의 실과의 그 보암직함obe 때문에 따 먹음akha으로 말미암아 하나님께 범죄하여 에덴 동산에서 쫓겨나는 것처럼 하나님의 아들들이 사람의 딸들의 아름다움을 보고 자기들의 원하는 자들을 모두 아내로 취하는 죄를 범하므로 말미암아 하나님으로부터 버림받아 다시는 하나님의 신과 함께 할 수 없는 영적인 유리함, 즉 버려짐을 받게 되는 것입니다. 그러므로 창세기 3장과 6장은 별개의 사건이 아닙니다. 인간의 모든 범죄는 연관성이 있습니다. 자기가 좋으면 말씀을 어겨서라도 자기의 것으로 삼고 싶은 탐욕이라는 공통분모를 갖고 있는 것입니다. 물론 그 이후에 하나님의 심판이 기다리고 있는 것입니다.

5절에서 여호와께서 사람을 보십니다. 마치 범죄하여 동산 나무 사이에 숨어 있던 아담을 찾아내어 보셨던 것처럼 동생 아벨을 죽인 가인을 찾아오셔서 보시고 말씀하신 것처럼 여호와 하나님이 사람을 찾아와 보셨습니다. 하나님이 보실 때 인간은 악했습니다. 영으로 함께하실 만한 선한 사람이 없었습니다. 노아 외에는 하나님의 눈에 은총을 입지 못하였습니다.

그러므로 이 세대가 악한 것이 문제가 아닙니다. 하나님께 은총을 입은 의인이 없다는 것이 문제입니다. 그러므로 내가 하나님 앞에 의인으로 서는 것, 그것이 중요합니다. 다른 사람이야 어떠하든지 내가 하나님이 찾으시는 그 한 사람이 되는 것이 중요합니다. 예레미야 5장 1절을 보면 하나님은 예루살렘에 의인 한 사람만 있으면 예루살렘을 용서하시겠다고 말씀하셨습니다. 소돔과 고모라를 멸망시키실 때에도 그들의 죄악의 관영함 때문이 아니라 그 성에 하나님이 찾으시는 의인이 없었기 때문입니다. 만약에 소돔과 고모라에 하나님이 찾으시는 의인 10명이 있었다면 그들의 의로운 제사가 전체 소돔과 고모라의 죄악을 덮을 수도 있었다는 말씀입니다.

그러면 노아처럼 하나님의 눈에 은혜를 입은 사람으로 산다는 것은 무엇입니까? 내가 좋은 대로 내게 편리한 대로 사는 것이 아니라 하나님 보시기에 선하고 아름다운 삶을 살아내는 것을 말합니다. 한마디로 이 세대를 본받는 것이 아닙니다. 이 세대 때문에 하나님을 버리지 않는 것입니다. 사도 바울이 로마서에 기록한 대로 가인의 후손의 삶을 부러워하고 따라가기보다 무능해 보이고 연약해 보여도 하나님만을 부르며 예배하는 예배자의 자리를 지키는 것, 어디로 이끄시든지 내 생각과 경험과 지식을 내려놓고 말씀이 이끄시는 대로 순종하며 하나님과 함께 걸어가는 것 그리고 함께하시는 하나님이 예비하시고 계시는 축복을 믿음으로 현재의 고난과 당당하게 싸워가는 자리에 서는 것이 진정한 믿음의 사람들의 삶의 자세인 것입니다.

> 너희는 이 세대를 본받지 말고 오직 마음을 새롭게 함으로 변화를 받아 하나님의 선하시고 기뻐하시고 온전하신 뜻이 무엇인지 분별하도록 하라(롬 12:2).

그럴 때에 하나님의 회복의 은혜와 진노 중에서라도 노아처럼 여호와의 눈에 은총을 입는 자가 되는 것입니다. 믿음이 있다고 하면서도 나를 내려놓지 못하고 포기하지 못하는 사람들에게 하나님의 영은 함께하지 않으십니다. 부디 내 마음의 원대로 사는 것이 아니라 하나님의 말씀대로 살아가시는 진정한 믿음의 사람들이 되기를 바랍니다.

하나님의 슬픔

본문 5절에 보면 "그 마음의 생각의 모든 계획이 항상 악하다."고 말씀합니다. 그 결과 하나님이 "하나님의 영이 사람과 영원히 함께하지 않을 것"을 선포하시고 생령으로 하나님의 형상을 입었던 사람들이 이제는 다른 동물들처럼 육신이 될 것임을 말씀하십니다. 여기 '육체'라고 번역된 히브리어 '바살'은 '몸'이나 '육체'를 가리키는 말이지만 때로는 동물들을 가리키기도 하는 단어입니다. 그러므로 육체가 되었다는 것은 하나님의 아들들이 동물들과 다름없이 되었다는 말씀인 것입니다. 인간에게서 하나님이 떠나시면 동물이나 다름이 없는 존재가 되고 마는 것입니다. 사람은 하나님의 신이 함께하시면 이 땅에서 생육하고 번성하고 다스리고 충만할 수 있습니다. 하지만 하나님의 신이 떠나면 죽을 수밖에 없는 것입니다.

징계를 받고 매를 맞아도 하나님의 영이 있으면 회복의 은혜가 있다는 의미입니다. 하지만 하나님의 영을 거두어 가신다면 그것은 더 이상 삶에 소망이 없다는 소리입니다. 완전히 이제는 하나님의 뜻이 아닌 육체의 욕심만을 따라 살아가는 존재가 되었다는 말씀입니다. 육체의 욕심을 따라 사는 삶, 그것은 가인과 그의 후손의 삶입니다. 몇 세에 죽었더라는 말씀조차 할 수 없는 이미 하나님이 심판으로 말미암아 죽은 존재의 삶이 셋의 후손에게 시작된 것입니다. 죄가 이렇게 무섭습니다. 죄가 있으면 하나님은 하나님이 거룩한 성령을 거두어 가십니다. 그리고 우리를 육체 그대로 살도록 놔두십니다. 살아 있으나 죽은 자의 삶을 살게 되는 것입니다.

그래서 다윗이 범죄한 후에 "주의 성령을 내게서 거두지 마소서(시 51:11)."라고 간청한 것입니다. 나단 선지자의 지적으로 밧세바와의 범죄를 깨달았을 때 다윗이 가장 두려워하는 것은 왕위를 빼앗아 다른 사람에게 주는 것도, 자신이 심각한 질병에 걸려 죽는 것도 아니었습니다. 자신 안에 있는 하나님의 성령이 거두어져 육신만 남게 되는 것을 가장 두려워했습니다. 진정한 믿음의 사람들이 두려워하는 것은 성령의 소멸입니다.

우리 심령 속에서 성령이 떠나지 않기를 바랍니다. 성령이 떠난 인생은 아무리 발버둥을 쳐도 육신적인 삶 밖에 살지 못합니다. 우리의 가정에서 성령이 떠나지 않기를 바랍니다. 성령이 떠난 가정은 가인과 가인의 후손처럼 이미 심판받은 가정일 뿐입니다. 자녀들이 아무리 잘 나가고 출세하고 성공하며 자신이 무소불위의 권력을 가졌어도 이미 하나님의 심판을 받은 가정에는 소망이 없습니다. 교회에서 성령이 떠나지 마시고 영원토록 함께하기를 바랍니다. 교회가 아무리 부흥하고 크게 성장한다 할지라도 그 교회에 성령이 떠나시면 아무것도 아닙니다.

그리고 "그들의 날이 백이십 년이 되리라(4절)."도 그들의 마지막 날이 일백이십 년 후에 이를 것을 경고하십니다. 하나님은 이러한 상황 속에서도 인간들에게 백이십 년 동안의 유예 기간을 주신 것입니다. 백이십 년은 하나님의 은혜의 표현입니다. 그러나 죄에 빠진 인간은 이 하나님의 은혜의 경고의 말씀을 무시합니다. 하나님이 사람의 연한이 앞으로 백 이십 년 남았다고 경고하심에도 돌이키는 사람이 없다는 것이 문제입니다. 하나님의 말씀을 듣고도 돌이키지 않는 것보다 무서운 것은 없습니다.

"피리를 불어도 춤추지 않고, 애곡을 하여도 울지 아니하는 것(눅 7:32)"처럼 완전히 영혼이 죽어 버린 사람은 하나님의 생명의 말씀, 천지를 창조하신 그 능력의 말씀을 듣고도 무감각한 것입니다. 말씀을 듣고도 깨닫지 못하는 사람은 도무지 변화될 소망이 없는 사람입니다. 말씀에 무감각해져 있는 사람은 별의별 기적이 눈앞에서 일어난다고 할지라도 변화되지 못할 사람입니다. 자신의 눈앞에서 죽은 자가 살아나고 홍해가 갈라지고 요단강이 멈추어 선다고 할지라도 바뀌지 않습니다. 인간이 심판받아야 할 마땅한 이유는 사실 하나님의 말씀에 대한 무감각인 것입니다.

육신의 열매 네피림, 하나님의 열매 노아

하나님의 아들들이 사람의 딸들과 결혼해서 나온 결과물이 바로 네피림과 같은 용사들이었습니다. '네피림'은 '거인'이란 뜻을 갖고 있습니다. 그때에는 국가라든지, 부족이라는 집단적 통치가 시작되기 전이므로 이들은 수많은 사람을 공동체의 유익이 아닌 자기 자신을 위해 사람을 죽인 용사들인 것입니다. 이들의 명성 뒤에는 수많은 사람의 죽음이 있다는 것을 기억해야 합니다. 하나님의 아들들이 거룩한 예배자의 자리를 떠나자 엄청난 폭력과 살인으로 명성을 얻는 사람들이 나타난 것입니다. 라멕처럼 소년들을 죽이고도 자신의 아내들에게 자랑하는 정도가 아니라 "어떻게 몇 명을 죽였는가?"로 유명해진 사람들이 나오기 시작한 것입니다. 선한 일로, 하나님과 동행하고 하나님께 목숨 걸고 예배한 것으로 유명해지고 명성을 얻은 것이 아니라 '살인'을 통해 유명해지는 사회가 얼마나 비극적인 사회인지를 생각해 보시기 바랍니다. 이 '네피림'은 하나님의 아들들이 사람의 딸들과 결혼하여 얻은 비극적 열매인 것입니다. 하나님은 이러한 인간을 지면에서 쓸어버리되 모든 생명체와 함께 심판하시기로 작정하십니다. 하나님의 슬픔이 여기에 있습니다. 이렇게 죄를 심판하지 않으면 인간을 구원할 수 없기 때문입니다. 하나님은 모두를 물로 심판하시되 한 사람만 살려 두시기로 하셨습니다. 그 한 사람이 바로 노아입니다.

하나님의 아들들이 사람의 딸들과 결혼하므로 얻은 열매가 사람을 죽이는데 능숙한 전쟁 머신이라고 한다면 하나님이 은혜를 통해 남겨 두신 열매는 네피림도 아니고 용사도 아닌 평범하고 연약한 노아였습니다. 하나님은 노아를 통해 새로운 인류의 시작을 꿈꾸셨습니다. 노아는 하나님께 은혜를 입은 자였습니다. 노아는 하나님의 은혜로 얻은 열매인 것입니다. 노아를 통해 여인의 후손인 메시아가 나오실 것입니다. 그래서 죄의 시작인 사탄의 머리를 심판하실 것입니다. 온 인류를 죄에서 구원할 놀라운 축복이 노아에게서 시작되는 것입니다. 하나님의 열매인 노아는 가인의 후손이 가지고 있었던 탁월한 지혜나 과학이나 문화가 아니라 믿음으로 하나님을 기쁘시게 합니다. 하나님이 말씀하신 대로 모든 것을 행합니다. 오늘날도 하나님이 우리 믿는 자들에게 요구하시는 것은 오직 하나님을 끝까지 신뢰하고 순종할 믿음뿐임을 잊지 말아야 합니다. 우리 모두 연약하고 부족할지라도 하나님이 이 땅에 구원을 위해 남겨 놓으신 하나님의 열매가 되기를 바랍니다.

타락한 세상에서
은혜받은 자

: 창세기 6장 9-22절 :

9이것이 노아의 족보니라 노아는 의인이요 당대에 완전한 자라 그는 하나님과 동행하였으며 **10**세 아들을 낳았으니 셈과 함과 야벳이라 **11**그때에 온 땅이 하나님 앞에 부패하여 포악함이 땅에 가득한지라 **12**하나님이 보신즉 땅이 부패하였으니 이는 땅에서 모든 혈육 있는 자의 행위가 부패함이었더라 **13**하나님이 노아에게 이르시되 모든 혈육 있는 자의 포악함이 땅에 가득하므로 그 끝 날이 내 앞에 이르렀으니 내가 그들을 땅과 함께 멸하리라 **14**너는 고페르 나무로 너를 위하여 방주를 만들되 그 안에 칸들을 막고 역청을 그 안팎에 칠하라 **15**네가 만들 방주는 이러하니 그 길이는 삼백 규빗, 너비는 오십 규빗, 높이는 삼십 규빗이라 **16**거기에 창을 내되 위에서부터 한 규빗에 내고 그 문은 옆으로 내고 상 중 하 삼층으로 할지니라 **17**내가 홍수를 땅에 일으켜 무릇 생명의 기운이 있는 모든 육체를 천하에서 멸절하리니 땅에 있는 것들이 다 죽으리라 **18**그러나 너와는 내가 내 언약을 세우리니 너는 네 아들들과 네 아내와 네 며느리들과 함께 그 방주로 들어가고 **19**혈육 있는 모든 생물을 너는 각기 암수 한 쌍씩 방주로 이끌어들여 너와 함께 생명을 보존하게 하되 **20**새가 그 종류대로, 가축이 그 종류대로, 땅에 기는 모든 것이 그 종류대로 각기 둘씩 네게로 나아오리니 그 생명을 보존하게 하라 **21**너는 먹을 모든 양식을 네게로 가져다가 저축하라 이것이 너와 그들의 먹을 것이 되리라 **22**노아가 그와 같이 하여 하나님이 자기에게 명하신 대로 다 준행하였더라.

하나님은 죄악이 관영하며 사람들이 마음으로 생각하는 모든 것이 악한 것임을 보시고 한탄하시며 근심하셨습니다. 하나님은 이렇게 타락한 인류를 대홍수로 심판하시기로 작정하셨습니다. 하지만 인생들에게 120년이라는 돌이킬 수 있는 심판 유예기간을 설정해 주셨습니다. 하지만 죄악에 눈먼 인생들은 그들의 죄로부터 돌이키지 아니하였습니다. 이제 남은 것은 하나님의 심판으로 인한 멸망뿐입니다. 인간이 죄 때문에 심판받는다고 하는 말씀이 7, 11, 12, 13, 17절 등 다섯 차례나 반복이 되는 것으로 볼 때 죄를 하나님이 어느 정도로 미워하시는지를 생각해야 합니다.

인간의 관영한 죄 때문에 하나님은 모든 인류를 쓸어버리고 다시 시작하기로 작정하셨습니다. 구원 역사를 다시 시작하게 될 하나님의 파트너는 노아입니다. 죄악으로 타락한 인간에게는 멸망이지만 노아에게는 새로운 출발입니다. 하나님의 멸망을 통한 구원하심은 이렇게 시작하고 있습니다.

그러나 노아는 여호와께 은혜를 입었더라(8절).

여기에서 중요한 것은 '그러나'라는 단어와 '여호와께 은혜를 입었다'라는 단어입니다. '그러나'는 '시대의 상황과 상태에 상관없이'라는 말입니다. 그 세대가 죄악으로 가득 차 있었지만 노아는 여호와께 은혜를 입은 덕분에 그렇지 않았다는 것입니다. 그 세대와 분명하게 달랐고, 그 사람들과 확실하게 다른 삶을 살았다는 것입니다.

중요한 것은 노아를 통해 '은혜'hen라는 단어가 성경에 처음으로 등장하고 있다는 것입니다. 그동안에도 은혜의 개념이 없었던 것은 아닙니다. 예를 들면, 아담과 하와가 죄를 범했을 때 은혜를 입은 것이 사실입니다. 하나님이 공의로 그들에게 죽음이 있을 것이라고 말씀하신 것도 사실이지만 범죄한 그들에게 가죽옷을 입히시고 또 원시복음을 주신 것은 분명히 은혜입니다. 살인자 가인을 표를 주어서 보호하신 것도 은혜이며 경건한 셋의 자손들에게 은혜를 주셔서 하나님의 구원 계획을 위해 사용받게 하신 것도 은혜입니다.

하지만 노아에게서 은혜라는 말이 분명하게 언급된다는 것이 중요합니다. 노아의 모든 삶이 다 하나님의 은혜에서 출발한다는 것입니다. 노아가 하나님의 은혜 때문에 당세에 의로운 자요, 완전한 자요, 하나님과 동행하는 사람이 되었다는 것입니다. 그가 하나님께 이렇게 인정받을 수 있었던 것은 그의 인간적인 자질 때문이 아닙니다. 그의 업적 때문도 아닙니다. 오직 하나님의 은혜 때문임을 알아야 합니다. 그래서 무엇보다 하나님께 은혜 받은 인생이 되는 것이 중요합니다. 은혜 받으면 하나님의 사람으로 설 수 있습니다. 죄의 세력이 범접하지 못합니다. 오직 하나님이 이끄시는 대로 순종할 수 있습니다. 그러므로 우리가 탁월하고 위대한 업적을 이루는 것보다 또는 죄를 짓지 않았다는 것보다 중요한 것은 하나님의 은혜를 입어야 한다는 것입니다. 우리 모두 노아처럼 하나님께 은혜를 입은 자가 되기를 바랍니다.

의로운 사람 노아

성경은 노아를 '의인'이라고 말씀하고 있습니다. 노아에게 '은혜'라는 말이 처음으로 쓰였듯이 하나님으로부터 '의로운 사람'이라고 인정받은 것도 노아가 처음입니다. 성경에서 '은혜'가 처음 언급이 되고 '의롭다'라는 말이 처음 나타난 것은 우연이 아닙니다. 이 말은 '의로움'이 '은혜'의 첫 열매라는 것입니다. 즉 하나님으로부터 은혜 받은 사람은 당연히 그 세대 가운데서 의로움의 열매를 하나님께 드리는 자가 된다는 것입니다.

노아는 하나님께 은혜 입은 자가 어떻게 살아야 되는지를 알고 있었던 것입니다. 하나님께 받은 은혜를 통해 타락으로 얼룩진 그 세대에 하나님의 자녀의 삶이 무엇인지를 자신의 '의로움'을 통해 보여 주었습니다. 물론 노아도 이 땅에 구원자로 오실 예수 그리스도에 대한 믿음으로 의롭게 된 것입니다. 우리가 의롭다 함을 입은 과정과 동일합니다. 하지만 예수 그리스도의 십자가로 의롭다함을 입은 것으로 끝난다면 그것은 반쪽짜리 은혜입니다.

노아처럼 나의 죄 때문에 십자가에 죽으신 예수 그리스도의 은혜에 합당하게 이 세상 사람들과 이 세대와는 다른 분명한 하나님 자녀다운 삶이 뒤따라야 되는 것입니다. 아무도 하나님을 알지 못하고 자신이 하나님이 되어 오직 악으로 죄악만을 탐하는 그 시대에 노아는 혼자 하나님을 모시고 하나님 앞에서 하나님 닮은 삶을 산 것입니다. 그 자녀다운 삶, 노아처럼 하나님의 계보에 속한 삶 그것이 바로 '의로움'입니다. 이러한 노아의 의로운 삶에 관하여 베드로 사도는 '의를 전파하는 자'였다고 베드로후서 2장 5절에서 이렇게 말씀하고 있습니다.

옛 세상을 용서하지 아니하시고 오직 의를 전파하는 노아와 그 일곱 식구를 보존하시고 경건하지 아니한 자들의 세상에 홍수를 내리셨으며.

노아는 단순히 '의로운 자'로서 자신의 삶만 추구한 것이 아니라 죄악이 관영한 그 시대에 하나님의 의가 무엇이고 은혜가 무엇인지를 전파하는 하나님 나라의 외로운 파수꾼이었습니다.

완전한 자 노아

'완전하다'는 히브리어로 '타밈'인데 대게 하나님께 드리는 제사에 쓰이는 짐승이 '흠이 없음'을 나타내는 말입니다. 하나님이 오직 흠이 없는 제물만 받으시듯이 노아는 여호와 보시기에 흠이 없는 제물이었습니다. 그러므로 "노아는 의인이요 당대에 완전한 자라."는 말씀이 노아가 죄가 없는 사람이라는 것은 아닙니다. 노아가 "여호와 보시기에 흠이 없는 제물"이 된 것은 하나님의 은혜가 그의 죄를 가리웠기 때문입니다. 그는 아벨처럼 그리스도 예수님의 보혈을 의지하고 하나님께 예배하는 자였던 것입니다. 온전한 예배를 통해 자신의 죄와 허물을 가리움 받은 것입니다. 하나님께 은혜를 입은 노아는 하나님께 흠이 없는 제물로 인정받은 것입니다. 비록 그에게 죄가 있어도 '피 흘림'의 제사를 통해 늘 속죄의 은총을 누리고 있었던 것입니다.

오늘 우리가 신령과 진정으로 예배하는 것이 왜 중요합니까? 우리의 죄성과 지금까지 지은 모든 죄를 간과하시는 하나님의 은혜를 입는 시간이기 때문입니다. 노아처럼 비록 죄성을 갖고 있거나 혹은 범죄하였다 할지라도 하나님 앞에 '흠이 없는 제물'이 되어서 완전하다고 인정받은 것처럼 오늘 우리가 드리는 이 예배는 생명줄입니다. 심판에서 제외되고 구원의 시작이 될 수 있는 기회가 바로 이 예배 시간입니다. 우리를 모든 죄에서 완전히 해방할 뿐 아니라 죄악에 사로잡힌 우리의 어두워진 양심을 밝힐 수 있는 것이 바로 이 예배입니다. 죄악에 사로잡혀 있던 우리의 심령이 하나님의 은혜로 가득하게 되면 두려울 것이 없습니다. 사람도, 미래도, 가정도, 직장도 두렵지 않습니다. 왜냐하면 내 모든 죄가 예수님의 보혈로 씻음 받고 하나님 앞에서 흠이 없는 제물이 되어 당세의 완전한 자라고 인정받기 때문입니다.

노아에게 대홍수 심판도 두려움의 대상이 되지 않은 것처럼 우리가 예배를 통해 하나님께 은혜를 입게 되면 우리 모든 것이 하나님의 손으로, 하나님의 계획 안으로 들어가게 됩니다. 그러므로 하나님과 동행하는 삶, 모든 것을 하나님과 함께하고 나누는 삶을 살게 됩니다. 이것이 동행의 의미입니다. 예배가 이렇게 중요합니다. 하나님이 성령과 진리로 예배하는 이 시간을 통해 우리를 회복시키십니다. 우리의 모든 죄를 성령의 불로 태우시고 우리의 양심을 진리의 말씀으로 깨끗하게 하사 우리가 하나님 앞에 완전한 자로 서게 하십니다.

하나님과 동행한 노아

당시에 모든 사람이 하나님을 버리고 죄악된 삶을 살고 있을 때에 노아는 하나님을 사랑하고 하나님과 동행하는 것에만 열심이었습니다. 쾌락에 눈이 먼 세상 사람이 이해하기 어려운 삶을 살았습니다. 하나님을 예배하고, 하나님께 기도하며, 하나님의 말씀을 듣는 것을 즐기며, 경건하게 살았습니다. 하나님께 시선을 집중시킨 채 하나님의 은혜를 힘입어 살았습니다. 하나님과 함께함이 그에게는 가장 큰 즐거움이었습니다.

하나님과 동행하는 사람은 자기를 신뢰하지 않고 하나님을 의지하는 사람을 말합니다. 즉 믿음의 사람을 의미하는 것입니다. 그들은 자신의 지혜, 능력, 경험을 내려놓고 오직 하나님이 이끄시는 대로 하나님과 발걸음을 같이 합니다.

믿음으로 노아는 아직 보이지 않는 일에 경고하심을 받아 경외함으로 방주를 준비하여 그 집을 구원하였으니 이로 말미암아 세상을 정죄하고 믿음을 따르는 의의 상속자가 되었느니라(히 11:7).

노아가 어떻게 방주를 만들었습니까? 믿음으로 만들었습니다. 노아에게 믿음이 없었다면 그는 하나님이 명령하신 방주를 만들지 못했을 것입니다.

하나님이 말씀하신 것은 당시 노아에게 쉽게 이해되거나 받아들이기 쉬운 것이 아니었습니다. 왜냐하면 노아는 아직 한 번도 비를 본 적이 없습니다. 홍수 이전에는 이 땅의 모든 물은 하나님이 지면의 샘을 터트려 주셔서 존재하지 비가 내려서 존재하는 것이 아니었습니다. 자신이 한 번도 경험하지 못한 것을 지금 믿음의 눈으로 바라보고 있는 것입니다. 하나님의 말씀 그 자체가 실체임을 믿었던 것입니다. 말씀 속에서 이미 노아는 대홍수 심판을 보고 있는 것입니다. 그래서 히브리서 11장 1절에서 "믿음은 바라는 것들의 실상이요 보이지 않는 것들의 증거니."라고 말씀하고 있는 것입니다.

또한 하나님과 동행하는 사람은 하나님의 모든 말씀에 무조건적으로 순종합니다. 하나님을 진심으로 경외하고 사랑하기 때문입니다. 노아는 비록 한 번도 비도, 무지개도 본 적이 없지만 믿음으로 순종했습니다. 심지어는 바다에서 아주 멀리 떨어진 곳에 살아서 배를 만드는 것은 고사하고 본

적도 없었을 것입니다. 그러나 노아는 하나님의 말씀에 믿음으로 순종하는 것을 망설이지 않았습니다.

노아가 그와 같이 하여 하나님이 자기에게 명하신 대로 다 준행하였더라 (6:22).

⁵노아가 여호와께서 자기에게 명하신 대로 다 준행하였더라 ⁹하나님이 노아에게 명하신 대로 암수 둘씩 노아에게 나아와 방주로 들어갔으며 ¹⁵무릇 생명의 기운이 있는 육체가 둘씩 노아에게 나아와 방주로 들어갔으니 ¹⁶들어간 것들은 모든 것의 암수라 하나님이 그에게 명하신 대로 들어가매 여호와께서 그를 들여보내고 문을 닫으시니라(7:5, 9, 15, 16).

위의 말씀을 보면, 그는 순종의 사람이었습니다. 방주를 만드는 것도 하나님의 말씀대로, 홍수 때에 먹을 음식물을 저장하는 것도 하나님의 말씀대로, 짐승들을 방주로 들어가게 하는 것도 다 하나님이 명하신 대로 순종했습니다.

노아는 하나님의 말씀에 단 한번도 '아니오.'가 없습니다. 방주를 만들라는 말씀에 노아는 단 한차례라도 의문을 갖는다든지 불신하는 말을 하지 않습니다. 말씀대로 어떻게 하면 방주를 지을까만 고민합니다. 노아는 방주를 다 짓는데 120년이 걸렸습니다. 그런데 해가 거듭되어도 비가 올 기미는 전혀 보이지 않았습니다. 사람들은 노아가 정신 이상이 든 것이라고 수군거렸을 것입니다. 그의 수고는 쓸데없는 일에 전 생애를 낭비하는 헛수고처럼 느껴졌을 것입니다. 그런 상황에서도 노아는 믿음으로 방주를 짓는 일을 멈추지 않았습니다. 이것이 하나님을 경외하는 가운데서 하나님과 동행하는 삶의 표본인 것입니다. 노아는 이해되지 않는 상황 속에서도 흠이 없이 완전하게 순종했던 것입니다. 그 순종이 모든 사람이 멸망당할 때 새로운 하나님의 구원이 시작되게 한 것입니다. 우리가 하나님의 말씀에 순종하여 교회를 세우고, 전도하고, 봉사하는 것이, 주일에 교회에서 하나님과 교회만 섬기는 일이 세상 사람들 눈에는 바보처럼 보일지 몰라도, 믿음으로 감당하는 우리의 헌신을 통해 하나님은 구원의 은총과 기쁨과 평안을 누리도록 하늘의 복을 허락하여 주시는 것입니다.

하나님이 설계하신 방주

노아의 방주도, 성막도 하나님이 직접 설계하셨습니다. 인간을 사랑하시는 하나님의 마음을 볼 수 있습니다. 방주가 구원을 위한 하나님의 도구였다면 성막도 인간을 구원하기 위한 하나님의 임재의 처소입니다. 노아는 하나님이 제시해 주신 설계도대로 방주를 지었습니다. 노아가 지은 방주는 모세가 지은 성막과 마찬가지로 예수 그리스도의 십자가 구원을 상징합니다.

우선 방주의 방수를 위해 사용된 역청이란 단어가 히브리어로 코페르(속죄 제물)입니다. 그리고 '칠한다'는 말이 카파르(속죄하다, 덮다)입니다. 구약 제사 제도에서는 어린 양의 피로 죄를 덮어 죄를 속한다는 상징적 의미를 부여했습니다. 이것은 예수님의 피로써 속죄하는 것을 예표합니다. 역청이 물이 침투해서 멸망시키는 것을 방지하듯이, 예수의 피가 믿는 자의 멸망을 방지해 줍니다.

그리고 이 거대한 방주의 출입문은 오직 하나뿐이었다는 것입니다. 학자들의 추정에 의하면 양, 소, 코끼리, 새 등 약 45,000마리가 방주에 들어갔다고 합니다. 그 거대한 방주에 출입문은 오직 하나뿐이었습니다. 6절을 보면, '그 문'이라고 되어 있습니다. 단수이고, 정관사가 붙어 있습니다. 이런 것은 무엇을 예표할까요? 구원의 길은 오직 하나 예수님을 통해서만 구원받을 수 있다는 사실입니다.

예수께서 이르시되 내가 곧 길이요 진리요 생명이니 나로 말미암지 않고는 아버지께로 올 자가 없느니라(요 14:6).

다른 이로써는 구원을 받을 수 없나니 천하 사람 중에 구원을 받을 만한 다른 이름을 우리에게 주신 일이 없음이라 하였더라(행 4:12).

7그러므로 예수께서 다시 이르시되 내가 진실로 진실로 너희에게 말하노니 나는 양의 문이라 9내가 문이니 누구든지 나로 말미암아 들어가면 구원을 받고 또는 들어가며 나오며 꼴을 얻으리라(요 10:7, 9).

구원의 문은 하나뿐입니다. 오직 예수 문으로 들어가야 예수 십자가의 보배 피가 우리 죄를 다 씻어 주시고 우리를 영생하게 하시는 것입니다.

또한 노아의 방주에는 방향을 알 수 있는 나침반도 배를 움직일 수 있는 키도 없었습니다. 방주에 들어가면 자신의 힘으로 방주를 움직일 수 있는 것은 없습니다. 생후 3개월 된 모세를 태웠던 갈대상자도 비슷합니다. 방향도, 동력도 없었지만 하나님의 인도하심 따라 바로의 공주 앞에 다다르게 되었습니다. 예수님을 믿는다는 것은 방주 안으로 들어가는 것입니다. 방주 안에 들어간 사람이 하는 일은 하나님만 바라보는 것입니다. 하나님만 신뢰하고 그분의 인도하심대로 따라가는 것입니다. 하나님을 신뢰하면 평안합니다. 하나님을 신뢰하지 않으면 방주가 답답하고 형벌처럼 느껴지지만 하나님을 신뢰하므로 나아가면 그 방주를 통해 생명을 얻게 되고, 구원받게 되고, 새로운 믿음의 조상이 되는 축복을 누리게 됩니다. 우리 인생의 방주의 항해를 하나님께 맡겨 드리십시오. 그분 안에서 잠잠히 기다리십시오. 소망의 포구, 생명의 포구, 회복의 포구에 다다르게 될 것입니다. 노아의 방주 안에서의 삶은 광야에서 40년을 보낸 이스라엘 백성들의 삶과 비슷합니다.

그리고 우리의 삶과 비슷합니다. 아무것도 보이지 않고 아무 소리도 들리지 않지만, 우리에게는 모든 것을 볼 수 있는 믿음의 눈이 있습니다. 하나님의 말씀을 들을 수 있는 들을 귀가 있습니다. 이 믿음의 눈과 말씀을 들을 귀만 있으면 광야 40년 동안 이스라엘 백성을 인도하신 하나님의 능력과 기적을 지금도 경험할 수 있습니다. 먹을 것이 없을 때 하나님은 만나를 내려주시고, 반석에서 물이 솟아나게 하시고, 대적들을 기도로 이기게 하시고 외로울 때, 말씀을 주시고 죄를 지었을 때, 성막을 주시고, 길을 잃었을 때, 구름기둥과 불기둥을 주셔서 이스라엘 백성을 인도하시듯이 우리의 삶을 인도하시는 것입니다.

그러므로 병들고, 지치고, 사업에 실패하고, 인생의 길이 보이지 않아 답답할 때, 두려워하지 마십시오. 내 삶의 항해에 끝이 되시는 주님이 우리 인생 항해의 방향이 되어 주시고, 동력이 되어 주셔서, 하나님이 원하시는 곳으로 인도하실 것입니다. 하나님은 약속에 신실하신 언약의 하나님이십니다. 하나님이 노아에게 '보존 언약'을 통해 살게 하신 것처럼 예수 그리스도 안에 있는 우리 모두를 살게 하실 것입니다. 구원을 얻게 하실 것입니다. 반드시 고쳐 주시고, 치료해 주실 것입니다. 하나님은 약속하신 모든 것을 이루시는 신실하신 분이십니다. 하나님은 언약대로 노아와 그의 온 식구들을 구원하셨습니다. 노아 한 사람 때문에 가족 모두가 구원을 얻은 것입니다. 나 혼자만이라도 은혜 받아, 의롭고 완전하게 하나님과 동행해야 할 이유가 여기 있는 것입니다. 모든 사람에게 멸망의 순간이 다가와도 믿음으로 의롭게 된 사람과 가족에게는 하나님 구원의 역사가 분명히 임할 것이기 때문입니다.

7장

노아의 방주

¹여호와께서 노아에게 이르시되 너와 네 온 집은 방주로 들어가라 이 세대에서 네가 내 앞에 의로움을 내가 보았음이니라 ²너는 모든 정결한 짐승은 암수 일곱씩, 부정한 것은 암수 둘씩을 네게로 데려오며 ³공중의 새도 암수 일곱씩을 데려와 그 씨를 온 지면에 유전하게 하라 ⁴지금부터 칠 일이면 내가 사십 주야를 땅에 비를 내려 내가 지은 모든 생물을 지면에서 쓸어버리리라 ⁵노아가 여호와께서 자기에게 명하신 대로 다 준행하였더라 ⁶홍수가 땅에 있을 때에 노아가 육백 세라 ⁷노아는 아들들과 아내와 며느리들과 함께 홍수를 피하여 방주에 들어갔고 ⁸정결한 짐승과 부정한 짐승과 새와 땅에 기는 모든 것은 ⁹하나님이 노아에게 명하신 대로 암수 둘씩 노아에게 나아와 방주로 들어갔으며 ¹⁰칠 일 후에 홍수가 땅에 덮이니 ¹¹노아가 육백 세 되던 해 둘째 달 곧 그 달 열이렛날이라 그날에 큰 깊음의 샘들이 터지며 하늘의 창문들이 열려 ¹²사십 주야를 비가 땅에 쏟아졌더라.

노아는 120년 동안 하나님이 명하신 대로 방주를 짓는 일을 계속 합니다. 방주는 배가 아닙니다. 정확히는 직사각형의 커다란 궤짝입니다. 그래서 영어로도 ark라고 하지 ship이라고 하지 않습니다. 노아는 이상한 방주를 건조하면서 120년이라는 기간을 사람들의 조롱과 멸시 속에서도 하나님께 순종하므로 방주를 완성해 나갑니다. 중요한 것은 성경은 120년이라는 긴 시간 동안 하나님이 노아에게 다시 찾아오셔서 말씀하셨다는 언급이 없다는 것입니다. 즉 하나님이 120년 동안 한 번도 나타나지 않으셨다가 방주가 완성된 지금, 이 장의 본문에서야 다시 등장하셔서 말씀하시는 것입니다. 노아의 믿음을 여기서 알 수 있습니다. 그 120년 동안 노아는 아무런 불평이나 의심 없이 하나님의 말씀만을 좇아서 묵묵히 방주를 지은 것입니다. 믿음은 인간의 이성으로 이해되지 않는 부분까지 수용하며 신뢰하는 것입니다. 때로는 눈에 보이지 않고 귀에 들리지 않고, 내 손에 잡히지 않아도, 심지어는 우리 인간의 상식에 어긋나더라도 하나님의 말씀이기 때문에 믿고 순종하는 것이 진정한 믿음입니다.

창세기 16장에 보면 아브라함은 아들을 약속해 주신 하나님의 말씀을 10년 동안 기다려 오다가 사라의 등쌀에 못 이겨 하갈을 통해 이스마엘을 낳게 됩니다. 하나님의 말씀을 인내로 기다리지 못한 단 한 번의 믿음의 실패가 아브라함의 평생은 물론, 오늘날까지 하나님이 약속해 주신 아들과 전쟁의 소용돌이를 불러일으킨 것입니다. 그런데도 성경은 아브라함을 믿음의 조상이라고 인정하고 있습니다. 이 아브라함과 비교해 보면 노아의 믿음은 실로 대단한 것입니다. 노아는 하나님에 대해 변함없는 신앙으로 나아갔습니다. 이와 같이 우리도 변함없는 한결 같은 신앙을 가져야 할 것입니다. 인생에 환란의 광풍이 일어나고 고난의 비바람이 일어 건강에 위기가 찾아오고 사업이 망하고 자녀들에게 어려움이 생기고 사람 때문에 견디기 힘든 아픔이 찾아온다 할지라도 우리의 믿음이 노아와 같이 120년이라는 시간이 흘렀어도 처음부터 끝까지 하나님에 대해 동일한 신앙의 모습으로 서 있기를 바랍니다.

의로운 노아

하나님이 믿음의 사람 노아에게 찾아오셔서 하신 말씀은 "이 세대에 네가 내 앞에 의로움을 내가 보았음이니라."는 한마디 말씀입니다. 노아의 신앙이 하나님 앞에 의로움 그 자체였습니다. 앞에서 살펴본 대로 노아가 의롭다고 인정받은 것은 예배적 개념입니다. 그도 분명히 아담의 후손이므로 죄인인 것이 분명합니다. 그러나 피가 있는 예배를 통해 자신의 모든 죄를 사함 받고 하나님 앞에 의인으로 서게 된 것입니다. 우리가 오늘날 죄가 있음에도 예수 그리스도의 보혈을 의지하므로 하나님 앞에 나아가면 그 믿음을 보시고 의롭다고 말씀해 주시는 것과 동일합니다. 먼 훗날 우리가 하나님 앞에 설 때에 우리도 노아처럼 '의로운 자'라고 인정받기를 바랍니다.

그런데 노아의 의로움은 좀 더 자세히 살펴보아야 할 특별한 이유가 있습니다. 왜냐하면 노아와 그의 가족은 죄악이 관영한 그 시대를 살던 모든 사람이 심판받아 멸망받을 때 그들은 하나님의 은혜로 새로운 생명을 시작하고 있기 때문입니다. 그래서 일부 신학자들은 노아와 그의 가족들이 방주를 통해 구원받은 것을 세례로 보는 사람도 있습니다. 그들은 하나님이 예비하신 방주로 들어감으로 세상의 죄에 대해 죽고 하나님에 대하여는 살게 되는 새로운 삶을 시작하게 되었다는 것입니다.

구약에서 사람이 물로 멸망당한 사건이 두 번 기록되어 있습니다. 지금의 노아 홍수와 홍해에 수장된 애굽 군대입니다. 이스라엘 백성은 하나님의 은혜로 홍해를 건너 구원받아 새로운 삶을 살게 되었지만 애굽 군대는 멸망받은 것입니다. 멸망받은 애굽 군대를 바라보면서 이스라엘 백성은 애굽의 옛 생활과 완전히 단절된 새로운 삶을 살기를 결단하였습니다. 애굽 삶의 결국이 멸망이기 때문입니다. 이제는 애굽의 옛 사람은 죽고 하나님 앞에서 완전하고 새로운 삶을 살아야 했습니다. 하늘의 신령한 음식을 먹고 반석이신 예수 그리스도를 통해 얻을 수 있는 하늘의 생수를 마셔야만 살 수 있는 새로운 백성이 된 것입니다.

이런 의미로 사도 바울은 홍해에서 구원받은 이스라엘 백성이 홍해에서 세례를 받았다고 해석합니다. 고린도전서 10장 1-4절을 보십시오.

[1]형제들아 나는 너희가 알지 못하기를 원하지 아니하노니 우리 조상들이 다 구름 아래에 있고 바다 가운데로 지나며 [2]모세에게 속하여 다 구름과 바다에서 세례를 받고 [3]다 같은 신령한 음식을 먹으며 [4]다 같은 신령한 음료를 마셨

으니 이는 그들을 따르는 신령한 반석으로부터 마셨으매 그 반석은 곧 그리스도시라.

이스라엘 백성은 홍해를 건너므로 옛 사람과 완전하게 분리된 세례를 받은 것입니다. 세례가 무엇입니까? 세례를 받는다는 것은 이 세상의 죄에 대해 철저히 죽는 것을 의미합니다. 죄에 대해 죽고 의에 대해 사는 것을 말합니다. 세례는 과거에 내가 속해 있었던 모든 삶을 부정하고 이제 하나님 안에서 새로운 삶을 찾는 것이 세례입니다. 과거에 나를 다스렸던 죄의 지배가 끝나고 이제 하나님을 섬기는 새로운 삶이 시작된 의식이 세례인 것입니다. 내 마음대로, 내 뜻대로, 육체의 욕심에 이끌려 살던 옛 사람을 완전히 장사지내고, 하나님만을 섬기고 사랑하므로 말씀대로 살아가는 새로운 사람이 되었음을 선포하는 것이 세례입니다.

그러므로 노아와 그의 가족들은 죄와 완전하게 단절되어 하나님의 다스림 안에서 전혀 새로운 삶을 살아야 했습니다. 이제 노아는 하나님이 공급해 주시는 신령한 양식과 신령한 음료를 먹고 살아야 되는 온전한 하나님의 백성이 되었습니다. 이 홍수 세례를 통해 노아는 자신을 완전한 하나님의 도구로 거룩하게 헌신하는 사명을 받게 되었습니다. 이것이 하나님 앞에서 의인으로 서게 된 노아의 사명입니다.

방주로 들어가는 노아와 그 가족

이처럼 하나님 앞에 의로운 노아에게 드디어 "너와 네 온 집은 방주로 들어가라."고 명령하십니다. 하나님의 약속대로 이제 대홍수 심판이 시작될 것이기 때문입니다. 하나님은 약속에 신실하신 분이십니다. 120년 전에 약속하신 대로 하나님은 방주 안으로 들어가지 못하는 모든 호흡이 있는 생명을 심판하실 것입니다.

하나님은 사람이 아니시니 거짓말을 하지 않으시고 인생이 아니시니 후회가 없으시도다 어찌 그 말씀하신 바를 행하지 않으시며 하신 말씀을 실행하지 않으시랴(민 23:19).

하나님은 노아에게 대홍수 심판을 약속하셨듯이 우리에게도 예수님이 다시 오시는 날, 불로 이 세상을 심판하실 것을 이미 말씀하셨습니다. 그 심판의 날에 예수 그리스도를 믿어 하나님의 자녀된 백성은 구원받게 될 것이지만 예수 그리스도를 영접하지 않은 사람은 노아 시대의 사람들처럼 멸망받게 될 것입니다. 노아 때문에 그 가정이 다 구원을 얻은 것처럼 누구든지 예수 그리스도의 이름을 부르는 사람은 자신과 그 가족도 구원받게 될 것입니다.

주 예수를 믿으라 그리하면 너와 네 집이 구원을 받으리라 하고(행 16:31).

그러므로 지금 내가 예수 믿는 것은 중요합니다. 나를 통해 하나님의 구원의 은총이 우리 가족에까지 넉넉히 흘러가기를 바랍니다.

방주와 예배

하나님은 노아와 노아의 가족 외에 정결한 짐승은 암수 일곱씩 데리고 들어가라고 말씀하시고 부정한 것은 암수 둘씩 데리고 들어가라고 명하셨습니다. 죄악이 관영하던 그 시대에 하나님은 짐승도 정결한 것과 부정한 것을 구분해 놓으셨다는 것입니다. 정결한 것과 부정한 것의 기준은 제사입니다. 제사를 통해 하나님이 열납하실 만한 짐승은 정결한 것이지만 제사에서 하나님이 흠향하지 못할 것은 부정한 것입니다. 하나님은 아담을 에덴에서 쫓아내신 후에도 예배를 통해 그들을 만나 주시고 그들과 교제하셨듯이 대홍수 이후에도 오직 예배를 통해 노아와 그 후손들을 만날 준비를 하고 계시는 것입니다.

하나님의 말씀대로 창세기 8장 20절에 보면 노아는 정결한 짐승을 통해 단을 쌓고 하나님께 제사를 드린 것을 알 수 있습니다.

> 노아가 여호와께 제단을 쌓고 모든 정결한 짐승과 모든 정결한 새 중에서 제물을 취하여 번제로 제단에 드렸더니.

대홍수 이후에 하나님의 영광 안에서 그분의 은혜를 새롭게 호흡하는 방법이 예배였습니다. 노아의 예배의 특징을 정리하면 다음과 같습니다.

첫째, 노아의 예배는 하나님의 진노를 멈추게 합니다. 다시 말씀드리지만 가인과 아벨이 에덴에서 쫓겨난 후 예배를 통해 하나님께 나아간 것을 생각해 보십시오. 노아도 하나님의 진노로 이루어진 대홍수 이후로 하나님이 말씀하신 대로 예배를 통해 하나님께 나아가므로 진노가 아닌 하나님의 구원의 은혜를 노래하게 됩니다. 그러므로 우리가 절대 포기하지 말아야 할 것이 있습니다. 예배입니다. 특히나 한 주간 동안 살면서 알게 모르게 지은 죄가 있어서 하나님의 진노를 두려워하고 있는 성도가 있다고 한다면 하나님께 진정한 예배를 통해 진노가 아니라 은혜를 공급받아야 하는 것입니다. 그래서 주일이 중요한 것입니다. 으레 "주일이 되었으니 교회 가서 예배해야지."라는 마음이 아니라 이 예배가 하나님의 은혜로 내 인생을 새롭게 할 수 있는 유일한 수단임을 깨달아 하나님의 회복의 은혜를 사모하며 나와야 하는 것입니다.

둘째, 하나님은 오직 예배를 통해 우리를 새롭게 하시고 회복시킵니다. 예배는 하나님과 관계를 잇는 유일한 끈입니다. 우리는 예배를 통해 하나님을 만날 수 있고 음성을 들을 수 있습니다. 예배를 통해 그분의 거룩한 임재 안으로 들어가 주의 영광을 경험할 수 있는 것입니다. 예배에 하나님의 축복과 은혜가 있습니다. 하나님과 관계를 이어 나가는 것은 돈이 아닙니다. 업적이 아닙니다. 성공이 아닙니다. 우리가 주님의 보혈로 거룩한 산 제물이 되어 온전한 예배로 나아가게 될 때 하나님은 우리의 모든 죄를 용서하여 주시고 우리와 세상 끝날까지 함께해 주시는 것입니다.

셋째, 예배는 새로운 구원의 시대를 준비하게 합니다. 노아는 새로운 인류의 조상이 되는 인생의 새로운 시대를 예배를 통해 준비하고 있었습니다. 남편을 다섯 명씩이나 두었던 사마리아 수가성 여인을 생각해 보십시오. 그녀의 어둡고 암울한 과거가 예수님을 만나 치유되고 새로운 회복의 은혜가 그녀에게 임했을 때 그녀와 예수님이 나눈 대화의 핵심은 예배에 관한 것이었습니다. 예수님을 만나고 심령에 변화가 있는 사람은 이 여인처럼 당연히 예배를 통해 하나님을 만나고 싶은 열망에 사로잡히게 되는 것입니다. 예배를 통해 하나님께 나아가기를 원하는 수가성 여인에게 예수님은 요한복음 4장 23절에서 "아버지께 참되게 예배하는 자들은 영과 진리로 예배할 때가 오나니 곧 이때라 아버지께서는 자기에게 이렇게 예배하는 자들을 찾으시느니라."고 말씀해 주셨습니다. 하나님은 다른 사람을 찾으시는 것이 아닙니다. 성령과 진리로 예배하는 한 사람을 찾으시고 그 사람을 통해 복과 영광이 넘치는 새로운 인생을 살게 하는 것입니다.

짐승이 나아온지라

어떻게 노아가 그 많은 짐승을 방주에 태울 수 있었을까요? 본문 9절과 창세기 7장 15절을 보면 알 수 있습니다.

무릇 생명의 기운이 있는 육체가 둘씩 노아에게 나아와 방주로 들어갔으니.

노아가 일일이 선별하여 일주일 안에 방주에 들여보낸 것이 아닙니다. 하나님의 은혜로 생명의 기운이 있는 동물이 쌍을 지어 노아에게로 나온 것입니다. 노아가 한 일이 아닙니다. 하나님이 하신 것입니다. 사람이 할 수 있는 일은 아무것도 없습니다. 특히나 우리가 주님의 일을 할 때 내가 하려고 하기 때문에 문제가 생기고, 포기하게 되고, 낙심하게 되는 것입니다. 내가 하면 모든 것이 힘들고 어려울 뿐입니다. 그러나 하나님이 하시면 모든 것이 하나님 작정하신 대로 아름답게 이루어지는 것입니다. 노아가

하는 일은 믿음으로 하나님을 바라보는 것뿐이었습니다. 노아처럼 순종하려는 자세를 갖고 하나님을 바라볼 때 하나님이 역사하시고 일하시는 것입니다.

앞 장에서 말씀드린 대로 방주에는 어디로 가는지 알 수 있는 나침반도 또 방향을 바꿀 수 있는 키도, 또 방주를 나아가게 할 수 있는 동력장치도 없습니다. 게다가 창문은 하나 밖에 없습니다. 모든 것이 부족하고 답답한 곳이지만 그곳에 하나님이 계셨습니다. 하나님이 함께하시며 그 방주를 다스리고 계셨습니다. 이런 의미로 보면 모든 환경은 열악했지만 노아의 방주는 하나님이 다스리는 작은 에덴 동산이 된 것입니다. 하나님의 다스림대로 이루어지는 곳이 에덴 동산이고 천국 아닙니까?

하나님의 다스림 안으로 들어가십시오. 그곳에 행복이 있고, 평안이 있고, 하나님의 은혜가 있습니다. 하나님과 함께하는 사람은 대홍수 속에서도 구원받습니다. 하나님이 함께하는 사람은 근심과 걱정이 둘러싼다 할지라도 싸이지 않습니다. 답답한 일을 당해도 낙심하지 않습니다. 오히려 소망의 주를 바라보며 기뻐합니다. 거꾸러뜨림을 당할 수 있습니다. 그러나 망하지 않습니다. 하나님이 함께하시면 홍해가 갈라집니다. 먹을 것이 없으면 하늘에서 만나를 내려 주시는 분이 우리의 하나님되십니다. 물이 없을 때 반석에서 생수가 솟아나게 하십니다. 갈 바를 알지 못하고 의지할 이가 없을 때 하나님은 친히 구름기둥과 불기둥이 되어 주셔서 우리를 인도해 주시는 자비의 하나님이십니다. 이 하나님과 끝까지 동행하므로 내 힘과 능력으로 사는 인생이 아니라 하나님의 은혜로만 사는 인생이 되기를 바랍니다.

하나님의 시간 7일

비가 한 방울도 보이지 않더니 드디어 7일 후에 비가 내리기 시작했습니다. 하나님은 말씀대로 행하시는 정확하신 분입니다. 이제 짐승까지 모두 태웠고 방주 문은 닫혔는데, 혹시 비가 오지 않으면 어떻게 하나 의심할 수도 있습니다. 그러나 노아는 잠잠히 하나님을 기다립니다. 마치 하나님의 비의 응답을 받았지만 일곱 번이나 간절히 기도해야 하는 엘리야처럼 때로는 하나님의 시간을 인내와 믿음으로 기다려야 하는 것이 우리 신앙의 처지입니다. 하나님의 시간을 기다리면서 때로는 갈등이 생기고 의심이 생기는 것도 사실입니다. 그러나 끝까지 믿음으로 하나님을 기다리면 신실하신 하나님은 반드시 그분의 말씀대로 모든 것을 다 이루시는 분이십니다.

우리가 믿음으로 행하는 모든 일에는 이러한 도전이 있습니다. 그러나 이 도전 앞에서 갈등하고 의심하며 뒤돌아서서는 안됩니다. 우리와 함께 하시는 하나님은 우리의 믿음을 통해 일하시는 분이십니다. 만약에 우리가 우리의 이성과 상식에 순종하고 하나님의 말씀을 의심한다고 한다면 모든 것이 물거품이 되고 맙니다. 그러나 신실하신 하나님을 신뢰하고 끝까지 전진한다면 분명히 하나님의 기적을 경험하게 될 것입니다. 만약 우리가 믿음으로 기도하고 시작한 일이라고 한다면, 하나님이 모두 이루어 주실 것입니다. 그때까지 인내와 믿음으로 기다리기를 바랍니다. 하나님은 성경의 위대한 인물에게도 말씀을 주시고 꿈을 주시되 참된 믿음을 통해 인내하기를 원하셨습니다. 요셉이 그랬고 다윗이 그랬습니다. 그들은 어떠한 상황 속에서도 하나님을 신뢰하는 믿음을 포기하지 않았고 마침내 하나님의 위대하신 축복이 자신의 삶에 이루어지는 것을 경험하게 되었습니다. 우리의 인생이 믿음으로 새로워지고 하나님의 위대한 축복을 경험하기를 바랍니다.

드디어 하늘의 창들이 열리고 깊음의 샘들이 터지게 되어 홍수가 시작되었습니다. 홍수는 주님이 말씀하신 대로 무려 사십 주야를 멈추지 않고 계속되었습니다. 노아가 방주를 건조하던 120년 동안 이 사실을 믿은 사람은 없었습니다. 오직 노아만 믿었습니다. 그 당시 비를 본 적도 없고 홍수를 경험하지 않은 사람들에게는 자신의 이성으로 보면 황당무개한 일이라고 생각했을 것입니다. 그러나 대홍수는 실제로 시작되었습니다. 믿음의 사람은 자신의 이성이나 경험을 따라 사는 사람이 아닙니다. 모든 것이 불투명하고 눈에 보이지 않는다 할지라도 말씀따라 사는 것이 믿음의 사람들이 해야 할 일입니다. 사람들의 조롱이나 비판 그리고 우리 안에서 끊임없이 솟아나는 의심을 극복하고 말씀을 믿음으로 좇아가는 사람만이 진정한 하나님의 구원의 은혜와 기적을 누리는 사람이 되는 것입니다. 부디 우리가 변함없는 하나님의 말씀을 붙잡고 끝까지 믿음으로 전진하여 하나님의 구원을 날마다 경험하시는 복된 인생이 되기를 바랍니다.

방주 안에서의
삶

13곧 그날에 노아와 그의 아들 셈, 함, 야벳과 노아의 아내와 세 며느리가 다 방주로 들어갔고 14그들과 모든 들짐승이 그 종류대로, 모든 가축이 그 종류대로, 땅에 기는 모든 것이 그 종류대로, 모든 새가 그 종류대로 15무릇 생명의 기운이 있는 육체가 둘씩 노아에게 나아와 방주로 들어갔으니 16들어간 것들은 모든 것의 암수라 하나님이 그에게 명하신 대로 들어가매 여호와께서 그를 들여보내고 문을 닫으시니라 17홍수가 땅에 사십 일 동안 계속된지라 물이 많아져 방주가 땅에서 떠올랐고 18물이 더 많아져 땅에 넘치매 방주가 물 위에 떠 다녔으며 19물이 땅에 더욱 넘치매 천하의 높은 산이 다 잠겼더니 20물이 불어서 십오 규빗이나 오르니 산들이 잠긴지라 21땅 위에 움직이는 생물이 다 죽었으니 곧 새와 가축과 들짐승과 땅에 기는 모든 것과 모든 사람이라 22육지에 있어 그 코에 생명의 기운의 숨이 있는 것은 다 죽었더라 23지면의 모든 생물을 쓸어버리시니 곧 사람과 가축과 기는 것과 공중의 새까지라 이들은 땅에서 쓸어버림을 당하였으되 오직 노아와 그와 함께 방주에 있던 자들만 남았더라 24물이 백오십 일을 땅에 넘쳤더라.

노아 홍수는 노아의 600세 되던 해 2월 10일부터 시작되었습니다. 그날 그들은 방주로 들어갔습니다(7:10). 그리고 일주일 후인 2월 17일 비가 오기 시작했습니다(7:11). 40일 후인 3월 27일에 방주가 떠올랐고, 천하의 높은 산이 다 덮였습니다(7:19). 방주는 150일간 물 위에 떠 있었습니다(7:24). 150일 후인 7월 17일부터 물이 줄어들기 시작했고, 방주가 아라랏

산에 머물렀습니다(8:4). 10월 1일에는 물이 줄어들어서 다른 산봉우리들이 보이기 시작했습니다(8:5). 산이 보인 후 40일 후에 까마귀를 내보냈으나 돌아오지 않았습니다. 14일 후에 다시 비둘기를 보냈더니 새 잎을 물고 왔습니다(8:11). 그리고 601년 1월 1일 지면에 물이 걷히고 해발이 정상 수위로 돌아왔습니다. 그 후 1개월 26일 후인 2월 27일 땅이 말랐습니다(8:14). 그래서 노아의 온 가족과 짐승들이 방주에서 나왔습니다(8:18). 땅 위에 물이 창궐했던 기간은(600. 2. 17.-601. 1. 1.) 9개월 13일간이었고, 노아 가족이 방주에 머무른 기간은(600. 2. 10.-601. 2. 27.) 1년 17일이었습니다. 성경이 이처럼 노아의 방주 사건을 날짜별로 정확하게 언급하고 있는 것은 노아 방주가 역사적 실제 사건이기 때문입니다. 신화나 전설이 아니라 분명한 역사적 사실인 것입니다.

최초의 창조 상태로 돌아감

노아 홍수 대심판의 시작은 큰 깊음의 샘들이 터지고 하늘의 창문이 열리므로 시작되었습니다. 노아 홍수는 우리가 알고 있는 일반적인 비의 개념이 아닙니다. 맨 처음 창조 상태로 지구를 돌려 놓으신 사건입니다. 창세기 1장 6절을 보면 지구를 만드신 하나님은 물로 온 지구에 가득하게 하셨습니다. 정확히는 물로 지구 생명체를 감싸고 계셨던 것입니다. 하나님은 이 물을 위엣 물과 아랫 물로 나누시고 그 사이를 궁창이라고 부르셨습니다. 궁창은 하늘을 말하는 것으로서 하늘 아래의 물은 바다와 지하수이고 하늘 위의 물은 여전히 지구를 감싸고 있었습니다. 그러므로 하늘의 물이 땅으로 쏟아졌다는 것은 처음 창조하실 때처럼 하늘 아래의 물과 하늘 위의 물이 하나가 되었다는 것입니다. 이 말씀은 노아의 홍수가 단순한 홍수가 아니라 창조 질서의 역주행입니다. 하나님이 창조 질서를 거꾸로 돌이키실 만큼 죄를 미워하신 것입니다.

하나님이 창조 질서의 유지를 중단하시고 거꾸로 돌이키시니까 가인이 쌓고 자랑하던 그 성이 어떻게 되었습니까? 라멕의 후손들이 발전시킨 예술, 문화, 과학이 무슨 소용이 있습니까? 사람 사이에서 육체의 힘을 통해 얻었던 네피림의 명성이 무슨 소용이 있습니까? 이 세상의 것은 하나님 앞에서 한낱 지푸라기보다 못한 것입니다. 오직 하나님 앞에서 의인으로 인정받은 노아만 방주 안에서 살아남은 것입니다.

우리가 분명히 알아야 할 것이 있습니다. 이 땅의 모든 자연질서는 그들 스스로 움직이는 것이 아닙니다. 하나님이 말씀으로 붙들고 계시는 것입니다. 하나님이 놔 버리면 창조 질서가 흐트러지고 인간이 감당할 수 없는 일이 일어나는 것입니다. 우리에게 중요한 것은 하나님 앞에 어떠한 모습으로 서 있는가 하는 것입니다. 이 말씀을 받는 이스라엘 백성이 깨달아야 할 것이 그것 아닙니까?

하나님의 심판 앞에서 애굽의 문명과 바로의 권세도 아무것도 아니었다. 그러므로 앞으로 인도함받아 들어가게 될 가나안에서도 세상의 난공불락의 성이, 그곳의 장대한 아낙 자손이 그리고 그들이 누리고 있는 철기 문명과 탁월한 종교적 예술과 문화가 중요한 것이 아니라 오직 하나님 앞에서 어떠한 삶을 사는가가 중요할 뿐이다.

이 사실을 깨달아야 했습니다. 현대를 사는 우리도 마찬가지입니다. 이 세상의 문화와 문명 그리고 과학이 아무리 발달할지라도 이 세상의 것을 좇지 아니하고 하나님 앞에서 경건하고 의로운 삶을 사는 것이 중요합니다. 세상 사람들이 손가락질하고 비웃고 조롱한다 할지라도 온 우주를 말씀으로 붙들고 계시는 하나님을 바라보면서 하나님 앞에서 의롭고 완전한 믿음으로 서서 하나님과 끝까지 동행하는 사람, 그 사람을 통해 하나님의 구원의 역사는 이루어지게 될 것입니다.

이 세상의 창조는 하나님의 말씀으로 된 것입니다. 그 창조 질서를 붙들고 있는 것 또한 하나님의 말씀입니다. 자연 법칙이나 우주 질서 모두 하나님이 말씀으로 붙들고 있습니다. 그러므로 하나님이 말씀을 거두시면 이 세상의 모든 것은 아무런 의미가 없습니다. 하물며 우리 인생은 어떻겠습니까? 우리에게서 하나님이 말씀을 거두어 가시면 아무리 인기와 명예와 재물과 권력을 소유하고 있다 할지라도 아무것도 아니게 됩니다. 우리에게 하나님보다 중요한 것은 없습니다. 천지를 붙들고 운행하시는 말씀보다 소중한 것은 없습니다. 세상 끝날까지 외롭고 힘들어도 하나님 앞에서 말씀 붙드시고 믿음으로 동행하시는 귀한 삶 살기를 바랍니다.

방주의 문을 닫으신 하나님

들어간 것들은 모든 것의 암수라 하나님이 그에게 명하신 대로 들어가매 여호와께서 그를 들여보내고 문을 닫으시니라(16절).

인간인 노아가 한 일은 하나님이 명하신 대로 방주에 들어가는 것입니다. 노아가 들어가자 하나님은 방주 문을 닫으셨습니다. 하나님이 방주 문을 닫으신 이유는 그 문의 열고 닫음이 하나님께 달려 있다는 것을 보여 주는 것입니다. 이처럼 인간 구원은 전적으로 하나님께 달려 있습니다. 사람은 자기 스스로를 구원할 수 없습니다.

마태복음 25장의 예수님이 말씀하신 열 처녀의 비유를 생각해 보십시오. 등을 들고 신랑을 맞으러 나간 열 처녀가 있었습니다. 이들은 반드시 등과 기름을 준비해야 혼인잔치에 참여할 수 있었습니다. 그중 슬기로운 다섯 처녀는 그릇에 기름을 담아 등과 함께 가져갔고 미련한 다섯 처녀는 등은 준비하되 기름을 준비하지 않은 채 신랑을 기다리고 있었습니다. 신랑이 도착하게 되자 등과 함께 기름을 준비하고 있었던 다섯 처녀는 신랑과 함께 혼인잔치에 들어갔지만 기름을 준비하지 않은 미련한 다섯 처녀는 기름을 사러 갔다가 잔치에 참여하지 못합니다. 그 사이에 혼인잔치 집은 문이 닫히고 늦게 도착한 다섯 처녀가 문을 두드렸지만 신랑은 문을 열어 주지 않았습니다.

이것은 구원의 주권이 신랑에게 있음을 보여 주는 비유입니다. 신랑이 한 번 닫은 문은 절대로 열리지 않습니다. 잔치에 참여할 사람은 언제든지 등과 기름을 함께 준비하는 순종의 삶이 있어야 합니다. 그래야 신랑과 함께 혼인잔치에 들어갈 수 있는 것입니다. 한 번 닫힌 구원의 문은 절대로 열리지 않습니다. 하나님의 말씀이 들릴 때 순종해야 구원의 방주에 들어갈 수 있습니다. 구원의 길은 하나님의 말씀뿐입니다.

또 하나 아직 구원의 문이 열려 있을 때, 즉 구원으로 인도하시는 하나님의 말씀이 있을 때, 그 기회를 놓치지 말아야 합니다. 그 기회가 어쩌면 오늘이 마지막일 수도 있습니다. 심판의 날이 임박하면 말씀을 듣고 싶어도 듣지 못합니다. 늦게서야 기름 사러 가 봐야 기름을 살 수 없습니다. 예수님이 말세를 언급하시면서 비유로 드신 것이 노아 시대입니다.

> 37노아의 때와 같이 인자의 임함도 그러하리라 38홍수 전에 노아가 방주에 들어가던 날까지 사람들이 먹고 마시고 장가 들고 시집 가고 있으면서 39홍수가 나서 그들을 다 멸하기까지 깨닫지 못하였으니 인자의 임함도 이와 같으리라 (마 24:37-39).

먹고, 마시고, 시집가고, 장가가느라 임박한 홍수 심판을 깨닫지 못하는 삶이 말세의 삶입니다.

말세에는 사람들이 세상 일에 취해서 바쁘다고 말씀을 듣고 성령의 기름을 준비하는 일을 소홀히 합니다. 신앙생활은 나중에 돈 벌고, 출세하고, 성공하고 나서 하겠다고 합니다. 신앙생활에 나중은 없습니다. 전도도 지금하지 못하면 할 수 없습니다. 기도도 지금하지 못하면 할 수 없습니다. 봉사도 지금하지 못하면 할 수 없습니다. 신앙생활에 나중은 없습니다. 마귀가 우리의 귀에 대고 가장 달콤하게 속삭이는 말이 무엇인지 아십니까? 하나님의 부르심과 성령의 감동에 대해 "나중에 또는 다음에 해도 돼."라고 유혹합니다.

마태복음 8장 21-23절에 보면 예수님의 말씀을 붙잡고 즉시 순종하는 것이 얼마나 중요한지를 이렇게 말씀하고 있습니다.

> ²¹제자 중에 또 한 사람이 이르되 주여 내가 먼저 가서 내 아버지를 장사하게 허락하옵소서 ²²예수께서 이르시되 죽은 자들이 그들의 죽은 자들을 장사하게 하고 너는 나를 따르라 하시니라 ²³배에 오르시매 제자들이 따랐더니.

이 세상에서 부모님을 장사하는 것보다 더 크고 중요한 일은 없을 것입니다. 하지만 하나님의 부르심, 즉 예수님을 따르는 일이 그보다 더 중요하다는 것을 예수님이 강조하신 것입니다. 지금 하나님의 말씀이 들릴 때 충성하고 헌신해야 합니다. 지금 말씀이 들릴 때 그 말씀 붙들어야 합니다. 문은 한 번 닫히면 절대로 열리지 않습니다. 오직 하나님의 말씀대로 사는 사람만이 그 구원의 문 안으로 들어갈 수 있습니다.

예수 그리스도 안으로

앞에서 말씀드린 대로 노아의 방주는 예수 그리스도의 십자가 대속의 은혜를 상징하는 것입니다. 노아의 방주가 유일한 생명선이었듯이 우리에게는 예수 그리스도의 십자가가 유일한 생명선입니다. 예수 그리스도의 십자가를 통하지 않고는 절대로 구원받을 수 없습니다. 구원의 길은 오직 예수님의 십자가뿐입니다. 세상 사람들이 노아를 볼 때에는 전혀 상식에 맞지 않고 이치에 닿지 않는 미친 짓처럼 보였지만, 그 방주가 노아와 그의 가족을 구원한 것처럼 예수님의 십자가도 세상 사람들에게는 미련하고 저주스러운 형벌의 도구에 지나지 않을 것입니다. 그러나 구원을 얻는 우리에게 십자가는 능력이 되고 권능이 되는 것입니다.

> ¹⁸십자가의 도가 멸망하는 자들에게는 미련한 것이요 구원을 받는 우리에게는 하나님의 능력이라

²³우리는 십자가에 못 박힌 그리스도를 전하니 유대인에게는 거리끼는 것이요 이방인에게는 미련한 것이로되 ²⁴오직 부르심을 받은 자들에게는 유대인이나 헬라인이나 그리스도는 하나님의 능력이요 하나님의 지혜니라(고전 1:18, 23-24).

사도 바울 시대에도 말씀하고 있습니다. 구원의 길은 오직 예수님의 십자가뿐입니다. 말씀을 통해서 증거된 예수 그리스도의 십자가를 믿는 것, 그리하여 나에게 임하신 성령의 인도하심을 따라 사는 것만이 유일한 구원의 길입니다. 이 세상의 생명체는 오직 노아의 방주에만 있었던 것처럼 우리에게는 오직 예수님의 십자가만 있습니다.

우리가 예수님 안에 거하면 이 세상에 어떤 홍수와 시험과 풍파가 밀려온다 할지라도 안전한 것입니다. 방주 안에 존재하고 있는 어떤 동물도 죽거나 병들지 않았습니다. 하나님이 방주 안에 계시며 그들을 돌보셨기 때문입니다. 방주 안의 삶은 광야의 삶과 같고 이 세상을 살아가는 우리의 삶과 동일합니다. 하나님은 방주 안에 들어가게 하신 그 종류 그대로 보전하고 그 종족대로 번식하실 수 있도록 은혜를 베푸신 것입니다. 그것들이 창조의 목적을 이루도록 하나님이 지키시고 보전하신 것입니다. 이것이 방주 안의 기적입니다.

우리가 예수님 안에 거하면 우리를 창조하신 하나님의 뜻이 이루어지도록 하나님이 지키고 인도하십니다. 우리의 꿈과 비전 우리가 이루는 것이 아닙니다. 하나님이 이루시는 것입니다. 우리가 할 일은 영원토록 예수 그리스도 안에 거하고 예수님의 십자가만 붙들고 예수님의 말씀만을 사모하는 것입니다.

⁴내 안에 거하라 나도 너희 안에 거하리라 가지가 포도나무에 붙어 있지 아니하면 스스로 열매를 맺을 수 없음 같이 너희도 내 안에 있지 아니하면 그러하리라 ⁵나는 포도나무요 너희는 가지라 그가 내 안에, 내가 그 안에 거하면 사람

이 열매를 많이 맺나니 나를 떠나서는 너희가 아무 것도 할 수 없음이라 ⁶사람이 내 안에 거하지 아니하면 가지처럼 밖에 버려져 마르나니 사람들이 그것을 모아다가 불에 던져 사르느니라 ⁷너희가 내 안에 거하고 내 말이 너희 안에 거하면 무엇이든지 원하는 대로 구하라 그리하면 이루리라 (요 15:4-7).

소중하고 아름다운 비전이 있습니까? 먼저 예수님 안에 거하십시오. 우리의 계획과 비전을 생각하기 전에 먼저 심령에 하나님의 말씀이 거하도록 하십시오.

예수님의 말씀이 우리 안에 거하게 하는 방법은 말씀을 주야로 묵상하는 것입니다. 시편의 총주제인 시편 1편의 말씀을 생각해 보십시오.

¹복 있는 사람은 악인들의 꾀를 따르지 아니하며 죄인들의 길에 서지 아니하며 오만한 자들의 자리에 앉지 아니하고 ²오직 여호와의 율법을 즐거워하여 그의 율법을 주야로 묵상하는도다 ³그는 시냇가에 심은 나무가 철을 따라 열매를 맺으며 그 잎사귀가 마르지 아니함 같으니 그가 하는 모든 일이 다 형통하리로다 ⁴악인들은 그렇지 아니함이여 오직 바람에 나는 겨와 같도다 ⁵그러므로 악인들은 심판을 견디지 못하며 죄인들이 의인들의 모임에 들지 못하리로다 ⁶무릇 의인들의 길은 여호와께서 인정하시나 악인들의 길은 망하리로다.

우리가 그리스도 안에 거하며 우리 안에 말씀이 거하면 모든 것이 형통한 인생이 됩니다. 우리 인생이 시냇가에 심은 나무처럼 언제나 푸르른 계절을 보내게 될 것이고 우리 인생에 모자라거나 부족함이 없게 될 것입니다. 오직 예수님 안에 거하며 말씀만을 사모하기 바랍니다. 사람을 의지하지 마십시오. 사람을 의지하면 반드시 실망할 때가 옵니다. 물질이나 권세는 영원한 것이 아닙니다. 불타 없어질 것입니다. 우리에게 영원한 구원의 은총을 베푸시고 우리를 변함없이 사랑하시는 예수님만 의지하고 그 말씀 안에 거해야 합니다. 대홍수가 나고 인생에 커다란 시험이 닥쳐와도 예수님 안에 있으면 안전하게 될 줄로 믿습니다.

하나님만 바라보는 노아

노아는 홍수 심판에서 구원받은 사람이지만 실상 홍수를 보지 못했습니다. 비가 내리기 시작할 때에 문을 닫고 들어가서는 다 끝난 다음에 나왔습니다. 그랬기에 육지가 드러났는지 여부를 알기 위해서 까마귀와 비둘기를 내보낸 것입니다. 창문이 배 위쪽에 단 한 개 밖에 없었기 때문에 하늘은 바라볼 수 있었지만 홍수가 일어나 심판당한 땅은 바라볼 수 없었습니다. 하나님은 노아가 홍수를 바라보는 것이 아니라 끝까지 홍수를 통해 심판을 주관하고 계시는 하나님만 바라보기를 원하셨던 것입니다. 한 번도 경험하지 못한 창조 질서의 역주행으로 시작된 엄청난 홍수 가운데서 하나님은 노아가 하나님만 바라봄으로 두려워하지도, 염려하지도 말기를 원하셨습니다. 오직 어떤 상황 가운데에서든지 하나님만 바라보는 것, 그것이 방주 안에서 노아가 받은 훈련입니다.

출애굽한 이스라엘이 광야에서 광야의 척박한 환경을 바라보는 것이 아니라 앞서 가시는 하나님의 임재의 상징인 구름기둥과 불기둥을 바라보아야 했던 것도 마찬가지입니다. 그들이 하나님을 바라보지 못하고 원망하고 불평했을 때 하나님이 내리신 진노의 결국도 다시금 하나님을 바라보아야 산다는 교훈이었습니다.

민수기 21장에 보면 이스라엘 백성이 가나안 땅이 눈앞에 보이는 가데스 바네아에서 가나안으로 들어가는 길 문제로 하나님께 원망과 불평을 하게 되자 불뱀을 보내셔서 이스라엘 백성을 징계하십니다. 엄밀하게 말씀드리면 징계라기보다는 그들의 눈을 다시금 하나님만을 바라보게 하는 훈련이라는 것이 옳습니다. 왜냐하면 하나님이 모세에게 내리신 처방은 모세로 하여금 놋뱀을 만들어 장대 위에 달고 뱀에게 물린 사람들이 쳐다보면 고침받고 살게 하셨습니다. 우리가 잘 아는 대로 그 놋뱀은 예수 그리스도를 상징하는 것입니다. 하나님은 이스라엘 백성에게 특효약을 처방해 주시지 않았습니다. 기적으로 뱀을 제거해 주시지도 않으셨습니다. 불뱀에 물려 죽어 가는 사람들이 말씀에 순종하여 예수 그리스도를 바라보면 살게 하셨습니다. 이와 같이 죄로 말미암아 죽어 가는 인간들이 살 수 있는 유일한 길은 십자가에 달리신 예수 그리스도를 바라보는 것입니다. 예수 그리스도를 바라보는 것만이 살 수 있는 유일한 길입니다.

> ¹그러므로 너희가 그리스도와 함께 다시 살리심을 받았으면 위의 것을 찾으라 거기는 그리스도께서 하나님 우편에 앉아 계시느니라 ²위의 것을 생각하고 땅의 것을 생각하지 말라 ³이는 너희가 죽었고 너희 생명이 그리스도와 함께 하나님 안에 감추어졌음이라(골 3:1-3).

위엣 것을 바라보고 땅엣 것을 바라보지 말라고 했습니다. 예수 그리스도와 함께 십자가에 못 박히고 다시 살아난 사람은 하늘의 하나님만 사모하며 하늘의 일만 사모해야 하는 것입니다. 예수 믿으면서도 아직도 이 세상의 것에 취해서 살아가는 사람들은 노아 시대의 홍수 심판으로 멸망한 사람들처럼 언젠가는 멸망당하게 되어 있습니다. 그래서 하나님의 백성은 하나님만 바라보아야 하는 것입니다.

아담과 하와가 바라보아야 했던 것은 선악과가 아니었습니다. 선악과를 통해 약속을 주신 하나님이었습니다. 하나님을 바라보고 살아야 될 아담과 하와가 선악과만 바라보다가 결국 먹음직도 하고 보암직도 하고 지혜롭게 할 만큼 탐스럽게 생각되어 마귀의 의도대로 넘어가게 된 것입니다. 가나안의 열두 정탐군도 마찬가지입니다. 여호수아와 갈렙은 약속을 주신 하나님을 바라보았고, 열 명의 정탐군은 하나님을 바라보지 않고 그 강한 성벽과 기골이 장대한 아낙자손들만 바라보았습니다. 그 결과 하나님이 택하신 자신들을 메뚜기처럼 여겼고 그때문에 공포에 떨고 좌절감에 사로잡혀 가나안 입성에 실패하고 만 것입니다. 하나님만 바라보는 것이 이처럼 중요합니다. 홍수 심판이 진행되고 있는 상황에서 노아는 하늘의 물 창문이 열리고 땅의 깊음의 샘이 터지는 것을 바라보고 사람들이 죽어 가는 것을 바라보는 것이 아니라 오직 하나님만 바라보아야 했습니다. 노아처럼 오직 하나님만 바라보므로 다가오는 불심판에서 구원받아 영원한 하나님 나라의 백성으로 살아가기를 바랍니다.

8장

노아를 기억하시는 하나님

┊ 창세기 8장 1-14절 ┊

1하나님이 노아와 그와 함께 방주에 있는 모든 들짐승과 가축을 기억하사 하나님이 바람을 땅 위에 불게 하시매 물이 줄어들었고 **2**깊음의 샘과 하늘의 창문이 닫히고 하늘에서 비가 그치매 **3**물이 땅에서 물러가고 점점 물러가서 백오십 일 후에 줄어들고 **4**일곱째 달 곧 그 달 열이렛날에 방주가 아라랏 산에 머물렀으며 **5**물이 점점 줄어들어 열째 달 곧 그 달 초하룻날에 산들의 봉우리가 보였더라 **6**사십 일을 지나서 노아가 그 방주에 낸 창문을 열고 **7**까마귀를 내놓으매 까마귀가 물이 땅에서 마르기까지 날아 왕래하였더라 **8**그가 또 비둘기를 내놓아 지면에서 물이 줄어들었는지를 알고자 하매 **9**온 지면에 물이 있으므로 비둘기가 발 붙일 곳을 찾지 못하고 방주로 돌아와 그에게로 오는지라 그가 손을 내밀어 방주 안 자기에게로 받아들이고 **10**또 칠 일을 기다려 다시 비둘기를 방주에서 내놓으매 **11**저녁때에 비둘기가 그에게로 돌아왔는데 그 입에 감람나무 새 잎사귀가 있는지라 이에 노아가 땅에 물이 줄어든 줄을 알았으며 **12**또 칠 일을 기다려 비둘기를 내놓으매 다시는 그에게로 돌아오지 아니하였더라 **13**육백일 년 첫째 달 곧 그 달 초하룻날에 땅 위에서 물이 걷힌지라 노아가 방주 뚜껑을 제치고 본즉 지면에서 물이 걷혔더니 **14**둘째 달 스무이렛날에 땅이 말랐더라

하나님은 노아와 그의 가족들 그리고 선별된 짐승을 방주 안으로 들어가게 하시고 방주의 문을 닫으셨습니다. 그리고 칠 일 후에 땅의 깊음의 샘이 터지게 하시고 하늘 창문을 여시사 땅에 홍수가 나게 하셨습니다. 이 홍수는 일반적인 폭우가 아니라 '하나님의 창조 질서의 중단' 혹은 '하나님의

창조 질서의 회귀'라는 것이 옳습니다. 하나님이 말씀으로 붙들고 계시던 창조의 질서가 중단되자 엄청난 물로 지구가 덮이게 되고 방주 안에 있는 노아의 가족들을 제외한 모든 사람이 그 홍수로 인해 멸망당하게 된 것입니다. 하나님이 죄를 얼마나 미워하시는지를 다시 한 번 생각해 보아야 합니다.

하나님의 은혜로 구원받은 노아도 방주에서 살아가는 동안에 죄가 얼마나 무서운 것인지를 온 몸으로 느꼈을 것입니다. 비록 제한된 방주 안에서의 삶이 불편하고 힘들었겠지만 구원의 은혜로 인한 감사와 더불어 죄에 대한 두려움을 느꼈을 것입니다. 그 결과 방주 안에서 더욱 하나님을 가까이 하고 경건한 삶을 추구하였을 것입니다. 시편 32편 6절에 보십시오.

이로 말미암아 모든 경건한 자는 주를 만날 기회를 얻어서 주께 기도할지라 진실로 홍수가 범람할지라도 그에게 미치지 못하리이다.

아마도 이 말씀이 방주 안에 있는 노아의 심정을 잘 대변하고 있다고 할 수 있을 것입니다. 홍수 심판 전에도 하나님이 인정했던 의인이요 완전한 자요 하나님과 동행했던 노아는 홍수 심판을 바라보며 더욱더 경건했을 것이고 방주 안에서 오직 하나님을 향하여 날마다 기도로 나아갔을 것입니다. 이처럼 날마다 기회 있을 때마다 주님께 나아가 기도하시므로 그 어떠한 환란 가운데서도 구원받으시는 삶 살기를 소원합니다.

기억하시는 하나님

창세기 8장 1절을 보게 되면 하나님이 "기억하사"라는 말씀으로 드디어 홍수가 끝나고 방주에서의 삶을 마칠 준비를 하게 되는 것을 알 수 있습니다. 여기서 '기억하사'라는 단어는 히브리어로 "자카르(자칼)"라는 단어입니다. 이 단어는 '보살펴 생각하다,' '마음에 품다'라는 의미를 가지고 있습니다. 이 말은 하나님이 잊어버리고 있다가 어느 날 갑자기 노아를 기억해 냈다는 말이 아닙니다. 하나님은 언제나 노아와 함께하시며 노아를 보살피고 계셨다는 말씀입니다.

이처럼 하나님의 구원의 역사는 기억하심으로부터 시작합니다. 애굽에서 고통당하는 이스라엘 백성의 고통을 하나님은 기억하셨습니다. 그래서 모세를 보내 구원의 역사를 시작합니다. 시편 105편 42절을 보면 하나님이 이스라엘을 애굽에서 구원하신 이유를 이렇게 말씀하고 있습니다.

이는 그의 거룩한 말씀과 그의 종 아브라함을 기억하셨음이로다.

아브라함을 향한 거룩한 말씀을 기억하신 하나님은 이스라엘 백성의 고통에서 부르짖는 소리를 들으시고 모세를 부르신 것입니다. 그리하여 때가 되었을 때 모세를 통해 이스라엘 백성을 젖과 꿀이 흐르는 가나안으로 인도하신 것입니다. 아브라함에 대한 하나님의 기억하심이 이스라엘 구원의 시작인 것입니다.

또한 소돔과 고모라를 멸망시키시고 아브라함의 조카 롯을 구원할 때도 마찬가지입니다. 그때도 하나님은 아브라함의 중보기도를 기억하고 조카 롯을 멸망에서 건져주셨습니다. 또한 하나님은 이방인 중에서 로마의 백부장 고넬료의 기도를 기억하고 있었습니다. 그래서 베드로를 보내어 구원의 복음을 듣게 하셨습니다.

분명한 것은 하나님은 지금 이 시대를 살아가는 우리도 분명히 기억하신다는 것입니다. 그리고 하나님의 때와 하나님의 방법에 합당하게 우리를 지키시고 인도하여 주시는 것입니다. 물론 그리스도인들이라도 환난을 당할 수 있고 억울한 일을 당할 수 있습니다. 불신자와 똑같은 어려움과 위기가 올 수 있습니다. 병들 수도 있고, 사업에 실패할 수도 있습니다. 그러나 하나님은 하나님의 자녀들이 삶의 위기를 당할 때 위기 속에 그냥 내버려 두지는 않습니다. 우리를 기억하시고 마음에 품고 보살피시는 하나님은 환난에서 반드시 건지시고 구원하시는 신실하신 하나님이십니다.

노아와 그의 가족이 방주 안에 있는 동안 한 사람도, 한 마리의 짐승도 병들거나 죽지 않았다는 사실을 주목하시기 바랍니다. 방주 안에서 하나님의 보호는 완벽했습니다. 예수님 안에 있는 우리를 그렇게 보호하실 것입니다. 이사야 선지자는 이사야 43장 1절에서 이런 하나님의 특별한 보호에 대해서 이렇게 선포했습니다.

야곱아 너를 창조하신 여호와께서 지금 말씀하시느니라 이스라엘아 너를 지으신 이가 말씀하시느니라 너는 두려워하지 말라 내가 너를 구속하였고 내가 너를 지명하여 불렀나니 너는 내 것이라.

우리를 기억하시고 품에 품어 보호하시는 하나님을 끝까지 신뢰하시기 바랍니다.

하나님의 때

'기억하사'라는 표현은 구원의 주권이 하나님께 있음을 의미하는 것입니다. 구원의 주권이 하나님께 있다는 것은 구원을 위한 하나님의 특별한 때가 있다는 것을 의미합니다. 우리를 품에 품어 보호하시는 하나님이 구체적으로 역사하는 시간이 있습니다. 그때까지 우리는 하나님의 역사를 기다려야 합니다. 노아는 동력 장치도, 방향을 바꿀 수 있는, 키도 없는 방주 안에서 오직 하나님만 바라고 기다려야 했습니다. 오히려 노아에게 없는 것이 하나님의 역사를 경험하게 되는 계기로 작용했습니다. 때론 우리에게는 없는 것이 오히려 복이 됩니다. 때로는 건강이 좋지 않고, 물질이 부족하고 능력이 부족하여 하나님을 바라보면 하나님의 크고 특별한 것이 임재하여 우리의 삶에 하나님의 축복으로 가득하게 합니다. 그리하여 우리는 가난한 자 같으나 부요하고, 연약한 자 같으나 강한 자이고, 무명한 자 같으나 유명한 자가 되는 것입니다. 모든 것이 없는 상황에서 감사함으로 하나님을 기다리면 분명히 하나님의 특별한 역사가 일어납니다.

우리가 읽은 본문 가운데 보면 노아에게 힘든 것은 "점점 물러가서 150일 후에 줄어들고(3절)" 또 "물이 점점 줄어들어(5절)"에서 알 수 있듯이 '점점'이라는 말씀일 것입니다. 하나님이 단번에 역사를 하시는 것이 아니라 점점, 즉 느리게 역사하는 것처럼 보일 때 인내하기가 힘듭니다. 예를 들면, 이스라엘 백성을 애굽에서 구원해 내실 때에도 단번에 구원해 내신 것이 아니라 하나님이 계획하신 10개의 재앙이 끝난 후에 구원하신 것을 생각해 보십시오. 하나님은 단번에 역사하실 수 있으신 전능하신 분이십니다. 이 전능하신 하나님이 '점점' 느리게 역사하시는 이유는 우리가 끝까지 하나님을 신뢰하는지를 달아 보는 시간인 것입니다. 그때 우리가 성급히 판단해서는 안됩니다. 하나님이 천천히 가시든지 빨리 가시든지 하나님과 함께하는 것이 완전한 구원에 이르는 길입니다.

우리가 하나님을 믿음으로 기다리는 그 시간이 힘든 이유는 내가 원하는 시간과 하나님이 원하시는 시간이 다르기 때문입니다. 어려움은 지속되는데 내 삶에 아무런 변화도, 기적도, 응답도, 일어나지 않을 때 우리는 하나님이 나를 잊으신 것이 아닌가 하는 의심을 하며 두려움에 빠지기도 합니다. 우리의 인내가 약해질 때가 사실 우리에게는 가장 큰 위기입니다. 이 때 낙심하고 절망하면 지금까지 하나님을 기다리며 버텨 온 것이 물거품이 됩니다. 그럴 때일수록 말씀을 붙드는 것이 중요합니다. 나의 인내가 바닥나려 하는 그 순간부터는 말씀으로 버티는 것입니다. 하나님의 역사는 대부분 우리의 인내가 끝나고 더 이상 견딜 수 없다고 생각할 때에 말씀으로 시작되는 것을 볼 수 있습니다.

본문 말씀처럼 노아가 까마귀를 내보내고 비둘기를 내보내는 시도를 지켜보시는 하나님이 드디어 말씀으로 임재하시는 것을 생각해 보십시오. 노아도 하나님의 말씀이 임재할 때까지 스스로 방주의 창문을 열고 자기가 할 수 있는 것을 해 봅니다. 노아의 인내가 서서히 바닥나고 있음을 알 수 있습니다. 그러나 노아는 홍수가 끝났다는 확실한 증표가 눈으로 보였지만 하나님의 말씀이 임재할 때까지 절대로 움직이지 않았습니다. 이것

언약으로의 초대: 창세기 1~25장

이 노아의 신앙입니다.

노아는 눈에 보이는 것에 의하여 움직이는 사람이 아니라 하나님의 말씀에 의하여 움직이는 사람입니다. 이것이 자신의 삶을 완전히 하나님께 맡긴 자가 보여 주는 신앙의 모습입니다. 우리가 보기에는 방주 밖으로 나와도 될 것 같습니다. 그러나 하나님의 때가 있습니다. 홍수를 시작하신 이가 하나님이시기에 그리고 방주로 들어가라고 명하신 이가 하나님이시기에, 방주 밖으로 내보내는 것도 하나님의 일입니다. 하나님의 때에 하나님이 하실 일인 것입니다. 이것을 이해하고 실천하는 것이 믿음의 삶입니다. 내가 할 수 있는 상황이 되고 내 힘으로 무엇인가를 해 볼 수 있는 상황에서도 하나님을 기다리는 것 그것이 진정한 신앙입니다.

우리의 인내가 바닥나고 도저히 견딜 수 없어서 이것도 해 보고 저것도 해 보는 것 중요합니다. 하지만 그 일을 통해 하나님의 말씀을 사모하는 삶의 태도를 잃어버리면 안됩니다. 진정한 믿음의 사람은 노아처럼 하나님의 말씀을 기다리는 사람입니다. 신앙은 기다림입니다. 기도함에도 응답이 지연되어 혹시 하나님이 나를 버리신 것이 아닌가? 의심이 될 때에도 하나님의 말씀을 기다리는 것이 진정한 신앙입니다.

말씀을 기다려야만 하는 이유

중요한 것은 노아는 아담을 대신하는 피조세계를 다스리는 하나님의 대리인으로서 홍수 기간 중에 특별한 연단을 받았다는 것입니다. 그 연단은 끝까지 하나님을 신뢰하고 기다리는 믿음의 훈련입니다. 그래야 자신을 통해 창세기 3장에서 약속해 주신 여자의 후손이 오게 되고 그 후손을 통해 사탄이 심판을 받기 때문입니다. 노아는 단순히 자신이 받은 구원을 완성하기 위해 기다린 것이 아니라 하나님이 행하실 완전한 구원, 즉 사탄을 멸하는 날을 바라보고 믿음으로 인내한 것입니다. 모든 사람이 죽었습니다. 노아 자신도 언젠가는 죽을 것이 분명합니다. 자신도 하나님 앞에서 죄인임을 알기 때문입니다. 그러함에도 이 땅 가운데서 자신 홀로 하나님의 뜻을 이루어야 하는 사람으로 선택받은 무거운 사명이 그를 짓눌렀을 것입니다. 그러나 그는 그 사명으로 모든 염려와 두려움의 무게를 극복한 것입니다.

우리도 그런 생각을 하지 않습니까? 하나님 왜 하필 나입니까? 왜 나만 그렇게 특별하게 예수님을 믿어야 하지요? 나도 다른 사람들처럼 하고 싶은 것 다 하고 그냥 편안하게 예수 믿으면 안됩니까? 하나님을 향하여 원망 아닌 원망을 하고 싶을 때가 있습니다. 그때에 노아를 기억하십시오. 온 지구상에 혼자 남겨진 두려움 그리고 부담스러워 견딜 수 없을 정도의 하나님의 기대, 이 모든 것을 하나님에 대한 신뢰로 이겨 내는 노아를 기억하십시오. 노아는 자신을 구원하신 하나님이 모든 것을 다 이루실 것이라는 믿음으로 하나님께 모든 것을 맡기고 하나님 이끄시는 대로 인내하며 순종하며 기다리고 또 기다렸던 것입니다.

이와 마찬가지로 하나님은 이스라엘 백성을 가나안에 들여보내실 때에도 그냥 보내시지 않았습니다. 40년 동안 오직 하나님을 바라보며 인내하는 훈련을 받았습니다. 단순히 가나안의 주인으로서 훈련받은 것이 아니라 하나님이 이루실 완전한 구원을 이루게 할 사명자로 훈련받은 것입니다. 마찬가지로 하나님의 백성은 이 땅 가운데서 진정한 하나님의 사람으로 살도록 고난과 연단을 통해 훈련받는 것입니다. 그때에 노아처럼 인내하며 하나님의 말씀에 순종하며 기다려야 하는 것입니다.

> [4]또 여호와를 기뻐하라 그가 네 마음의 소원을 네게 이루어 주시리로다 [5]네 길을 여호와께 맡기라 그를 의지하면 그가 이루시고 [6]네 의를 빛 같이 나타내시며 네 공의를 정오의 빛 같이 하시리로다 [7]여호와 앞에 잠잠하고 참고 기다리라 자기 길이 형통하며 악한 꾀를 이루는 자 때문에 불평하지 말지어다(시 37:4-7).

여호와 앞에서 잠잠히 참고 기다리면 여호와께서 나의 모든 것을 이루시고 우리의 의를 빛 같이 나타내시고 우리의 공의를 찬란한 태양같이 빛나게 하실 때가 올 것입니다. 그때까지 내 생각, 내 방법 또는 눈에 보이는 것을 내려놓고 하나님을 기다려야 합니다.

예레미야 선지자도 하나님을 기다리는 유익을 다음과 같이 노래하고 있습니다.

> [19]내 고초와 재난 곧 쑥과 담즙을 기억하소서 [20]내 마음이 그것을 기억하고 내가 낙심이 되오나 [21]이것을 내가 내 마음에 담아 두었더니 그것이 오히려 나의 소망이 되었사옴은 [22]여호와의 인자와 긍휼히 무궁하시므로 우리가 진멸되지 아니함이니이다 [23]이것들이 아침마다 새로우니 주의 성실하심이 크시도소이다 [24]내 심령에 이르기를 여호와는 나의 기업이시니 그러므로 내가 그를 바라리라 하도다 [25]기다리는 자들에게나 구하는 영혼들에게 여호와는 선하시도다 [26]사람이 여호와의 구원을 바라고 잠잠히 기다림이 좋도다(애 3:19-26).

여호와를 바라고 잠잠히 기다리시며 하나님만을 간구하십시오. 선하신 여호와를 만나시게 될 것입니다.

구원하시는 하나님

노아를 기억하시는 하나님은 땅 위에 바람을 불게 하시므로 물이 줄어들게 하십니다. 하나님은 바람을 통해 중단되었던 창조 질서를 다시 재개하신 것입니다. 마치 창세기 1장 2절에서 "땅이 혼돈하고 공허하며 흑암이 깊음 위에 있을 때 하나님의 영이 수면 위에 운행"하신 것처럼 하나님이 보내신 바람이 홍수로 공허해지고 혼돈스러워진 수면 위를 운행하신 것입니다. 그러자 다시 하늘의 창문이 닫히므로 물이 다시 하늘에 쌓이기 시작했으며 또 깊음의 샘이 닫히므로 새로운 지각 변동이 시작되었습니다. 하나님의 섭리대로 창조 질서가 다시 유지되기 시작한 것입니다.

하나님은 홍수를 통해 세상을 심판하셨지만 노아를 위해 다시 물을 제자리로 보내시고 구원 사역을 시작하십니다. 우리 인생도 마찬가지입니다. 때로는 우리의 영적인 경건을 위해 세상의 홍수를 경험하게도 하시지만 하나님이 그 홍수를 물러가게 하시고 우리의 삶의 터전을 재정비해 주실 때가 분명히 옵니다. 때가 되면 모든 환란도, 역경도 물러갈 것입니다. 우리가 당하는 고난에는 반드시 끝이 있습니다. 하나님의 목적이 이루어지면 반드시 우리 고난의 끝은 오게 됩니다. 다만 우리에게 찾아온 위기의 물을 마르게 하실 수 있는 분은 내가 아니라 하나님이라는 사실을 깨달아야 합니다.

사람이 감당할 시험 밖에는 너희가 당한 것이 없나니 오직 하나님은 미쁘사 너희가 감당하지 못할 시험 당함을 허락하지 아니하시고 시험 당할 즈음에 또한 피할 길을 내사 너희로 능히 감당하게 하시느니라(고전 10:13).

시험을 당하게 하시는 분도, 피할 길을 열어 주시는 분도 하나님입니다. 그러므로 우리 인생은 하나님 없이는 설명도, 이해도 되지 않습니다. 홍수라는 시험을 바라보지 마시고 노아처럼 하나님을 바라보시기 바랍니다. 하나님을 바라보고 하나님을 신뢰하며 나아가면 아무리 큰 홍수가 밀려온다고 할지라도, 분명히 그 홍수가 물러가는 놀라운 구원의 은혜를 맛보게 될 것입니다.

하나님이 바람을 보내어 물이 줄어들게 하신 이 사실을, 이 말씀을 받는 이스라엘 백성은 잘 알고 있습니다. 출애굽 당시 그들 앞을 가로막고 있던 홍해를 하나님이 가르실 때에도 '바람'을 보내셨기 때문입니다.

모세가 바다 위로 손을 내밀매 여호와께서 큰 동풍이 밤새도록 바닷물을 물러가게 하시니 물이 갈라져 바다가 마른 땅이 된지라(출 14:21).

하나님이 이스라엘 백성을 위해 모세가 손을 들고 기도하자 동풍을 보내셨습니다. 하나님이 바람으로 물을 물러가게 하시는 이유는 이스라엘 백성으로 하여금 하나님 말씀의 능력을 보여 주시고자 하는 것입니다. 하나님이 말씀하신 대로 모든 것이 이루어지는 것을 보여 주고자 하는 것입니다. 말씀으로 일어나는 사건이 위대합니까? 말씀이 위대합니까? 하나님의 말씀이 위대하고 중요한 것 아닙니까? 노아와 모세는 하나님의 말씀을 기다린 사람들입니다. 위기의 순간에도 눈에 보이는 기적이 아니라 하나님 말씀을 기다린 사람들입니다.

마태복음 8장을 보시면 풍랑이 이는 갈릴리 바다를 잔잔하게 하시는 예수님을 볼 수 있습니다. 그때 예수님은 풍랑이 이는 바다를 보고 두려워하며 요동하는 제자들에게 "믿음이 작은 자들아 어찌하여 무서워하느냐."고 꾸짖으십니다.

> 25그 제자들이 나아와 깨우며 이르되 주여 구원하소서 우리가 죽겠나이다 26 예수께서 이르시되 어찌하여 무서워하느냐 믿음이 작은 자들아 하시고 곧 일어나사 바람과 바다를 꾸짖으시니 아주 잔잔하게 되거늘 27그 사람들이 놀랍게 여겨 이르되 이이가 어떠한 사람이기에 바람과 바다도 순종하는가 하더라 (마 8:25-27).

제자들은 끝까지 예수님을 전능하신 하나님이 아니라 "어떠한 사람이기에"라고 사람으로 생각하고 있습니다. 바다를 꾸짖어 잔잔하게 하실 수 있는 분, 바람을 명하여 잠잠하게 하실 수 있는 분, 그분이 하나님이십니다. 그 하나님이 말씀하시면 모든 것이 순종하게 되어 있습니다. 전능하신 예수님 안에 우리가 들어와 있는데 무엇을 두려워하십니까? 하나님이 예수님 안에 있는 우리로 하여금 결단코 수치와 모욕을 당하지 않게 하실 것입니다. 부디 전능하신 하나님의 말씀을 붙들고 믿음으로 승리하시는 귀한 삶을 살기 바랍니다.

노아의
제사

: 창세기 8장 15-22절 :

¹⁵하나님이 노아에게 말씀하여 이르시되 ¹⁶너는 네 아내와 네 아들들과 네 며느리들과 함께 방주에서 나오고 ¹⁷너와 함께 한 모든 혈육 있는 생물 곧 새와 가축과 땅에 기는 모든 것을 다 이끌어 내라 이것들이 땅에서 생육하고 땅에서 번성하리라 하시매 ¹⁸노아가 그 아들들과 그의 아내와 그 며느리들과 함께 나왔고 ¹⁹땅 위의 동물 곧 모든 짐승과 모든 기는 것과 모든 새도 그 종류대로 방주에서 나왔더라 ²⁰노아가 여호와께 제단을 쌓고 모든 정결한 짐승과 모든 정결한 새 중에서 제물을 취하여 번제로 제단에 드렸더니 ²¹여호와께서 그 향기를 받으시고 그 중심에 이르시되 내가 다시는 사람으로 말미암아 땅을 저주하지 아니하리니 이는 사람의 마음이 계획하는 바가 어려서부터 악함이라 내가 전에 행한 것 같이 모든 생물을 다시 멸하지 아니하리니 ²²땅이 있을 동안에는 심음과 거둠과 추위와 더위와 여름과 겨울과 낮과 밤이 쉬지 아니하리라.

홍수가 끝나고 하나님 말씀을 기다리던 노아에게 드디어 방주에서 나오라는 말씀이 임하였습니다. 방주에서 나온 노아가 제일 먼저 한 일은 "여호와를 위해 단을 쌓는 일"이었습니다. 21절을 보면 이렇게 말씀했습니다.

여호와께서 그 향기를 받으시고.

하나님이 노아가 드리는 이 제사를 기뻐 받으셨다는 것입니다. 하나님이 노아를 참된 예배자로 인정해 주셨다는 것입니다. 도대체 노아가 어떻게 예배드렸기에 하나님이 노아의 예배를 기뻐 받으셨고, 노아를 참된 예배자로 받으셨습니까?

하나님을 기억한 노아

홍수 심판을 기술하고 있는 8장의 초반부가 하나님이 노아를 기억하신 것으로 시작한다면 8장의 후반부는 노아가 하나님을 기억하는 장면으로 채워져 있습니다. 노아의 제사는 구원자이신 하나님을 기억하므로 시작된 것입니다. 인간은 하나님의 은혜를 쉽게 망각하는 경향이 있습니다. 출애굽한 이스라엘 백성을 보십시오. 언제 10개의 재앙을 통해 구원받았는지, 언제 홍해를 하나님의 능력으로 건넜는지 다 잊어버리고 오직 하나님께 사흘이 멀다하고 원망하고 불평만 하는 것을 볼 수 있습니다. 이런 모습을 생각해 보면 하나님의 은혜를 기억하고 하나님께 제사로 나아가는 노아는 특별한 은총의 사람인 것이 분명합니다.

누가복음 17장에 나오는 10명의 나병환자들을 생각해 보십시오. 예수님이 예루살렘으로 올라가실 때에 그들은 멀리 서서 자신들을 구원해 달라고 소리쳤습니다. 그들을 불쌍히 여기신 예수님이 그들을 고쳐 주셨습니다. 그리고 제사장에게 가서 그들의 몸을 보이라고 하셨습니다. 제사장들의 증명이 있어야 다시 가족과 사회 속으로 돌아올 수 있기 때문입니다. 그런데 그 10명의 나병환자 중에 예수님께 돌아와 감사한 사람은 사마리아인 한 사람 밖에 없었습니다. 예수님이 그 사람에게 물으셨습니다.

> 17예수께서 대답하여 이르시되 열 사람이 다 깨끗함을 받지 아니하였느냐 그 아홉은 어디 있느냐 18이 이방인 외에는 하나님께 영광을 돌리러 돌아온 자가 없느냐 하시고(눅 17:17-18).

예수님은 자신에게 감사하고 영광을 돌리라고 말씀하신 것이 아닙니다.

구원의 능력을 행하신 하나님을 기억하고 하나님께 감사와 영광을 돌리기를 원하신 것입니다. 예수님은 치료의 능력을 행하시면서도 하나님을 기억하시고 하나님의 영광을 사모하셨던 것입니다. 이러한 예수님의 심정을 헤아린 유일한 사람이 사마리아 사람, 이방인 한 사람 밖에 없었던 것입니다. 오늘날 우리도 마찬가지입니다. 하나님이 우리를 건져 주시고 구원해 주시고 고쳐 주실 때에 하나님이 우리에게 원하시는 것은 예수님처럼 하나님을 기억하고 하나님께 영광을 돌리는 것입니다. 마치 노아가 하나님을 기억하고 예배로써 하나님께 영광을 돌려드렸듯이 말입니다.

하나님을 기억하는 사람에게는 구원의 은혜가 있습니다. 하나님의 말씀에 불순종하여 물고기 배 속에서 회개하는 요나를 생각해 보십시오.

내 영혼이 내 속에서 피곤할 때에 내가 여호와를 생각하였더니 내 기도가 주께 이르렀사오며 주의 성전에 미쳤나이다(욘 2:7).

우리의 영혼이 기댈 곳조차 없이 피곤하고 낙심되어 모든 것을 다 포기하고 싶은 절망적인 순간에도 여호와 하나님을 기억하고 생각하는 그 사람들에게는 기도 응답이라는 하나님의 은혜가 있습니다. 하나님을 기억하고 생각하는 사람들에게는 하나님의 특별한 기적과 역사가 일어납니다.

여호와를 위하여 단을 쌓고

방주에서 나온 노아와 그 가족은 아무것도 없는 황폐한 세상과 마주해야 했습니다. 홍수 심판으로 세상의 모든 것이 다 사라져 버렸기 때문입니다. 문화도, 문명도, 기술도, 농토도 온전히 남아 있는 것이 하나도 없었습니다. 아무것도 없는 황량한 세상 앞에 홀로 서 있는 노아를 생각해 보십시오. 노아는 이제 아무것도 없는 무에서 새로이 인생을 시작해야 하는 중압감에 사로잡혔을 것입니다. 그런데도 노아가 먼저 시작한 일은 자기 집을 건축하는 것도, 자기에게 필요한 짐승을 위한 공간을 만드는 것도, 농사지을 땅을 개간하는 것도 아니었습니다. '여호와를 위해 단을 쌓는 것'이었습니다. 하나님께 예배하는 것보다 중요한 것은 없습니다. 영국의 청교도들이 신앙의 자유를 찾아서 신대륙인 미국에 도착하여 제일 먼저 건축한 것은 집도 아니요, 병원도 아니요, 학교도 아닌 하나님께 예배드릴 교회였습니다.

어떤 사람이 복 있는 인생인가 하면 예기치 않은 인생의 홍수로 모든 것을 다 잃어버려 아무런 소망이 없는 가운데서도 내가 아닌 여호와 하나님을 위해 예배드릴 수 있는 사람이 복 있는 사람입니다. 하루아침에 건강을 잃어버리고, 재산을 잃어버리고, 사랑하는 사람을 잃어버려도 여호와 하나님을 위해 예배하는 것만큼은 포기하지 않고 예배로 하나님께 나아가는 사람이 진정한 하나님의 사람입니다. 우리가 귀에 딱지가 앉도록 듣는 욥의 고백이 있지 않습니까?

> 이르되 내가 모태에서 알몸으로 나왔사온즉 또한 알몸이 그리로 돌아가올지라 주신 이도 여호와시요 거두신 이도 여호와시오니 여호와의 이름이 찬송을 받으실지니이다 하고(욥 1:21).

어떤 상황 속에서도 여호와 하나님만을 예배하고 찬양하는 욥의 고백이 우리의 고백이어야 합니다.

노아가 드린 제사의 목적은 하나님이었습니다. 노아는 자신을 위해 예배드린 것이 아닙니다. 노아가 드린 예배에는 철저히 인간은 배제되어 있습니다. 오직 하나님만 그 예배에 임재하기를 소원한 것입니다. 생각해 보십시오. 죄악의 관영함으로 인해 홍수 심판으로 모든 것이 멸망한 이후에 마지막 남은 자로서 드리는 첫 제사라는 점이 얼마나 부담이 되었겠습니까? 처음 제사로 하나님께 나아가는 노아에게 가장 큰 두려움은 그의 제사의 열납 여부였습니다. 그러므로 제사는 노아에게 생과 사의 갈림길이라고 표현할 수 있을 것입니다. 노아는 온전한 예배만이 하나님과 지속적인 교제를 이룰 수 있는 은혜의 끈임을 잘 알고 있었던 것입니다. 그래서 생명을 걸고 예배로 하나님께 나아간 것입니다.

또한 노아는 예배를 통해 심판 이후 하나님의 새로운 은혜를 기대하고 있는 것입니다. 폐허가 된 이 세상이지만 예배를 통해 하나님의 새로운 창조 역사를 경험하게 되리라는 확신이 노아에게 있었던 것입니다. 예배는 노아에게 새로운 희망을 여는 열쇠였습니다. 하나님께 온전히 예배할 수만 있다면 하나님의 은총으로 다시 풍성한 삶을 살 수 있다는 확신이 노아에게 있었던 것입니다. 하나님이 원하시는 예배로 하나님께 나아가면 하나님은 그 예배를 받으시기 위해 찾아오십니다. 우리가 이 땅에서 누릴 수 있는 최고의 복은 물질이나 세상적인 것이 아닙니다. 하나님이 바로 내 삶 가운데 찾아오시는 것입니다. 하나님이 오시면 모든 저주와 심판은 끝납니다. 죄악이 제거되고 마귀가 떠나갑니다. 더럽고 악한 것이 떠나고, 질병이 떠나고, 가난이 떠나고, 실패가 떠납니다. 하나님이 임재하시면 우리의 삶이 하나님의 것으로만 충만해집니다. 마귀에게 속한 모든 것은 사라지게 되어 있습니다. 이러한 놀라운 역사는 다른 데서 일어나는 것이 아닙니다. 우리가 드리는 이 예배에서 일어나는 것입니다. 그래서 우리의 삶에서 예배보다 중요한 것은 없습니다.

노아는 이 하나님의 임재의 비밀이 예배에 있다는 것을 깨달은 것입니다. 그래서 하나님이 명하시지도 않았는데 예배로 먼저 스스로 나아간 것입니다. 예배를 통해 임재하시는 하나님을 만나는 것보다 더 큰 복은 없습니다. 예배를 드리면 성령으로 우리에게 기름 부어 주시고 모든 마귀의 저주를 끝장내시고 우리에게 새로운 생명과 축복을 주시는 하나님을 만나게 되는 것입니다. 노아는 이 예배의 비밀을 깨달았던 것입니다.

노아가 드린 정결한 짐승과 정결한 새들을 통한 번제는 성경에 처음으로 등장하는 속죄제요, 희생제요, 번제입니다. 노아는 방주를 통해 예수 그리스도의 구원이 무엇인가를 처음으로 경험한 사람이자 속죄제를 통해서는 예수님의 십자가 속죄의 은혜가 어떤 것인지를 구체적으로 경험한 처음 사람인 것입니다. 물론 아벨의 예배도 피가 있는 희생 제사였지만 정확하게 하나님이 열납하실 만한 정결한 것과 그렇지 아니할 부정한 것을 구별하여 번제라는 형식을 취하여 정식으로 속죄제와 화목제로 드린 것은 노아가 처음입니다. 노아의 번제는 하나님이 받으실 만한 향기로운 제사였습니다. 그러므로 노아는 온전히 하나님만을 위한 예배를 위해 사람의 생각을 철저히 배제하고 하나님 입장에서 제물을 준비한 것입니다. 노아의 이러한 예배 준비는 하나님을 최고로 높이는 경배로 이어진 것입니다. 토저A.W.Tozer는 이런 말을 했습니다.

하나님을 최고로 알지 아니하는 한 아무도 그를 경배할 수 없다.

다시 말하면 하나님을 최고로 아는 사람만이 참된 예배를 드릴 수 있다는 것입니다.

죄성을 자각하고

방주에서 나온 까마귀가 일시적으로 방주 안에서 눌려 있던 야성이 살아나 본능대로 행하는 것을 생각해 보십시오. 비둘기도 나중에 자기가 갈 곳으로 날아가는 것을 보십시오. 하나님이 행하신 홍수 심판은 죄를 완전히 없애는 심판이 아님을 알 수 있습니다. 죄악이 관영하고 인생이 생각하는 것이 항상 악한 것뿐임을 아시는 하나님이 죄악의 결말을 경고하신 것뿐입니다. 아무리 방주 안에서 하나님의 보호를 받고 있다 할지라도 인간의 마음속에 있는 죄성이 사라진 것은 아닙니다. 우리도 마찬가지입니다. 예수님을 믿고 예수님 안에서 살고 있지만 우리 안에 죄악의 야성이 완전히 사라진 것은 아닙니다. 방주 안에 있을 때 야생동물이 그들의 야생을 억제하고 살아간 것처럼 우리도 예수님 안에 있으므로 우리의 죄성을 누르고 또 누르며 버텨갈 뿐입니다.

오죽하면 사도 바울 같은 대 사도도 자신 안에 있는 육체의 법 때문에 일어나는 치열한 싸움을 싸운다고 고백했겠습니까?

> ²¹그러므로 내가 한 법을 깨달았노니 곧 선을 행하기 원하는 나에게 악이 함께 있는 것이로다 ²²내 속사람으로는 하나님의 법을 즐거워하되 ²³내 지체 속에서 한 다른 법이 내 마음의 법과 싸워 내 지체 속에 있는 죄의 법으로 나를 사로잡는 것을 보는도다 ²⁴오호라 나는 곤고한 사람이로다 이 사망의 몸에서 누가 나를 건져내랴(롬 7:21-24).

이렇게 우리가 주님 앞에 서는 그날까지 죄와 싸워야 하는 것입니다. 그래서 노아는 여전히 자신 안에 있는 죄성 때문에 괴로워하고 자기 자신과의 싸움을 치열하게 벌여야 했던 것입니다. 노아가 홍수 심판이 끝난지 얼마 되지 않아 포도주를 마시고 취해서 벌거벗고 자식들 앞에서 추태를 벌인 것을 생각해 보십시오. 술기운이 그동안 억누르고 있던 죄성을 폭발시킨 것입니다. 자신 안에 홍수 이전과 마찬가지로 죄성이 그대로 존재하고 있음을 알고 있는 노아는 "여호와를 위해 단을 쌓으므로" 하나님의 자비와 긍휼을 구하였을 것입니다. 하나님의 긍휼히 아니고는 살아남을 수 없다는 것을 잘 알고 있었을 것입니다. 특히 노아가 짐승을 잡아서 피 있는 제사를 드린 것은 인간이 가지고 있는 죄성을 긍휼히 여기기를 간구한 것입니다. 노아처럼 구원받은 우리 안에도 전혀 예상치 못한 죄성이 남아 있음을 깨달아야 합니다. 조금만 방심하면 가차 없이 우리 안에 있는 죄성이 우리를 삼킬 것입니다. 그러므로 날마다 예수 그리스도의 보혈로 우리를 정결하게 씻고 덮어야 하나님 앞에 거룩을 지킬 수 있는 것입니다.

22절을 보십시오.

> 땅이 있을 동안에는 심음과 거둠과 추위와 더위와 여름과 겨울과 낮과 밤이 쉬지 아니하리라.

인간의 죄 때문에 더 이상 땅은 저주를 받지는 않지만 그 땅의 환경은 인간의 삶에 고통을 안겨 줄 것입니다. 자연으로부터 오는 고통을 통해 인간들은 매순간 죄가 얼마나 하나님이 미워하시는 것인지를 깨달아야 했던 것입니다. 사계절이 변하고, 더위가 찾아오고, 추위가 밀려오는 것을 보면서 "아, 세월이 잘도 간다."는 사람은 신앙의 사람이 아닙니다. 지진이 일어나고, 기근이 일어나고 이상 기온이 생기는 것을 보면서 죄 때문에 심판받은 인류를 생각하며 회개하는 마음으로 하나님께 나아가는 성도가 진정으로 깨어 있는 성도입니다.

예배를 드리면서 우리 안에 있는 죄성을 하나님 앞에 고백하십시오.

"하나님 내 속에 어쩌지 못하는 악한 죄성이 자리하고 있습니다. 이 죄성을 말씀으로 다스려 주십시오. 성령으로 태워 주십시오. 예수님의 십자가 보혈로 씻어 주십시오."

간절히 기도할 때에 자비의 하나님이 우리의 죄성을 만져 주시고, 예수님 닮은 새로운 형상을 우리 안에 허락해 주실 줄로 믿습니다. 그래서 예배가 중요합니다. 예배를 통해 임재하는 예수님의 십자가 보혈이 내 죄를 씻을 수 있습니다. 예수님의 보혈만이 나를 변화시킬 수 있습니다. 예수님의 십자가가 없이는 절대로 변화될 수 없습니다. 거듭날 수 없습니다. 전혀 새로운 인생을 살 수 있습니다. 예수님만이 우리 구주십니다. 예수님만이 우리를 죄의 고통에서 구원하실 수 있는 유일한 구주가 되십니다. 그 예수님을 만나기를 바랍니다.

예배의 결과

인생의 죄성을 아심에도 예배를 열납하신 하나님은 다시는 사람으로 말미암아 땅을 저주하지 않으시기로 약속하여 주셨습니다. 뿐만 아니라 모든 생물을 다시 멸하시지 않기로 약속하셨습니다. 이것이 예배의 위력입니다. 우리가 구원받은 백성임에도 심령에 늘 악함과 탐식과 죄악이 가득해도 멸망당하지 않은 것은 하나님이 노아의 예배를 받으시고 다시는 인생과 이 땅을 저주하지 않으시겠다고 약속해 주신 덕분입니다. 정확히는 노아의 예배 성공이 전 인류와 생물의 살 길을 열어 놓은 것입니다. 예배가 이렇게 중요합니다. 예배에 성공하면 단순히 복을 받고 잘되는 것이 아니라 인생의 저주가 사라지고 하나님이 예비하신 복을 영원히 누리게 됩니다. 혹시 나는 이 땅에서 경영하는 것이 다 실패하고 내 인생 자체가 꼬일 대로 꼬여 나는 저주 받은 인생이라고 자책하고 계시는 분이 있습니까? 이 말씀을 통해 모든 저주가 끝나고 하나님이 예비하신 새로운 인생 2막이 하나님의 축복 속에서 열리기를 바랍니다.

성경을 자세히 들여다 보면 동물이나 공중의 새들은 예배 전에 생육하고 번성하는 복을 받게 하셨습니다(8:17). 짐승들은 예배와 상관이 없는 존재이기 때문입니다. 그러나 본문에 이어지는 창세기 9장 1절을 보면 사람은 하나님이 예배를 열납하시고 축복하신 것을 볼 수 있습니다.

> [1]하나님이 노아와 그 아들들에게 복을 주시며 그들에게 이르시되 생육하고 번성하여 땅에 충만하라 [2]땅의 모든 짐승과 공중의 모든 새와 땅에 기는 모든 것과 바다의 모든 물고기가 너희를 두려워하며 너희를 무서워하리니 이것들은 너희의 손에 붙였음이니라 [3]모든 산 동물은 너희의 먹을 것이 될지라 채소 같이 내가 이것을 다 너희에게 주노라.

예수 믿는 우리가 이방인들처럼 먹을 것, 입을 것, 마실 것 등을 전전긍긍하며 구하는 삶을 살고 있지는 않습니까? 그 이유는 바로 예배의 실패 때문입니다. 하나님의 임재가 있는 하나님이 받으시는 예배를 드리기만 하면 우리의 인생이 번성할 것입니다. 땅에 충만할 것입니다. 땅을 다스리고 통치하는 삶을 살게 될 것입니다. 먹을 것, 입을 것 때문에 염려하지 않아도 될 것입니다. 오직 하나님의 나라와 그 의를 구하는 인생을 살게 될 것입니다. 예수 믿는 사람들의 축복의 비밀이 어디에 있는지 아십니까? 바로 예배에 있습니다. 예배에 성공하지 못하고도 잘되는 사람은 짐승과 같습니다. 그들은 여전히 생육하고 번성합니다. 그러나 성공하는 예배자가 누리는 하나님이 주시는 '복'은 누릴 수 없습니다. 그 복이 무엇입니까? 바로 하나님입니다. 짐승처럼 하나님과 상관없는 예배의 실패자들은 하나님을 심령 속에 모시지 못하는 것입니다. 하나님이 주시는 복을 원하십니까? 오늘부터 예배에 성공하는 사람들이 되기를 바랍니다.

노아가 하나님께 예배할 때에 하나님은 노아의 예배를 즉시 흠향하셨습니다. 그리고 바로 축복하셨습니다. 그러므로 우리에게는 지금 예배가 무엇보다 중요합니다. 이 예배가 당신의 인생을 축복이냐 저주냐를 결정하는 것입니다. 예배 외의 다른 일 때문에 지금 이 시간 하나님께 집중하지 못한다고 한다면 그보다 어리석고 안타까운 일은 없습니다. 주일에 가장 바쁜 일, 가장 중요한 일은 예배하는 것이어야 합니다. 가끔 다른 세상 일 때문에 바쁘다고 주일을 성수하지 못하는 사람을 보면 참으로 안타깝기 짝이 없습니다. 어쩌면 그가 놓친 그 예배가 '자신의 인생의 터닝 포인트가 될 수 있었을 터인데.'라는 안타까움이 있습니다. 오늘부터 모든 삶에서 예배가 언제나 우선순위에 있기를 바랍니다. 그럴 때에 예배를 통한 하나님의 풍성한 임재를 경험하게 될 것입니다.

9장

영원한
언약

1하나님이 노아와 그 아들들에게 복을 주시며 그들에게 이르시되 생육하고 번성하여 땅에 충만하라 2땅의 모든 짐승과 공중의 모든 새와 땅에 기는 모든 것과 바다의 모든 물고기가 너희를 두려워하며 너희를 무서워하리니 이것들은 너희의 손에 붙였음이니라 3모든 산 동물은 너희의 먹을 것이 될지라 채소 같이 내가 이것을 다 너희에게 주노라 4그러나 고기를 그 생명 되는 피째 먹지 말 것이니라 5내가 반드시 너희의 피 곧 너희의 생명의 피를 찾으리니 짐승이면 그 짐승에게서, 사람이나 사람의 형제면 그에게서 그의 생명을 찾으리라 6다른 사람의 피를 흘리면 그 사람의 피도 흘릴 것이니 이는 하나님이 자기 형상대로 사람을 지으셨음이니라 7너희는 생육하고 번성하며 땅에 가득하여 그중에서 번성하라 하셨더라.

노아는 홍수 심판이 끝나자마자 하나님께 제사드렸습니다. 노아의 제사에서 중요한 것은 최초로 '제단이 쌓아졌다는 것'과 '모든 정결한 짐승과 모든 정결한 새들' 가운데서 제물을 취하여 번제로 제단에 드렸다는 것입니다. 모든 호흡이 있는 생명체가 멸망당하고 폐허가 된 땅을 바라보며 노아는 절박한 심정으로 하나님께 제사했습니다. 노아의 이 절박한 제사를 받으시고 하나님이 찾아오셨습니다. 예배의 가장 귀한 축복은 하나님의 임재입니다. 예배를 통해 임재하시는 하나님은 말씀을 주십니다.

노아를 찾아오신 하나님은 "다시는 사람으로 말미암아 땅을 저주하지 않겠다."고 말씀하시는 것을 생각해 보십시오. 이것이 예배의 능력이요 축복입니다. 아담의 범죄로 말미암아 저주받은 땅, 그 땅을 다시 저주하지 않는다는 이 선언이 인간들에게는 새로운 소망이 되었습니다. 이 말씀을 들은 당사자인 노아는 잠시 후에 포도농사를 짓게 되어 소출을 거두게 되고, 나중에 그 후손인 이삭은 그랄에서 농사하여 그 땅에서 백 배나 거두는 복을 누리게 됩니다. 땅의 저주에서 풀리게 된 것입니다. 나중에 그의 후손인 이스라엘이 머무는 땅은 하나님의 은혜로 '젖과 꿀이 흐르는 땅'으로 불리게 됩니다. 노아의 예배가 하나님의 마음을 바꾼 것입니다. 우리가 드리는 예배에는 이토록 위대한 은혜와 축복이 있습니다. 예배에 목숨을 거십시오. 매 순간 노아처럼 절박한 심정으로 하나님을 사모하면 하나님이 우리를 만나 주시고 우리에게 필요한 축복을 말씀으로 주실 줄 믿습니다.

노아의 신앙의 태도

노아가 받은 복을 살펴보기 전에 지금까지 노아와 하나님과의 교제 방식을 볼 필요가 있습니다. 6장에서부터 노아에 대해 우리가 살펴보는 동안 한 가지 중요한 점이 있습니다. 노아가 하나님을 향한 직접적인 말이 한 번도 기록되어 있지 않다는 것입니다. 이것은 하나님과 노아의 동행 양식과 관련있습니다. 하나님은 말씀하시고, 노아는 그 말씀을 들었다는 것입니다. 하나님이 말씀하시는 대로 노아는 아무런 불평 없이 듣고 순종하는 것, 그것이 노아와 하나님의 동행 양식입니다. 여러가지 필요한 것도, 묻고 싶은 것도 많았을 터인데 노아는 주님이 말씀하실 때까지 묵묵히 기다리는 믿음의 사람이었습니다. 한 번도 자기주장을 하지 않았습니다.

지금까지 아담과 하와는 하나님 앞에서 범죄의 이유를 변명한 사람이었으며, 가인은 동생을 죽이고도 하나님 앞에서 자신의 처지를 비관하며 도전했던 사람이었습니다. 그러나 노아는 달랐습니다. 노아는 잠잠히 하나님 앞에서 말씀을 듣는 자였습니다. 노아가 하나님의 말씀을 듣는데 집중할 수 있었던 것은 하나님에 대한 신뢰가 바탕에 있었기 때문입니다. 모든 것이 정확하시고 말씀하신 대로 반드시 이루시는 하나님 앞에서 말씀을 듣는 것보다 더 아름다운 신앙은 없습니다. 우리가 노아처럼 하나님 앞에서 잠잠히 듣는 사람들이었으면 좋겠습니다.

이사야 30장 15절 말씀을 보십시오.

주 여호와 이스라엘의 거룩하신 이가 이같이 말씀하시되 너희가 돌이켜 조용히 있어야 구원을 얻을 것이요 잠잠하고 신뢰해야 힘을 얻을 것이거늘 너희가 원하지 아니하고.

이스라엘은 하나님 앞에서 잠잠하고 신뢰하는 믿음이 없어서 망했습니다. 잠잠히 하나님을 신뢰하고 기다린 대표적인 사람은 다윗입니다. 다윗은 시편 62장 1-2절에서 하나님을 찬양하고 있습니다.

¹나의 영혼이 잠잠히 하나님만 바람이여 나의 구원이 그에게서 나오는도다 ²오직 그만이 나의 반석이시요 나의 구원이시요 나의 요새이시니 내가 크게 흔들리지 아니하리로다.

하나님을 잠잠히 기다리고, 말씀을 사모하는 사람을 하나님은 귀히 여기시고 특별하신 은혜를 베푸십니다.

노아가 받은 복

말씀으로 임재하신 하나님은 창세기 1장에서 아담에게 주셨던 축복의 말씀을 다시 노아에게 주시는 것을 알 수 있습니다.

하나님이 그들에게 복을 주시며 하나님이 그들에게 이르시되 생육하고 번성하여 땅에 충만하라, 땅을 정복하라, 바다의 물고기와 하늘의 새와 땅에 움직이는 모든 생물을 다스리라 하시니라(1:28).

아담은 범죄로 이 복을 잃어버렸습니다. 아담이 잃어버린 복을 노아가 예배를 통해 다시 회복한 것입니다. 특히 "생육하고 번성하여 땅에 충만하라."는 말씀이 노아에게 두 번, 창세기 8장 17절과 9장 1절에서 반복되고 있습니다. 이처럼 하나님은 인간을 변함없이 사랑하고, 복 주기를 원하시는 신실하신 하나님이십니다. 하나님은 아담이 비록 실패하였지만 노아를 통해 다시 한 번 인간과 복된 교제를 이루시고자 하시는 것입니다.

성경에 보면 하나님은 항상 인간에게 또 다른 기회를 주시는 분으로 그려져 있습니다. 하나님은 한 번 기회를 주시고 우리가 그분의 기대에 부응치 못했다고 우리를 포기해 버리는 하나님이 아니십니다. 예컨대 요나를 생각해 보십시오. 요나는 하나님의 말씀에 불순종하고 도망했던 사람입니다. 이렇게 불순종한 요나에게 하나님은 다시 말씀으로 찾아가 요나를 회복시키십니다. 요나를 향한 끝이 없는 하나님의 은혜와 사랑이 요나를 선지자로 다시 서게 하신 것입니다. 예수님은 자기를 세 번씩이나 모른다고 부인했던 베드로를 다시 찾아가셔서 사랑으로 회복시키셨습니다. 회복시키시는 데서 그친 것이 아니라 예수님의 양을 먹이라는 목회적 사명까지 회복시켜 주시는 것을 볼 수 있습니다. 이것이 우리를 향한 하나님의 은혜입니다.

성경에서 하나님의 은혜를 표현하는 단어 가운데서 가장 감동적인 표현은 '다시'라는 말입니다.

> 네 하나님 여호와께서 너를 네 조상들이 차지한 땅으로 돌아오게 하사 네게 다시 그것을 차지하게 하실 것이며 여호와께서 또 네게 선을 행하사 너를 네 조상들보다 더 번성하게 하실 것이며(신 30:5).

> 너는 돌아와 다시 여호와의 말씀을 청종하고 내가 오늘 네게 명령하는 그 모든 명령을 행할 것이라(신 30:8).

신약에서도 마찬가지입니다. 탕자의 비유를 보면 하나님의 '다시'의 은혜가 얼마나 크고 소중한지 알 수 있습니다.

> 대답하되 당신의 동생이 돌아왔으매 당신의 아버지가 건강한 그를 다시 맞아들이게 됨으로 인하여 살진 송아지를 잡았나이다 하니(눅 15:27).

아버지께 돌아온 탕자를 다시 '맞아들이는,' 즉 귀빈을 환대하듯 '영접하는' 아버지의 사랑을 확인할 수 있습니다. 이처럼 성경에는 불순종의 자녀에게 다시 찾아와 말씀으로 회복시키시는 하나님의 은혜가 수도 없이 기록되어 있습니다. 우리에게 '다시' 찾아와 주시고, '다시' 은혜를 주시고 '다시' 사명을 회복시켜 주시는 그 은혜 때문에 오늘도 우리가 주님의 은혜 안에서 살아가는 것입니다.

노아가 받은 복의 의미

하지만 노아가 받은 복은 아담이 받은 복과는 근본적으로 거리가 있습니다. 예컨대 아담이 태초에 하나님으로부터 복을 받을 때에는 온 생명체들 사이에 갈등이 없었습니다. 동물과 사람이 친구로 아름다운 교제를 이루고 있었습니다. 동물의 세계에서도 약육강식이라는, 죽고 죽이는 일이 없었습니다. 하나님과 인간과 동물 그리고 모든 피조물이 아름다운 교제를 이루고 살아가고 있었습니다. 그런데 아담의 범죄 이후에 하나님과 인간이 갈라지게 되고 사람과 자연이 갈등하고 다투게 되었습니다.

하나님은 노아에게 복을 주시되 완전한 복을 주신 것이 아니라 그들을 인간 손에 붙여 주시므로 사람을 두려워하는 관계로 만들어 놓으셨습니다. 왜 그러셨을까요? 모든 것이 하나님의 손에 붙들려 있어야 하나님의 질서대로 살아가게 된다는 것을 깨우쳐 주시기 위해서입니다. 즉 하나님은 말씀으로 동물까지도 다스리셔서 동물이 인간을 두려워하게 하시므로 인간을 보호하십니다. 이런 의미로 보면 노아가 받은 복은 한시적인 복입니다. 노아의 복이 완전해질 때가 있습니다. 바로 여인의 후손으로서 이 땅에 오셔서 사탄의 머리를 상하게 하실 예수 그리스도가 오실 때 노아의 복은 아담이 받은 복과 동일하게 되는 것입니다. 노아는 그때를 기다려야 했습니다.

노아가 기다리는 그날에 대해 이사야 선지자는 이사야 11장 6-8절에서 이렇게 말씀하고 있습니다.

6그때에 이리가 어린 양과 함께 살며 표범이 어린 염소와 함께 누우며 송아지와 어린 사자와 살진 짐승이 함께 있어 어린 아이에게 끌리며 7암소와 곰이 함께 먹으며 그것들의 새끼가 함께 엎드리며 사자가 소처럼 풀을 먹을 것이며 8젖 먹는 아이가 독사의 구멍에서 장난하며 젖 뗀 어린 아이가 독사의 굴에 손을 넣을 것이라.

이러한 날은 예수님이 오셔야 이루어지는 것입니다. 인간이든 짐승이든 예수님으로 말미암아 죄의 독소에서 치유되어야 창세기 1장의 복이 회복이 됩니다. 그러므로 하나님은 노아에게 오직 하나님의 말씀을 의지하며 메시아이신 예수님에 대한 기다림과 사모하는 삶을 살도록 하신 것입니다. 말씀대로 살고 예수님을 사모하는 삶, 이것이 어쩌면 노아가 받은 진정한 복인지도 모릅니다.

내 삶이 불완전하고 뭔가 불안하고 두렵고 염려가 되거든 그 모든 상황을 붙들고 계신 예수님을 기대하십시오. 사모하십시오. 그리고 그러한 상황이라 할지라도 하나님이 말씀으로 붙들고 다스려 주시기를 기도하십시오. 그래야 하나님이 원하시는 질서대로 우리의 인생이 살 수 있습니다. 우리의 힘으로는 할 수 있는 것이 아무것도 없습니다. 우리의 삶이 하나님이 약속해 주신 복을 누리기 위해서는 언제나 하나님의 말씀으로 주님 오시는 그날까지 다스림을 받아야 합니다. 하나님이 우리의 인생 가운데서 말씀을 거두어 가시면 우리 인생의 질서가 틀어지게 되고 평화와 안정이 아닌 다툼과 갈등 그리고 혼란에 빠지게 됩니다.

허락된 육식

창세기 1장 29-30절 말씀을 보면 인간과 동물이 채소를 음식으로 허락받은 것을 알 수 있습니다. 육식을 하지 않은 것은 죄가 들어오기 이전이므로 죽음이 없었기 때문입니다. 육식을 하기 위해서는 죽음이 들어와야 했습니다. 동물을 죽여야 육식이 가능한 것 아니겠습니까? 그런데 우리가 잘 아시다시피 죽음은 죄의 결과입니다(롬 6:23). 그동안 허락되지 아니하였던 육식이 노아 홍수 이후 허락되었습니다. 많은 신학자들이 홍수 심판으로 인한 땅의 황폐화에 따른 식량의 부족을 보충하기 위해 육식이 허락되었다고 보고 있습니다.

그런데 중요한 것은 하나님이 육식은 허락하시되 피째 먹지 말라고 육식에 금기 조항을 삽입하셨습니다. 하나님이 피를 금지하신 이유는 '피가 생명'이기 때문입니다. 그 짐승의 생명이 피에 있기 때문입니다(4절). 하나님이 피를 먹지 말라고 단서 조항을 부치신 것을 아담에게 금지한 선악과에 비추어 설명하는 학자도 있습니다. 아담의 복과 노아의 복은 상당한 공통점이 있습니다. 하나님은 아담에게도, 노아에게도 생육하고 번성하여 땅에 충만하라고 명하셨습니다(1, 7절). 그리고 노아는 아담과 마찬가지로 모든 짐승을 다스릴 권한을 갖게 되었습니다(1:26, 28). 또한 아담에게 한 가지의 금지한 것, 즉 선악과를 먹지 말라고 하신 것처럼 노아에게는 짐승을 피째 먹지 말 것을 명하셨습니다. 그리고 그 피 값을 반드시 찾으시겠다고 말씀하셨습니다.

내가 반드시 너희의 피 곧 너희의 생명의 피를 찾으리니 짐승이면 그 짐승에게서, 사람이나 사람의 형제면 그에게서 그의 생명을 찾으리라(5절).

생명은 하나님이 만드신 것이며 그 생명을 주관하시는 이는 하나님이십니다. 하나님은 그 생명을 피에 두신 것입니다. 불가피하게 짐승이 인간의 먹을 것 때문에 죽어야 하지만 생명의 근원인 피는 보존하라는 것입니다. 하나님이 창조하신 생명의 존귀함에 도전하지 말라는 것입니다. 즉 먹는 것보다 하나님과의 관계가 중요합니다. 하나님의 말씀이 우선입니다. 죄가 없었고, 심판이 없었다면 인간과 짐승이 아름답게 교제하며 하나님이 창조하신 생명의 신비한 능력을 소중하게 누리며 상생할 수 있었을 것입니다. 요즈음 우리에게도 익숙한 '반려동물'이 그러한 증거이지 않습니까? 인간과 동물이 얼마든지 하나님이 주신 생명 안에서 아름다운 교제를 이룰 수 있습니다. 이 교제 상태가 깨지게 된 원인을 생각하라는 것입니다. 바로 죄 때문이 아닙니까?

그러므로 노아에게 '피'를 금한 것은 생명의 복구, 즉 죄로부터 깨끗해지는 거룩을 사모하게 하기 위해서입니다. 하나님이 창조하신 원래의 상태를 사모하고 그 원래의 상태의 회복을 위해 죄와 싸우라는 깨우침 때문에 피를 금한 것입니다. 우리에게 중요한 것은 채식이냐, 육식이냐가 아니라 음식을 통해서도 하나님 나라의 회복, 최초의 창조 상태의 회복이 우리의 사명이라는 것을 깨닫는 것입니다. 먹는 것, 입는 것, 마시는 것이 우리 인생의 목적이 되어서는 안됩니다.

> 31그러므로 염려하여 이르기를 무엇을 먹을까 무엇을 마실까 무엇을 입을까 하지 말라 32이는 다 이방인들이 구하는 것이라 너희 하늘 아버지께서 이 모든 것이 너희에게 있어야 할 줄을 아시느니라 33그런즉 너희는 먼저 그의 나라와 그의 의를 구하라 그리하면 이 모든 것을 너희에게 더하시리라(마 6:31-33).

먹는 것이 아니라 하나님을 먼저 구하는 인생, 이것이 노아와 우리 인생의 제일된 법칙입니다.

살인하지 말라

육식을 허용하시되 피째 먹지 못하게 함으로 생명의 존엄성의 회복을 사모하기를 원하신 하나님은 이번에는 생명의 존엄성의 원칙을 더 확대하여 살인을 금지하시는 명령을 내리십니다. 우리가 6장에서 살펴본 대로 죄악이 관영함에 따라 유명해진 사람들이 있습니다. 바로 거인족인 네피림입니다. 그들은 자신의 육체 힘으로 다른 사람을 마음대로 죽임으로서 유명해진 사람들입니다. 죄악의 관영함의 열매가 바로 생명 경시이고 살인입니다. 생명이 경시되면 물질 만능주의가 찾아오는 것 아니겠습니까? 오늘날에 돈 몇 푼 때문에 살인을 우습게 여기는 풍조는 모두 죄의 심각한 열매입니다. 하나님은 인간이 존엄한 존재라고 말씀하십니다. 왜냐하면 인간은 하나님의 형상을 따라 창조된 자들이기 때문입니다.

하나님이 살인을 금하시는 말씀을 주신 것은 가인의 후손에게서 일어난 살인이 사라지기를 소원하신 것입니다. 하나님의 말씀에 순종하여 살인이 일어나지 않으면 인간 내에 있는 하나님의 형상이 점차 회복될 것이기 때문입니다. 산상수훈에서 살펴본 대로 예수님은 이 복을 완전하게 하셨습니다. 행위적인 살인만 금하신 것이 아니라 형제에게 분노하고, 어리석은 자라고 비난하며 형제를 미련하다고 인격적으로 모욕하는 자들은 심판을 받고 지옥 불에 던져질 것이라는 말씀을 생각해 보십시오. 살인의 금지를 통해 인격적인 인간 사이의 교제를 꿈꾸시므로 인간이 서로 사랑하고 존중하는 하나님의 자녀로서의 삶이 회복되기를 소망하신 것입니다.

다른 사람의 피를 흘리면 그 사람의 피도 흘릴 것이니 이는 하나님이 자기 형상대로 사람을 지으셨음이니라(6절).

하나님이 살인을 금하시기 위해 주신 말씀인데 이 말씀은 복수를 하라는 것이 아닙니다. 살인을 막으려는 하나님의 방법입니다. 이 말씀에 순종하면 살인은 존재하지 않을 것입니다. 하나님의 형상대로 창조된 인간을 존중하게 될 것입니다. 이 말씀은 또한 만약에 살인이 일어날 경우 개인적으로 보복하려는 것을 허용한 것이 아닙니다. 합법적인 절차를 통해 공적으로 처벌하라는 말씀입니다. 성경 신학자들은 이 말씀으로부터 정부나 아니면 대표적인 공적인 권력 집단이 형성되었다고 생각하고 있습니다. 그래야 인간의 죄성에서 나오는 분노나 미움이 다른 사람을 해치고 살인하는 일을 막을 수 있기 때문입니다.

그러나 중요한 것은 아무리 합법적으로 완전한 정권이 있다고 하더라도 우리 인간 안에 근본적으로 존재하고 있는 죄성은 없앨 수 없습니다. 예수님이 오셔야 합니다. 오셔서 우리 인격도, 우리 생각도, 보혈로 다스려 주셔서 우리 안에 하나님의 형상이 회복되어야 합니다. 홍수 심판으로도 인간의 죄성은 사라지지 않았습니다. 그러나 예수님이 십자가에서 죽으심으로 죄를 완전히 해결할 길이 열렸습니다. 예수님이 십자가에서 죽으심으로 죄에 대한 하나님의 진노는 막을 내렸습니다. 홍수 심판으로도 인간과 완전히 화해하지 못하신 예수님이 십자가에서 죽으심으로 인간과 완전히 화해하게 된 것입니다. 십자가에 죽으신 예수님 때문에 하나님께로 나아가는 길이 다시 열린 것입니다.

하나님이 우리에게 주시기를 원하시는 것은 먹을 것이 아닙니다. 하나님 자신입니다. 예수 그리스도입니다. 진리의 영이신 성령입니다. 예수님이 우리에게 오시고 성령의 강력한 역사가 일어나게 될 때, 내가 변화되고 하나님이 원하시는 온전한 삶을 살게 되는 것입니다. 그러므로 노아에게 주신 복은 하나님 자신이라는 사실을 깨달아서 오직 하나님만 심령 가운데 채우시므로 육신을 위해 사는 자들이 아니라 하나님의 나라를 위해 사시는 귀한 성도가 되기를 예수님의 이름으로 바랍니다.

약속의 징표:
무지개

8하나님이 노아와 그와 함께 한 아들들에게 말씀하여 이르시되 **9**내가 내 언약을 너희
와 너희 후손과 **10**너희와 함께 한 모든 생물 곧 너희와 함께 한 새와 가축과 땅의 모든
생물에게 세우리니 방주에서 나온 모든 것 곧 땅의 모든 짐승에게니라 **11**내가 너희와
언약을 세우리니 다시는 모든 생물을 홍수로 멸하지 아니할 것이라 땅을 멸할 홍수가
다시 있지 아니하리라 **12**하나님이 이르시되 내가 나와 너희와 및 너희와 함께 하는 모
든 생물 사이에 대대로 영원히 세우는 언약의 증거는 이것이니라 **13**내가 내 무지개를
구름 속에 두었나니 이것이 나와 세상 사이의 언약의 증거니라 **14**내가 구름으로 땅을
덮을 때에 무지개가 구름 속에 나타나면 **15**내가 나와 너희와 및 육체를 가진 모든 생
물 사이의 내 언약을 기억하리니 다시는 물이 모든 육체를 멸하는 홍수가 되지 아니할
지라 **16**무지개가 구름 사이에 있으리니 내가 보고 나 하나님과 모든 육체를 가진 땅의
모든 생물 사이의 영원한 언약을 기억하리라 **17**하나님이 노아에게 또 이르시되 내가
나와 땅에 있는 모든 생물 사이에 세운 언약의 증거가 이것이라 하셨더라.

홍수에서 구원을 얻은 노아에게 하나님은 아담에게 주셨던 축복을 다시
허락하셨습니다. 그 복은 "생육하고 번성하며 땅에 충만하라."는 것이었습
니다. 하나님은 아담에게 주셨던 복을 노아에게 주심으로 인간을 향한 그
분의 신실하신 사랑을 입증하셨습니다. 하나님은 비록 아담은 실패하였지
만 노아에게 복을 주시므로 노아와 새로운 교제를 이루시기를 원하신 것
입니다. 그럼에도 노아가 받은 복은 아담이 받은 완전한 복과는 거리가 있

는 불완전하고 미완성적인 복이었습니다. 아담이 받은 복은 하나님으로부터 자연에 관한 전권을 받아 다스리는 복이었지만 노아는 자연의 질서는 물론이며 모든 것을 하나님이 노아의 손에 붙여 주셔야만 누릴 수 있었던 것입니다. 이 사실을 노아도 잘 알고 있었습니다. 노아는 불완전한 복을 통해 오히려 자신의 뿌리에서 나오게 될 여인의 후손을 사모하는 믿음의 사람으로 성숙해 갔습니다. 여인의 후손이 와서 사탄의 머리를 깨뜨려야 자신이 받은 복이 아담이 받은 복처럼 완전해지고 또 그 복을 온전히 누릴 수 있기 때문임을 깨달은 것입니다. 불완전한 복을 통해 오히려 노아는 모든 것을 말씀으로 창조하시고 붙들고 계시는 하나님을 더욱 신뢰하게 되었습니다. 자신이 받은 복이 불완전하고, 부족하고, 모자라기 때문에 하나님을 더욱 사랑하게 되고 하나님과의 동행이 더욱 깊어진 것입니다.

이 장의 본문은 이러한 믿음의 사람 노아에게 하나님이 찾아오셔서 이미 선언하신 그 축복을 보존하여 주시기 위해 계약을 맺으시는 장면을 소개하고 있습니다.

노아의 영적인 근심과 두려움

11절을 보시면 "내가 너희와 언약을 세우리니 다시는 모든 생물을 홍수로 멸하지 아니할 것이라 땅을 멸할 홍수가 다시 있지 아니하리라."는 약속의 말씀을 주시므로 하나님은 노아와 계약을 맺으십니다. 이 약속의 말씀은 노아가 가장 듣고 싶은 약속의 말씀일 것입니다. 왜냐하면 노아와 그의 가족들은 하나님이 인간의 죄에 대해 진노하시고 대홍수로 심판하시는 것을 경험했습니다. 표현이 홍수이지 하나님의 창조 질서의 중단이요, 땅이 갈라지고 터지고 솟아나고 바닷물이 경계 없이 밀려와서, 모든 것이 엉망이 되어 버린 것이 홍수입니다. 작은 쓰나미 하나만 경험해도 온 세계가 공포와 두려움을 경험하는 데 전체적인 자연질서의 뒤틀림과 파괴를 경험한 노아의 두려움을 우리가 어떻게 이해할 수 있겠습니까? 그런데 더 큰 문제는 이 땅에 남겨진 자신을 비롯하여 자식들과 며느리 등 사람들 안에 잠재해 있는 죄악된 본성이었습니다.

이러한 죄악으로 오염된 본성으로 살다가는 언젠가는 다시 하나님의 진노가 이 땅에 임할 것이라는 염려와 두려움 속에 사로잡혀 있었던 것입니다. 노아는 지금 먹고 사는 것 때문에 염려하는 것이 아닙니다. 이미 먹고 사는 문제는 하나님이 아담의 축복을 통해 주셨으므로, 생육하고 번성하고 땅에 충만한 것은 문제가 아닙니다. 노아는 온 지구가 홍수 심판으로 폐허가 되어 있지만 하나님이 반드시 말씀하신 대로 생육하고 번성하여 땅에 충만할 것을 믿었습니다. 노아는 지금까지 하나님의 말씀을 의심해 본 적이 없는 믿음의 사람이라는 것을 우리가 잘 알고 있지 않습니까?

다만 자신 안에 있는 죄성이 염려되고 죄성 때문에 언젠가 하나님이 또 다시 홍수로 심판하실 것이라는 두려움에 사로잡혀 있을 때 하나님이 찾아오셔서 말씀을 주신 것입니다.

> 내가 너희와 언약을 세우리니 다시는 모든 생물을 홍수로 멸하지 아니할 것이라 땅을 멸할 홍수가 다시 있지 아니하리라(11절).

이 말씀은 노아의 두려움을 언약의 말씀으로 평안으로 바꾸어 주신 것입니다.

오늘날에도 먹을 것, 입을 것, 마실 것 때문에 염려하는 사람이 필요한 것이 아니라 노아처럼 자신 안에 있는 죄성을 바라보며 하나님의 공의와 심판을 두려워하는 사람이 필요한 시대입니다. 먹을 것, 입을 것, 마실 것은 하나님이 이미 채워 주신 것입니다. 예수님이 말씀하셨지 않습니까?

> [25]그러므로 내가 너희에게 이르노니 목숨을 위하여 무엇을 먹을까 무엇을 마실까 몸을 위하여 무엇을 입을까 염려하지 말라 목숨이 음식보다 중하지 아니하며 몸이 의복보다 중하지 아니하냐 [26]공중의 새를 보라 심지도 않고 거두지도 않고 창고에 모아들이지도 아니하되 너희 하늘 아버지께서 기르시나니 너

희는 이것들보다 귀하지 아니하냐 ²⁷너희 중에 누가 염려함으로 그 키를 한 자라도 더할 수 있겠느냐 ²⁸또 너희가 어찌 의복을 위하여 염려하느냐 들의 백합화가 어떻게 자라는가 생각하여 보라 수고도 아니하고 길쌈도 아니하느니라 ²⁹그러나 내가 너희에게 말하노니 솔로몬의 모든 영광으로도 입은 것이 이 꽃 하나만 같지 못하였느니라 ³⁰오늘 있다가 내일 아궁이에 던져지는 들풀도 하나님이 이렇게 입히시거든 하물며 너희일까보냐 믿음이 작은 자들아 ³¹그러므로 염려하여 이르기를 무엇을 먹을까 무엇을 마실까 무엇을 입을까 하지 말라 ³²이는 다 이방인들이 구하는 것이라 너희 하늘 아버지께서 이 모든 것이 너희에게 있어야 할 줄을 아시느니라 ³³그런즉 너희는 먼저 그의 나라와 그의 의를 구하라 그리하면 이 모든 것을 너희에게 더하시리라 (마 6:25-33)

우리에게 필요한 것은 하나님의 거룩함 앞에서 죄성을 깨닫는 것입니다. 그리고 그 죄를 제거해 주시고 의롭게 해 주실 하나님의 구속의 은혜를 기다리고 사모하는 것입니다. 하나님의 의에 합당한 삶 살기를 갈망하며 의에 주리고 목마른 자가 되어서, 날마다 하나님만을 바라보며 영적인 탄식으로 나아가는 그 사람을 하나님은 찾으시는 것입니다. 하나님 앞에서 자신의 연약함 때문에 탄식하므로 나아가는 사람을 성령 하나님은 도우시고 그 안에서 역사하십니다.

이와 같이 성령도 우리의 연약함을 도우시나니 우리는 마땅히 기도할 바를 알지 못하나 오직 성령이 말할 수 없는 탄식으로 우리를 위하여 친히 간구하시느니라 (롬 8:26).

부디 하나님 앞에서의 연약함 때문에 어쩔 줄 몰라 할 때 성령이 오셔서 탄식하므로 도우시는 귀한 역사를 경험하는 성도가 되기를 바랍니다. 이러한 사람들을 통해 하나님의 나라가 이 땅에 임하는 것입니다.

하나님의 은혜

중요한 것은 하나님이 이 언약을 맺으실 때 노아에게 그 어떠한 조건도 요구하지 않으셨다는 것입니다. 언약을 다른 말로 표현하면 계약인데, 계약은 당사자 서로 간에 조건으로 성립하는 것입니다. 그런데 하나님은 노아에게 아무런 조건도 요구하시지 않는 일방적인 계약을 맺으신 것입니다. 하나님은 네가 더욱더 경건해야 한다든지, 아름다운 번제를 드려야 한다든지 아무런 계약 조건을 노아에게 제시하지 않으셨습니다. 이것이 하나님의 은혜입니다. 인간의 죄성을 알고 있으시면서도 무조건적인 사랑으로 땅을 다시는 홍수로 심판하지 않으실 것을 약속해 주시는 것입니다. 노아가 가장 두려워하는 그 문제를 해결해 주시고 증표까지 허락해 주셨다는 것입니다.

노아를 향한 이러한 하나님의 일방적인 사랑과 은총은 오늘날에도 유효합니다. 하나님은 우리가 사랑 받을 만한 가치가 없고 구원받을 만한 아무런 조건이 없어도 무조건적인 사랑으로 우리를 택하시고 구원하여 주셔서 자녀 삼아 주셨습니다.

너희가 나를 택한 것이 아니요 내가 너희를 택하여 세웠나니 이는 너희로 가서 열매를 맺게 하고 또 너희 열매가 항상 있게 하여 내 이름으로 아버지께 무엇을 구하든지 다 받게 하려 함이라(요 15:16).

허물 많고 죄 많은 우리를 예수님이 먼저 택하여 주셨다고 말씀하고 있습니다. 하나님은 이처럼 우리가 도저히 사랑받을 만한 가치가 없어도, 구원을 얻을 만한 자격이 없어도 심지어 드릴 것이 아무것도 없어도 우리를 사랑하는 분이십니다.

우리를 향한 이 사랑이 확증된 곳이 바로 십자가입니다. 하나님은 우리의 죄성을 아심에도 하나 밖에 없는 아들 예수 그리스도를 이 땅에 보내어 십자가에 못 박아 죽게 하셨습니다. 우리를 향한 하나님의 사랑이 확증된 곳이 예수님의 십자가입니다. 로마서 5장 8절은 우리가 너무나 잘 알고 있는 말씀 아닙니까?

우리가 아직 죄인 되었을 때에 그리스도께서 우리를 위하여 죽으심으로 하나님께서 우리에 대한 자기의 사랑을 확증하셨느니라.

우리가 하나님을 사랑하는 것이 아닙니다. 하나님이 우리를 먼저 사랑하셨습니다.

하나님에 대한 믿음도 마찬가지입니다. 내가 하나님을 믿는 것이 아니라 하나님이 나로 하여금 하나님이 믿어지도록 은혜를 베풀어 주신 것입니다. 이 한량없는 은혜 때문에 우리가 하나님 앞에 예배자로 설 수 있는 것입니다. 하나님의 은혜 아니면 하나님 앞에 우리가 설 수 없는 것 아닙니까? 그분의 은혜 때문에 찬양도 드리고, 헌금도 드리고, 기도도 하며, 봉사도 하는 것이지 그분의 은혜 없이는 우리는 아무것도 할 수 없는 연약한 자들입니다. 그런데 우리는 가끔 하나님을 위해 내가 지금 무엇인가를 하고 있다고 착각하는 경우가 많습니다. 이것은 착각이 아니라 십자가의 사랑을, 우리를 위한 하나님의 처음 사랑을 상실한 것입니다.

⁴그러나 너를 책망할 것이 있나니 너의 처음 사랑을 버렸느니라 ⁵그러므로 어디서 떨어졌는지를 생각하고 회개하여 처음 행위를 가지라 만일 그리하지 아니하고 회개하지 아니하면 내가 네게 가서 네 촛대를 그 자리에서 옮기리라 (계 2:4-5).

에베소 교회가 존재하게 된 것은 하나님의 사랑 때문이었습니다. 그들의 조건이나 공로 때문이 아니었습니다. 예수님의 십자가 때문에 에베소 교회가 말씀 위에 든든히 서 갔던 것입니다. 그런데 그들은 예수님의 십자가 사랑을 상실했습니다. 자신 안에 있는 모든 것이 다 하나님의 것이라는 사실을 잊어버렸습니다. 결국 모든 것을 다 갖고 있었으나 가장 중요한 처음 사랑을 잃어버린 교회로 책망받으신 것입니다.

부디 우리를 향한 하나님의 사랑을 기억하시고 하나님의 사랑 안으로 다시 들어가 나의 나된 것은 하나님의 은혜라고 겸손하게 고백할 수 있기를 바랍니다. 내가 존재하는 것이, 또 내게 있는 모든 것이 다 예수님의 십자가 사랑과 은혜로 주어진 것임을 깨달아 남은 생애 주님만을 사랑하는 일에 생명 다하여 충성하시기를 바랍니다.

약속의 증표, 무지개

하나님은 다시는 물로 이 땅을 심판하지 않겠다는 약속의 증표로 무지개를 보여 주셨습니다.

> 내가 내 무지개를 구름 속에 두었나니 이것이 나와 세상 사이의 언약의 증거니라(9:13).

이제 인간은 무지개를 바라보면서 홍수 심판의 불안으로부터 벗어나 무한한 위로와 평안을 느낄 수 있게 되었습니다. 본문은 무지개를 '내 무지개'라고 정확하게 말씀하고 있습니다. 요한계시록 4장 3절에 보면, 사도 요한의 영안이 열려 하늘 보좌를 바라보는 장면이 나옵니다. 요한이 바라본 하늘 보좌의 모습은 이렇습니다.

> 앉으신 이의 모양이 벽옥과 홍보석 같고 또 무지개가 있어 보좌에 둘렸는데 그 모양이 녹보석 같더라.

사도 요한도 무지개가 하나님의 것임을 분명하게 보고 있는 것입니다. 이제 그 구름으로 가려 있던 하나님의 무지개를 인간에게 언약의 증표로 나타내신 것입니다. 하나님이 자신의 무지개를 통해 언약을 맺고 싶으신 것은 다름 아닌 평화입니다.

무지개는 히브리어로 '케쉐트'인데 이 단어는 '여호와의 화살'이라는 표현으로도 많이 사용되고 있습니다. 이 여호와의 화살이라는 단어가 사용될 때에는 하나님의 심판의 폭풍우가 몰아칠 것을 의미했습니다. 그러므로 인간에게 하나님의 무지개를 주셨다는 것은, 하나님의 심판이 끝나고 하나님과 인간이 화평하게 되었음을 의미합니다. 하나님이 이제 노아와 평화의 조약을 맺으신 것입니다. 노아와 언약을 통해 노아와 그 후손들에게 '여호와 샬롬,' 평강의 복 주시기를 원하신 것입니다. 무지개가 하나님의 무지개이듯이 평강도 하나님의 것입니다. 오직 하나님만이 평화를 주실 수 있습니다.

그러므로 무지개는 하나님과의 관계적인 복을 의미하는데, 하나님과 인간이 평화하는 복을 주신 것입니다. 창세기 9장 1-7절이 인간의 삶에 필요한 상태적인 복이라고 한다면 이제는 무지개를 통해 하나님과의 관계가 평화를 누리는 완전한 상태에 이르게 될 것임을 보여 주는 것입니다. 이 땅에서 아무리 복을 누리고 살아도 하나님과 화평하지 못하면 그 인생의 마지막은 심판과 멸망으로 끝나는 것입니다. 무지개를 통해 아담의 복을 완전하게 누리도록 하나님이 관계적인 온전하신 복을 선언하신 것입니다.

예수님도 십자가를 지실 때 제자들에게 다른 능력을 주신 것이 아니었습니다. 십자가라는 끔찍하고 두려운 형벌 앞에서 두려워하는 제자들에게 주신 것은 바로 '평안'이었습니다. 요한복음 14장 27절을 보십시오.

평안을 너희에게 끼치노니 곧 나의 평안을 너희에게 주노라 내가 너희에게 주는 것은 세상이 주는 것과 같지 아니하니라 너희는 마음에 근심하지도 말고 두려워하지도 말라.

예수님은 평안을 '나의 평안'이라고 말씀하시며 세상이 주는 평안과 분명히 차별된 것임을 말씀하고 계십니다. 예수님을 바라볼 때 모든 근심과 염려와 두려움이 떠나고 주님이 주시는 평안이 임하는 줄로 믿습니다. 평안은 예수님이 내 삶을 다스리는 상태를 의미하는 것입니다. 그래서 예수님을 '평강의 왕'이라고 하지 않습니까? 예수님이 오셔서 우리의 삶을 다스리시면 모든 두려움이 떠나가고, 마귀의 저주가 떠나가고 온전한 하나님의 임재와 다스림이 임하므로 우리 심령에 평안이 임하는 줄로 믿습니다. 두렵고 떨리십니까? 예수님을 바라보십시오. 노아에게 '내 무지개,' 즉 '나의 평안'을 주신 하나님은 우리에게도 평안주시기를 원하십니다.

> 6아무 것도 염려하지 말고 다만 모든 일에 기도와 간구로, 너희 구할 것을 감사함으로 하나님께 아뢰라 7그리하면 모든 지각에 뛰어난 하나님의 평강이 그리스도 예수 안에서 너희 마음과 생각을 지키시리라(빌 4:6-7).

기도 응답의 축복이 무엇입니까? 하나님의 평강이 우리의 마음과 생각을 믿음으로 지켜 주는 것, 그것이 가장 귀한 기도 응답의 축복입니다. 하나님은 지금 무지개를 통해 하나님의 평강으로 노아의 마음과 생각을 지켜 주시는 것입니다.

그러므로 무지개 언약은 예수 그리스도의 십자가 대속을 통해 얻게 될 인간 구원을 의미합니다. 노아와 그 후손들이 무지개를 바라보면서 하나님과의 평화를 확신할 수 있듯이, 오늘날 우리는 세상의 온갖 문제와 근심으로 말미암아 불안과 두려움에 휩싸이게 될 때 갈보리 언덕 십자가에서 못 박혀 죽으신 예수님을 바라보고 참 평안과 자유를 누릴 수 있게 됩니다. 무지개가 인류를 홍수의 두려움과 공포로부터 노아와 그 후손들을 보호하고 있다면, 예수님의 십자가는 우리를 세상의 온갖 죄악과 사단의 공격과 근심, 걱정으로부터 우리를 보호해 줍니다. 예수 그리스도의 십자가 대속의 은총이 마귀의 저주를 끊어 버리며, 모든 질병을 치료하며, 염려와 근심과 걱정 대신 하늘의 위로와 평강으로 인도하실 것입니다. 그러므로 예수님의 십자가는 우리의 무지개입니다. 우리 구원의 능력은 오직 예수 그리스도의 십자가 보혈에 있습니다. 노아가 언약의 증거로 주어진 무지개를 바라보며 하나님이 주신 평안을 누렸듯이 우리는 우리 죄를 위해 십자가에서 죽으신 예수 그리스도를 바라보아야 합니다. 예수님의 십자가를 바라볼 때 구원의 능력이 임재하고, 세상의 모든 두려움을 이길 수 있는 평강이 임하게 됩니다.

감추어져 있는 무지개

[13]내가 내 무지개를 구름 속에 두었나니 이것이 나와 세상 사이의 언약의 증거니라 [14]내가 구름으로 땅을 덮을 때에 무지개가 구름 속에 나타나면 [16]무지개가 구름 사이에 있으리니 내가 보고 나 하나님과 모든 육체를 가진 땅의 모든 생물 사이의 영원한 언약을 기억하리라(9:13-14, 16).

구름에 무지개가 가려져 있어서 평소에는 보이지 않지만 무지개는 항상 구름 사이에 존재하고 있다는 것을 알 수 있습니다. 이와 마찬가지로 우리를 향한 하나님의 능력과 축복은 눈에 보이지 않지만 분명히 우리와 함께하고 있는 것입니다. 노아가 항상 보이지 않지만 언약의 무지개가 있다는 것을 믿고 하나님의 구원을 노래했듯이 우리도 믿음의 눈으로 하나님의 함께하심을 바라보아야 합니다. 우리는 눈에 보이는 것으로 살아가는 사람들이 아니라 믿음으로 살아가는 존재입니다. 때로는 눈에 보이는 무지개 같은 증표가 필요합니다. 마치 광야의 이스라엘 백성은 눈에 보이는 것이 있어야 가나안을 향하여 행진할 수 있었듯이 말입니다. 광야의 백성에게는 하나님의 모든 은혜가 눈에 보이도록 나타났었습니다. 하지만 요단강을 건너 가나안에 들어갈 때부터는 보이는 것이 아니라 들리는 하나님의 말씀을 믿고 순종하게 될 때에 눈에 보이도록 능력이 나타나고 기적이일어난 것입니다.

지금 우리의 신앙은 어떠합니까? 내 눈에 보이지는 않지만 함께하시는 하나님을 신뢰하고 있습니까? 창세기 28장의 밧단아람으로 도망하는 야곱을 생각해 보십시오. 홀로 벧엘에서 잠을 청할 때 그는 하나님을 만나게 됩니다. 그때 야곱이 깨달은 것이 있습니다.

여호와께서 과연 여기 계시거늘 내가 알지 못하였도다(28:16).

오직 이 세상에는 나 하나밖에 없는 줄 알았는데 여기에 천사들을 보내시고, 여기에 하나님의 음성이 있고, 여기에 은혜의 약속이 있고, 여기에 하늘 문을 여사 축복의 역사가 미래까지 차려 놓고 있을 줄 누가 알았겠습니까? 그 이후로 야곱은 하나님의 복을 눈으로는 보지 못하였지만, 그 모든 복을 확신하면서 자신의 아들들을 축복하는 사람으로 바뀌지 않습니까? 지금까지는 눈에 보이는 복만을 사모하며 살아왔던 야곱이 하나님이 자신과 함께함을 깨달은 후에는 오직 하나님 안에 있는 복 그리고 그 복을 물려줄 수 있는 축복권을 가지고 있는 사명자로서의 삶, 그 한 가지의 삶에 만족하며 살아가는 믿음의 사람으로 변화된 것을 생각해 보십시오.

우리에게 눈에 보이는 것이 중요한 것이 아닙니다. 눈에 보이지 않는 하나님이 더 중요합니다. 그 하나님을 믿음으로 바라보는 사람은 야곱처럼 이 땅의 것에 대한 미련을 떨쳐 버리고, 자신과 함께하시는 하나님의 은혜에 만족하며 살아갑니다. 그리고 그 하나님이 반드시 말씀대로 모든 것을 이룰 것이라는 확신 속에서 살아가는 것입니다. 오직 그 하나님만을 사모하며 살아가기를 바랍니다.

노아의
아들들

18방주에서 나온 노아의 아들들은 셈과 함과 야벳이며 함은 가나안의 아버지라 **19**노아의 이 세 아들로부터 사람들이 온 땅에 퍼지니라 **20**노아가 농사를 시작하여 포도나무를 심었더니 **21**포도주를 마시고 취하여 그 장막 안에서 벌거벗은지라 **22**가나안의 아버지 함이 그의 아버지의 하체를 보고 밖으로 나가서 그의 두 형제에게 알리매 **23**셈과 야벳이 옷을 가져다가 자기들의 어깨에 메고 뒷걸음쳐 들어가서 그들의 아버지의 하체를 덮었으며 그들이 얼굴을 돌이키고 그들의 아버지의 하체를 보지 아니하였더라 **24**노아가 술이 깨어 그의 작은 아들이 자기에게 행한 일을 알고 **25**이에 이르되 가나안은 저주를 받아 그의 형제의 종들의 종이 되기를 원하노라 하고 **26**또 이르되 셈의 하나님 여호와를 찬송하리로다 가나안은 셈의 종이 되고 **27**하나님이 야벳을 창대하게 하사 셈의 장막에 거하게 하시고 가나안은 그의 종이 되게 하시기를 원하노라 하였더라 **28**홍수 후에 노아가 삼백오십 년을 살았고 **29**그의 나이가 구백오십 세가 되어 죽었더라.

창세기는 하나님의 장엄한 천지창조와 에덴 동산에서의 복된 삶을 살고 있는 사람에 관한 이야기로 출발해서 창조를 오염시키고 사람을 타락시킨 죄가 들어온 이야기 그리고 죄로 오염된 인간을 변함없이 사랑하시는 하나님의 사랑의 이야기를 지나 억압과 속박의 땅 애굽에서 관 속에 누워 있는 요셉의 이야기로 끝납니다. 생명에서 죽음으로 끝나는 책이 창세기입니다. 무엇보다 "내가 어찌 이 큰 악을 행하여 하나님께 죄를 지으리이까

(39:9)."라며 범죄하지 않았던 요셉의 죽음은 죄의 열매인 사망에서 벗어날 사람이 아무도 없다는 것을 의미합니다. 이 말은 아담의 범죄 이후에 죄에서 자유로울 수 있는 영혼이 단 한 사람도 없다는 것을 의미하는 것입니다. 죄에서 자유로울 수 없는 인생을 사도 바울은 로마서 3장 23절에서 가장 잘 묘사하고 있습니다.

모든 사람이 죄를 범하였으매 하나님의 영광에 이르지 못하더니.

이 땅에 있는 모든 사람은 다 죄인이며 하나님의 영광에 이를 수 있는 사람은 없다는 것입니다. 그것은 노아도 마찬가지입니다.

의인이요, 당세의 완전한 자요, 하나님과 동행하는 노아가 하나님과 평화의 언약까지 맺었으니 이제 인류는 마침내 죄와 심판과는 거리가 먼 새로운 에덴 동산을 이루며 살 수 있을 것 같은 기대를 해도 좋을 듯합니다. 그러나 그 기대는 얼마 있지 않아 산산조각이 나고 맙니다. 그토록 하나님 앞에서 완벽할 것 같은 노아 또한 타락하고 말기 때문입니다. 포도농사를 지은 노아가 포도주를 마시고 술에 취하여 벌거벗게 됩니다. 홍수 전 사람들이 먹고, 마시고, 시집가던 그 모습이 노아에게서 나타난 것입니다. 그리고 이 사실을 노아의 아들인 함이 목격하게 됩니다. 이 일 후에 함의 아들 가나안이 저주를 받게 되는 일이 벌어지게 됩니다. 노아의 가나안의 저주는 사람이 사람을 최초로 저주한 사건입니다. 어떻게 이러한 일이 벌어지게 되었을까요?

하나님과 단절 된 노아

이 장의 본문을 보면 노아가 하나님의 은혜와 단절되어 있음을 상징하는 단어가 하나 있습니다. 바로 '장막'이라는 말입니다. 장막은 단절, 고립, 외로움을 상징하는 곳이기도 합니다. 특히 장막은 그 장막의 주인만이 들어갈 수 있는 제한된 장소를 가리킵니다. 하나님과 동행하던 노아가 어느 시점부터 하나님과 동행하는 사람으로서가 아닌 홀로 자신만의 장막에서 술 취한 채 벌거벗은 모습으로 있게 된 것입니다. 아담과 하와에게 언제 사탄이 찾아왔습니까? 하나님과 교제가 멀어지게 되었을 때 사탄이 왔고 그 시험에 넘어진 것 아닙니까? 아담과 하와가 하나님의 낯을 피하여 동산 나무사이에 숨은 것처럼 노아 또한 자신의 장막에 하나님의 낯을 피하여 숨어 있는 것입니다. 하나님과 교제의 단절, 이것이 타락의 시작입니다.

지금 예수님 안에 있습니까? 하나님과 아주 가까이에 있습니까?

하나님을 가까이하라 그리하면 너희를 가까이하시리라 죄인들아 손을 깨끗이 하라 두 마음을 품은 자들아 마음을 성결하게 하라(약 4:8).

야고보 사도의 말씀에 귀를 기울여야 할 때입니다. 우리의 죄악된 손을 깨끗이 하고, 마음을 정결하게 하여, 하나님만을 가까이 하시는 삶을 살 때 우리와 함께하시는 하나님의 은혜와 복을 누릴 수 있게 되는 것입니다. 하나님과 깊은 교제를 이루게 될 때, 죄를 이기게 되고 끝까지 하나님과 동행하는 삶을 살 수 있는 것입니다.

하나님의 은혜를 상실한 노아

노아가 어느 때부터인가 홍수 심판 후에도 자신의 죄성 안에서 활동하고 있는 사탄의 존재를 잊어버리고 말았습니다. 홍수 심판의 두려움이 하나님의 무지개 언약으로 사라지자 영적인 무감각과 방심에 사로잡힌 것입니다. 이 장의 본문 20절을 자세히 들여다보면 "노아가 농사를 시작하여"라는 말이 나옵니다. 이 말은 원어에 의하면 "노아가 땅의 사람이 되어 포도나무를 심었다"는 뜻입니다. 여기 "땅의 사람"이란 말은 우리말 성경이 번역해 내지 못했습니다만 '땅의 주인'master of the earth이라는 뜻입니다. 노아는 땅의 주인이 되었습니다. 노아가 온 땅의 주인이 되었을 때 맨 처음에는 하나님의 은혜에 감사했을 것입니다. 그러나 시간이 지나가면 갈수록 하나님 은혜에 대한 감사보다는 땅의 주인이 되어 땅을 다스리는 자기 스스로를 자랑스럽게 여기는 교만한 마음이 더 커져만 갔던 것입니다.

왜냐하면 창세기 5장 29절에 보면 노아의 아버지 라멕이 "여호와께서 땅을 저주하시므로 수고롭게 일하는 우리를 이 아들이 안위하리라 하였더라."는 예언이 진실로 성취되었기 때문입니다. 노아는 여호와로부터 저주받은 땅을 경작하여 인생의 기쁨이 되는 포도주(시 104:15)를 생산해 냄으로 수고로이 일하는 사람을 위로한 것입니다. 실제적으로 땅의 저주도 풀리고 그 땅에서 수고하는 사람들을 위로하고자 포도농사를 시작한 것입니다. 맨 처음 포도농사의 목적은 이처럼 거룩하고 아름다운 것이었습니다. 하나님과 인간 사이의 위로 그래서 훗날 포도주를 제단에 올리기도 한 것입니다. 민수기 15장 5-10절에 의하면 모든 번제나 화목제는 포도주가 수반되어야 했습니다.

게다가 그는 인류 최초로 특화된 농사를 시작한 사람이었습니다. 이전까지의 사람들은 기본적인 채소를 먹거리로 삼았으나 노아는 특정한 목적을 가지고 특수한 과일을 최초로 재배한 땅의 주인이었던 것입니다. 그러니 포도를 심고, 포도 열매가 맺혀 수확할 때의 감격과 기쁨을 누리게 되었을 때, 내가 이 모든 것의 주인이라는 교만함이 들어오게 된 것입니다. '나는 이 기쁨을 누릴 자격이 있어. 120년 동안 방주를 지었고 그동안 하나님과 동행하였고 또 저주 받은 이 땅의 저주도 풀어 냈고 이제 인간은 내가 만들어 낸 포도주를 통해 그들의 수고로부터 위로를 얻게 될 것이야.'라며 자기중심적이 되면서 하나님의 은혜를 잊어버리게 된 것입니다.

사람이 언제 하나님의 은혜에서 멀어집니까? 내가 큰일을 이루었다고 생각할 때입니다. 내가 무엇인가를 다스리고 주관할 수 있다고 생각할 때입니다. 하나님의 은혜를 잊어버리고 자기 자신의 의만 남게 된 노아에게서 그동안 하나님의 은혜로 통제되어 왔던 죄성이 봇물 터지듯이 터지게 된 것입니다. 노아의 모습이 우리의 모습일 수 있습니다. 지금은 비록 하나님의 은혜에 감사하는 겸손한 삶을 살고 있지만 계속되는 축복 앞에서 언젠가는 "내가 노력해서, 내가 기도해서 내 인생이 이렇게 잘된 것이야." "우리 교회가 부흥하는 것 내가 열정적으로 기도하고 헌신했기 때문이야." 등 내 의가 드러나기 시작하면 하나님의 은혜에서 멀어지게 됩니다. 하나님의 은혜에서 멀어지게 되면 하나님께 감사하기는커녕 하나님의 존재마저 잊고 살아가게 되는 것입니다.

우리는 단 한순간도 영적으로 무감각해지거나 방심해서는 안됩니다. 저는 사도 바울의 디모데후서 4장 7-8절 말씀을 좋아합니다.

7나는 선한 싸움을 싸우고 나의 달려갈 길을 마치고 믿음을 지켰으니 8이제 후로는 나를 위하여 의의 면류관이 예비되었으므로 주 곧 의로우신 재판장이 그 날에 내게 주실 것이며 내게만 아니라 주의 나타나심을 사모하는 모든 자에게도니라.

우리의 신앙은 의로우신 재판장이신 예수님 앞에 서는 날까지 영적인 치열한 전투 상태임을 잊지 말아야 합니다. 늘 깨어서 날마다 내 자신과 치열한 싸움을 싸우므로 나를 하나님 앞에 세워 두지 아니하면 하루아침에 무너지게 되는 것이 연약한 인생의 본성입니다. 다윗도 말년에 밧세바 앞에 무너졌습니다. 그 결과 죽을 때까지 환란의 떡을 먹고 고난의 물을 마셔야 했습니다. 모세도 단 한 번의 실수로 무너져 가나안에 들어가지 못했습니다. 우리는 사도 바울처럼 달려갈 길을 다 마칠 때까지 선한 싸움을 다 싸우시는 귀한 성도가 되기를 바랍니다.

벌거벗음과 함의 바라봄

이제 우리는 노아의 벌거벗음의 의미를 생각해 보아야 합니다. 여기 '벌거벗었다'라는 단어가 최초로 등장하는 곳이 어디이지요? 바로 아담과 하와의 타락 때입니다. 하나님이 범죄한 아담과 하와를 위해 하신 일은 아무 죄도 없는 짐승을 죽게 하시므로 그 가죽을 가지고 옷을 만들어 입히시므로 그들의 죄로 인한 수치와 부끄러움을 가려 주셨습니다. 경건한 셋의 후손들에게 옷은 단순한 의복의 의미가 아닙니다. 죄의 수치와 부끄러움을 가려 주시는 하나님의 은혜의 상징입니다. 그 은혜가 자신의 몸에서 떠나게 되면 드러나게 되는 것은 죄로 인한 수치와 부끄러움뿐입니다. 노아는 포도주에 취하므로 하나님의 존귀한 형상을 잃어버리고 영적으로 타락한 창녀의 모습을 보이고 말았습니다. 비록 홍수 심판은 면한 노아였지만 정욕의 홍수 심판을 받고 있는 모습이 벌거벗음입니다.

벌거벗은 노아를 둘째 아들인 함이 보고 말았습니다. 여기 그 하체를 '보았다(라아)'는 단어의 원래 의미는 힐끔 쳐다보고 지나치는 것이 아니라, 어떤 생각이나 의도를 가지고 자세히 주목하여 살펴보는 것을 말합니다. 즉 성적인 욕망의 시선으로 노아를 바라본 것입니다. 함은 밖으로 나가자마자 아버지 노아의 실수를 다른 형제들에게 떠들며 이야기합니다. 아버지의 허물을 만방에 알게 한 것입니다. 아버지를 정죄한 것입니다.

그러나 셈과 야벳은 아버지의 벗은 몸을 보지 않고 덮어 주었습니다. 아버지의 수치와 부끄러움을 가려 준 것입니다. 마치 하나님이 아담과 하와의 수치와 부끄러움을 가려 주듯이 말입니다. 하나님 닮은 삶을 두 사람이 산 것입니다. 뒤로 등을 돌리고 들어가 아버지의 옷을 어깨에 메고 들어가 아비의 하체를 덮었던 셈과 야벳을 하나님은 축복하셨습니다. 어떤 신학자들은 노아의 옷을 어깨에 맨 행위를 십자가를 어깨에 지시고 골고다 언덕을 오르시는 예수님의 모습과 연관지어 설명하기도 합니다. 예수님도 그렇게 우리의 모든 죄와 허물을 십자가의 보혈로 덮어 주셨습니다. 예수님은 인격적이십니다. 그래서 우리의 죄와 허물을 드러내시거나 다른 사람에게 알게 하지도 않으십니다. 회개하기까지 인내로 기다리셨다가 회개하면 우리의 죄를 발로 밟으시고, 우리의 모든 죄를 깊은 바다에 던지는 분이십니다(미 7:19). 주님이 허물을 덮어 주지 않는다면 하나님 앞에 설 수 있는 사람은 한 사람도 없습니다. 그래서 다윗은 선언했습니다.

허물의 사함을 받고 자신의 죄가 가려진 자는 복이 있도다(시 32:1).

노아의 예언

노아는 술이 깨어서 자신들의 자녀에 대해 예언을 합니다. 예언은 함의 넷째 아들인 가나안(10:6)에 대한 저주로부터 시작합니다. 그런데 중요한 것은 이 저주가 함에 대한 단순한 보복이 아니라는 것입니다. 다시 말씀드리지만 술 취한 자신의 허물을 드러냈기 때문에 보복하는 것이 아니라 아들들의 미래에 대한 예언입니다. 예언의 기능이 무엇입니까? 성경의 예언은 미래가 기정사실화되기 전에 고치라, 회개하라는 의미가 더 큽니다. 그러므로 예언은 경고요, 교훈에 더 가까운 것입니다.

노아는 함에 대해 아무런 언급도 하지 않았습니다. 그 대신 함의 넷째 아들 가나안에 대해 예언하고 있습니다. 노아의 술 취함의 사건과 함의 목격의 결말이 가나안과 밀접하게 관련 있음을 알 수 있습니다. 노아의 예언이 가나안에게 집중되어 있는 것은 함보다 더 강하게 성적인 죄성이 나타나고 있었기 때문입니다. 노아의 이 예언은 그대로 성취됩니다. 지금 이 말씀을 모세를 통해 받고 있는 이스라엘 백성이 어디를 향하여 가고 있습니까? 바로 함의 아들 가나안 족속들이 살고 있는 가나안 땅입니다. 가나안은 발달된 문명뿐 아니라 우상 숭배와 음행이 성행하던 곳이었습니다. 이 음란한 땅, 가나안을 향하여 이스라엘 백성이 광야를 지나고 있습니다.

노아 홍수 이전 세대의 주된 범죄가 폭력과 살인이라면 노아 이후의 주된 범죄는 음행과 우상 숭배입니다. 선지자들이 이스라엘 백성에게 지적하는 두 가지 범죄가 바로 음란과 우상 숭배입니다. 신약 시대에 예수님도 그 세대를 향하여 "음란한 세대"라고 규정하십니다. 이 음란의 죄는 요한계시록의 심판받을 이 세상을 상징하는 단어가 되고 맙니다. 노아는 이러한 무서운 죄의 구체적인 출발점이 될 가나안을 회개시키고자 경고의 예언을 한 것입니다.

우리가 살고 있는 세대의 가장 무서운 죄도 다름 아닌 음란입니다. 이 음란은 모든 죄 가운데서 가장 사람을 비참하게 만드는 죄입니다. 왜냐하면 우리 안에 있는 하나님의 형상을 파괴하며, 우리 안에 있는 영적인 은혜와 거룩을 순식간에 무력화시키기 때문입니다. 그래서 밧세바와 간음한 다윗이 하나님께 회개할 때 간곡히 부르짖어 "내게서 주의 성령을 거두지 마옵시고"라고 기도한 것입니다. 음란은 우리를 마귀의 노예로 만드는 가장 치명적인 죄인 것입니다. 음란의 죄성이 치료되지 않으면 결코 우리는 하나님의 거룩한 보좌요 하나님의 형상을 가진 존귀한 자로 설 수 없습니다. 뿐만 아니라 육적으로도 '종들의 종'이 되고 마는 것입니다.

그래서 우리는 늘 깨어서 기도해야 하는 것입니다. 우리의 대적 마귀가 우는 사자처럼 삼킬 자를 찾고 있기 때문입니다(벧전 5:8). 깨어 부르짖어 기도하므로 하나님의 성령이 충만하게 될 때 우리 안에 있는 정욕을 다스리고 마귀의 유혹을 이기게 되는 것입니다. 성령이 충만하게 될 때 하나님의 거룩한 형상을 가진 종이 되어, 종들의 종이 아니라 하나님의 거룩한 종이 되어, 하나님 앞에서 의인이요 완전한 자요 동행하는 사람으로 서게 될 수 있는 것입니다. 성령의 능력과 은혜가 아니고는 결단코 하나님의 존귀한 형상을 회복할 수도 지켜 낼 수도 없는 것입니다.

셈의 하나님

노아는 셈을 축복할 때 이 세상의 것을 말하지 않았습니다. 하나님과 함께하는 진정한 하나님의 동행자로 셈을 축복한 것입니다. 셈을 통해 하나님의 구원 사역은 계속될 것이고 마침내 이루어지게 될 것입니다. 셈의 후손에서 사탄의 머리를 깨뜨리게 될 후손이 나올 것이며, 모든 영혼을 구원하실 것입니다. 셈이 이렇게 엄청난 축복을 받은 이유는 무엇 때문입니까? 아버지의 벌거벗은 몸을 보지 않기 위해 뒷걸음질로 들어가 아버지의 수치를 덮어 주었기 때문입니까? 물론 그럴 수도 있습니다. 그러나 모두가 다 하나님의 은혜 때문입니다. 하나님이 노아를 감동하시므로 하나님의 계획을 알게 하신 것입니다. 하나님의 은혜 아니면 동일한 죄성을 가진 셈이 이러한 엄청난 축복을 받을 수 없는 것입니다.

세상에서 창대하게 되는 것보다 유명하게 되는 것보다 출세하는 것보다, 하나님과 함께하는 사람으로 지목되어 하나님을 소유하며 하나님의 모든 계획을 성취하는 인생보다 귀한 인생은 없습니다. 하나님이 나만의 하나님이 되셔서 나와 함께하시고 나를 통해 구원의 역사를 이루는 축복보다 이 세상에서 큰 복은 없습니다. 이사야 선지자가 하늘 궁정회의에 참석하여 하나님의 영광을 경험한 후 하나님의 탄식을 듣습니다.

내가 누구를 보내며 누가 우리를 위하여 갈꼬 하시니(사 6:8).

이사야 선지자가 이렇게 대답하지 않습니까?

내가 여기 있나이다 나를 보내소서(사 6:8).

하늘 제단의 핀 숯으로 악이 제해지고 죄가 사해진(사 6:7) 이사야에게 남아 있는 유일한 소원은 하나님을 위해 사는 것, 하나님의 모든 일을 이루어 드리고 싶은 독보적인 존재가 되는 것입니다. 오직 하나님을 위해 사는 인생, 이것보다 귀한 것이 없음을 이사야가 깨닫게 된 것 아닙니까?

하나님의 부르심을 받아 하나님을 향하여 서고, 하나님만을 소유하며, 남은 인생 오직 하나님과 동행하며, 하나님의 구원사역을 이루는 인생보다 귀한 인생이 어디에 있겠습니까? 우리 안에 찾아오셔서 보혈로 우리를 정결케 하시고 성령의 능력으로 우리를 깨우치시사 주의 말씀을 이루게 하시므로 의의 길을 걷게 하신 은혜보다 소중한 은혜가 어디에 있겠습니까? 이제부터 하나님을 나의 하나님이라고 고백하시므로 날마다 하나님과 노아 대신 동행할 수 있는 복 있는 사람이 되기를 소원합니다.

창대하는 야벳

'야벳을 창대케 하셨다'는 말씀은 '야벳의 지경을 넓히셨다'는 뜻입니다. 이들은 활동 범위, 문화 예술, 과학 모든 분야에서 탁월한 인생을 살게 될 것입니다. 그러나 하나님의 때가 이를 때까지, 즉 셈의 장막에 거할 때까지 하나님의 구원의 은총은 경험하지 못할 것입니다. 즉 하나님의 은혜에 대해 외인이요, 이방인으로 남게 될 것입니다. 이 야벳에 대한 예언이 이루어지는 것은 신약 시대에 이르러 복음이 전파되기 시작한 후부터입니다. 그들이 셈의 장막, 즉 교회에서 흘러가는 복음을 들은 후에야 하나님의 자녀가 된다는 것입니다. 가나안은 멸망으로 끝나지만 야벳은 소망의 예언 때문에 하나님의 구원을 경험하게 될 것입니다. 창대하게 되는 것이 중요한 것이 아니라 셈의 장막에서 구원받는 은혜가 훨씬 더 중요함을 말씀하고 있는 것입니다.

10장

세 아들의
후손

창세기 10장 1-32절

1노아의 아들 셈과 함과 야벳의 족보는 이러하니라 홍수 후에 그들이 아들들을 낳았으니 **2**야벳의 아들은 고멜과 마곡과 마대와 야완과 두발과 메섹과 디라스요 **3**고멜의 아들은 아스그나스와 리밧과 도갈마요 **4**야완의 아들은 엘리사와 달시스와 깃딤과 도다님이라 **5**이들로부터 여러 나라 백성으로 나뉘어서 각기 언어와 종족과 나라대로 바닷가의 땅에 머물렀더라 **6**함의 아들은 구스와 미스라임과 붓과 가나안이요 **7**구스의 아들은 스바와 하윌라와 삽다와 라아마와 삽드가요 라아마의 아들은 스바와 드단이며 **8**구스가 또 니므롯을 낳았으니 그는 세상에 첫 용사라 **9**그가 여호와 앞에서 용감한 사냥꾼이 되었으므로 속담에 이르기를 아무는 여호와 앞에 니므롯 같이 용감한 사냥꾼이로다 하더라 **10**그의 나라는 시날 땅의 바벨과 에렉과 악갓과 갈레에서 시작되었으며 **11**그가 그 땅에서 앗수르로 나아가 니느웨와 르호보딜과 갈라와 **12**및 니느웨와 갈라 사이의 레센을 건설하였으니 이는 큰 성읍이라 **13**미스라임은 루딤과 아나밈과 르하빔과 납두힘과 **14**바드루심과 가슬루힘과 갑도림을 낳았더라 (가슬루힘에게서 블레셋이 나왔더라) **15**가나안은 장자 시돈과 헷을 낳고 **16**또 여부스 족속과 아모리 족속과 기르가스 족속과 **17**히위 족속과 알가 족속과 신 족속과 **18**아르왓 족속과 스말 족속과 하맛 족속을 낳았더니 이 후로 가나안 자손의 족속이 흩어져 나아갔더라 **19**가나안의 경계는 시돈에서부터 그랄을 지나 가사까지와 소돔과 고모라와 아드마와 스보임을 지나 라사까지였더라 **20**이들은 함의 자손이라 각기 족속과 언어와 지방과 나라대로였더라 **21**셈은 에벨 온 자손의 조상이요 야벳의 형이라 그에게도 자녀가 출생하였으니 **22**셈의 아들은 엘람과 앗수르와 아르박삿과 룻과 아람이요 **23**아람의 아들은 우스와 훌과 게델과 마스며 **24**아르박삿은 셀라를 낳고 셀라는 에벨을 낳았으며 **25**에벨은 두 아들을 낳고 하나의 이름을 벨렉이라 하였으니 그때에 세상이 나뉘었음이요 벨렉의 아우의 이름은 욕단이며 **26**욕단은 알모닷과 셀렙과 하살마웻과 예라와 **27**

하도람과 우살과 디글라와 28오발과 아비마엘과 스바와 29오빌과 하윌라와 요밥을 낳았으니 이들은 다 욕단의 아들이며 30그들이 거주하는 곳은 메사에서부터 스발로 가는 길의 동쪽 산이었더라 31이들은 셈의 자손이니 그 족속과 언어와 지방과 나라대로였더라 32이들은 그 백성들의 족보에 따르면 노아 자손의 족속들이요 홍수 후에 이들에게서 그 땅의 백성들이 나뉘었더라.

창세기 10장은 홍수 심판에서 구원받은 노아의 후손들이 이 땅 가운데서 어떻게 민족을 이루고, 나라를 이루며 번성하였는지를 보여 주고 있습니다. 10장 32절에서 이렇게 말씀하고 있지 않습니까?

이들은 그 백성들의 족보에 따르면 노아 자손의 족속들이요 홍수 후에 이들에게서 그 땅의 백성들이 나뉘었더라.

이들이 번성하게 된 것은 하나님이 창세기 9장 1절에서 노아와 그 아들들에게 약속하신 "생육하고 번성하여 땅에 충만하라."는 말씀의 구체적인 성취 때문입니다. 노아가 건강하고 인간적으로 탁월해서 이렇게 번성하게 된 것이 아니라 하나님의 약속의 말씀 때문에 그들이 생육하고 번성한 것입니다. 모든 것이 하나님의 약속의 말씀대로 성취된다는 것을 보여 주는 것이 지금의 족보입니다.

반드시 성취되는 하나님의 말씀

생각해 보십시오. 지금 창세기 10장에서 소개되는 사람의 총 수가 70명입니다. 처음으로 언급된 야벳의 경우 먼저 일곱 명의 아들을 열거하고 그 중에서 두 아들로부터 일곱의 손자를 기록하고 있습니다. 그래서 야벳의 후손은 14명이 등장하게 됩니다. 이와 동일한 방법으로 함의 자손은 30명이 언급이 되고 셈의 자손은 26명이 기록되어 있습니다. 합하면 70명입니다. 이 70명에서 수많은 족속과 방언 그리고 나라가 형성된 것입니다.

그런데 이 노아의 후손 70명을 모세로부터 소개받고 있는 이스라엘 백성은 이 숫자를 대할 때에 자신들의 처지를 금방 이해했을 것입니다. 왜냐하면 자신들의 조상인 야곱이 요셉의 도움으로 애굽으로 정착하려 내려간 숫자도 70명이었습니다. 그런데 불과 400년 만에 장정만 60만 그리고 부녀자를 합하였을 때 약 200만의 숫자가 애굽에서 증가하여 하나님이 약속해 주신 땅을 향하여 행진하고 있는 것입니다. 바로의 억압과 애굽의 방해가 극에 달하였음을 감안하면 참으로 신비한 일입니다. 이 사실을 통해 이스라엘은 인간의 존재나 구원이 인간의 조건이나 공로에 있는 것이 아니라 천지를 말씀으로 창조하신 하나님의 은혜에 있음을 알 수 있는 것입니다. 모든 것은 하나님의 말씀대로 이루어지고 성취되는 것입니다.

하나님이 노아에게 주신 것은 크게 두 가지 말씀 밖에 없습니다. 하나는 "생육하고 번성하여 땅에 충만하라." 또 하나는 "내가 다시는 홍수로 이 세상을 멸하지 않을 것"이라는 말씀뿐입니다. 노아는 이 약속의 말씀을 붙들고 살았고 결국 이 말씀이 노아를 생육하고 번성하는 인생이요 심판과 멸망이 아닌 하나님의 인류 구원을 위한 도구로 사용받은 것입니다. 그러므로 광야를 행진하고 있는 이스라엘 백성은 신실하시고 진실하신 하나님이 주시는 말씀을 붙들어야 했습니다. 그리고 그 말씀이 자신들의 삶을 이끌어 가도록 말씀 앞에 겸손함으로 순종해야 하는 것입니다. 그러면 말씀이 자신들을 하나님의 축복으로 인도할 것이기 때문입니다.

오늘을 사는 우리도 마찬가지입니다. 하나님의 말씀만이 우리의 생명이고 축복입니다. 다윗은 시편 119편 105절에서 "주의 말씀은 내 발에 등이요 내 길에 빛이니이다."라고 고백한 것입니다. 내 인생의 걸음이 어두움에도 실족하지 않고 넘어지지 않으며, 하나님이 주신 빛으로 인도함받는 비결이 바로 하나님의 말씀에 있는 것입니다. 다윗의 뒤를 이어 이스라엘의 왕이 된 솔로몬도 다른 그 어떤 것보다 하나님의 말씀이 중요함을 잘 알고 있었습니다. 잠언 1장 32-33절에서 솔로몬은 고백했습니다.

> 32어리석은 자의 퇴보는 자기를 죽이며 미련한 자의 안일은 자기를 멸망시키려니와 33오직 내 말을 듣는 자는 평안히 살며 재앙의 두려움이 없이 안전하리라.

하나님의 말씀을 듣는 자의 축복을 안연히 살고 재앙의 두려움 없이 평안한 것이라고 고백하고 있습니다.

예수님의 제자 베드로를 생각해 보십시오. 누가복음 5장에 보면 베드로의 인생을 바꾸어 놓은 사건이 있습니다. 갈릴리 바닷가를 찾으신 예수님이 베드로의 배 위에서 강론하신 후에 밤새 수고하였으나 아무것도 잡지 못한 베드로에게 이렇게 명령합니다.

> 깊은 데로 가서 그물을 내려 고기를 잡으라(눅 5:4).

그때에 베드로가 이렇게 고백합니다.

> 시몬이 대답하여 이르되 선생님 우리들이 밤이 새도록 수고하였으되 잡은 것이 없지마는 말씀에 의지하여 내가 그물을 내리리이다 하고(눅 5:5).

주님의 말씀 앞에 '내가'라는 시몬 베드로가 부서져 내리는 장면입니다. 내가 부서지고 말씀을 의지하게 되었을 때 엄청난 인생의 축복을 받게 된 것 아닙니까? 고기를 그물이 찢어질 정도로 많이 잡아 친구들의 도움까지 받아 두 배에 가득 채우게 된 것이 축복이 아니라 예수님을 만나고 자신이 죄인임을 깨닫게 되고 평생을 예수님을 위해 헌신하는 사도로 부름 받은 것이 베드로가 받은 큰 축복 아니겠습니까? 이것이 하나님의 말씀의 능력입니다. 말씀을 의지하고 말씀대로 순종하는 사람은 하나님의 말씀이 자신의 인생을 움직여 가고 자신의 인생 안에서 하나님의 말씀만 성취되는 존귀한 축복을 누리게 되는 것입니다.

훗날에 베드로는 베드로전서에서 이렇게 고백합니다.

24그러므로 모든 육체는 풀과 같고 그 모든 영광은 풀의 꽃과 같으니 풀은 마르고 꽃은 떨어지되 25오직 주의 말씀은 세세토록 있도다 하였으니 너희에게 전한 복음이 곧 이 말씀이니라(벧전 1:24-25).

오직 주의 말씀만 영원함을 베드로가 증거하고 있는 것입니다.

노아 예언의 성취

이 족보를 구체적으로 살펴보면 다음과 같습니다. 야벳의 자녀에 대하여는 2-5절까지 네 절을 기록하였고, 셈의 자녀에 대하여는 21-31절까지 열한 절에 기록하였으나, 함의 자녀에 대하여는 6-20절까지 무려 열다섯 절을 할애하였습니다. 족보의 무게 중심이 함의 자식들에게 있음을 알 수 있습니다. 그러므로 이 족보는 하나님을 소유하게 된 셈의 자손인 이스라엘 백성을 괴롭히며 하나님을 대대로 거역하며, 종의 종이 되어 살아가게 될 가나안의 형성 과정을 매우 중요하게 다루고 있음을 알 수 있습니다. 왜냐하면 세 아들들을 향한 노아의 예언적 설교가 그대로 이루어졌고, 특히 가나안에 관한 노아의 저주가 어떻게 실현되고 있는지를 중심적으로 보여 주고 있기 때문입니다.

노아의 세 아들들을 향한 예언이 이렇게 실현되었다는 것을 역설적으로 바라보면 노아의 예언적 설교를 듣고도 함과 가나안이 회개하지 않았다는 것입니다. 회개하기는커녕 오히려 하나님과 하나님의 백성을 대적하는 인생을 살게 되는 것입니다. 노아의 축복과 저주를 들으신 하나님이 그대로 행하시는 것을 볼 때에 우리가 하나님을 두려워하는 마음으로 섬겨야 하는 이유를 잘 알 수 있을 것입니다.

노아의 후손은 이후로 하나님을 진실로 경외하는 사람과 자신들이 하나님이 되어 하나님을 대적하며 살아가는 사람, 크게 두 부류로 나뉘었습니다. 그것은 신약 시대를 지나 오늘을 사는 우리에게도 그대로 적용됩니다. 하나님을 두려워하므로 사랑하며 그분의 말씀에 순종하는 사람과 자기 자신이 인생의 주인되어 자기 마음대로 하나님을 대적하며 살아가는 사람으로 나눌 수 있습니다(롬 1:18-24). 중요한 것은 하나님의 말씀대로 우리 주님이 다시 오셔서 이 세상을 물이 아닌 불로 심판하신다는 것입니다. 그 심판을 통해 하나님을 경외하며 사랑하는 사람들은 주의 나라에 들어갈 것이지만 그렇지 않은 사람들은 영원한 심판을 받게 됩니다.

니므롯

함의 후손들 중에서 니므롯이라 하는 '세상의 첫 용사'가 나왔습니다. 니므롯은 '하나님께 반역하는 자'라는 뜻입니다. "그가 여호와 앞에서 용감한 사냥꾼"이었다고 하는데 '용감한 사냥꾼'의 문자적 의미는 '시합의 우승자'라는 말입니다. 이 '시합의 우승자'가 '여호와 앞에서'라는 말과 합해져서 '여호와 하나님과 겨루어, 시합하여 우승한 사람'이라는 아주 교만하고 불경스러운 이름이 탄생한 것입니다. 칼빈에 의하면, 이 '용감한 사냥꾼'은 '여호와께 반대하여 일어선 자, 여호와와 대등해진 듯이 교만해진 것'을 가리킨다고 합니다. 함의 자손들은 스스로 하나님을 대적하고 하나님 없이 살아보겠다고 나서는 교만한 집단이 되어 버렸고, 그들은 하나님의 택하신 백성에게 대대로 원수가 되어 노아가 축복한 족속인 셈과 야벳 족속의 방해꾼으로 등장하여 인류가 대대로 평안할 수 없는 세상으로 만들고 말았습니다.

그러므로 가나안이 노아로부터 받은 그 저주받은 삶이 무엇이냐 하면, 하나님을 떠난 삶이요, 하나님을 대적하는 사람들이요, 인간의 능력을 자랑하며 인간의 힘으로 무엇을 해 보겠다고 나선 교만한 사람들입니다. 이들의 교만함이 바벨탑 사건으로 이어지는 것입니다. 인간의 저주란 다름 아닌, 하나님에게서 멀어지고 자신을 믿는 삶입니다. 하나님에게서 멀어지면 누구나 저주받은 삶을 살게 됩니다.

니므롯은 가인의 후손인 네피림과 비교할 만한 존재들이었습니다. 네피림들이 육체의 탁월함만을 보인 거인족이라고 한다면 니므롯은 지혜와 용맹을 갖춘 인물들이었습니다. 게다가 탁월한 리더십과 통치력을 바탕으로 전략과 전술을 갖춘 놀라운 용사였습니다. 그들의 공통점은 하나님을 대적하며 불순종한다는 것입니다. 그들은 하나님 없이 자신들의 힘과 지혜만을 의지하는 사람들이었습니다. 그들은 한 부족의 족장으로 만족하지 않았습니다. 더 큰 야심을 갖고 세상에 흩어져 있는 힘 있는 사냥꾼들과 싸움꾼들을 모아서 바벨론을 비롯하여 앗수르와 니느웨까지 모든 성읍을 통일시킨 후 자기 수하에 들어오는 사람들은 살려 주고 반항하는 사람들은 모두 죽였습니다. 그래서 그는 인류 역사상 처음으로 큰 나라를 만들고 자신이 왕이 됩니다. 당시에 그를 꺾을 나라, 그를 꺾을 사람이 없었습니다. 그러니 그는 감히 하나님께 맞섰습니다. 70인역에 보면, "니므롯은 하나님을 대적한 왕이라 그는 영걸이라."는 설명을 붙이고 있습니다.

함족과 셈족

셈족인 이스라엘을 400년 동안 붙잡아서 노예로 부려먹으며 괴롭힌 애굽이 바로 함족이었고, 이스라엘이 점령해야 할 가나안이 가나안의 후손임을 말할 필요도 없습니다. 게다가 이스라엘 역사상 가장 오랜 세월 이스라엘을 괴롭힌 블레셋도 함족입니다. 북쪽 이스라엘을 점령한 앗수르도 함족임을 알 수 있습니다. 여호수아의 가나안 정복 전쟁 시에 아이성 전투에서 패하게 된 이유가 아간의 범죄 때문인데 아간이 여리고 전투에서 취한 물건이 바로 시날 산의 외투 한 벌과 금덩이 하나입니다. 그 시날 땅이 바로 바벨탑을 쌓았던 바벨론 땅입니다. 훗날에 이스라엘이 하나님이 보내신 선지자들의 경고를 거절하고 범죄했을 때도 하나님은 바벨론을 통해 이스라엘을 70년 동안 포로로 붙들고 압제하고 고통받게 했습니다.

성경 전체를 통해, 셈족인 이스라엘과 함족인 바벨론은 정반대의 관계에 있습니다. 이스라엘은 하나님을 신뢰하고 하나님을 따르는 백성의 대명사이고, 바벨론은 하나님을 거역하고 인간의 힘을 바탕으로 하는 세력입니다. 이스라엘이 하나님 앞에서 의롭게 행하며 말씀에 순종하면 바벨론이 쇠퇴하였고, 이스라엘이 범죄하면 바벨론이 강성해져서 이스라엘을 괴롭혔습니다. 이스라엘이 하나님을 배반하고 우상을 숭배하고 음란에 빠졌을 때 바벨론 왕 느부갓네살이 군대를 몰고 와서 유다의 시드기야 왕을 사로잡아 눈을 뽑고 그 뼈를 꺾었습니다(렘 50:17). 노아가 저주한 함의 자손은, 이렇게 자손 대대로 이스라엘의 대적이 되었습니다.

신약에서의 바벨론은 무엇입니까? 하나님을 대적하는 모든 사상과 불신앙을 의미하는 것입니다. 요한계시록에 "음녀 바벨론"이라고 말씀하는데 그것은 세속화된 교회, 주님을 믿는다고 하지만 주님보다 세상을 더 좋아하고 세상적인 방법에 의지하여 살아가는 성도를 음녀라, 바벨론이라고 하셨습니다. 요한계시록 17장에는, 땅에 거하는 자들을 음행의 포도주에 취하게 한 큰 음녀 바벨론이 저주받는 장면이 나옵니다. 그가 어린 양의 신부를 몹시 괴롭게 하는 세력으로 등장하다가, 결국 바벨론은 맷돌짝 같이 바다에 던져져 침몰하고(계 18장), 하나님의 어린 양의 혼인잔치는 시작된다고 말씀하고 있습니다. 하나님의 나라는 바벨론의 멸망과 함께 완성된다는 뜻이며, 우리 개인에게 적용시킨다면, 인간의 모든 욕심과 교만과 사악과 범죄를 쓸어 내고 나서야 하나님의 온전한 통치가 내 마음 안에 이루어진다는 뜻입니다.

그리고 바벨론은 지금도 영적 이스라엘인 성도를 대적하는 세력으로 존재하고 있습니다. 하나님의 다스림을 거절하며 하나님을 섬기는 것처럼 하면서도 사실은 자신이 죄인인 것과 자기의 힘으로는 구원받을 수 없는 자라는 사실을 인정하지 않고, 자기의 힘과 공로와 지혜와 능력으로 구원을 얻고자 하는 그런 사상을 가진 사람들이 바로 함의 후손인 바벨론입니다. 하나님 없는 자본주의, 하나님을 배제하는 학문, 세상에서 하나님 없이 살고자 하는 운동과 이념과 단체가 모두 바벨론입니다. 이들은 결국 하나님의 엄위한 심판을 받게 될 것이며, 이들은 망하게 됩니다.

함족도 하나님의 도구

하지만 전능하신 하나님은 함의 후손인 애굽과 바벨론을 어떻게 사용하셨는지 아십니까? 하나님은 애굽을 어린 이스라엘을 기르는 인큐베이터로 사용하셨습니다. 이스라엘이 가나안의 흉년으로 인해 애굽에 곡식을 사러 갔을 때, 하나님은 그들에 앞서 요셉을 애굽으로 보내어 총리가 되게 하셨고, 그 총리 요셉의 도움으로 애굽에서 가장 좋은 나일강 삼각주의 고센땅을 얻게 하여 400년 동안 번성하게 하셨으니, 애굽을 인큐베이터로 삼으신 것입니다. 그러나 그들이 애굽의 우상 숭배를 배우고 거기 안주하려 하자, 요셉을 알지 못하는 왕조로 왕조를 교체하여 핍박을 시작케 하셨고, 그래서 그들은 하나님께 해방을 달라고 부르짖게 하여, 결국 모세를 통해 해방을 주십니다. 그리고 그들에게 가나안을 주셨으나, 거기서도 하나님을 배척하자 다시 함의 자손인 바벨론의 손에 매를 들려 이스라엘을 치게 하셨고, 다시 회개하자 다시 바벨론을 무너뜨리고 해방시켜 주셨습니다.

하나님은 인간의 실수까지도 사용하여 당신의 백성을 보호하시는 분이십니다. 하나님은 조상에게 저주받은 함의 자손들을 사용하여 당신이 택하신 백성을 기르고 바른길로 나아가도록 채찍하며 연단하는 도구로 사용하셨습니다. 그러니 우리는 언제나 은혜로우시고 전능하신 하나님을 의지해야 복을 누리고 살 수가 있습니다. 하나님은 지혜롭고 능하시며 고마우신 아버지이십니다. 하나님을 사랑하십시다.

족보와 바벨탑 사건

또한 이 족보는 11장에 나오는 바벨탑 사건을 통해 하나님의 진노로 인류가 어떻게 각각의 방언과 인종에 따라 땅 위에 흩어져 살아가게 되었는가를 보여 주는 것이기도 합니다. 이렇게 흩어진 족속과 민족 가운데 하나님은 노아의 예언대로 셈족을 택하시고 구속사를 이루어 가게 되는 것입니다. 그 셈족에서 대표적으로 택함을 받은 사람이 바로 아브라함입니다. 창세기 11장부터는 바벨탑 사건이 있은 후에 이 아들 중 셈의 족보만을 기록하고 있습니다. 창세기 11장 26절을 보십시오.

데라는 칠십 세에 아브람과 나홀과 하란을 낳았더라.

노아에게 세 아들이 있었던 것처럼 셈의 후손인 데라에게 세 아들이 있었고, 그 아들들 중 아브람에 의하여 하나님의 구속사는 이어지게 됩니다. 하나님의 관심은 셈의 후손 중 아브람에게 있었던 것입니다. 수많은 영웅들과 권세와 능력이 있는 사람들이 아니라 정처 없이 떠도는 나그네인 데라의 가족과 그의 아들인 아브람에게 하나님의 은혜가 임한 것입니다. 이 아브람에게 임한 은혜가 다윗을 다리삼아 드디어 창세기 3장 15절에서 약속하신 예수 그리스도로 이어지게 됩니다.

그러므로 이 족보가 주는 교훈의 핵심은 인간을 구원하실 이는 하나님뿐이라는 것입니다. 이 구원의 하나님은 자신을 경외하고 말씀에 순종하는 사람을 통해 일하시는 분이라는 것입니다. 우리의 이름이 하나님의 생명책에 기록되어 있을 뿐 아니라 하나님의 손바닥에 새겨져 이 세대에 다시 오실 예수님을 위해 선하고 아름답게 선택된 믿음의 사람으로 사용되기를 바랍니다. 세상의 부귀영화를 가진 가인의 후손도 가나안의 후손도 다 멸망하여 죽고 말았습니다. 그러나 작고 연약하지만 하나님의 손에 이름이 새겨진 셈을 통해 구속사가 완성되듯이 우리를 통해 예수 그리스도의 재림의 역사가 완성될 수 있도록 남은 생애, 하나님의 은혜 안에서만 살아가기를 진심으로 바랍니다.

11장

악의 최절정:
바벨탑

1온 땅의 언어가 하나요 말이 하나였더라 2이에 그들이 동방으로 옮기다가 시날 평지를 만나 거기 거류하며 3서로 말하되 자, 벽돌을 만들어 견고히 굽자 하고 이에 벽돌로 돌을 대신하며 역청으로 진흙을 대신하고 4또 말하되 자, 성읍과 탑을 건설하여 그 탑 꼭대기를 하늘에 닿게 하여 우리 이름을 내고 온 지면에 흩어짐을 면하자 하였더니 5여호와께서 사람들이 건설하는 그 성읍과 탑을 보려고 내려오셨더라 6여호와께서 이르시되 이 무리가 한 족속이요 언어도 하나이므로 이같이 시작하였으니 이 후로는 그 하고자 하는 일을 막을 수 없으리로다 7자, 우리가 내려가서 거기서 그들의 언어를 혼잡하게 하여 그들이 서로 알아듣지 못하게 하자 하시고 8여호와께서 거기서 그들을 온 지면에 흩으셨으므로 그들이 그 도시를 건설하기를 그쳤더라 9그러므로 그 이름을 바벨이라 하니 이는 여호와께서 거기서 온 땅의 언어를 혼잡하게 하셨음이니라 여호와께서 거기서 그들을 온 지면에 흩으셨더라 10셈의 족보는 이러하니라 셈은 백 세 곧 홍수 후 이 년에 아르박삿을 낳았고 11아르박삿을 낳은 후에 오백 년을 지내며 자녀를 낳았으며 12아르박삿은 삼십오 세에 셀라를 낳았고 13셀라를 낳은 후에 사백삼 년을 지내며 자녀를 낳았으며 14셀라는 삼십 세에 에벨을 낳았고 15에벨을 낳은 후에 사백삼 년을 지내며 자녀를 낳았으며 16에벨은 삼십사 세에 벨렉을 낳았고 17벨렉을 낳은 후에 사백삼십 년을 지내며 자녀를 낳았으며 18벨렉은 삼십 세에 르우를 낳았고 19르우를 낳은 후에 이백구 년을 지내며 자녀를 낳았으며 20르우는 삼십이 세에 스룩을 낳았고 21스룩을 낳은 후에 이백칠 년을 지내며 자녀를 낳았으며 22스룩은 삼십 세에 나홀을 낳았고 23나홀을 낳은 후에 이백 년을 지내며 자녀를 낳았으며 24나홀은 이십구 세에 데라를 낳았고 25데라를 낳은 후에 백십구 년을 지내며 자녀를 낳았으며 26데라는 칠십 세에 아브람과 나홀과 하란을 낳았더라.

드디어 창세기 1부의 마지막 장인 11장에 이르게 되었습니다. 창세기 서론의 마지막 장은 유명한 '바벨탑 사건'과 셈에서 아브라함까지의 족보가 기록되어 있습니다. 창세기 11장은 크게 보면 1-9절까지는 하나님을 경외하지 않는 사람들에 관한 이야기로서 그들은 하나님 없이 살려고 바벨탑을 건축합니다. 두 번째는 10-32절까지 하나님을 경외하는 셈의 족보를 소개하고 있습니다.

바벨탑을 쌓은 사람들은 노아의 후손이 이미 홍수 심판으로 멸망당한 가인 후손의 삶을 좇아가고 있음을 알 수 있습니다. 죄가 얼마나 끈질긴지 알 수 있습니다. 그들은 가인처럼 성읍을 건축하고 또 라멕의 아들들처럼 벽돌 굽는 법을 개발하여 새로운 문화와 문명을 끊임없이 창조해 가는 사람들입니다. 성을 쌓고 하나님과 단절되어 살아가고 싶은 마음이 이제는 아예 하나님의 자리를 그들 스스로 차지하기 위해 탑을 건축하는 데 이르게 됩니다. 가인의 죄를 그대로 물려받았을 뿐 아니라 죄악을 더욱 업그레이드시켜 하나님을 대적하고 있음을 알 수 있습니다. 가인의 죄를 물려받아 더 큰 악을 행하는 자손은 바로 노아로부터 저주받은 함의 자손입니다 (10:6).

그런가 하면 창세기 5장에 나오는 족보처럼 '하나님은 나의 찬송'이라는 축복을 받은 셈의 후손은 성읍을 건축했다든지 엄청난 문화와 문명을 발전시켜 탑을 쌓았다든지 등 외적인 일이나 업적은 전혀 언급하지 않고 있습니다. 그저 누구를 낳은 후에 몇 년을 지내며 자녀를 계속해서 낳았다는 이야기만 기록되어 있습니다. 게다가 불임의 고통을 안고 있는 여인을 아내로 둔 사람이 가나안으로 가다가 하란에 이르러 거류하는 나그네의 삶을 살고 있다고 별로 행복하지 못한 일을 기록하고 있습니다.

한 부류는 하나님을 피하여 멀리 동방으로 옮겨 가고, 또 다른 부류는 별로 행복하지 않지만 하나님이 약속하신 가나안을 향하여 가다가 중도에 멈추어 선 상태입니다(10:31). 이렇게 외적으로는 별 볼일 없는 인생 같지만 하나님은 노아의 축복대로 경건한 셈의 계열에서 아브람을 통해 하나님의 구속사가 계속되게 하시는 것입니다.

에덴의 동쪽으로 더 멀리

바벨탑 사건은 시날 평지에서 있었는데, 그 땅의 지배자는 '니므롯'이었습니다.

> 8구스가 또 니므롯을 낳았으니 그는 세상에 첫 용사라 9그가 여호와 앞에서 용감한 사냥꾼이 되었으므로 속담에 이르기를 아무는 여호와 앞에 니므롯 같이 용감한 사냥꾼이로다 하더라 10그의 나라는 시날 땅의 바벨과 에렉과 악갓과 갈레에서 시작되었으며(10:8-10).

그리고 그의 나라는 시날 땅의 바벨과 아렉과 악갓과 갈레에서 시작되었다(10:10)고 말씀하고 있습니다. 노아 홍수 후 인구가 증가하면서 많은 사람들이 용사이며 용감한 사냥꾼인 그를 따랐는데, 그는 사람들을 이끌고 시날 평지로 이동했던 것입니다. 2절에 보면 "이에 그들이 동방으로 옮기다가 시날 평지를 만나 거기 거류하며"로 기록되어 있습니다. 그들이 동방으로 간 것은 물론 장소적인 이동이었지만, 영적으로는 하나님을 멀리 떠났음을 암시합니다. 가인이 동방에 거주하던 장면을 생각해 보십시오. 동쪽은 하나님을 의도적으로 떠나고자 하는 방향임을 알 수 있습니다.

그들이 정착한 시날 평지는 아주 비옥한 곳이었습니다. 유브라데 강과 티그리스 강가에 발달한 평야로서 메소포타미아 지역으로 알려져 있는 곳입니다. 그들은 모든 조건이 너무나 좋은 시날에 이르자 더 이상 흩어지지 않고 그 땅을 바탕으로 강대한 성과 탑을 세워 하나님 없이 자기 마음대로 살고 싶은 욕망에 사로잡히게 된 것입니다. 그리고 그 욕망을 이루어 줄 놀라운 발견을 합니다. 바로 단단한 벽돌을 개발한 것입니다. 그들은 시날 땅에서 벽돌을 구울 만한 좋은 흙을 만났고 벽돌을 단단하게 고정하게 될 역청 구덩이를 발견하여 누구든지 자신의 집을 견고하게 지을 수 있게 되었습니다.

당시에 벽돌로 건축을 하고 탑을 쌓는다는 것은 혁명과도 같은 일이었습니다. 모두 장막에 거하고 그저 나무로 집을 세우는 정도였는데 단단한 벽돌을 만들어 건축을 한다는 것은 상상도 못할 일이었기 때문입니다. 벽돌의 발견 때문에 삶의 양식이 발전하고 삶의 질이 달라졌습니다. 이제 더이상 장막을 통해 이동하는 주거 양식이 아니라 한 곳에 안전하게 정착할 수 있는 정착 문화로 바뀌게 된 것입니다. 이동 문화에서 정착 문화로의 발달은 그들로 하여금 가인이 쌓은 성보다 훨씬 더 발전된 형태의 성읍, 즉 요즈음 말로 하면 완벽한 도시 문화를 이룰 수 있게 되었습니다. 그래서 전체적인 삶의 질도 높아졌을 것입니다. 그러니 온 세상에 생육하고 번성하여 충만하라는 하나님의 말씀을 온전히 준행할 수 있을리 만무한 것입니다. 그들은 하나님이 새롭게 허락하신 온 땅에 번성하여 충만해야 한다는 사명을 망각한 것입니다. 하나님의 뜻보다 인간적인 편안함을 더 사랑하게 된 것입니다.

마치 베드로가 변화산상에서 변화되어 모세와 엘리야와 이야기하던 예수 그리스도를 발견하고 십자가로 나아가야 한다는 사명을 잊어버리고 "랍비여 우리가 여기 있는 것이 좋사오니 우리가 초막 셋을 짓되 하나는 주를 위해, 하나는 모세를 위해, 하나는 엘리야를 위해 하사이다(막 9:5)." 라고 말한 것과 같습니다. 감당해야 할 십자가의 사명은 아랑곳하지 않고 그저 현실에 안주하고 타협하여 자기들의 이기적인 욕심만 생각하는 제자들의 모습이 바로 바벨탑을 쌓은 사람들과 동일한 이야기입니다. 우리도 마찬가지입니다. 물질적 풍요로움이나 세상의 쾌락에 빠지면 어느새 하나님이 주신 사명과 그 뜻을 잊어버리고 적당히 세상과 타협하고 그 속에 안주하며 즐기고 살아가는 우리의 모습과 동일한 것입니다.

주님 오시는 그날까지 사명을 잃어버리지 아니하고 주님과 끝까지 동행하는 것이 복 있는 삶입니다. 찬송가 483장 가사를 봅시다.

구름 같은 이 세상 모든 부귀영화 나는 분토와 같이 내어 버리고서 오직 천국의 복을 사모하며 사니 구원받은 내 이름 기억하옵소서 주가 나의 이름 보좌 앞에 놓인 어린 양 생명책에 기록하옵소서(1절).

오직 주님이 주신 사명을 위해 내 자신의 안일과 부귀영화를 버릴 수 있게 될 때에 하나님이 이 시대에 찾으시는 그 한 사람이 될 수 있습니다.

[7]그러나 무엇이든지 내게 유익하던 것을 내가 그리스도를 위하여 다 해로 여길뿐더러 [8]또한 모든 것을 해로 여김은 내 주 그리스도 예수를 아는 지식이 가장 고상하기 때문이라 내가 그를 위하여 모든 것을 잃어버리고 배설물로 여김은 그리스도를 얻고 [9]그 안에서 발견되려 함이니 내가 가진 의는 율법에서 난 것이 아니요 오직 그리스도를 믿음으로 말미암은 것이니 곧 믿음으로 하나님께로부터 난 의라(빌 3:7-9).

사도 바울은 예수님을 온전히 얻고 그 안에서만 살기 위해 세상의 모든 것을 버리기로 결단했습니다. 세상을 붙들고 살아가면 예수님이 보이지 않습니다. 내 죄를 위해 예수님이 피 흘리신 십자가가 보이지 않습니다. 예수님이 보이지 않으면 세상을 사랑하고 그곳에 나만의 바벨탑을 쌓게 되는 것입니다. 돈으로 쌓은 바벨탑, 권력으로 쌓은 바벨탑, 명예로, 출세로 쌓은 바벨탑, 하나님이 무너뜨리고 심판하실 날이 반드시 임하게 되는 것입니다. 부디 나를 구원하신 예수님의 십자가만 붙으시기를 바랍니다. 하나님이 주신 사명만을 붙드시므로 세상 끝 날까지 하나님과 동행하시는 복 있는 성도가 되기를 바랍니다.

하나님 대적
그들이 바벨탑을 쌓아 가는 과정을 보십시오.

³서로 말하되 자, 벽돌을 만들어 견고히 굽자 하고 이에 벽돌로 돌을 대신하며 역청으로 진흙을 대신하고 ⁴또 말하되 자, 성읍과 탑을 건설하여 그 탑 꼭대기를 하늘에 닿게 하여 우리 이름을 내고 온 지면에 흩어짐을 면하자 하였더니 (3-4절).

'우리,' 즉 '사람'이 세 번이나 주어로 나타납니다. 그들의 말 속에도 하나님이라는 단어가 들어 있지 않습니다. 하나님을 전혀 의식하지 않으며, 자신들의 마음대로 결정하고 실행하는 것을 볼 수 있습니다. 이미 자기들이 그 땅은 물론 자신이 인생의 주인이 된 것입니다. 그 결과 하나님의 뜻이 아닌 인간의 뜻을 세우기로 결정하고 있습니다.

잠시 그들의 조상인 노아가 건축한 방주를 생각해 보십시오. 방주는 노아의 계획이 아니었습니다. 하나님의 계획이었습니다. 경건한 노아는 오직 하나님의 뜻을 구하며 하나님이 인도하시는 대로 믿음으로 순종하므로 방주를 건축했습니다. 하나님의 뜻을 구하며 그 뜻을 이루며 사는 삶, 이것이 하나님과의 동행임을 우리는 알고 있습니다. 하지만 바벨탑은 하나님의 계획이 아닙니다. 인간의 뜻과 계획 그리고 그들의 의지대로 건축되는 것이었습니다. 그러므로 탑을 쌓는 것은 하나님의 뜻이 아니었습니다. 그들은 자신의 마음대로 탑을 건축하므로 하나님의 말씀에 따라 살아야 하는 하나님의 자녀의 삶을 거절하고 하나님의 말씀 없이 자신이 하나님이 되어 살기로 결정한 것입니다.

실제적인 바벨탑을 건설하는 것만이 하나님의 자리에 오르는 것이 아닙니다. 하나님의 뜻이 아닌, 하나님의 계획이 아닌 일을 내 능력과 내 의지대로 행하는 것이 바벨탑을 쌓는 것입니다. 내 손으로, 내 능력으로, 내 힘으로 할 수 있다고 해서 하나님의 뜻을 구하지 아니하고 행하는 것은 모두 바벨탑입니다. 우리는 내 안에 있는 바벨탑을 무너뜨려야 하나님의 뜻을 이루는 진정한 제자의 삶을 살 수 있습니다.

예수님이 제자들에게 가르쳐 주신 기도의 맨 처음 간구가 "뜻이 하늘에서 이루어진 것처럼 땅에서도 이루어지이다."아닙니까? 예수님은 언제나 하나님의 뜻이 이루어지기를 기도하셨습니다. 하늘에 계신 우리 아버지의 뜻이라고 한다면 고난의 십자가의 잔도 기꺼이 드신 분이 예수님입니다. 하나님의 뜻을 이루는 삶보다 고귀한 삶은 없습니다.

하늘에 닿게 하여

그들이 바벨탑을 통해 하늘에 닿으려고 한 것은 하나님에 대한 도전으로서 새로운 종교의 창시를 말합니다. 마르틴 루터는 "하늘에 닿게 하여"라는 말을 하늘까지라는 높이를 나타내는 말이 아니라 "예배의 장소"로 보아야 한다고 말하고 있습니다. 그들은 하나님이 아닌 다른 신, 자신들을 인도하고 보호할 다른 신을 만들었던 것입니다. 마치 모세가 시내산에서 율법을 받기 위해 머무르고 있는 동안에 보이는 하나님을 요구하는 이스라엘 백성들의 부르짖음 때문에 아론이 금송아지 우상을 세우고 이것이 우리를 애굽에서 인도하여 낸 하나님이라고 한 것과 마찬가지입니다. 그들에게는 보이지 않는 하나님 대신에 무엇인가 사람들이 압도당할 만한 엄청난 구조물이 필요했던 것입니다. 그래야 하나님을 떠날 수 있기 때문입니다. 그러므로 '하늘에 닿게 하여'라는 말은 하나님을 향한 단순한 교만이 아니라 하나님을 대신하는 또 다른 우상의 창조입니다.

이름을 내고

성경을 보면 하나님과 인간과의 특별한 만남으로 주어지는 것이 이름임을 알 수 있습니다. 하나님은 이름을 통해 그들에게 어떤 사명을 주실 것인지, 그들이 하나님 앞에서 어떠한 삶을 살 것인지를 함축하여 보여 주셨습니다. 예를 들면, 하나님은 맨 처음 사람을 아담(5:2)이라 부르셨고, 아브람에게는 아브라함이라는 이름(17:5)을 주셨고, 야곱에게는 이스라엘이라는 이름(32:28)을 주셨습니다. 더 나아가 예수님이 탄생할 때에도 "예수"라는 이름(마 1:21)과 "임마누엘(마 1:23)"이라는 이름을 주셨음을 생각해 보시기 바랍니다. 이름을 주시는 것은 단순히 어떤 사람을 부르기 위한 수단이 아니라 하나님이 그 사람의 창조주시요, 구원자 되심을 선포하심으로 그 사람을 향한 하나님의 계획과 구원의 역사에서 사명이 어떠한 것임을 보여 주는 것입니다. 하나님은 이름을 통해 하나님이 무엇을 이루셨는지 또는 앞으로 무엇을 이루실 것인지를 설명하고자 하신 것입니다.

그러므로 인간 스스로 이름을 낸다는 것은 자신들이 하나님임을 공식적으로 선포하는 행위인 것입니다. 인간이 이제는 하나님이 되어 자기들의 인생의 결정권을 갖고 자기 자신의 사명도 자기들의 지혜와 능력을 따라 스스로 결정하기로 한 것입니다. 그러나 하나님의 피조물인 인간은 절대로 이름을 낼 수 없습니다. 우리의 모든 것이 다 하나님의 것이기 때문입니다. 하나님의 은혜 아니면 서지 못하는 우리가 드러낼 이름이 어디에 있겠습니까? 우리 모든 것의 모든 것 되시는 존귀하신 하나님 앞에서 우리의 이름을 드러내겠다는 것이야 말로 넌센스 중의 넌센스입니다. 그래서 주님은 기도를 가르쳐 주실 때 "하늘에 계신 우리 아버지여, 이름이 거룩히 여김을 받으시오며"라는 기도를 제일 먼저 가르쳐 주신 것입니다. 우리의 본질적인 사명은 바로 하나님의 이름을 드러내는 것입니다. 하나님이 우리를 통해 그분의 이름이 거룩히 여김을 받는 것입니다.

흩어짐을 면하자

하나님은 처음 세상을 만들고, 인류의 조상인 아담, 하와를 만드신 뒤에, 그들에게 복을 주시며 하신 말씀이 "생육하고 번성하여 땅에 충만하라(1:28)."는 것이었습니다. 노아에게도 하나님은 동일하게 "생육하고 번성하여 땅에 충만하라(9:1)."는 축복을 주셨습니다. 하나님은 온전한 예배자로 경건하고 의롭게 살아가는 하나님의 자녀들이 온 땅에 충만해지기를 원하셨습니다. 그런데 노아의 후손은 하나님의 말씀에 정면으로 도전하며 흩어짐을 면하기 위해 바벨탑을 쌓게 된 것입니다. 사명이 아니라 육적인 만족을 위해 살겠다는 선언인 것입니다. 이러한 관점에서 바벨탑 이야기를 들여다 보면 사람들은 흩어지지 않으려 했고 하나님은 사람들을 흩어지게 하신 것이 이 바벨탑 이야기의 본질입니다.

예수님도 제자들에게 부탁하신 명령이 "그러므로 너희는 가서 모든 민족을 제자로 삼아 아버지와 아들과 성령의 이름으로 세례를 베풀고 내가 너희에게 분부한 모든 것을 가르쳐 지키게 하라 볼지어다 내가 세상 끝날까지 너희와 항상 함께 있으리라 하시니라(마 28:19-20)."는 것이었습니다. 사도행전 1장 8절의 말씀에 의하면 "땅 끝까지 이르러 내 증인이 되리라는 것"입니다. 예수님은 사도들에게 성령이 임하시면 권능을 받고 예루살렘에 머물러 있는 것이 아니라 예루살렘, 온 유대, 사마리아 그리고 땅 끝으로 나아가라고 명령하셨습니다. 온 땅에 성령으로 거듭난 사람들이 충만하여지므로 온 세상 사람들이 하나님의 의와 완전함에 이르러 하나님과 동행하기를 원하신 것입니다. 이것이 결국은 오늘날 교회의 사명이기도 합니다.

바벨탑과 다락방

하나님의 역사는 바벨탑에서가 아니라 기도하던 마가의 다락방에서 일어나게 됩니다. '바벨'이라는 말의 뜻은 '혼잡하게 하다'입니다. 하나님을 떠난 인생은 한마디로 혼잡하고 복잡하고 혼돈스러운 삶을 살 수밖에 없습니다. 아무리 외형적으로 엄청난 업적을 이룬다 할지라도 그 인생은 창조 이전의 상태처럼 혼돈하고 공허할 수밖에 없습니다. 그러나 하나님을 만난 인생은 말씀의 능력으로 말미암아 하나님의 축복이 질서 있게 임하고, 행하는 일마다 열매를 맺어 하나님께는 영광이요 사람들에게는 기쁨이 되는 것입니다.

바벨탑 때 혼잡한 언어를 하나님이 마가의 다락방에서 기도하던 제자들에게 성령의 능력이 임하므로 회복시켜 주십니다. 사도행전 2장에 나타난 오순절 성령 강림의 증거는 모든 사람이 제자들의 방언 기도를 자신들의 방언으로 알아들은 것입니다. 그러므로 인생에 진정한 축복은 기도의 자리에서 이루어지는 것입니다. 하나님의 능력은 일을 통해서가 아니라 기도의 자리에 임하는 것입니다. 나에게 아무리 탁월한 능력이 있고, 지혜가 있고 힘이 있어서 엄청난 업적을 이룬다 할지라도 하나님 없이 이룬 그 일을 통해서는 하늘의 평화와 기쁨을 얻을 수 없습니다. 그러나 바벨탑과 비교가 되지 않는 조그만 하고 어두운 다락방에서 기도하던 제자들에게는 바벨탑 사건 때 혼잡해진 언어가 하나로 회복되는 은혜가 임재함으로 서로가 다시 소통되는 기쁨을 누리게 됩니다. 언어의 소통을 통해 오직 하나님이 다스리는 진정한 의롭고 경건한 인생이 무엇인지를 보여 줍니다.

바벨탑을 쌓으려고 하지 마시고 기도하십시오. 새벽예배에 나오셔서 부르짖어 기도하십시오. 철야예배에 나오셔서 기도하십시오. 중보기도 사역에 적극적으로 참여하십시오. 또 때마다 하나님께 무릎 꿇어 기도하십시오. 하나님은 기도하는 사람을 통해 자신의 구원 역사를 이루어 가십니다. 기도하는 사람에게 하늘의 복이 있습니다. 하늘 생명이 있습니다. 기도하는 사람의 인생에는 방황이 없습니다. 흩어짐이 없습니다. 혼돈과 공허가 없습니다. 기도하는 사람들에게는 하나님과 하나 되어 동행함에서 나오는 하늘의 뜻이 이루어지는 능력 있는 인생을 살게 되는 것입니다.

아브라함의 등장

∶ 창세기 11장 27-32절 ∶

27데라의 족보는 이러하니라 데라는 아브람과 나홀과 하란을 낳고 하란은 롯을 낳았으며 28하란은 그 아비 데라보다 먼저 고향 갈대아인의 우르에서 죽었더라 29아브람과 나홀이 장가 들었으니 아브람의 아내의 이름은 사래며 나홀의 아내의 이름은 밀가니 하란의 딸이요 하란은 밀가의 아버지이며 또 이스가의 아버지더라 30사래는 임신하지 못하므로 자식이 없었더라 31데라가 그 아들 아브람과 하란의 아들인 그의 손자 롯과 그의 며느리 아브람의 아내 사래를 데리고 갈대아인의 우르를 떠나 가나안 땅으로 가고자 하더니 하란에 이르러 거기 거류하였으며 32데라는 나이가 이백오 세가 되어 하란에서 죽었더라.

앞 장에서 창세기 1부에 나타나는 네 가지 사건 중 마지막 사건인 바벨탑 사건을 살펴보았습니다. 창세기 1부는 하나님의 창조, 인간의 타락 그리고 노아 홍수와 바벨탑 사건 등 총 4개의 사건으로 구성되어 있습니다. 이에 반하여 다음 장부터 살펴보게 될 창세기 2부, 창세기 12장-50장은 총 4명의 인물들의 삶을 하나님과의 관계적인 측면에서 서술하고 있습니다. 아브라함, 이삭, 야곱 그리고 요셉 4명의 족장들이 하나님의 구속사를 위해 어떻게 부르심을 받고, 어떻게 하나님을 신뢰하며, 자신들의 삶을 헌신했는지를 보여 주고 있습니다. 그리고 이 장의 본문은 네 개의 사건과 네 명의 믿음의 족장들의 이야기를 이어 주는 교량 역할을 하는 부분입니다.

우리가 읽은 본문은 셈에서 아브람에 이르는 10대의 족보의 결론 부분입니다. 이 족보에는 두 가지만 언급되어 있습니다. 몇 살에 장자를 낳았는지, 또한 몇 살까지 살았는지입니다. 그럼에도 이 족보는 중요한 메시지를 포함하고 있습니다. 첫 번째는, 셈의 후손들 가운데 세상과 분리되어 하나님의 특별한 은총을 받은 사람이 존재한다는 것과 두 번째는, 사람들의 수명이 단축되고 있는 상황, 세 번째는 창세기 3장에서 약속하신 하나님의 구원 약속이 구체적으로 드러나기 시작한다는 것입니다. 하나님의 구체적인 구원 약속의 실현이 아브라함이라는 한 사람을 통해 새롭게 시작될 것임을 보여 주고 있습니다.

인간 수명의 단축

이름	출산	사망
셈	100	600
아르박삿	35	438
셀라	30	433
에벨	34	464
벨렉	30	239
르우	32	239
스룩	30	230
나홀	29	148
데라	70	205
아브람	100	175

창세기 9장 28절에 의하면 노아는 950세를 향수하고 죽었습니다. 900세 때를 살아간 인물 중 마지막 인물이었습니다. 그리고 노아의 아들인 셈부터 노아의 10대손인 아브라함이 나타나기까지 인간의 수명은 점차적으로 짧아져서 120년 정도를 살게 됩니다. 이러한 현상과 더불어 장자를 출산하는 시기도 빨라지게 됩니다. 셈과 아브라함만 100세가 넘어 장자를 낳았습니다. 데라는 70세에 장자를 낳았습니다. 나머지는 대략 29세에서 35세 사이에 장자를 낳았습니다. 장자를 몇 세에 나았는가와 몇 세에 죽었는

가를 비교해 봅시다.

셈은 600세를 살아서 노아 이후 시대에 최장수 인물인데, 셈도 이전 시대의 2/3에 미치지 못하며, 이전 시대에 가장 짧게 산 라멕(777세)보다도 177년 짧습니다. 이렇게 인간의 수명이 짧아지는 모습을 족보가 보여 주는 이유는 무엇일까요? 그것은 현저하게 나타나는 죄의 영향력을 암시하는 것입니다. 경건한 셈의 후손인 데라마저도 갈대아 우르에서 우상을 숭배하며 살 정도였으니 바벨탑을 쌓은 함의 족속은 어떠했겠습니까?

인간의 수명이 급격하게 줄어들게 된 것은 인간 타락의 결과입니다. 죄로 인해 타락하면 할수록 인간의 생명은 줄어들었던 것입니다. 인간 타락을 하나님은 수명의 단축으로 경고하셨던 것입니다. 범죄로 말미암아 인간의 죄는 영생에서 죽음으로 치닫는 존재가 되었습니다. 이렇게 수명이 단축되는 것은 죄를 회개하고 영생의 주가 되시는 하나님께 돌아오라는 하나님의 메시지입니다. 셈의 족보에는 회개라는 말이 직접적으로 기록되어 있지 않아도 죄의 결과가 죽음이라는 것을 강조함으로 하나님 앞에 회개하고 돌아와 하나님과 동행하는 삶을 살아야 함을 상기시켜 주고 있습니다.

톨레도트의 위기와 은혜

셈의 족보가 열 대를 내려오면서 커다란 위기를 맞게 됩니다. 그것은 데라의 장남인 아브람의 아내 사래가 잉태하지 못하는 불임의 고난을 만난 것입니다. 이 당시 사람들은 자식이 없다는 것은 곧 '소멸' 내지는 '죽음'으로 생각했습니다. 살아 있으나 죽은 자로 여겨진 것입니다. 아브람은 아무런 소망이 없는 절망의 사람이었습니다. 게다가 둘째 아들인 나홀 또한 아이를 낳지 못하다가 아브람이 가나안에 완전히 정착하고 나서야 아이를 낳게 됩니다. 창세기 22장 20-22절에 봅시다.

20이 일 후에 어떤 사람이 아브라함에게 알리어 이르기를 밀가가 당신의 형제

나홀에게 자녀를 낳았다 하였더라 [21]그의 맏아들은 우스요 우스의 형제는 부스와 아람의 아버지 그므엘과 [22]게셋과 하소와 빌다스와 이들랍과 브두엘이라.

나홀의 막내 아들인 브두엘은 장차 이삭의 아내가 될 리브가를 낳게 됩니다. 여기서 "이 일 후에"라는 말씀은 아브라함이 독자 이삭을 바친 사건을 말하고 있습니다. 즉 아브라함이 독자 이삭을 받치고 하나님께 그의 믿음을 인정받은 후에 그의 형제에게도 자녀가 있다는 소식을 들은 것입니다. 아니면 그 사건 이후에 비로소 나홀이 자녀를 생산하기 시작했다는 것입니다. 아무튼 나홀도 자녀가 없었고, 막내 동생 하란은 일찍 죽었습니다.

하나님은 아브람이 도저히 아이를 낳을 수 없다는 한계 상황 앞에서 좌절하고 절망하고 있을 때 아브람을 부르신 것입니다. 하나님은 모든 조건이 최악인 아브람을 부르셔서 자신이 약속하신 사탄의 머리를 깨뜨릴 여인의 후손을 주시겠다는 것입니다. 그러므로 하나님이 아브람을 부르신 사건은 '은혜'라는 말이 아니고는 도저히 설명될 수 없습니다. 우리도 마찬가지입니다. 우리 삶이 최악의 상황으로 치닫고 아무런 소망이 없으며 도저히 우리 자신의 힘으로는 위기를 벗어날 수 없다고 생각할 그때가 하나님을 만날 때이며, 하나님의 음성을 들을 때이며, 하나님의 부르심을 들을 수 있는 기회입니다. 나의 연약함 앞에서, 나의 한계 앞에서, 도저히 견딜 수 없는 고통 앞에서 몸부림칠 그때가 하나님을 만날 기회인 것입니다. 그 시간이 하나님이 우리 삶에 찾아오실 때인 것입니다.

아브라함을 부르신 시기

이어지는 창세기 12장에 보면 아브람을 부르시는 장면이 나옵니다. 이것을 창세기 15장 7절과 사도행전 7장 2절 이하를 비교해 보면 아브람이 갈대아 우르에 있을 때 하나님의 부르심을 받은 것을 알 수 있습니다.

또 그에게 이르시되 나는 이 땅을 네게 주어 소유를 삼게 하려고 너를 갈대아 인의 우르에서 이끌어 낸 여호와니라(15:7).

2스데반이 이르되 여러분 부형들이여 들으소서 우리 조상 아브라함이 하란 에 있기 전 메소보다미아에 있을 때에 영광의 하나님이 그에게 보여 3이르시 되 네 고향과 친척을 떠나 내가 네게 보일 땅으로 가라 하시니 4아브라함이 갈 대아 사람의 땅을 떠나 하란에 거하다가 그의 아버지가 죽으매 하나님이 그를 거기서 너희 지금 사는 이 땅으로 옮기셨느니라(행 7:2-4).

경건한 셈의 후손인 데라가 우상이 성행하는 갈대아 사람의 도시에 살 면서 우상 숭배를 하고 있다가 아브람이 들었던 하나님의 말씀을 듣고 가 나안을 향하여 가고 있었던 것입니다. 여호수아 24장 2절에 보면 "옛적에 너희의 조상들 곧 아브라함의 아버지, 나홀의 아버지 데라가 강 저쪽에 거 주하여 다른 신들을 섬겼으나."라고 말씀하고 있었습니다. 갈대아 우르는 이미 4,000년 전에 무역이 성행했고 상업이 번창했던 도시였습니다. 당시 인구가 30만 명에 육박했다고 합니다. 그리고 이곳은 각종 우상을 숭배하 는 이방 문화가 발달했던 곳이었습니다. 그런데 대단히 흥미 있는 것은 갈 대아 우르라는 지명이 가지고 있는 이름의 뜻입니다. '갈대아 우르'는 '목 마르다,' '폐허가 되었다,' '황폐하다'라는 뜻입니다. 갈대아 우르는 겉으로 볼 때는 무역이 성행하고 상업이 발달하여 그 당시로는 상당히 부유한 도 시였습니다. 그러나 이 도시는 사람을 목마르게 하고 황폐화시키는 도시 였습니다.

오늘날 우리가 사는 이 세상은 어떻습니까? 과학이 발달하고 문화와 문 명이 하루가 다르게 발달하고 있지만 우리 내면의 깊숙한 곳에서 터져 나 오는 목마름은 여전하지 않습니까? 아니 오히려 더욱 심해져 갑니다. 물질 이 풍부한 사람은 물질에 더욱 목말라 하고 명예를 누리고 있는 사람은 더 욱 큰 명예를 갈망하고 권력을 누리는 사람은 더욱 큰 권력욕에 사로잡혀 있지 않습니까? 하나님은 우리에게 말씀하십니다. 갈증나는 세상, 우리 영혼을 황폐화시키는 죄악의 도시를 떠나 말씀을 좇아 살라고 우리를 부르십니다. 우리 영혼의 생수되는 하나님의 말씀을 좇아가게 될 때 인생의 모든 갈증이 사라지고 하늘의 생수가 넘치는 삶을 살 수 있게 됩니다.

요한복음 4장에 나오는 사마리아 땅 수가성 여인을 생각해 보십시오. 이 여인은 다섯 남자와 결혼을 했지만 결국 만족하지 못하고 공허와 허탈에 사로잡혀 목마른 인생을 살고 있었습니다. 이러한 그녀에게 예수님은 영원히 목마르지 않는 생수를 주셨습니다.

> 내가 주는 물을 마시는 자는 영원히 목마르지 아니하리니 내가 주는 물은 그 속에서 영생하도록 솟아나는 샘물이 되리라(요 4:14).

예수님을 만난 이후에 그녀의 삶이 아름다운 전도자요 예배자가 되었다는 것은 우리가 다 잘 알고 있는 사실 아닙니까? 이처럼 우상의 도시에서 영혼이 심각한 갈증으로 죽어 가는 셈의 마지막 후손인 아브라함에게 하나님은 찾아가 주셔서 영원한 생수인 말씀을 주심으로 이 세상이 아닌 하나님을 위해 살게 하셨습니다. 세상의 목마름이 아닌 하나님만을 갈망하는 하나님의 사람으로 서게 하신 것입니다.

중도하차

> 너는 너의 고향과 친척과 아버지의 집을 떠나 내가 네게 보여 줄 땅으로 가라(12:1).

아브람이 하나님의 말씀을 듣고 온 가족에게 자신이 하나님께 받은 말씀을 전하였을 것입니다. 이 음성을 듣고도 데라는 즉시 순종하지 않고 우상의 도시인 갈대아 우르에 머문 것 같습니다. 그래서 아마도 하나님이 일차적으로 그의 말째 아들인 하란을 그곳에서 죽이심으로 경고하신 것 같습니다. 나중에 데라는 하나님이 말씀하신 목적지인 가나안을 향하여 출발했지만 그만 중간지점인 하란에 머물고 맙니다. 그곳에서 데라는 죽게 됩니다.

왜 데라는 가나안으로 내려가지 못하고 하란에 주저앉았을까요? '하란'이라는 지명은 '교차로'라는 뜻입니다. 하란은 사통팔달한 국제적인 무역로의 교차점이었습니다. 하란은 그들의 고향인 갈대아 우르보다 훨씬 산업이 번창한 곳임으로 먹고 살기가 용이한 곳이었습니다. 무엇보다 하란의 문화는 데라가 떠나온 우르 지방의 문화와 아주 비슷했습니다. 그들이 섬겼던 똑같은 이방 신을 섬기고 있었기 때문에 쉽게 이곳 생활에 익숙해질 수가 있었습니다. 게다가 물질적으로 풍요롭고 편안하게 살 수 있었던 것입니다. 하나님의 말씀보다 육신적인 안일함을 데라는 선택한 것입니다. 하나님이 말씀하신 가나안 땅이 이보다는 더 좋을 것 같지 않았던 것입니다. 경건한 셈의 후손이 하나님의 말씀에 생명을 건 것이 아니라 먹고 사는 것에 마음을 빼앗겨 그곳에 주저 앉고 만 것입니다.

우리도 데라와 같은 유혹에 빠질 때가 많습니다. 꼭 그렇게까지 하면서 예수님을 믿어야 하는가? 이만큼만 해도 잘하고 있는 것 아닌가? 예수님을 처음 만나고 말씀을 접할 때에는 일사각오의 신앙으로 오직 주님만을 섬기고 사랑하기로 결단합니다. 예수님을 위해 정말로 사람도, 환경도, 내가 즐기던 세상의 문화도 다 버리기로 결단합니다. 그런데 시간이 지나다 보니 처음 결심한 신앙이 식어지고 옛사람에 속한 것, 이 세상에 것, 예수님을 믿기 위해 포기하고 버렸던 것을 다시 붙들기 시작합니다. 다시 사람을 좋아하고, 세상을 좋아하고, 물질을 좇아가게 됩니다. 그 결과 하나님이 주신 사명과 비전은 오간 데 없는 세상과 타협한 삶을 살게 됩니다. 세상의 즐거움 때문에 사명에 대한 열정도 사라지고, 화석화되고, 형식적인 신앙 생활에 만족하며 하나님의 말씀에 불순종하고 있지 않은지 점검해 보아야 합니다.

데라처럼 절대로 중도에 주저앉아서는 안됩니다. 아무리 사명을 감당하는 것이 힘들어도 십자가의 길을 포기해서는 안됩니다. 우리 앞에 놓인 믿음의 경주를 끝까지 감당해야 하늘의 면류관을 받습니다. 히브리서 12장 1절을 보십시오.

이 말씀은 히브리서 기자가 고대 올림픽 경기를 비유로 올바른 신앙의 자세가 어떤 것인지를 분명하게 보여 주는 말씀입니다. 달리기 선수는 달리는 데 불편한 것은 모두 다 벗어 버렸습니다. 우리의 신앙도 그렇습니다. 신앙의 경주에 있어서 방해가 되거나 불편한 것이 있다면 모두 다 벗어 버려야 합니다. 예수님의 말씀을 좇아가는 데 돈이 방해가 되면 돈을 버려야 합니다. 명예가 방해가 되면 명예를 버려야 합니다. 권세나 지위가 방해가 되면 권세나 지위를 버려야 됩니다. 자존심이나 체면이 방해가 된다면 벗어 버려야 됩니다. 무엇보다 내 안에 있는 탐심과 못된 자아를 버려야 합니다. 그래야 하늘의 상을 받게 됩니다.

지금 우리의 모습을 지켜보고 있는 허다한 증인들이 있다는 사실을 잊어버려서는 안됩니다. 먼저는 우리 주님이 지켜보고 계십니다. 사도행전 7장을 보면 예수님은 스데반 집사님이 순교하실 때에 앉아 계시지 않고 일어서서 지켜보고 계셨습니다. 스데반을 맞이할 준비를 하고 계셨습니다. 하늘의 천군천사도 지켜보고 있습니다. 먼저 세상을 떠난 성도가 하늘에서 지켜보고 있습니다. 나의 신앙을 허다한 하늘 관중들이 지켜봅니다. 그러므로 모든 얽매이기 쉬운 죄를 벗어 버리고 이 세상 것을 버리고 끝까지 믿음의 경주를 경주하는 사람만이 승리자가 되는 것입니다. 끝까지 우리 앞에 놓인 믿음의 경주를 위해 달리시기 바랍니다. 도중에 데라처럼 주저앉지 마세요. 주님이 우리에게 명령하신 그곳까지 숨이 턱이 차오르고 힘에 겨워 지칠지라도 달려가시기 바랍니다. 그곳에서 우리 주님이 우리를 기다리고 계심을 잊지 마시기 바랍니다.

디모데후서 4장 10절에 보면 데마의 이야기가 나옵니다.

> 데마는 이 세상을 사랑하여 나를 버리고 데살로니가로 갔고,

하나님이 주신 선교 비전의 최종 목적지인 로마에서 순교의 반열에 설 수 있는 영광스러운 자리를 버리고 이 세상의 것을 너무나 사랑해서 자신이 좋아하는 도시인 데살로니가로 데마가 돌아간 것입니다. 데마의 시작은 바울서신에 보면(몬 1:24; 골 4:14) 위대한 믿음의 사람들인 마가, 누가, 아리스다고와 함께 어깨를 나란히 했던 출중한 인물이었습니다. 문제는 그가 사명을 사랑한 것이 아니라 세상을 사랑하기 시작한 후 변질되기 시작하였다는 것입니다. 세상의 즐거움은 단순한 즐거움으로 끝나지 않습니다. 우리의 영적인 능력, 은사, 비전, 모든 것을 앗아가 버립니다. 마귀는 세상의 즐거움으로 우리로 하여금 하나님의 뜻을 이루지 못하도록 우리의 발목에 족쇄를 채우는 일을 멈추지 않을 것입니다.

데라가 중도에 포기한 이유가 어디에 있습니까? 하나님의 말씀을 직접 받지 않았기 때문입니다. 하나님의 말씀을 직접 받지 않고도 하나님의 비전을 향하여 갈 수는 있습니다. 하지만 끝내지는 못합니다. 지금 이 책을 읽는 독자들도 마찬가지입니다. 우리 모두가 말씀을 통해 직접적으로 성령이 들려주시는 음성을 들어야 합니다. 그래야 변함없이 끝까지 세상의 희망이 되는 교회를 세우기 위해 헌신할 수 있습니다. 데라처럼 중간에 주저앉거나 데마처럼 세상으로 돌아가지 않는 것입니다. 우리가 하나님의 음성을 직접 들었으면 좋겠습니다. 그리고 힘이 들고 어려워도 중도에 포기하지 않고, 어떤 고난과 역경을 정면으로 돌파하며, 끝까지 함께 갔으면 좋겠습니다. 그리하여 하나님이 명령하신 영적인 가나안에서 함께 웃으며 우리 주님의 얼굴을 뵈었으면 좋겠습니다.

만약에 데라가 가나안으로 아브람과 함께 들어갔다면 어떻게 되었을까요? 결과론이기 때문에 함부로 이야기할 수는 없지만 아브람의 신앙의 행적이 기록되는 곳마다 그의 이름도 함께 기록되지 않았겠습니까? 무엇보다 안타까운 것은 데라의 인생이 아브람의 사명의 길에 걸림돌이 되었다는 것입니다. 데라가 하란에 머물렀기에 아브람의 가나안 입성의 시간을 지연시켰습니다. 사랑하는 장남이 하나님의 도구로 쓰임 받는데 거치는 돌이 된 것입니다. 자녀들에게 축복의 통로는 못 되어 주더라도 거치는 돌이 되어서는 안됩니다. 부모가 영적으로 눈이 멀어 세상의 쾌락에 빠져 있으면 자신만 망하는 것이 아닙니다. 자녀가 하나님으로부터 누려야 할 영적인 복과 하나님이 내 자식에게만 주시는 구원 역사의 중심이 되게 하는 복을 지연시키는 어리석은 인생을 살게 된다는 것입니다. 물론 이러한 흠마저도 하나님이 은혜로 덮으시기는 하셨지만 인간적으로 생각하면 참으로 안타까운 일입니다.

부디 저 천성을 향하여 끝까지 말씀 붙잡고 전진하시는 귀한 삶을 살기를 기도합니다.

12장

하나님의
부르심

창세기 12장 1-4절

1여호와께서 아브람에게 이르시되 너는 너의 고향과 친척과 아버지의 집을 떠나 내가 네게 보여 줄 땅으로 가라 **2**내가 너로 큰 민족을 이루고 네게 복을 주어 네 이름을 창대하게 하리니 너는 복이 될지라 **3**너를 축복하는 자에게는 내가 복을 내리고 너를 저주하는 자에게는 내가 저주하리니 땅의 모든 족속이 너로 말미암아 복을 얻을 것이라 하신지라 **4**이에 아브람이 여호와의 말씀을 따라갔고 롯도 그와 함께 갔으며 아브람이 하란을 떠날 때에 칠십오 세였더라.

우리는 앞 장에서 믿음의 조상이 될 아브람에 대한 인생 배경을 살펴보았습니다. 그의 아버지는 데라이고 아브람은 그의 장남으로서 아이를 낳지 못하는 상태에 있었습니다. 데라와 아브람은 지금 고향 땅인 갈대아 우르를 떠나 하란에 거류하는 나그네 삶을 살고 있습니다. 이 정도가 우리가 알 수 있는 아브람 이력의 전부입니다.

하지만 오늘부터 살펴보게 될 말씀을 통해 우리는 아브람의 삶과 신앙, 모든 것을 알게 될 것입니다. 아브람의 75세 이전의 삶에 대해 성경이 거의 언급하고 있지 않은 것은 잘 아는 대로 성경은 하나님의 부르심을 받기 전, 아브람 과거에게는 관심이 없기 때문입니다. 성경은 하나님의 부르심을 받아 전혀 새로운 인생을 살게 된 아브람의 미래에만 관심이 있을 뿐입니다. 하나님은 우리 과거에 대해 관심이 없습니다. 말씀을 듣고 반응하는 지금과 미래에만 관심이 있을 뿐입니다.

그러므로 하나님을 만나지 못하였다면 살아도 살아 있는 것이 아닙니다. 하나님을 만나고 하나님의 말씀이 임해야 우리들의 인생 시계가 그제야 작동하기 시작하는 것입니다. 전혀 소망이 없었던 아브람이 하나님을 만나고 그분의 말씀에 사로잡히게 된 이후에 세상에서 가장 존귀하고 위대한 인생을 살게 된 것입니다. 우리도 마찬가지입니다. 거친 인생의 광야에서 실패하여 좌절과 절망에 사로잡힌 인생 가운데서 방황하고 있다할지라도 심지어는 인생의 밤이 너무 깊어 한 줄기 빛조차 찾아볼 수 없을 정도로 미래가 불투명하여 두려움에 사로잡힌 나날을 살고 있다할지라도 이 시간 하나님을 만나고 그분의 음성을 들을 수만 있다면 하나님의 꿈을 품고, 그 꿈을 이루어 드리는 위대한 사람으로 쓰임 받을 수 있는 것입니다. 반대로 우리가 아무리 돈이 많고 육체적으로 탁월하고 능력이 있다 할지라도 하나님의 부르심을 받지 못하고 하나님의 음성을 듣지 못한 삶을 살고 있다면 무가치한 인생을 살고 있는 것입니다.

그러므로 우리는 하나님 만나기를 사모해야 합니다. 하나님의 말씀이 임재하기를 간구해야 합니다.

여호와께서 이르시되

본문에서 우리는 다시 말씀하시는 하나님을 만날 수 있습니다. 노아에서 무려 10대가 이르러서야 다시 말씀으로 인생에게 찾아오신 하나님을 볼 수 있습니다. 셈에서부터 다른 조상도 물론 경건한 믿음의 사람이었을지도 모릅니다. 그러나 그 가운데 말씀하시는 하나님을 만난 것은 아브람뿐입니다. 노아 이후 무려 열 대 만에 하나님이 나타나셔서 말씀하시는 이유는 노아처럼 하나님의 말씀에 전적으로 순종하게 될 사람이 아브람 밖에 없었기 때문입니다. 아브람은 말씀하시는 하나님을 만났습니다. 그리고 믿음의 조상으로 위대한 인생을 살게 된 것입니다.

우리는 말씀하시는 하나님이 얼마나 중요한지를 창세기 1장에서 배웠습니다. 하나님은 말씀을 통해 천지를 창조하셨습니다. 하나님의 말씀이 능력이고 그 말씀이 예수 그리스도인 것입니다. "여호와께서 이르시되"라는 말씀은 창세기 1장에서 6일 동안의 천지 창조 때마다 항상 등장하던 말입니다. "하나님이 이르시되 빛이 있으라 하시니 빛이 있었고, 하나님이 이르시되 물 가운데 궁창이 있어."라고 말씀하시면 모든 것이 다 말씀대로 이루어졌습니다. 그러므로 하나님이 아브람을 찾아가 '이르시되'라고 말씀을 시작하신 것은 아브람의 재창조가 이루어질 것을 암시하는 것입니다. 여호와의 말씀이 임하였을 때 우상을 섬기고 타락한 백성 사이에서 무의미한 인생을 살던 아브람이 완전한 하나님의 구원의 도구로 거듭나게 된 새로운 창조의 역사가 일어난 것입니다.

사무엘이 이스라엘의 위대한 사사요, 선지자요, 제사장으로 사용받게 된 비결이 무엇입니까? 어린 나이에 성소에서 잠을 자다가 하나님의 음성을 들었기 때문입니다. 말씀하시는 하나님을 만난 후에 하나님은 이스라엘의 역사를 사무엘의 사역을 통해 주관해 나가신 것입니다. 우리도 하나님의 음성을 듣기를 바랍니다. 말씀을 들으면 인생의 방향이 바뀌고, 삶의 목적이 바뀝니다. 인생에 확신이 생기고 나와 함께하시는 하나님을 분명하게 느끼며 자신 있게 인생을 살 수 있는 것입니다.

신앙의 출발은 떠남이다

하나님의 말씀은 명령으로 시작합니다.

"떠나 가라."

하나님은 아브람에게 "떠나서 가라."고 말씀하고 계시는 것입니다. 믿음이란 지금까지 내가 믿고 의지하던 이 세상의 것을 떠나 말씀이 이끄시는 대로 순종하며 따라가는 것을 말하는 것입니다. 아브람이 축복의 사람이 된 것은 하나님의 말씀에 믿음으로 순종하여 모든 것을 버리고 떠났기 때문입니다. 떠나는 것이 축복의 시작입니다. 새로운 인생, 하나님이 원하시는 완전한 믿음의 삶을 살기 위해는 내 생각, 내 경험, 내 지식은 내려놓고 오직 하나님이 보여 주시는 곳으로 그곳이 어디라 할지라도 따라 갈 수 있어야 합니다. 우리는 지금 어디를 향하여 가고 있습니까? 하나님이 보여 주시는 곳입니까? 아니면 내가 원하는 곳입니까?

우리가 아브람처럼 위대한 믿음의 족장으로 살아가지 못하는 것은 우리 인성이 잘못되었다거나 인간적인 조건이 부족하기 때문이 아닙니다. 하나님이 떠나라는 곳에서 떠나지 못하는 것 때문입니다. 하나님이 버리라는 것을 버리지 못하기 때문입니다. 돈 있는 사람은 돈을 버리지 못하여 가난한 자들의 마음에 상처를 주고, 학식이 풍부한 사람은 그렇지 못한 사람을 무시하고 깔보며, 건강한 사람은 건강하지 못한 사람을 정죄하며 자기 자랑하기에 바쁜 이 시대에 어떻게 하나님의 역사가 나타나겠습니까? 버리지 않으면, 포기하지 않으면, 우리 삶에 하나님의 역사는 결코 일어나지 않습니다. 성령의 역사는 나타나지 않습니다. 하늘의 신비한 만나와 능력은 구경조차 할 수 없습니다. 버리고 떠나라는 것은 지금까지의 삶, 지금까지의 나를 온전히 부정하고 부인하는 것입니다.

완전한 떠남을 생각할 때 예수님의 제자들과 엘리사 선지자가 떠오르곤 합니다. 예수님의 부르심을 받은 제자들은 배도, 그물도, 아비도, 삯군도 버려 두고 예수님을 따랐습니다. 하지만 예수님이 십자가에 못 박혀 죽으셨을 때 다시 옛날에 버리고 떠났던 곳으로 되돌아가고 말았습니다. 예수님의 부르심과 말씀에 대한 믿음이 없었기 때문입니다. 하지만 엘리사 선지자는 달랐습니다. 열왕기상 19장 19-21절을 보면 엘리사가 부르심 받았을 때의 반응을 볼 수 있습니다.

> [19]엘리야가 거기서 떠나 사밧의 아들 엘리사를 만나니 그가 열두 겨릿소를 앞 세우고 밭을 가는데 자기는 열두째 겨릿소와 함께 있더라 엘리야가 그리로 건너가서 겉옷을 그의 위에 던졌더니 [20]그가 소를 버리고 엘리야에게로 달려가서 이르되 청하건대 나를 내 부모와 입맞추게 하소서 그리한 후에 내가 당신을 따르리이다 엘리야가 그에게 이르되 돌아가라 내가 네게 어떻게 행하였느냐 하니라 [21]엘리사가 그를 떠나 돌아가서 한 겨릿소를 가져다가 잡고 소의 기

구를 불살라 그 고기를 삶아 백성에게 주어 먹게 하고 일어나 엘리야를 따르며 수종 들었더라.

엘리사는 엘리야로부터 부르심을 받은 후에 밭을 가는 농부로서의 삶을 떠나게 됩니다. 완전히 옛 삶에서 떠나 하나님의 부르심을 향하여 달려가기로 결단하는데 그 결단의 표식이 바로 자신의 소를 잡아 그 기구를 불살라 고기를 삶아 백성, 즉 자신의 옛 삶을 알고 있는 사람에게 먹게 하는 것이었습니다. 그것은 다시는 지금 이 삶의 자리로 돌아오지 않을 것이라는 결단의 표식입니다. 소를 잡고 기구를 불사른 것은 옛날의 삶으로 돌아갈 다리를 없애는 것입니다. 어떠한 일이 있어도 이제는 부르심 받은 소명만을 위해 달려가겠다는 의지의 표현입니다. 엘리사는 자신의 재물 그리고 아버지의 모든 것을 버리고 하나님의 말씀이 이끄시는 대로 순종으로 달려간 것입니다.

아브람이나 엘리사는 자신의 삶을 버리지 않는 한 결코 하나님이 원하시는 삶을 살 수 없다는 것을 잘 알고 있었습니다. 만약에 이 세상의 것을 버리지 아니하면 조금만 어려운 일이 생겨도 세상에 의지하던 것에게로 돌아가 버릴 것이라는 것을 그들은 잘 알고 있었던 것입니다. 하나님의 부르심 앞에서 자신의 연약함을 알고 있기 때문에 하나님의 부르신 그 소명에 자기 자신을 철저하게 묶어 버리고 싶었던 것입니다.

오늘날 많은 신자가 하나님의 부르심의 소망 안에서 살아가지 못하는 이유가 무엇입니까? 지금의 자리에서 안주하여 떠나지 못하기 때문입니다. 지금의 자리를 떠나면 모든 것이 낯설고 불편해지기 때문입니다. 지금의 삶의 자리를 버리면 죽을 것 같기 때문입니다. 하나님이 원하시는 사람은 말씀이 임하면 이 모든 것을 버리고 말씀을 향하여 달려갈 사람들입니다. 하나님이 이 시대에도 성공하고, 돈이 많고, 유명한 사람을 찾으시는 것이 아니라 하나님의 말씀 앞에 생명을 던질 사람을 찾고 계신 것입니다. 말씀에 순종하는 그 사람을 통해 하나님은 인생이 기대하지 못하는 크고 놀랍고 위대한 일을 이루실 것입니다.

여호와께서 주신 약속

떠나라는 명령과 함께 하나님은 약속을 주십니다. 그 약속은 2절에 언급되어 있는 대로 크게 세 가지입니다. 첫째, "큰 민족이 되게 하는 것," 둘째, "이름이 창대해지는 것," 셋째, "복이 되는 것"입니다. 그리고 3절에서는 2절의 세 가지 복을 부연하여 설명하고 있습니다. 그래서 2절과 3절에 나타나는 아브람이 받은 하나님의 축복의 약속은 일곱 가지입니다.

첫째, 아브람으로 큰 민족을 이루시겠다는 것입니다. 여기 '내가 너로 큰 민족을 이루고'라고 할 때, 크다는 의미는 숫자가 많다거나 굉장히 규모가 크다는 의미도 되지만 굉장히 고귀하다는 의미로 쓰입니다. 그러므로 큰 민족을 이룬다고 할 때, 숫자만 많다는 뜻이 아니라 큰 민족, 놀라운 민족, 존귀한 민족을 이룬다는 뜻입니다. 아브람은 불임으로 고통받고 있었지만 그 말씀을 믿었습니다. 그리고 그 말씀을 따라서 하나님이 인도하시는 대로 따라간 것입니다. 아무리 위대한 약속도 믿음이 있어야 실상이 되고 보지 못하는 것들의 증거가 되는 것입니다.

둘째, 아브람에게 복을 주시겠다고 약속하셨습니다. 여기서의 복은 '물질적'인 복을 말하는 데 창세기 1장 27-28절에 아담에게 주셨던 복입니다. 아브람이 아담의 자리를 대신하여 하나님이 주신 복으로 생육하고, 번성하며, 땅에 충만하여, 땅을 정복하고 다스리는 하나님의 대리인이 될 것이라는 약속의 말씀입니다.

셋째, 아브람의 이름을 창대하게 하시겠다고 약속하셨습니다. 바벨탑을 쌓은 니므롯의 후예들을 생각해 보십시오. 그들은 그들 스스로 자신들의 이름을 내므로 하나님께 도전하다가 흩어짐을 당하므로 공허하고, 혼돈한 상태에 빠져들게 된 것입니다. 아브람 당시의 세계에서 이름은 단순히 누구를 부르는 호칭을 의미하는 것이 아닙니다. 그 사람의 현재 정체성이자 미래의 모습으로서, 경우에 따라서는 권위와 능력에 대한 대명사이기도

합니다. 그러므로 하나님이 아브람 이름을 창대하게 하시겠다는 말씀은 하나님의 능력과 권위로 아브람을 축복해 주실 것을 의미하는 것입니다. 창조를 마치신 하나님이 아담 앞으로 짐승을 이끌어 오시며 이름을 짓도록 하시는 장면을 생각해 보십시오. 하나님의 형상대로 창조된 아담이 외적인 면에서 뿐 아니라 능력과 권위 면에서 하나님의 형상대로 창조된 증거이자 진정한 하나님의 대리자로서 아담의 위치를 알게 하는 영광스러운 장면인 것입니다. 그 복을 아브람이 누리게 된 것입니다.

넷째, 아브람이 '복' 되게 하셨습니다. 하나님이 아브람에게 복을 주시는 것과 아브람이 복이 되는 것은 완전히 다른 것입니다. 세상 모든 사람에게 주어질 하나님의 복이 반드시 아브람을 통해만 공급된다는 것입니다. 아브람 없이는 세상 사람들이 하나님의 복을 받지 못한다는 뜻이기도 합니다.

다섯째, 하나님이 아브람을 축복하는 자에게 축복하시겠다는 것입니다. 아브람을 축복하는 사람은 하나님이 주시는 복을 누릴 수 있는 것입니다.

여섯째, 하나님이 아브람을 저주하는 사람을 저주하시기로 하셨습니다. 히브리어에 저주라는 말에 쓰이는 두 가지 대표적인 말이 있습니다. '카랄'과 '아랄'입니다. 아브람을 저주하는 사람을 가리킬 때 쓰이는 '카랄'은 '홀대하다'to treat lightly, 혹은 '모욕하다'to contempt, '해하다'to cause harm는 뜻입니다. 그런데 이렇게 아브람을 저주하는 사람에게 내리는 하나님의 '저주'는 '아랄'로서 '카랄'보다 훨씬 더 강도 높은 의미입니다. '파문하다'to ompose a ban, 기능을 '마비시키다'to impose a paralysis on movement or other capability 혹은 '축복의 자리나 능력으로부터 제거하다'to remove from the place and power of blessing는 의미로서 하나님이 아브람에게 해를 끼치는 사람에게 엄중하게 보복할 것임을 의미하는 것입니다.

여기서 중요한 것은 아브람을 '축복하는 자들'은 복수로 쓰여져 있고 '저주하는 자'는 단수로 사용되어 있어서 하나님이 함께하는 사람인 아브람을 축복하는 사람이 훨씬 더 많아지게 될 것을 의미하는 것입니다. 홀로 이방 땅 가나안에서 살아가야 될 아브람에게 그 가나안 사람, 가나안 족속을 두려워하지 말라는 것입니다. 하나님이 반드시 그곳에서 큰 민족을 이루게끔 축복해 주시겠다는 것입니다. 뿐만 아니라 이 축복과 저주의 약속은 하나님과 아브람이 축복과 저주를 통해 완전히 하나된 관계임을 부연 설명하는 말씀이기도 합니다. 아브람을 축복하는 것은 하나님을 축복하는 것이요 아브람을 저주하는 것은 하나님을 저주하는 것이라는 말씀입니다. 하나님이 얼마나 아브람을 사랑하시는지 알 수 있는 장면이기도 합니다.

일곱째, 땅의 모든 족속이 아브람으로 말미암아 복을 얻게 될 것입니다. 아브람이 세상 축복의 통로가 되는 것입니다. 하나님이 아브람과 그 후손에게 주시는 이 축복의 약속은 예수 그리스도를 통한 구원의 완성입니다. 온 인류를 죄에서 구원할 예수 그리스도가 아브람의 허리에서 나온다는 것입니다. 누구든지 예수 그리스도를 믿는 자들은 하나님의 자녀가 되어 죄와 사망의 권세를 깨뜨리고 승리하게 되는 것입니다. 사도행전에 보면 베드로의 유명한 솔로몬의 행각에서 행한 연설이 나옵니다.

> 25너희는 선지자들의 자손이요 또 하나님이 너희 조상과 더불어 세우신 언약의 자손이라 아브라함에게 이르시기를 땅 위의 모든 족속이 너의 씨로 말미암아 복을 받으리라 하셨으니 26하나님이 그 종을 세워 복 주시려고 너희에게 먼저 보내사 너희로 하여금 돌이켜 각각 그 악함을 버리게 하셨느니라(행 3:25-26).

아브람을 통해 받게 될 복이 예수 그리스도임을 알 수 있습니다.

이 땅 가운데서 우리가 받는 제일 큰 복이 바로 예수 그리스도입니다. 물질이나 권세나 세상의 성공이 아니라 예수 그리스도를 구주로 받는 축복이 제일 큰 복입니다. 하나님은 아브람에게 약속하신 대로 세상 모든 사람을 구원하시기 위해 아브람의 씨에서 예수 그리스도가 나게 하시고 십자가에 못 박혀 죽게 하셨습니다. 누구든지 예수 그리스도의 십자가의 죽으심과 부활을 믿기만 하면 구원을 얻게 되는 것입니다.

> 누구든지 주의 이름을 부르는 자는 구원을 받으리라(롬 10:13).

> 주 예수를 믿으라 그리하면 너와 네 집이 구원을 받으리라(행 16:31).

> 천하 사람 중에 구원을 받을 만한 다른 이름을 우리에게 주신 일이 없음이라
> (행 4:12).

이처럼 유일한 구원의 증거이신 예수 그리스도가 아브람을 통해 이 땅에 오신 것입니다.

아브람처럼 과거가 무너지고 옛사람이 죽어지는 완전한 떠남의 터전 위에 하나님의 복은 건설되는 것입니다. 부디 우리도 세상적이고 인간적인 모든 것을 버리고 떠나서 오직 하나님의 말씀만을 향하여 달려 가시는 복된 성도가 되기를 바랍니다.

믿음으로
말씀을 따라

: 창세기 12장 4-9절 :

4이에 아브람이 여호와의 말씀을 따라갔고 롯도 그와 함께 갔으며 아브람이 하란을 떠날 때에 **칠십오** 세였더라 **5**아브람이 그의 아내 사래와 조카 롯과 하란에서 모은 모든 소유와 얻은 사람들을 이끌고 가나안 땅으로 가려고 떠나서 마침내 가나안 땅에 들어갔더라 **6**아브람이 그 땅을 지나 세겜 땅 모레 상수리나무에 이르니 그때에 가나안 사람이 그 땅에 거주하였더라 **7**여호와께서 아브람에게 나타나 이르시되 내가 이 땅을 네 자손에게 주리라 하신지라 자기에게 나타나신 여호와께 그가 그 곳에서 제단을 쌓고 **8**거기서 벧엘 동쪽 산으로 옮겨 장막을 치니 서쪽은 벧엘이요 동쪽은 아이라 그가 그 곳에서 여호와께 제단을 쌓고 여호와의 이름을 부르더니 **9**점점 남방으로 옮겨갔더라.

하나님의 말씀에 붙들린 아브람의 인생에 대해 생각하고 있습니다. 하나님의 아브람을 부르신 것을 생각하면 은혜라고 밖에 달리 표현할 길이 없습니다. 하나님이 아브람을 부르시고 축복하신 것은 오직 하나님의 주권적 결정 때문입니다. 아브람은 하나님을 알지도 못했습니다. 믿을 수도 없었습니다. 아브람을 찾아오신 하나님은 그에게 떠나라는 명령과 더불어 그가 장차 받게 될 복을 일방적으로 선언하셨습니다. 아브람은 장차 큰 민족을 이루게 될 것입니다. 또한 하나님이 주신 복으로 말미암아 이름이 창대하게 될 것이며 복이 될 것입니다. 하나님이 약속하신 '복'은 아담에게 창세기 1장 27-28절에서 주신 복과 동일한 복입니다. 다만 아브람에게 더 자세히 구체화되었을 뿐입니다.

우리는 여기서 인간을 향한 하나님의 멈출 수 없는 사랑을 확인할 수 있습니다. 아담과 하와가 범죄하고 모든 인간이 범죄하므로 홍수 심판과 바벨탑 사건이 있었음에도 하나님은 범죄한 인류를 구원하시기 위한 구속사를 멈추지 않으신 것입니다. 하나님은 약속대로 셈의 후손에게서 아브람을 선택하시고 그를 통해 예수 그리스도의 구원을 온 인류에게 주시고자 하신 것입니다. 인간에 대한 하나님의 지칠 줄 모르고 포기할 줄 모르는 영원한 사랑을 보게 되는 것입니다.

아브람을 찾아와 주시고 축복하신 하나님을 생각하면 우리가 하나님을 믿게 되고 하나님이 베풀어 주신 구원의 은혜를 받아 누리는 것, 우리의 의지와는 상관없는 전적인 하나님의 은혜라는 것을 확인하게 됩니다. 하나님의 은혜와 복은 사람에게서 시작되지 않습니다. 하나님으로부터 일방적으로 시작됩니다. 우리가 아브람처럼 하나님을 모르고 믿지도 아니하였을 때 하나님은 우리를 축복의 사람으로 만들기 위해 찾아오셔서 일방적인 복을 주셨습니다. 하나님이 우리를 무조건 사랑하시고 복 주시기로 결정하셨기 때문에 우리가 하나님의 자녀로 살아가는 것입니다.

말씀을 따라간 아브라함

아브람이 하나님을 부르실 때 맨 처음부터 목적지가 가나안이라고 말씀하신 것은 아닙니다. 단지 "내가 네게 보여 줄 땅으로 가라(12:1)."고 말씀하셨을 뿐입니다. 모든 것이 불투명하고 불확실했지만 아브람은 하나님의 말씀을 받자마자 자기 고향 친척 아버지의 집을 떠나 말씀이 인도하는 대로 따라갔습니다. 모든 것이 불가능해 보였지만 하나님이 자기를 통해서 이루실 일을 바라보고, 믿고, 말씀을 따라간 것입니다.

믿음으로 아브라함은 부르심을 받았을 때에 순종하여 장래의 유업으로 받을 땅에 나아갈새 갈 바를 알지 못하고 나아갔으며(히 11:8).

아브람을 설명할 때 수식하는 맨 처음 말이 바로 '믿음으로'라는 말입니다. 아브람은 하나님이 말씀하실 때 믿고 받아들였습니다. 그의 믿음이 75세라는 세월의 장벽과 불임이라는 인생의 한계를 뛰어넘어 반드시 임재하게 될 하나님의 축복을 바라보게 한 것입니다. 아브람은 자신을 향한 하나님의 모든 약속의 말씀이 이루어질 것을 믿었습니다. 믿음으로 하나님이 보여 주시는 새로운 인생을 향하여 발걸음을 내디딘 것입니다.

하나님은 아브람이 모든 것을 버리고 말씀을 따라나서는 믿음의 결단을 보이자 가나안이라는 목적지를 말씀하셨습니다(5절). 예수님이 제자들을 부르셨을 때도 마찬가지입니다.

나를 따라오라 내가 너희를 사람을 낚는 어부가 되게 하리라(마 4:19).

일차적으로 예수님을 따라 나서는 결단이 있을 때, 즉 배도, 그물도, 삯군도, 아버지도 버리고, 예수님을 따라나서는 결단이 있고 난 후에야 사람을 낚는 어부가 무엇인지 구체적으로 깨닫기 시작했습니다.

우리 인생도 마찬가지입니다. 우리가 하나님의 말씀이 무엇을 명령하든지 순종하기로 결단하고 그 말씀을 향하여 온전히 돌아서게 되었을 때 그 다음 우리를 향한 하나님의 계획이 보이고 구체적인 인도하심이 보이는 것이지, 하나님의 말씀에 결단도 못하고 여전히 떠나야 할 것에서 떠나지 못하고 있는데 하나님이 나를 어디로 인도하시고 계십니까? 이 고난의 이유는 무엇입니까? 묻고 있다면 심히 안타까운 신앙생활을 하고 있는 것입니다. 모든 것은 주님께 맡겨 놓고 말씀이 이끄시는 대로 먼저 순종하십시오. 하나님이 먼저 떠나라고 말씀하시는 것에서 온전히 떠나십시오. 하나님이 말씀하시는 것이 무엇이든지 버리게 되면 그때부터는 하늘의 신령한 복을 누리며 살게 되는 것입니다. 하나님의 말씀을 따라가다보면 내가 원하는 곳이 아니라 하나님이 원하시는 곳에 다다르게 되는 역사가 일어나게 될 것입니다.

사람을 따라간 롯

4절 말씀을 보면 말씀이 아닌 사람을 따라간 사람이 한 사람 나옵니다. 바로 아브람의 조카 롯입니다. 아브람이 조카 롯을 데리고 나온 것은 "너의 고향 친척, 아버지의 집을 떠나라."는 하나님의 말씀에 불순종한 것이 아니냐는 논란이 있습니다. 그런데 이 논란은 불필요한 것입니다. 왜냐하면 하나님의 약속의 말씀을 들은 아브람을 따라 나선 것은 롯의 의지입니다. 아브람이 함께 가자고 롯에게 청원한 것이 아닙니다. 마치 이스라엘 백성이 출애굽할 때에 이스라엘 민족이 아닌 하나님의 살아 계심을 목도한 기타 다양한 민족이 이스라엘 백성과 함께 가나안으로 가고자 하였을 때 모세는 그 사람들을 모두 수용해서 함께 출애굽했습니다. 그와 마찬가지입니다. 이 본문에서 중요한 것은 아브람의 아버지 데라와 아브람의 차이처럼 말씀의 순종 여부의 문제입니다. 롯은 말씀을 따라간 것이 아니라 사람을 따라간 것입니다.

말씀이 아닌 사람을 따라가는 사람의 신앙은 위기 때 아무런 도움이 되지 못합니다. 하나님의 음성을 직접 들은 사람은 어떠한 환란과 역경을 만나도 넉넉히 이겨 냅니다. 말씀에 대한 확신이 있기 때문입니다. 하지만 사람을 따라나선 사람은 고난이나 위기 앞에서 신앙을 쉽게 좌절하고 포기하고 맙니다. 물질의 유혹 앞에서, 세상의 성공과 출세 앞에서 거짓말처럼 하나님을 버리고 떠나는 것을 볼 수 있습니다. 조카 롯의 생애가 그것을 충분히 입증하고 있습니다. 우리는 주님 오시는 그날까지 오직 하나님의 말씀을 따라가는 사람이 되었으면 좋겠습니다. 사람을 따라가거나 환경을 따라가지 마시기를 부탁드립니다. 오직 하나님만 바라보시고 말씀만 따라가십시오. 사람을 바라보고 사람을 따라다니면 언젠가는 실망하고 상처입고 배신을 당하게 되어 있습니다.

우리를 변화시키고 위대한 인생으로 만드는 것은 하나님의 말씀입니다. 하나님의 약속입니다. 말씀 없이 아무리 인격적으로 훌륭하고 위대한 사람을 따라다닌다 할지라도 절대로 나는 위대해지거나 훌륭해지지 않습니다. 내가 직접 말씀을 듣고 그 말씀을 믿음으로 따라갈 때 내 인격이 말씀 속에 역사하시는 예수님 닮아가게 되고, 또한 말씀과 함께 역사하시는 진리의 영이신 성령의 감동으로 하나님 닮은 위대한 인생을 살 수 있는 것입니다. 부디 말씀을 사모하시기를, 하나님의 음성 듣기를 사모하시기를 소원합니다.

마침내 가나안에 도착하다

우리가 5절 말씀에서 눈여겨보아야 할 말씀은 '마침내'라는 말씀입니다. '마침내'라는 한마디 속에 가나안에 이르는 동안 온갖 위험과 고생을 아브람이 겪었다는 것이 모두 내포되어 있습니다. 즉 하나님이 가라고 명령하신 가나안에 이르는 길이 쉽지 않았었을 것임을 알 수 있습니다. 말씀을 향하여 결단하고 모든 것을 떠나는 것도 쉽지 않았지만 하나님이 지정하신 가나안에 이르는 과정도 만만치 않았을 것입니다. 십자가의 길이었고 고난의 길이었을 것입니다. 정말 가나안이 맞을까 의심하게 하는 일이 많았을 것입니다.

그런데도 아브람은 단 한 번도 왜 하필 가나안이냐고 갈대아 우르나 하란은 왜 안 되냐고 원망하거나 불평하지 않고 오직 가나안을 목적 삼고 달려온 것입니다. 아브람의 인생에 하나님을 향하여 '왜'라는 질문은 없습니다. 다만 "하나님이 말씀하셨으니까"라는 믿음의 고백만 있었을 뿐입니다. 중요한 것은 자신의 뜻이 아니라 자신을 부르시고 사용하시는 하나님의 뜻만이 중요한 것이기 때문입니다. 하나님이 약속하신 그곳이 기근이 있고, 악하고 사나운 가나안 족속이 거주하고 있어도 주님이 명하신 곳이기 때문에 그곳에 있어야 하는 것입니다.

우리도 마찬가지입니다. 하나님께 많은 사람 중에 왜 나인지 묻지 마시기 바랍니다. 나를 부르신 하나님이, 나를 붙들고 계신 하나님이 이곳에 부르시고 이곳에 세워 두셨으면 십자가를 지고 가야 하는 것입니다. 아브람처럼 왜냐고 의심하지 않고, 불평하지 않고 하나님의 말씀만 붙잡고 나아가게 되면 '마침내' 소원의 항구에 이르게 되고 하나님의 비전을 이루는 위대한 인생을 살게 될 것입니다.

아브람의 삶의 대명사 제단

가나안에 입성한 아브람의 삶을 대변해 주는 두 개의 명사가 나옵니다. 하나는 장막이고 하나는 제단입니다. 아브람의 인생에는 장막이 아닌 제단이 언제나 앞에 위치하게 됩니다. 성경을 보면 하나님은 아브람에게 제사에 대해 한번도 언급하지 않으셨습니다. 아브람이 자원하는 심령으로 제단을 쌓은 것입니다. 하나님의 전적인 은혜로 아브람을 찾아오셔서 부르셨다면 그 부르심에 믿음으로 응답한 아브람은 하나님이 원하지 않으셨어도 스스로 제단을 쌓으므로 하나님의 은혜에 반응한 것입니다. 아브람이 쌓은 예배는 중요한 특징이 있습니다.

첫째는 오직 하나님을 위한 예배라는 것입니다. 아브람의 예배에는 항상 "여호와께라는 말과 여호와를 위해"라는 말이 따라 붙습니다. 본문 7절에서 "여호와께 그가 그곳에서 제단을 쌓고"라고 말씀하고, 또 8절에서 "그가 그곳에서 여호와께 제단을 쌓고"라고 말씀하고 있는 것처럼, 그는 벧엘 동편에서도 역시 여호와 하나님께 제단을 쌓았습니다. 또 창세기 13장 18절에서 "거기서 여호와를 위해 제단을 쌓았더라."고 말씀하고 있는 것처럼, 헤브론에서도 여호와 하나님을 위해 제단을 쌓았습니다.

아브람의 예배의 중심과 목적은 오직 '여호와 하나님'입니다. 물질의 복이나 세상의 성공을 위해 예배한 것이 아니라 오직 하나님을 위해 하나님께만 예배한 것입니다. 하나님 외에는 아무것도 필요 없습니다. 나에게는 주님만 있으면 된다고 하는 진정한 신앙의 고백입니다. 오늘 우리의 예배는 어떻습니까? 진실로 하나님만을 간구하며 이곳에 있습니까? 아니면 또다른 이유 때문에 억지로 마지못해 앉아 있는 것입니까? 목마른 사슴이 시냇물을 찾아 헤매듯이 하나님을 향한 타는 목마름으로 나아오시는 복된 성도가 되기를 바랍니다.

둘째는 피 흘린 제사입니다. '단을 쌓아 제사를 드렸다'는 말씀은 아브람이 하나님께 피 흘린 제사를 드렸다는 것입니다. 원래 '제단'이란 원어로 '미즈베아흐'인데, 이 제단이라는 단어에는 '짐승을 잡다'라는 뜻이 들어 있습니다. 따라서 제단은 '피 흘림의 장소'라는 뜻으로 짐승을 잡아 그 피 흘려 하나님께 희생 제사를 드리는 곳을 가리킵니다. 그러므로 아브람이 제단을 쌓은 것은 인간들의 죄로 인한 수치와 부끄러움을 가려 주시기 위해 하나님이 맨 처음 짐승의 피를 흘리시므로 세워 두신 제사의 의미를 아브람이 완벽하게 이해하고 있다는 증거입니다. 또한 아브람 자신이 하나님 앞에 피가 없이는 속죄 받을 수 없는 죄인이라는 겸손한 신앙의 표현입니다.

아브람의 피 흘림이 있는 희생 제사는 예수 그리스도의 십자가 구속을 예표하는 것입니다. 우리를 죄로 인한 영원한 사망에서 구원하러 오셔서 십자가에서 죽으신 예수 그리스도의 구속의 은혜를 상징합니다. 예수님은 십자가에서 우리의 모든 죄를 깨끗하고 완벽하게 대속하셨습니다. 아브람은 장차 여인의 후손으로 오셔서 인류의 모든 죄를 사하실 예수님을 바라보며 피 흘림이 있는 제사를 제단에서 드린 것입니다. 아브람의 제단을 통해 우리는 아브람 안에 예수님의 십자가가 존재했을 뿐 아니라 예수님을 자신의 유일한 구속주요 자신의 삶을 주관하시는 만왕의 왕이라는 신앙고백이 있음을 알 수 있습니다.

하나님께 예배를 드리시는 우리의 예배에도 나의 죄를 위해 피 흘려 주신 예수님의 십자가 구속의 은혜가 넘치시기를 바랍니다. 만왕의 왕 되신 예수님의 십자가 구속의 은혜가 너무 감사해서 아브람처럼 내 삶의 우선 순위에 언제나 예배가 자리하기를 바랍니다.

하나님의 이름을 부르는 아브람
아브람은 여호와께 제단을 쌓고 "여호와의 이름을 불렀습니다." 여기 '여호와의 이름을 부르는 것'은 "그의 이름으로 여호와를 선포했다"made

proclamation of the Lord by name는 의미입니다. 이러한 표현은 4장 26절에도 등장합니다.

> 셋도 아들을 낳고 그의 이름을 에노스라 하였으며 그때에 사람들이 비로소 여호와의 이름을 불렀더라.

이처럼 여호와의 이름을 부르는 것은 '공개적으로 여호와에 대한 신앙을 고백한다는 의미'입니다.

6절에 보면 아브람이 가나안에 들어갔을 때 그곳에는 가나안 사람들이 거주하고 있었습니다. 특히 아브람이 가나안에 도착한 곳이 '세겜 땅 모레 상수리나무'입니다. '모레'라는 말은 '선생' 혹은 '예언자'라는 의미가 있습니다. 아브람이 처음에 도착한 곳은 광야에서 울창하게 번창한 상수리나무를 우상으로 섬기는 곳이었던 것입니다. 게다가 그곳 사람들은 거인 족속들로서 포악하고 음란한 족속이었습니다. 이러한 곳에서 아브람은 제단을 쌓았을 뿐 아니라 여호와 하나님의 이름을 부른 것입니다.

아브람은 여호와의 이름을 부르면서 자신이 가나안에 부름받은 목적을 분명하게 선포한 것입니다. 자기 자신은 여호와를 섬기는 사람으로서 하나님께만 예배하는 사람인 것을 그곳 사람들에게 당당하게 선포한 것입니다. 나는 하나님의 사람이요 하나님이 보내셔서 이곳에 왔노라고 선포한 것입니다. 이 선포 속에는 앞으로 가나안 사람들에게 살아 계신 하나님을 증명하겠다고 하는 신앙의 비전을 분명하게 나타내고 있는 것입니다. 하나님을 보여 주고 하나님이 누구이신지를 깨닫게 하는 하나님에 대한 전파자의 삶을 아브람이 다짐하고 있습니다. 아브람이 하나님을 입증하는 유일한 방법이 예배였습니다.

갈멜산의 엘리야를 생각해 보십시오. 바알과 아세라 선지자 850인과 대결하면서 다른 것으로 하나님의 살아 계심을 보여 준 것이 아닙니다. 무너진 단을 수축하고 짐승을 잡고 물까지 뿌린 후에 예배를 통해 어느 신이 진정한 살아 있는 신인지를 증명하자고 하였습니다. 엘리야는 어느 예배가 살아 있는 예배인지를 통해 이스라엘 백성에게 바알과 하나님 사이에서 선택하게 한 것입니다. 엘리야의 예배에 불로써 하나님이 임재하였습니다. 불로써 임재하시는 하나님을 보고 이스라엘 백성은 잠시지만 하나님을 선택하고 하나님 편에 서서 일했습니다. 바알과 아세라 선지자들을 진멸한 것입니다.

하나님은 우리에게 세상에서 돈으로, 권력으로, 명예로 성공과 출세로 하나님의 살아 계심을 증명하라고 명하신 적이 없습니다. 우리가 세상 사람들과 다른 것은 하나님을 예배한다는 것입니다. 우리의 예배를 하나님이 열납하시고 불로써 임재하는, 마치 오순절 다락방에 성령이 임재한 후 수많은 사람이 제자들에게 임한 성령을 보고 하나님을 찬송한 것처럼 우리의 예배가 살아 있는 예배가 될 때에 세상 사람은 하나님을 보게 되는 것입니다. 그러므로 세상에서 무엇이 되고 또는 세상의 무엇을 소유하므로 하나님께 영광 돌린다고 생각하지 마십시오. 하나님은 우리를 처음부터 예배자로 부르셨습니다.

아브람은 창세기 12장 2-3절에서 아브람이 복 자체가 되었다는 것을 살펴보았습니다. 아브람이 복이 된다고 했을 때 사용된 단어는 히브리어로 '베라카'인데, 어원상으로 '무릎 꿇다'라는 단어에서 유래합니다. 무슨 말입니까? 하나님 앞에 무릎을 꿇는 것은 곧 예배입니다. 즉 예배자가 되는 것이 곧 복이라는 겁니다. 그러므로 우리는 이렇게 말할 수 있습니다.

"예배 성공자는 인생의 성공자요, 예배 실패자는 인생의 실패자이다!"

예배는 복과 저주의 갈림길입니다. 예배에 의해 복과 저주가 갈라지는 것입니다. 예배에 성공하므로 아브람처럼 이 세상을 향하여 복으로 존재하시는 우리가 되기를 간절히 바랍니다.

시련을 통한
연단

10그 땅에 기근이 들었으므로 아브람이 애굽에 거류하려고 그리로 내려갔으니 이는 그 땅에 기근이 심하였음이라 11그가 애굽에 가까이 이르렀을 때에 그의 아내 사래에 게 말하되 내가 알기에 그대는 아리따운 여인이라 12애굽 사람이 그대를 볼 때에 이르기를 이는 그의 아내라 하여 나는 죽이고 그대는 살리리니 13원하건대 그대는 나의 누이라 하라 그러면 내가 그대로 말미암아 안전하고 내 목숨이 그대로 말미암아 보존되리라 하니라 14아브람이 애굽에 이르렀을 때에 애굽 사람들이 그 여인이 심히 아리따움을 보았고 15바로의 고관들도 그를 보고 바로 앞에서 칭찬하므로 그 여인을 바로의 궁으로 이끌어들인지라 16이에 바로가 그로 말미암아 아브람을 후대하므로 아브람이 양과 소와 노비와 암수 나귀와 낙타를 얻었더라 17여호와께서 아브람의 아내 사래의 일로 바로와 그 집에 큰 재앙을 내리신지라 18바로가 아브람을 불러서 이르되 네가 어찌하여 나에게 이렇게 행하였느냐 네가 어찌하여 그를 네 아내라고 내게 말하지 아니하였느냐 19네가 어찌 그를 누이라 하여 내가 그를 데려다가 아내를 삼게 하였느냐 네 아내가 여기 있으니 이제 데려가라 하고 20바로가 사람들에게 그의 일을 명하매 그들이 그와 함께 그의 아내와 그의 모든 소유를 보내었더라.

아브람은 하나님의 말씀을 따라 고향과 친척 아버지 집을 떠나 드디어 하나님이 인도하신 약속의 땅에 도착했습니다. 이제는 갈대아 우르 사람으로 살아가는 것이 아니라 믿음으로 살아야 하는 하나님의 사람이 되었습니다. 아브람은 자신을 인도하신 하나님의 은혜에 감사하여 하나님이 기뻐하시는 제사를 드립니다. 그리고 그곳에서 셋의 후손 이후에 처음으로 여호와의 이름을 부르며 자신이 하나님을 예배하는 예배자임을 선포합니다.

아브람이 이렇게 용감한 신앙의 첫 출발을 시작하지만 그를 기다리고 있는 것은 평안과 형통이 아니었습니다. 심각한 고난과 환란이 그를 기다리고 있었습니다. 먼저는 가나안 사람들의 견제와 도전이 있었던 것 같습니다. 앞 장에서 살펴본 창세기 12장 9절 말씀에 "점점 남방으로 옮겨 갔더라."는 말씀을 통해 미루어 짐작해 보면 하나님께 단을 쌓고 여호와의 이름을 불렀던 세겜에서 그는 견딜 수 없었던 상황이 벌어진 것입니다. 그래서 남방으로 옮겨 간 것입니다. 가나안 땅을 주리라는 하나님의 약속의 말씀이 이루어지기를 고대하였지만 현실은 녹록하지 않은 것입니다. 하나님을 전심으로 사랑하고 섬겼지만 가나안의 현실은 나아지지 않았습니다. 이러한 상황에서 이번에는 그 땅에 심각한 기근마저 찾아오게 된 것입니다. 설상가상 엎친 데 덮친 격이 된 것입니다. 단순한 고난이 아니라 생존 자체가 심각한 위협을 받게 되었습니다. 모든 것을 버리고 말씀을 좇아간 아브람에게 도저히 이해할 수 없는 일이 일어나고 있는 것입니다.

왜 이런 일이 믿음의 삶을 살기로 결단한 아브람에게 일어났을까요? 진정한 하나님의 사람은 하루아침에 급하게 만들어지지 않기 때문에 그렇습니다. 하나님은 자신의 사람들을 오랜 세월에 걸쳐서 연단하시고 훈련 시키셔서 조금씩 완전한 믿음의 사람으로 성장하도록 인도하십니다. 믿음은 고난의 용광로를 통과할 때만이 순전해지고 완전해지기 때문입니다. 고난을 겪을 때에, 기근을 경험하게 될 때에야 그 사람의 믿음이 진짜인지, 가짜인지를 알 수 있습니다. 사람에게 버림받고, 사업에 실패하고, 건강을 잃어버리는 기근을 만나게 될 때 우리가 믿음의 사람인지, 아닌지를 알게 되는 것입니다. 하나님은 아브람을 수많은 시험과 연단을 통해서 믿음의 조상이 되게 하셨습니다. 본문은 약속의 땅에 만났던 고독과 배척 그리고 심각한 기근이라는 고난을 통해 하나님의 사람으로 조금 더 성숙해지는 아브람을 볼 수 있습니다.

약속이냐? 양식이냐?

하나님은 가나안에 시작된 기근을 통해 아브람이 인간의 육체에 가장 필요한 양식을 선택하는지 하나님의 말씀을 선택하는지를 시험하셨습니다. 아브람뿐이 아닙니다. 우리가 믿음의 뿌리를 내리는 동안 제일 먼저 도전받고 시험받는 것이 먹고 사는 것의 문제입니다. 하나님의 말씀이냐 아니면 내 육체를 위한 떡이냐? 이 시험을 잘 통과하게 될 때에 진정한 하나님의 사람으로 인정받는 것은 물론이거니와 하나님이 예비하신 큰 축복을 받게 되는 것입니다.

예수님도 공생애를 시작하시기 전에 제일 먼저 먹을 양식의 문제로 마귀에게 시험받으신 것을 생각해 보십시오. 예수님은 40일을 금식하므로 몹시 굶주린 상태에서도 "돌이 떡이 되게 하라."는 마귀의 시험에 "사람이 떡으로만 살 것 아니요 하나님의 입에서 나오는 모든 말씀으로 사느니라."고 외치십니다. 예수님은 떡이 아니라 하나님의 말씀으로 마귀의 도전을 물리치십니다. 말씀을 선택하신 예수님이 십자가에서 하나님의 뜻을 온전히 이루실 수 있었던 것입니다. 먹고 사는 이 세상의 문제에 무릎 꿇지 않고 말씀을 선택하는 자만이 이 땅 가운데서 하나님의 비전을 이루어 드릴 특별한 삶을 살게 되는 것입니다.

아브람은 하나님이 약속하신 가나안을 버리고 비옥하여서 기근이 없는 애굽으로 내려가게 됩니다. 하나님은 애굽으로 내려가라고 말씀하신 적이 없습니다. 말씀을 따라 가나안에 왔던 아브람이 말씀을 떠나 자기의 의지대로 가나안으로 내려가는 우를 범하게 됩니다. 애굽은 인간적으로 생각하면 너무 좋은 곳입니다. 나일강이 발달하여 농사하기에 알맞은 조건을 갖고 있습니다. 당연히 그 땅에는 기근이 없습니다. 그러나 영적으로 보면 악한 곳입니다. 성경은 애굽을 언제나 죄악이 관영한 세상으로 비유하곤 합니다. 따라서 아브람이 애굽으로 갔다는 것은 단순히 공간이나 장소의 이동만을 의미하지 않습니다. 그것은 영적으로 하나님과 멀어졌음을 의미합니다. 하나님을 떠나 세상으로 내려간 것을 의미합니다. 영적인 타락을 의미합니다. 그런 의미에서 성경은 아브람이 "애굽으로 내려갔다"는 표현을 쓴 겁니다.

아브람은 이렇게 생각했을 것입니다. "잠시만 이 기근을 피하여 애굽에 내려갔다가 돌아오자" 여기 '거류하려고'라는 말이 '잠시 머무르러'for a while라는 말입니다. 애초부터 애굽에 살려고 내려간 것은 아닙니다. 잠시만 기근을 피하려고 한 것입니다. "이번 한번만, 잠시만," 이렇게 출발한 불신앙이 엄청난 재앙을 가져오게 되는 것입니다. 아브람은 이렇게 스스로를 위로하였는지 모릅니다.

"나는 적어도 갈대아 우르로 돌아가는 것은 아니다. 잠시 기근만 피하는 것이며 기근의 문제가 해결되면 바로 가나안으로 돌아올 것이다."

그러나 이것은 아브람의 생각입니다. 아브람의 계획입니다. 이후에 아브람이 애굽에서 당한 수치와 부끄러움을 보면 인간적인 생각이 얼마나 큰 화를 불러일으키는지를 알게 됩니다. 우리도 위기를 만나면 "내가 예수 믿기 전으로 돌아가는 것은 아니다. 예수를 믿어도 먹고는 살아야 하는 것 아닌가? 예수도 돈이 있어야 믿는 것이지, 이번 위기만 잘 넘기면 하나님의 일을 하면서 열심히 충성할 거야."라며 스스로를 합리화합니다. 그러나 대단한 착각입니다. 시험 앞에서 영적으로 깨어서 대처하지 못하면 먹고 사는 문제보다 더 커다란 신앙의 시험이 우리를 기다리고 있다는 사실을 깨닫지 못하는 것입니다.

두려움은 현실이 된다

신앙이 아닌 인간적인 생각으로 애굽으로 내려간 아브람은 기근보다 더 크고 감당하기 어려운 문제에 직면하게 되었습니다. 그 문제의 시작은 아브람의 두려움과 염려로 시작이 됩니다. 아브람은 사래의 아름다움 때문에 두려워하게 됩니다. 실제로 애굽 사람들이 사래를 내어 놓으라고 협박하거나 아브람을 죽이겠다고 위협한 적은 없습니다. 다만 아브람이 스스로 사래의 아름다움 때문에 자신이 위험해 처할 것이라고 불안해 하는 것뿐입니다.

이 과정을 잘 생각해 보면 말씀을 따라 살 때에는 아무런 문제가 되지 않았던 것들이 말씀을 떠나 자기를 의지하기 시작하는 순간부터 커다란 문제로 다가온다는 것입니다. 사실 가나안 사람은 애굽 사람보다 훨씬 더 장대하고 거친 사람들이었습니다. 아브람이 말씀을 따라 믿음으로 가나안에 들어갔을 때에는 사래의 아름다움이 아무런 문제가 되지 않았습니다. 그때에는 하나님만 바라보고 있었기 때문입니다. 그러나 말씀을 떠나 믿음을 포기하는 순간부터 지금까지 아무런 문제가 없었던 사래의 아름다움이 두려움의 원인으로 등장합니다.

잠언을 보면 이렇게 말씀하고 있습니다.

악인은 쫓아오는 자가 없어도 도망하나 의인은 사자 같이 담대하니라(잠 28:1).

잠언서 기자가 말하는 악인은 말씀을 신뢰하지 못하는 불신앙의 사람입니다. 불신앙이 두려움의 원인입니다. 반면에 하나님을 신뢰하는 믿음의 사람은 언제나 담대합니다. 미래에 대해 불안해하거나 염려하지 않습니다. 하나님을 바라보고 있기 때문입니다. 아직 일어나지 않은 미래의 일 때문에 두려워하고 불안해하는 것은 불신앙의 열매입니다. 진정으로 하나님을 신뢰하는 사람은 내일 일 때문에, 즉 미래 때문에 염려하지 않습니다. 예수님이 제자들에게 십자가를 지시기 전에 제일 먼저 부탁하신 말씀이 무엇입니까?

너희는 마음에 근심하지 말라 하나님을 믿으니 또 나를 믿으라(요 14:1).

그러므로 우리는 미래에 대해 염려하고 근심할 것이 아니라 다만 내가

언약으로의 초대: 창세기 1~25장

지금 하나님의 말씀을 붙들고 있는가, 하나님과 동행하고 있는가를 확인하기만 하면 되는 것입니다. 아직 나타나지 않은 미래 때문에 미리 염려하거나 불안해하지 마십시오. 그 불안과 두려움이 우리를 더욱더 심각한 고난으로 빠지게 할 것입니다.

『내 마음 속의 울림』(이창현 저)이라는 책에 보면 아리랑에 관한 해석이 나와 있습니다.

"아리랑 아리랑 아라리요/아리랑 고개를 넘어간다."라는 노랫말을 분석해 보면 '아(我)'는 '참된 나'를 의미하고, '리(理)'는 '알다, 통하다'는 뜻이며, '랑(朗)'은 '즐겁다, 밝다'는 뜻이랍니다. 그래서 아리랑은 '참된 나(眞我)를 찾는 즐거움'이라는 뜻이랍니다. "아리랑 고개를 넘어 간다."는 것은 "나를 찾기 위해 깨달음의 언덕을 넘어 간다"는 의미이고, "나를 버리고 가시는 님은 십 리도 못 가서 발병난다."의 뜻은 "진리를 외면하는 자는 얼마 못 가서 고통을 받는다"는 뜻으로 "진리를 외면하고 오욕락(伍欲樂)을 좇아 생활하는 자는 그 과보로 얼마 못 가서 고통에 빠진다"는 뜻이랍니다. 우리 전통 가요의 노랫말이지만 상당히 성경적인 내용이라고 할 수 있습니다. 진리이신 하나님의 말씀을 버리고 세상의 즐거움을 찾아가는 삶을 사는 사람은 얼마 안 있어 커다란 고통에 빠지게 되는 것입니다.

사람을 의지하는 아브람

아브람은 두려움을 해결하기 위해 인간적인 꾀를 내기 시작합니다. 13절에 보면 사래를 아내라고 하지 않고 누이라고 하기로 결정합니다. 굉장히 합리적이고 근거가 있는 생각처럼 보입니다. 실제로 사래는 아브람은 이복누이가 맞습니다(20:12). 그러나 사래가 누이인 것은 과거의 상황입니다. 현재는 하나님이 허락해 주신 아내입니다. 그러므로 아브람은 거짓말을 하고 만 것입니다. 이 거짓말이 아브람을 일생일대의 가장 비참한 상황으로 몰아갑니다. 자신의 목숨을 보전할 수 있다면 자기 아내까지도 팔아넘길 수 있는 초라한 나그네 모습을 보입니다. 그리고 태연하게 아무런 생각도 없이 아내를 팔아 얻게 된 재물을 쓰고 누리며 빠르게 애굽화되어 가는 아브람을 볼 수 있습니다.

얼마나 하나님과 멀리 떨어져 있는지 위기 앞에서 하나님께 예배한다든지, 기도한다든지 하는 신앙의 모습을 찾아볼 수 없습니다. 13절을 보십시오. 아브람의 식어 버린 믿음의 현주소를 볼 수 있습니다.

> 원하건대 그대는 나의 누이라 하라 그러면 내가 그대로 말미암아 안전하고 내 목숨이 그대로 말미암아 보존되리라 하니라.

이 말씀은 아브람의 전 인생을 통틀어 가장 불신앙적인 고백입니다. 우리 인생의 안전은 하나님으로 말미암는 것이며 우리의 목숨은 하나님의 은혜로 말미암아 보전되는 것 아니겠습니까? 그런데 아브람은 사래로 말미암아 안전함을 얻고 사래로 말미암아 자신의 목숨이 보전되리라고 고백하고 있는 것입니다.

어쩌다가 하나님이 직접 찾아가 인간의 구속사를 위해 택하신 아브람이 이 지경이 되었습니까? 가나안 사람들의 포악함 때문에 배척받으므로 말미암는 외로움 때문입니까? 아니면 심각한 기근 때문입니까? 아브람의 문제는 가나안 사람들의 포악함이 아닙니다. 심각한 기근 또한 문제가 아닙니다. 그가 지금 영적으로 하나님과 멀어져 있다는 사실이 문제의 핵심입니다. 말씀을 떠나 있다는 것이 문제입니다. 하나님보다 지금의 문제가 더 커 보이는 것이 문제입니다.

가뭄과 기근이 닥쳐왔을 때 아브람이 하나님을 바라봄으로 가나안 땅을 떠나지 않았더라면 어떻게 되었을까요? 하나님의 언약의 실현을 위해 부르심 받은 사람, 하나님의 일을 위해 불러내신 사명자가 그 기근 때문에 망하고 죽게 되었을까요? 가나안 땅으로 인도하신 하나님이 "어떻게 되나 보자." 하시고 수수방관하셨을까요? 아닙니다. 그곳에서 생명을 내걸고 약속의 땅을 지키고 있었다고 한다면 더 큰 하나님의 은혜를 아브람이 경험하게 되었을 것입니다. 아내를 바로에게 빼앗기고 수치를 당하는 일은 결단코 없었을 것입니다. 아내를 팔고 얻은 재물에서 무슨 인생의 즐거움을 찾을 수 있겠습니까? 차라리 약속의 땅에서 극심한 가뭄 가운데서 하나님이 보내신 까마귀를 통해 먹을 것을 공급받은 엘리야의 삶이, 사르밧 과부를 통해 공급받는 마른 떡 한 조각에 훨씬 더 은혜가 넘치고 행복이 넘치지 않았을까요? 하나님은 분명히 도와주셨을 것입니다. 아무것도 없는 광야에서 이스라엘 60만 대군을 먹이신 하나님이 아브람을 책임지지 못하셨을까요?

우리는 하나님의 말씀이 머무는 곳에 함께 머물러야 합니다. 그곳에 심각한 기근이 있고, 생명이 위기에 처하는 한이 있어도 말씀 붙들고 견뎌 내야 합니다. 하나님이 우리를 홍해로 인도하신다면 홍해에 머물러 있어야 합니다. 비록 바로의 군대가 뒤쫓아온다 할지라도 그곳에 있어야 합니다. 그럴 때 홍해가 갈라지는 기적이 내 것이 되는 것입니다. 어떠한 고난과 고통도 감사함으로 견뎌 내야 합니다. 인간적인 방법으로 도망하거나 피해 가면 더 큰 시험 앞에서 수치와 부끄러움을 당하게 됩니다. 룻기의 내용을 기억하십니까? 엘리멜렉은 하나님의 말씀이 있는 생명의 떡집으로 불리는 베들레헴을 지키지 못하고 기근 때문에 하나님이 그토록 싫어하시는 모압으로 내려갑니다. 그곳에서 맨 처음에는 살 만했을 것입니다. 그러나 그 마지막에 자신은 물론 기룐과 말룐 두 아들마저 죽게 됩니다. 나중에 다시 베들레헴으로 올라오는 나오미와 룻을 통해 하나님의 구속의 드라마가 아름답게 전개되는 것입니다. 끝까지 고난과 맞서 싸우십시오. 인내하십시오. 이 고난을 통해 하나님은 우리를 진정한 믿음의 사람으로 성숙시키시는 것입니다.

하나님의 개입

드디어 하나님이 아브람의 잘못된 인생에 개입하십니다. 본문 17절을 보면 하나님이 사래의 일로 바로와 그 집안에 무서운 재앙을 내리셨습니다. 흥미로운 것은 아브람이 잘못했는데 엉뚱하게도 바로와 그 집안이 화를 입는다는 사실입니다. 아브람에 대한 하나님의 변치않은 사랑을 볼 수 있습니다. 아브람이 하나님을 떠나고 약속을 저버렸어도 아브람을 부르신 하나님의 사랑은 결코 다함이 없다는 것을 알 수 있습니다. 아브람은 하나님을 버렸어도 하나님은 아브람을 버리지 않으신 것입니다. 하나님의 은혜가 아니면 어떻게 아브람이 사래를 다시 찾아올 수 있었겠습니까? 아브람 때문에 고통받는 바로와 그 집안을 생각해 보십시오. 이처럼 믿음의 사람들이 인간적인 방법으로 살아가게 되면 세상이 재앙을 입을 수 있음을 보여 줍니다. 그러나 반대로 믿음의 사람이 하나님의 약속을 붙들고 거룩한 제사장으로 서면 온 세상이 복을 받을 수 있습니다. 이것이 아브람을 복으로 세우신 하나님의 뜻이자 이유입니다.

하나님이 아브람의 일에 개입하시므로 바로의 집에서 아내를 되찾고 많은 재물을 얻어 돌아오게 됩니다. 하나님은 이 과정을 통해 아브람이 두려워하던 바로가 하나님 앞에서 아무것도 아님을 깨닫게 하셨습니다. 애굽과 바로마저도 하나님이 다스리시고 계시다는 것을 아브람에게 보여 주신 것입니다. 온 천하 만물을 하나님이 다스리고 계시다는 것을 깨달은 아브람은 이어지는 13장에 보면 곧장 벧엘로 올라와 여호와께 단을 쌓게 됩니다. 하나님의 약속을 버리고 세상으로 내려갔지만 그곳까지 찾아와 다시 자신을 부르시고 구원해 주신 하나님의 은혜에 제단을 쌓으므로 반응한 것입니다.

우리가 세상을 살다 보면 아브람처럼 하나님은 보이지 않고 세상이 크게 보일 때가 있습니다. 하나님보다 사람이 더 두려울 때가 있습니다. 그런 상황에서는 세상과 손을 잡고 그들과 타협하며 살고 싶어집니다. 그러나 기억해야 할 것이 있습니다. 하나는 그 세상마저 다스리고 계시는 하나님은 살아 계시다는 사실입니다. 그 하나님이 우리와 영원히 함께하십니다. 그 하나님만이 내 인생의 안전과 내 생명을 책임질 수 있는 유일하신 분이십니다.

하나님께 날마다 무릎으로 나아가십시오. 그분만을 바라보십시오. 어느 분의 말처럼 신앙은 마치 자전거를 타고 달리는 것과 마찬가지입니다. 계속 페달을 밟고 달리지 않으면 넘어집니다. 넘어져서 18-19절의 말씀처럼 세상과 타협하고 사람을 두려워하면 그들 앞에서 수치와 부끄러움을 당합니다. 하나님이 아닌 바로에게 책망을 듣고 애굽에서 쫓겨나다시피 하는 아브람을 기억하십시오. 우리가 하나님 아닌 다른 것을 의지하면 결국 그들에게 미움을 받게 되고 수치와 부끄러움을 당하게 되어 있습니다. 주님 오시는 그날까지 주님만 바라보시고 끝까지 말씀만 붙드시므로 하나님이 예비하신 모든 축복을 다 받아 누리시기를 바랍니다.

13장

갈등
해결 방안

¹아브람이 애굽에서 그와 그의 아내와 모든 소유와 롯과 함께 네게브로 올라가니 ²아브람에게 가축과 은과 금이 풍부하였더라 ³그가 네게브에서부터 길을 떠나 벧엘에 이르며 벧엘과 아이 사이 곧 전에 장막 쳤던 곳에 이르니 ⁴그가 처음으로 제단을 쌓은 곳이라 그가 거기서 여호와의 이름을 불렀더라 ⁵아브람의 일행 롯도 양과 소와 장막이 있으므로 ⁶그 땅이 그들이 동거하기에 넉넉하지 못하였으니 이는 그들의 소유가 많아서 동거할 수 없었음이니라 ⁷그러므로 아브람의 가축의 목자와 롯의 가축의 목자가 서로 다투고 또 가나안 사람과 브리스 사람도 그 땅에 거주하였는지라 ⁸아브람이 롯에게 이르되 우리는 한 친족이라 나나 너나 내 목자나 네 목자나 서로 다투게 하지 말자 ⁹네 앞에 온 땅이 있지 아니하냐 나를 떠나가라 네가 좌하면 나는 우하고 네가 우하면 나는 좌하리라.

약속의 땅에 찾아온 심각한 기근을 피하여 아브람은 하나님의 말씀을 떠나 인간적인 생각으로 애굽으로 내려갑니다. 애굽 땅에 도착하지만 기근보다 더 무서운 시험이 그를 기다리고 있었습니다. 말씀을 따라 믿음으로 행할 때에는 전혀 문제가 되지 않던 사래의 아름다움이 아브람에게 커다란 위협으로 다가오기 시작합니다. 아브람은 자신의 아내 사래를 누이라고 거짓말을 함으로 위기에서 벗어나고자 합니다. 그런데 누이라고 거짓말한 것이 큰 화를 불러일으키고 맙니다. 애굽의 왕인 바로가 사래의 아름다움에 반하여 은금을 주고 아내로 취하여 갑니다. 아브람의 가정에 커다란 위기가 찾아온 것입니다. 아브람과 사래를 통해 창세기 3장 15절에 약속하신 사탄의 머리를 깨뜨릴 여인의 후손을 예비하시기로 작정하신 하나님의 구속사가 심각한 위기를 맞이한 것입니다. 아무것도 할 수 없는 아브람을 위해 하나님이 개입하십니다. 바로와 그의 집안에 재앙을 내리십니다. 재앙의 원인이 사래 때문이라는 사실을 깨닫게 된 바로는 아브람을 불러서 그의 진실하지 못함을 책망하며 사래를 돌려 주고 많은 은금과 함께 애굽 땅을 떠나도록 합니다. 이것이 이 장의 본문 전까지 사건입니다.

다시 가나안의 예배자로

애굽을 떠난 아브람은 기근이 있으나 하나님의 약속이 있는 가나안으로 돌아가게 됩니다. 마치 탕자가 아버지의 집으로 돌아오는 것처럼 맨 처음 하나님께 제단을 쌓았던 곳으로 돌아오게 됩니다. 아브람이 있어야 할 곳은 물질적 풍요가 있는 애굽이 아니라 비록 기근으로 척박해진 땅이지만 가나안이었습니다. 그곳에 머무는 것이 고통이요 괴로움이라 할지라도 그곳이 자신이 머물러야 하는 곳임을 깊이 깨달았기 때문에 그렇습니다. 그곳에서 다시 제단을 쌓고 여호와 하나님의 이름을 부르면서 다시 가나안 생활을 시작합니다.

아브람이 애굽에서 많은 가축과 은금을 얻어서 돌아오는 과정은 훗날 이스라엘 백성의 출애굽 과정과 비슷한 면이 있습니다. 아브람도 기근 때문에 애굽으로 내려갔고, 야곱과 그의 아들들도 기근 때문에 애굽으로 내려가 정착하게 됩니다. 애굽을 나올 때 아브람이 많은 재물을 얻어서 나오듯이 그의 후손도 출애굽할 때 많은 재물을 얻어 가지고 나오게 됩니다. 아브람의 후손들이 아브람의 신앙의 모습을 답습하고 있음을 알 수 있습니다. 지금 우리가 신앙생활하는 것 아무것도 아닌 것이 아닙니다. 훗날 우리 자녀들과 자손들의 인생의 지표가 될 수 있고, 그림자도 될 수 있습니다. 그래서 항상 깨어서 최선을 다하여 신앙생활을 해야 하는 것입니다.

가나안으로 돌아온 아브람이 제일 먼저 한 일은 여호와 하나님께 제단을 쌓는 일이었습니다. 많은 주석가들은 아브람의 이 제사는 하나님과의 관계 회복을 간절히 열망하는 제사라고 생각하고 있습니다. 예배를 통해 아브람은 하나님의 말씀을 떠나서 애굽으로 내려간 죄와 애굽에서 하나님의 부르심 받은 종답지 못한 신앙적인 무능함에 대한 진정한 회개와 용서를 구하기로 작정한 것입니다. 더 나아가 그토록 무능하고 나약한 자신을 잃어버리지 아니하시고 찾아오셔서 바로 왕의 손길 가운데서 구원해 주신 하나님의 은혜와 사랑에 대해 진심으로 감사하는 제사를 드리기를 소원한 것입니다.

우리도 삶에서 수많은 실패와 좌절을 경험합니다. 하지만 그 실패의 자리에서 절망의 자리에서, 하나님을 기억할 수만 있으면 그 실패는 실패로 끝나지 않습니다. 진정한 인생의 회복은 하나님께로 돌아오는 길 밖에 없습니다. 하나님과의 처음 사랑을 회복하고 다시 그분 앞에 예배자로 서기만 하면 모든 약속에 신실하신 하나님이 우리를 치유하시고 다시 고쳐 주시는 것입니다.

아브람의 내면에는 하나님의 말씀과 먹을 것을 바꾸어 버린 깊은 신앙적 상처가 있었습니다. 어쩌면 평생 아내를 팔아먹은 자라는 주홍글씨를 이마에 새기고 살아가야 했던 아브람, 신앙의 실패자요, 무너져 버린 가장으로서 상처투성이인 아브람에게 이제 유일한 소망은 하나님 앞에 다시 돌아가는 것입니다. 자신을 부르셔서 가나안으로 인도하신 하나님만이 그의 유일한 소망이었던 것입니다. 아브람의 믿음대로 하나님은 아브람을 회복시켜 주셨습니다. 사래를 만져 주시고 다시 믿음의 가정을 회복하도록 역사하셨습니다. 가나안 땅에 돌아와 다시 제단을 쌓아서 모든 것이 회복된 것을 알 수 있습니다. 우리 인생의 상처, 우리 인생의 고난은 사람 사이에서 해결되는 것이 아닙니다. 하나님께로 돌아와 그분 앞에 진정으로 무릎 꿇고 그분의 이름을 간절히 부르며 "하나님, 이 세상에서 제가 진정 의지할 분은 하나님 밖에 없습니다."라고 고백하는 것, 그것이 인생의 회복의 시작이고 치유의 시작인 것입니다.

물질이 아닌 화평을 추구하는 인생

　제사를 통해 하나님과 관계가 회복이 되고 인생을 치유받아 다시 하나님의 부르심 받은 예배자로 서게 된 아브람에게 새로운 문제가 발생하게 됩니다. 바로 조카 롯과의 분쟁입니다. 사람이 사는 세상에는 언제나 갈등이나 분쟁이 존재할 수밖에 없습니다. 비교적 거리가 있는 사람과의 다툼이나 분쟁은 별 문제가 되지 않습니다. 보지 않고 만나지 않으면 되기 때문입니다. 하지만 늘 마주치고 계속해서 만나야 할 사람과의 다툼과 갈등은 무척 고통스럽습니다. 그 갈등의 대상이 가족인 경우에는 더 고통스러운 것이 사실입니다. 아브람의 상황은 바로 이러한 상황입니다.

　이 분쟁의 시작은 아브람이 축복을 받아 "가축과 은금이 풍부"해지므로 말미암은 것입니다(2절). 성경은 아브람이 모든 것이 풍부하다고 증거하고 있습니다. '풍부하다'는 말의 원어의 뜻은 '무겁다'는 말로서, 미처 관리할 수 없을 만큼 차고 넘치는 상태를 의미합니다. 하나님이 바로 왕의 마음을 움직여서 아브람에게 많은 복을 베풀어 주셨기 때문입니다. 이에 반하여 창세기 13장 5-6절에 보면 "아브람의 일행 롯도 양과 소가 장막에 있음으로"라고 말씀하고 있습니다. 무슨 말씀입니까? 아브람의 조카 롯에게도 양과 소가 있었지만 '풍부하다'라는 말씀은 없습니다. 성경은 아브람의 크고 풍부한 재산과 롯의 재산과의 차이를 이야기하고 있음을 알 수 있습니다. 이것이 분쟁의 원인입니다. 다른 사람과의 비교의식이 화평을 깨뜨리게 하고 분쟁을 유발하게 된 것입니다.

　사실 아브람은 풍부해진 은금에는 아무런 관심이 없었습니다. 그렇기 때문에 본문에 보면 "가축과 은금이 풍부하였다"라는 상태만 언급하고 서둘러 하나님께 제단을 쌓으러 전에 하나님께 장막을 쳤던 벧엘과 아이 사이로 전진하고 있는 아브람을 성경이 묘사하고 있는 것입니다. 아브람은 이미 애굽에서 하나님 없는 은금은 무의미하다는 것을 뼈저리게 경험했기 때문입니다. 하지만 조카 롯의 인생에는 하나님보다 자신의 산업이 중요했던 것입니다. "내 삼촌 아브람은 마누라도 팔아먹었던 사람인데 하는 일마다 잘되서 모든 것이 풍부해지고 나는 왜 아직 이 모양일까?" 내면에 있는 비교 의식에 의한 질투가 목자들 간의 싸움으로 이어지게 된 것입니다.

아브람은 풍부해진 재물 때문에 다툼이 시작되었다는 것을 알고 적극적으로 이 분쟁을 해결하려고 합니다. 그리고 분쟁의 해결 방법은 자신의 모든 기득권을 내려놓고 포기하는 것입니다. 아브람의 제일 중요한 재산은 하나님입니다. 하나님께 예배하는 예배자로 사는 것 외에 더 원할 것이 없는 인생이었습니다. 아브람은 하나님 외에 그리고 하나님께 예배하는 예배자의 삶 외에는 모든 것을 포기하고 내려놓을 준비가 되어 있었던 것입니다.

> 네 앞에 온 땅이 있지 아니하냐 나를 떠나가라 네가 좌하면 나는 우하고 네가
> 우하면 나는 좌하리라(9절).

아브람은 롯에게 자신의 모든 땅의 주권을 양보하고 있습니다. 그 당시에 목초지를 포기한다는 것은 자신의 모든 재산을 포기하는 것과 동일한 결단인 것입니다. 진정으로 하나님을 사랑하는 사람만이 화평을 위해 자기의 모든 것을 내려놓을 수 있는 사람입니다. 자기가 삼촌이라는 그 당시의 치명적인 가부장적인 권위도, 재산도 다 내려놓고 지극히 낮은 자가 되어 화평을 추구하는 아브람의 모습이 예수 그리스도의 모습입니다.

갈등의 문제, 다툼의 문제를 진정으로 해결하는 방법은 내가 손해를 보는 것입니다. 내게 이로운 모든 것을 상대방에게 다 내어 주는 것입니다. 창세기 13장 9절 말씀을 읽어 보면 모든 선택의 주권을 롯에게 위임하는 아브람의 희생의 마음을 볼 수 있습니다. 여기서 "나를 떠나가라."는 말씀은 단순히 '나와 갈라서자'는 말이 아닙니다. '떠나 가라' 이 말은 어디서 많이 듣던 말씀 아닙니까? 바로 아브람이 갈대아 우르에서 하나님께 들었던 음성입니다.

너는 너의 고향과 친척과 아버지의 집을 떠나 내가 네게 보여 줄 땅으로 가라 (12:1).

이 떠남의 명령을 통해 하나님은 아브람을 복되게 하셨습니다. 아브람은 하나님이 자기 자신에게 들려주신 그 말씀 그대로를 롯에게 전하므로 롯 또한 하나님의 축복을 받아 복이 되기를 진심으로 소원하고 있는 것입니다. 잠시 잠깐의 임시방편으로 갈라서서 갈등을 봉합하는 정도가 아니라 진심으로 롯을 축복하는 아브람의 모습을 볼 수 있습니다. 자신의 기득권을 내려놓는 정도가 아니라 자신이 하나님께로부터 받은 복을 롯도 받기를 소원하는 이 모습을 통해 우리는 나 같은 죄인을 위해 모든 것을 희생하시고 포기하신 예수님의 모습을 발견할 수 있습니다.

하나님의 이름이 더 중요

또 가나안 사람과 브리스 사람도 그 땅에 거주하였는지라(13:7).

위의 말씀을 통해 그들이 이방인 사이에서 거하고 있음을 알 수 있습니다. 아브람이 롯과의 분쟁을 적극적으로 해결하고자 했던 이유는 바로 하나님의 이름 때문이었습니다. 신앙 때문이었습니다. 어느 날 가나안 땅에 한 집안이 이주해 옵니다. 가나안 사람들을 향하여 하나님의 이름을 부르며 자신들은 하나님을 섬기고 예배하는 자들이라고 선포합니다. 과연 그들은 제단을 쌓고 예배를 드리며 기도하고 찬양을 합니다. 그런데 어느 날 잠시 떠났던 그들이 다시 나타났는데 이번에는 어디에선가 많은 재산을 모아서 돌아왔습니다. 돌아오더니 예전과 마찬가지로 하나님께 단을 쌓고 예배를 드립니다. 그런데 얼마가지 않아서 자기들끼리 재산 문제 때문에 다투고 갈등합니다. 이 모습을 하나님을 모르는 가나안 사람들이 지켜보게 된다면 어떻게 생각했을까요? 결국 하나님의 이름만 더럽혀진다는 사실을 아브람은 알았던 것입니다. 자신의 이익에 관한 문제가 아니라 하나님의 이름과 하나님의 영광에 관한 문제인지라 더 적극적으로 이 문제를 해결하고자 노력한 것입니다.

우리가 예수 믿는 사람이라는 것을 모두가 다 알고 있습니다. 교회에 속한 사람이라는 것을 세상 사람들이 다 알고 있습니다. 그런데 어느 날 돈 문제나 비교의식이나 자존심 때문에 믿지 않는 사람들보다 더 반목하고 질시하고 있다면 하나님의 이름이 더럽혀진다는 사실을 기억해야 할 것입니다. 예수 믿는 우리가 만약 사랑하지 못하고 계속 갈등하고 분쟁한다면 하나님의 영광은 가려지고 세상 사람들은 손가락질하며 우리를 조롱하게 될 것입니다. 갈라디아서에 보면 "만일 서로 물고 먹으면 피차 멸망할까 조심하라(갈 5:15)."고 경고하고 있습니다. 우리는 주님 오시는 날까지 화목하고 사랑해야 합니다. 그러기 위해서는 우리 모두가 하나님의 주권을 믿고 먼저 양보하고 희생하므로 사랑을 실천하는 사람이 되어야 합니다.

한 친족이라

잘잘못의 문제를 따지면 시시비비를 가린 것이 아니라 우리가 누구인지 자신들의 정체성을 먼저 확인하는 아브람을 볼 수 있습니다. '우리가 한 친족이라'는 정체성 하나로 모든 것을 덮을 수 있어야 합니다. 우리는 보통 갈등하는 사람 사이에 화해를 위해서 만나면 대개 서운했던 자기 감정을 이야기하고 사과 받기를 원하고 서운했던 점을 알아 주기를 원합니다. 아브람은 그러지 않았습니다. 옛날 성경이 훨씬 더 피부에 와 닿습니다.

우리는 한 골육이라(개혁한글, 13:8).

이것 이상 다른 것은 중요하지 않다는 것입니다. 예수 안에서 한 형제요 자매된 우리에게 "우리는 그리스도의 피로 말미암아 형제요 자매된 자"라는 그 이상의 말이 필요 없습니다. 이 말 한마디면 모든 것이 덮어지고 용서될 수 있다면 그것이 진정한 신앙 공동체의 모습일 것입니다. 잘잘못을 따지고 시시비비를 가리지 마십시오. 우리는 당연히, 너무나도 마땅히 사랑해야 할 한 가족입니다.

아브람은 자신이 아직까지는 그 가정에 가장이요 주권자이면서도 그리고 나이 많은 연장자이면서도 먼저 손을 내밉니다.

아브람이 롯에게 이르되(8절).

아브람이 먼저 갈등의 해결을 위해 의도적으로 다가가는 것을 의미합니다. 이것이 진정한 신앙의 사람의 모습입니다. 고대 근동을 포함한 동양적인 정서로 보면 나이 어린 롯이 먼저 찾아가 사과하는 것이 예의입니다만 아브람이 먼저 갈등의 화해를 위한 주도권을 갖고 찾아가는 것을 보게 됩니다. 하나님을 경험한 믿음의 사람 아브람이 문제 해결을 위해 적극적으로 노력하는 것을 볼 수 있습니다. 믿음의 사람은 이처럼 문제 해결을 위해 먼저 손 내밀고 먼저 사랑하고 먼저 용서합니다.

아브람은 가장이라는 자존심도, "내가 너를 지금까지 먹여 주고 입혀 주고 재산이 생기도록 하였다."고 하는 공로의식에도 사로잡히지 않았습니다. 모든 것을 하나님의 발 앞에 내려놓은 진정한 경배자의 모습만 있을 뿐입니다. 우리가 자존심을 언제 꺾게 됩니까? 내 기득권을 내려놓을 수 있습니까? 부와 가난 그리고 높아짐과 낮아짐이 환경의 선택이나 사람의 마음에 있는 것이 아니라 인생의 모든 것을 주관하시는 하나님의 손에 달려 있다고 하는 믿음이 있을 때 가능한 것입니다.

애굽에서 아브람은 자신의 목숨을 구걸하기 위해 아내를 누이라고 속이던 것을 생각하며 자신의 힘으로 자신의 인생을 마음대로 할 수 없다는 사실을 깨달았을 것입니다. 말씀을 버리고 하나님을 버리고 애굽으로 내려간지라 하나님 앞에 기도할 엄두조차 나지 않았을 것입니다. 이러한 자신을 버리지 아니하시고 찾아오셔서 바로의 손에서 구원해 주시고 은금까지 풍성하게 얻게 하시는 하나님의 크고 위대하신 사랑을 경험하게 되었습니다. 신앙의 실패와 회복을 경험하면서 아브람은 내 인생도 내 마음대로 되는 것이 아니고, 물질도 내 힘으로 얻어지는 것이 아니라는 사실을 깨닫게 된 것입니다. 이 깨달음을 통해 아브람은 사람은 오직 믿음으로 사는 존재임을 확신하게 되는 것입니다. 그 믿음으로 모든 것을 버리며 하나님이 원하시는 삶을 향하여 자신의 것을 포기하고 나아갈 수 있었던 것입니다.

아직도 나의 모든 것의 주인이 하나님이 아니라 나라고 생각하는 사람은 자존심과 상처와 기득권에 포로가 되어서 언제나 모든 일을 계산적으로 생각하고 처신하게 되는 것입니다. 이러한 사람은 인간관계를 위해 그 어떤 것도 포기하거나 희생할 수 없습니다. 그러나 인생의 축복이 하나님께 있음을 믿는 사람은 모든 것을 다 내어 주고 하나님의 새로운 축복을 기대하며 살아가는 것입니다. 아브람의 믿음이 바로 그러한 믿음입니다. 아브람은 하나님과 함께 있으면 그가 어디에 있는지는 상관이 없었습니다. 자신을 복이 되게 하여 주신다고 하는 하나님의 약속을 이제는 신뢰할 수 있었기 때문입니다.

인생의 회복이 하나님께 있습니다. 하나님께 돌아와 예배자로 서기만 하면 우리의 삶에도 아브람이 경험한 은혜와 축복이 임재하는 것입니다. 하나님을 신뢰하십시오. 하나님이 머물라고 말씀하신 땅이 비록 기근과 절망과 좌절로 가득 차 있다 할지라도 하나님을 신뢰하므로 그곳에 예배자로 서십시오. 그리고 하나님을 바라보십시오. 하나님이 원하시는 삶을 향하여 우리의 모든 것을 내려놓으십시오. 하나님을 바라보는 인생은 결코 망하지 않습니다. 하나님을 바라보는 인생은 신실하신 하나님의 놀라운 은혜를 맛보게 될 것입니다.

좋은 선택인 것 같지만

: 창세기 13장 10-18절 :

10이에 롯이 눈을 들어 요단 지역을 바라본즉 소알까지 온 땅에 물이 넉넉하니 여호와께서 소돔과 고모라를 멸하시기 전이었으므로 여호와의 동산 같고 애굽 땅과 같았더라 11그러므로 롯이 요단 온 지역을 택하고 동으로 옮기니 그들이 서로 떠난지라 12아브람은 가나안 땅에 거주하였고 롯은 그 지역의 도시들에 머무르며 그 장막을 옮겨 소돔까지 이르렀더라 13소돔 사람은 여호와 앞에 악하며 큰 죄인이었더라 14롯이 아브람을 떠난 후에 여호와께서 아브람에게 이르시되 너는 눈을 들어 너 있는 곳에서 북쪽과 남쪽 그리고 동쪽과 서쪽을 바라보라 15보이는 땅을 내가 너와 네 자손에게 주리니 영원히 이르리라 16내가 네 자손이 땅의 티끌 같게 하리니 사람이 땅의 티끌을 능히 셀 수 있을진대 네 자손도 세리라 17너는 일어나 그 땅을 종과 횡으로 두루 다녀 보라 내가 그것을 네게 주리라 18이에 아브람이 장막을 옮겨 헤브론에 있는 마므레 상수리 수풀에 이르러 거주하며 거기서 여호와를 위하여 제단을 쌓았더라.

하나님의 은혜로 아브람은 애굽에서 많은 가축과 은금을 얻은 후 가나안으로 돌아오게 됩니다. 풍부해진 아브람의 소유 때문에 조카 롯과의 분쟁이 일어나게 됩니다. 아브람은 여호와 하나님의 이름 때문에 모든 것을 롯에게 양보합니다. 하나님이 자신에게 약속해 주신 땅임에도 롯과의 화평을 위해 그의 온 땅을 롯에게 양보하여 그로 하여금 좋은 땅을 먼저 선택하도록 하였습니다. 애굽에서의 경험을 통해 인생의 모든 것이 하나님으로 말미암는다는 것을 확실하게 믿은 결과입니다. 하나님 앞에서 인생의 계획도, 방법도 아무런 소용이 없다는 것을 알게 된 것입니다. 이제 아브람에게 중요한 것은 하나님뿐입니다. 하나님 한 분만으로 만족하는 신앙의 결과로서 이 땅의 것은 얼마든지 양보하고 포기할 수 있었던 것입니다. 아브람은 땅을 포기하는 대신 하나님의 영원하신 약속을 신뢰하고 바라보았습니다.

이렇게 신앙적 결정을 한 아브람과 달리 롯은 철저히 인간 위주의 결정을 하는 것을 볼 수 있습니다. 롯은 하나님의 약속보다는 지금 당장 필요한 것들을 얻고자 비옥한 소돔과 고모라를 선택하고 맙니다. 소돔과 고모라는 목축하기에는 더할 나위 없이 좋은 곳이지만 하나님의 약속이 없는 곳입니다. 게다가 죄악이 관영한 도시였습니다. 이 장의 본문은 롯이 선택한 소돔과 고모라가 "여호와께서 멸하시기 직전"에 있음을 경고하고 있습니다. 이 경고의 말씀대로 롯과 그의 가족은 그곳에서 모두 망하고 마는 비참한 종말을 맛보게 됩니다.

아브람과 롯의 선택은 지금 우리에게도 중요합니다. 우리 인생은 선택의 연속이기 때문입니다. 우리는 어떤 학교를 다녀야 할지 무슨 직장을 얻어야 할지 또 어떤 배우자를 만나야 할지 늘 선택해야 합니다. 아브람처럼 하나님의 말씀 중심으로 선택하려 하면 선택의 폭이 너무나 좁습니다. 포기하고 양보하고 손해보아야 할 것이 너무나 많습니다. 그러나 롯처럼 소돔과 고모라를 선택하기 위해서는 신앙을 포기해야 하는 것입니다. 무엇을 선택하시겠습니까? 말씀입니까? 세상입니까?

탐욕의 산물 소돔과 고모라

롯이 소돔과 고모라를 선택하게 된 직접적 원인은 물질적 탐욕 때문입니다. 10-11절을 보십시오.

10이에 롯이 눈을 들어 요단 지역을 바라본즉 소알까지 온 땅에 물이 넉넉하니 여호와께서 소돔과 고모라를 멸하시기 전이었으므로 여호와의 동산 같고 애굽 땅과 같았더라 ¹¹그러므로 롯이 요단 온 지역을 택하고 동으로 옮기니 그들이 서로 떠난지라.

먼저 눈여겨 보아야 할 단어가 "눈을 들어 바라본즉"이라는 단어입니다. 롯이 '바라보았다'라는 의미는 단순히 바라본 것이 아니라 그 땅을 특별한 목적과 의도를 가지고 바라본다고 할 때 쓰는 단어입니다. 창세기 3장 6절에서도 아담과 하와가 뱀의 유혹을 받아 선악과를 바라보았을 때 사용되었던 단어가 이 단어입니다. 사탄의 유혹을 받기 전에 선악과는 아담과 하와에게 단순히 하나님이 금하신 나무였습니다. 하지만 유혹을 받은 후에는 '먹음직도 하고 보암직도 하고 지혜롭게도 할 만큼 탐스럽기도 한 나무'로 바뀌었던 것입니다.

소돔과 고모라는 아브람과 함께 있었을 때에는 그냥 목축에 적합한 땅 정도였을 것입니다. 그러나 아브람으로부터 분리되기로 작정하고 바라본 그 땅은 롯이 보기에 "여호와의 동산 같고 애굽 땅과 같았던" 것입니다. "선악과만 먹으면 하나님과 같이 될 것"이라고 생각했던 아담과 하와처럼 롯은 "저 땅만 있으면 나도 아브람처럼 풍부한 인생을 살 수 있고, 행복하고 화려한 삶을 살 수 있으며 무엇보다 하나님 없이도 살 수 있다."고 생각한 것입니다.

롯이 소돔과 고모라를 '여호와의 동산 같고 애굽 땅과 같다'고 생각한 것은 중요한 의미를 갖고 있습니다. 경건한 셋의 후손이요 노아의 후손인 롯도 자신의 조상 아담과 하와를 알고 있었고 에덴 동산도 알고 있었던 것입니다. 왜 자신들이 에덴 동산에서 쫓겨나 갈대아 우르에서 살고 있었는지 지식적으로는 완벽하게 알고 있었던 것입니다. 언젠가는 하나님이 회복해 주셔야 할 에덴 동산에 대해 잘 알고 있었던 것입니다. 문제는 알고 있다는 지식에서 끝나고 말았다는 점입니다. 한번도 잃어버린 에덴의 회복을 위해 그가 하나님께 제단을 쌓았다든지 기도했다든지 하는 신앙적 행적이 보이지 않습니다. 게다가 롯은 애굽의 풍요로움을 경험하였습니다. 애굽이 얼마나 목축을 하고 농사하기에 적합한 것인지 직접 체험하였던 것입니다. 애굽에서의 잠시 삶이 아브람을 부유하게 했다는 것을 잘 알고 있습니다. 이처럼 롯은 자신의 지식과 경험을 토대로 소돔과 고모라가 자신의 탐욕을 만족시켜 줄 최고의 장소로 생각하게 된 것입니다.

그러나 롯이 간과한 것이 있습니다. 자신의 지식과 경험보다 하나님의 말씀이 중요하다는 것을 몰랐던 것입니다. 롯에게는 아브람처럼 하나님의 말씀만 붙들고 사는 실제적인 믿음이 없었던 것입니다. 그의 신앙적 지식, 인간적 경험 모든 것이 완벽한 것처럼 보이지만 하나님의 말씀 없이는 그것들이 아무것도 아니라는 것을 그는 몰랐던 것입니다. 그 결과가 얼마나 비참한지 우리가 잘 알고 있지 않습니까?

우리의 신앙이 롯과 같다고 생각되지는 않습니까? 어려서부터 성경을 배워서 지식적으로는 대적할 사람이 없을 정도로 잘 알고 있는데 실제적으로는 그 말씀에 단 한 번도 붙들려 살아본 적이 없는 머리만 신자인 삶을 살고 계신 분은 없습니까? 세상에서의 경험 때문에 하나님의 인도하심을 거부하고 부정해 보신 적은 없습니까? 내 안에 있는 자아가 너무 커서 하나님의 말씀을 내 지식과 경험으로 판단하고 하나님의 인도하심에 대해 도전하고 의심하신 적은 없으십니까? "하나님 그것은 제가 더 잘 알아요." "그 정도는 제가 충분히 경험해서 확실하게 알고 있거든요." 하면서 하나님의 말씀에 불순종하며 살고 있지는 않습니까? 말씀의 신앙은 지식적으로 이해가 되는 것이 아닙니다. 경험적으로도 하나님의 말씀은 비합리적인 요구로 다가올 때가 많이 있습니다. 그것들을 초월하여 말씀 앞에 온전히 순종할 수 있을 때 비로소 우리는 온전한 하나님의 사람이라는 축복을 받게 되는 것입니다.

모세를 생각해 보십시오. 하나님이 모세를 40년 동안 미디안 광야에서 훈련시키신 이유가 어디에 있습니까? 애굽에서 왕자로 지내온 40년의 세월을 지우는 데 빈들의 광야 훈련이 40년 필요했던 것입니다. 왕자로 있으면서 역사, 지리, 천문학 모든 것을 수업 받았을 것입니다. 누구보다 애굽에서 가나안에 이르는 길을 잘 알고 있었을 것입니다. 하나님께 중요한 것은 모세의 지식이 아닙니다. 경험이 아닙니다. 하나님의 말씀입니다. 하나님의 말씀에 붙들려 그 말씀 앞에 자신의 지식도, 경험도 내려놓게 될 수 있을 때 하나님의 뜻이 성취될 수 있기 때문입니다. 모세는 이 하나님의 뜻 앞에 전적으로 순종하며 오직 말씀이 이끄시는 대로 살아야 했습니다. 그가 단 한 번 하나님의 말씀이 아닌 자신의 지식과 경험으로 이스라엘 백성들 앞에 섰을 때 하나님은 진노하셨고 그를 이 세상에 더 이상 두지 않으시기로 작정하신 것입니다. 이만큼 하나님의 사람들에게는 말씀에 철저하게 붙들려 사는 것이 너무나 중요한 것입니다.

복된 사람을 떠나다

롯의 비극은 아브람을 떠난 데서부터 시작됩니다. 『내가 사랑하는 창세기』(류응렬 저)라는 책을 보면 롯의 비참한 인생의 원인을 분석하면서 이렇게 말합니다.

> 롯의 생애 최고의 결정은 아브라함을 따라간 것이고 최악의 결정은 아브라함과 헤어져 자신의 길을 간 것이다.

롯은 아브람을 떠나면서 세상을 선택해 달려갔습니다. 왜 아브람을 떠난 것이 그의 비극이 됩니까? 아브람은 복의 근원이기 때문에 그렇습니다. 아브람은 하나님의 사람이었습니다. 아브람을 떠난 것은 하나님을 떠난 것이었습니다. 하나님의 축복을 떠난 것이었습니다.

롯은 아브람을 떠날 때 동쪽을 선택하게 됩니다. 요단 온 지역을 택하고 동으로 옮겨 아브람을 떠나게 됩니다. 지금까지 창세기를 살펴보면서 우리가 '동쪽으로 옮긴다'는 뜻이 무엇인지 잘 알고 있습니다. 가인은 여호와의 낯을 피하여 에덴의 동쪽으로 옮겨가 성을 쌓았고, 바벨탑을 쌓은 니므롯의 후예들도 하나님의 다스림을 벗어나고자 "이에 그들이 동방으로 옮기다가 시날 평지를 만나 거기 거류(11:2)"하게 됩니다. 롯이 아브람을 떠나 '동쪽'으로 옮겨간 것은 아브람을 떠난 것이 아니라 하나님을 떠나게 된 것입니다. 하나님을 떠난 롯의 비참한 최후를 잘 알고 계시지 않습니까?

하나님께 가까이 함이 내게 복이라 내가 주 여호와를 나의 피난처로 삼아 주의 모든 행적을 전파하리이다(시 73:28).

내가 여호와께 아뢰되 주는 나의 주님이시오니 주 밖에는 나의 복이 없다 하였나이다(시 16:2).

롯처럼 복이신 하나님을 떠난 사람은 망할 수밖에 없는 것입니다. 영원토록 하나님만 가까이 하시기를 바랍니다.

소돔까지 내려간 롯

성경에 "소돔까지 갔더라."는 표현을 보면 롯이 맨 처음부터 소돔까지 가려는 의도를 갖고 있었던 것은 아닙니다. 물질을 쫓아가고, 탐욕을 쫓아가다 보니 소돔까지 가게 된 것입니다. 하나님의 백성은 자신이 지금 어디로 향하여 가고 있는지를 알아야 합니다. 언젠가도 말씀드렸지만 하나님의 백성에게 중요한 것은 속도가 아닙니다. 방향입니다. 하나님이 원하시는 방향으로 나아갈 때만이 진정한 축복의 사람이 되는 것입니다. 롯은 하나님의 약속이 있는 가나안을 떠나 죄악이 관영한 소돔과 고모라를 향하여 가고 있는 것입니다.

그가 소돔으로 인생의 방향을 결정한 이유 중 한 가지는 그가 죄를 너무 쉽게 생각했다는 것입니다.

¹²아브람은 가나안 땅에 거주하였고 롯은 그 지역의 도시들에 머무르며 그 장막을 옮겨 소돔까지 이르렀더라 ¹³소돔 사람은 여호와 앞에 악하며 큰 죄인이

었더라(13:12-13).

　아브람은 가나안 땅에 '거주'했습니다. '거류'가 아닙니다. 영원히 그 땅에 머무르기로 결단한 것입니다. 그러나 롯은 그 지역의 도시에 '머무르며' 소돔으로 나아간 것입니다. 여기서 '큰'이라는 단어는 '매우' 또는 '아주'라는 의미로서 사람의 죄악상이 상상을 뛰어넘는 것을 표현하고 있습니다. 나아가서 '여호와 앞에', '라이후아'라는 단어는 히브리어가 표현할 수 있는 최상급의 극 최상급의 표현입니다. 즉 그들이 하나님 앞에 상상할 수 없는 죄인으로서 하나님께 망령되이 행하고 하나님 앞에서 하나님의 이름을 짓밟는 일을 서슴지 않고 행하는 사람들이었던 것입니다.

　롯이 이처럼 소돔의 죄악상을 알고도 소돔으로 들어가 거주하게 된 이유는 롯 자신은 이렇게 큰 죄인들과 함께 어울려 살아도 그 죄를 이겨 낼 수 있다고 생각했기 때문입니다. 죄의 위력을 과소평가한 것입니다.

악은 어떤 모양이라도 버리라(살전 5:22).

　우리의 품성 속에 죄성이 있습니다. 유혹은 우리의 죄성을 자극합니다. 그때 죄를 피하지 않으면 이길 수 없게 되는 것입니다. 죄의 유혹 앞에 "적어도 그 정도까지는 나는 감당할 수 있어." "나는 이겨 낼 수 있어."라고 말하지만 자기도 모르게 젖어들게 됩니다. 안타깝게도 롯은 소돔과 고모라 성의 성문에 앉아서 그성을 다스리는 사람(19:1)으로 나옵니다. 너무도 빠르게 소돔의 죄악에 동화되고 만 것입니다.

　롯이 어느 정도 세상의 방법, 즉 소돔과 고모라 사람이 되었는지 아십니까? 하나님이 소돔과 고모라를 심판하시기 위해서 천사를 보낼 때 마을 사람들이 쫓아왔습니다. 그 사람을 내어 놓으라고 합니다. 동성연애를 하겠다고 하는 것입니다. 그때 롯이 뭐라고 합니까? "이 사람을 건들지 말라. 대신 정혼한 내 딸 처녀가 있으니 데리고 가서 취하라."고 합니다. 하나님의 말씀으로 대적하든지, 그들이 하나님의 사람인지 알았으니 그 자리에서 단 한번이라도 무릎 꿇고 하나님께 회개의 기도를 올려야 할 것 아니겠습니까? 죄를 죄로 해결하는 롯의 모습 속에서 하나님의 형상은 찾아볼 수 없게 된 것입니다.

다시 아브람을 찾으신 하나님

아브람에게 롯이 떠난 후에 하나님이 찾아왔습니다. 14절 말씀을 보면 하나님이 말씀하실 때에 '너 있는 곳에'라는 표현이 나옵니다. 아브람이 서 있는 자리가 어디입니까? 롯이 떠난 외로움의 자리입니다. 또한 비옥한 땅과 물질 ,행복한 것과는 상관없는 척박한 황무지, 그것도 기근이 있는 그곳에 서 있는 것입니다. 하나님은 아브람이 처해 있는 현실의 자리가 그리고 그가 바라보는 환경이 아브람의 전부가 아니라고 말씀합니다. 현재가 아니라 미래가 있으며, 지금 보이는 것이 아니라 보이지 않는 하나님의 놀라운 계획과 비전이 있다는 것입니다.

하나님은 아브람을 위한 미래의 비전을 위해 '내가 주리니,' '내가 하리니'라는 표현을 세 번이나 써서 확신을 주십니다. 이 표현은 하나님이 분명히 약속을 실천하신다는 것을 말씀하실 때 쓰는 단어입니다. 약속을 이루시는 분은 하나님이십니다. 아브람은 단지 그 약속을 믿기만 하면 됩니다. 그러면 하나님이 그 약속을 성취하실 것입니다.

하나님은 우리가 가장 낙심되고 지치고 힘이 들 때 찾아오셔서 우리를 만나 주십니다. 그리고 새로운 약속을 주십니다.

"힘을 내라 내가 너와 함께하며 새로운 미래를 시작할 것이다. 모든 사람들이 그 일을 보게 될 것이다."

아직은 우리의 삶에 기근과 외로움과 황폐함 밖에 없다 할지라도 하나님의 약속을 믿는 그 순간에 하나님의 축복은 시작되는 것입니다. 이사야 51장 2절에 보면 하나님이 좌절하고 낙심한 이스라엘 백성을 위로하시며 소망을 주실 때 지금 본문의 아브람 이야기를 들려주십니다.

아브람이 혼자 있을 때, 곁에 도와주거나 의지할 이 하나 없고, 그 땅의 현실은 소망이라고는 찾아볼 수 없는 온통 어두움이 지배할 때 하나님이 일하시기 시작하셨다는 것입니다. 아브람이 혼자 되었을 때가 진정으로 하나님께 부름 받은 때이고 복을 받은 때이며 창성하기 시작한 때라는 것입니다.

사람이 떠나고 물질을 잃어버려도 장래의 일이 불투명해도 낙심하지 마십시오. 우리가 하나님이 약속하신 믿음의 땅에 거류하고 있다면 반드시 하나님이 찾아오셔서 우리를 새로운 약속의 말씀으로 위로해 주실 것입니다. 그리고 그 약속을 하나님이 지금 이곳, 우리가 서 있는 이곳에서 이루실 줄로 믿습니다.

하나님은 아브람에게 결단을 촉구하십니다.

하나님은 아브람에게 일어나라고 말하십니다. 외로움에 지치고 낙심하여 주저앉아 있지 말고 하나님이 약속하신 말씀을 직접 행하여 봄으로 확인해 보라고 말씀하십니다. 예수께서 회당장 야이로의 죽은 딸을 살리실 때 하신 말씀이 무엇입니까? "내가 네게 말하노니 소녀야 일어나라(막 5:41)."는 말씀 아닙니까? 일어나라는 말씀을 들은 소녀는 죽음에서 생명으로 옮겨지게 되었습니다. 하나님의 약속의 말씀을 향하여 아브람이 일어나서 걷게 되었을 때 죽은 것과 같이 아무런 소망이 없던 아브람에게 하나님의 모든 약속이 실제적 생명으로 나타나게 되는 것입니다.

하나님은 아브람에게 "내가 그것을 네게 주리라."고 약속하셨습니다.

아브람이 먼저 달라고 한 것이 아닙니다. 하나님이 보여 주시고 주시기로 약속하신 것입니다. 이것을 우리는 사명 또는 '비전'vision이라고 합니다. 내가 보고 싶은 것, 내가 원하는 것은 '야망'ambition입니다. 대부분 사람들은 야망을 비전으로 착각할 때가 많습니다. 자기가 보고 싶은 것을 보고, 자기가 원한 후에 하나님을 끌어 들입니다. 하나님이 주신 땅이라고 말합니다. 그러나 그것은 결과를 보면 압니다. 야망을 따라가면 결국은 소돔과 고모라처럼 됩니다. 잘 가는 것 같지만 그 길은 실패합니다. 망하게 되어 있습니다. 그러나 아브람처럼 하나님이 보여 주신 비전을 따라가면 승리합니다. 처음에는 모래 바람 부는 황무한 땅일지라도 하나님이 함께하시면 축복의 땅이 됩니다. 하나님의 약속을 성취하는 축복의 통로가 됩니다.

이 약속을 믿은 아브람은 다시 한 번 하나님께 제단을 쌓고 예배드립니다. 아직 아무것도 변한 것이 없지만 자신을 위해 일하시고 계시는 하나님께 감사의 제단을 쌓은 것입니다. 이 예배를 통해 아브람에게 하나님은 임재하시고 기적과 능력으로 아브람과 함께하실 것이기 때문입니다. 에녹과 노아는 하나님과 동행한 사람이지만 아브람은 하나님이 동행해 준 사람이 된 것입니다. 이제 아브람은 진정한 하나님의 소유로 세상 가운데에 서기 시작한 것입니다. 우리에게도 이러한 축복이 있기를 기도합니다.

14장

믿음의
승리

: 창세기 14장 1-16절 :

¹당시에 시날 왕 아므라벨과 엘라살 왕 아리옥과 엘람 왕 그돌라오멜과 고임 왕 디달이 ²소돔 왕 베라와 고모라 왕 비르사와 아드마 왕 시납과 스보임 왕 세메벨과 벨라 곧 소알 왕과 싸우니라 ³이들이 다 싯딤 골짜기 곧 지금의 염해에 모였더라 ⁴이들이 십이 년 동안 그돌라오멜을 섬기다가 제십삼 년에 배반한지라 ⁵제십사 년에 그돌라오멜과 그와 함께 한 왕들이 나와서 아스드롯 가르나임에서 르바 족속을, 함에서 수스 족속을, 사웨 기랴다임에서 엠 족속을 치고 ⁶호리 족속을 그 산 세일에서 쳐서 광야 근방 엘바란까지 이르렀으며 ⁷그들이 돌이켜 엔미스밧 곧 가데스에 이르러 아말렉 족속의 온 땅과 하사손다말에 사는 아모리 족속을 친지라 ⁸소돔 왕과 고모라 왕과 아드마 왕과 스보임 왕과 벨라 곧 소알 왕이 나와서 싯딤 골짜기에서 그들과 전쟁을 하기 위하여 진을 쳤더니 ⁹엘람 왕 그돌라오멜과 고임 왕 디달과 시날 왕 아므라벨과 엘라살 왕 아리옥 네 왕이 곧 그 다섯 왕과 맞서니라 ¹⁰싯딤 골짜기에는 역청 구덩이가 많은지라 소돔 왕과 고모라 왕이 달아날 때에 그들이 거기 빠지고 그 나머지는 산으로 도망하매 ¹¹네 왕이 소돔과 고모라의 모든 재물과 양식을 빼앗아 가고 ¹²소돔에 거주하는 아브람의 조카 롯도 사로잡고 그 재물까지 노략하여 갔더라 ¹³도망한 자가 와서 히브리 사람 아브람에게 알리니 그때에 아브람이 아모리 족속 마므레의 상수리 수풀 근처에 거주하였더라 마므레는 에스골의 형제요 또 아넬의 형제라 이들은 아브람과 동맹한 사람들이더라 ¹⁴아브람이 그의 조카가 사로잡혔음을 듣고 집에서 길리고 훈련된 자 삼백십팔 명을 거느리고 단까지 쫓아가서 ¹⁵그와 그의 가신들이 나뉘어 밤에 그들을 쳐부수고 다메섹 왼편 호바까지 쫓아가 ¹⁶모든 빼앗겼던 재물과 자기의 조카 롯과 그의 재물과 또 부녀와 친척을 다 찾아왔더라.

이 장의 본문은 성경 최초로 등장하는 전쟁 이야기입니다. 하지만 단순한 전쟁 이야기가 아니라 하나님을 선택한 아브람과 현실의 이득을 선택한 롯의 결과를 보여 주고 있습니다. 믿음 안에서 말씀 안에서 하나님을 선택한 아브람의 삶이 어떻게 달라졌는지, 세상을 택하고 재물을 택한 롯의 인생이 어떻게 달라졌는지를 분명하게 보여 주고 있습니다. 하나님을 선택한 아브람은 롯의 구원자로 나타나고 세상을 선택한 롯은 전쟁의 소용돌이 속에서 모든 재물을 잃어버리고 목숨마저도 위태한 지경에 이르게 됩니다.

롯의 인생과 전쟁의 원인

롯이 옮겨간 요단 동편에서는 그돌라오멜이 이끄는 엘람이라는 나라가 군사력이 제일 강했던 것 같습니다. 그 결과 소돔 왕을 비롯하여 다른 나라들이 그돌라오멜에게 12년 동안 조공, 즉 물질을 바치고 그들을 섬겨 온 것입니다. 그러다가 소돔을 비롯한 연합군들이 어느 정도 군사력과 힘이 생기자 반란을 일으킨 것입니다. 이들의 반란은 그돌라오멜과 연합한 4개국에 의하여 철저히 응징되게 됩니다. 그돌라오멜의 입장에서는 12년 동안 평화롭게 살도록 배려해 주었는데 소돔 왕을 비롯하여 4개국의 왕이 자기 자신을 배신했다고 생각한 것입니다. 이 전쟁의 원인을 한마디로 요약한다면 조공이라는 물질 문제와 그에 따른 '배신' 때문입니다. 롯의 행적과 유사한 면이 있습니다.

13장에서는 아브람의 목자와 롯의 목자가 목초지, 즉 물질 때문에 '다툼'이 있었습니다. 소돔에서는 '조공,' 즉 물질 때문에 전쟁이 있었습니다. 물질 때문에 롯이 아브람을 떠나고 신앙을 떠난 것처럼 소돔 왕은 물질을 위해 그돌라오멜을 배신하고 떠납니다. 소돔 왕은 그돌라오멜을 떠나면, 롯은 아브람을 떠나면 잘 살 줄 알았습니다. 그런데 서로 죽을 고비에 처하게 된 것입니다. 또한 소돔 왕이나 롯이 모든 재물을 다 빼앗겨 버립니다. 그렇다면 성경은 왜 아브람과 롯의 헤어짐의 결과를 전쟁 이야기로 풀어 갈까요? 12년 동안 평화롭게 지내던 이 국가들이 전쟁을 벌이게 된 것은 우연이 아닙니다. 롯을 깨우치시기 위한 하나님의 섭리인 것입니다. 하나님은 전쟁을 통해서라도 롯을 깨우치고 싶으셨던 것입니다. 롯의 선택이 잘못되었음을 가르쳐 주고자 하신 것입니다. 하나님 없는 세상에서의 성공과 출세 그리고 물질적 풍요가 얼마나 부질 없는 것인가를 보여 주신 것입니다. 하나님의 은혜 없이는 이 세상에서 단 하루도 살 수 없다는 것을 가르쳐 주신 것입니다. 하지만 롯은 하나님의 경고마저도 무시하고 계속해서 하나님의 사람이 아니라 소돔과 고모라의 사람으로 남는 길을 선택합니다. 하나님의 경고를 듣지 아니한 롯의 최후는 비참하기 이를 데 없게 됩니다.

하나님을 좇아간 아브람

반면에 척박하고, 황량하며, 기근으로 고생하고 있는 헤브론에 하나님의 약속을 좇아 살게 된 아브람은 사병을 거느릴 정도로 강성해진 것을 볼 수 있습니다. 성경은 아브람이 어떻게 부유해지고 강성했는지를 기록하고 있지 않습니다. 왜냐하면 인간적으로는 도저히 설명될 수 없기 때문입니다. 아브람의 축복은 오직 하나님과 하나님의 약속이라는 영역에서만 납득이 되는 것입니다.

내가 너로 큰 민족을 이루고 네게 복을 주어 네 이름을 창대하게 하리니 너는 복이 될지라(12:2).

그렇습니다. 하나님이 아브람을 복이 되게 하셨습니다. 그러므로 아브람이 받은 축복은 하나님으로만 설명될 수 있고 이해될 수 있습니다. 사실 축복이 오직 하나님으로만 이해될 수 있는 인생이 진짜 복된 인생인 것입니다. 인간적으로 이해되고 설명되면 다 자기의 공로로 알기 때문입니다. 만약에 롯이 아브람처럼 축복을 받았다고 한다면 사람들은 그의 탁월한 선택의 능력 때문이고 인간적 노력 때문이라고 할 것입니다. 하지만 아브람의 축복은 도저히 사람의 능력으로는 계산조차 할 수 없는 하나님의 놀라운 역사인 것입니다. 오직 하나님의 약속에 의한 하나님의 은혜입니다.

그때에

이렇게 하나님의 은혜 속에 강성해진 아브람에게 롯이 포로로 잡혀 갔다는 소식이 전해지게 됩니다.

> 도망한 자가 와서 히브리 사람 아브람에게 알리니 그때에 아브람이 아모리 족속 마므레의 상수리 수풀 근처에 거주하였더라 마므레는 에스골의 형제요 또 아넬의 형제라 이들은 아브람과 동맹한 사람들이더라(13절).

아브람은 그때, 즉 롯이 전쟁에 패하여 포로로 끌려갈 때 처음 가나안에 도착하여 여호와께 단을 쌓고 여호와의 이름을 불렀던 그곳에 거주하고 있었습니다. 여기 '그때에'라는 말을 원어에 보면 '지금'이라고 되어 있습니다. 즉 '지금 현재' 아브람의 상태를 설명하고 있습니다.

> 이에 아브람이 장막을 옮겨 헤브론에 있는 마므레 상수리 수풀에 이르러 거주하며 거기서 여호와를 위하여 제단을 쌓았더라(13:18).

하나님의 축복의 약속의 말씀을 들었을 때 아브람은 즉시 자신이 처음 가나안에 입성하여 단을 쌓고 여호와의 이름을 불렀던 마므레 수풀로 돌아가는 것을 볼 수 있습니다. 축복의 약속의 말씀을 듣고 하나님과의 처음 사랑을 회복한 것입니다. 하나님과의 첫 사랑을 회복한 그는 척박한 땅에서 '그때에'도 한결같은 예배자로 서 있음을 설명하고 있습니다. 하나님이 아브람에게 엄청난 복을 주셔서 사병을 318명이나 거느릴 정도로 강성해져 있음에도 그는 하나님을 처음으로 예배한 자리를 떠나지 않고 변함없는 하나님의 사람으로 그곳에 서 있는 것입니다. 부귀영화를 누리는 것보다 하나님을 예배하는 사람으로 서는 것이 아브람에게는 더 중요했던 것입니다.

우리 신앙인에게 중요한 것은 '그때'입니다. 롯이 위기를 당하였을 '그때' 아브람의 상태가 어떠했느냐가 중요하듯이, 신앙인들에게는 언제나 '그때'가 중요한 것입니다. 하나님이 필요로 하는 그때에 하나님 앞에 어떻게 서 있는 것이 중요한 것입니다. 교회가 필요로 할 그때에 당신은 무엇을 하고 있었습니까? 교회가 열심히 전도하고 있을 그때 당신은 무엇을 했습니까? 교회가 열심히 선교하고 기도하고 있을 그때 당신은 무엇을 하고 있었습니까? 성경은 언제나 하나님 앞에서 잘 준비되어 '그때'에 일할 수 있는 사람을 통해 하나님의 역사가 이루어져 가고 있음을 증거하고 있습니다. 우리 모두 언제나 지금, 그때 하나님의 역사를 위해 사용될 수 있을 정도로 항상 깨어서 잘 준비되어야 합니다.

아브람이 동맹을 맺다

더욱더 중요한 것은 하나님 앞에 예배자로 변함없이 살면서도 이방인들과 동맹을 맺고 있었다는 것입니다. 아브람이 처음에 가나안에 입성하였을 때에는 그곳 사람들의 배척으로부터 피하여 점점 남방으로 옮겨야 할 만큼 나약한 인생을 살고 있었습니다. 그러나 '지금은' 당당히 그들과 동맹을 맺고 있었다는 것입니다. 대단한 변화 아닙니까? 동맹은 어느 때에 맺는 것입니까? 무엇인가 서로 주고받을 것이 있을 때 혹은 공동의 관심사가 있을 때 맺는 것 아니겠습니까? 아브람은 그들이 동맹을 요청할 만큼 강대해졌습니다. 그는 여전히 하나님 앞에 예배자로 서 있으면서도 세상과는 동맹을 맺을 정도의 실력자가 되었습니다. 롯처럼 세상을 위해 하나님을 버리고 신앙을 버리고 재빠르게 소돔 사람이 된 것이 아닙니다. 신앙을 지키면서도 세상에 실력자가 된 것입니다. 그는 자신의 강성해짐을 통해 이방인들에게 그가 이름을 부르며 예배하는 하나님을 보여 주고 있었던 것입니다.

그들은 아마도 아브람과 롯이 헤어지는 과정을 다 알고 있었을 것입니다. 모든 것을 양보하고 포기하는 아브람의 선택을 어리석은 것으로 생각했을 것입니다. 그런데 그렇게 잘못된 선택을 하고도 그의 모든 일이 형통해 어느 순간에 자신들과 어깨를 나란히 할 만큼, 아니 자신들이 의지해야 할 만큼 강성해지는 축복을 받은 것입니다. 그의 인생이 형통하는 것을 보면서 그들은 아브람이 예배하는 하나님이야말로 진실로 살아 계신 신이라고 인정할 수밖에 없었을 것입니다. 마치 요셉이 행하는 범사의 형통함을 통해 하나님이 함께하심을 보디발이 목격하고 요셉을 신뢰한 것과 같은 경우입니다.

힘을 키운 아브람

아브람은 하나님의 언약에 따른 축복 속에서도 자기 자신이 할 수 있는 일은 지혜롭게 준비한 것을 볼 수 있습니다. 하나님이 함께하시며 도와주시지만 그는 자기 자신의 안전을 위해서, 자기 자신의 재산을 보호하기 위해서, 하나님의 이름을 부르며 예배하는 자로서 부끄러운 일을 당하지 않기 위해서 스스로의 힘을 키운 것입니다. 그는 가나안 사람들에게 언제나 나그네입니다. 언제 어느 때, 그들의 민심이 달라질지 모르는 상황입니다. 그에게는 그들이 함부로 어쩌지 못할 힘이 필요했던 것입니다.

예수 믿는 사람일수록 하나님 앞에 귀하게 사용되기 위해서는 힘을 키우고 잘 준비되어 있어야 합니다. 아브람처럼 힘을 가져야 내 생명과 재산을 보호할 수 있음은 물론 우리 주변의 사람들에게 선한 영향력을 끼칠 수 있습니다. 힘을 키우기 위해서는 예배한 만큼 성실하게 살아야 합니다. 기도한 만큼 열정적으로 세상에서 살아가야 합니다. 열심히 전도한 만큼 최선을 다하여 자신의 일과 가정을 돌보아야 하는 것입니다. 하나님은 아무리 믿음이 좋은 사람이라 할지라도 자신의 일에 게으른 사람을 축복하지 않으십니다. 신앙은 감나무에서 감 떨어지기를 기다리는 것이 아닙니다.

신앙은 구하고 찾고 두드리는 것입니다. 예수 믿는 사람들은 누구보다 더욱 부지런하고 성실하게 최선을 다하여 자신의 길을 개척해 내야 하는 것입니다. 자기 자신을 위해 희생하고 노력하지 않으면 힘을 키우기 어렵습니다. 기도하고 내 인생을 최선을 다하여 가꾸고 준비할 때 하나님은 그곳에서 길을 보여 주시고 역사하시는 것입니다. 남들은 열심히 일할 때 기도한다고 앉아 있기만 한다면 그 사람은 망하고 실패하는 것입니다. 정말로 믿음이 좋은 사람은 하나님의 영광을 위해 열심히 씨 뿌리고, 투자하고, 노력합니다.

하나님을 향한 비전이 크고 아름다운 사람일수록 자신의 일에 전문가가 되어야 합니다. 자기 분야에서 최고의 사람이라는 소리를 들어야 세상에 감동을 주고 신선한 영향력을 줄 수 있는 것입니다.

네가 자기의 일에 능숙한 사람을 보았느냐 이러한 사람은 왕 앞에 설 것이요 천한 자 앞에 서지 아니하리라(잠 22:29).

롯을 구원하는 아브람

아브람은 롯이 사로잡혀 갔다는 소식을 듣자마자 즉시 자신의 사병을 거느리고 뒤쫓아 가는 것을 볼 수 있습니다. 동맹을 맺은 사람들이 있음에도 아브람은 막상 전쟁에 나아갈 때 자신이 훈련시킨 사병들만 데리고 나가는 것을 보게 됩니다. 전쟁이 사람의 손에 달려 있지 않고 하나님의 손에 달려 있다는 것을 믿는 아브람은 하나님만 의지하고 자기 병사만 이끌고 나간 것입니다. 만약에 동맹을 맺은 부족들에게 도움을 청하여 이기면 사람의 힘으로 이기게 된 것이 되고 또 그들이 우리의 도움으로 전쟁에서 승리하였다며 하나님의 영광을 가로챌 것을 아브람이 깨달은 것입니다. 그는 오직 하나님의 은혜로 이기고 싶었던 것입니다. 아브람은 자기 인생에 오직 하나님으로만 채우고 싶은 열망에 사로잡혀 있는 것입니다.

자신의 희생으로 키운 힘을 어디에 써야 하는지를 아브람이 잘 보여 주고 있습니다. 힘은 자기를 과시하고 다른 사람을 짓밟으라고 주신 것이 아닙니다. 사람을 살리고 영혼을 구원하라고 주신 것입니다. 아브람은 비록 자기를 배신하고 떠나가 버린 조카이지만 "너 그럴 줄 알았다. 잘 당했다." 하면서 고소해 하는 것이 아니라 목숨 걸고 롯을 구하러 떠나는 것입니다. 우리는 아브람의 믿음이 예수님 닮은 성숙함에 이르렀다는 것을 알 수 있습니다. 롯을 위해 목숨을 걸고 전쟁의 소용돌이 속으로 뛰어드는 아브람의 모습에서 잃어버린 양 한 마리를 다시 찾기 위해 모든 것을 희생하시는 예수님의 마음을 느낄 수 있습니다.

사랑이란 상대방이 자격을 갖출 때 가능한 것이 아니라 하나님의 마음을 품을 때 가능한 것입니다.

롯을 향한 아브람의 모습은 오직 자기 자신의 유익과 실리만을 위하는 이기적인 이 세대에 대한 진정한 하나님의 사람이 취해야 할 삶의 지표가 되는 것입니다.

세상의 논리로 살아가는 사람에게 없는 단어가 있습니다. 바로 사랑과 희생입니다. 믿음의 사람은 세상의 이치와 상식과 다른 삶을 살아갑니다. 하나님이 원하시면 기꺼이 자기의 모든 것을 다 던지게 되어 있습니다. 이 것이 믿음의 사람의 삶의 방식입니다. 믿음의 사람은 자기에게 아픔을 준 사람이라 할지라도 위기 가운데 있으면 그 사람을 돕는 일에 있어서 이성은 망설일지 몰라도 그 안에 있는 믿음은 그를 위해 희생하도록 감동하고 움직이게 합니다. 아브람이 그러한 사람이었습니다.

우리는 과거에 나를 아프게 한 사람에게 기회만 있으면 복수하려고 합니다. 때로는 하루에 몇 번씩 저주하는 말을 하기도 합니다. 그것은 진정한 믿음이 아닙니다. 아브람은 자기에게 잘못한 롯을 위해 목숨을 내건 희생적인 사랑을 실천하는 진정한 믿음의 소유자였습니다. 성경을 보십시오. 아브람이 목숨 걸고 자기를 구해 주었지만 롯이 아브람에게 감사하다고 표현하는 것을 보신 적이 있습니까? 그러니까 롯입니다. 아무리 희생하고 사랑하고 도와주어도 깨닫지 못하니까 롯입니다. 그런걸 알면서도 자신 안에 있는 하나님을 보고 끝까지 사랑을 베푸니까 아브람인 것입니다.

누구를 도와주었을 때 보상을 받거나 인정받으려 하지 마십시오. 이렇게 어려울 때에 내가 도와주었으니 이제는 나를 이해하고 더 사랑해 주겠지 하지 마십시오. 그러한 기대감은 더 큰 절망과 상처로 돌아옵니다. 예수님처럼 베푼 것으로 잊어버리십시오. 그러나 하늘에 계신 하나님은 그분의 뜻대로 그분을 보고 행한 우리의 믿음을 기억하실 것입니다.

믿음이 승리의 비결이다

다섯 나라의 왕이 당해 내지 못한 막강한 군대를 향하여 달랑 318명의 사병을 이끌고 전쟁을 벌이러 나가는 아브람을 생각해 보십시오. 인간 상식으로는 도저히 불가능한 일에 도전하는 무모하고 어리석은 일입니다. 하지만 아브람은 그돌라오멜을 비롯한 연합군을 바라본 것이 아닙니다. 물론 그와 함께하는 사병 318명을 바라본 것도 아닙니다. 그는 자신과 함께하시며 자신을 축복하는 자에게 축복하시고 자신을 저주하는 자를 저주하시는 하나님을 바라본 것입니다. 하나님을 신뢰한 것입니다.

믿음의 사람은 계산하지 않습니다. 자신 안에 있는 것으로 유불리를 따지지 않습니다. 다만 과연 내가 하나님께 속한 자인지만 염려하며 기도합니다. 그러나 인간적으로 똑똑하거나 탁월한 사람들은 자신 안에 있는 것들로 상황을 분석하며 재빠르게 모든 결과를 산출해 냅니다. 이렇게 자신의 지식과 경험으로 계산하고 난 다음에 일을 하기 때문에 하나님의 영광을 보지 못합니다. 성경에 나오는 이야기 가운데 사람의 지식과 경험으로 이해할 수 있는 일이 몇이나 되겠습니까? 인간의 이성이나 지식 그리고 상식으로 계산하면 홍해가 갈라졌거나 요단강 물이 멈추어 섰겠습니까?

성경은 오직 믿음으로 행한 것만 인정하고 있습니다. 우리 인생에서 하나님이 기억하시는 것은 오직 믿음으로 행한 것들만 기억하실 것입니다.

내 힘으로 도저히 할 수 없는 일이고, 도저히 불가능한 일이라 할지라도 믿음의 사람은 하나님이 기뻐하시는 일이라면 끝까지 하나님만 바라보고 달려갑니다. 비록 그 길을 가다가 쓰러지고 거꾸러지는 한이 있어도 하나님이 보여 주시는 길이므로 믿음으로 끝까지 완주해야 하는 것입니다. 믿음의 사람 아브람은 결국 불가능하고 무모한 것처럼 보이는 전쟁에서 승리를 쟁취하게 됩니다. 모든 빼앗겼던 재물과 조카 롯과 그의 재물과 또 부녀와 친척을 다 찾아오게 됩니다.

아브람은 자기를 "축복하는 자를 축복하시고 저주하는 자를 저주하시겠다."는 그 말씀을 믿었습니다. 하나님은 믿음의 사람들을 통해서만 역사하십니다. 하나님은 자신의 말씀을 믿는 사람들에게만 영광을 나타내십니다. 전쟁에서 승리하고 돌아오는 아브람을 마중한 멜기세덱도 "너희 대적을 네 손에 붙이신 지극히 높으신 하나님을 찬송할지로다(14:20).라고 말씀합니다. 아브람의 믿음을 보시고 하나님이 대적을 아브람의 손에 붙이신 것입니다. 그러므로 아브람의 승리의 비결은 하나님이십니다. 하나님을 향한 그의 믿음입니다. 오직 믿음으로 승리의 하나님과 동행하시기를 바랍니다.

하나님이
주신 승리

창세기 14장 17-24절

17아브람이 그돌라오멜과 그와 함께 한 왕들을 쳐부수고 돌아올 때에 소돔 왕이 사웨 골짜기 곧 왕의 골짜기로 나와 그를 영접하였고 **18**살렘 왕 멜기세덱이 떡과 포도주를 가지고 나왔으니 그는 지극히 높으신 하나님의 제사장이었더라 **19**그가 아브람에게 축복하여 이르되 천지의 주재이시요 지극히 높으신 하나님이여 아브람에게 복을 주옵소서 **20**너희 대적을 네 손에 붙이신 지극히 높으신 하나님을 찬송할지로다 하매 아브람이 그 얻은 것에서 십분의 일을 멜기세덱에게 주었더라 **21**소돔 왕이 아브람에게 이르되 사람은 내게 보내고 물품은 네가 가지라 **22**아브람이 소돔 왕에게 이르되 천지의 주재이시요 지극히 높으신 하나님 여호와께 내가 손을 들어 맹세하노니 **23**네 말이 내가 아브람으로 치부하게 하였다 할까 하여 네게 속한 것은 실 한 오라기나 들메끈 한 가닥도 내가 가지지 아니하리라 **24**오직 젊은이들이 먹은 것과 나와 동행한 아넬과 에스골과 마므레의 분깃을 제할지니 그들이 그 분깃을 가질 것이니라.

아브람은 조카 롯을 구하기 위해 집에서 기른 사병을 이끌고 그돌라오 멜을 추격합니다. 승리에 도취해 있던 그돌라오멜의 군대를 밤에 기습하여 파하고 승리하게 됩니다. 그는 모든 포로와 재물을 도로 찾아서 돌아오게 됩니다. 전쟁에서 승리하고 돌아오는 아브람을 두 왕이 영접을 나오게 됩니다. 하나는 소돔 왕 베라이고 또 다른 한 명의 왕은 살렘왕 멜기세덱입니다. 아브람이 두 왕의 영접을 받았다는 것은 그의 지위가 왕의 지위에 못지 않아졌음을 의미하는 것입니다. 배척당하던 나그네에서 주변 사람들과 동맹을 맺는 지역의 강자가 되게 하시더니 마침내 마므레 지역을 뛰어넘어 가나안 전체에서 강자가 되게 하신 것입니다. 아브람을 점진적으로 높여 가시고 축복하시는 하나님의 은혜를 볼 수 있습니다. 말씀을 믿고 순종하며 물질 중심이 아니라 영혼 중심의 삶을 살다 보니 어느새 여기까지 이른 것입니다.

이런 점으로 미루어 볼 때 세상을 선택한 롯에게는 전쟁이 위기였지만 하나님의 사람인 아브람에게는 하나님의 축복이었습니다. 물질이 아니라 한 사람의 영혼을 위해 자신의 모든 것을 건 아브람을 하나님이 가나안 왕들의 전쟁을 통해 높이신 것입니다. 하나님은 자기를 사랑하는 자를 높이시고 존귀하게 만드십니다. 세상 사람들 눈에는 말씀을 붙잡고 살아가는 것이 어리석은 것처럼 보이지만 말씀을 붙잡은 사람들의 인생의 결론은 언제나 하나님이 주시는 존귀함에 이르게 되는 것입니다.

멜기세덱

하나님이 아브람을 높이신 결정적 증거는 살렘 왕이요 하나님의 거룩한 제사장 멜기세덱의 영접입니다. 18절을 보십시오.

> 살렘 왕 멜기세덱이 떡과 포도주를 가지고 나왔으니 그는 지극히 높으신 하나님의 제사장이었더라.

멜기세덱은 살렘 왕이면서 하나님의 제사장이었습니다. 구체적으로 '살렘'이 어느 지역인지 정확하지는 않지만, 많은 사람이 살렘은 예루살렘의 옛 이름으로 생각했습니다. 분명한 것은 '살렘'이라는 나라가 소돔처럼 실재하는 나라였다는 것입니다. 그는 당시 살렘이란 지역을 지배하는 왕으로서 그리고 하나님의 제사장으로서 아브람에게도 알려지고 그도 아브람을 이미 알고 있었을 것입니다. 아브람이 그에 대해 전혀 몰랐다면 신분도 모르는 사람에게 그의 노략물의 십분의 일을 바칠 이유도 없었거니와 멜기세덱에게 축복을 받지도 아니했을 것입니다.

구약은 멜기세덱에 관하여 거의 언급하지 않습니다. 다만 시편 110편 4절에서 예수님이 멜기세덱의 반차를 좇아 나신 제사장이라고 언급할 뿐입니다.

여호와는 맹세하고 변하지 아니하시리라 이르시기를 너는 멜기세덱의 서열을 따라 영원한 제사장이라 하셨도다.

그런데 히브리서 7장 1-3절에 보면 멜기세덱을 이렇게 설명하고 있습니다.

¹이 멜기세덱은 살렘 왕이요 지극히 높으신 하나님의 제사장이라 여러 왕을 쳐서 죽이고 돌아오는 아브라함을 만나 복을 빈 자라 ²아브라함이 모든 것의 십분의 일을 그에게 나누어 주니라 그 이름을 해석하면 먼저는 의의 왕이요 그 다음은 살렘 왕이니 곧 평강의 왕이요 ³아버지도 없고 어머니도 없고 족보도 없고 시작한 날도 없고 생명의 끝도 없어 하나님의 아들과 닮아서 항상 제사장으로 있느니라.

그에게는 아버지도 없고, 어머니도 없다고 했습니다. 이 말은 멜기세덱이 사람이 아니라는 것입니다. 그렇다고 천사도 아닙니다. 천사가 왕으로 사람을 다스리며 제사장으로 하나님께 제물을 드린다는 일은 성경에서 상상도 하지 못할 일입니다. 이러한 멜기세덱을 성경은 분명히 하나님의 아들이신 예수님과 같은 제사장이라고 말씀하고 있습니다.

그러나 그는 여러 가지 면에서 예수 그리스도를 닮은 분이지만 예수님은 아닙니다. 만약에 멜기세덱이 예수님이라면 예수님이 이 땅에 두 번 현현하신 것이 되기 때문에 그렇습니다. 멜기세덱은 예수님이 누구이신지, 예수님이 왜 이스라엘 백성에게 왕이 되시고 제사장이 되시는지를 보여 주는 예수님의 그림자일 뿐입니다. 유대인의 사고로는 제사장이란 반드시 레위 지파의 자손 중에서 나와야 하는데 유다 지파이신 예수님이 무슨 성경적 근거로 대제사장이 될 수 있느냐 하는 문제가 생깁니다. 그 뿐 아니라 예수님이 왕이 되시는 일은 그가 유다 지파에 속하셨으며 다윗의 자손이기 때문에 인정을 받으실 수 있지만 그가 대제사장이 되실 수 없는 것은 그는 레위 지파에 속한 제사장의 자손이 아니기 때문입니다.

멜기세덱은 레위 지파도 아니요 아론의 자손도 아닙니다. 아론이나 레위란 인물은 아브람이 멜기세덱을 만난 이후 오랜 세월이 지난 후에 세상에 태어난 사람들입니다. 그렇다면 제사장의 직분은 반드시 레위 지파의 자손들만이 할 수 있는 것이 아니란 사실을 알 수 있는데 그것은 지극히 높으신 하나님의 제사장인 멜기세덱이 레위 지파 이전에 제사장의 직분을 가지고 있었기 때문입니다. 그뿐 아니라 제사장은 동시에 왕이 될 수 없었습니다. 그런데 멜기세덱은 살렘 왕이요 제사장이었습니다. 그러므로 멜기세덱의 반열을 따라 제사장이 된 예수님은 멜기세덱처럼 왕과 제사장이 동시에 되실 수 있는 것입니다.

하나님으로부터 율법을 받은 모세는 창세기를 통해 율법이 전부가 아니라는 것을 알게 된 것입니다. 그는 율법을 뛰어넘는 하나님의 구원의 은혜가 예비되어 있음을 이 멜기세덱을 통해 알게 된 것입니다. 죄악투성이인 인간 제사장이 아니라 하나님이 예비하신 지극히 높은 하나님의 제사장이 있음을 알게 된 것입니다. 하지만 율법을 뛰어넘는 제사장인 멜기세덱이 제사를 드렸다는 기록은 없습니다. 아브람을 축복만 하였습니다. 그것은 그가 아브람을 영접할 때 가지고 나온 '떡과 포도주'를 생각해 보면 압니다. 제사는 자신의 반차를 좇아서 영원한 제사를 드릴 예수 그리스도께서 십자가에서 드릴 것이기 때문입니다. 그래서 그는 예수님의 살과 피를 상징하는 떡과 포도주를 들고 나온 것입니다.

아브람이 받은 축복은 이것입니다. 전쟁에서 승리하고 롯을 구원하고 많은 노략물을 얻으며 명성이 높아진 것이 아니라 인간과 율법을 뛰어넘는 하나님이 예비하신 구원을 바라보았다는 것입니다. 율법을 초월한 하나님의 사랑, 그것이 바로 복음 아닙니까? 아브람은 멜기세덱을 통해 하나님의 복음을 실제적으로 경험한 것입니다. 하나님이 예비하신 인류를 구원하실 여인의 후손으로 오실 예수 그리스도의 그림자를 유일하게 만나고 그로부터 축복을 받았기 때문입니다. 하나님은 말씀에 붙들려 살아가는 아브람에게 하나님의 모든 구원의 신비를 다 보여 주신 것입니다. 물질을 얻은 것이 아니라 영적인 복을 얻은 것, 즉 하나님으로부터 예수 그리스도의 구원을 미리 볼 수 있었던 것이 아브람이 받은 복 중의 복입니다. 물질은 잠시 있다가 사라지는 것입니다. 그러나 영원한 것은 예수 그리스도의 십자가 아닙니까? 우리도 물질보다 날마다 예수 그리스도를 날마다 바라볼 수 있기를 바랍니다. 예수님의 십자가 구원의 은혜를 바로 곁에서 지켜볼 수 있었던 아브람, 이 아브람을 하나님이 얼마나 사랑하시는 줄 알게 됩니다.

아브람이 받은 축복의 의미

멜기세덱은 아브람에게 축복합니다. 그 축복의 시작은 하나님을 향한 경배와 찬송으로 시작합니다. 아브람으로 하여금 승리를 바라보는 것이 아니라 천지의 주재이시고 지극히 높으신 하나님을 바라보게 합니다. 그리고 그에게 복을 주시기를 기원합니다. 그리고 대적을 아브람 손에 붙이신 지극히 높으신 하나님을 찬송하라고 말씀합니다. 멜기세덱은 아브람에게 나타나신 하나님의 선하심을 선포하고, 그로 하여금 하나님만 찬송하도록 하고 있습니다. 자신의 승리에 취하여 하나님을 바라보지 못한다면 그것은 저주입니다. 그러므로 진정한 축복은 우리가 잘될 때이든지 못될 때이든지 하나님을 바라보고 찬송하는 것이 진정한 축복인 것입니다.

우리는 성경에 나타나는 축복을 오해할 때가 종종 있습니다. 하나님의 축복을 우리의 육신적인 일이 잘되는 것에 국한하여 생각할 때가 있습니다. 그러나 진정한 축복은 우리로 하여금 언제나 하나님을 바라보게 하는 것입니다. 우리 가운데 선한 일을 행하신 하나님을 찬송하는 삶을 사는 것이 진정한 축복인 것입니다. 하나님은 모든 일에 하나님을 인정하고 하나님을 찬송하는 사람들을 축복하십니다. 하나님은 하나님을 바라보고 하나님의 뜻이 이루어짐에 감사하고 찬송하는 사람들에게 반드시 상을 베푸시고 말로 할 수 없는 은총을 베풀어 주십니다. 멜기세덱은 아브람으로 하여금 하나님만 바라보고 하나님의 은총을 찬송하게 한 것입니다.

이 멜기세덱의 축복을 통해 아브람은 자신에게 승리를 주신 분이 하나님이라는 사실을 확실하게 깨닫게 됩니다. 자신이 집에서 길리운 사병들이 탁월한 전사여서도 혹은 자신이 그 병사들을 나누어 야간에 기습한 지혜 때문도 아니라 바로 그 싸움을 간섭하시고 대적들을 자신의 손에 붙여 주신 하나님 때문에 이기게 되었다는 것을 깨달은 것입니다.

승리의 영광과 십일조

하나님의 은혜로 승리하게 됨을 깨달은 아브람은 십일조를 멜기세덱에게 드리게 됩니다. 이처럼 우리의 삶 속에서 일어난 모든 일이 하나님의 은혜임을 깨닫게 되는 사람들이 드리는 것이 십일조입니다. 야곱을 생각해 보십시오. 형 에서를 피해 밧단아람으로 도망갈 때에 야곱은 벧엘에서 꿈에 나타나신 하나님을 만난 다음, 하나님이 이 길에서 지키시고 다시 평안히 돌아오게 하시면 하나님이 주신 모든 것에서 십분의 일을 드리겠다고 서원합니다(28:22). 야곱이 십일조를 드릴 것을 서원하는 이유는 자신에게 찾아오셔서 축복하신 하나님의 은혜에 대한 반응인 것입니다. 하나님의 은혜를 깨닫고 자신과 함께하시는 하나님을 찬송하는 최고의 도구가 십일조였던 것입니다. 그러므로 십일조는 율법 시대에 시작된 것이 아닙니다. 십일조는 율법이라고 생각하는 데 율법이 아닙니다. 아브람이 멜기세덱에게 드린 십일조는 율법이 제정되기 훨씬 오래 전의 일이었습니다. 율법을 뛰어넘는 하나님 은혜에 대한 감사의 표시와 찬송이 십일조입니다.

십일조는 하나님이 나의 삶에 함께하시고 계시다는 임마누엘 은혜에 대한 고백이며, 나의 삶 모든 것이 하나님께 속해 있다는 신앙 고백이자 찬송인 것입니다. 특히 내 힘으로는 도저히 극복할 수 없는 고난을 하나님의 은혜로 이기게 되었을 때 어떻게 하시겠습니까? 아브람은 십일조를 드렸습니다. 전쟁에서 함께하시고 승리를 주신 하나님께 감사하므로 십일조를 드린 아브람의 심중에는 "나는 물질의 노예가 아닙니다. 하나님의 노예입니다."라는 고백이 들어 있는 것입니다.

그래서 구약의 첫째 책인 창세기에 기록된 아브람의 전쟁의 승리에서 나타난 십일조는 말라기 3장에서 다시 강조되고 있습니다. 말라기 3장 10절에서 선지자는 당시의 하나님의 백성에게 온전한 십일조를 드려 하나님의 축복을 시험해 보라고 명령합니다. 왜 그럴까요? 십일조는 하나님이 이스라엘 백성을 다스리는 주권자이시고 그들과 함께하시는 하나님이심을 깨달으라는 것입니다.

우리가 잘 아시다시피 십일조는 단순히 십분의 일이 아니라 '열 개 중에 대표성을 가진 하나'라는 의미입니다. 즉 전체를 대표하는 하나입니다. 그러므로 하나를 드린 것은 그의 전부를 드린 것입니다. 그러므로 아브람이 십일조를 드린 것은 하나님 앞에 전부를 드린 것이나 마찬가지인 것입니다. 아브람의 십일조는 이 전쟁을 이기게 하신 분이 하나님이시라는 신앙 고백인 것입니다. 그래서 십일조는 하나님이 주신 은혜에 대한 감사의 성격이 강합니다. 자신에게 임한 축복이 하나님의 것임을 감사함으로 고백하는 것이 십일조입니다. 하나님이 우리의 축복, 우리의 승리의 원인이 되신다면 하나님을 십일조로 찬송함이 마땅한 것입니다.

예수님이 오셔서 단번에 제사를 드리므로 율법에서 명한 십일조는 없어진 것이 맞습니다. 하지만 우리가 구원받고 하나님의 자녀가 된 것이 예수님의 십자가 은혜 때문이라는 사실을 믿는 사람이라면 아브람처럼 십일조를 드리라는 말씀이 없어도 자신의 전부를 하나님께 드리게 되어 있는 것입니다. 나에게 생명을 주시고 영원한 생명을 주신 예수님을 위해 살겠다고 다짐하는 사람이라면 단순히 십분의 일이 문제가 아니라 생명까지라도 드리게 되어 있는 것입니다. 그러함에도 십일조가 신약에서는 폐지되었으니 드리지 않아도 된다고 하면서 조그마한 물질도 드리지 않는 사람이 과연 예수님의 십자가 은혜를 깨달은 사람일까요? 진심으로 거듭난 사람일까요? 예수님이 "네 보물 있는 그 곳에는 네 마음도 있느니라(마 6:21)."고 하신 이유를 잘 생각해 보아야 합니다.

승리와 유혹

23절을 보십시오. 아브람이 소돔 성에 있는 백성과 자기 조카를 다 구출하고 많은 전리품을 끌고 왔습니다. 소돔 왕이 전쟁에서 승리하고 자기 백성을 구출해 준 아브람에게 전리품을 전부 가지라고 말했습니다. 그랬더니 아브람이 아주 의미 있는 말을 합니다.

> 네 말이 내가 아브람으로 치부하게 하였다 할까 하여 내게 속한 것은 실 한 오라기나 들메끈 한 가닥도 내가 가지지 아니하리라(23절).

다시 말하면, 소돔 왕이 그 전리품을 아브람에게 다 주고 난 후 돌아서서는 아브람이 자신 때문에 부자가 되었다고 말하는 소리를 듣고 싶지 않다는 뜻입니다. 아브람은 축복은 지극히 높으신 하나님으로부터 오는 것임을 분명하게 깨달은 것입니다. 그러므로 실 한 타래라도, 신발짝 하나라도 가지지 않을 것이며 소돔 왕의 것은 모두 도로 가져가라는 말입니다. 철저한 하나님주의 신앙으로 무장한 아브람을 볼 수 있습니다.

분명히 전쟁에서 이긴 사람은 아브람입니다. 아브람이 모두 가질 수도 있습니다. 하지만 자신이 하나님으로부터 받은 축복이 더럽혀질까 봐 승리도, 물질도 다 포기한 것입니다. 만약에 아브람이 소돔 왕의 제의를 수락한다면 물질은 얻을 수 있을지 모르지만 하나님의 복은 물거품이 됩니다. 아브람은 하나님의 백성은 하나님의 복으로만 살아야 한다는 것을 깨달은 것입니다. 하나님이 주시는 하나님의 복만 기대하고, 그 복으로 만족하고 사는 신앙, 이것이 신앙인이 가져야 될 진정한 믿음의 태도입니다.

믿음의 사람이 하나님의 것이 아닌 세상의 것에 이끌려 살 수 있다고 생각한다면 맨 처음 출발은 빠를지 모르지만 그 결과는 롯처럼 비참해지는 것입니다. 우리의 생명, 축복, 부귀, 형통, 미래는 전적으로 하나님 손에 달려 있는 것이지 사람 손에 달려 있는 것이 아닙니다. 그러므로 아브람은 세상 사람의 물질을 욕심내지 않았습니다. 전쟁에서 함께하신 하나님을 확인한 것으로 만족한 것입니다. 그리고 앞으로도 그 하나님과 함께하면 하나님이 그를 축복하시고 높이실 줄을 분명하게 확신한 것입니다.

물질을 포기하고 돌아서는 아브람을 보면서 소돔 왕은 어떤 생각을 했을까요? 도저히 일반인의 생각으로는 이해할 수 없는 그의 행동을 보면서 그가 섬기는 하나님을 생각하지 않았겠습니까?

"하나님의 이름을 부르며 예배하는 사람은 달라도 뭔가 다르구나."

아브람의 행동 속에 함께하시는 하나님의 영광을 보았을 것입니다. 우리의 삶이 세상 사람들과 똑같은 가치관과 사고로 움직인다면 절대로 그 사람들을 감동시킬 수 없습니다. 틈만 나면 자기 이름을 내고, 틈만 나면 자기를 내세우고 자기 욕심만 채우려는 행동을 하는 사람을 누가 신뢰하겠습니까?

우리가 사는 이 세상은 아브람 당시의 소돔과 고모라처럼 어두움으로 가득 차 있습니다. 탐욕에 눈이 가려져 생명도, 인격도, 인간의 존엄도 보지 못하고 오직 돈만 아는 이 세대에 하나님의 빛을 비추어야 할 사명이 우리에게 있습니다. 에베소서 5장 8-9절에 이렇게 말씀합니다.

8너희가 전에는 어두움이더니 이제는 주 안에서 빛이라 빛의 자녀들처럼 행하라 9빛의 열매는 모든 착함과 의로움과 진실함에 있느니라.

세상 사람 앞에 아브라함처럼 물욕에서 초연한 자세를 보여 주어야 하고 하나님이 나의 축복의 근원이라는 것을 그들이 볼 수 있도록 진실하고 의롭게 살아야 합니다. 모든 욕심을 내려놓고 매사에 분명하고 깨끗하고 투명한 삶을 살 때에 우리와 함께하시는 하나님을 세상은 보게 될 것입니다. 자신들과 확연한 삶의 자세로 살아가는 우리를 인정하고 사랑하게 될 것입니다.

　세상의 논리로 살지 않고 하나님의 말씀을 따라, 오직 하나님만으로 만족하는 삶을 선택한 아브람의 삶이 우리의 삶이 되기를 바랍니다.

15장

의로
여겨 주심

: 창세기 15장 1~6절 :

1이 후에 여호와의 말씀이 환상 중에 아브람에게 임하여 이르시되 아브람아 두려워하지 말라 나는 네 방패요 너의 지극히 큰 상급이니라 **2**아브람이 이르되 주 여호와여 무엇을 내게 주시려 하나이까 나는 자식이 없사오니 나의 상속자는 이 다메섹 사람 엘리에셀이니이다 **3**아브람이 또 이르되 주께서 내게 씨를 주지 아니하셨으니 내 집에서 길린 자가 내 상속자가 될 것이니이다 **4**여호와의 말씀이 그에게 임하여 이르시되 그 사람이 네 상속자가 아니라 네 몸에서 날 자가 네 상속자가 되리라 하시고 **5**그를 이끌고 밖으로 나가 이르시되 하늘을 우러러 뭇별을 셀 수 있나 보라 또 그에게 이르시되 네 자손이 이와 같으리라 **6**아브람이 여호와를 믿으니 여호와께서 이를 그의 의로 여기시고.

1937년도에 시작된 하버드대학교 학생들 중에서도 가장 우수하다고 생각되는 학생을 선발한 다음에, 그들의 실제 삶을 70년 이상 추적 조사하는 "그랜트 스터디"Grant Study라는 연구 프로젝트가 있습니다. 이 "그랜트 스터디"에서 미국 애리조나 사막지대에 사는 호피 인디언들의 '인디언 기우제'를 연구한 적이 있다고 합니다. 그 연구 결과 내용은 이렇습니다.

인디언이 기우제를 지내면 100% 비가 온다. 왜냐하면 비가 올 때까지 기우제를 지내기 때문이다.

듣자마자 '피식' 웃게 되는 유머 같지만, 호피 인디언들의 순수한 삶의 태도를 이렇게 정리한 것입니다.

누가 봐도 농사짓기에 부적합해 보이는 척박한 사막, 그럼에도 인디언들은 그 땅에 씨앗을 심습니다. 그리고는 정성껏 기우제를 지낸다고 합니다. 비는 쉽사리 오지 않지만, 이들은 하늘을 원망하거나 신이 자신들의 뜻을 들어주지 않는다고 좌절하지 않는다고 합니다. 인디언들이 생각하는 '비가 오지 않는 이유'는 오직 한 가지, 바로 자신들의 '정성이 부족'하다고 생각합니다. 이들이 취할 수 있는 방법은 반드시 비가 올 것이라는 희망으로 더욱 정성껏 기우제를 지내는 것뿐입니다. 결국 언젠가는 하늘에서 비가 내리고, 씨앗은 땅 위에 싹을 틔우기 시작합니다. 언뜻 무모해 보이고 우스꽝스러운 사고같지만, 이는 호피 인디언들이 사막에서 농사를 지으며 지고지순한 삶을 살아가는 방식입니다. 포기하지 않는 자세를 가진 사람이 결국 성공한다는 메시지를 우리에게 전하고 있습니다.

우리는 전쟁에서 승리한 이후에 하나님을 의심하고, 포기하고자 하는 아브람을 찾아오셔서 회복시키시는 하나님을 살펴볼 것입니다. 믿음의 사람 아브람도 두려워할 때가 있을 뿐 아니라 좌절하고 넘어져 포기할 때가 있다는 것을 알 수 있습니다. 이러한 아브람을 하나님은 말씀으로 회복시키십니다. 이 하나님의 회복의 역사가 우리에게도 일어나기를 바랍니다.

이후에

아브람이 그돌라오멜의 연합군을 격파하고 승리를 거둔 이후라고 할 수 있습니다. 승리 이후에 하나님은 아브람에게 이상 중에 찾아가 말씀으로 임재하셨습니다.

이 후에 여호와의 말씀이 환상 중에 아브람에게 임하여 이르시되 아브람아 두려워하지 말라 나는 네 방패요 너의 지극히 큰 상급이니라(1절).

하나님이 "두려워하지 말라."는 말씀을 먼저 주신 것은 아브람이 무엇인가를 두려워하고 있었기 때문입니다. 그 두려움은 아마도 바로 직전에 있었던 그돌라오멜 연합군과의 전쟁과 관련이 있을 것입니다. 아브람은 기습을 해서 승리할 수 있었지만 만약에 그돌라오멜이 다시 전열을 정비하여 자기를 공격하면 감당할 수 없다는 것을 알고 두려워하고 있었을 것입니다.

게다가 "사람은 자신에게 돌리고 물질을 가져가라."는 소돔 왕 베라의 청을 일언지하에 거절한 상태에 있으므로 소돔 왕에게도 견제를 받게 되었을 것이 분명합니다. 이 전쟁을 통해 승리의 기쁨은 잠시 뿐이요 온 사방에 아브람을 견제하고 주시하는 적으로 가득하게 된 것입니다. 이러한 아브람에게 하나님은 "두려워하지 말라."고 말씀하시는 것입니다. 아브람이 두려워하지 않아야 될 이유는 무엇입니까? 바로 여호와 하나님이 그의 방패와 큰 상급이 되시기 때문입니다. 방패는 하나님의 보호하심을 상징하는 표현입니다. 다윗도 시편 18편을 통해 주님과의 관계를 노래하는 중에 "주는 나의 방패"라고 고백합니다. 아브람의 방패되신 하나님이 모든 대적으로부터 지켜 주신다고 약속하고 계시는 것입니다.

또한 '큰 상급'이라는 말씀을 통해 롯을 구하기 위해 자신의 모든 것을 희생한 것과 마지막에 물질이 아니라 하나님을 선택하고 십일조로 하나님을 찬송한 그의 신앙에 대한 분명한 보상이 있을 것임을 확인시켜 주신 것입니다. 여기 '큰 상급'이라는 말인 '사카르'는 원래 '용병들의 보수'를 의미하는 말입니다. 이 뜻 외에 임금, 대금, 보상이라는 뜻으로도 쓰이는 것입니다. 하나님은 말씀에 순종하기 위해 아브람이 희생하고 순종한 것을 아셨습니다. 그래서 그러한 것을 하나도 빠뜨리지 않고 모두 보상해 주시겠다는 것입니다. 그렇습니다. 아브람의 순종과 희생과 수고를 기억하신 하나님은 우리가 드린 모든 것을 기억하시는 줄로 믿습니다. 하나님은 우리가 드린 모든 물질도 기억하시고, 우리의 수고도 기억하시고, 우리가 하나님을 위해 흘린 모든 땀방울을 기억하시고, 그에 따라 보상해 주시는 줄로 믿습니다.

> 28베드로가 여짜와 이르되 보소서 우리가 모든 것을 버리고 주를 따랐나이다 29예수께서 이르시되 내가 진실로 너희에게 이르노니 나와 복음을 위하여 집이나 형제나 자매나 어머니나 아버지나 자식이나 전토를 버린 자는 30현세에 있어 집과 형제와 자매와 어머니와 자식과 전토를 백 배나 받되 박해를 겸하여 받고 내세에 영생을 받지 못할 자가 없느니라(막 10:28-30).

우리의 수고와 헌신에 대한 보상에 대해 분명하게 약속하고 있습니다.

아브람의 두려움의 근본적 원인

아브람이 두려워하게 된 것은 아브람이 자신의 현실을 바라보았기 때문입니다. 아브람이 비록 가나안 땅의 강자로 급부상하고 있지만 그에게는 치명적인 두 가지 약점이 있습니다. 하나는 자식이 없다는 것이고 또 다른 하나는 아직도 자신의 소유된 땅이 없다는 것입니다. 창세기 23장에 가서야 겨우 사라를 매장하기 위해 헷 족속으로부터 '막벨라 굴'을 사게 됩니다. 하나님으로부터 "네가 밟는 모든 땅을 주리라."는 약속은 받았지만 아직 그에게는 그 약속이 성취되지 않고 있었던 것입니다. 이 두 가지의 현실을 바라보는 순간 아브람은 두려움과 미래에 대한 불확실 때문에 방황해야 했던 것입니다.

우리도 그럴 때가 있지 않습니까? 사명에 불타서 열심히 하나님 일에 충성하고 교회를 섬길 때에는 모든 것이 은혜로 다 잘되는 것을 경험하다가 막상 내 현실을 돌아보면 암담하기 짝이 없을 때가 있지 않습니까? 교회를 위해, 이웃을 위해 열심히 기도하고 봉사할 때는 내 현실이 눈에 들어오지 않았는데 막상 혼자가 되어 나를 돌아볼 때는 아무런 소망이 없어서 홀로 눈물 흘린 적이 있지 않습니까? 당장 끼니를 걱정해야 되고, 자녀들에게 주어야 될 물질 때문에 전전긍긍해야 되고, 직장을 잃어버린 남편, 병든 시부모를 생각하면 한숨 밖에 나오지 않는 그 상황, 이럴 때에라도 우리는 낙심하면 안되는 것이 본문이 주는 교훈입니다.

아브람처럼 자신의 형편과 상황을 바라보면 낙심하고 두려움에 사로잡힐 수밖에 없습니다. 그러나 말씀으로 임재하시는 하나님을 만나고 그 말씀을 붙들고 순종할 때에는 가장 위대한 믿음의 사람으로 사용받은 것입니다. 하나님은 우리의 방패십니다. 아무것도 두려워하지 마시기 바랍니다. 하나님은 우리의 영원한 상급입니다. 우리가 수고하고 헌신하는 것, 하나님이 다 보상해 주시는 것은 물론 심지어 하나님 자신을 상급으로 우리에게 주실 줄 믿습니다.

하나님은 한 번만 우리를 도우시는 분이 아닙니다. 영원하도록 우리와 함께하시며 보호하십니다. 출애굽하자마자 홍해를 가르셨던 하나님은 마지막 광야의 끝인 요단강도 가르시는 분이십니다. 처음이나 나중이나 언제나 동일하신 하나님만 바라보시고 끝까지 신뢰하시기를 바랍니다.

두려워하지 말라 내가 너와 함께 함이라 놀라지 말라 나는 네 하나님이 됨이라 내가 너를 굳세게 하리라 참으로 너를 도와 주리라 참으로 나의 의로운 오른손으로 너를 붙들리라(사 41:10).

두려워하는 우리를 위로해 주시는 하나님이신 줄로 믿습니다.

아브람의 기도

말씀으로 임재하신 하나님에게 아브람은 불평에 가까운 기도를 드리게 됩니다.

주 여호와여 무엇을 내게 주시려 하나이까 나는 자식이 없사오니 나의 상속자는 이 다메섹 사람 엘리에셀이니이다(2절).

기도 가운데 아브람은 자신의 생각을 말씀 드리게 됩니다. 다메섹 사람 엘리에셀을 자기 상속자로 삼겠다는 것입니다. 이 말 속에는 약속이 이행되지 않는 것에 대한 불평과 이제는 하나님의 약속을 더 이상 기다리지 못하겠다는 포기 선언이 담겨져 있습니다. 아브람의 믿음이 한계상황에 다다른 것입니다. 그러자 가나안을 떠나 애굽으로 내려갈 때처럼 '믿음대로'가 아닌 '생각대로'가 다시 등장하게 됩니다. 그러자 하나님은 "그 사람이 네 상속자가 아니라 네 몸에서 날 자가 네 상속자가 되리라(4절)."고 응답하셨습니다.

분명히 하나님은 전에도 아브람의 몸에서 티끌과 같은 후손이 태어날 것이라고 약속하셨습니다. 그리고 그 약속을 오늘도 다시 한 번 말씀으로 확인해 주시는 것입니다. 이번에는 티끌이 아니라 하늘의 별에 비유하여 아브람의 몸에서 태어날 후손들이 셀 수 없이 많을 것임을 약속해 주셨습니다. 하나님의 말씀은 언제나 동일하십니다. 그리고 분명하십니다. 오락가락 때에 따라, 환경에 따라 바뀌는 것이 아닙니다. 우리를 향하신 하나님의 계획, 하나님의 섭리는 과거나 현재나 미래나 언제나 동일하십니다.

하나님은 엘리에셀을 상속자로 삼을 생각을 하지 말고, 아브람의 몸에서 태어날 아들을 기다리라는 것입니다. 하나님이 기다리라는 것은 하나님의 때를 기다리라는 것입니다. 아브람이 할 일은 자기 시간을 포기하고 하나님의 시간을 믿음으로 기다리는 것입니다. 하나님의 시간을 기다리기 위해서는 먼저 우리 자신을 내려놓는 것이 우선되어야 합니다. 더 이상 내 힘으로는 아무것도 할 수 없다는 사실을 인정하고 오직 주님만이 하실 수 있다는 믿음의 고백이 있어야 합니다.

하나님의 말씀을 통해 우리가 깊이 고민해 보아야 할 것이 있습니다. 바로 아브람의 생각과 하나님의 생각이 다르다는 점입니다. 아브람은 자기의 생각이 하나님의 생각이기를 원하였습니다. 그러면 상속자 문제도 끝이 나고 자신의 힘으로 전쟁에서 승리한 것을 발판 삼아 가나안 땅도 자신의 소유로 만들겠다는 야망을 들고 나온 것입니다. 우리도 이러한 신앙의 오류를 범할 때가 많이 있습니다. 우리가 드리는 기도의 대부분은 하나님의 뜻을 먼저 구하며 그 뜻이 이루어지기를 믿음으로 기다리는 것이 아니라, 내 생각을 하나님의 생각으로 만들기 위해 하나님을 설득하려 한다는 것입니다. 우리의 기도를 통해 하나님의 뜻을 바꾸려고 한다는 것입니다. 아브람의 지금 심정이 그러합니다. 그러나 이것은 하나님이 가장 싫어하는 신앙의 모습입니다.

이사야 선지자는 이사야 55장 8-9절에 이렇게 말씀하고 있습니다.

> 8이는 내 생각이 너희의 생각과 다르며 내 길은 너희의 길과 다름이니라 여호와의 말씀이니라 9이는 하늘이 땅보다 높음 같이 내 길은 너희의 길보다 높으며 내 생각은 너희의 생각보다 높음이니라.

이처럼 하나님의 생각과 우리의 생각이, 하나님의 길과 우리의 길이 다릅니다. 분명한 것은 하나님의 생각이 언제나 옳고 높다는 것입니다.

하나님이 우리의 기도에 응답하지 않으시다면 언제나 하나님의 다른 생각과 길이 예비되어 있습니다. 주시지 않는다고 원망하고 낙심할 것이 아니라 우리에게 주의 길을 보여 달라고 기도해야 하는 것입니다. 하나님이 열어 주시고 보여 주시는 그 길을 향하여 내 생각과 내 뜻을 내려놓고 달려가겠다고 부르짖어 기도해야 하는 것입니다.

저희 모교회에 소천하신 홍 권사님이 계십니다. 하루는 홍 권사님께서 중요한 일이 있으셔서 새벽에 그 일을 위해 열심히 기도하시고 약속 장소로 가시게 되었습니다. 약속 장소가 전주인데 그날따라 권사님의 막내 아드님이 그토록 속을 썩이는 것이었습니다. 그래서 원래 타기로 한 차를 놓치고 다른 버스를 타고 가게 되었습니다. 차 뒤에 앉으셔서 치밀어 오르는 울화통을 삭히면서 하나님을 원망하며 가게 되었다고 합니다. 그런데 얼마 안 가서 그것이 하나님의 계획이고, 은혜라는 것을 알게 되었다고 합니다. 자신이 타고 가기로 한 그 버스가 다리 위에서 추락하여 여러 사람이 죽은 것입니다. 어떤 것이 은혜입니까? 자신의 중요한 약속을 지키기 위해 자기가 원하는 대로 움직여 주다가 사고 나는 것이 은혜입니까? 아니면 하나님이 막으시고 또 다른 길을 열어 주시는 것이 은혜입니까? 하나님은 언제나 정확하십니다. 하나님은 언제나 옳으십니다.

오늘부터 원망도, 포기도 마시고 언제나 동일하게 우리에게 은혜로 오시는 그 하나님만을 사모하며 믿음으로 전진하시는 귀한 성도가 되기를 바랍니다.

믿음으로 의롭다 함을 받음

그때 아브람이 어떻게 반응했습니까? 다같이 6절을 보겠습니다.

> 아브람이 여호와를 믿으니 여호와께서 이를 그의 의로 여기시고.

비로소 아브람은 하늘의 별들처럼 자손이 많아질 것이라고 말씀하시는 하나님을 믿었습니다. 그랬더니 하나님이 아브람을 의롭다 여겨 주셨습니다. '믿다'라는 '아만'이라는 동사는 성경에서 처음으로 등장하는 말입니다. 이전에도 아브람은 하나님의 말씀을 믿고 순종했습니다. 하지만 그전까지는 의롭다함을 받을 수 있는 믿음이 아니었습니다. 이제 아브람은 불가능을 가능하게 하실 하나님을 믿고 하나님의 생각과 하나님의 길을 따라가기로 결단한 것입니다. 하나님의 모든 약속이 이루어지게 될 줄 믿은 것입니다. 이 믿음을 하나님은 귀하게 보신 것입니다. 그리고 그를 의롭다고 하신 것입니다.

'의로 여기셨다'라는 말씀은 의인이 아니지만 의인으로 인정하셨다는 말씀입니다. 아브람은 하나님께 이토록 사랑받을 자격이 없는 사람입니다. 그는 하나님 앞에 죄인입니다. 그러나 그가 하나님의 약속의 말씀을 믿음으로 붙들었을 때, 하나님 앞에 의인으로 서게 하셨습니다. 이제 아브람은 하나님의 진노 대신, 하나님의 은혜 안에 영원토록 머물게 됩니다. 하나님은 아브람의 죄인됨과 상관없이 그의 모든 죄를 용서하시고 영원한 의인으로 법적으로 인정하시겠다는 것입니다. 재판관이신 하나님에 의하여 무죄 석방되는 사람이 되었음을 말합니다(신 25:1).

이것이 바로 로마서, 갈라디아서의 주제입니다. "믿음으로 의롭다 함을 얻는다." 이것을 흔히 '이신칭의'라고 합니다. 이것은 곧 내 의나 공로로 하나님께 나아가는 것이 아니고 하나님의 의를 받아들이는 믿음에 있는 것입니다. 예수께서 우리를 위해 십자가에 죽으셨습니다. 이것은 하나님의 의의 계시입니다. 하나님의 의의 계시를 믿을 때에 의롭다 함을 얻는 것입니다. 예수님의 십자가를 내 유일한 구원의 길로 믿는 믿음을 통해 하나님 앞에 의로워지는 것을 말합니다.

사도 바울은 로마서 3장 28절에서 말하고 있습니다.

그러므로 사람이 의롭다 하심을 얻는 것은 율법의 행위에 있지 않고 믿음으로 되는 줄 우리가 인정하노라.

믿음으로 의롭게 되는 진리를 설명하기 위해 사도 바울은 로마서 4장에서 바로 이 아브람의 예를 들고 있습니다.

3성경이 무엇을 말하느냐 아브라함이 하나님을 믿으매 그것이 그에게 의로 여겨진 바 되었느니라 4일하는 자에게는 그 삯이 은혜로 여겨지지 아니하고 보수로 여겨지거니와 5일을 아니할지라도 경건하지 아니한 자를 의롭다 하시는 이를 믿는 자에게는 그의 믿음을 의로 여기시나니(롬 4:3-5).

아브람은 하나님 앞에서 한 일이 없습니다. 즉 아무런 공로가 없습니다. 그는 다만 하나님을 믿었을 뿐입니다. 그는 하나님이 죽은 자를 살리시고, 없는 것을 있는 것 같이 부르시며(롬 4:17), 약속하신 것을 능히 이루시는 분임을 믿었습니다(롬 4:21). 바울은 이 믿음으로 의롭게 되는 원리가 우리에게 그대로 적용된다고 말하고 있습니다.

아브람이 의롭다 함을 받은 것처럼 우리도 예수 그리스도의 십자가 죽으심을 믿기만 하면 의인이 되어 하나님과 영원한 교제를 이루게 됩니다.

히브리서 기자는 "믿음이 없이는 하나님을 기쁘시게 못하나니"라고 말씀하고 있습니다. 부디 포기하지 않는 믿음을 통해 하나님의 모든 약속이 이루어지는 축복을 누릴 뿐 아니라 하나님 앞에 영원토록 의인으로 서 있기를 바랍니다.

언약을
맺음

∶ 창세기 15장 7-21절 ∶

7또 그에게 이르시되 나는 이 땅을 네게 주어 소유를 삼게 하려고 너를 갈대아인의 우르에서 이끌어 낸 여호와니라 **8**그가 이르되 주 여호와여 내가 이 땅을 소유로 받을 것을 무엇으로 알리이까 **9**여호와께서 그에게 이르시되 나를 위하여 삼 년 된 암소와 삼 년 된 암염소와 삼 년 된 숫양과 산비둘기와 집비둘기 새끼를 가져올지니라 **10**아브람이 그 모든 것을 가져다가 그 중간을 쪼개고 그 쪼갠 것을 마주 대하여 놓고 그 새는 쪼개지 아니하였으며 **11**솔개가 그 사체 위에 내릴 때에는 아브람이 쫓았더라 **12**해 질 때에 아브람에게 깊은 잠이 임하고 큰 흑암과 두려움이 그에게 임하였더니 **13**여호와께서 아브람에게 이르시되 너는 반드시 알라 네 자손이 이방에서 객이 되어 그들을 섬기겠고 그들은 사백 년 동안 네 자손을 괴롭히리니 **14**그들이 섬기는 나라를 내가 징벌할지며 그 후에 네 자손이 큰 재물을 이끌고 나오리라 **15**너는 장수하다가 평안히 조상에게로 돌아가 장사될 것이요 **16**네 자손은 사대 만에 이 땅으로 돌아오리니 이는 아모리 족속의 죄악이 아직 가득 차지 아니함이니라 하시더니 **17**해가 져서 어두울 때에 연기 나는 화로가 보이며 타는 횃불이 쪼갠 고기 사이로 지나더라 **18**그날에 여호와께서 아브람과 더불어 언약을 세워 이르시되 내가 이 땅을 애굽 강에서부터 그 큰 강 유브라데까지 네 자손에게 주노니 **19**곧 겐 족속과 그니스 족속과 갓몬 족속과 **20**헷 족속과 브리스 족속과 르바 족속과 **21**아모리 족속과 가나안 족속과 기르가스 족속과 여부스 족속의 땅이니라 하셨더라.

자신의 상황 때문에 전쟁에서 승리한 이후에 크게 낙심하고 두려워하는 아브람에게 하나님이 찾아오셔서 "아브람아 두려워하지 말라 나는 네 방패요 너의 지극히 큰 상급이니라."고 위로하여 주십니다. 이 위로와 함께 하나님은 먼저 아브람에게 자손이 "하늘의 별과 같이 많아지게 할 것"을 약속해 주셨습니다. 현실적으로 불가능한 일이었지만 아브람은 하나님의 그 약속을 믿었습니다. 그리고 그 믿음을 보시고 아브람을 의롭다고 인정해 주셨습니다. 그의 믿음대로 아브람의 후손에게서 예수 그리스도가 탄생하십니다. 예수 그리스도로 말미암아 세상 모든 민족이 구원받게 되어 "네 자손이 하늘의 별처럼 많아지게 될 것"이라는 말씀이 성취됩니다. 예수 그리스도를 믿음으로 말미암아 구원받은 자들을 부르시는 하나님의 놀라운 구원의 섭리가 아브람의 믿음을 통해 시작되는 것입니다.

아브람이 믿음으로 의롭다 하심을 받는 과정을 바라보면 진정한 믿음이 무엇인지를 알 수 있습니다. 믿음이 있다는 것은 인간적인 생각을 버리는 것입니다. 내 생각 속에 있는 엘리에셀을 버리는 것입니다. 그럴 때 하나님의 능력이 임하고 권능이 나타나 말씀이 성취되고 하나님이 영광 받으시는 것입니다.

이 장의 본문에서는 '자손'의 문제에 이어서 '땅'에 관한 문제를 해결해 주시는 하나님을 볼 수 있습니다.

또 그에게 이르시되 나는 이 땅을 네게 주어 소유를 삼게 하려고 너를 갈대아 인의 우르에서 이끌어 낸 여호와니라(7절).

여호와 하나님이 아브람을 부르신 목적이 이 땅을 소유로 주시기 위함이다고 분명하게 말씀하고 있는 것입니다. 이 말씀을 들은 아브람은 하나님에게 "주 여호와여 내가 이 땅을 소유로 받을 것을 무엇으로 알리이까?"라고 묻습니다. 아브람은 이 땅을 주신다는 증거를 달라고 요구합니다. 증거를 요구하고 있는 아브람은 이 말씀에서 하나님을 '주'와 '여호와'라는 이름으로 중복해서 부르고 있는 것을 볼 수 있습니다. 아브람이 믿음이 부족해서 무턱대고 증거를 요구한 것이 아닙니다. 자신을 하나님의 종이요, 하나님의 임재 앞에서만 살아갈 하나님의 사람으로 드리고 있는 것을 볼 수 있습니다. 하나님을 위한 삶을 살기로 결정한 아브람은 이제 하나님께 마음껏 복의 증거를 요구하는 것입니다.

아브람뿐이 아닙니다. 우리도 하나님께 마음껏 축복의 증거를 요구할 수 있습니다. 우리에게 축복을 주신다고 하는 증표가 무엇입니까? 바로 예수님의 십자가입니다. 마치 짐승을 쪼개 놓고 그 저주의 언약 속으로 하나님 홀로 지나가신 것처럼, 하나님의 아들이신 예수님이 이 저주의 언약대로 십자가에서 죽으심으로 우리의 모든 죄를 속하셨고 축복을 약속하셨습니다. 우리는 예수님의 십자가 때문에 아브람처럼 마음껏 축복의 증표 정도가 아니라 축복의 실체를 간구할 위치에 있는 것입니다.

우리의 힘으로는 도저히 해결할 수 없는 죄의 문제, 질병, 고난 등, 이런 문제 모두를 우리 주님께 아뢰시길 바랍니다. 우리에게는 고통의 멍에를 벗게 해 달라고 기도할 권한이 있습니다. 말 못할 어려움 때문에 죽을 만큼 힘이 듭니까? 어려움을 이길 수 있게 해 달라고 기도하십시오. 심각한 죄악에서 벗어나게 해 달라고 기도하십시오. 슬픔과 고통을 이길 수 있도록 십자가의 영광을 보여 달라고 기도하십시오. 하나님의 살아 계심을 체험하게 해 달라고 기도하십시오. 이것은 자녀된 우리가 마땅히 누려야 될 특권인 것입니다. 하나님은 하나님의 특별한 부르심이 있는 종으로 삶을 고백하는 아브람에게 고대 근동에서 왕과 신하가 맺는 언약인 죽음의 저주 언약을 통해서 확실하고 분명하게 그 땅이 아브람의 소유가 될 것을 약속해 주셨습니다. 자녀된 우리에게도 오늘 분명하게 하나님이 우리가 받아야 될 축복의 증표를 보여 주실 줄로 믿습니다.

저주의 언약

고대 근동 사람들은 언약을 맺을 때에 짐승을 잡아 쪼개어 놓고 그 사이로 지나감으로 계약을 맺었습니다. 그 이유는 쪼개 놓은 짐승 사이로 지나

나가며 언약을 맺은 자 중에 그 언약을 파기하거나 어기는 자는 그 짐승 같이 쪼갬을 당하고 공중의 새에게 그 사체가 먹히게 하는 저주를 받게 될 것이라는 일종의 생명을 건 약속이기 때문입니다. 언약 의식을 위해 하나님은 아브람에게 "삼 년 된 암소와 삼 년 된 암염소와 삼 년 된 숫양과 산비둘기와 집비둘기 새끼를 가져올지니라."고 말씀하셨고, 아브람은 하나님이 말씀하신 대로 모든 것을 준비해 놓았습니다.

이것은 하나님이 레위기에서 말씀하신 제사 제도와 분명하게 다른 것입니다. 레위기 1장에 나타나는 제사는 짐승을 죽여서 불에 태우는 것이었으며, 비둘기도 쪼개야 했는데 여기서는 쪼개지 않았습니다. 그러므로 이것은 제사와 다른 하나님과 아브람의 계약 관계를 설명하고 있습니다. 하나님은 죽음의 저주 언약을 세우실 만큼 아브람에게 약속하신 대로 분명하게 땅을 주실 것임을 약속하신 것입니다.

여기서 중요한 것은 하나님은 타는 횃불의 모양으로 그 저주의 언약 사이로 홀로 지나가신다는 점입니다. 불은 모세오경에서 하나님의 임재의 한 방편으로 나타납니다. 모세에게도 타는 불꽃의 모양으로 나타났지 않았습니까? 불기둥으로 이스라엘을 인도하신 하나님을 생각해 보십시오. 또한 모세가 시내산에서 십계명을 받을 때에도 하나님이 불 가운데서 강림하시는 것을 보았습니다(출 19:18). 이처럼 불은 하나님의 임재의 방편인 것입니다.

이 계약상 원래는 아브람과 함께 지나가야 하지만 하나님은 자신이 혼자 지나가시므로 아브람에게 그 언약에 대한 축복권만 부여하시고 저주에 대하여는 면제해 주셨습니다. 하나님은 아브람에게 축복을 주시고 저주는 자신이 당하시기로 하신 것입니다. 이것이 우리를 향한 하나님의 위대한 은혜와 사랑입니다. 이 언약대로 예수님이 홀로 십자가에서 살이 찢기우고 피를 흘리신 저주를 담당하시므로 우리를 살게 하신 것입니다. 이 언약 때문에 하나님은 아브람의 영적인 후손인 우리에게 하나님 자신의 생명을 십자가에서 주신 것입니다. 이처럼 우리를 위해 생명을 아끼지 아니하신 하나님의 사랑을 믿기만 하면 우리는 아브람이 누린 풍성한 복을 누리게 되는 것입니다. 그래서 "오직 의인은 믿음으로 사는 것"입니다.

기다림과 두려움 사이에서

타는 횃불로 임재하시기까지 하나님을 기다리는 아브람을 생각해 봅시다. 하나님이 말씀하신 대로 모든 것을 준비한 아브람은 하나님을 기다리게 됩니다. 그러나 오후가 지나고 저녁이 되어도 약속하신 하나님이 나타나지 않으셨습니다. 짐승의 피 냄새를 맡고 달려드는 솔개를 쫓느라 지쳐가고 있었습니다. 그래도 아브람은 하나님을 기다리고 기다렸습니다. 믿음이 없는 사람은 기다리질 못합니다. 믿음은 하나님의 때까지 묵묵히 참고 기다리는 것입니다.

하지만 해까지 져서 어두워지니 아브람은 심히 두려웠습니다. 새벽에는 그렇게 희망차고 담대했던 아브람이 그날 밤에는 심히 두려워했습니다. 이것이 아브람의 모습이고, 우리의 모습입니다. 교회에서 예배를 드리고 말씀을 받을 때는 세상 모든 것이 내 것인 것 같고 그 어떠한 시험도 이겨 낼 것 같은데 막상 예배 시간에 붙잡은 그 말씀이 더디 이루어지는 것 같고 아브람처럼 하나님을 기다리다가 지쳐서 피곤하면 언제 그랬느냐는 듯이 다시 두려움에 사로잡히는 것이 우리의 모습입니다. 이렇게 지치고 피곤하여 두려움에 사로잡힌 아브람에게 하나님이 불로서 찾아오신 것처럼 우리에게도 말씀하시는 하나님은 반드시 찾아오신다는 것을 잊지 말아야 합니다.

한 가지 더 살펴보아야 할 말씀이 있습니다.

해 질 때에 아브람에게 깊은 잠이 임하고 큰 흑암과 두려움이 그에게 임하였더니(15:12).

흑암이 깊음 위에 있고(1:2).

어디서 나온 말씀이지요? 바로 천지가 창조되기 전의 상황입니다. 아브람의 상황이 바로 하나님의 창조가 필요한 상황이라는 것입니다. 그리고 그 아브람의 재창조는 새로운 약속의 말씀을 통해 이루어지는 것입니다. 하나님의 말씀을 통해 아브람은 온전한 하나님의 언약의 대상자로 거듭나게 되는 것입니다.

하나님은 세 가지를 말씀하셨습니다. 첫째, 아브람의 자손이 이방에서 사백 년 동안 객이 된다는 것, 둘째, 여호와께서는 아브람의 자손이 섬기는 나라를 징치하고 그들은 사 대 만에 큰 재물을 얻어 이 땅으로 돌아오게 된다는 것, 셋째, 아브람은 장수하다가 평안히 그의 조상에게로 돌아가게 된다는 것을 말씀해 주셨습니다. 하나님은 아브람을 말씀으로 재창조하시되 지금까지 하신 말씀을 구체적으로 제시해 주셨습니다. 그 구체적인 계획을 이루실 분은 하나님이십니다. 이제 아브람의 미래는 하나님의 섭리와 계획 안에 있게 되었습니다. 이것이 말씀으로 재창조된 사람들이 받는 축복입니다. 말씀을 통해 새롭게 창조된 인생의 미래는 하나님이 책임져 주시고 그 인생을 하나님이 운영해 가십니다.

지금 이 말씀을 기록하고 있는 모세는 이 말씀 중 두 가지는 이미 이루어졌으므로 나머지 하나 가나안 땅이 자기들의 땅이 될 것이라는 확신을 갖게 되는 것 아니겠습니까? 하나님 말씀대로 아브람은 장수하고 편안히 조상에게 돌아갔습니다. 그리고 그의 자손 70명은 애굽으로 갔다가 거기에서 400년간 고통을 당하게 됩니다. 그러나 하나님이 바로를 꺾으시니 그의 자손들이 정확하게 430년 만에 애굽 백성에게 엄청난 재물을 받아 가지고 홍해를 건너게 됩니다. 결국은 이스라엘 백성은 하나님의 말씀대로 승리하고 번성하게 됩니다. 그리고 지금 아브람에게 주시기로 하신 그 땅을 향하여 나가고 있습니다. 하나님의 약속대로 반드시 가나안은 그들의 것이 될 것입니다. 두려워 말고, 염려하지 말고 하나님이 인도하시는 대로 따라가기만 하면 됩니다. 이 지긋지긋한 광야도 벗어나게 될 때가 반드시 오는 것입니다.

이스라엘 백성 입장에서는 자신들이 왜 400년 동안 고난을 당했는지, 왜 광야에서 이렇게 방황해야 하는지 이해하지 못할 것입니다. 그러나 하나님은 그들의 고난을 이미 아브람 때부터 예비하신 것입니다. 그 고난을 통해 하나님을 예배하는 백성으로 사는 것이 얼마나 중요한지 그리고 하나님이 죄악을 얼마나 미워하시는지를 알아야 했던 것입니다. 이스라엘 백성이 400년 동안 애굽에 있어야 했던 것은 하나님이 주시기로 약속하신 가나안 땅의 죄악이 아직 관영하지 않았기 때문입니다(15:16). 하나님은 모세를 통해 이스라엘 광야 교회에 이 사실을 분명히 제시하시면서 이해되지 않아도 오직 하나님이 말씀하신 대로 순종하며 전진하기를 소망하신 것입니다.

우리도 마찬가지입니다. 우리의 문제가 그렇게 기도하고 매달려도 왜 해결되지 않고 10년, 20년 흘러가고 있는지, 분명히 하나님이 내게 약속의 말씀을 주셨는데도 그 실제적인 응답이 왜 지연되고 있는지 이해되지 않아도 의심하거나 두려워하지 말아야 합니다. 모든 일이 하나님의 계획 안에 있는 것이기 때문입니다. 세월이 지나고 난 이후에 지금의 이 일을 돌아보면 고난과 고통에는 합당한 이유가 있음을 알게 될 것입니다. 고난도 유익이고, 고통도 축복이었음을 알게 될 것입니다.

잠언 16장 9절을 보십시오.

사람이 마음으로 자기의 길을 계획할지라도 그의 걸음을 인도하시는 이는 여호와시니라.

그러므로 우리는 내 뜻이 아닌 하나님의 뜻이, 내 길이 아닌 하나님의 길이 이루어지기를 날마다 기도해야 합니다.

여호와여 내가 알거니와 사람의 길이 자신에게 있지 아니하니 걸음을 지도함이 걷는 자에게 있지 아니하니이다(렘 10:23).

내가 걷고 내가 사는 것 같지만 하나님이 인도하시는 것입니다.

부르심의 소망을 따라

하나님은 아브람과 더불어 애굽 땅에서부터 그 큰 강 유브라데까지 그 자손에게 주시기로 약속하셨습니다. 아브람의 후손들은 이 땅을 영원히 차지하게 될 것입니다. 잃어버린 에덴 동산이 회복이 되고 아브람의 후손인 예수 그리스도에 의하여 영원 무궁한 하나님의 나라가 이루어질 것입니다. 이것이 아브람을 갈대아 우르에서 불러내신 하나님의 목적입니다. 세상적이고 물질적인 복을 위해 부르신 것이 아니라 영원한 하나님 나라의 회복을 위해 아브람을 택하시고 부르신 것입니다. 이제 아브람은 마음의 눈을 열어 앞서서 언약대로 이루실 하나님만 바라보고 하나님이 인도하시는 대로 따라가기만 하면 됩니다.

우리의 부르심도 마찬가지입니다. 이 세상에서 잘 먹고 출세하고 성공하라고 부르신 것이 아니라, 하나님이 다스리는 그 나라의 회복을 위해 십자가의 희생으로 우리를 지명하여 부르시고 구속하신 것입니다. 우리는 우리를 구속하신 예수님을 바라보고 예수님이 걸어가신 그 길을 믿음으로 따라가기만 하면 됩니다. 사도 바울은 에베소 교인들에게 하나님의 부르심을 말씀합니다.

> 18너희 마음의 눈을 밝히사 그의 부르심의 소망이 무엇이며 성도 안에서 그 기업의 영광의 풍성함이 무엇이며 19그의 힘의 위력으로 역사하심을 따라 믿는 우리에게 베푸신 능력의 지극히 크심이 어떠한 것을 너희로 알게 하시기를 구하노라(엡 1:18-19).

사도 바울은 우리의 마음의 눈이 열어져야 하나님의 부르심의 소망을 바라볼 수 있으며, 우리에게 약속된 하나님의 영광의 풍성함을 알 수 있다고 합니다.

고린도후서 6장 10절에서 사도 바울은 이 부르심의 소망 안에서 살아가는 사람들을 이렇게 표현하고 있습니다.

근심하는 자 같으나 항상 기뻐하고 가난한 자 같으나 많은 사람을 부요하게 하고 아무 것도 없는 자 같으나 모든 것을 가진 자로다.

우리에게는 항상 이 세상에 대해 근심하고 염려하는 마음이 있습니다. 그러나 예수님이 머지않아 그 근심거리를 즐거움으로 바꾸어 주실 줄 믿는 믿음이 있기에 근심 중에도 기뻐할 수 있습니다. 물질 때문에 늘 전전긍긍하며 살아도 나 때문에 많은 사람이 부요케 된다는 하나님의 기업의 풍성함을 맛보고 살아가기에, 언제나 심령에 만족과 풍요로움이 있는 사람으로서 늘 감사하게 됩니다. 우리의 심령이 가난하므로 아무것도 없는 것 같아도 실상은 온 천하 만물의 주인이신 주님의 자녀라는 확신 때문에 모든 것을 다 가진 자처럼 넉넉한 사랑으로 이 세상을 섬길 수 있게 됩니다. 이러한 삶을 위해 우리를 하나님이 부르신 것입니다.

신앙은 단순히 이 세상에서 편안하고, 형통하며, 잘 먹고, 잘 살며, 아무런 근심 걱정없는 것을 말하는 것이 아닙니다. 신앙에는 이 세상의 것으로 비교할 수 없는 하나님의 영광의 풍성함이 있습니다. 우리에게 베풀어 주신 하나님의 능력이 얼마나 엄청난 것인지를 모르기 때문에 근심하고 두려워합니다. 하나님의 부르심의 소망이 얼마나 귀한 것인지를 모르기 때문에 몇 푼 안 되는 물질 때문에 말씀을 버리고 세상과 타협하는 것입니다. 하나님이 우리를 부르신 것은 상상할 수 없는 복을 주시기 위해서입니다.

하나님은 신실하신 분이십니다. 우리 눈에 더딘 것 같아도 하나님은 반드시 말씀하신 것을 이루는 분이십니다. 늦은 것 같아도 반드시 응답이 있습니다. 아브람에게 주신 모든 말씀은 다 이루어졌습니다. 우리가 약속의 말씀을 믿으면 반드시 그 믿은 대로 이루어지게 됩니다. 우리에게 더디게 느껴져도, 하나님은 반드시 일하십니다. 문제가 해결되는 것이 더디고, 기도 응답이 더딘 것 같아도 하나님은 지금 약속의 말씀을 붙들고 있는 우리를 위해 쉬지 않고 일하고 계십니다. 그 하나님을 신뢰하시는 복된 삶을 살기 바랍니다.

16장

믿음의 완성은
인내

¹아브람의 아내 사래는 출산하지 못하였고 그에게 한 여종이 있으니 애굽 사람이요 이름은 하갈이라 ²사래가 아브람에게 이르되 여호와께서 내 출산을 허락하지 아니하셨으니 원하건대 내 여종에게 들어가라 내가 혹 그로 말미암아 자녀를 얻을까 하노라 하매 아브람이 사래의 말을 들으니라 ³아브람의 아내 사래가 그 여종 애굽 사람 하갈을 데려다가 그 남편 아브람에게 첩으로 준 때는 아브람이 가나안 땅에 거주한 지 십 년 후였더라 ⁴아브람이 하갈과 동침하였더니 하갈이 임신하매 그가 자기의 임신함을 알고 그의 여주인을 멸시한지라 ⁵사래가 아브람에게 이르되 내가 받는 모욕은 당신이 받아야 옳도다 내가 나의 여종을 당신의 품에 두었거늘 그가 자기의 임신함을 알고 나를 멸시하니 당신과 나 사이에 여호와께서 판단하시기를 원하노라 ⁶아브람이 사래에게 이르되 당신의 여종은 당신의 수중에 있으니 당신의 눈에 좋을 대로 그에게 행하라 하매 사래가 하갈을 학대하였더니 하갈이 사래 앞에서 도망하였더라.

인간을 향한 하나님의 사랑은 불가사의합니다. 인간의 이성으로는 도저히 이해할 수 없는 것이 하나님의 사랑입니다. 본문을 보면 하나님의 위대하신 사랑을 실감할 수 있습니다. 본문은 하나님의 약속 사이에 끼어 있는 아브람의 실패 이야기입니다. 창세기 15장에서 하나님은 아브람에게 자손과 땅에 관한 약속을 죽음의 저주 언약을 통해 반드시 하나님이 이루어 주실 것을 약속해 주셨습니다. 하나님이 자손을 하늘의 별과 같이 많게 할 것이라는 약속과 가나안 땅을 4대, 즉 400년 후에 주실 것을 약속하셨습니다. 그러자 아브람은 축복의 증표를 요구합니다. 하나님은 짐승을 쪼개어 마주보게 하고 그 사이로 타는 횃불 모양으로 지나가시는 언약을 맺으시므로 그 축복을 보증해 주셨습니다. 하나님이 아브람에게 말씀과 불로서 임재하신 것입니다. 아브라함을 최선을 다하여 사랑하시는 하나님의 성실하신 그 사랑을 볼 수 있습니다.

이러한 하나님의 사랑에도 아브람은 16장에서 크게 넘어지고 맙니다. 하나님의 약속의 말씀을 믿어 하나님 앞에 의롭다고 인정받은 아브람이 하나님의 말씀이 아니라 합리적인, 인간적인 생각을 따르므로 엄청난 실수를 저지르게 됩니다. 이 실수가 앞으로 두고두고 이스라엘 구원 역사를 방해하는 장애물로 등장하게 됩니다. 창세기 17장은 실수로 넘어진 아브람에게 하나님이 다시 나타나 "내 앞에서 행하여 완전하라."는 말로 시작되는 할례 언약을 베푸십니다. 할례 언약을 통해 다시 한 번 하나님은 자손과 땅에 관한 약속이 반드시 이루질 것임을 말씀하십니다. 그러므로 16장의 아브람의 실패 이야기는, 하나님의 사랑의 언약으로 감싸져 있는 구조로 구성되어 있습니다. 인간의 약함을 아시고도 끝까지 사랑하시는 하나님의 사랑을 볼 수 있습니다. '하나님은 다 아시면서 용서하시고 인간은 다 알면서 죄를 짓는다는 것'이 옳은 이야기인 것 같습니다.

약속과 현실 사이에서

하나님은 처음 아브람을 부르셨을 때, 제일 먼저 아브람으로 하여금 큰 민족을 이루게 하시겠다고 말씀으로 약속하셨습니다. 아브람의 자손이 하늘의 별처럼 셀 수 없이 많아질 것을 약속하신 것입니다. 그리고 그 말씀이 틀림없이 이루어질 것을 구체적인 언약을 통해 계속하여 확증해 주셨습니다. 아브람은 타는 횃불 사이로 임재하시는 하나님의 영광을 보았고, 또 그 영광을 통해 죽음의 언약 사이로 홀로 지나시는 하나님의 사랑을 확인하였습니다. 얼마나 기쁨과 감격이 넘쳤는지 모릅니다. 그러나 이렇게 하나님의 거듭된 약속에도 아브람의 현실은 전혀 달라질 기미가 보이지 않았습니다. 시간이 지나도 사래는 여전히 불임의 고통을 안고 세월과 씨름하고 있어야 했습니다. 하나님이 부르시고 자손에 관한 약속을 주신 후 10년이나 기다렸지만 사래의 불임의 현실은 그대로였던 것입니다.

우리도 그렇지 않습니까? 말씀에 은혜를 받고 성령의 깊은 감동을 받을 때에는 온 세상이 다 내 것 같고 어떤 문제도 다 해결될 것 같은데 막상 삶의 자리에 돌아오면 전혀 바뀌지 않는 고난의 현실을 바라볼 때면 하나님 존재에 대한 회의도 의심도 들면서 좌절하고 낙심하는 것입니다. 이때가 진정한 위기인 것입니다. 상황이 변하지 않는 것이 위기가 아니라 하나님의 약속이 의심이 되고 부정적이 될 때가 진정한 위기가 시작되는 것입니다. 왜냐하면 그때에 하나님의 말씀을 대신할 인간적인 방법이 그것도 아주 합리적이고 그럴싸한 인간의 생각이 우리 안에 자리 잡기 때문입니다.

사래는 하나님의 약속이 불임의 고통 속에서 살아가는 자기를 통해 이루어지는 것이 아니라 당시에 관습이었던 첩을 통해 얻는 것일 수도 있다라는 생각을 합니다. 아마도 이 계획은 아주 현실적인 대안일 것입니다. 하나님이 분명히 아브람에게 "네 몸에서 날 자가 상속자가 되리라."고 말씀하셨지, 사래 자신에게는 "네가 자식을 낳을 것이다."라고 직접적으로 약속하시지 않았습니다. 사래의 이름이 직접 언급되어 아들을 낳을 것이라는 약속을 주신 때는 창세기 18장(9-15절)에서나 나타납니다. 그러니 창세기 16장의 사래의 입장에서 생각해 보면 첩을 얻어서 아들을 낳아도 아브람의 몸에서 날 아들이 되는 것이 타당한 생각인 것입니다. 그러나 이것은 어디까지나 인간적인 생각이요 수단입니다. 하나님의 약속은 아닙니다. 사래는 하나님의 약속의 말씀을 붙들고 끝까지 기다려야 했습니다. 무엇보다 하나님의 약속의 말씀을 듣고 하나님의 임재를 경험한 아브람은 요동해서는 안되는 것이었습니다.

이 아브람의 실패는 12장의 부르심 받을 때와 비슷합니다. 하나님이 명하신 대로 가나안에 입성하였으나 그 땅은 심각한 기근으로 고통받는 땅이었습니다. 그때에 아브람은 하나님의 인도하심 없이 기근을 피하여 애굽으로 내려가게 됩니다. 자기 생각, 자기의 계획대로 행한 대가를 애굽에서 아주 톡톡히 치루게 됩니다. 15장에서 하나님은 분명히 하늘의 별과 같이 많은 자손을 주시겠다고 약속하셨지만 16장을 보면 아브람의 아내는 여전히 불임으로 고통받고 있습니다. 그러자 인간의 생각과 수단으로 자식을 얻으려 합니다.

인간적인 생각이 하나님 약속의 말씀을 대신하게 되니 사래는 일사천리로 그 계획을 실행해 옮기기 시작합니다.

> 사래가 아브람에게 이르되 여호와께서 내 출산을 허락하지 아니하셨으니 원하건대 내 여종에게 들어가라 내가 혹 그로 말미암아 자녀를 얻을까 하노라 하매 아브람이 사래의 말을 들으니라(2절).

사래의 계획은 하나님을 원망함에서부터 시작되는 것임을 알 수 있습니다. 사래는 자신이 아이를 낳지 못하는 것이 하나님이 허락하지 않았기 때문이라고 하나님을 원망합니다.

무엇보다 중요한 것은 원망을 통해 자신이 지금 계획하고 있는 하갈을 통한 아들을 얻고자 하는 계획의 모든 책임이 자기에게 있는 것이 아니라 하나님께 있음을 선포하는 것입니다. 지금까지 이 정도 기다리고 믿었으면 하나님이 응답해 주셔야 했음에도 응답하지 않았으니 내가 무슨 짓을 해도 다 하나님의 책임이라는 것입니다. 마치 아담이 선악과를 따 먹고 그 책임을 "하나님이 주셔서 나와 함께 있게 하신 여자 그가 그 나무 열매를 내게 주므로 내가 먹었나이다."라며 여자를 주신 하나님께 모든 책임을 떠넘긴 것과 마찬가지의 불신앙을 사래가 보이고 있습니다.

모든 인간이 그러한 것 같습니다. 자신의 실수와 허물을 하나님 탓으로 돌리고 원망합니다. 하나님이 나를 붙들어 주시지 않아서이며, 다른 사람처럼 성령으로 충만하게 하지 않았기 때문이라고 원망합니다. 사실 우리에게 하나님은 세월의 한계까지도 극복할 수 있는 힘과 능력을 공급해 주시는 전능하신 분이라는 믿음이 없어서 일어난 일임에도 하나님을 원망합니다.

믿음의 눈으로 현실을 바라보라

사래는 하나님이 왜 자신을 극단의 상황으로 몰고 가시는 이유를 깨닫지 못한 것입니다. 진정한 믿음은 새로운 눈이 열리는 것이라고 말씀드린적이 있습니다. 진정한 믿음은 내 시각으로 내 삶을 바라보는 것이 아니라하나님의 시각으로 바라볼 수 있는 새로운 눈을 얻는 것입니다. 그래서 히브리서 기자는 "믿음은 바라는 것들의 실상이요 보지 못하는 것들의 증거니라."고 말씀한 것입니다. 사래가 믿음의 눈이 있었다고 한다면 그 고난을 통해 하나님이 이루시고 영광 받으실 계획이 있다는 것을 볼 수 있었을것입니다.

사래가 인간적으로 도저히 임신이 불가능한 상황까지 하나님이 몰아가신 이유가 몇 가지 있습니다. 하나는 하나님께는 불가능이 없다라는 것을가르쳐 주시기 위해서입니다. 창세기 18장 14절에서 직접적으로 사래가아들을 얻을 것이다라는 약속을 주실 때 하나님은 말씀하십니다.

여호와께 능하지 못한 일이 있겠느냐.

하나님은 앞으로 열국의 아비요 어미가 될 아브람과 사래에게 믿는 자에게는 능치 못할 일이 없는 하나님으로 높임 받기를 원하신 것입니다. 하나님이 우리에게 원하시는 믿음 수준도 "하나님께는 능치 못함이 없다."는 하나님에 대한 완전한 신뢰임을 알아야 합니다. 그래야 우리 삶에 주신수많은 약속이 하나님의 능력으로 이루어지는 것을 목도하게 되는 것입니다. 도저히 우리의 힘으로 해결할 수 없는 문제가 있고, 불가능하여 포기하고 싶은 문제가 있습니까? 능치 못함이 없는 하나님을 끝까지 신뢰하십시오. 하나님이 일하실 것입니다.

둘째로 아브람과 사래는 오직 하나님만으로 살아야 되는 인생임을 가르쳐 주시고자 한 것입니다. 그들의 부르심에서부터 민족을 이루시는 모든 과정이 아브람의 힘이나 능력으로 된 것이 아니라 하나님이 모두 이루신 것임을 보여 주시고자 극단의 상황까지 몰아간 것입니다. 만약에 사래에게 생산의 능력이 있었다고 한다면 어떻게 신비한 하나님의 능력을 의지할 수 있었겠습니까? 하나님은 사래와 아브람이 자신의 연약함을 인정하고 오직 하나님만 붙드는 인생을 살기를 원하신 것입니다. 여호와를 신뢰하고 여호와만을 의지하는 것이 얼마나 복된 인생인지를 가르쳐 주시고자 하신 것입니다.

7그러나 무릇 여호와를 의지하며 여호와를 의뢰하는 그 사람은 복을 받을 것이라 8그는 물 가에 심어진 나무가 그 뿌리를 강변에 뻗치고 더위가 올지라도 두려워하지 아니하며 그 잎이 청청하며 가무는 해에도 걱정이 없고 결실이 그치지 아니함 같으리라(렘 17:7-8).

셋째로 무엇보다 중요한 것은 먼 훗날 자신의 씨를 통해 동정녀의 몸을 통해 탄생하게 될 메시아를 계획하시고 먼저 아브람에게 불가능한 상황 속에서 아이를 낳을 수 있다는 사실을 보여 주심으로 하나님의 구속사가 어떻게 이루어질지를 미리 보여 주신 것입니다. 그러므로 아무리 우리의 현실이 불가능하고 절망적이라 할지라도 하나님을 원망하지 마시고 믿음의 눈을 열어 그 불가능한 상황을 통해 나타내실 하나님의 영광을 바라보는 믿음의 사람이 되어야 하는 것입니다.

사람의 말을 들은 아브람

사래의 인간 계획의 중심에 서 있는 여종은 하갈이라는 애굽 여인이었습니다. 원어에 보면 "사래에게는 아들이 없었습니다. 그러나 애굽 여종이 하나 있습니다."라고 되어 있습니다. 없는 것은 문제되지 않습니다. 없을 때에는 오히려 하나님을 붙잡고 의지하고 더 기도하며 매달립니다. 하지만 무엇인가 생겼을 때에는 그것이 하나님의 자리를 대신하는 경우를 보게 됩니다. 있는 것 때문에 결국은 넘어지고 실패하는 것입니다. 아마도 하갈은 기근을 피하여 애굽에 내려갔을 때 얻었던 여종이었을 것입니다. 그때의 실수의 열매 때문에 고통은 시작됩니다.

아브람에게는 언제나 '애굽'이 문제의 원인입니다. 우리에게도 세례 받으므로 홍해를 건너기 전에 버린 애굽의 것, 즉 옛것이 문제입니다.

사래는 하갈을 아브람에게 첩으로 주었습니다. 사래는 자신이 할 수 있는 인간적인 방법을 총동원하여 아들을 갖고자 한 것입니다. 여기서 '첩'이란 단어의 원래 뜻은 '아내', '부인'이라는 의미로, 사래는 몸종인 하갈을 단순히 아이만 낳도록 하기 위해 아브라함에게 준 것이 아니라 정식 아내가 되게 한 것입니다. 일부다처제를 인정하던 고대 근동에서 '첩'은 부인의 지위와 신분을 가진 여인을 의미합니다. 아들만 얻을 수 있다면 자신과 같은 지위를 하갈에게 주는 것이 전혀 아깝지 않다고 생각한 것입니다. 이러한 결정이 훗날에 엄청난 파장을 몰고 올 것은 생각지도 못하고 눈앞의 문제 해결을 위해 자신이 할 수 있는 방법을 다 동원한 것입니다.

더 큰 문제는 아브람이 사래의 말을 아무런 고민도 없이 받아들인 점입니다. 그는 하나님의 언약의 말씀을 들었고 하나님의 임재를 통해서 분명히 아들에 관한 하나님의 계획을 받은 인물입니다. 그러함에도 그는 하나님의 말씀을 들은 것이 아니라 사래의 말을 들은 것입니다. 하나님을 따른 것이 아니라 사람을 따른 것입니다. 사래의 말을 따르는 아브람의 입장도 상당히 타당했을 것입니다. 사래의 불임은 명백했고, 그 당시의 관습적으로도 합당한 일이었으며, 사래가 적극적으로 원하고 허락한 일이었습니다. 게다가 아브람은 기다릴 만큼 충분히 기다렸습니다. 10년이라는 세월은 결코 짧은 세월이 아니기 때문입니다. 또한 하나님이 약속하신 말씀의 성취가 이러한 방법일 수도 있다고 생각할 만하다는 것입니다. 그러나 그것은 말씀이 아닌 인간의 생각일 뿐입니다.

무엇보다 "아브람이 사래의 말을 들었다."는 이 표현은 창세기 3장 17절에서 여호와께서 먹지 말라고 명한 나무의 실과를 아담이 따 먹었을 때 그의 아내의 말을 들었다는 표현과 정확하게 일치하고 있습니다. 에덴 동산의 비극이 이 때문에 일어난 것처럼 아브람과 사래의 가정에도 엄청난 비극이 일어나게 될 것임을 직감해야 하는 것입니다. 하나님의 말씀을 버리고 사람의 말을 듣게 되면 언제나 그 결과는 비극인 것입니다.

그러므로 아브람은 당연히 하나님의 말씀을 선택해야 했습니다. 그 제안을 거절하고 사래를 믿음으로 설득해야 했습니다. 그것이 하나님을 기쁘시게 하는 길이었습니다. 그러나 그는 사래를 기쁘게 하기 위해 하나님의 말씀을 버린 것입니다. 이 순간만큼은 아브람은 하나님의 부르심을 받고, 하나님을 만나고 하나님을 경배하는 종이 아니었습니다. 사도 바울은 이렇게 말씀하고 있습니다.

이제 내가 사람들에게 좋게 하랴 하나님께 좋게 하랴 사람들에게 기쁨을 구하랴 내가 지금까지 사람들의 기쁨을 구하였다면 그리스도의 종이 아니니라 (갈 1:10).

아브람의 실패는 신앙인에게 하나님의 말씀을 선택하는 것이 얼마나 중요한지를 보여 주고 있습니다. 아무리 인간적으로 탁월한 결정이라 할지라도 말씀과 어긋난 것이라면 그것은 재앙입니다. 절대로 인간적인 방법과 수단으로는 하나님의 축복에 이를 수 없는 것입니다.

하갈, 오 하갈

이들이 하나님의 말씀을 버리고 인간적인 방법을 택하였을 때에는 모든 것이 순조롭게 잘 진행되는 것 같았습니다. 그러나 얼마 가지 않아서 그것은 커다란 고통으로 바뀌는 것입니다. 반대로 고통스럽고 힘들어도 하나님의 말씀대로 가기 위해 하나님을 기다리고 기다리는 것은 처음에는 견디기 힘든 아픔처럼 다가오지만 시간이 갈수록 우리에게 유익이요 은혜와 축복임을 깨닫게 됩니다. 아브람과 사래가 바라던 대로 하갈은 임신을 하게 됩니다. 그런데 문제가 생겼습니다. 임신한 하갈의 태도가 바뀐 것입니다. 주인이었던 사래를 멸시합니다. 아이를 낳지 못한 사래의 아픈 상처를 건드립니다. 여기 '멸시'라는 말의 원래 의미는 '작게 보다,' '얕보다'는 뜻입니다. 오랫동안 아이가 없는 여주인과 달리 자기가 임신을 하게 되자, 순간적으로 자기의 종이었던 신분을 잊어버리고 여주인을 깔보며 멸시한 것입니다.

사래는 자기를 깔보며 멸시하는 하갈을 견딜 수 없어서 가만히 볼 수 없었습니다. 사래가 견딜 수 없어 아브람에게 화를 내며 하나님을 들먹거립니다.

> 사래가 아브람에게 이르되 내가 받는 모욕은 당신이 받아야 옳도다 내가 나의 여종을 당신의 품에 두었거늘 그가 자기의 임신함을 알고 나를 멸시하니 당신과 나 사이에 여호와께서 판단하시기를 원하노라(16:5).

하나님의 말씀을 버리고 세상의 방법 인간적인 방법을 택할 때에는 언제고 이제 와서 문제가 생기고 그 문제 때문에 힘들고 고통스러우니까 다시 하나님을 인생의 문제에 개입시키는 이기적인 그들을 볼 수 있습니다. 신앙은 한결 같은 하나님에 대한 태도를 말하는 것입니다. 고통스러울 때에도 행복하고 평안할 때에도 하나님의 판단을 기다리며 하나님을 기뻐하는 것, 그것이 진정한 신앙이 아닙니까?

아브람은 사래의 요구를 거절할 수 없었습니다. 그래서 "그의 눈에 좋은 대로 행하라."고 하갈을 버린 것입니다. 어차피 벌어진 일이지만 하갈이 학대받는 것만큼은 막았어야 했습니다. 아브람이 이렇게 우유부단한 사람이 된 것은 애굽에서 아내 사래를 누이라고 속이고 팔아먹은 일 때문이라고 합니다. 나름 일리가 있습니다만 그래도 하나님을 예배하고 하나님의 언약 백성의 가정에서 폭력과 억압으로 학대하는 일이 생겼다는 것은 더 이상 그 가정이 하나님의 말씀이 다스리는 가정이 아니라는 반증이기도 합니다. 인간적인 방법을 사용한 어두운 결과가 서서히 아브람의 가정을 덮어 오고 있는 것을 볼 수 있습니다. 그리고 이 어두움은 주님 다시 오실 날까지 계속될 것입니다.

아브람과 사래가 하나님의 말씀을 버린 대가는 싸움과 불행이었습니다. 아무리 어렵고 힘들어도 인간적인 방법을 선택해서는 안됩니다. 잠시 잠깐은 잘되는 것 같지만 나중에는 가지고 있는 것마저도 잃게 됩니다. 차라리 고통과 고난의 길을 걸으십시오. 그러면 하나님이 책임지십니다. 평생 하나님의 말씀을 선택할 것인가? 아니면 내 생각과 내 방법을 따를 것인가? 우리는 두 가지 선택의 기로에 설 것입니다. 그때마다 아브람과 사래를 생각하셔서 힘들어도 고통스러워도 하나님의 말씀을 선택하시고 한결같이 하나님만을 사모하시고 기다리십시오. 그것만이 하나님이 우리에게 약속하신 모든 하나님의 언약이 성취되는 축복의 길입니다.

이스마엘 운명도
하나님 손에

: 창세기 16장 7-16절 :

7여호와의 사자가 광야의 샘물 곁 곧 술 길 샘 곁에서 그를 만나 **8**이르되 사래의 여종 하갈아 네가 어디서 왔으며 어디로 가느냐 그가 이르되 나는 내 여주인 사래를 피하여 도망하나이다 **9**여호와의 사자가 그에게 이르되 네 여주인에게로 돌아가서 그 수하에 복종하라 **10**여호와의 사자가 또 그에게 이르되 내가 네 씨를 크게 번성하여 그 수가 많아 셀 수 없게 하리라 **11**여호와의 사자가 또 그에게 이르되 네가 임신하였은즉 아들을 낳으리니 그 이름을 이스마엘이라 하라 이는 여호와께서 네 고통을 들으셨음이니라 **12**그가 사람 중에 들나귀 같이 되리니 그의 손이 모든 사람을 치겠고 모든 사람의 손이 그를 칠지며 그가 모든 형제와 대항해서 살리라 하니라 **13**하갈이 자기에게 이르신 여호와의 이름을 나를 살피시는 하나님이라 하였으니 이는 내가 어떻게 여기서 나를 살피시는 하나님을 뵈었는고 함이라 **14**이러므로 그 샘을 브엘라해로이라 불렀으며 그것은 가데스와 베렛 사이에 있더라 **15**하갈이 아브람의 아들을 낳으매 아브람이 하갈이 낳은 그 아들을 이름하여 이스마엘이라 하였더라 **16**하갈이 아브람에게 이스마엘을 낳았을 때에 아브람이 팔십육 세였더라.

우리는 지금 아브람의 가정에 찾아온 불행을 살펴보고 있습니다. 그 불행의 원인은 아브람이 하나님의 말씀을 들은 것이 아니라 자신의 조상 아담처럼 아내 '사래'의 말을 들었기 때문입니다. 사래의 말이 합리적이고 이성적이라고 생각했기 때문입니다. 사래의 말대로 아브람은 하갈을 취하고 임신하게 합니다. 이때부터 아브람 가정에 문제가 생기기 시작합니다. 하갈은 임신하자 사래를 멸시하기 시작했기 때문입니다. 결국 사래의 분노가 폭발하게 되고, 아브람은 사래의 손에 하갈을 넘겨 주게 됩니다. 하갈은 아브람의 첩, 즉 아내의 자리에서 쫓겨나 다시 사래의 '종'의 자리로 떨어지게 됩니다. 사래는 하갈을 학대하기 시작합니다. 사래의 학대를 견디지 못하는 하갈은 도망을 결심하게 됩니다.

아브람의 가정을 수습하시는 여호와

사래의 학대를 견디지 못하여 도망하는 하갈에게 여호와의 사자가 찾아옵니다. 아담과 하와가 범죄하였을 때에도 그들이 먼저 하나님께 나아가 회개한 것이 아닙니다. 하나님이 먼저 찾아가셨습니다. 찾아가신 하나님은 그들의 부끄러움과 수치를 가려 주시기 위해 가죽옷을 지어 입히셨습니다. 가인이 아벨을 죽였을 때에도 하나님이 먼저 가인을 찾아가셨습니다. 찾아가셔서 "가인을 죽이는 자는 벌을 칠 배나 받으리라(4:15)."는 표를 주어 가인의 죽임을 면케 하셨습니다. 하나님은 이처럼 어떠한 죄인이라도 찾아와 주시고 그들의 고통을 돌보시고 살 길을 열어 주시는 자비로운 분이십니다.

그런데 하나님은 언제나 찾아가셔서 그 사람의 이름을 부르시므로 역사를 시작하십니다. 예를 들면, 범죄하여 숨은 아담에게 찾아오신 하나님은 "아담아 아담아 네가 어디 있느냐?" 이렇게 부르시지 않습니까? 이와 마찬가지로 하갈을 부르십니다. 그런데 그냥 '하갈아' 하고 부르신 것이 아니라 "사래의 여종 하갈아."라고 부르십니다. 하나님에게 하갈의 정체성은 분명히 '사래의 여종'이라는 것입니다. 하나님이 인간을 치유하실 때 처음 깨닫게 하시는 것이 바로 그 사람의 정체성입니다. 우리가 하나님 앞에서 어떤 존재인지를 먼저 분명하게 해 주십니다.

부활하신 예수님이 베드로를 만나서 그를 회복시키실 때에 그냥 "베드로야." 이렇게 평소에 부르시던 이름을 사용하신 것이 아닙니다. "요한의 아들 시몬아."라고 부르셨습니다. "요한의 아들 시몬아"는 베드로가 예수님을 만나기 전에 사용되던 이름이었습니다. 예수님을 만나지 못했다면 이 이름으로 세상에 묻혀 평생 고기 잡는 어부로 끝이 날 인생이었던 것입니다. 예수님을 만나고 새로운 인생을 살게 된 것이 얼마나 큰 축복인지를 베드로는 알아야 했습니다. "요한의 아들 시몬아 네가 나를 사랑하느냐?" 이 물음 앞에 베드로는 무너지고 다시금 예수님의 진정한 제자로 서게 되는 것 아니겠습니까?

'사래의 여종'이 하갈의 정체성이듯이 예수님을 믿는 우리는 '하나님의 종'이 바로 우리의 정체성입니다. 그런데 정말 하나님의 종답게 살아가고 있는지 생각해 보아야 합니다. 하나님의 종이라고 한다면 우리는 하나님의 말씀대로 살아갈 수밖에 없습니다. 하나님을 떠나거나 말씀을 저버리면 안됩니다. 더 이상 육체의 종노릇, 죄의 종노릇해서는 안됩니다. 우리는 오직 하나님의 종으로 영원까지 하나님 앞에만 서 있어야만 합니다.

6우리가 알거니와 우리의 옛 사람이 예수와 함께 십자가에 못 박힌 것은 죄의 몸이 죽어 다시는 우리가 죄에게 종 노릇 하지 아니하려 함이니 7이는 죽은 자가 죄에서 벗어나 의롭다 하심을 얻었음이라(롬 6:6-7).

십자가의 은혜를 받은 우리는 다시는 죄의 종으로 살아서는 안됩니다.

말씀을 버리거나 하나님을 떠나 죄의 종으로 살게 되는 인생에게 기다리고 있는 것은 타는 목마름과 뜨거운 태양이 이글거리는 풀 한 포기 자랄 수 없는 광야입니다. 그 광야에서 살아날 수 있는 유일한 길이 있습니다. 하갈처럼 하나님을 만나야 살 수 있습니다. 하나님을 사모하십시오.

"광야에서 죽어 가고 있는 하갈을 찾아오신 하나님, 내 인생에도 오시옵소서."

이렇게 간절히 하나님을 사모할 때에 우리 인생에 새로운 생명의 역사가 일어납니다.

다윗은 시편 42편 1-2절 말씀에서 여호와 하나님 만나기를 간절히 사모

언약으로의 초대: 창세기 1~25장

한 것을 볼 수 있습니다.

> [1]하나님이여 사슴이 시냇물을 찾기에 갈급함 같이 내 영혼이 주를 찾기에 갈급하니이다 [2]내 영혼이 하나님 곧 살아 계시는 하나님을 갈망하나니 내가 어느 때에 나아가서 하나님의 얼굴을 뵈올까.

이사야 선지자는 "밤에 내 영혼이 주를 사모하였사온즉 내 중심이 주를 간절히 구하오리니 이는 주께서 땅에서 심판하시는 때에 세계의 거민이 의를 배움이니이다(사 26:9)."라며 간절히 하나님만 간구하는 것을 볼 수 있습니다. 하나님만 사모함으로 하나님 만나는 은혜가 있기를 바랍니다.

인생의 문제는 방향성의 문제다

하나님은 하갈에게 "사래의 여종 하갈아 네가 어디서 왔으며 어디로 가느냐"고 물으십니다. 우리는 모든 것을 아시는 하나님이 왜 이 질문을 하고 계시는지 생각해야 합니다. 마치 아담이 어디 있는지 아시면서 "네가 어디 있느냐?"고 물으신 것이나 가인에게 "네 아우 아벨이 어디 있느냐?"고 물으신 것이나 동일합니다. 몰라서 물으신 것이 아니라 "지금의 네 상태가 어떤지를 알고 있느냐?"고 묻고 계신 것입니다. 그녀가 왜 이런 지경에 이르게 되었는지를 알고 있는지를 확인하고 계시는 것입니다.

하갈이 "사래의 종"이 된 것을 생각해 보십시오. 하갈은 애굽 사람입니다. 이방 여인인 하갈이 하나님의 사람 아브람을 만난 것은 은혜 중의 은혜입니다. 죄악된 애굽에서 벗어나 아브람의 손에 이끌리어 하나님을 알고 예배하는 사람이 되었습니다. 지금 하갈이 여호와의 사자를 만나고도 전혀 두려워하지 않고 하나님의 존재를 자연스럽게 인식하고 있는 과정을 우연한 것으로 보아서는 안됩니다. 하갈도 이미 아브람과 사래를 통해 하나님의 사람으로 성장해 있는 것입니다. 하갈은 이처럼 죄악 백성의 자리에서 하나님의 은혜로 하나님을 알고 예배하는 사람이 되었습니다. 게다가 종의 자리에서 첩, 즉 아내의 자리에 오르게 되고 아브람의 씨를 잉태하는 은혜를 누린 사람입니다. 이보다 더 큰 은혜와 축복이 어디에 있습니까? 그러나 하갈은 그 은혜를 잊어버리고 교만해져서 사래를 멸시하다가 광야로 도망하는 인생이 된 것 아닙니까?

지금 하갈의 모습이 우리의 모습일 수도 있습니다. 죄악에서 죽어 마땅한 죄인을 하나님이 불러 주시고 하나님의 일군 삼아 주셨는데도 교만해져서 하나님을 대적하고 말씀을 떠나 죄악된 세상으로 달려가는 것이 우리의 모습입니다. 우리는 언제나 "어디서 왔으며 어디로 가고 있는지"를 분명하게 날마다 깨달아야 하나님이 원하시는 인생 궤도에서 벗어나지 아니하고 하나님을 기쁘시게 하는 삶을 살 수 있습니다. 지금도 늦지 않았습니다. 하나님이 베풀어 주신 은혜를 외면한 채 세상으로 달려가 세상 것을 잡으려고 방황하지 말고 하나님께로 돌아와야 합니다. 하나님을 향하여 돌아서면 하나님이 우리의 손을 붙잡아 주시고 우리를 살게 해 주시는 놀라운 역사를 경험하게 될 것입니다.

하나님의 처방

하갈에게 여호와의 사자는 "네 여주인에게로 돌아가서 그 수하에 복종하라."고 말씀합니다. 도저히 견딜 수 없는 곳으로 다시 돌아가라는 하나님의 말씀은 사실 하갈이 감당하기 어려운 것입니다. 사래에게 돌아간다는 것은 죽음을 각오하지 않으면 안됩니다. 고대 근동의 법에 의하면 종이 도망하다가 잡히면 죽음으로 다스렸기 때문입니다. 그러나 하갈은 하나님의 이 말씀에 순종합니다. 이런 하갈의 순종이 모든 상황을 변화시킵니다.

하나님이 하갈에게 사래에게로 다시 돌아가라고 하신 이유는 무엇일까요? 가서 더 훈련받고 연단받아 훌륭한 사람이 되라는 것입니까? 아니면 그곳에 먹을 것이 풍족하고 살기에 편안하기 때문입니까? 아닙니다. 아브람의 가정에 하나님을 섬기는 제단이 있기 때문입니다. 하나님의 언약이 있기 때문입니다. 하갈의 인생 치유는 제단이 있고 예배가 있는 곳에서 시작되어야 하기 때문입니다. 먼저 예배의 자리로 돌아가서 하나님과의 관계를 다시 시작하라는 말씀인 것입니다. 이 예배의 회복이 전제되어야 새로운 인생을 살게 되기 때문입니다. 하나님은 역사는 우리가 있어야 될 예배의 자리에 있게 될 때에 시작되는 것입니다.

우리의 삶이 다시 회복되고 인생에 진정한 기쁨과 행복을 원하십니까? 예배의 자리로 돌아가십시오. 하나님의 말씀을 들으시고 하나님께 기도하며 찬송하십시오. 그때에 우리 모든 문제는 소리없이 해결되고 진정한 행복을 맛볼 수 있는 것입니다. 자녀 때문에 인생의 풍랑을 겪는 분이 계십니까? 예배의 자리로 나아오십시오. 하나님이 그 자녀를 고치실 것입니다. 물질 때문에 괴로워하는 성도가 계십니까? 예배의 자리에서 하나님을 만나십시오. 하나님이 우리에게 하늘의 복으로 함께하실 것입니다. 건강 때문에 힘들어 하시는 성도가 계십니까? 하나님이 원하시는 예배의 자리로 나아오십시오. 하나님이 만져 주시고 치유하여 주실 줄로 믿습니다.

하나님의 언약

사래에게로 돌아가라는 말씀과 함께 하나님은 하갈에게 약속을 주십니다. 성경에서 이처럼 여인에게 구체적이고 분명한 약속을 주신 것은 거의 없습니다. 하갈을 향한 하나님의 특별한 사랑을 볼 수 있습니다. 약속의 말씀을 주시는 것은 하나님의 특별한 사랑의 방법입니다. 지금까지는 그 사랑을 아브람이 독점적으로 누려 왔습니다. 하지만 아브람이 인간적인 방법을 선택했을 때 하나님은 하갈에게 말씀을 주심으로 아브람을 징계하신 것입니다. 하나님은 그의 말씀대로 살기를 기대한 아브람이 그 기대를 저버렸을 때 전혀 생각지 않은, 아브람조차 중요하게 생각하지 않아서 사래의 손에 넘겨 버린 그 여종을 통해 새로운 일을 추진하게 되신 것입니다.

이러한 예는 성경에서 빈번하게 나타납니다. 하나님이 북쪽 이스라엘을 사랑하셔서 엘리야 선지자를 보내셨습니다. 그러나 그들이 하나님의 말씀 청종하기를 거부하자 수많은 이스라엘의 과부들을 버리고 이방 땅에 있는 사렙다 과부에게 기적을 베푸셨습니다. 또 엘리사 선지자 때에도 하나님께 돌아오기를 거부하자 이스라엘의 수많은 문둥병자들은 버려 두시고 장차 이스라엘을 침공하게 될 아람의 군대장관인 나아만을 치료하여 주셨습니다. 이방의 치유와 회복은 이스라엘에 대한 또 다른 징계입니다.

우리도 마찬가지입니다. 우리가 하나님의 말씀 청종하기를 거부하고 인간적인 방법으로 신앙생활을 하면 우리에게 임할 하나님의 축복과 은혜가 전혀 내가 생각지 않은 사람들에게 흘러가는 것을 볼 수 있습니다. 교회도 마찬가지입니다. 지금 이렇게 하나님이 은혜를 베푸시고 함께하시는 능력을 보일 때 더욱 하나님의 뜻대로 순종하며 전진해야 하나님께 버림받지 아니하고 주님 오시는 그날까지 사용받게 됩니다. 항상 주님의 말씀에 주리고 목이 말라야 합니다. 그리고 언제나 하나님의 말씀에 순종해야 합니다. 인간적인 방법과 생각을 내려놓고 오직 하나님을 믿음으로 바라보며 기다려야 합니다. 그럴 때 내 삶도, 교회도 하나님의 은혜의 생수가 끊임없이 흐르게 되는 것입니다.

또 하나 중요한 것은 하나님이 약속을 주시는 과정을 보면 하나님은 하갈에게 당장 사래의 마음을 자신이 고쳐 주어 너를 부드럽게 예전처럼 대하게 한다든지 아니면 이 광야에서 너를 평안하게 살아가게 해 주겠다든지의 현실적인 문제 해결을 하신 것이 아니라는 것입니다. 하나님은 오직 언약의 말씀을 주십니다. 그리고 하갈은 그 말씀을 믿음으로 붙잡게 됩니다. 하나님은 언제나 말씀으로 찾아오시고 그 말씀을 붙드는 사람에게 축복하시는 것을 볼 수 있습니다.

하갈에게 주신 말씀은 세 가지입니다. 첫째, 그녀의 자손이 셀 수 없이 많아지게 될 것이라는 것과 둘째, 그녀가 아들을 낳게 될 것이고 그 이름을 이스마엘이라고 불리게 될 것(16:11)이라는 것입니다. 셋째, 이스마엘이 사람 중에 들나귀와 같이 되리라는 것(16:12)입니다. 하나님은 하갈이 가장 염려하는 아이의 안전을 보장하셨으며 또한 태어나는 아이가 아들일 것임을 말씀하셨습니다. 또한 그 후손이 번창할 것임을 약속하셨습니다. 이처럼 하나님은 하갈을 사랑하셨습니다. 하나님이 하갈을 사랑하시는 증표가 무엇입니까? 아이의 이름을 이스마엘이라고 친히 지어 주신 것입니다. 이스마엘의 이름 뜻은 "여호와께서 너희 고통을 들으셨다"는 뜻으로 히브리어 동사 '샤마(듣다)'라는 말과 '엘(하나님)'의 합성어입니다. 이스마엘의 이름은 광야에서 하갈의 고통 소리를 들으신 하나님을 영영토록 생각나게 하고 기념하는 이름이 될 것입니다. 이 이름은 훗날에 하나님이 고난과 역경 가운데서 그들의 부르짖음을 들으신다는 소망과 확신을 주는 좋은 예가 될 것입니다. 하갈의 고통을 들으신 하나님이 우리의 모든 고통을 들으시고, 돌아보시는 역사가 일어나게 될 것입니다.

브엘라헤로이

하나님의 말씀을 듣고 하갈은 13-14절에 나를 살피시는 하나님 즉 나를 지켜보고 계시는 하나님을 깨닫고 그 샘을 "브엘라헤로이"라고 했습니다. 여기 '나를 살피시는 하나님'이라는 말은 히브리어 원어 성경에 '엘 로이'라고 되어 있습니다. '엘'은 '하나님'이라는 뜻이고, '로이'는 '본다'는 뜻을 가진 히브리어 동사 '라아'와 목적어 '나를' 합한 말입니다. 직역을 해 보면 '나를 계속 살펴보시는 하나님'이라는 뜻입니다. 자신의 신분을 망각하고 주인을 하찮게 여기는 교만했던 자신을 듣고, 보고 계시면서도 찾아와 주신 하나님을 찬송한 것입니다. 그렇습니다. 하나님은 하갈을 계속 보살펴 주시는 하나님이신 줄로 믿습니다. 하나님은 학대당하고 고통 가운데 도망치는 하갈을 보고, 듣고 계셨습니다. 그리고 그에게 찾아오셨습니다. 그에게 약속을 주시고, 소망을 주셨습니다.

하나님이 하갈을 살피시고 돌보아 주셨다고 한다면 하나밖에 없는 독생자를 내어 주신 우리는 어떠하겠습니까? 하나님은 우리의 고통소리를 들으시고 우리의 모든 형편을 살피시고 계시는 분이신 줄로 믿습니다. 이 세상에 나의 형편과 고통을 돌봐 주는 사람 하나 없다고 원망하지 마십시오. 하나님은 지금 이 시간에도 우리와 함께하시며 우리의 모든 것을 듣고 계시고 보고 계시는 하나님이십니다.

> 여인이 어찌 그 젖 먹는 자식을 잊겠으며 자기 태에서 난 아들을 긍휼히 여기지 않겠느냐 그들은 혹시 잊을지라도 나는 너를 잊지 아니할 것이라(사 49:15).

> ¹여호와여 주께서 나를 살펴 보셨으므로 나를 아시나이다 ²주께서 내가 앉고 일어섬을 아시고 멀리서도 나의 생각을 밝히 아시오며(시 139:1-2).

하나님은 우리의 모든 것을 살펴보시므로 다 알고 계십니다. 우리의 과거 현재 미래를 알고 계시며 나와 함께하고 계시는 것입니다.

예수님이 마태복음 10장 29-31절에서 우리를 살피시는 하나님을 이렇게 소개해 주셨습니다.

> ²⁹참새 두 마리가 한 앗사리온에 팔리지 않느냐 그러나 너희 아버지께서 허락하지 아니하시면 그 하나도 땅에 떨어지지 아니하리라 ³⁰너희에게는 머리털까지 다 세신 바 되었나니 ³¹두려워하지 말라 너희는 많은 참새보다 귀하니라.

우리 앞에 놓여 있는 광야를 보시고 두려워하지 마십시오. 하나님은 우리의 모든 것을 세밀하게 살피시고, 알고 계십니다. 그 하나님이 바로 "너희 아버지," 즉 '우리 아버지'가 되십니다. 우리의 아버지되신 그 하나님을 믿기만 하십시오. 요한복음 14장 18절에서 예수님은 "내가 너희를 고아와 같이 버려 두지 아니하겠다."고 약속해 주셨습니다. 그렇습니다. 사람은 우리를 버리고 세상은 우리를 외면해도 하나님은 우리를 절대로 버리지 않으십니다. 하나님은 영원토록 우리와 함께하시며 우리의 작은 신음에도 응답하시는 분입니다. 하나님께 인생을 전적으로 맡기시기 바랍니다. 우리와 세상 끝날까지 함께해 주시고 우리를 지키시고 인도하실 엘 로이 하나님만 의지하시며 전진하시기를 바랍니다.

17장

하나님 앞에서
완전하라

: 창세기 17장 1-8절 :

1아브람이 구십구 세 때에 여호와께서 아브람에게 나타나서 그에게 이르시되 나는 전능한 하나님이라 너는 내 앞에서 행하여 완전하라 **2**내가 내 언약을 나와 너 사이에 두어 너를 크게 번성하게 하리라 하시니 **3**아브람이 엎드렸더니 하나님이 또 그에게 말씀하여 이르시되 **4**보라 내 언약이 너와 함께 있으니 너는 여러 민족의 아버지가 될지라 **5**이제 후로는 네 이름을 아브람이라 하지 아니하고 아브라함이라 하리니 이는 내가 너를 여러 민족의 아버지가 되게 함이니라 **6**내가 너로 심히 번성하게 하리니 내가 네게서 민족들이 나게 하며 왕들이 네게로부터 나오리라 **7**내가 내 언약을 나와 너 및 네 대대 후손 사이에 세워서 영원한 언약을 삼고 너와 네 후손의 하나님이 되리라 **8**내가 너와 네 후손에게 네가 거류하는 이 땅 곧 가나안 온 땅을 주어 영원한 기업이 되게 하고 나는 그들의 하나님이 되리라.

아브람의 가정에 하갈로 말미암아 생겨난 문제를 수습하신 하나님이 무려 13년 만에 다시 아브람을 찾아오시는 장면을 소개하고 있습니다. 13년 이라는 세월은 하나님과 아브람의 교제가 단절된 기간입니다. 어쩌면 아브람은 인간적으로는 아들 이스마엘을 얻고 즐거운 삶을 살았는지 모릅니다. 그러나 하나님의 임재를 경험하고 하나님과 교제하는 즐거움은 없었던 것입니다. 아브람은 하나님과의 만남을 통해서 맛볼 수 있는 임재의 영광은 상실하고 말았던 것입니다. 이러한 때에 하나님이 아브람을 찾아오신 것입니다.

아브람에게 찾아오신 하나님은 먼저 자신을 '전능하신 하나님'으로 소개하십니다. 그리고 아브람에게 "너는 내 앞에서 행하여 완전하라."는 말씀을 하십니다. 하나님은 지금 아브람의 문제가 무엇인지를 말씀하고 있는 것입니다. 아브람은 하나님을 전능하신 하나님으로 믿지 않았습니다. 또한 하나님 앞에서 행하지 않았습니다. 그의 믿음은 완전한 것이 아니었습니다. 그는 인간적인 편법에 의하여 얻은 이스마엘에 만족하고 있었고 그를 통해 자기를 향한 하나님의 언약이 이루어졌다고 착각하고 있었습니다. 그러나 그는 그에게 주신 하나님의 언약은 한 가지도 이루어지지 않았다는 것을 모르고 있었습니다. 아브람에게는 이루어야 할 자손과 땅을 향한 하나님의 뜻이 그대로 남아 있었습니다. 하나님이 원하시는 것은 이스마엘이라는 현실 안주가 아닙니다. 그를 통해 세상 모든 민족이 하나님의 임재를 경험하게 하는 것입니다. 이것이 아브람이 추구해야 될 완전한 삶인 것입니다.

전능한 하나님

나는 전능한 하나님이라고 하신 이유가 뭘까요? 아브람이 하나님을 전능하신 하나님으로 믿지 못하였기 때문입니다. 창세기 17장 16절에 보면 하나님은 다시 한 번 아브라함의 아내 사라의 몸에서 아들이 태어날 것이라고 분명히 말씀하십니다. 하지만 아브라함은 " 엎드려 웃으며 마음속으로 이르되 백 세 된 사람이 어찌 자식을 낳을까 사라는 구십 세니 어찌 출산하리요(17절)." 하면서 하나님의 말씀을 비웃습니다. 왜냐하면 자신의 나이 99세, 아내 사라는 89세로서 육체적인 생식의 능력이 완전히 상실하였기 때문입니다. 이어지는 말씀에서 아브라함은 "이스마엘이나 하나님 앞에 살기를 원하나이다." 하며 하나님이 주시기로 한 이삭이 아닌 자신의 육신의 힘으로 나은 이스마엘이 하나님이 인정하는 후손이 되기를 소원하고 있는 것입니다. 이러한 아브라함에게 하나님은 전능한 하나님이라고 자기 자신을 소개하는 것입니다.

인간적으로 보면 도저히 아이를 가질 수 없는 불가능한 상태에 있지만 하나님은 못하실 일이 없는 전능하신 하나님이라는 것입니다. 인간의 모든 가능성이 끝나 버린 사례를 통해 하나님은 전능하신 능력으로 아들을 주실 것이라고 다시 한 번 약속하고 계십니다. 인간적인 생식 능력이 살아 있어서 이삭이 태어났다면 그들이 어찌 하나님을 전능하신 하나님으로 믿을 수 있었겠습니까?

인간의 모든 가능성이 끝난 그 순간 아브람에게 전능하신 하나님으로 찾아오신 하나님은 이 시간 우리에게도 찾아오십니다. 우리는 하나님이 주신 응답의 약속을 믿음으로 기다리지 못할 때가 많이 있습니다. 그러나 하나님은 반드시 말씀하신 언약을 지키시고 이루시는 신실하신 하나님이십니다. 인간 편에서 더디다고 생각되지만 하나님은 가장 정확한 시간에 가장 적절하신 방법으로 우리에게 찾아오십니다.

하나님은 사람이 아니시니 거짓말을 하지 않으시고 인생이 아니시니 후회가 없으시도다 어찌 그 말씀하신 바를 행하지 않으시며 하신 말씀을 실행하지 않으시랴(민 23:19).

하나님은 이 시간 우리에게 말씀하신 바를 분명히 이루어 주실 살아 계신 전능하신 하나님이십니다.

도저히 소망도, 단 1%의 가능성도 없는 인생 막다른 골목에 서 있다고 생각하시는 분이 계십니까? 지금이 하나님이 일할 때입니다. 서양 속담에 "인간의 끝은 하나님의 시작이다."라는 말이 있습니다. 인생 한계 상황을 만나 낙심하고 절망하여 모든 것을 포기하신 분이 계십니까? 지금이 하나님이 우리를 위해 일하실 때입니다. 전능하신 하나님이 아브람을 다시 일으켜 세워 주신 것처럼 우리를 일으켜 세워 주실 것입니다. 하나님이 전능하신 하나님으로 내게 오셔서 산산조각 나 버린 우리의 꿈을 이루어 주실 것입니다. 내게로 찾아오실 전능하신 하나님을 사모하십시오. 그리고 하

언약으로의 초대: 창세기 1~25장

나님을 믿으십시오.

> 예수께서 이르시되 할 수 있거든이 무슨 말이냐 믿는 자에게는 능히 하지 못할 일이 없느니라 하시니(막 9:23).

> 내가 진실로 진실로 너희에게 이르노니 나를 믿는 자는 내가 하는 일을 그도 할 것이요 또한 그보다 큰 일도 하리니 이는 내가 아버지께로 감이라(요 14:12).

> 내게 능력 주시는 자 안에서 내가 모든 것을 할 수 있느니라(빌 4:13).

우리는 전능하신 하나님 앞에서 살아가는 언약의 백성이요 축복의 사람임을 믿으십시오. 그럴 때 우리 인생에 하나님의 가능성이 새롭게 일하기 시작할 것입니다.

이곳에 처음으로 등장하여 아브람에게 최초로 공개된 '엘 샤다이,' '전능하신 하나님'이란 단어가 제일 많이 등장하는 성경책이 어떤 책인지 아십니까? 욥기입니다. '엘 샤다이'란 말이 구약에 모두 48회나 나오는데 그중에 무려 31회가 욥기에 나옵니다. 욥기 5장 18절을 보십시오.

> 하나님은 아프게 하시다가 싸매시며 상하게 하시다가 그의 손으로 고치시나니.

우리 인생의 모든 고난을 싸매시고 고치시는 하나님이 바로 엘 샤다이이십니다. 사랑하는 자녀들의 모든 인생의 고난과 고통을 싸매시고 인생에 찾아온 어두움을 물리치시는 전능하신 하나님, 그 하나님이 우리의 하나님이십니다. 하나님을 '엘 샤다이'의 하나님이라 고백하고 믿는 자들마다 인생의 능력과 지혜로는 도저히 경험할 수 없는 위대한 기적과 축복을 경험하게 될 것입니다.

내 앞에서 행하라

'하나님 앞에서' 행하라고 말씀하실 때 이 말은 "하나님이 지켜보시는 앞에서"라는 말로서 고대 근동에서는 '왕에 대한 절대적인 충성'을 표현하는 언어입니다. 성경에서 '하나님 앞에서'라는 말은 하나님께 절대적으로 충성하는 것으로서 그의 모든 삶이나 생활 영역에서 하나님의 출현과 임재를 의식하는 것이며, 하나님이 말씀하시는 것은 무조건 순종하는 것임을 의미하는 것입니다. 이것이 하나님에 대한 절대적 충성인데, 아브람은 무슨 일을 하든지, 어디를 가든지 항상 하나님의 임재를 의식해야 했으며, 하나님의 눈앞에 서 있어야 했던 것입니다. 사람을 의식하고 환경을 의식하는 것이 아니라 언제나 전능하신 하나님을 자신 앞에 모셔 놓고 행동해야 했던 것입니다.

하나님은 우리에게도 하나님 앞에서 행할 것을 말씀하고 계십니다. 하나님 앞에서 행하는 사람은 환경을 바라보고 사람을 바라보는 것이 아니라 오직 하나님만 바라보는 사람입니다. 모세처럼 홍해를 바라보는 것이 아니라 전능하신 하나님을 바라보고 홍해를 향하여 우리의 지팡이를 내밀어야 합니다. 이것이 하나님 앞에서 행하는 삶입니다. 여호수아처럼 견고한 여리고성을 바라보는 것이 아니라 말씀으로 역사하실 하나님을 바라보며 하나님이 말씀하신 대로 순종해야 합니다. 요한복음 2장의 가나 혼인잔치 집의 하인들처럼 항아리에 담겨 있는 물을 바라보는 것이 아니라 예수님을 바라보고 순종하는 삶, 이것이 하나님 앞에서 행하는 삶입니다.

우리는 이제 전능하신 하나님 앞에서 행하는 사람들입니다. 인간적으로 불가능한 일을 만났어도 하나님을 끝까지 믿으며 신뢰하는 사람은 하나님이 예비하신 진짜 아들인 이삭을 품에 안고 기뻐할 사람입니다. 이삭을 통해 임재하게 될 하나님의 나라를 바라보며 행복해 할 사람인 것입니다.

완전하라

"완전하라"는 말씀은 창세기 6장 9절에서 하나님에 대한 노아의 신앙을 설명할 때 나왔던 단어로서 레위기 1장 3, 10절에서와 같이 주로 하나님께 제사드릴 때 "흠이 없는 제물"을 말할 때 쓰이는 단어입니다. 하나님은 노아처럼 아브람에게 하나님 앞에 흠이 없는 거룩한 산 제물이 되기를 소망하신 것입니다. 하나님께 거룩하게 드려지지 않는다면 아무리 하나님이 전능하셔도 그의 삶에 기적은 일어나지 않을 것입니다. 하나님은 이삭을 주시기 전에 아브람의 거룩한 믿음의 회복을 요구하신 것입니다.

하나님이 아브람에게 '완전하라.'고 말씀하신 것을 보면 그동안 아브람의 생활이 하나님 앞에 있지 못했고, 하나님의 길을 걷지 못했고, 하나님 앞에서 거룩하지 못했다는 것을 알 수 있습니다. 지나간 아브람의 행적을 보면 하나님이 왜 이렇게 말씀하시는지를 잘 알 수 있습니다. 약속의 땅 가나안에 기근이 찾아오자 하나님이 주시기로 약속하신 땅을 버리고 애굽으로 내려갑니다. 애굽에서 자기 목숨이 아까워서 자기 아내를 누이라 하여 바로에게 내줬습니다(12:13). 또한 하나님보다 사래의 말을 더 청종하여 하갈을 통해 이스마엘을 낳기도 했습니다.

이스마엘의 생산은 아브람 자신 뿐 아니라 그의 온 후손에게도 커다란 고통으로 존재합니다. 그의 이러한 행동은 믿음과는 전혀 상관없는 인간의 본능에 가까운 행동이었습니다. 하나님은 아브람에게 인간 본능에 의하여 판단하고, 행동하는 사람이 아니라 오직 하나님의 말씀에 의하여 절대적으로 순종하는 완전한 신앙의 사람이 되기를 원하신 것입니다. 곧 자기 중심의 삶이 아니라 하나님 언약 중심의 완전한 믿음의 소유자로 하나님과 세상 앞에 서기를 원하신 것입니다. 내가 아니라 하나님에 의하여 움직이는 삶, 이것이 거룩이고 하나님이 요구하시는 완전함의 의미인 것입니다. 곧 나를 포기하고 말씀을 붙잡는 것이 거룩이요, 하나님 앞에서의 완전함입니다.

우리의 삶에서 아무리 긴급하고 중요한 결정과 행동이 요구되는 상황이 찾아온다 할지라도 말씀의 거울에 비추어 하나님의 뜻을 찾고 구하여 하나님이 말씀하시는 대로 행할 수 있는 거룩하고 완전한 사람이 되기를 소원합니다.

이름을 바꾸어 주시는 하나님

하나님의 말씀을 들은 아브람은 하나님 앞에 얼굴을 대고 땅에 엎드렸습니다. 이것은 그의 신앙이 잘못되었음을 인정하는 것입니다. 하나님의 말씀 앞에 자신의 모든 것을 내려놓고 엎드리는 신앙, 이것이 아브람의 신앙이었습니다. 이렇게 하나님 앞에 엎드리는 아브람에게 새 이름을 주시게 됩니다.

> 이제 후로는 네 이름을 아브람이라 하지 아니하고 아브라함이라 하리니 이는 내가 너를 여러 민족의 아버지가 되게 함이니라(5절).

'아브람'은 '고귀한 아버지'라는 뜻이지만 '아브라함'은 '많은 무리의 아버지'라는 뜻이 있습니다. 새 이름을 주신 것은 아브람에게만 아니라 그의 아내에게도 마찬가지입니다.

> 15하나님이 또 아브라함에게 이르시되 네 아내 사래는 이름을 사래라 하지 말고 사라라 하라 16내가 그에게 복을 주어 그가 네게 아들을 낳아 주게 하며 내가 그에게 복을 주어 그를 여러 민족의 어머니가 되게 하리니 민족의 여러 왕이 그에게서 나리라(17:15-16).

아브람의 아내 사래에게도 새 이름을 주신 것은 그들 부부 사이에서 날 아들을 통해 큰 민족을 이루게 하시겠다는 하나님의 의지를 더욱 분명하게 표명해 주신 것으로 이해됩니다.

그러므로 아브람이 아브라함이 된 것은 하나님의 소망입니다. 하나님이 아브라함을 향해 가지셨던 소망과 계획과 약속이 무엇이었습니까? 본문 5절에 있는 대로 "내가 너를 여러 민족의 아버지가 되게 함이니라." 하신 것 아닙니까? 이제 아브라함은 하나님의 소원대로 여러 민족의 아버지가 될 것입니다. 지금까지는 '고귀한 자'라는 자기중심의 삶을 살아왔지만 이제 후로는 그의 삶이 변화되고 존재가 바뀌게 되어 한 가족이나 한 부족의 중심인물에서 큰 민족, 많은 민족의 아버지가 되는 것을 가리킵니다. 복 받은 한 개인에서 많은 사람을 복되게 하는 존재로 변모하는 것을 뜻하는 것입니다.

우리는 아브라함처럼 모두 존경받을 만한 고귀한 인생을 살아야 합니다. 그러나 우리에게는 고귀한 인생을 살므로 존경받는 이상으로 더 중요한 가치가 있습니다. 그것은 바로 거룩한 영향력을 땅 끝까지 확산시키는 것입니다. 내가 복 받고 존귀해지는 것도 중요하지만 세상 모든 사람을 복되게 하는 전도의 사명, 선교의 사명이 더 중요합니다. 나를 뛰어넘고 우리라는 공동체를 초월하여 세상 모든 민족을 바라보는 것이 우리를 향하신 하나님의 소원입니다. 세상 모든 민족이 그들을 통해 하나님을 예배하는 예배자가 되는 것 그것이 "많은 무리의 아버지와 어머니"로 살아야 하는 아브라함과 사라의 삶이자 우리의 삶인 것입니다.

하나님의 이러한 소원이 성경 마지막 책인 요한계시록에서 이렇게 노래되고 있습니다.

9이 일 후에 내가 보니 각 나라와 족속과 백성과 방언에서 아무도 능히 셀 수 없는 큰 무리가 나와 흰 옷을 입고 손에 종려 가지를 들고 보좌 앞과 어린 양 앞에 서서 10큰 소리로 외쳐 이르되 구원하심이 보좌에 앉으신 우리 하나님과 어린 양에게 있도다 하니(계 7:9-10).

바로 우리가 자주 부르는 찬양 "비전"의 가사입니다. 모든 민족이 큰 소리로 외쳐 영원한 구원자되신 어린 양 예수님을 찬양하는 그 꿈, 그 꿈을 위해 하나님은 아브라함을, 사라를 부르시고 또한 우리를 부르셨습니다.

아브라함에게 찾아오셔서 새 이름을 주심으로 자신의 소원을 확인하신 엘 샤다이의 하나님은 우리에게 묻고 계십니다. 우리 자신만 위해 고귀하고 존경받는 삶만 추구하는 이기적인 삶을 살 것인가? 아니면 거룩한 영향력을 땅 끝까지 흘러가게 할 수 있는 하나님의 비전을 이루는 인생을 살 것인가? 부디 하나님의 소원을 붙잡고 주님 오시는 그날까지 선하고 거룩한 영향력을 흘러가게 하는 새로운 인생을 사는 우리가 되기를 바랍니다.

"완전하라"는 말씀은 창세기 6장 9절에서 하나님에 대한 노아의 신앙을 설명할 때 나왔던 단어입니다. 노아를 설명할 때 사용되었습니다. 이 단어는 레위기 1장 3, 10절에서와 같이 주로 하나님께 제사드릴 때 "흠이 없는 제물"을 말할 때 쓰이는 단어입니다. 노아는 하나님 앞에 흠이 없는 제물이었습니다. 이 말씀은 노아가 도덕적으로나 율법적으로 흠이 없는 완전한 삶을 살았다는 것이 아니라 하나님 앞에 흠 없이 완전하게 드려진 제물로 헌신된 인생이라는 말씀입니다. 그는 하나님 앞에 온전히 드려졌습니다. 그러므로 그에게는 자기 자신은 없고 하나님만 있었습니다. 말씀만 있었습니다. 노아는 한 번도 비를 본 적도, 배를 본 적도 없습니다. 그러나 하나님의 말씀 하나 붙들고 세상의 온갖 조롱에도 하나님이 명하신 대로 방주를 120년에 걸쳐서 산꼭대기에 지을 수 있었던 것입니다. 자기 자신이 하나님 앞에 완전히 죽어진 제물이 되었기에 가능한 일입니다. 하나님은 아브라함이 노아처럼 흠이 없는 거룩한 산 제물로 온전히 헌신하기를 원하신 것입니다. 아브라함이 온전한 제물로 헌신되지 못하니까 10년을 채 못 기다리고 이스마엘이 나온 것 아니겠습니까?

하나님 앞에 온전히 드려지게 되면 전능하신 엘 샤다이의 하나님이 기적을 베푸실 것입니다. 우리가 잘 아는 오병이어의 기적을 생각해 보십시오. 어린 소년의 작은 도시락이 예수님의 손에 온전히 드려지게 되니까 장정만 오천 명이 먹고 남는 엄청난 기적이 일어나는 것 아니겠습니까? 우리 삶에 전능하신 엘 샤다이의 하나님의 기적을 경험하기를 원하신다면 먼저 우리가 하나님 앞에 흠이 없는 제물로 드려져야 합니다. 내 삶이 드려지고, 내 인생이 드려지고, 내 시간이 드려지고, 내 물질이 온전히 드려지면 하나님의 기적은 우리 삶에 얼마든지 일어나는 것입니다.

도저히 인간적으로 불가능한 상황에서 이삭의 탄생이라는 기적을 예비하신 하나님이 아브라함에게 '흠이 없는 제물'로 드려지기를 원하신 것입니다. 하나님께 거룩하게 드려지지 않는다면 아무리 하나님이 전능하셔도 그의 삶에 기적은 일어나지 않을 것입니다.

또 하나 하나님은 '완전하라'는 말씀을 통해 아브라함의 거룩한 믿음의 회복을 요구하신 것입니다. 흠이 없는 거룩을 요구하신 것입니다. 아브라함은 인간적인 방법으로 상속자를 만들려고 여종을 취하여 이스마엘을 낳았습니다(16장). 또한 그동안 이스마엘을 키우는 재미에 빠져서 하나님의 언약의 말씀을 완전히 잊고 살았던 것을 알 수 있습니다. 아브라함은 하나님의 언약을 신뢰하지 못했으며, 믿음이 아닌 인간적인 방법으로 하나님의 뜻을 이루려 했던 인물입니다. 그의 삶은 결코 하나님이 원하시는 믿음의 삶이 아니었습니다. 아브라함은 이제 하나님 앞에서 거룩한 제물로 완전해져야 했던 것입니다. 이스마엘을 내려놓고 하나님이 약속하셨던 언약을 향하여 다시 서야만 아브라함은 완전해질 수 있습니다. 이스마엘이 그의 삶의 중심이 아니라 하나님의 언약이 삶의 중심이 되어야 했습니다.

하나님이 하나님의 사람들 특히 하나님의 특별한 능력과 기적을 체험할 사람들에게 먼저 요구하신 것이 거룩이라는 것을 우리는 잘 알고 있습니다. 모세를 보십시오. 타는 떨기나무 불꽃 사이로 임재하신 하나님 앞에 섰을 때에 하나님이 모세에게 요구하신 것은 한 가지입니다.

네가 선 곳은 거룩한 땅이니 네 발에서 신을 벗으라(출 3:5).

신을 벗으므로 하나님 앞에서 거룩해진 모세를 통해 하나님은 엄청난 구원의 역사를 이루신 것입니다. 모세의 뒤를 이어 이스라엘의 지도자가 된 여호수아도 마찬가지입니다. 이스라엘 백성이 크고 견고한 성 여리고 앞에 섰을 때, 하나님은 백성에게는 할례를 행하게 하시고 여호수아에게는 군대 장관을 통해 신을 벗게 하셨습니다. 여호수아와 이스라엘 백성의 거룩이 선결되고 하나님은 전능하신 능력으로 그들에게 약속하신 모든 것을 다 허락하여 주신 것입니다.

아브라함의 문제는 거룩의 문제였습니다. 그래서 훗날 하나님의 마음에 합한 다윗은 언제나 하나님 앞에서 완전한 삶 살기를 그토록 소망한 것입니다. 시편 86편 11-12절에서 다윗은 다짐했습니다.

11여호와여 주의 도를 내게 가르치소서 내가 주의 진리에 행하오리니 일심으로 주의 이름을 경외하게 하소서 12주 나의 하나님이여 내가 전심으로 주를 찬송하고 영원토록 주의 이름에 영광을 돌리오리니.

즉 하나님을 섬기되 일심으로, 전심으로, 영원토록 섬기고자 다윗은 노력했습니다. 하나님의 은혜와 기적은 거룩을 통해 전달되기 때문입니다.

오늘 우리 삶에 찾아오는 위기의 문제는 거룩의 문제입니다. 환경이 문제가 아닙니다. 사람이 문제가 아닙니다. 우리가 하나님 앞에 거룩하게 서지 못하였기 때문입니다. 오늘 우리 모두가 하나님 앞에서 신을 벗고 거룩해지므로 하나님이 약속해 주신 축복을 받아 누리기를 바랍니다.

몸에 새긴 언약: 할례

: 창세기 17장 9-14절 :

9하나님이 또 아브라함에게 이르시되 그런즉 너는 내 언약을 지키고 네 후손도 대대로 지키라 **10**너희 중 남자는 다 할례를 받으라 이것이 나와 너희와 너희 후손 사이에 지킬 내 언약이니라 **11**너희는 포피를 베어라 이것이 나와 너희 사이의 언약의 표징이니라 **12**너희의 대대로 모든 남자는 집에서 난 자나 또는 너희 자손이 아니라 이방 사람에게서 돈으로 산 자를 막론하고 난 지 팔 일 만에 할례를 받을 것이라 **13**너희 집에서 난 자든지 너희 돈으로 산 자든지 할례를 받아야 하리니 이에 내 언약이 너희 살에 있어 영원한 언약이 되려니와 **14**할례를 받지 아니한 남자 곧 그 포피를 베지 아니한 자는 백성 중에서 끊어지리니 그가 내 언약을 배반하였음이니라.

인간적인 편법으로 얻은 이스마엘에 만족하며 하나님의 언약을 잃어버리고 살아가던 아브라함에게 하나님은 13년 만에 찾아오셨습니다. 하나님은 아브라함에게 자기 자신을 '전능하신 하나님'으로 소개하며 하나님의 모든 언약은 전능하신 능력으로 반드시 이루어지게 될 것임을 암시하셨습니다. 이 전능하신 하나님의 능력이 아브라함에게 임하기 위해서는 그는 '하나님 앞에서 행하여 완전해야 했습니다.' 이스마엘이나 점점 풍족해져 가는 물질 앞에서 살아가는 것이 아니라 전능하시며 말씀하시는 하나님 앞에서 행하는 사람이 되어야 했습니다. 또한 아브라함은 하나님께 온전히 헌신된 제물이 되어야 했습니다.

하나님이 아브라함에게 '완전하라'고 말씀하신 것은 도덕적으로나 율법적으로 흠이 없는 것을 요구하신 것이 아닙니다. 오히려 하나님께 자신의 모든 것을 있는 그대로 온전하게 보이라는 것입니다. 노아처럼 말씀이 아니고는 노아를 움직일 수 없는 삶을 살기를 원하신 것입니다. 하나님의 말씀 한마디에 120년을 견딘 노아와 10년을 채 못 버틴 아브라함의 차이는 바로 이 '완전함'의 차이, 즉 온전하게 헌신한 것과 헌신하지 못한 것의 차이였습니다. 하나님의 전능하심은 온전히 드려지는 헌신을 통해 아브라함의 삶 가운데에 임재하게 되는 것입니다. 전능하신 하나님의 능력이 아브라함의 삶에 약속대로 반드시 임할 것임을 하나님은 아브람과 사래의 이름을 바꾸어 주심으로 다시 한 번 확인해 주셨습니다. 이제 아브라함과 사라는 자기중심적인 삶이 아니라 온 세상에 하나님의 선하심을 보여 줄 수 있는 영향력 있는 삶을 살게 될 것입니다. 아브람이라는 제한적인 삶에서 벗어나 아브라함이 되어 온 열방을 복되게 하는 삶을 살게 될 것입니다.

하나님은 아브라함이 부족하고 연약할 때 찾아오셔서 이름을 바꾸어 주시며 크고 놀라운 새로운 비전을 주셨습니다. 이것이 아브라함에게 임한 하나님의 은혜입니다. 하나님 앞에서 온전하고 신실하게 행할 때 찾아오신 것이 아니라 그가 한없이 연약하여 하나님의 말씀마저 신뢰하지 못할 때 찾아오셔서 그를 말씀으로 새롭게 하신 것입니다. 이것이 하나님이 아브라함에게 값없이 베푸신 은혜입니다. 이 장면을 보면서 우리도 새로운 소망을 가져야 합니다. 하나님 앞에서 우리가 부족하고 연약하지만 우리를 찾아오셔서 우리의 마음의 문을 두드리시는 예수님을 영접하기만 하면 우리에게도 크고 놀라운 새 일을 행하실 것입니다. 우리의 부족함을 보지 마시고 하나님의 전능하심과 우리의 연약함까지 끌어안으시는 하나님을 바라보시기 바랍니다. 하나님을 사모하는 자들은 반드시 하나님을 만나게 될 것이고 아브라함과 같은 새로운 회복의 역사를 경험하게 될 것입니다.

할례 언약

하나님이 아브라함에게 새 이름을 주신 것은 이제 그에게서 이전의 삶과는 완전히 다른 구별된 삶을 요구하시는 것으로 보아야 합니다. 그 영적 변화와 성숙이 눈에 보이도록 요구하신 의식이 할례였습니다. 본문은 10-14절에 걸쳐 비교적 길게 할례에 관한 명령을 기록하고 있습니다. 모든 남자는 다 할례를 받아야 하며, 이것이 하나님과 아브라함 및 그의 후손들 사이의 영원한 언약의 표징이고, 이 언약의 표징을 지니지 못한 사람은 하나님의 백성이 아니라는 것입니다. 만약 이 할례를 우습게 여겨 거부하는 자가 있다면 하나님의 백성에서 끊어지게 될 것이라고 말씀하신 것입니다.

이 할례 언약에는 언약의 두 당사자인 하나님과 아브라함이 언약을 통해 해야 될 일이 분명하게 기록되어 있습니다. 4-8절까지는 하나님이 하실 일이 기록되어 있습니다. 9-14절까지는 아브라함이 해야 될 일이 기록되어 있습니다. 아브라함을 위해 하나님이 하실 일은 자손과 땅에 관한 것으로서 다섯 가지로 요약할 수 있습니다. 첫째, "내가 너로 심히 번성케 하리라." 둘째, "여러 민족의 아버지가 되게 할지라." 셋째, "수많은 왕들이 네게로부터 나오리라." 넷째, "너와 네 후손의 하나님이 되리라." 다섯째, "가나안 땅을 영원한 기업으로 주리라."입니다. 이 언약의 핵심은 하나님이 아브라함과 그 후손의 하나님이 되어 주시는 것입니다. 전능하신 하나님이 영원토록 그들의 하나님이 되어 주실 것입니다. 이제 그들은 전능하신 하나님의 은혜 아래서 번성하게 될 것이고 왕이 되어 민족과 나라를 다스리는 위대한 축복을 누리게 될 것입니다.

아브라함이 지켜야 될 일은 할례를 행하는 것입니다. '할례'라는 말은 히브리어로 '잘라내다'는 뜻입니다. 오늘 말씀에 보면 '양피를 베라'고 하셨습니다. 즉 남자 생식기의 표피를 제거하는 것입니다. 양피를 베는 것은 불결한 것을 제거하는 성결의 상징입니다. 하나님을 믿음으로 타락으로 인한 인간 본성적 불결함을 제거하는 것입니다. 할례를 행함으로 성결하게 된 아브라함은 이제 하나님의 자녀된 표식이 평생 몸에 남게 됩니다. 이제 하나님과의 계약을 잊으려 해도 잊을 수 없게 되었습니다. 아브라함과 그의 자손들은 육체에 새겨진 그 언약을 바라보면서 자신들은 하나님의 특별한 언약을 받은 사람임을 날마다 확인하였던 것입니다. 이 할례 언약은 원상 복구도 안됩니다. 잘라내 버렸으니 불가능합니다. 즉 할례를 통해서 아브라함 자손은 돌이킬 수 없는 언약의 참여자들이 되었습니다. 그러므로 할례는 하나님 자녀, 즉 아브라함의 언약에 참여한 자손이라는 육체의 표식입니다.

그러면 할례가 아브라함과 그의 자손에게서 갖는 영적인 의미는 무엇이겠습니까? 첫째, 할례는 하나님께 속한 백성임을 인치는 외적 표지로서의 의미가 있습니다. 하나님은 아브라함에게 태어난지 8일째에 할례를 행하도록 하셨습니다. 8일은 땅의 한 주기가 끝나고 새롭게 시작되는 시간입니다. 예수님은 한 주간의 고난과 죽음 후에 8일째, 첫 날에 부활하셨습니다. 8일은 옛 것이 모두 지나가 버린 전혀 새로운 시간을 의미합니다. 이제 하나님 안에서 완전히 다른 새로운 인생을 살게 됨을 선포하는 의식입니다.

둘째, 할례는 지난날의 죄와 수치를 제거하는 의미가 있습니다. 훗날 모세의 인도 하에 애굽에서 해방되어 나온 이스라엘이 광야를 지나며 할례를 잊어버렸다가 여리고 성 전투를 앞두고 여호수아에 의해 모든 이스라엘 남자들이 할례를 받았을 때에 하나님이 여호수아에게 하신 말씀이 무엇이었습니까?

여호수아에게 이르시되 내가 오늘 애굽의 수치를 너희에게서 떠나가게 하였다(수 5:9).

이렇게 할례는 하나님을 알지 못하던 시절의 세상의 죄와 수치를 씻어버리는 것을 의미합니다. 우리가 아닌 하나님이 친히 우리의 모든 수치를 제거하시는 의식이 할례인 것입니다.

셋째, 할례는 하나님을 위한 삶의 헌신을 실천하는 의지를 표명하는 의미가 있습니다. 할례는 얼마간의 고통을 감수해야 하는 것입니다. 그 고통

언약으로의 초대: 창세기 1~25장

을 몸으로 받아들이는 것은 하나님을 위한 실제적인 헌신의 삶을 상징적으로 표하는 것입니다. 하나님이 육체의 고통을 감수하게 하시며 눈에 보이도록 언약을 행하신 이유는 신앙은 관념이나 사상이 아니라 실제적인 삶임을 깨닫게 하시기 위함입니다. 신앙은 이론이 아닙니다. 하나님의 약속을 이루기 위해서는 때로는 어떠한 고난도 감수해야 하는 것입니다. 고통 가운데서 하나님이 성취하실 언약을 바라보면서 끝까지 인내하며 하나님을 사모하는 것이 진정한 신앙의 자세입니다. 하나님의 언약을 위해 날마다 내 육신을 쳐서 복종시키며 훈련시키는 것이 할례의 또 다른 영적인 의미입니다.

넷째, 할례는 하나님의 언약이 영원하고 불변하며 돌이킬 수 없는 것이라는 표징입니다. 하나님이 남자의 육체에 할례를 통해 특별한 표징을 남겨 두신 것은 아브라함과 그의 후손들에게 "하나님은 약속에 신실하신 하나님이시다. 하나님의 약속은 틀림없이 이루어진다. 하나님은 변함이 없으신 분이시다."라는 사실을 보여 주시기 위한 것입니다. 그러므로 하나님의 모든 말씀은 틀림없이 이루어지는 것입니다.

무엇보다 중요한 것은 할례 언약은 아브라함을 향한 하나님의 언약이 예전과 달리 구두 약속을 넘어서서 직접 두 눈으로 볼 수 있는 사실적 언약입니다. 아브라함이 구두로 주어지는 말씀 언약으로만 신앙의 어려움을 극복할 수 없다는 것을 아시는 하나님은 그에게 두 눈에 보이는 언약을 주심으로 완전한 하나님의 사람이 되기를 소망하신 것입니다. 아브라함뿐만 아니라 우리는 위기가 찾아오고 고난이 닥쳐오면 말씀만으로 극복하기 어려울 때가 있습니다. 이럴 때에 필요한 것이 눈에 보이는 구체적인 하나님이 함께하시고 계시다는 증거입니다. 우리 성도님 가운데서도 아무리 말씀을 들어도 깨닫지 못하다가 아이가 힘든 질병에서 기적적으로 치료를 받았을 때 깨닫게 되는 것을 본 적이 있습니다. 그 가정에 일어난 기적, 그것이 눈에 보이는 설교입니다. 우리는 연약해서 때로는 말씀만으로 깨닫지 못할 때가 있습니다. 때로는 눈에 보이는 설교가 있어야 분명하게 깨닫곤 합니다. 눈에 보이는 설교가 아브라함과 그 후손에게는 할례였던 것입니다. 자신들의 육체에 새겨진 언약을 보면 세상 끝날까지 함께하시며 자신을 축복하실 하나님을 날마다 확인할 수 있었던 것입니다.

마음에 행한 할례

그러나 할례를 행하는 것만으로 아브라함의 자녀가 되고, 하나님의 자손이 된다고 오해하면 안됩니다. 아브라함이 언제 하나님 앞에서 의롭다고 인정받았는지를 생각해 보십시오. 할례받기 전에 아브라함은 이미 믿음으로 하나님 앞에 의롭다 함을 받았습니다. 지난날의 모든 불의한 삶에서 하나님의 자녀다운 의로운 삶으로 옮겨 간 것은 육체에 할례를 행함으로 얻어지는 것이 아니라 마음으로 믿음으로 얻어지는 것입니다. 그러므로 진정한 할례는 육신이 아닌 마음에 행하는 것입니다. 마음에서 전적으로 하나님을 신뢰하고 인정하며, 그분의 말씀대로 살기를 즐거워하는 신앙의 열정이 있는 사람들이 진정한 할례를 경험한 사람들인 것입니다.

> 네 하나님 여호와께서 네 마음과 네 자손의 마음에 할례를 베푸사 너로 마음을 다하며 뜻을 다하여 네 하나님 여호와를 사랑하게 하사 너로 생명을 얻게 하실 것이며(신 30:6).

신약성경도 성령으로 마음에 할례를 받아야 한다고 말씀하고 있습니다. 바울은 진정한 하나님의 백성을 단순히 육체에 할례를 행한 사람이 아니라 마음에 할례를 행한 사람이라고 말씀하고 있습니다.

> 오직 이면적 유대인이 유대인이며 할례는 마음에 할지니 영에 있고 율법 조문에 있지 아니한 것이라 그 칭찬이 사람에게서가 아니요 다만 하나님에게서니라(롬 2:29).

단순히 아브라함의 후손으로 육체에 할례를 받았다고 하나님의 백성이 되는 것이 아니라 성령으로 마음에 할례받은 사람이 진정한 하나님의 백성이라는 것입니다. 신약 시대 성도는 마음의 할례를 받습니다. 그것은 곧 세례입니다. 세례는 예수님을 믿고 영접한 자들에게 베푸는 예식입니다.

베드로가 이르되 너희가 회개하여 각각 예수 그리스도의 이름으로 세례를 받고 죄 사함을 받으라 그리하면 성령의 선물을 받으리니(행 2:38).

그러므로 예수를 믿고 예수님의 이름으로 세례 받는 사람들은 이미 영혼이 거듭난 사람들입니다. 구약의 할례와 더불어 신약의 세례를 이해할 때 중요한 것이 있습니다. 그것은 구약의 말씀처럼 할례를 받는다고 모두 영적인 아브라함의 자손이 아닌 것처럼 육신의 세례를 받는다고 구원받는 것이 아니라는 사실입니다. 갈라디아서 5장 6절은 이렇게 말씀하고 있습니다.

그리스도 예수 안에서는 할례나 무할례나 효력이 없으되 사랑으로써 역사하는 믿음뿐이니라.

진실로 예수님을 구주로 영접하고 믿고 말씀대로 살게 될 때에 구원받은 백성이라는 증거가 나타나는 것입니다. 외적으로 아무리 할례를 행하고 외적으로 아무리 신앙생활을 잘하는 것처럼 보여도 진심으로 나의 죄를 위해 십자가에 못 박혀 죽으신 예수님을 만나지 못하고 예수님을 믿지 못한다면 아무런 소용이 없는 것입니다.

아브라함의 이름과 할례

하나님은 할례를 명하시기 전에 아브라함의 이름을 먼저 바꾸어 주셨습니다. 아브람이라는 '고귀한 자'라는 이름에서 '열국의 아버지'라는 아브라함으로 바뀌게 된 것입니다. 자기 자신이 높임을 받는 고귀한 자라는 한계를 벗어나 이제 온 세계를 품에 안아야 되는 영적인 아버지가 된 것입니다. 할례의 의미도 아브라함의 이름과 무관하지 않습니다. 하나님은 할례의 영역 또한 온 세계 열방으로 확대한 것을 볼 수 있습니다. 할례를 순수 이스라엘 백성에게만 행한 것이 아니라 자신의 영역 안으로 들어온 모든 사람에게 행해야 했습니다.

> 너희의 대대로 모든 남자는 집에서 난 자나 또는 너희 자손이 아니라 이방 사람에게서 돈으로 산 자를 막론하고 난 지 팔 일 만에 할례를 받을 것이라 (12절).

하나님이 아브라함과만 독점적으로 언약을 맺은 것이 아니라 애굽 여종인 하갈도 찾아가 주시고, 새로운 축복을 약속해 주신 것처럼 육신적 이스라엘만 이스라엘이 아니라 세상 모든 사람이 그리스도 안에서 동일한 언약의 백성이 되게 할 것을 명하신 것입니다. 특히 돈 때문에 노예로 팔려 온 비참한 인생에게도 하나님의 영광 안에서 새로운 삶을 살 수 있는 길을 열어 주신 것입니다. 그러므로 할례는 아브라함과 그 후손들에게 세상 모든 사람을 구원받게 해야 할 사명이 있음을 알게 해 주는 특별한 하나님의 메시지인 것입니다. 즉 이스라엘에게만 구원을 주시고 이스라엘만 축복하시는 하나님이 아니라는 것입니다.

하나님이 우리를 부르시고 자녀 삼으신 이유도 동일합니다. 우리만 축복받고 우리만 구원받기 위함이 아닙니다. 나를 통해 세상 모든 사람이 구원을 얻고 예수 그리스도 안에 있는 축복을 누리도록 하는 것이 하나님이 우리를 선택하시고 부르신 근본적인 목적인 것입니다. 나만 생각하고 나만 위하는 신앙은 아직도 아브라함이 아브람에 머물러 있는 이미 용도 폐기된 신앙입니다. 이제 눈을 들어 내가 아닌 온 열방을 바라보아야 합니다. 내게 있는 선택받은 백성이라는 특권 속에서 허락받은 축복을 온 세상을 향하여 흐르게 해야 됩니다. 내게 있는 축복을 흐르지 못하게 나만의 성을 구축하는 사람은 결국 고여서 썩는 사해 바다같이 죽은 인생을 살게 될 것입니다. 내가 받은 축복도 은혜도 세상을 향하여 흐르게 하는 사람이 진정한 하나님의 자녀요, 영적인 아브라함의 자손이며, 마음에 할례를 행한 진정한 믿음의 사람인 것입니다.

성 바실리우스St.Basilius,330-379의 말을 봅시다.

여러분의 집에서 썩고 있는 빵은 굶주린 이들의 것입니다.
여러분의 신발장에서 곰팡내를 풍기고 있는 신발은 신발 없는 이들의 것입니다.
여러분의 옷장에 쌓여 있는 옷은 헐벗은 이들의 것입니다.
여러분의 금고에서 가치가 절하되고 있는 돈은 가난한 이들의 것입니다.

이것은 성도 개인의 삶에만 국한되는 것이 아닙니다. 교회도 진정한 할례받은 교회가 되어야 합니다. 하나님이 시골에 있는 교회이지만 지속적인 부흥을 주시는 이유는 한 가지입니다. 우리 안에 있는 축복과 부흥을 온 세계에 흐르게 하라는 것입니다. 앞으로도 더 많이 선교사님의 사역을 돕고 연약한 교회를 섬기는 교회가 될 때에 진정한 영적인 거룩함에 이른 할례받은 공동체라고 할 수 있을 것입니다. 하나님께 축복받은 성도라는 사실을 믿고 있습니까? 그렇다고 한다면 축복으로 온 세상을 섬길 수 있는 진정한 마음의 할례를 받기를 바랍니다. 그리하여 축복에 쌓여서 나만 보이는 것이 아니라 세계, 열방의 죽어 가는 영혼이 보이기를 바랍니다. 그리고 그 영혼을 위해 나의 축복의 창고를 열고 축복을 흐르게 하므로 영적 육적 생명을 공급해 주는 진정한 하나님의 자녀다운 삶을 살기를 바랍니다.

할례를
행함

15하나님이 또 아브라함에게 이르시되 네 아내 사래는 이름을 사래라 하지 말고 사라라 하라 16내가 그에게 복을 주어 그가 네게 아들을 낳아 주게 하며 내가 그에게 복을 주어 그를 여러 민족의 어머니가 되게 하리니 민족의 여러 왕이 그에게서 나리라 17아브라함이 엎드려 웃으며 마음속으로 이르되 백 세 된 사람이 어찌 자식을 낳을까 사라는 구십 세니 어찌 출산하리요 하고 18아브라함이 이에 하나님께 아뢰되 이스마엘이나 하나님 앞에 살기를 원하나이다 19하나님이 이르시되 아니라 네 아내 사라가 네게 아들을 낳으리니 너는 그 이름을 이삭이라 하라 내가 그와 내 언약을 세우리니 그의 후손에게 영원한 언약이 되리라 20이스마엘에 대하여는 내가 네 말을 들었나니 내가 그에게 복을 주어 그를 매우 크게 생육하고 번성하게 할지라 그가 열두 두령을 낳으리니 내가 그를 큰 나라가 되게 하려니와 21내 언약은 내가 내년 이 시기에 사라가 네게 낳을 이삭과 세우리라 22하나님이 아브라함과 말씀을 마치시고 그를 떠나 올라가셨더라 23이에 아브라함이 하나님이 자기에게 말씀하신 대로 이 날에 그 아들 이스마엘과 집에서 태어난 모든 자와 돈으로 산 모든 자 곧 아브라함의 집 사람 중 모든 남자를 데려다가 그 포피를 베었으니 24아브라함이 그의 포피를 벨 때는 구십구 세였고 25그의 아들 이스마엘이 그의 포피를 벨 때는 십삼 세였더라 26그날에 아브라함과 그 아들 이스마엘이 할례를 받았고 27그 집의 모든 남자 곧 집에서 태어난 자와 돈으로 이방 사람에게서 사온 자가 다 그와 함께 할례를 받았더라.

하갈에게 이스마엘에 관하여 말씀을 주신 하나님은 무려 13년 동안이나 아브라함에게 침묵하고 계셨습니다. 아브라함은 길고 어두운 영적인 암흑기를 보내야만 했습니다. 믿음의 사람에게는 다른 것이 고난이 아닙니다. 하나님의 임재가 없는 것이 고난 중의 고난입니다. 하나님께 마음이 합한 사람 다윗은 시편 13편 1절에서 주님의 임재를 갈망하는 것을 볼 수 있습니다.

여호와여 어느 때까지니이까 나를 영원히 잊으시나이까 주의 얼굴을 나에게서 어느 때까지 숨기시겠나이까.

심지어 다윗은 "목마른 사슴이 시냇물을 찾듯이 그의 영혼이 주를 찾아 헤매이고 있다."고 고백하기도 했던 것입니다. 그러나 아브라함은 달랐습니다. 하나님에 관하여 좌절하고 절망하고 체념하며 완전히 잊어버리고 있었던 것입니다.

그러나 하나님은 아브라함을 잊지 않으셨습니다. 마침내 아브라함을 찾아오신 하나님은 그에게 "전능하신 하나님"이 되어 주실 것을 약속하셨습니다. 그리고 그에게 오직 하나님 앞에서만 행하고 하나님께 완전한 자가 되라는 새로운 비전을 주셨습니다. 뿐만 아니라 하나님 앞에서 완전하게 살게 될 아브라함의 미래를 바라보며 아브람에서 아브라함으로 그의 이름을 바꾸어 주셨습니다. 자신만을 위한 삶에서 세계 열방을 위한 삶으로 삶의 지평을 넓혀 주시겠다고 약속해 주셨습니다. 그리고 이 언약이 이루어지기 위해 하나님은 그에게 할례를 명하셨습니다. 할례를 통해 아브라함은 완전히 세상과 구별된 삶을 살 것입니다.

사래에서 사라로

본문에서는 아브라함에 이어 하나님은 사래의 이름을 사라로 바꾸어 주시고 그녀에게 복을 주시겠다고 약속해 주셨습니다. 사라는 많은 민족의 어머니가 될 것이며, 민족의 여러 왕이 사라에게서 나오게 될 것입니다(16

절). 하나님이 두 번씩이나 사라에게 축복을 약속해 주신 이유는 사라에게 약속한 축복이 반드시 성취될 것이라는 강조입니다. 두 번의 강조된 약속을 통해 하나님은 사라에게 분명한 믿음을 요구하신 것입니다.

사라는 하나님의 언약을 믿지 못하고 자신의 애굽 여종 하갈을 통해 인간적인 방법으로 자식을 얻고자 하다가 큰 곤란을 경험한 인물입니다. 하나님의 응답을 믿음으로 기다리기보다는 어떤 수단과 방법을 써서라도 현재의 고통에서 벗어나야만 직성이 풀리는 인물이었던 것입니다. 이러한 사라에게 가장 큰 고통은 아브라함이 이스마엘과 더불어 행복한 시간을 보내는 것을 바라보는 것입니다. 이때 사라는 이미 여자로서 생명이 끝나 버린 자신의 육체를 생각하며 얼마나 깊은 좌절과 절망 속에서 몸부림치고 있었을까요? 그렇다고 한다면 하나님은 왜 하나님이 선택하신 여종에게 이러한 고난을 허락하셨을까요? 고통을 통해 사라는 하나님이 원하시는 사람으로 거듭나야 했습니다. 하나님 앞에서 완전히 깨지고 부서져야 했습니다.

하나님은 너무나도 강한 사라의 자아가 깨지기를 기다리신 것입니다. 어떤 말씀에도 더 이상 내 생각, 내 방법을 쓰지 않고 하나님을 기다릴 수 있는 진정한 믿음의 사람이 될 때까지 하나님이 사라를 낮추신 것입니다. 하나님이 사람을 통해, 직장을 통해, 물질을 통해, 건강을 통해 낮추시는 이유가 무엇입니까? 내 안에 시퍼렇게 살아서 날뛰는 자아를 거꾸러뜨리기 위해서입니다. 내가 죽어지고 부서져야 하나님의 말씀이 온전히 내 안에서 살아 역사할 수 있기 때문입니다. 우리는 예수님의 십자가를 따른다고 하면서 사라처럼 내 잘난 맛에 살고 있지 않습니까? 하나님은 고난을 통해 나를 철저히 깨뜨리십니다. 부족과 결핍을 통해 하나님이 아니면 도저히 살 수 없다고 고백할 때까지 기다리십니다. 오직 하나님만을 의지하는 신앙의 사람으로 성숙하게 되었을 때 모든 부끄러움을 벗겨 주시고 낮은 자리에서 높은 자리로 옮겨 주시는 것을 볼 수 있습니다.

하나님은 이스라엘 백성도 동일한 방법으로 하나님의 사람으로 만들어

가신 것을 볼 수 있습니다.

더 생각해 볼 것은 성경에서 하나님께 쓰임받은 여성들은 하나같이 불임의 고통을 경험한 사람들입니다. 리브가도 불임으로 고통받았습니다, 마노아의 아내, 즉 삼손의 어머니 또한 불임의 고통을 경험한 사람입니다. 사무엘의 어머니 한나 또한 불임의 고통을 통해 하나님의 마음을 깨달은 사람 아닙니까? 불임의 고통을 통해 철저히 낮아지고 오직 하나님만 의지하게 되었을 때 하나님은 그들에게 하나님의 뜻을 이룰 아들을 허락하신 것입니다. 어렵게 얻은 아들이지만 그들의 것으로 여기지 아니하고 하나님의 아들로 여겨 하나님을 위해 일생을 살아가도록 하나님께 드리는 헌신의 삶을 살게 됩니다. 하나 같이 불임의 고난을 통해 태어난 인물은 모두 하나님의 온전한 도구로 살면서 이스라엘의 구속사의 큰 축을 감당하는 위대한 인생을 살게 됩니다. 결국 사라의 불임도 하나님의 은혜임을 알 수 있습니다. 하나님의 손에 붙들린 고난은 그래서 축복입니다.

아브라함의 웃음과 불신앙

하나님의 약속 앞에 아브라함은 웃으며 불신앙으로 받아들입니다. 아브라함의 반응은 지극히 상식적입니다. 인간적으로 보면 도저히 불가능한 일이기 때문입니다. 그러나 아브라함이 놓친 것이 있습니다. 바로 자기에게 말씀하시는 분이 '전능하신 엘 샤다이'의 하나님이라는 것을 잊고 있었습니다. 그리고 인간적인 조건과 환경을 바라보고 자기는 끝났다고 포기하고 있었지만 하나님은 결코 포기하거나 잊지 않으시는 신실하신 하나님이라는 사실을 알지 못한 것입니다.

하나님이 사라가 아들을 낳을 것을 말씀하시자 웃으며 그 말씀을 믿지 못하는 아브라함이 이렇게 고백합니다.

아브라함이 이에 하나님께 아뢰되 이스마엘이나 하나님 앞에 살기를 원하나이다(18절).

'하나님 앞에서의 삶,' 그것은 하나님이 아브라함에게 17장 1절에서 명하신 삶입니다. 이스마엘에게 명하신 것이 아닙니다. 하나님 앞에서의 삶은 아브라함이 살아야 하는 것입니다. 그는 자신에게 명하신 하나님 앞에서의 삶을 포기하는 것입니다. 그리고 그 사명을 이스마엘에게 전가하는 것을 볼 수 있습니다.

"하나님 앞에서의 삶, 좋지요. 하지만 저는 그 삶, 못 삽니다. 이스마엘이나 그렇게 살도록 해 주십시오."

하갈을 통해 이스마엘을 얻을 때처럼 아직까지 아브라함의 믿음은 하나님의 말씀을 있는 그대로 수용하는 하나님이 은혜로 부어 주시는 믿음이 아니라 극히 인간적이고 세속적인 믿음임을 알 수 있습니다.

말씀하시는 하나님과 아브라함의 믿음

이러한 아브라함을 하나님은 끝까지 말씀을 통해 세워 나가십니다. 하나님은 아브라함에게 화를 내신다든지 바로 징계하시는 것이 아니라 계속해서 말씀으로 오십니다. 어려울 때일수록, 포기하고 싶을 때일수록, 말씀을 붙들어야 합니다. 말씀하시는 하나님을 바라보아야 합니다. 그리고 그 말씀을 묵상해야 합니다. 말씀을 놓는 순간 우리는 마귀 밥이 되고 맙니다.

하나님이 이르시되 아니라 네 아내 사라가 네게 아들을 낳으리니 너는 그 이름을 이삭이라 하라 내가 그와 내 언약을 세우리니 그의 후손에게 영원한 언약이 되리라(19절).

하나님은 조금 더 구체적으로 말씀을 주십니다. 사라가 반드시 아들을 낳을 것인데 그 아들의 이름까지 하나님이 이삭으로 부르고 계십니다.

구체적인 하나님의 말씀을 들은 아브라함의 심경에 변화가 생기기 시작합니다. 인간적이고 세속적인 믿음이 아니라 전능하신 하나님을 절대적으로 신뢰하는 믿음의 사람으로 아브라함이 점점 성숙해 갑니다. 그래서 사도 바울이 로마서 10장에서 믿음은 들음에서 난다고 한 것입니다. 믿음이 있어야 하나님의 기적이 일어나는 것 아니겠습니까? 특별히 우리의 삶 가운데에 하나님의 기적이 필요하신 분은 기적을 구하는 것이 우선이 되어서는 안됩니다. 기적 이전에 하나님의 말씀을 듣는 것이 먼저입니다. 하나님의 말씀을 들으므로 아브라함처럼 믿음이 성숙하게 되면 점점 언약이 구체화되고 머지않아 이삭이 탄생하게 되는 것입니다. 이 사실을 누구보다 사탄이 잘 알고 있습니다. 그래서 사탄은 무슨 수를 써서라도 우리가 하나님의 말씀 듣는 것을 방해합니다. 말씀을 들으면 믿음이 생기고 믿음이 생기면 기적이 일어날 것이라는 것을 마귀가 잘 알고 있기 때문입니다.

이렇게 말씀으로 찾아오신 하나님이 얼마나 은혜로운 하나님이신가 하면 아브라함의 말을 들으시는 하나님이십니다. 20절에 보면 이렇게 말씀하십니다.

이스마엘에 대하여는 내가 네 말을 들었나니 내가 그에게 복을 주어 그를 매우 크게 생육하고 번성하게 할지라 그가 열두 두령을 낳으리니 내가 그를 큰 나라가 되게 하려니와(20절).

아브라함의 불신앙적인 반응에도 하나님은 아브라함의 말을 들으셨습니다. 우리에게 말씀하시는 하나님은 우리의 말을 들으시는 인격적인 하나님이십니다. 그래서 우리 입술의 고백이 중요합니다. 아브라함의 말을 들으신 하나님이 이스마엘 또한 축복하시는 것을 볼 수 있습니다.

하나님은 이처럼 언약 밖에 있는 외인들도 축복하십니다. 아무리 그들이 하나님과 상관없는 삶을 살아간다 할지라도 끝까지 그들을 축복하셔서 사업도 잘되게 하시고, 실력도 뛰어나게 하시며 건강하게 하십니다. 그들 나름대로 크고 강성하게 살아가도록 허락하십니다. 그러함에도 그들은 언약 밖에 있는 외인의 삶에서 그치고 맙니다. 하나님이 아브라함을 부르신 이유가 여기에 있습니다. 이스마엘 자손들처럼 세상에서 잘되고, 잘 먹고, 잘 사는 육체적인 삶 때문에 아브라함을 부르신 것이 아니라 하늘의 축복을 주시므로 잃어버린 에덴 동산을 회복하고 모든 죄를 멸하시므로 온 땅 위에 하나님의 영광이 다시 충만하게 하기 위함입니다.

예수 믿지 않는 자들이 우리보다 세상에서 성공하고 출세하는 것을 부러워하거나 이상하게 생각할 필요가 없습니다. 그들은 그것으로 그치지만 우리에게는 하나님이 아브라함과 이삭을 통해 주시기로 약속하신 하늘의 영원한 존귀와 영광이 기다리고 있는 것입니다.

이삭, 하나님의 기쁨

하지만 영원하신 하나님의 언약은 반드시 이삭을 통해 이루어지게 될 것입니다. 인류 구원을 위한 메시아이신 예수 그리스도의 출현은 반드시 아브라함과 사라의 후손인 이삭을 통해서만 이루어지게 될 것입니다(21절). 사라에게 주신 약속대로 예수 그리스도를 믿는 자녀들은 구원받고 하나님의 자녀가 되는 것입니다. 하나님은 아브라함과 언약을 맺을 뿐 아니라 직접 이삭과 언약을 맺겠다고 말씀하십니다(19절). 그리고 그 언약은 영원한 언약이 됩니다. 하나님의 생각과 아브라함의 생각이 다르다는 것을 알 수 있습니다.

하나님의 약속대로 태어난 아이의 이름 뜻은 '웃음,' 즉 '기쁨'입니다.

아담과 하와가 범죄한 이후에 기쁨이라는 단어는 이 땅에서 사라졌습니다. 그러나 이삭을 통해 드디어 다시 하나님 안에 있는 기쁨을 맛보게 될 것입니다. 그러나 이삭을 통해 얻는 기쁨은 진정한 기쁨이 아닙니다. 실제적으로는 '기쁨의 그림자'입니다. 이삭은 하나님이 인류에게 주시는 기쁨의 그림자인 것입니다. 처음에 아브라함은 이삭 때문에 기쁨을 누리며 살았습니다. 그러다가 점점 세월이 흐르면서 이삭을 통해 오게 될 후손이 진정한 기쁨의 실체라는 사실을 깨닫기 시작합니다. 이러한 아브라함의 깨달음을 예수님은 유대인에게 이렇게 설명하셨습니다.

> 너희 조상 아브라함은 나의 때 볼 것을 즐거워하다가 보고 기뻐하였느니라 (요 8:56).

아브라함도 처음에는 이삭을 통해 영적인 기쁨이 아닌 단지 육신의 소원이 이루어진 것에 만족하는 기쁨을 누리고 있었습니다. 그러다가 이삭 뒤에 오시게 될 예수 그리스도를 통해서만이 진정한 기쁨이 오게 될 것을 바라보게 된 것입니다. 한마디로 이삭을 통해 성취하게 될 언약을 믿음의 눈으로 바라보게 된 것입니다.

진정한 믿음의 사람, 아브라함

> 이에 아브라함이 하나님이 자기에게 말씀하신 대로(23절).

드디어 아브라함이 자신의 고집을 꺾고 하나님의 말씀만을 신뢰하기 시작합니다. 아브라함은 자기 생각을 내려놓고 하나님이 말씀하신 대로 할례를 행하게 됩니다. 아브라함은 자신의 생각과 주장을 내려놓고 즉시 말씀에 순종하기 시작합니다. 원문에 보면 "하나님이 아브라함을 떠나자마자 즉시" 이렇게 되어 있습니다. 아브라함의 믿음은 즉시 순종하는 믿음이었습니다. 아브라함의 신앙의 장점 중의 장점은 말씀이 떨어지면, 하나님의 감동이 있으면 즉시 순종한다는 것입니다. 22장에서 독자 이삭을 바치라는 명령에 순종하는 아브라함을 보십시오. 말씀이 임하자마자 주저하거나 망설이거나 계산하지 않고 즉시 이삭을 바치러 모리아 산으로 떠나는 것을 볼 수 있습니다. 그만큼 아브라함이 하나님에 대해 철저한 믿음과 신뢰의 삶을 살고 있는 것을 볼 수 있습니다.

아브라함이 하나님께 순종하여 할례를 행한 후에 하나님은 약속하신 대로 이삭을 아브라함에게 주셨습니다. 아브라함이 할례로 정결해지자 하나님의 약속이 이루어진 것입니다. 전능하신 엘샤다이의 하나님의 능력은 우리의 거룩이라는 그릇에 담기는 것입니다. 이스라엘을 축복하시고 가나안으로 이끄시기 위해 하나님이 이스라엘 백성에게 요구한 것은 단 한 가지입니다.

너희는 거룩하라 이는 나 여호와 너희 하나님이 거룩함이니라(레 19:2).

하나님 안에 있는 모든 은혜와 축복을 누리기 위해 우리에게 요구되는 것은 세상의 능력이 아닙니다. 지식이나 경험이 아닙니다. 물질이 아닙니다. 오직 거룩하기만 하면 쓰임 받습니다. 거룩이 우리의 능력인 것입니다. 사도행전에 보면 소수의 초대교회 교인들이 세상을 뒤엎어 놓은 그리스도인으로 불리운 것은 그들의 거룩한 삶, 세상과 뚜렷하게 구별된 삶 때문이었습니다. '거룩'의 본래 뜻이 구별되는 것 아닙니까? 오늘날 우리의 삶이 세상 사람들과 분명하고 뚜렷하게 구별되어야 할 줄로 믿습니다.

우리가 이미 공부한 창세기 12장에서 아브라함을 부르신 장면을 생각해 보십시오. 아브라함이 하나님의 부름을 받아 자기 고향을 떠나는 이야기가 나옵니다. 왜 하나님이 그를 고향에서 불러내셨을까요? 잘 먹고 잘 마시고 편안하게 살게 하시려고 부르신 것이 아닙니다. 이 세상과 구별되는 거룩한 사람, 이 세상 사람들과는 삶의 목적과 방법이 완전히 다른 사람이 되라고 불러낸 것입니다. 떡으로 사는 사람이 아니라 하나님의 말씀으로 사는 사람이 되라고 부르신 것입니다.

우리를 예수 믿도록 불러내신 이유도 마찬가지입니다. 이 세상과 구별된 거룩한 백성이 되라고 불러낸 것입니다. 창세기부터 요한계시록까지 성경 전체의 주제를 한마디로 요약하면 '거룩'이라고 할 수 있습니다. 하나님 닮은 거룩한 백성이 되라는 것입니다. '거룩하라'는 말을 바꾸면 '다른 사람이 되라,' '구별된 사람이 되라'는 말입니다. '거룩'이라는 것은 '다르다'는 의미입니다. 그러므로 믿는 사람과 세상 사람은 하늘과 땅처럼 다릅니다. 빛과 어두움처럼 다릅니다. 흰색과 어두운 색이 다르듯 예수 믿는 사람과 믿지 않는 사람은 철저하게 다릅니다. 만일 교회가 세상과 비슷하거나 세상과 같으면 그날로 교회는 생명을 잃게 됩니다. 우리의 삶은 성도라는 거룩한 이름과 그 이름의 능력을 잃어버리게 될 것입니다. 우리가 세상 사람들과 달라지는 길만이 오늘의 한국 교회를 다시 살리는 유일한 길입니다. 부디 오늘부터 말씀을 통해 성숙한 믿음을 소유하시므로 말미암아 이 세상과 완전하게 구별된 하나님의 사람답게 살아가기를 바랍니다.

18장

이삭의
탄생 예언

: 창세기 18장 1-15절 :

1여호와께서 마므레의 상수리나무들이 있는 곳에서 아브라함에게 나타나시니라 날이 뜨거울 때에 그가 장막 문에 앉아 있다가 **2**눈을 들어 본즉 사람 셋이 맞은편에 서 있는지라 그가 그들을 보자 곧 장막 문에서 달려나가 영접하며 몸을 땅에 굽혀 **3**이르되 내 주여 내가 주께 은혜를 입었사오면 원하건대 종을 떠나 지나가지 마시옵고 **4**물을 조금 가져오게 하사 당신들의 발을 씻으시고 나무 아래에서 쉬소서 **5**내가 떡을 조금 가져오리니 당신들의 마음을 상쾌하게 하신 후에 지나가소서 당신들이 종에게 오셨음이니이다 그들이 이르되 네 말대로 그리하라 **6**아브라함이 급히 장막으로 가서 사라에게 이르되 속히 고운 가루 세 스아를 가져다가 반죽하여 떡을 만들라 하고 **7**아브라함이 또 가축 떼 있는 곳으로 달려가서 기름지고 좋은 송아지를 잡아 하인에게 주니 그가 급히 요리한지라 **8**아브라함이 엉긴 젖과 우유와 하인이 요리한 송아지를 가져다가 그들 앞에 차려 놓고 나무 아래에 모셔 서매 그들이 먹으니라 **9**그들이 아브라함에게 이르되 네 아내 사라가 어디 있느냐 대답하되 장막에 있나이다 **10**그가 이르시되 내년 이맘때 내가 반드시 네게로 돌아오리니 네 아내 사라에게 아들이 있으리라 하시니 사라가 그 뒤 장막 문에서 들었더라 **11**아브라함과 사라는 나이가 많아 늙었고 사라에게는 여성의 생리가 끊어졌는지라 **12**사라가 속으로 웃고 이르되 내가 노쇠하였고 내 주인도 늙었으니 내게 무슨 즐거움이 있으리요 **13**여호와께서 아브라함에게 이르시되 사라가 왜 웃으며 이르기를 내가 늙었거늘 어떻게 아들을 낳으리요 하느냐 **14**여호와께 능하지 못한 일이 있겠느냐 기한이 이를 때에 내가 네게로 돌아오리니 사라에게 아들이 있으리라 **15**사라가 두려워서 부인하여 이르되 내가 웃지 아니하였나이다 이르시되 아니라 네가 웃었느니라.

우리는 아브라함의 인생을 생각할 때에 할례 전 아브라함과 할례 후의 아브라함으로 나누어 생각해야 합니다. 그 정도로 아브라함의 삶의 색채가 할례 후에 전혀 다르게 나타나는 것을 볼 수 있습니다. 할례를 통해 하나님의 언약을 육체에 새기게 된 이후 아브라함의 신앙은 자신의 경험과 자신의 능력을 따라 판단하던 인간적인 믿음에서 벗어나 전적으로 하나님이 주신 언약을 신뢰하는 믿음의 사람으로 서 있는 것을 발견하게 됩니다.

하나님은 아브라함과 사라에게 이삭이 태어날 것을 말씀하시며 소돔과 고모라의 멸망을 말씀하시기 위해 찾아오셨습니다. 하나님이 아브라함에게 찾아왔을 때 아브라함이 어떻게 처신하고 있는지를 살펴보면 할례 언약 이후에 새로워진 아브라함을 만나볼 수 있습니다. 하나님을 만나고 말씀을 듣는 사람은 변화될 수밖에 없는 것입니다. 신앙의 문제는 변화의 문제입니다. 우리의 중심이 얼마나 하나님 보시기에 합당한 사람으로 변화되었는지가 중요한 것입니다.

제단이 아브라함의 삶의 중심

본문은 하나님이 아브라함을 찾아오셨을 때 아브라함이 머무는 곳이 '마므레 상수리나무들이 있는 곳'이라고 말씀하고 있습니다.

> 이에 아브람이 장막을 옮겨 헤브론에 있는 마므레 상수리 수풀에 이르러 거주하며 거기서 여호와를 위하여 제단을 쌓았더라(13:18).

조카 롯과 헤어진 아브라함을 하나님이 찾아오셔서 자손을 땅의 티끌같이 많게 해 주시고 종과 횡으로 두루 다니며 밟는 땅마다 아브라함에게 주시기로 약속하셨습니다. 이 하나님의 약속을 믿고 아브라함은 척박한 헤브론으로 이주하여 제단을 쌓고 하나님께 예배한 것입니다. 그 이후에 아브라함은 복을 받아 육신의 삶이 날로 번창하고 있었지만 그는 여호와께 예배하는 제단을 버리지 아니한 것을 알 수 있습니다. 아브라함의 삶의 중심이 여전히 하나님께 예배하는 제단 중심인 것을 알 수 있습니다. 여러 번 실수하고 넘어지는 아브라함이지만 예배만큼은 포기하지 않은 것을 알 수 있습니다.

우리 삶의 중심은 무엇입니까? 돈 위주입니까? 사업 위주입니까? 아니면 자녀 위주입니까? 하나님을 만나고 말씀을 통한 인격적 교제가 있는 예배 중심입니까?

사람의 모습으로 찾아오신 하나님

아브라함을 다시 찾아오신 하나님은 이번에는 사람의 모습으로 찾아오셨습니다. 본문 1절과 2절에 보면 여호와께서 찾아오셨는데 '사람 셋'으로 묘사되어 있습니다. 아마도 하나님과 두 사람은 천사일 것입니다. 왜냐하면 히브리서 13장 2절에 보면 형제 사랑과 대접하는 삶을 강조하며 히브리서 기자는 "부지중에 천사들을 대접한 이들이 있었느니라."며 아브라함의 사건을 예로 들고 있습니다. 따라서 세 사람 중 한 분은 여호와 하나님이시고 두 사람은 천사일 가능성이 있습니다(19:1-2 참조). 분명히 아브라함은 처음에는 그분이 하나님이신 줄 몰랐습니다. 더위에 지친 나그네로 생각했을 것입니다. 그러나 극진한 사랑으로 그들을 영접하였는데 나중에 알고 보니 그분이 하나님이셨던 것입니다.

먼저 2절에 나타나는 동사들을 살펴보면 아브라함이 얼마나 지극한 정성과 두려움으로 하나님을 영접하고 있는지를 알 수 있습니다.

그가 그들을 보자 곧 장막 문에서 달려나가 영접하며 몸을 땅에 굽혀.

'보자, 달려, 나가, 영접하며, 몸을 땅에 굽혀,' 이것이 하나님을 영접하는 아브라함의 신앙적 태도입니다. 가장 덥고 움직이기 힘든 시간이지만 아브라함은 온갖 정성을 다하여 하나님을 섬긴 것입니다. 또한 하나님을 향한 그의 고백은 어떠합니까?

이르되 내 주여 내가 주께 은혜를 입었사오면 원하건대 종을 떠나 지나가지 마시옵고(3절).

하나님을 자신의 주님으로 부르고 있으며 자신을 분명히 하나님의 종으로 고백하고 있습니다. 아브라함이 최초로 자기 자신을 하나님 앞에 '종'이라고 고백하고 있는 것입니다. 뿐만 아니라 자신에게 머무르는 것이 은혜 아니면 될 수 없는 일로 겸손하게 고백하고 있는 것입니다. 아브라함은 자신을 하나님의 은혜 없이는 살 수 없는 사람이라고 겸손하게 고백하고 있는 것입니다.

아브라함이 종으로서 하나님을 섬기는 과정을 한마디로 표현하라면 '흥분'과 '감동'이라는 말일 것입니다. 섬기는 과정에서 가장 많이 등장하는 단어는 '급히'라는 말일 것입니다. 아브라함은 하나님이 "네 말대로 그리 하라."는 응답을 받자마자 서두르기 시작합니다. 장막으로 '급히' 뛰어가 자신의 아내 사라에게 '속히' 고운가루로 떡을 만들도록 합니다. 그리고 또다시 밖으로 '급히' 뛰어나가 자신의 가축 떼 중에서 가장 기름지고 좋은 송아지를 자신의 하인들에게 주어서 요리하도록 명합니다. 분명 하인들이 있음에도 떡은 사라가, 가축은 자신이 직접 고르는 것을 보십시오. 하나님을 어떻게 사랑하고 있는지를 잘 알 수 있지 않습니까? 모든 것을 거의 자신이 큰 감동에 사로잡혀 진행하고 있는 것을 보십시오. 한 치의 망설임이나 귀찮아하는 모습은 찾아볼 수 없습니다.

어쩌면 지금까지의 아브라함의 모습 가운데 가장 신명나게 일하는 모습입니다. 하나님이 약속하신 땅도 아직 한 평도 차지하지 못하고 약속하신 이삭도 태어나지 않았지만 그 말씀을 믿기 때문에 염려하지 않은 것입니다. 근심하지 않습니다. 기뻐하고 즐거워하며 생명으로 충만합니다. 평안이 있습니다. 이것이 할례 이후에 나타나는 아브라함의 가장 큰 변화입니다. 믿음이 있는 사람의 삶은 아직 구체적인 결과가 보이지 않아도 걱정하지 않습니다. 오히려 크게 기뻐하고 즐거워하며 하나님을 사모합니다.

오늘날 우리에게 하나님을 섬김에 있어서 이러한 흥분과 감동이 있습니까? 정신을 차리지 못할 정도로 감동과 감격으로 하나님을 섬기는 아브라함, 그것이 오늘날 우리가 회복해야 할 예배의 삶이요, 봉사와 섬김의 삶인 것입니다. 하나님을 사랑하는 사람은 예배 때에도 감격과 감동이 넘치며 섬기고 사역할 때에도 동일합니다. 하나님을 사랑해서 섬기고 사랑하는 사람에게서는 신선한 흥분이 있습니다. 생명력이 넘쳐납니다. 아무도 경험하지 못한 하나님으로 인한 흥분과 감동이 넘쳐나는 것입니다. 이것이 예수님을 만난 사람들이 보여 주는 공통적인 사랑의 자세이며, 섬김의 태도입니다.

예수님을 만났을 때의 삭개오의 모습을 보면 이 사실을 더 잘 알 수 있습니다. 돈과 권력은 있었지만 모든 사람에게 외면받고 버림받은 삶을 살고 있었던 삭개오는 어느 날 예수님이 지나가신다는 소식을 듣고 예수님을 보기 위해 돌무화과 나무에 올라갑니다. 키가 작은 자신의 콤플렉스가 고스란히 드러나는 순간입니다. 어느 정도로 예수님을 만나고 싶어 하는지를 알 수 있습니다. 그러한 삭개오를 예수님이 발견합니다.

삭개오야 속히 내려오라 내가 오늘 네 집에 유해야 하겠다(눅 19:5).

그 말을 들은 삭개오가 얼마나 감사하고 감격하는지를 우리는 잘 알고 있습니다. 그리고 흥분에 들떠서 진정 기쁜 마음으로 이렇게 고백합니다.

주여 보시옵소서 내 소유의 절반을 가난한 자들에게 주겠사오며 만일 누구의 것을 속여 빼앗은 일이 있으면 네 갑절이나 갚겠나이다(눅 19:8).

진정한 변화요 회개인데, 이 변화와 회개에는 기쁨과 감동이 넘쳐나는 것을 볼 수 있습니다. 이것이 진정으로 예수님을 만난 사람들의 변화입니다. 자신이 생명처럼 아끼고 사랑하는 것도 다 버릴 수 있는 것 그리고 그

버림 속에서도 진정한 기쁨과 감사가 넘치는 것이 예수님을 만난 사람들이 공통적으로 보여 주는 모습입니다.

우리는 하나님을 어떻게 예배하고 있습니까? 사역의 현장에서 어떠한 모습으로 섬기고 있습니까? 아브라함처럼 삭개오처럼 흥분과 감동이 넘쳐서 기쁨으로 하나님을 섬기고 있습니까? 아니면 마지못해서, 사람의 시선 때문에 사역하고 있습니까? 이 시간 우리 모두가 하나님을 만나므로 우리의 신앙 그리고 사역 모두가 행복한 감동에 사로잡혀 모든 일을 기쁨으로 감당하기를 바랍니다.

사라가 어디 있느냐?

아브라함이 준비한 식탁의 섬김이 끝나갈 즈음 하나님이 말씀하십니다.

> 그들이 아브라함에게 이르되 네 아내 사라가 어디 있느냐 대답하되 장막에 있나이다(9절).

하나님이 사라가 어디에 있는지 몰라서 물으시는 것은 아니라는 것을 우리는 잘 알고 있습니다.

"네 아내 사라가 어디 있느냐?"

어디서 많이 보던 장면 아닙니까? 아담이 범죄하여 동산 나무 사이에 숨어 있을 때에 하나님이 "아담아 아담아 네가 어디 있느냐?"고 물으셨습니다. 동생 아벨을 죽인 가인에게 하나님이 물으십니다.

"네 아우 아벨이 어디 있느냐?"

하나님이 모르셔서 물으신 것이 아닙니다. 하나님의 "어디 있느냐?"는 질문은 그들에게 또 다른 삶을 예비케 되는 회복의 메시지입니다. 용서의 메시지입니다. 아담에게는 나뭇잎 대신 가죽옷이 입혀져서 그들의 수치가 가려졌고, 가인에게는 가인의 생명을 보전할 수 있는 표가 주어지게 됩니다. 그러므로 하나님이 아담에게 "네 아내 사라가 어디 있느냐?"라는 질문은 사라가 지금부터는 전혀 새로운 삶을 살게 될 것이라는 하나님의 예언적 메시지입니다. 아마도 인간적인 방법으로 하갈을 통해 아들을 얻고자 했던 사라의 허물이 덮어지는 순간이요, 이삭이 말씀대로 태어나게 될 새로운 회복과 은혜의 삶이 시작될 것임을 예고하는 것입니다. 민족의 어미가 될 사라를 향한 하나님의 예언같은 질문인 것입니다.

지금 아브라함의 가정의 가장 큰 문제는 자손의 문제입니다. 그 문제의 원인은 사라에게 있습니다. 물론 아브라함도 본문의 말씀처럼 늙었지만 여자로서 생산 능력이 종결된 사라가 주 원인입니다. 그런데 소망이 없는 사라를 하나님이 찾으시는 것입니다. 하나님이 "네 아내 사라가 어디 있느냐?"고 찾으심으로 사라의 고통은 끝날 것이고 아브라함의 가정에는 하나님의 초자연적인 기적이 일어나게 될 것입니다. 사라를 찾으시는 하나님은 말씀하십니다.

그가 이르시되 내년 이맘때 내가 반드시 네게로 돌아오리니 네 아내 사라에게 아들이 있으리라 하시니 사라가 그 뒤 장막 문에서 들었더라(18:10).

하나님이 우리에게 찾아오셔서 우리의 말 못할 고민과 고통을 찾아 주기를 바랍니다. 우리 문제가 어떤 것이든지 하나님이 우리의 예배를 받으시고 너의 말 못할 고민이 어디 있느냐고 물으시는 역사가 있기를 바랍니다. 하나님이 찾으시면 그것은 회복을 의미합니다. 새로운 생명의 창조가 있을 것임을 의미합니다. 하나님의 초자연적인 기적과 능력이 임할 것임을 의미합니다. 예배를 통해 하나님의 음성을 듣고 모든 삶이 회복되기를 소원합니다.

하나님의 영원한 사랑

아브라함의 섬김을 통한 식탁 교제가 끝난 후 하나님은 사라에게 내년 이맘때에 다시 오실 것을 말씀하셨습니다. 하나님이 아브라함에게 약속하신 이삭이 내년에 있게 될 것을 말씀하셨습니다. 하나님은 맨 처음 아브라함을 부르실 때에나 지금이나 변함없이 동일한 약속의 말씀을 들려주십니다. "분명히 아브라함에게 아들이 있을 것이다."고 하나님은 약속해 주셨습니다. 하나님은 변함이 없으십니다. 하나님의 말씀은 영원합니다. 하나님의 말씀은 반드시 이루어지고 맙니다. 본문을 보면 하나님은 우리에게 언제나 동일한 사랑을 베풀어 주시며 변치 않고 우리와 동행하시는 분임을 알 수 있습니다. 아브라함이 실수하고 하나님의 방법이 아닌 인간의 방법에 매여 살아도 하나님은 아브라함을 단 한순간도 잊으시거나 떠나시지 않은 것입니다.

우리를 향한 하나님의 사랑도 그러합니다.

여인이 어찌 그 젖 먹는 자식을 잊겠으며 자기 태에서 난 아들을 긍휼히 여기지 않겠느냐 그들은 혹시 잊을지라도 나는 너를 잊지 아니할 것이라(사 49:15).

하나님은 절대로 우리를 잊지 않으십니다. 하나님은 세상 끝날까지 우리와 함께하시며 우리를 인도하시는 신실하신 분이십니다. 하나님은 광야의 이스라엘 백성이 그토록 불순종하고 말씀을 거역하고 하나님을 배신해도 그들이 가나안에 들어갈 때까지 구름기둥과 불기둥으로 그들을 끝까지 인도하셨습니다. 이것이 하나님의 우리를 향한 사랑입니다.

옛적에 여호와께서 나에게 나타나사 내가 영원한 사랑으로 너를 사랑하기에 인자함으로 너를 이끌었다 하였노라(렘 31:3).

우리를 향한 하나님의 사랑은 영원한 사랑임을 말씀하고 있습니다. 하나님은 우리를 세상 끝날까지 사랑하시며 인생을 인도하실 것입니다.

사라의 웃음

장막 안에서 하나님이 아브라함에게 하시는 말씀을 들은 사라는 속으로 웃습니다.

> [11]아브라함과 사라는 나이가 많아 늙었고 사라에게는 여성의 생리가 끊어졌는지라. [12]사라가 속으로 웃고 이르되 내가 노쇠하였고 내 주인도 늙었으니 내게 무슨 즐거움이 있으리요(18:11-12).

사라는 하나님의 말씀을 믿지 않았습니다. 자신의 육체의 현실이 하나님의 말씀과는 동떨어져 있기 때문입니다. 인간적으로는 너무나 불가능한 일이라는 것을 사라는 잘 알고 있었던 것입니다. 사라는 하나님을 믿었지만 그분의 능력은 믿지 못한 것입니다. 하나님을 믿기는 믿어도 인간의 이성이 허락하는 범위 내에서, 즉 인간의 지혜나 판단으로 가능한 범위 내에서만 하나님을 믿은 것입니다. 어쩌면 사라의 믿음이 우리의 믿음인지 모르겠습니다. 내가 생각할 때 가능한 것 같으면 믿고 불가능한 것 같으면 믿지 못하고, 좌절하고, 낙심하는 우리의 모습과 동일한 것입니다.

예수님이 제자들을 유일하게 책망하신 것이 그들의 믿음 없음입니다. 심지어 자신을 배신하고, 도망해도, 예수님은 그들을 책망하지 않으셨습니다. 하지만 제자들이 믿음이 없는 것은 여러 차례에 책망한 것을 볼 수 있습니다. 우리가 하나님을 기쁘시게 할 수 있는 것은 믿음입니다. 히브리서 기자도 믿음이 없이는 하나님을 기쁘시게 못한다(히 11:6)고 분명히 말씀하고 있습니다.

> [5]사도들이 주께 여짜오되 우리에게 믿음을 더하소서 하니 [6]주께서 이르시되 너희에게 겨자씨 한 알만한 믿음이 있었더라면 이 뽕나무더러 뿌리가 뽑혀 바다에 심기어라 하였을 것이요 그것이 너희에게 순종하였으리라(눅 17:5-6).

하나님은 사라의 믿음 없음을 불쌍히 여기시고 "여호와께 능하지 못한 일이 있겠느냐," 즉 하나님은 전능하신 하나님이라는 것입니다. 17장에서 아브라함에게 할례를 행하실 때 찾아오신 '엘 샤다이의 하나님,' '전능하신 하나님'으로 자신을 소개하며 능치 못함이 없으신 하나님을 믿으라고 촉구한 것입니다. 하나님이 사라에게 요구하는 것은 오직 한 가지입니다. 하나님은 전능하신 하나님이라는 사실을 믿으라는 것입니다. 믿으면 전능하신 하나님의 능력이 그녀를 덮을 것이고 그녀가 이삭을 잉태케 될 것이라는 것입니다.

사라가 들은 "여호와께 능하지 못한 일이 있겠느냐."는 말씀은 이천 년 후에 자신의 후손을 통해 이 땅의 구주로 오시게 될 예수 그리스도가 탄생되는 과정에서 한 번 더 들려지게 됩니다. 바로 예수님의 어머니인 마리아입니다. 남자를 알지 못하는 마리아에게 잉태할 것을 가브리엘이 말하자 마리아가 자신은 남자를 알지 못한다고 대답합니다. 지극히 상식적이고 정상적인 대답입니다. 그러나 하나님의 사자는 이렇게 말씀합니다.

이 말씀을 들은 마리아는 자신의 생각과 지식을 내려놓고 하나님의 말씀을 붙들게 됩니다. 그리고 이렇게 고백합니다.

하나님의 말씀이 능하지 못함을 믿는 사람은 먼저 자기 자신이 누구인지 알게 됩니다. 바로 '하나님의 종'이라는 자기 정체성입니다. 아브라함도 할례 이후에 하나님 앞에 자신을 '종'이라고 고백한 것처럼 사라도 하나님이 주시는 말씀을 믿으며 자신을 '주의 여종'으로 드려야 했던 것입니다. 세상을 위한 열국의 어미가 아닌 하나님 앞에 먼저 여종으로 헌신함이 사라에게 필요한 것입니다.

우리도 주님의 말씀이 능하지 못함이 없음을 온전히 믿고 그 말씀이 믿음대로 우리의 삶 가운데서 이루어지기를 소원한다면 우리를 세상의 종이요 마귀의 도구가 아닌 '주님의 종'으로 온전히 헌신하는 것이 필요합니다. 이렇게 말씀을 믿음으로 하나님께 온전히 종으로 헌신하는 사람에게는 불가능한 일이 없으며, 하나님의 말씀의 능력이 삶을 사로잡으므로 자신의 삶 속에 모든 하나님의 말씀이 성취되는 것을 날마다 두 눈으로 확인하게 될 것입니다. 부디 이 믿음으로 날마다 승리하는 인생을 살기를 바랍니다.

의인이
없어서

: 창세기 18장 16-33절 :

16그 사람들이 거기서 일어나서 소돔으로 향하고 아브라함은 그들을 전송하러 함께
나가니라 **17**여호와께서 이르시되 내가 하려는 것을 아브라함에게 숨기겠느냐 **18**아
브라함은 강대한 나라가 되고 천하 만민은 그로 말미암아 복을 받게 될 것이 아니냐
19내가 그로 그 자식과 권속에게 명하여 여호와의 도를 지켜 의와 공도를 행하게 하
려고 그를 택하였나니 이는 나 여호와가 아브라함에게 대하여 말한 일을 이루려 함이
니라 **20**여호와께서 또 이르시되 소돔과 고모라에 대한 부르짖음이 크고 그 죄악이 심
히 무거우니 **21**내가 이제 내려가서 그 모든 행한 것이 과연 내게 들린 부르짖음과 같
은지 그렇지 않은지 내가 보고 알려 하노라 **22**그 사람들이 거기서 떠나 소돔으로 향하
여 가고 아브라함은 여호와 앞에 그대로 섰더니 **23**아브라함이 가까이 나아가 이르되
주께서 의인을 악인과 함께 멸하려 하시나이까 **24**그 성 중에 의인 오십 명이 있을지라
도 주께서 그곳을 멸하시고 그 오십 의인을 위하여 용서하지 아니하시리이까 **25**주께
서 이같이 하사 의인을 악인과 함께 죽이심은 부당하오며 의인과 악인을 같이 하심도
부당하니이다 세상을 심판하시는 이가 정의를 행하실 것이 아니니이까 **26**여호와께서
이르시되 내가 만일 소돔 성읍 가운데에서 의인 오십 명을 찾으면 그들을 위하여 온
지역을 용서하리라 **27**아브라함이 대답하여 이르되 나는 티끌이나 재와 같사오나 감히
주께 아뢰나이다 **28**오십 의인 중에 오 명이 부족하다면 그 오 명이 부족함으로 말미암
아 온 성읍을 멸하시리이까 이르시되 내가 거기서 사십오 명을 찾으면 멸하지 아니하
리라 **29**아브라함이 또 아뢰어 이르되 거기서 사십 명을 찾으시면 어찌 하려 하시나이
까 이르시되 사십 명으로 말미암아 멸하지 아니하리라 **30**아브라함이 이르되 내 주여
노하지 마시옵고 말씀하게 하옵소서 거기서 삼십 명을 찾으시면 어찌 하려 하시나이
까 이르시되 내가 거기서 삼십 명을 찾으면 그리하지 아니하리라 **31**아브라함이 또 이
르되 내가 감히 내 주께 아뢰나이다 거기서 이십 명을 찾으시면 어찌 하려 하시나이

까 이르시되 내가 이십 명으로 말미암아 그리하지 아니하리라 ³²아브라함이 또 이르
되 주는 노하지 마옵소서 내가 이번만 더 아뢰리이다 거기서 십 명을 찾으시면 어찌
하려 하시나이까 이르시되 내가 십 명으로 말미암아 멸하지 아니하리라 ³³여호와께서
아브라함과 말씀을 마치시고 가시니 아브라함도 자기 곳으로 돌아갔더라.

하나님은 사람의 몸으로 아브라함을 찾아오셨습니다. 아브라함의 장막
을 찾아오셔서 사라에게 아들을 약속하신 하나님은 이제 소돔과 고모라의
심판과 멸망에 관한 일을 아브라함에게 말씀하십니다.

여호와께서 이르시되 내가 하려는 것을 아브라함에게 숨기겠느냐(17절).

하나님이 하실 일을 아브라함에게 말씀하시겠다는 것입니다.
아브라함이 받은 복이 참 많이 있습니다만 다른 복보다 하나님이 하시
는 일을 알게 된 것이 가장 큰 복이라고 생각됩니다. 아브라함은 하나님이
하시는 일을 통해 점점 더 하나님을 알아가게 될 것이고 하나님을 닮아가
게 될 것입니다. 하나님은 아브라함에게 이 세상에서 성공하고 잘되고 출
세하는 법을 알려 주시는 것이 아닙니다. 하나님이 언약을 맺은 자신과 그
리고 언약 밖에 있는 소돔과 고모라 백성에게 행하시게 될 일을 알게 하신
것입니다. 하나님이 아브라함을 얼마나 친밀하고 존귀하게 생각하는 줄
알 수 있습니다. 야고보 사도의 말씀처럼 "아브라함은 하나님의 벗이라고
칭함(약 2:23)" 받을 만한 친밀한 관계가 된 것입니다. 예수님이 제자들에
게 하신 말씀을 생각해 보면 아브라함과 하나님과의 관계를 잘 이해할 수
있습니다.

이제부터는 너희를 종이라 하지 아니하리니 종은 주인이 하는 것을 알지 못함이라 너희를 친구라 하였노니 내가 내 아버지께 들은 것을 다 너희에게 알게 하였음이라(요 15:15).

아버지의 하시는 일을 아는 사람은 더 이상 종이 아닙니다. 예수님의 친구인 것입니다. 예수님의 친구만이 가질 수 있는 유익, 두 가지를 요한복음 15장 16절에 이렇게 말씀하고 있습니다.

너희가 나를 택한 것이 아니요 내가 너희를 택하여 세웠나니 이는 너희로 가서 열매를 맺게 하고 또 너희 열매가 항상 있게 하여 내 이름으로 아버지께 무엇을 구하든지 다 받게 하려 함이라.

예수님의 친구는 예수님이 선택한 사람입니다. 그들에게는 말씀에 대한 열매가 항상 있습니다. 그래서 친구의 말씀이 시작되는 요한복음 15장 14절에서 "너희는 내가 명하는 대로 행하면 곧 나의 친구라."고 말씀하신 것입니다. 즉 모든 말씀에 순종하는 사람이 예수님의 친구입니다. 그들은 무엇을 구하든지 모두 받게 되는 것입니다.

구약적인 용어로 하나님이 하시는 일을 아는 사람을 선지자라고 합니다. 하나님은 자신이 택하신 선지자들을 통해 그분의 뜻과 의도를 백성에게 전하게 하셨습니다. 하나님이 하시는 일을 하게 된 아브라함은 선지자가 되었습니다.

이제 그 사람의 아내를 돌려보내라 그는 선지자라 그가 너를 위하여 기도하리니 네가 살려니와 네가 돌려보내지 아니하면 너와 네게 속한 자가 다 반드시 죽을 줄 알지니라(20:7).

하나님은 아브라함을 선지자로 인정하실 뿐 아니라 아브라함이 기도하면 반드시 응답하시는 관계로 아브라함을 소개하고 있는 것입니다. 하나님이 아비멜렉을 직접 용서하실 수 있습니다. 하지만 하나님이 아브라함을 어느 정도 생각하시는가 하면 아브라함이 기도할 때 아비멜렉을 용서해 주시겠다는 것입니다. 아비멜렉의 목숨이 아브라함의 손에 달려 있다는 것입니다. 사실 잘못한 사람은 아브라함입니다. 그러나 하나님은 아브라함을 자신의 일을 알게 할 수 있는 선지자로 여기고, 그의 모든 허물을 용서하실 뿐 아니라 그와 맺은 언약을 영원히 지키시는 신실하신 분으로 아브라함과 동행하고 계십니다. 이것이 아브라함이 받은 제일 큰 축복입니다.

하나님이 아브라함에게 보여 주신 두 가지

본문에 보면 하나님이 아브라함에게 두 가지를 알게 하십니다. 하나는 하나님이 아브라함을 택하신 목적입니다. 아브라함을 택하신 목적은 "아브라함은 강대한 나라가 되고 천하 만민이 그로 말미암아 복을 받게 될 것"이라는 것입니다. 하나님이 아브라함에게 보여 주신 복은 다른 것이 아닙니다. 아브라함의 후손인 예수 그리스도를 통해 이 세상의 천하 만민이 구원을 얻게 되는 것입니다. 즉 예수 그리스도의 십자가 구속의 은혜가 아브라함이 받은 복입니다. 그리고 이 복을 누리게 되는 아브라함과 그의 후손들은 여호와 하나님의 말씀을 지켜 의로운 삶을 살고 언제나 하나님의 공의로운 길을 걷게 될 것입니다.

아브라함을 부르실 때부터 반복되는 말씀을 통해 하나님과 언약을 맺은 아브라함이 하나님 앞에서 어떠한 삶을 살아야 하는지를 알 수 있습니다. 할례받지 못한 사람들의 삶의 기준은 소돔과 고모라 백성처럼 이 세상의 것입니다. 물질입니다. 탐욕입니다. 교만입니다. 이기주의입니다. 그 끝은 심판과 멸망입니다. 하지만 마음에 할례를 받아 하나님 앞에서 온전히 행해야 할 믿음의 사람은 예수 그리스도가 인생의 목적이어야 하고 하나님의 말씀대로 사는 것이 최고의 행복이어야 합니다.

아브라함은 이 사실을 자신뿐 아니라 후손들에게 분명하게 가르쳐야 했습니다. "내가 그로 그 자식과 권속에게 명하여"라는 말씀처럼 아브라함은 자신의 자녀들과 모든 후손들에게 이 땅 가운데서 하나님의 복으로 살아가는 방법을 가르쳐야 했습니다. 하나님의 말씀으로 가르치지 않으면 그의 자손들 안에 존재하는 소돔과 고모라의 삶을 탐하는 죄성이 그들을 삼킬 것이기 때문입니다. 우리가 끊임없이 하나님의 말씀을 배워야 하는 이유도 마찬가지입니다. 하나님의 말씀으로 훈련되지 아니하면 우리도 음란하고 탐욕적인 소돔의 삶을 살 수밖에 없습니다. 이 세상에는 두 가지의 삶밖에 없습니다. 아브라함처럼 하나님을 믿음으로 하나님의 복된 삶을 사는 인생과 또 하나는 소돔과 고모라처럼 멸망당하는 인생 두 가지 밖에 없습니다.

죄의 부르짖음

아브라함이 받을 복을 확인하신 하나님은 소돔과 고모라의 심판의 계획을 말씀하십니다. 하나님이 아브라함에게 소돔과 고모라의 심판을 미리 말씀하시는 이유는 하나님이 이 세상의 주권자 되심과 죄에는 반드시 하나님의 심판이 따른다는 것을 보여 주기 위해서입니다. 소돔과 고모라의 멸망이 우연이 아니라는 것입니다. 철저한 죄에 대한 심판임을 경고하시는 것입니다. 심판을 계획하시는 하나님의 말씀을 유의해서 보아야 합니다.

> 20여호와께서 또 이르시되 소돔과 고모라에 대한 부르짖음이 크고 그 죄악이 심히 무거우니 21내가 이제 내려가서 그 모든 행한 것이 과연 내게 들린 부르짖음과 같은지 그렇지 않은지 내가 보고 알려 하노라(18:20-21).

먼저 소돔과 고모라의 죄악이 하나님께 부르짖고 있다는 사실입니다. 우리는 죄를 지을 때 대부분 아무도 모를 것이라고 생각합니다. 그런데 아님니다. 마치 가인이 죽인 "아벨의 핏 소리가 땅에서부터 하나님께 호소하듯이(호소하느니라: 현재형 – 계속해서 부르짖음을 상징, 창 4:10)" 죄는 계속해서 부르짖으며 호소한다는 것입니다. 죄가 왜 무서운 것인가 하면 계속해서 부르짖기 때문입니다. 그 죄에 대한 값이 지불되어 해결될 때까지 죄는 계속 부르짖고 있습니다. 우리가 죄를 범하면 심령에 평안이 깨지는 이유가 무엇인지 아십니까? 우리가 범한 죄가 심령에서 계속해서 부르짖기 때문입니다. 그러므로 죄를 지으면 곧 회개하고 하나님께 돌아와야 합니다. 진정한 회개만이 죄의 부르짖음으로부터 벗어나 진정한 평화를 누리게 됩니다. 진정한 회개만이 죄의 부르짖음을 멈추게 할 수 있습니다.

뿐만 아닙니다. 하나님은 부르짖는 죄악의 소리를 반드시 확인하신다는 것입니다. 하나님이 확인하시러 오시는 것이 사실은 우리 인간에게 마지막 기회입니다.

여호와께서 사람들이 건설하는 그 성읍과 탑을 보려고 내려오셨더라(11:5).

하나님이 바벨탑 쌓는 것을 다 알고 계시고, 다 보고 계십니다. 그러나 반드시 오셔서 확인하시고 심판을 행하십니다. 이것이 하나님의 인격이고 사랑입니다. 확인하러 오실 때에라도 회개하고 돌이키면 살 수 있는 것입니다. 회개하기만 하면 하나님은 다 용서하시고 은혜로 덮어 주시며 살 길을 열어 주시는 자비로운 분이십니다.

오직 하나님 앞에서

소돔과 고모라에 대한 심판 소식을 들은 아브라함은 하나님을 붙들게 됩니다.

그 사람들이 거기서 떠나 소돔으로 향하여 가고 아브라함은 여호와 앞에 그대로 섰더니(22절).

하나님 앞에 그대로 서 있었습니다. 창세기 17장에 나오는 할례 언약시에 주셨던 "너는 내 앞에서 행하여 완전하라."는 말씀대로 아브라함은 하나님 앞에 서 있었습니다. 하나님 앞에 서 있기만 하면 그를 완전한 축복의 사람으로 만드시고 사용하시는 것은 하나님의 일입니다. 하나님 앞에 서 있는 것이 만민을 복되게 하는 사명을 감당하는 길입니다. 우리도 마찬가지입니다. 아무런 능력도 없고 권세도 없지만 기도로 온전히 하나님 앞에 서 있기만 하면 전능하신 엘 샤다이의 하나님이 우리를 능하게 하시고 형통하게 하사 우리를 통해 세상의 모든 것을 다스려 나가실 것입니다. 그래서 기도하는 것이 중요합니다. 기도로 나를 내려놓고 세상 것을 포기하고 하나님 앞에 서 있는 사람, 그 사람이 강성한 나라가 되고 세상 모든 사람을 복되게 하는 진정한 언약의 후손이 되는 것입니다.

아브라함은 소돔과 고모라 성을 멸하시겠다고 작정하신 하나님께 즉시 간구하기 시작했습니다. 우리가 잘 아는 대로 그곳에는 조카 롯이 있었습니다. 비록 배은망덕하게 자신을 떠나 버린 조카이지만 아브라함은 어떻게 하면 조카 롯을 살릴 수 있을까 하는 안타까운 마음으로 하나님께 간구하는 것입니다. 자신의 마음을 아프게 한 사람을 구하기 위해 진실한 마음으로 기도한다는 것은 쉬운 일이 아닙니다. 그러나 아브라함은 죄와 실수로 무너져 버린 자신을 찾아와 주신 하나님의 사랑의 위대함을 경험한 사람입니다. 아브라함은 하나님이 자신에게 베푸신 용서와 사랑으로 롯을 위해 간구하고 있는 것입니다.

우리 또한 예수님으로부터 무한한 용서와 사랑을 받은 사람들입니다. 그렇다면 우리 또한 용서하지 못할 사람이 어디 있으며 기도해 주지 못할 사람이 어디 있겠습니까? 일만 달란트를 탕감 받았음에도 백 달란트 빚진 자를 용서하지 못하여 멸망받은 자가 되지 말고, 우리도 아브라함처럼 예수님의 십자가 사랑으로 모두를 용서하고 축복할 수 있는, 만인을 복되게 할 수 있는, 진정한 언약의 후손이 되어야 합니다. 만민을 복되게 하는 것은 소유나 환경의 문제가 아닙니다. 사랑의 문제요 용서의 문제요 기도의 문제입니다.

아브라함의 기도 내용은 무엇입니까?

주께서 의인을 악인과 함께 멸하려 하시나이까 그 성 중에 의인 오십 명이 있을지라도 주께서 그 곳을 멸하시고 그 오십 의인을 위하여 용서하지 아니하시리이까(23-24절).

만약에 의인 오십 인을 찾는다면 심판을 멈추시고 용서해 달라는 것입니다. 하나님은 아브라함의 기도에 응답하십니다.

의인 오십 명을 찾으면 그들을 위하여 온 지역을 용서하리라(26절).

의인을 위해 그 온 지역을 용서하시는 하나님의 자비를 보게 됩니다. 하나님의 자비 안에서 아브라함은 계속해서 기도합니다. 45명, 40명, 30명, 20명 그리고는 10명까지 내려갔습니다. 적어도 그 성에 의인 10명 정도는 있을 것 같았습니다. 롯과 그 아내, 딸과 그 외의 사람들을 합하면 어쩌면 10명 정도는 의인이 있을 것 같았습니다. 만일 그렇지 않다면 5명 정도까지 낮춰서 구했을 것입니다. 그런데 실제로 따져 보니까 롯 한 명 뿐이었습니다. 나중에는 딸도, 부인도 다 실패하고 말았습니다.

의인이 없었던 소돔과 고모라

소돔과 고모라의 멸망 원인은 그 땅에 의인 10명이 없었기 때문입니다. 창세기 13장을 보면 소돔과 고모라는 아름다운 곳이었습니다.

온 땅에 물이 넉넉하니 여호와께서 소돔과 고모라를 멸하시기 전이었으므로 여호와의 동산 같고 애굽 땅과 같았더라(13:10).

가장 완벽하고 최상의 조건을 갖춘 곳이었습니다. 문제는 그곳에 거주하는 사람입니다. 그곳에 거주하는 사람 중에 하나님이 찾으시는 의인이 없다는 것이 문제입니다. 오늘날의 말로 바꾸자면 환경이 열악하거나 정치나 경제가 발달하지 못하거나 과학 또는 의학이 발달하지 못해서 심판을 받아 멸망하는 것이 아니라는 것입니다. 의인이 없어서 멸망하는 것입니다. 아무리 이 세상의 환경이 아름답고 살기 좋아도 사람이 바뀌지 않으면 망하게 됩니다. 그러나 반대로 사람이 변하면 환경도 바뀌게 됩니다. 인류의 문제는 환경의 문제가 아닙니다. 사람의 문제입니다.

하나님은 자신의 말씀대로 순종하며 사는 그 한 사람을 보시고 온 세상을 구원하시는 분이십니다. 예레미야 5장 1절을 보십시오. 예루살렘의 멸망을 앞두고 하나님은 말씀하십니다.

너희는 예루살렘 거리로 빨리 다니며 그 넓은 거리에서 찾아보고 알라 너희가 만일 정의를 행하며 진리를 구하는 자를 한 사람이라도 찾으면 내가 이 성읍을 용서하리라.

예루살렘이 망한 이유는 하나님의 도성이라고 불리는 그곳에 하나님이 찾으시는 의인 한 사람이 없어서입니다. 수많은 사람이 수백, 수천 마리의 제물로 하나님께 매일 제사를 드리는 형식은 있었지만 하나님의 말씀대로 순종하는 의인이 단 한 사람도 없었던 것입니다. 죄인 일만 명보다 의인 한 사람이 하나님께 소중한 것입니다. 창세기 19장 20절을 보면 롯의 구원받은 은혜를 이렇게 설명하고 있습니다.

보소서 저 성읍은 도망하기에 가깝고 작기도 하오니 나를 그 곳으로 도망하게 하소서 이는 작은 성읍이 아니니이까 내 생명이 보존되리이다.

하나님은 의인으로 인정한 아브라함의 기도를 들으시고 롯을 구원하신 것입니다. 의인 한 사람이 이토록 중요합니다.

창세기 5장에 보면 하나님과 동행했다고 기록되어 있는 '에녹'이라는 사람이 있습니다. 하나님은 이 에녹을 죽음을 보지 않게 하늘로 옮겨 놓으신 후 6장에서 노아에게 홍수 심판을 예비하라는 명령을 하십니다. 에녹은 의인 한 사람이 하늘로 옮기워지자 이 세상이 심판을 받게 된 것입니다. 아마도 하나님과 동행하는 에녹이 이 세상에 있었다면 아마도 심판은 늦추어졌을 것입니다.

우리나라 문제도 마찬가지입니다. 정치, 경제, 사회, 문화의 문제가 아닙니다. 변함없이 하나님 앞에 서 있는 의인 한 사람이 없는 것이 문제입니다. 가정도 마찬가지입니다. 남편이 문제가 아닙니다. 아내가 문제가 아닙니다. 자녀가 문제가 아닙니다. 하나님 앞에 온전하게 서 있지 못하는 내가 문제입니다. 우리가 교회를 위해 고민해야 하는 것도 마찬가지입니다. 어떻게 하면 우리 모두가 하나님 앞에 온전한 모습으로 설 것인가를 고민해야 하지만 그것보다 어떻게 하면 내가 하나님 앞에 온전하게 설 것인가를 고민해야 합니다. 내가 하나님 앞에 온전히 서면 하나님이 나를 통해 우리 가정도, 자녀도, 교회도 나라도 하나님이 책임져 주실 것입니다. 언제나 문제는 나입니다. 내가 변화되어 하나님 앞에 서게 되면 모든 문제는 해결됩니다. 그러므로 다른 사람을 탓하지 마십시오. 제발 하나님 앞에 서 있지 못하는 내가 문제라는 사실을 깨닫고 날마다 하나님 앞에 기도로 자신을 온전히 세워 가기를 바랍니다.

의인은 누구인가?

그렇다고 한다면 하나님과 아브라함이 이야기하는 의인은 누구입니까? 우리가 지금까지 살펴본 대로 아브라함은 연약하고 부족한 사람입니다. 거짓말도 하고, 아내를 팔아먹기도 했던 사람입니다. 그런데 그에게는 하나님의 모든 말씀을 믿는 믿음이 있었습니다.

아브라함이 인간적으로는 부족할지 몰라도 하나님을 믿는 그 믿음을 보시고 하나님이 의롭다고 인정하신 것입니다. 그 믿음을 보시고 하나님은 그와 영원한 할례 언약을 맺으시고 하나님의 일을 보여 주셨습니다. 나의 죄인됨과 허물을 인정하고 하나님만을 붙들고 살아가는 것 그것이 의인으로서의 출발인 것입니다.

믿음으로 의롭다 함을 받은 사람의 특징이 아브라함의 기도 가운데 잘 드러나 있습니다. 아브라함이 의인의 숫자를 놓고 하나님께 간구할 때에 자신은 티끌이나 재와 같은 미련하고 비천한 존재임을 고백합니다.

하나님 앞에서 하나님의 은혜 없이는 설 수 없는 존재임을 겸손하게 고백하는 것입니다. 이처럼 하나님 앞에 서 있는 자신의 실체를 정확히 파악하는 아브라함의 겸손이야말로 하나님을 만난 진정한 믿음의 사람만이 보일 수 있는 신앙의 열매입니다. 아브라함의 겸손한 믿음이 하나님의 불 심판으로부터 롯을 구해 낸 것입니다.

부디 아브라함처럼 하나님을 끝까지 신뢰함으로, 오직 하나님 앞에 서 있으므로 온 세상을 복되게 하는 자들답게 끝까지 기도로 승리하는 복 있는 자들이 되기를 바랍니다.

19장

소돔의
큰 죄악

창세기 19장 1-14절

1저녁 때에 그 두 천사가 소돔에 이르니 마침 롯이 소돔 성문에 앉아 있다가 그들을 보고 일어나 영접하고 땅에 엎드려 절하며 **2**이르되 내 주여 돌이켜 종의 집으로 들어와 발을 씻고 주무시고 일찍이 일어나 갈 길을 가소서 그들이 이르되 아니라 우리가 거리에서 밤을 새우리라 **3**롯이 간청하매 그제서야 돌이켜 그 집으로 들어오는지라 롯이 그들을 위하여 식탁을 베풀고 무교병을 구우니 그들이 먹으니라 **4**그들이 눕기 전에 그 성 사람 곧 소돔 백성들이 노소를 막론하고 원근에서 다 모여 그 집을 에워싸고 **5**롯을 부르고 그에게 이르되 오늘 밤에 네게 온 사람들이 어디 있느냐 이끌어 내라 우리가 그들을 상관하리라 **6**롯이 문 밖의 무리에게로 나가서 뒤로 문을 닫고 **7**이르되 청하노니 내 형제들아 이런 악을 행하지 말라 **8**내게 남자를 가까이 하지 아니한 두 딸이 있노라 청하건대 내가 그들을 너희에게로 이끌어 내리니 너희 눈에 좋을 대로 그들에게 행하고 이 사람들은 내 집에 들어왔은즉 이 사람들에게는 아무 일도 저지르지 말라 **9**그들이 이르되 너는 물러나라 또 이르되 이 자가 들어와서 거류하면서 우리의 법관이 되려 하는도다 이제 우리가 그들보다 너를 더 해하리라 하고 롯을 밀치며 가까이 가서 그 문을 부수려고 하는지라 **10**그 사람들이 손을 내밀어 롯을 집으로 끌어들이고 문을 닫고 **11**문 밖의 무리를 대소를 막론하고 그 눈을 어둡게 하니 그들이 문을 찾느라고 헤매었더라 **12**그 사람들이 롯에게 이르되 이 외에 네게 속한 자가 또 있느냐 네 사위나 자녀나 성 중에 네게 속한 자들을 다 성 밖으로 이끌어 내라 **13**그들에 대한 부르짖음이 여호와 앞에 크므로 여호와께서 이곳을 멸하시려고 우리를 보내셨나니 우리가 멸하리라 **14**롯이 나가서 그 딸들과 결혼할 사위들에게 말하여 이르기를 여호와께서 이 성을 멸하실 터이니 너희는 일어나 이곳에서 떠나라 하되 그의 사위들은 농담으로 여겼더라.

창세기 19장은 소돔과 고모라의 멸망과 롯의 구원에 관한 이야기입니다. 이 멸망과 구원 이야기의 배경에는 아브라함과 롯의 신앙 이야기가 자리하고 있습니다. 아브라함은 하나님의 언약의 말씀을 붙잡고 하나님 앞에 서 있는 사람이 되었으며, 롯은 하나님이 아닌 세상을 선택한 사람이었습니다. 그 결과 아브라함은 하나님의 구속사를 위해 사용되는 복 있는 인생이 되었고, 롯은 극적으로 구원은 받았지만 비참한 인생 종말을 맞이하게 됩니다. 하나님의 언약의 말씀 안에 있는 삶과 언약의 말씀 밖에 있는 삶이 이처럼 커다란 차이가 있는 것입니다.

천사를 영접하는 롯

이 장에서는 성문에 앉아 있던 롯이 천사들을 영접하는 장면으로 시작됩니다. 아브라함이 장막 문에 앉아 있었던 것처럼 롯은 소돔 성문에 앉아 있었습니다. 모든 면에서 아브라함이 하나님을 영접할 때와 비슷합니다. 부지중에 천사를 대접한 것이며, 하나님으로부터 미래에 관한 이야기 등, 내용이 비슷하게 전개됩니다. 그 당시 성문에 앉는다는 것은 그 성에 유력자가 되었다는 것입니다. 아무나 성문에 앉을 수 없습니다. 어떻게 거류민인 롯이 성문에 앉을 수 있는 소돔 성의 유력자가 되었을까요? 그것은 아마도 창세기 14장에 기록된 대로 아브라함이 집에서 기른 사병 318인을 통해 가나안 다섯 왕을 물리치고 소돔 성을 구한 뒤에 롯의 사회적 입지가 강화되어 소돔 성에 앉을 수 있는 유력자가 되었을 것으로 생각하고 있었습니다. 이러한 관점으로 본다면 롯이 소돔 성에서 유력자가 될 수 있었던 것은 아브라함 때문이라는 것을 알 수 있습니다.

성문에 앉아 있던 롯은 여호와의 천사들을 보고 자리에서 일어나 영접하고 땅에 엎드려 절을 합니다. 롯이 땅에 엎드려 절하며 영접하는 것을 볼 때 평범한 사람이 아니라 하나님이 보내신 사자라는 것을 알았습니다. 어깨 너머의 신앙이지만 아브라함과 함께 생활할 때 얻었던 간접 경험이 천사를 영접하게 한 것입니다. 눈으로 본 신앙이 없으면 기회가 와도 자기의 복으로 삼을 수 없습니다. 그래서 특히 자녀들 앞에서의 신앙생활이 중요합니다. 살다가 위기를 맞으면 부모가 신앙생활 한대로 본능적으로 따라하기 마련입니다. 그래서 신앙생활은 누구와 함께하느냐?가 중요한 것입니다. 다른 사람을 대접하고 섬기며 베푸는 사람과 함께하는 사람은 자신도 모르게 따라서 그렇게 행합니다. 그러나 대접 받기만 원하고 불평하고 원망하는 사람, 언제나 행함은 없으면서 말만 앞서는 사람과 함께하는 사람의 신앙은 언제나 자기중심적이요, 이기적인 신앙에서 벗어날 수 없습니다. 다른 사람을 배려하고, 사랑하고, 섬기는 신앙의 행위가 결국 롯 자신을 살게 한 결정적 계기가 되었습니다. 무엇이든지 심는 대로 거두는 법입니다.

소돔과 고모라의 죄악

천사들이 음식을 먹고 잠자리에 들기 전에 낯선 남자들이 온 것을 알고 있는 소돔 사람들이 노소를 막론하고 몰려와 롯의 집을 에워쌌습니다.

롯을 부르고 그에게 이르되 오늘 밤에 네게 온 사람들이 어디 있느냐 이끌어 내라 우리가 그들을 상관하리라(5절).

여기서 '상관하리라'는 말은 성적 관계, 즉 그들과 동성애를 하겠다는 것입니다. 여기서 '소도미'sodomy(동성애), '소도미티'sodomiti(동성애자들) 소도미아sodomia(동성애적 행위)라는 단어까지 나왔습니다. 동성애는 하나님이 가장 싫어하는 죄악입니다.

누구든지 여인과 동침하듯 남자와 동침하면 둘 다 가증한 일을 행함인즉 반드시 죽일지니 자기의 피가 자기에게로 돌아가리라(레 20:13).

하나님이 사람에게 주신 가장 귀한 선물은 남자와 여자의 바른 성 관계를 통해 하나님의 형상을 나타내는 것입니다. 그런데 하나님이 세우신 성적인 질서가 깨뜨려져 동성애를 갖는 것은 하나님의 창조 질서와 사람 창조의 목적을 파괴하는 무서운 죄입니다.

사도 바울도 로마 교인들에게 가장 강조하는 것이 동성애에 대한 경고입니다.

> 24그러므로 하나님께서 그들을 마음의 정욕대로 더러움에 내버려 두사 그들의 몸을 서로 욕되게 하게 하셨으니 25이는 그들이 하나님의 진리를 거짓 것으로 바꾸어 피조물을 조물주보다 더 경배하고 섬김이라 주는 곧 영원히 찬송할 이시로다 아멘 26이 때문에 하나님께서 그들을 부끄러운 욕심에 내버려 두셨으니 곧 그들의 여자들도 순리대로 쓸 것을 바꾸어 역리로 쓰며 27그와 같이 남자들도 순리대로 여자 쓰기를 버리고 서로 향하여 음욕이 불 일듯 하매 남자가 남자와 더불어 부끄러운 일을 행하여 그들의 그릇됨에 상당한 보응을 그들 자신이 받았느니라(롬 1:24-27).

그러면 왜 소돔 사람들은 롯의 집에 찾아온 손님을 동성애의 대상으로 요구한 것입니까? 이미 그 성의 모든 남자는 동성애를 통해 서로를 잘 알고 있었습니다. 그래서 '상관하리라'는 말의 히브리어가 '성적으로 잘 안다'는 단어로 시작됩니다. 이제 잘 알고 있는 자기들끼리는 더 이상 만족을 얻을 수 없으므로 새로운 사람을 통해 자극적인 쾌락을 얻고자 한 것입니다. 타락의 극치를 보여 주는 이야기입니다. 더구나 이들은 함께 몰려다니며 공개적으로 동성애를 부르짖고 있습니다. 얼마 전에 우리나라에서도 동성애자들이 자신들의 권리를 주장하며 행진하는 "퀴어 축제"가 열린 적이 있습니다. 이렇게 드러내놓고 동성애를 정당화하는 것만 보아도 하나님의 진노가 얼마 남지 않았다는 것을 알아야 합니다. 결국 하나님은 소돔과 고모라를 유황불로 심판하시기로 결정하십니다.

소돔과 고모라의 심판은 물로 세상을 심판한 노아 홍수 사건에 이은 두 번째 심판입니다. 한번은 물로, 한번은 유황불로 심판하신 것입니다. 하나님의 심판에는 공통점이 있습니다. 노아 홍수 심판 때에 하나님은 당시의 세상을 이렇게 평가하셨습니다.

여호와께서 사람의 죄악이 세상에 가득함과 그의 마음으로 생각하는 모든 계획이 항상 악할 뿐임을 보시고(6:5).

이러한 세상을 보시며 하나님은 "나의 영이 영원히 사람과 함께하지 않겠다."고 말씀하시므로 사람을 떠나시게 됩니다. 하나님이 떠나버린 인생에게 심판 밖에 더 있겠습니까? 하나님의 영이 떠나버린 것은 형벌 중의 형벌입니다. 그래서 다윗은 시편 51편에서 회개하며 "주의 성신, 즉 하나님의 영을 내게서 거두지 말아 달라."고 강청한 것 아니겠습니까? 하나님의 영이 없으면 살아 있으나 죽은 것이나 다름이 없는 것입니다.

소돔 사람은 여호와 앞에 악하며 큰 죄인이었더라(13:13).

이 악에 대해 하나님은 심판하실 수밖에 없었습니다. 하나님이 죄악을 얼마나 미워하시는지 사랑하는 아들 예수 그리스도를 죄악 때문에 십자가에 못 박아 죽게 하시는 것을 보면 잘 알 수 있지 않습니까? 죄가 그만큼 무서운 것입니다.

오늘 이 시대를 보면 노아 홍수 시대나 소돔과 고모라의 멸망 시대와 매우 유사합니다. 아니 더 심한지도 모르겠습니다. 성적 문란과 도덕적 타락이 이 세대의 문화로 이해될 만큼 죄악이 가득한 세대가 되어 버렸습니다. 이제 하나님의 심판 밖에 없다라는 생각이 들 정도입니다. 예수님이 종말을 이야기하실 때 노아의 홍수 심판과 소돔과 고모라의 불과 유황 심판을 인용하십니다.

²⁶노아의 때에 된 것과 같이 인자의 때에도 그러하리라 ²⁷노아가 방주에 들어가던 날까지 사람들이 먹고 마시고 장가 들고 시집 가더니 홍수가 나서 그들을 다 멸망시켰으며 ²⁸또 롯의 때와 같으리니 사람들이 먹고 마시고 사고 팔고 심고 집을 짓더니 ²⁹롯이 소돔에서 나가던 날에 하늘로부터 불과 유황이 비오듯 하여 그들을 멸망시켰느니라 ³⁰인자가 나타나는 날에도 이러하리라 (눅 17:26-30).

철저히 죄에서 돌이켜 거룩과 성결을 회복해야 구원을 얻게 됩니다.

롯의 타락한 신앙

8절 보면, 소돔 사람들이 천사들을 요구하자 롯은 그들을 보호할 생각에 처녀인 자신의 딸 둘을 내 주겠다고 말합니다. 천사들을 보호하기 위해 또 다른 악을 행하고 있는 것입니다. 롯이 얼마나 신앙적으로 타락하고, 세속화되어 있는지를 알 수 있는 대목입니다. 그는 세속적인 욕망으로 가득했고, 세상의 타락한 모습에 물들어 있었습니다. 세상에 거룩한 영향을 주는 사람이 아니라 세상의 영향을 받고 말았습니다.

무엇보다 천사들이 롯에게 하나님이 소돔과 고모라를 멸하실 것이라는 경고의 말씀을 듣고도 롯은 전혀 피할 생각을 하지 않는 것을 보면 하나님의 말씀을 전혀 두려워하지 않는 것을 알 수 있습니다. 롯의 집에 천사들이 머무른 시간을 보면 날이 저물 때 롯의 집에 들어와서 다음날 동이 틀 때까지 머무르고 있었습니다. 더구나 천사들이 초자연적인 은혜로 롯의 집을 에워싸고 있었던 사람들을 물리친 후에 소돔과 고모라의 멸망 이야기를 했습니다. 그러함에도 롯은 머뭇거리면서 소돔 성을 떠나려 하지 않는 것을 보게 됩니다. 동틀 무렵이 되었음에도 롯은 소돔 성을 떠나가려 하지 않습니다.

롯이 지체하는 것을 보면 롯은 천사들의 말에 대해 확신하지 못한 것을 알 수 있습니다. 롯 자신도 확신이 없는데 아무리 딸들과 결혼할 사위들,

특히 여호와 하나님이 누구인지도 모르는 그들에게 여호와의 심판 계획을 말해도 농담으로 여기는 것이 당연한 것 아니겠습니까? 하나님의 심판을 사위들이 농담으로 받아들인 것은 사위들의 문제가 아니라 롯의 하나님의 말씀에 대한 확신의 문제인 것입니다. 평소에 하나님을 두려워하는 마음으로 섬기는 모습을 가족들에게 보여 주었더라면 그리고 모든 일을 하나님의 말씀대로 결정하고 순종하는 모습을 보였다면 상황은 달라졌을 것입니다. 평소에 하나님에 대한 확신이 없이 세속화된 채 살아가다가 확신없이 심판을 이야기하니 농담으로 여기는 것이 당연합니다.

이러한 롯의 하나님의 말씀에 대한 확신없는 태도를 보면 아브라함의 신앙이 새삼 위대해 보입니다.

> 20여호와께서 또 이르시되 소돔과 고모라에 대한 부르짖음이 크고 그 죄악이 심히 무거우니 21내가 이제 내려가서 그 모든 행한 것이 과연 내게 들린 부르짖음과 같은지 그렇지 않은지 내가 보고 알려 하노라(18:20-21).

아브라함은 자신에게 찾아오신 하나님의 말씀 한마디에 모든 판단을 하나님의 주권과 시각에서 하게 됩니다. 하나님은 반드시 소돔 성을 멸망시키겠다고 말씀하신 것이 아닙니다. 단지 멸망시켜야 할지 아닌지 알아보러 가신다고만 말씀해 주셨습니다. 그럼에도 아브라함은 소돔 성에 임박한 하나님의 심판을 보았고 하나님 앞을 떠나지 않고 진심으로 소돔과 고모라의 구원을 위해 중보기도 하지 않습니까?

말씀으로 훈련받으라

아브라함은 단 한마디의 말씀에도 하나님이 하시는 일을 보게 됩니다. 이 두 사람의 차이는 어디에서 온 것일까요? 말씀을 통한 훈련입니다. 아브라함은 비록 실수하고 넘어져도 하나님의 말씀을 떠나지 아니하고 오직 말씀으로 인도함받는 훈련을 지속적으로 받아온 것입니다. 그러나 롯은 하나님의 말씀이 아닌 자신의 지혜와 힘을 의지하는 삶을 살았습니다. 그는 아브라함이 말씀으로 강하게 훈련받고 있을 때 그는 자신의 지식과 세상의 논리로 선택한 소돔 성에서 잘 먹고 잘 살고 있었습니다. 그러나 그 결과가 무엇입니까? 완전한 멸망입니다.

더디지만 아브라함처럼 지금 말씀을 붙들고 말씀을 좇아가는 삶을 살기 위해 몸부림치고 있습니까? 아니면 편하게 내가 하고 싶은대로 생각하고 결정하며 살고 있습니까? 말씀으로 훈련되지 않고 편하게 믿는 것은 망하는 길입니다. 지금 예수 믿는 것이 너무나 편안하고 걱정, 근심이 없습니까? 그것이 곧 멸망으로 향하는 고속도로입니다. 아브라함처럼 말씀을 붙들고 살면 선택의 폭이 너무나 좁습니다. 삶에 제약을 받는 것이 너무나 많아집니다. 육체가 피곤하고 정신적으로 고단합니다. 하나님의 말씀을 기준하여 직장을 선택하고, 결혼 배우자를 선택하고, 미래를 결정하려니 너무나 힘들지 않습니까? 그러나 십자가의 길이 결국 우리 인생에 하나님이 예비하신 축복의 길임을 믿어야 합니다. 끝까지 말씀을 붙들고 묵상하며 아브라함처럼 기도로 인내해야 합니다. 아브라함을 향한 하나님의 모든 말씀이 성취되듯이 우리가 붙들고 인내하는 말씀은 반드시 성취됩니다.

하나님은 사람이 아니시니 거짓말을 하지 않으시고 인생이 아니시니 후회가 없으시도다 어찌 그 말씀하신 바를 행하지 않으시며 하신 말씀을 실행하지 않으시랴(민 23:19).

하나님의 말씀은 반드시 성취됩니다. 우리를 복되게 하는 것은 우리의 능력이나 조건이 아닙니다. 하나님의 말씀입니다. 하나님의 말씀을 듣고, 묵상하고, 붙잡고 나아가면 그 말씀이 잠시 후에 아브라함처럼 축복의 사람으로 우리를 변화시킬 것입니다. 롯처럼 우리의 지혜, 능력, 판단을 의지하면 멸망합니다. 그러나 말씀을 붙드는 인생은 그 말씀이 그 인생을 책임지는 것입니다.

하나님을 믿는 사람을 두 가지 부류로 나눌 수 있습니다. 하나는 그저 하나님을 믿는 사람, 또 하나는 하나님을 만나고 하나님의 음성을 분명하게 들은 사람입니다. 이 두 부류의 차이는 평소에는 잘 나타나지 않습니다. 하지만 인생의 위기라든지 중요한 선택을 할 때 보면 나타납니다. 아브라함처럼 하나님을 만나고 하나님의 음성을 들은 사람은 최후의 순간에 말씀을 선택합니다. 하지만 롯처럼 하나님을 만나지 못하고 믿은 사람은 세상을 선택하고 소유 때문에 고민하게 됩니다.

아브라함은 척박한 땅, 헤브론에서 하나님의 말씀을 들었습니다. 그리고 언약을 맺었습니다. 아브라함처럼 하나님의 말씀을 듣기 위해서는 광야에 머무는 시간이 필요합니다. 아브라함 뿐 아니라 이스라엘 백성은 광야를 생각할 때 하나님을 만나는 곳, 하나님의 인도하심을 받는 곳 또는 하나님의 말씀을 듣는 곳으로 인식되어 왔습니다. 히브리어로 광야는 '미드바르'입니다. 이 단어는 하나님의 말씀을 뜻하는 '다바르'에 어근을 둡니다. 말씀과 광야가 같은 어근에서 출발하는 것은 우연이 아닙니다. 이스라엘 백성은 광야를 황무하고 쓸모없는 땅으로 생각한 것이 아니라 하나님의 말씀이 들려오는 하나님과의 만남의 장소로 생각한 것입니다.

사실 광야는 인간이 생존하기에 힘든 곳입니다. 마실 물도 없습니다. 먹을 양식도 없습니다. 작열하는 태양을 피할 곳조차 없습니다. 오직 하나님의 인도하심이 아니고는 살 수 없는 곳입니다. 그래서 광야의 이스라엘 백성은 하나님만 바라보았습니다. 우리가 잘 알다시피 이스라엘 백성은 출애굽한 후 40년을 광야생활을 해야 했습니다. 40년 동안 광야생활의 구전 율법을 집대성한 책인 『미쉬나』에는 이스라엘 백성에게 광야 40년은 '하나님과의 허니문 기간'이었다고 표현하고 있습니다. 부부에게 가장 행복한 시간은 신혼여행을 떠나는 허니문 기간입니다. 이스라엘 백성에게 광야 40년이 그런 기간이었다는 것입니다. 하나님과 너무너무 깊은 영적인 관계가 맺어지는 기간이었습니다. 비록 두 벌 옷도 없었습니다. 신발도 40년 동안 한 켤레만 가지고 신어야 했습니다. 아름다운 집도 소유할 수 없었습니다. 게다가 40년 동안 매일 같은 것만 먹었습니다. 마실 물도 넉넉하지 않았습니다. 그러나 그 기간이 허니문 기간이었습니다. 행복한 시간이었습니다. 하나님과 너무너무 가까워진 시간이었기 때문입니다.

때로 하나님과의 관계에서 가장 큰 장애물은 우리의 소유라는 사실을 알아야 합니다. 우리를 평안하게 하고 풍요롭게 하는 것들로부터 자유하지 못하면 결단코 하나님을 의식할 수도, 바라볼 수도 없습니다. 육적으로는 풍성할지 모르지만 영적으로 빈곤에 시달리게 됩니다. 하나님을 만나기를 원하고 그분의 음성을 듣기를 원하거든 우리 소유로부터 해방되어야 합니다. 내가 의지하는 모든 것을 내려놓아야 합니다. 그래야 앞서서 우리를 인도하시는 하나님이 보이고 우리를 향하여 말씀하시는 하나님의 음성이 들리는 것입니다.

모든 것 내려놓고 심령이 가난한 사람이 되지 못하면 결단코 하나님의 나라를 볼 수 없습니다. 진실로 하나님 만나기를 원하시거든, 우리가 소유하고 있고 우리가 누리고 있는 것으로부터 떠나야 합니다. 하나님이 아니면 도저히 살 수 없는 영적인 광야로 들어서야 합니다. 롯은 한 번도 영적인 광야에 들어가 본 적이 없습니다. 아브라함을 따라 나오게 된 것도, 가나안에 들어간 것도 애굽에서 하나님의 은혜를 체험한 것도 다 자신의 직접적인 신앙고백과는 상관없는 것이었습니다. 무엇보다 롯은 광야에서 아브라함처럼 하나님께 제단을 쌓고 예배해 본 적이 없는 현실만족주의자였습니다. 그는 소돔과 고모라의 쾌락과 향락을 하나님보다 더 사랑한 것입니다. 그러니 하나님의 음성이 들려지지도, 믿어지지도 않은 것입니다. 그 결과 모든 것을 잃어버리고 만 것입니다.

지금 우리 귀에 하나님의 말씀이 들립니까? 우리 눈에 앞서서 우리를 인도하시는 하나님을 보고 계십니까? 어떠한 하나님의 말씀에라도 아멘이라고 공감하십니까? 부디 하나님을 바라보고 하나님의 음성을 들을 수 있는 믿음의 사람들이 되기를 바랍니다.

소돔의
멸망

15동틀 때에 천사가 롯을 재촉하여 이르되 일어나 여기 있는 네 아내와 두 딸을 이끌어 내라 이 성의 죄악 중에 함께 멸망할까 하노라 **16**그러나 롯이 지체하매 그 사람들이 롯의 손과 그 아내의 손과 두 딸의 손을 잡아 인도하여 성 밖에 두니 여호와께서 그에게 자비를 더하심이었더라 **17**그 사람들이 그들을 밖으로 이끌어 낸 후에 이르되 도망하여 생명을 보존하라 돌아보거나 들에 머물지 말고 산으로 도망하여 멸망함을 면하라 **18**롯이 그들에게 이르되 내 주여 그리 마옵소서 **19**주의 종이 주께 은혜를 입었고 주께서 큰 인자를 내게 베푸사 내 생명을 구원하시오나 내가 도망하여 산에까지 갈 수 없나이다 두렵건대 재앙을 만나 죽을까 하나이다 **20**보소서 저 성읍은 도망하기에 가깝고 작기도 하오니 나를 그 곳으로 도망하게 하소서 이는 작은 성읍이 아니니이까 내 생명이 보존되리이다 **21**그가 그에게 이르되 내가 이 일에도 네 소원을 들었은즉 네가 말하는 그 성읍을 멸하지 아니하리니 **22**그리로 속히 도망하라 네가 거기 이르기까지는 내가 아무 일도 행할 수 없노라 하였더라 그러므로 그 성읍 이름을 소알이라 불렀더라.

우리는 앞 장에서 동성애가 만연한 소돔 사람들의 실상과 말씀으로 사는 법을 훈련받지 못하여 하나님의 심판의 말씀을 듣고도 지체하며 머뭇거리는 롯에 관하여 살펴보았습니다. 결국 소돔과 고모라는 죄 때문에 하나님으로부터 멸망당합니다. 죄와 멸망 사이에 롯의 구원 이야기가 들어 있습니다. 롯이 하나님의 심판의 경고에 대해 롯이 어떻게 반응하였는지,

어떻게 구원받게 되었는지 등이 자세하게 기록되어 있습니다. 소돔과 고모라의 심판의 현장에서 롯이 보이는 갈등과 고민을 통해 우리가 붙들어야 하는 것이 무엇인지를 살펴보고자 합니다.

지체하는 롯

롯이 밤이 새도록 아직 소돔을 벗어나지 않고 있습니다. 그 이유는 무엇일까요? 첫째, 바로 소돔에서 자신이 이룬 성공과 물질적 풍요 때문입니다. 세상에서 성공을 위해 롯은 하나님을 떠나고 예배의 자리를 떠나서 소돔으로 갑니다. 실제적으로 롯은 성문에 앉을만큼 성공도 하고 부자가 된 것 같습니다. 그는 심판이 임하기 전까지 마음껏 권세와 부유함을 누리며 인간적으로는 부족함 없이 행복하게 살았을 것입니다. 이러한 삶을 살다가 어느 날 갑자기 찾아온 천사의 말 한마디에 모든 것을 포기하고 소돔 성을 떠난다고 하는 것은 결코 쉽지 않습니다.

둘째, 죄악에 대해 무감각하기 때문입니다. 본문 15-16절에 보면 동이 틀 때 천사들이 마지막으로 롯에게 경고합니다. 이 성이 죄악 중에 멸망할 것이니 빨리 이 성에서 가족을 이끌어 내라고 말입니다. 그런데도 롯은 지체하고 주저합니다. 소돔의 죄악을 대수롭게 생각하지 않을 뿐더러 자신이 세속화되어서 동성애를 요구하는 사람들에게 자신의 딸을 내어 주는 악을 행한 것입니다. 롯은 악을 또 다른 악으로 해결할 만큼 세속화되어 죄악을 대수롭지 않게 생각했습니다. 이 정도의 죄악으로 과연 소돔 성이 멸망할까하며 천사의 말을 의심하고 있는 것입니다.

어쩌다가 롯이 이 지경에 이르게 되었습니까? 창세기 13장에서 물이 풍부하고 비옥한 소돔 성을 바라보면서 세상의 풍요로움에 마음 빼앗길 때부터 그에게는 하나님의 말씀이 존재할 수가 없었습니다. 하나님의 말씀이 없으니 선과 악을 구분할 수 없었습니다. 세상이 좋아지고, 세상의 물질이 롯의 마음을 빼앗으려고 할 바로 그때 아브라함과 함께하시는 하나님을 바라보고 신앙적으로 그 위기를 돌파했더라면 아브라함과 함께 하나님의 은혜를 누리는 인생을 살게 되었을 것입니다.

롯은 하나님이 주시는 은혜로 인생을 살기보다는 자신의 판단과 자신의 방법을 좋아가기로 합니다. 인간적인 방법을 강구하는 것이 훨씬 쉽고 눈앞에 결과도 바로 나타나기 때문입니다. 하나님의 방법은 때로는 너무 느리고 열매도 바로 보이지 않기 때문입니다. 눈에 보이는 소돔의 환경과 조건이 눈에 보이지 않는 하나님의 말씀보다 분명하고 확실할 것 같았기 때문입니다. 이렇게 신앙이 세속화되었으니 말씀을 듣고서도 지체할 수밖에 없는 것입니다. 롯과 그의 가족들은 결국 천사들이 손을 잡아 이끌어 반 강제적으로 끌어내서야 소돔 성을 빠져나올 수 있었습니다.

롯의 첫 번째 사명: 이끌어 내라

본문 15절을 보면 하나님의 천사가 롯을 재촉하는 장면이 나옵니다.

> 일어나 여기 있는 네 아내와 두 딸을 이끌어 내라.

천사는 롯에게 소돔과 고모라의 멸망 소식을 전해 주었습니다. 이제 가족을 구원해 내야 될 책임은 롯에게 있습니다. 롯이 여호와의 말씀에 즉각적으로 반응하여 일어나서 그들을 구원해 내야 하는 것입니다.

여호수아에서 보면 이스라엘 정탐군을 숨겨 준 기생 라합의 이야기가 나옵니다. 라합은 여리고성이 멸망당할 것을 알았습니다. 이미 이스라엘 백성이 강을 건너기 전부터 이스라엘 백성과 함께하시는 하나님의 능력을 보았기 때문입니다. 그는 정탐군들을 숨겨 주고 붉은 줄을 통해 구원받기로 언약을 맺었습니다. 그때 라합은 자기 혼자만 구원을 얻은 것이 아닙니다. 붉은 줄이 매여 있는 자기 집으로 가족들을 모았습니다. 그리하여 라합 한 사람 때문에 여리고성 멸망 때 온 가족이 구원을 얻었습니다. 라합은 여리고성의 멸망을 확신했습니다. 그리고 그의 구원 또한 확신했습니다. 그리하여 온 가족들을 신속하게 자신의 집으로 들어오게 하여 구원받게 한 것입니다.

지금 롯의 가정도 이와 비슷합니다. 롯 한 사람 때문에 소돔과 고모라가 멸망받는 가운데서도 구원을 얻게 되었습니다. 그러나 그 구원의 역사는 먼저 롯의 심판에 대한 확신과 구원하시는 하나님의 능력에 대한 확신에서 출발합니다. 롯이 하나님에 대한 심판과 구원에 확신을 갖고 일어나서 그 가족들을 이끌어 내야 합니다. 그러나 문제는 롯이 하나님의 심판과 구원에 대한 확신이 없다는 것입니다. 자신에게 가족의 생명이 달려 있는데도 롯은 주저하고 망설이고 있습니다.

16절을 보십시오.

그러나 롯이 지체하매 그 사람들이 롯의 손과 그 아내의 손과 두 딸의 손을 잡아 인도하여 성 밖에 두니 여호와께서 그에게 자비를 더하심이었더라.

이 말씀은 사실 가슴 아픈 이야기입니다. 롯의 가족들의 손을 전부 언급한 것은 롯뿐만 아니라 롯의 가족들 모두가 곧 멸망하게 될 소돔 성을 빠져나가려 하지 않았다는 것을 암시하는 말씀입니다. 그만큼 천사들이 강제적으로 롯의 가족들을 잡아 끌어야만 했다는 것을 강조한 말씀입니다. 그렇게 해서 겨우 소돔 성에 빠져나왔습니다. 하나님은 롯에게 가족들을 이끌어 내라고 말씀하셨지만 롯은 그 명령을 준행하는 데 실패했습니다. 평소에 하나님의 말씀대로 살지 아니하였기 때문에 그런 것입니다.

지금 가족들 중에서 혼자 예수 믿으시는 분 있으십니까? 우리가 바로 축복의 씨입니다. 그 믿음을 통해 하나님은 가족 모두가 다 구원받기를 원하고 계십니다. 중요한 것은 어렵고 힘들어도 오직 하나님의 말씀대로 살아가는 모습을 가족들에게 보여 주십시오. 그리고 혼자 예수 믿는다고 낙심하여 그 자리에 앉아 있지 마시고 일어나십시오. 일어나서 가족들에게 우리의 죄를 위해 십자가에 못 박혀 죽으신 예수 그리스도를 증거하는 귀한 사명을 감당하시기 바랍니다. 내가 그토록 눈물로 권면하고 예수님을 증거했는 데도 묵묵부답이라고 염려하지 마십시오. 그때에는 하나님의 손이 그들을 강권하여 멸망의 자리에서 구원의 자리로 옮기실 것입니다.

롯의 두 번째 사명: 도망하여 생명을 보전하라

멸망받을 소돔 성에서 벗어났다고 완전한 구원이 이루어진 것은 아닙니다. 이스라엘 백성이 애굽에서 벗어난 것이 구원의 전부가 아니라 광야를 통해 가나안에 이르러야 했던 것처럼 롯도 소돔에서 벗어났지만 "도망하여 생명을 보전하라."는 말씀에 순종해야 하는 것입니다. 하나님의 자비하심으로 구원받으셨습니까? 그렇다고 한다면 하나님이 말씀하시는 곳을 향하여 달려가는 인생이 되어야 합니다. 멸망받은 세상에서 벗어나 하나님이 원하시는 곳에 있게 되는 것이 구원의 진정한 의미입니다. 다시 말씀드리면 구원받은 생명의 보전은 멸망받을 세상과 멀어지면 멀어질수록 좋습니다. "하나님이 그만하면 됐다."고 말씀하실 때까지 세상으로부터 멀어져야 하는 것이 구원받은 우리 삶의 태도입니다. 구원받은 생명을 보전하기 위해 천사들은 롯에게 두 가지를 명령합니다.

첫째로 뒤돌아보지 말라는 것입니다. 신앙은 말씀을 향하여 달려가는 것입니다. 절대로 뒤돌아보지 않고 말씀이 가라는 곳까지 달려가는 것이 신앙입니다. 하나님은 출애굽한 이스라엘 백성이 지난 애굽의 삶을 그리워하고 돌아가려 하는 것을 제일 싫어하셨습니다. 이제 홍해를 건너 애굽을 떠나왔다면 절대로 애굽을 뒤돌아 봐서는 안되는 것입니다. 이 말씀은 예수 믿기 전의 과거의 삶을 돌아보지 말라는 것입니다. 과거의 삶으로 돌아가지 말라는 것입니다. 이전에 즐기던 세상의 모든 것을 끊어 버리라는 것입니다. 오직 십자가를 바라보고 하나님이 주신 신앙의 푯대를 향하여 나아가야 하는 것입니다. 지난날의 죄악으로 가득찬 우리의 삶이 아닌 나의 죄를 위해 십자가에 못 박혀 죽으신 주님만을 바라보시고 끝까지 전진하기를 바랍니다.

신약성경을 보면 자신의 뒤를 돌아보다가 실패한 사람 이야기가 나옵니다. 바로 바울의 동역자 데마입니다. 빌레몬서 1장 24절에 보면 데마를 향하여 사도 바울은 이렇게 말합니다.

또한 나의 동역자 마가, 아리스다고, 데마, 누가가 문안하느니라.

데마는 한때 사도 바울의 신뢰받는 동역자였습니다. 적어도 복음서를 기록한 마가나 누가와 같은 신뢰받고 사랑받는 동역자였습니다. 그러나 어느 날 그에게 세상의 유혹이 강하게 몰려오자 그는 세상과 사랑에 빠지고 말았습니다. 결국 그는 사도 바울을 버리고 세상으로 돌아가 버리고 말았습니다.

데마는 이 세상을 사랑하여 나를 버리고 데살로니가로 갔고 그레스게는 갈라디아로, 디도는 달마디아로 갔고(딤후 4:10).

데마는 끝까지 사도 바울처럼 그리스도라는 푯대를 향하여 나아간 것이 아니라 사랑하던 세상을 향하여 가 버리고 만 것입니다. 세상 때문에 사도 바울을 버리고, 예수 그리스도를 버리고 사명을 버린 것입니다.

신앙은 지금의 모습도 중요합니다만 언제나 끝이 아름다워야 합니다. 처음보다 마지막 모습이 더 중요한 것입니다. 이번에 반승현 목사님을 제주도 선교사로 파송하고 이사하는 날, 장로님들과 함께 반 목사님의 조그마한 아파트에서 예배를 드렸습니다. 먼저 찬송을 두 곡 불렀습니다. 314장 "내 구주 예수를 더욱 사랑" 그리고 461장 "십자가를 질 수 있나"라는 찬송이었습니다. 반 목사님과 제가 지속적으로 예수님을 더 사랑하여 끝까지 십자가를 지자는 의도였습니다. 그리고 설교는 구역 리더 때 공부한 세례 요한의 삶을 증거했습니다. 오직 예수 그리스도를 위해 대제사장이라는 직분도, 영광도 다 버리고 광야 빈들에서 살다가 "세상 죄를 지고 가는 하나님의 어린 양"이신 예수님만 증거하는 세례 요한 그리고 맨 마지막에는 자신에게 남아 있던 제자 두 사람마저 예수님께 인계하고 감옥에서 목이 잘려 순교한 세례 요한의 모습이 반 목사님과 제 모습이어야 한다고 설교하였습니다. 죽을 때까지 세상의 것 버리고 예수님이 원하신다고 한다면 우리에게 남아 있는 그 마지막 것까지도 기꺼이 드리고 예수님을 위해 순교하는 삶을 살자고 설교하였습니다. 제 삶의 마지막 한 조각까지 모두 예수님을 위해 사용하기를 결단한 것입니다. 그러기 위해서는 쉼 없이, 주저함 없이 나의 죄를 위해 십자가에 죽으신 예수님을 향하여 달려 나아가야 하는 것입니다.

두 번째로 들에 머무르지 않는 것입니다. 성경이 "들에 머무르지 말라."고, '들'이라는 특정 지역을 언급한 이유가 있습니다. 그냥 단순하게 "뒤돌아보지 말고 멈추어 머무르지 말고" 해도 될 것을 '들'이라는 특정 지역을 언급한 이유가 있습니다. 왜냐하면 창세기 13장에 보면 롯이 아브라함과 헤어질 때에 바라본 것이 '요단 들'이었습니다. 우리말 성경에는 "요단 지역"이라고 되어 있습니다만 원어성경에는 '요단 평야 혹은 요단 들'로 되어 있습니다. 소돔과 고모라를 맨 처음 바라본 것이 아니라 '요단 들'이었습니다. 무슨 말씀입니까? 롯이 집착하는 롯의 신앙의 약점이 바로 '들'이라는 것입니다. 도망하여 생명을 보전하기 위해 롯에게 마지막 걸림돌이 되는 롯의 최대의 약점이 '들'이라는 것을 하나님이 아시고 경고하신 것입니다.

우리가 신앙생활 하는 데 최대의 약점은 무엇입니까? 은혜롭게 신앙생활하다가 주로 무엇에 걸려서 넘어집니까? 저에게도 롯의 '들'과 같은 것이 많이 있습니다. 이것을 극복하지 못하면 하나님이 은혜로 베풀어 주신 구원의 의미가 퇴색할 수밖에 없습니다. 우리는 롯에게 경고하신 '들'을 무시해서는 안됩니다. 잠시라도 사명 감당하다가 그곳에 멈추어 서게 되면 가장 귀중한 예수님의 십자가도, 사명도 버리게 됩니다. 신앙은 끝까지 전진하는 것입니다. '이만하면 되었겠지.'라고 멈추는 순간 마귀의 밥이 되고 맙니다. 히브리서 기자는 우리의 이러한 약함을 알고 끝까지 예수님을 바라보고 전진할 것을 우리에게 촉구하고 있습니다.

> ¹이러므로 우리에게 구름 같이 둘러싼 허다한 증인들이 있으니 모든 무거운 것과 얽매이기 쉬운 죄를 벗어 버리고 인내로써 우리 앞에 당한 경주를 하며 ²믿음의 주요 또 온전하게 하시는 이인 예수를 바라보자 그는 그 앞에 있는 기쁨을 위하여 십자가를 참으사 부끄러움을 개의치 아니하시더니 하나님 보좌 우편에 앉으셨느니라(히 12:1-2)

우리를 쉽게 얽매이게 하는 죄를 벗어 버리고 끝까지 인내로써 주님이 하라고 명령하신 믿음의 경주를 감당해 나가면 예수님이 우리에게 믿음도 주시고 우리를 언젠가는 하나님 앞에 온전하게 서게 하시는 은혜를 주실 줄로 믿습니다.

롯의 마지막 기도

"내 형제들아 이런 악을 행하지 말라(7절)."는 말씀이 세상을 향한 롯의 마지막 설교라고 한다면 19-20절은 롯의 마지막 기도입니다. 하나님의 은혜로 구원을 얻고 있는 그의 마지막 기도가 하나님의 은혜에 대한 감사라든지 하나님의 구원의 계획이 하나님의 뜻대로 이루어지기를 소원한다든지 하는 영적인 기도가 아니라 자신의 육신의 안일만을 위한 기도로 채워져 있다는 것입니다. 소돔과 고모라의 멸망 소식을 들었을 때 아브라함은 전체 소돔 성의 구원을 기도했습니다. 그러나 롯은 오직 자신의 육체적인 안일만을 위해 기도하고 있는 것입니다.

더구나 하나님이 명하신 곳까지 도저히 갈 수 없다고 미리 포기하고 단념하는 연약한 사람이었습니다. 그리고 하나님이 원하시는 곳이 아닌 자신이 원하는 '작은 성,' 곧 '소알'을 바랍니다. 우리는 정확히 하나님이 가라고 하신 '산'이 어디인지는 알 수 없습니다. 그러나 분명한 것은 롯이 만약에 그곳에 이르게 되었다고 한다면 그의 인생이 바뀔 수도 있었다는 것입니다. 그러므로 하나님이 제시하신 그 산은 롯의 마지막 인생 기회였던 것입니다. 말씀에 순종하였다면, 정말 하나님이 원하시는 신앙의 삶을 살게 되었을 것입니다. 하지만 롯은 소돔에 대한 미련을 버리지 못하고 소돔과 멀리 떨어져 있지 않은 소알로 들어가기를 청한 것입니다. 소알에 머무르면서 다시 한 번 요단 들에서 인생을 제기해 보리라는 얄팍한 계산 때문에 하나님의 말씀을 불순종하는 것입니다. 소돔과 고모라의 멸망 가운데서도 구원하시는 하나님이 산으로 도망하는 동안에 지켜 주지 않으실 리 없지 않습니까? 우리를 위해 하나밖에 없는 독생자도 내어 주신 분이 우리가 그분이 제시하신 비전을 이루는 데 지키시고 도와주시는 것이 당연한 것입니다. 그러므로 롯의 기도는 하나님에 대한 불신앙에서 출발하는 것입니다. 자기가 인생의 방향도 정하고, 방법도 정하고 하나님께 들어달라고 기도하므로 인생을 결국 자신이 책임질 수밖에 없게 된 것입니다. 하나님이 가라고 하는 산으로 갔다고 한다면 하나님이 그 인생을 책임져 주셨을 것입니다.

그러함에도 하나님은 롯의 소원에 응답하십니다.

그가 그에게 이르되 내가 이 일에도 네 소원을 들었은즉 네가 말하는 그 성읍을 멸하지 아니하리니(21절).

이 말씀 속에는 "네가 무엇을 구해도 내가 다 들어주었을 것이다."는 의미가 담겨져 있습니다. 이 기도에도 응답하였는데 다른 기도에는 오죽 잘 응답하였겠느냐는 것입니다. 즉 마지막 기회에 하나님을 위해 쓰임받을 수 있는 영적인 기도를 했더라면 좋았을 것이라는 하나님의 아쉬움의 표현인 것입니다.

중요한 것은 하나님은 롯처럼 부족한 사람도 사랑하시고 그의 모든 기도에 응답하시는 분이십니다. 그리고 그 한 사람 때문에 여러 사람을 살게 하시는 분이십니다. 그렇다고 한다면 우리도 힘을 내야 합니다. 우리에게 아브라함처럼 큰 믿음이 없고 하나님을 사랑하지 못했다고 할지라도 하나님께 무릎 꿇고 무엇이든지 구하고 기도하는 인생을 살게 되면 반드시 하나님의 응답과 구원의 역사를 보게 된다는 것입니다. 지금까지 우리의 모습이 어떠했느냐는 중요하지 않습니다. 하나님은 우리를 지금도 변함없이 사랑하시고, 함께하시는 분이시며, 우리의 작은 신음에도 응답하시는 분이십니다. 하나님께 기도하고 소원하면 하나님이 피할 길을 열어 주시고 살게 해 주시는 놀라운 역사가 일어날 것입니다.

이러한 하나님의 은혜를 생각해 보면 롯의 기도는 우리에게 진한 아쉬움으로 다가옵니다. 아브라함처럼 의인을 구하기 위한 필사적이고도 영적인 기도가 아니라 할지라도 롯이 만약에 하나님이 말씀하신 산까지 이를 수 있는 힘을 달라고 기도했더라면 어떻게 되었을까요? 하나님이 충분히 도와주셨을 뿐 아니라 그 이후의 삶도 책임져 주셨을 것입니다. 그렇게 마지막을 동굴에서 살면서 딸들과 비극적인 관계를 맺지 않아도 되었을 것입니다. 내가 좋고 내가 원하는 기도를 내려놓고 힘들고 고통스러워도 하나님이 가라고 명령하신 그곳까지 갈 수 있게 해 달라고 사명을 위해 기도하는 우리가 되었으면 좋겠습니다.

지금 사명을 감당하고 삶을 살아가는 것이 힘들다고 잠시의 편안함을 위해 그곳에서 도피하는 것이 아니라 끝까지 하나님이 원하시는 곳에 있게 해 달라고 기도하는 것이 영적인 사람이며 또 그로 인해 인생 비극을 피하는 은혜가 임하는 것입니다. 우리는 지금 우리가 원하는 길을 놓고, 단순히 육체만을 위해 기도하시고 결단하십니까? 아니면 하나님이 가라고 하신 사명의 산에 이를 수 있도록, 끝까지 하나님이 원하시는 곳까지 갈 수 있도록 힘을 달라고 기도하는 사람입니까? 부디 롯처럼 현실 도피의 기도가 아니라 사명을 완수하는 기도를 통해 하나님이 예비하신 또 다른 인생을 살 수 있는 우리가 되기를 바랍니다.

죄의
영향력

: 창세기 19장 23-38절 :

23롯이 소알에 들어갈 때에 해가 돋았더라 **24**여호와께서 하늘 곧 여호와께로부터 유황과 불을 소돔과 고모라에 비같이 내리사 **25**그 성들과 온 들과 성에 거주하는 모든 백성과 땅에 난 것을 다 엎어 멸하셨더라 **26**롯의 아내는 뒤를 돌아보았으므로 소금 기둥이 되었더라 **27**아브라함이 그 아침에 일찍이 일어나 여호와 앞에 서 있던 곳에 이르러 **28**소돔과 고모라와 그 온 지역을 향하여 눈을 들어 연기가 옹기 가마의 연기같이 치솟음을 보았더라 **29**하나님이 그 지역의 성을 멸하실 때 곧 롯이 거주하는 성을 엎으실 때에 하나님이 아브라함을 생각하사 롯을 그 엎으시는 중에서 내보내셨더라 **30**롯이 소알에 거주하기를 두려워하여 두 딸과 함께 소알에서 나와 산에 올라가 거주하되 그 두 딸과 함께 굴에 거주하였더니 **31**큰 딸이 작은 딸에게 이르되 우리 아버지는 늙으셨고 온 세상의 도리를 따라 우리의 배필 될 사람이 이 땅에는 없으니 **32**우리가 우리 아버지에게 술을 마시게 하고 동침하여 우리 아버지로 말미암아 후손을 이어가자 하고 **33**그 밤에 그들이 아버지에게 술을 마시게 하고 큰 딸이 들어가서 그 아버지와 동침하니라 그러나 그 아버지는 그 딸이 눕고 일어나는 것을 깨닫지 못하였더라 **34**이 튿날 큰 딸이 작은 딸에게 이르되 어제 밤에는 내가 우리 아버지와 동침하였으니 오늘 밤에도 우리가 아버지에게 술을 마시게 하고 네가 들어가 동침하고 우리가 아버지로 말미암아 후손을 이어가자 하고 **35**그 밤에도 그들이 아버지에게 술을 마시게 하고 작은 딸이 일어나 아버지와 동침하니라 그러나 아버지는 그 딸이 눕고 일어나는 것을 깨닫지 못하였더라 **36**롯의 두 딸이 아버지로 말미암아 임신하고 **37**큰 딸은 아들을 낳아 이름을 모압이라 하였으니 오늘날 모압의 조상이요 **38**작은 딸도 아들을 낳아 이름을 벤암미라 하였으니 오늘날 암몬 자손의 조상이었더라.

롯이 소돔을 벗어나 소알성으로 피하게 되자 하나님은 소돔과 고모라에 유황과 불을 비같이 내리시므로 심판하셨습니다.

그 성들과 온 들과 성에 거주하는 모든 백성과 땅에 난 것을 다 엎어 멸하셨더라(25절).

로마서 1장 18절의 "하나님의 진노가 불의로 진리를 막는 사람들의 모든 경건하지 않음과 불의에 대해 하늘로부터 나타나나니."라는 말씀처럼 소돔과 고모라의 죄악에 대해 하나님의 진노가 불과 유황으로 임한 것입니다.

반드시 죄악을 심판하시는 하나님

노아 시대의 죄악이 관영하였을 때에 하나님이 물로 세상을 심판하신 것처럼 소돔과 고모라의 죄악에 대해서도 하나님은 심판하셨습니다. 소돔과 고모라는 음란한 도시였으며 특히 동성애가 성행하던 곳이었습니다 (19:6). 유다서 1장 7절에 보면 소돔과 고모라의 음란죄를 구체적으로 언급하고 있습니다.

소돔과 고모라와 그 이웃 도시들도 그들과 같은 행동으로 음란하며 다른 육체를 따라가다가 영원한 불의 형벌을 받음으로 거울이 되었느니라.

여기 "다른 육체를 따라가다가"라는 말이 있는데 그것은 '낯선, 부자연스러운, 비정상적인 육체적 행위를 하다가'라는 뜻입니다. 이처럼 소돔과 고모라는 음란한 도시요, 동성애의 대명사였습니다.

그런데 소돔과 고모라의 죄악은 단지 성적으로 음란한 것만이 아니었습니다. 예레미야 23장 14절에서 소돔과 고모라의 구조적인 죄를 더 자세히 기록하고 있습니다.

내가 예루살렘 선지자들 가운데도 가증한 일을 보았나니 그들은 간음을 행하며 거짓을 말하며 악을 행하는 자의 손을 강하게 하여 사람으로 그 악에서 돌이킴이 없게 하였은즉 그들은 다 내 앞에서 소돔과 다름이 없고 그 주민은 고모라와 다름이 없느니라.

하나님은 유다 백성을 질책하며 그들의 죄가 소돔과 고모라 사람들과 다름이 없이 단지 간음을 행할 뿐 아니라 거짓을 말하며 악을 행하는 자의 손을 강하게 한다고 했습니다. '악을 행하는 자의 손을 강하게 한다.'는 것은 악을 행하는 자에게 용기를 북돋아 줌으로써 그들로 하여금 더 많은 악을 행하게 만든다는 것입니다. 그러므로 소돔과 고모라는 단순히 성적으로 음란할 뿐 아니라 온갖 종류의 악이 만연해 있음을 알 수 있습니다.

중요한 것은 소돔과 고모라의 멸망 이야기는 오늘날 우리를 향하신 하나님의 경고의 말씀입니다. 앞에서 말씀드린 유다서 1장 7절에서는 '거울'이 되게 하셨다고 말씀하고 있고, 베드로후서 2장 6절에서는 "소돔과 고모라 성을 멸망하기로 정하여 재가 되게 하사 후세에 경건하지 아니할 자들에게 본을 삼으셨으며."라고 했습니다. 소돔과 고모라를 멸하신 이유 중의 하나는 경건하지 아니한 후세의 사람들에게 경고하시기 위함입니다. 오늘날 한국 사회는 현대판 소돔과 고모라라 할 수 있을 정도로 부패하고 타락했습니다. 음란과 거짓과 악행과 포학함과 교만과 사치와 향락이 당연시되는 세상이 되고 말았습니다. 당장 하나님의 진노의 잔과 분노의 대접이 쏟아져도 전혀 이상할 것이 없는 죄악이 만연한 세상이 되어 버렸습니다.

그럼에도 아무 일도 아직 일어나지 않는 이유는 하나님이 이 땅 가운데서 마음에 합한 의인을 찾으시며 우리를 향해 인내하고 계시기 때문입니다. 아니 누군가가 그래도 이 나라와 이 민족을 불쌍히 여겨 달라고 하나님의 임박한 진노 앞에서 아브라함처럼 기도하고 있기 때문이라고 보아야 할 것입니다. 다른 사람이 아니라 우리가 심판을 선포하시는 하나님의 음성을 들어야 합니다. 하나님의 음성을 듣고 하나님 앞에 나아와 엎드려야 합니다. 온갖 죄악으로 가득한 이 세상을 떠나 살아 계신 하나님 앞으로 달려 나와야 합니다. 소돔과 고모라 이야기가 우리에게 본이요, 거울이라는 사실을 명심하고 하나님께로 다시 한 번 회개하고 돌아서야 합니다.

하나님의 심판과 구원

이 소돔과 고모라의 멸망 사건을 통해서 우리는 무엇을 보아야 합니까? 심판하시는 하나님입니다. 그런데 우리는 이 이야기 속에서 단지 진노하시고 멸망시키시는 하나님의 심판만을 보아서는 안됩니다. 소돔과 고모라를 멸망시키시는 하나님의 역사 속에서 또한 그가 행하시는 구원의 역사를 보는 것이 더 중요합니다. 실로 하나님의 심판의 목적은 정죄하시고 멸망시키는 데에 있는 것이 아니라, 의를 세우시고 구원하시는 데에 있는 것입니다. 우리는 소돔과 고모라를 멸망시키시기에 앞서 의인을 찾으시는 하나님을 보아야 합니다. 단 열 명의 의인이라도 찾기까지 인내하시는 하나님을 보아야 합니다. 그리고 그가 택하신 백성 아브라함을 생각하시고 롯을 구원하시는 하나님의 은혜와 사랑을 보아야 합니다.

> 하나님이 그 지역의 성을 멸하실 때 곧 롯이 거주하는 성을 엎으실 때에 하나님이 아브라함을 생각하사 롯을 그 엎으시는 중에서 내보내셨더라(29절).

놀라운 것은 하나님이 아브라함을 생각하셔서 온 성이 멸망받을 때 롯과 가족은 구원을 얻게 하셨다는 것입니다. 이 사실을 통해 우리는 하나님이 택한 사람들은 어떠한 경우에라도 건짐받고 구원받는다는 것을 알 수 있습니다. 하나님이 택하신 자녀는 결코 망하지 않습니다. 실패하지 않습니다. 이것이 자녀된 자들의 특권입니다.

성경은 롯이 구원받은 이유를 창세기 기자는 '하나님의 아브라함에 대한 생각,' 즉 '기도하던 아브라함' 때문이라고 분명하게 말씀하고 있습니다. 롯이 건짐 받은 것은 순전히 하나님의 은혜 때문입니다. 그러나 하나님의 은혜와 긍휼을 체험하는 사람 곁에는 반드시 기도하는 사람이 있다는 것을 기억해야 합니다. 기도하는 한 사람 때문에 멸망받아야 할 사람이 하나님의 은혜로 건짐받는 역사가 일어난다는 것입니다. 롯의 구원을 통해 우리가 알 수 있는 사실은 하나님은 반드시 우리의 기도에 응답하신다는 사실입니다.

기도 응답에 관하여 생각할 때마다 떠오르는 신약의 장면이 하나 있습니다. 바로 사가랴와 천사장 가브리엘의 대화입니다. 누가복음 1장에 보면 사가랴와 엘리사벳은 아이가 없고 나이 많아 늙었다고 말씀하고 있습니다. 아마도 젊었을 때, 육체적인 생식의 능력이 있을 때 그들은 후사를 위해 기도하였을 것입니다. 이제 나이 많아 늙고 육체의 소망이 끊어진 이후에는 더 이상 후사를 위해 기도하지 않았을 것입니다. 그런데 천사 가브리엘은 "사가랴여 무서워 말라 너의 간구함이 들린지라."고 현재형으로 말씀하고 있습니다. 그러니까 '사가랴의 기도가 항상 하나님의 귀에 들리고 있다'는 말씀입니다. 그렇습니다. 우리가 지금까지 드린 모든 기도를 하나님은 지금도 귀로 듣고 계시는 것입니다. 그러므로 하나님은 우리의 모든 기도를 들으시고 반드시 응답하시는 것입니다.

우리가 여기까지 인도함받은 것은 모두 하나님의 은혜입니다. 그 하나님의 은혜는 누군가 우리를 위해 눈물로 간구하는 사람들의 기도와 연관이 있을 수 있습니다. 내가 잘나고 똑똑해서 지금까지 살아온 것이 아니라 누군가의 피 끓는 중보기도 때문에 우리가 있다라는 것을 잊어서는 안됩니다. 가장 불행한 성도는 자신을 위해 중보기도해 주는 사람이 없는 사람입니다. 가장 행복한 성도는 기도하는 사람을 동역자로 둔 사람입니다. 기도하는 곳에는 반드시 하나님의 역사가 일어나기 때문입니다.

아브라함을 보십시오. 그가 기도하니까 하나님이 움직이시고 일하시지 않습니까? 아브라함은 자신이 무언가를 할 수 있는 능력이 있음에도 절대로 기도보다 앞서지 아니하였습니다. 만약에 아브라함이 지난번 가나안 다섯 왕과의 전쟁처럼 사병들을 거느리고 소돔과 고모라에 가서 멸망을 외치며 롯을 빼내려고 했다고 가정해 봅시다. 하나님이 움직여도 미련을 갖고 있어서 움직이지 않은 롯이 아브라함의 말을 들었을까요? 아닙니다. 아브라함은 기도보다 더 강력한 무기는 없다는 것을 잘 알고 있었습니다. 그래서 그는 하나님께 간절히 기도한 것입니다. 기도의 능력과 위력을 믿는 자만이 자신의 힘과 능력을 내려놓을 수 있으며 하나님의 구원의 역사를 경험할 수 있게 되는 것입니다.

이제는 우리가 아브라함처럼 기도할 때입니다. 가정을 위해, 자녀를 위해, 옆에 있는 성도를 위해 기도하십시오. 기도하는 곳에는 반드시 구원의 역사가 일어납니다. 모든 사람이 멸망받는 곳에서도 구원받은 기적이 일어나는 것처럼 우리 삶에도 하나님의 능력과 기적이 일어납니다. 기도가 능력입니다. 기도하는 곳에는 반드시 하나님의 임재가 있습니다. 하나님의 역사가 있습니다. 하나님은 기도하는 사람과 반드시 함께하십니다.

뒤돌아 본 롯의 아내

본문 26절은 롯의 아내가 뒤를 돌아보았으므로 소금 기둥이 되었다고 전합니다. 롯의 아내가 소금 기둥이 된 것은 "뒤돌아보지 마라."는 하나님의 말씀에 불순종하였기 때문입니다. 하나님이 "뒤돌아보지 마라."고 말씀하신 이유는 롯의 가족들이 지난날의 삶, 즉 과거와 완전히 결별하기를 원하신 것입니다. 아무리 지난 과거가 아름답고, 화려하며, 훌륭하다 할지라도 예수님 없이 살아온 삶, 그 자체가 죄입니다. 지금이 마지막으로 하나님이 주신 살 수 있는 유일한 기회입니다. 세상 줄 완전히 끊어 버리고 미련 없이 하나님이 정하여 주신 푯대를 향하여 앞으로 전진해야 살 수 있는 것입니다. 그러나 롯의 아내는 뒤를 돌아보고 말았습니다. 아마도 물질에 대한 미련 때문일 것입니다.

이에 롯이 눈을 들어 요단 지역을 바라본즉 소알까지 온 땅에 물이 넉넉하니 여호와께서 소돔과 고모라를 멸하시기 전이었으므로 여호와의 동산 같고 애굽 땅과 같았더라(13:10).

이 풍요로운 물질을 버린다는 것은 결코 쉬운 일이 아닙니다. 소돔이 얼마나 물질이 풍요로운지를 에스겔 16장 49-50절에 보면 이렇게 말씀하고 있습니다.

49네 아우 소돔의 죄악은 이러하니 그와 그의 딸들에게 교만함과 음식물의 풍족함과 태평함이 있음이며 또 그가 가난하고 궁핍한 자를 도와 주지 아니하며 50거만하여 가증한 일을 내 앞에서 행하였음이라 그러므로 내가 보고 곧 그들을 없이 하였느니라.

소돔과 고모라는 물질적 풍요 때문에 범죄하고 타락에 빠진 것입니다. 눈에 보이는 풍요로운 물질 대신에 눈에 보이지 않는 말씀을 붙들고 앞으로 나아간다는 것은 어려운 일입니다.

우리는 뒤돌아보지 말아야 합니다. 과거로 돌아가지 말아야 합니다. 오직 주님께서 말씀하시는 미래를 향하여 모든 것을 버리고 앞으로 나아가야 합니다. 베드로처럼 아버지도, 그물도, 삯군도, 배도 모두 버리고 말씀을 붙들고 나아갈 때에 진정한 축복의 사람으로 쓰임 받을 수 있는 것입니다. 지금 이 자리에 주님께 헌신한다고 하면서도 세상을 사랑하여 한 발을 세상에 놓고 살아가는 사람은 정신을 차리고 오직 말씀만을 향하여 달려가야 합니다.

15이 세상이나 세상에 있는 것들을 사랑하지 말라 누구든지 세상을 사랑하면 아버지의 사랑이 그 안에 있지 아니하니 16이는 세상에 있는 모든 것이 육신의 정욕과 안목의 정욕과 이생의 자랑이니 다 아버지께로부터 온 것이 아니요 세상으로부터 온 것이라 17이 세상도, 그 정욕도 지나가되 오직 하나님의 뜻을 행하는 자는 영원히 거하느니라(요일 2:15-17).

언약으로의 초대: 창세기 1~25장

우리는 이 세상을 사랑하여 과거에 얽매이는 삶이 아니라 하나님의 뜻을 행하는 믿음의 사람이 되어서 하나님 앞에 영원히 거하는 사람이 되어야 하는 것입니다. 성경은 세상을 사랑하는 사람들에게 "롯의 처를 기억하라."는 말씀으로 불신앙에 빠지는 것을 경고합니다(눅 17:32). 지금부터 세상 줄 완전히 끊어 버리고 미련없이 하나님이 정하여 주신 푯대를 향하여 앞으로 전진하기를 바랍니다.

소알에서 산으로

소알에서 목숨을 건진 롯은 이번에는 산으로 올라가 거주합니다. 이 산이 하나님이 가라고 명하신 산인지는 모르겠지만 뒤늦게 옮길 수밖에 없었던 이유를 '두려움'이라고 말하고 있습니다. 롯의 믿음의 현주소는 두려움입니다. 두려움 때문에 하나님이 가라고 명한 산으로 가지 못하고 소알성을 요구하였습니다. 그런데 소알 성에서도 두려움 때문에 산으로 가서 동굴 속에서 살아가는 롯을 보게 됩니다. 두려움은 환경의 문제가 아니라 신앙의 문제라는 것을 알 수 있습니다. 롯은 어디 있든지 두려움과 염려에 사로잡힐 수밖에 없습니다. 왜냐하면 하나님의 말씀따라 사는 인생이 아니라 자기 생각과 자기 계획 그리고 판단에 의하여 살아가는 인생이기 때문에 그렇습니다.

우리가 말씀을 따라 살면 우리 인생은 하나님이 책임져 주십니다. 그러나 내 생각과 계획을 따라 사는 인생의 책임은 자신에게 있습니다. 이 두려움을 극복하는 길은 하나님께 엎드리는 것입니다. 자신을 구하러 온 천사에게 무릎 꿇고 엎드려 기도하므로 모든 두려움을 극복해야 했던 것입니다. 그런데 이러한 위기 가운데서 구원받고도 성경에는 롯이 하나님을 예배했다든지 하나님께 기도하였다는 말씀이 나오지 않습니다. 하나님이 아닌 자신의 계획을 의지하고 판단하던 롯이 진짜 위기를 만나게 됩니다. 그것은 딸들과 동침하게 되는 사건입니다.

하나님을 만날 만할 때에 찾지 아니하고 하나님께 무릎 꿇지 아니하며 끝까지 자기 자신을 붙잡고 살아가는 사람은 정말 돌이킬 수 없는 위기 속으로 빠져 들어가게 되는 것입니다.

> ⁶너희는 여호와를 만날 만한 때에 찾으라 가까이 계실 때에 그를 부르라 ⁷악인은 그의 길을, 불의한 자는 그의 생각을 버리고 여호와께로 돌아오라 그리하면 그가 긍휼히 여기시리라 우리 하나님께로 돌아오라 그가 너그럽게 용서하시리라 ⁸이는 내 생각이 너희의 생각과 다르며 내 길은 너희의 길과 다름이니라 여호와의 말씀이니라 ⁹이는 하늘이 땅보다 높음 같이 내 길은 너희의 길보다 높으며 내 생각은 너희의 생각보다 높음이니라(사 55:6-9).

롯은 하나님을 만날 만한 기회를 모두 놓쳐 버리고 여전히 '자신의 생각'이라는 감옥에 갇혀서 두려워하다가 성경 역사에 가장 불행한 인생을 살게 되는 것입니다.

지금이 하나님을 만날 때입니다. 지금이 하나님의 음성을 들을 때입니다. 하나님을 만나시므로 내 생각과 내 계획을 버리시고 하나님을 만나시면 새로운 인생을 살게 될 줄로 믿습니다.

무서운 죄의 열매

롯이 인생을 하나님께로 돌이킬 수 있는 기회를 놓치자 이번에는 더 큰 죄악이 딸들을 통해 롯에게 일어나게 됩니다. 롯의 딸들은 '온 세상의 도리,' 즉 세상의 논리를 따라 아버지의 대를 잇고자 합니다. 중요한 것은 이 방법이 하나님의 방법이 아니었다는 것입니다. 만약에 그들이 하나님을 신뢰하고 두려워했다고 한다면 결단코 이런 세상적인 방법을 사용하지 않았을 것입니다. 롯의 신앙의 실패가 딸들의 신앙의 실패로 이어지게 되었습니다. 만약에 정말로 대를 이을 후손이 필요해서 하나님께 구했다고 한다면 하나님은 분명히 허락해 주셨을 것입니다. 불구덩이 심판 가운데서도 그들을 구원해 주셨는데 그들이 무엇을 구해도 들어주셨을 것입니다.

앞 장에서 살펴본 말씀 가운데 산으로 가는 것을 포기하고 소알로 들어가기를 구했을 때 하나님의 천사가 이렇게 대답한 것을 기억하십니까?

그가 그에게 이르되 내가 이 일에도 네 소원을 들었은즉 내가 말하는 그 성읍을 멸하지 아니하리니(21절).

'이 일에도 들었다,' 즉 '그 어떤 것도 들어주겠다'는 하나님의 의지의 표현인 것입니다. 그러함에도 그들은 하나님께 기도하지 않았습니다. 하나님의 방법으로 살지 않았습니다. 지금까지 살아온 세상의 방법, 즉 타락한 소돔과 고모라의 관습으로 후손의 문제를 아무런 죄의식조차 없이 해결하려 한 것입니다. 그들에게는 영적인 회개나 뉘우침이 전혀 없었던 것입니다. 그들의 죄악이 너무나 깊어 그것이 죄라는 양심의 가책도 없이 아버지와 동침한 것입니다.

그래서 큰 딸도 아들을 낳고 작은 딸도 아들을 낳았는데 큰 딸이 낳은 아들의 이름은 '모압,' 작은 딸이 낳은 아들의 이름은 '벤암미'라 지었습니다. 모압은 모압 족속의 조상이요, 벤암미는 암몬 족속의 조상인데, '모압'이라는 말은 '아버지로부터'라는 뜻이고 '벤암미'는 '내 족속의 아들'이라는 뜻이지만 원어 그대로 보면 '내 아버지의 아들'이라는 말입니다. 그 아이들이 롯을 무어라 불러야 하겠습니까? '외할아버지'라고 불러야 되겠습니까? '아빠'라고 불러야 되겠습니까? 누가 이 대답을 할 수 있겠습니까? 더욱 중요한 것은 이 아이들이 장차 이스라엘 백성을 가장 많이 괴롭히는 적대적 관계에 놓이게 된다는 사실입니다. 그들이 죄악의 문제를 신앙적으로 해결하지 못하니까 그 죄의 뿌리가 후손들에게까지 영향을 끼치는 것입니다. 나중에 롯이 이 사실을 알고 얼마나 부끄러워하겠습니까? 그러므로 회개할 수 있을 때 회개하는 것이 은혜입니다. 회개하면 예수님의 십자가 보혈의 은혜가 우리 안에 흐르고 있는 죄악의 뿌리를 제거하고 죄의 영향력으로부터 벗어나게 합니다. 우리의 죄를 막을 수 있는 것은 오직 예수 그리스도의 보혈뿐입니다. 날마다 십자가 보혈로 죄를 씻음으로 말미암아 부끄러운 인생이 아니라 아브라함처럼 하나님의 은혜를 온몸으로 누리는 복된 인생을 살기를 바랍니다.

20장

아브라함의
두 번째 실수

ː 창세기 20장 1-18절 ː

1아브라함이 거기서 네게브 땅으로 옮겨가 가데스와 술 사이 그랄에 거류하며 2그의 아내 사라를 자기 누이라 하였으므로 그랄 왕 아비멜렉이 사람을 보내어 사라를 데려 갔더니 3그 밤에 하나님이 아비멜렉에게 현몽하시고 그에게 이르시되 네가 데려간 이 여인으로 말미암아 네가 죽으리니 그는 남편이 있는 여자임이라 4아비멜렉이 그 여인 을 가까이 하지 아니하였으므로 그가 대답하되 주여 주께서 의로운 백성도 멸하시나 이까 5그가 나에게 이는 내 누이라고 하지 아니하였나이까 그 여인도 그는 내 오라비 라 하였사오니 나는 온전한 마음과 깨끗한 손으로 이렇게 하였나이다 6하나님이 꿈에 또 그에게 이르시되 네가 온전한 마음으로 이렇게 한 줄을 나도 알았으므로 너를 막아 내게 범죄하지 아니하게 하였나니 여인에게 가까이 하지 못하게 함이 이 때문이니라 7이제 그 사람의 아내를 돌려보내라 그는 선지자라 그가 너를 위하여 기도하리니 네 가 살려니와 네가 돌려보내지 아니하면 너와 네게 속한 자가 다 반드시 죽을 줄 알지 니라 8아비멜렉이 그날 아침에 일찍이 일어나 모든 종들을 불러 그 모든 일을 말하여 들려 주니 그들이 심히 두려워하였더라 9아비멜렉이 아브라함을 불러서 그에게 이르 되 네가 어찌하여 우리에게 이렇게 하느냐 내가 무슨 죄를 네게 범하였기에 네가 나와 내 나라가 큰 죄에 빠질 뻔하게 하였느냐 네가 합당하지 아니한 일을 내게 행하였도다 하고 10아비멜렉이 또 아브라함에게 이르되 네가 무슨 뜻으로 이렇게 하였느냐 11아 브라함이 이르되 이곳에서는 하나님을 두려워함이 없으니 내 아내로 말미암아 사람 들이 나를 죽일까 생각하였음이요 12또 그는 정말로 나의 이복 누이로서 내 아내가 되 었음이니라 13하나님이 나를 내 아버지의 집을 떠나 두루 다니게 하실 때에 내가 아내 에게 말하기를 이 후로 우리의 가는 곳마다 그대는 나를 그대의 오라비라 하라 이것이 그대가 내게 베풀 은혜라 하였었노라 14아비멜렉이 양과 소와 종들을 이끌어 아브라 함에게 주고 그의 아내 사라도 그에게 돌려보내고 15아브라함에게 이르되 내 땅이 네 앞에 있으니 네가 보기에 좋은 대로 거주하라 하고 16사라에게 이르되 내가 은 천 개를 네 오라비에게 주어서 그것으로 너와 함께 한 여러 사람 앞에서 네 수치를 가리게 하였노니 네 일이 다 해결되었느니라 17아브라함이 하나님께 기도하매 하나님이 아비멜렉과 그의 아내와 여종을 치료하사 출산하게 하셨으니 18여호와께서 이왕에 아브라함의 아내 사라의 일로 아비멜렉의 집의 모든 태를 닫으셨음이더라.

"한 번 넘어지는 것은 실수이지만 두 번 넘어지는 것은 실패다."라는 말이 있습니다. 이 장의 본문은 아브라함이 애굽에 이어 그랄에서 겪게 되는 동일한 실패를 기록하고 있습니다. 아브라함이 왜 그랄로 옮겨 갔는지는 성경이 분명하게 언급하고 있지 않기 때문에 정확히는 알 수 없지만 학자들에 의하면 그 당시 아브라함이 거주하던 헤브론이 헷 족속의 침입을 받은 것으로 되어 있습니다. 즉 전쟁을 피하여 그랄로 내려간 것으로 보입니다. "아브라함이 그랄에 '거류'하며"라는 말을 보더라도 그곳에 영구적으로 살 계획으로 내려간 것이 아닌 것은 분명합니다. 일시적으로 머무르려 한 것을 알 수 있습니다.

아브라함이 그랄에 머무르는 데 장애가 되는 것이 하나 있었습니다. 다름 아닌 사라의 미모입니다. 사라의 미모 때문에 자신의 안보를 염려하던 아브라함은 사라를 누이라고 부르기로 합니다. 그 결과 아브라함은 그랄 왕 아비멜렉에게 사라를 빼앗기게 되는 사태에 이르게 됩니다. 이러한 점들을 보면 창세기 12장에서 약속의 땅에 찾아온 기근을 피하여 애굽으로 내려간 사건과 너무나 닮아 있습니다. 그때에도 사라의 미모 때문에 자신이 죽임당할 것을 염려하여 사라를 누이라고 속였고, 바로에게 사라를 빼앗겼었습니다. 사라 때문에 많은 은금과 가축을 얻었었습니다. 하나님이 긴급히 개입하셔서 사라를 되찾을 수 있었습니다.

이처럼 이번 장의 본문은 아브라함의 실패와 변함없으신 하나님의 사랑을 이야기하는 하나님의 구속사에서 중요한 본문입니다. 실수하고 넘어지는 것이 인간의 본질이라면 용서하시고 끝까지 사랑하시는 것이 하나님의 본성임을 우리는 이 본문을 통해 알 수 있습니다.

그러나 이렇게 공통점을 가지고 있는 두 사건이지만 20장의 사건은 아브라함의 반복되는 실패를 초월하는 창세기 18-19장의 소돔과 고모라의 멸망 사건의 연장선상에서 바라보아야 합니다. 그 이유는 크게 세 가지입니다.

하나님의 공의

소돔과 고모라의 멸망 이야기와 그랄에서 행해진 아브라함의 실수의 중심에는 하나님의 공의가 자리하고 있습니다. 먼저 소돔과 고모라를 멸하시는 하나님께 아브라함은 "주께서 의인을 악인과 함께 멸하려 하시나이까?(18:23)"라며 하나님의 공의에 기초하여 롯의 구원을 탄원합니다. 이와 마찬가지로 그랄 왕 아비멜렉은 꿈에 자신에게 찾아온 하나님께 "주여 주께서 의로운 백성도 멸하시나이까(20:4)."라며 하나님의 공의를 촉구하고 있는 것을 볼 수 있습니다. 여호와께서는 아비멜렉의 "온전한 마음과 깨끗한 손을 인정"하시고 그의 범죄를 미리 막으시는 것을 볼 수 있습니다.

죄악의 관영함

소돔과 고모라의 멸망 원인이 죄악의 관영함 특히 성적으로 문란하여 동성애의 보편화 때문이라고 한다면, 아비멜렉의 사건 또한 성도덕과 관련된 사건이라고 보아야 합니다. 아브라함이 그랄에 내려갈 때 제일 염려한 것은 "이곳에서는 하나님을 두려워함이 없으니 내 아내로 말미암아 사람들이 나를 죽일까 생각하였음이요(20:11)."라며 성적인 타락과 도덕의 부패로 인해 죽음을 두려워할 정도로 죄악이 가득한 것을 볼 수 있습니다. 그러므로 두 사건 모두 죄악이 관영한 관점에서 바라보아야 합니다.

기도하는 아브라함

소돔과 고모라의 멸망 때에도 또 아비멜렉에게 낭패를 당하게 된 때에도 아브라함이 보여 주는 유일한 역할은 '기도하는 자'였습니다. 이렇게 소돔과 고모라 사건의 연장선상에서 이 본문을 바라보되 왜 이런 실패가 반복적으로 일어났는지도 상세하게 살펴보아야 합니다.

아브라함의 반복되는 실패의 원인

두 번의 실패의 직접적인 원인은 다 하나님이 약속하신 가나안을 떠나므로 비롯된 일이라는 것입니다. 앞에서 말씀드린 대로 왜 아브라함이 가나안을 떠나 그랄로 내려갔는지는 분명히 알 수 없지만 그 땅에 다시 기근이 임했든지, 전쟁이 일어나 헷 족속으로부터 공격을 받았든지 혹은 더욱 많은 부를 위해 그랄로 내려갔든지 중요한 것은 그가 가나안을 떠나므로 또다시 실패하고 말았다는 것입니다. 우리는 하나님이 머무르라고 약속하신 언약의 땅을 떠나는 순간에 위기가 찾아온 것을 잊지 말아야 합니다. 우리는 하나님의 말씀을 떠나서는 성공할 수 없습니다.

또 한 가지는 신앙적인 실패입니다. 무엇보다도 아브라함은 소돔과 고모라가 죄 때문에 멸망당하는 것을 목격하였고, 그 와중에서도 하나님이 롯을 구원해 내시는 것을 경험하였습니다. 뿐만 아니라 자신의 아내 사라가 이미 하나님의 말씀대로 잉태하였다는 것입니다. 이 사건 이후에 바로 사라가 이삭을 출산하지 않습니까? 하나님의 살아 계심과 놀라운 기적을 몸으로 경험하고 있는 것입니다. 이렇게 하나님의 모든 말씀이 모두 실현되고 있음에도 아브라함은 넘어진 것입니다. 인간의 상황과 조건이 아무리 좋아져도, 아무리 세월이 흐르고 나이가 들어가도 하나님을 끝까지 바라보고 신뢰하지 못한다고 한다면 넘어질 수밖에 없는 것입니다.

아브라함은 그랄에 내려가는 순간 지금까지 함께하시며 역사하시는 하나님을 바라본 것이 아니라 어쩌면 죽을지도 모른다고 하는 그랄의 환경을 바라본 것입니다. 하나님을 두려워하지 않는 그랄 사람들을 바라본 것입니다. 아무리 믿음이 좋은 사람이라 할지라도 하나님을 바라보지 아니하고 환경과 사람을 바라보면 넘어지게 되어 있는 것입니다. 이렇게 인간적인 것에 집착하면 하나님이 작아지게 되어 있는 것입니다.

> 아브라함이 이르되 이곳에서는 하나님을 두려워함이 없으니 내 아내로 말미암아 사람들이 나를 죽일까 생각하였음이요(11절).

아브라함은 하나님을 믿은 것이 아니라 지금의 상황에 대해 생각을 한 것입니다. 우리는 위기가 닥쳐오면 항상 최악의 경우를 생각합니다. 병원에서 진찰을 받으면 의사들이 항상 최악의 경우를 이야기하는 것과 마찬가지입니다. 우리의 생각은 항상 우리를 초라하게 만들고 부정적으로 만듭니다. 그리고 그 부정적인 생각은 그대로 현실이 된다는 것입니다. 지금 아브라함이 염려하고 생각하던 대로 그는 아내를 빼앗기고 믿지 않는 아비멜렉에게 훈계를 당하는 상황까지 이른 것 아닙니까? 위기의 순간에 우리에게 필요한 것은 생각이 아니라 믿음입니다. 생각하고 따지면 절대로 하나님의 말씀에 순종할 수 없습니다. 크고 위대한 일을 행할 수 없습니다. 오직 하나님 바라보고 믿음으로 전진하게 될 때에 하나님이 일하시고 역사하시는 것입니다.

광야의 이스라엘 백성이 넘실대는 요단강 앞에서 그 상황을 생각하고 생각했다면 절대로 요단강은 멈추어 서지 않았을 것이고 요단을 건너지 못했을 것입니다. 믿음으로 하나님을 바라보고 말씀에 순종하여 넘쳐 흐르는 요단강 속으로 발을 디뎠을 때 요단강 물이 멈추는 기적이 일어난 것 아니겠습니까? 인생 위기의 순간에 우리에게 필요한 것은 생각이 아닙니다. 하나님을 신뢰하며 하나님을 바라보는 것이 필요한 것입니다. 오직 하나님을 바라보시고 생각이 아닌 믿음을 좇아가시는 능력 있는 삶을 살기를 바랍니다.

변함없는 하나님의 사랑

그러나 본문에서 가장 중요한 사실은 이처럼 반복되는 아브라함의 실수와 실패에도 하나님은 변함없이 아브라함을 사랑하고 용서하며, 아브라함의 위기에 개입하신다는 것입니다. 하나님은 꿈으로 그리고 말씀으로 아비멜렉에게 찾아가셔서 아브라함과 사라를 보호하셨습니다. 인간적으로 보면 아비멜렉은 억울할 것입니다. 자신은 잘못한 것이 없고 실제적으로 하나님도 그가 아무런 잘못이 없음을 인정해 주셨기 때문입니다. 6절을 보십시오.

하나님이 꿈에 또 그에게 이르시되 네가 온전한 마음으로 이렇게 한 줄을 나도 알았으므로 너를 막아 내게 범죄하지 아니하게 하였나니 여인에게 가까이 하지 못하게 함이 이 때문이니라.

이처럼 아비멜렉이 인간적으로 잘못함이 없음에도 책망하시며 아브라함을 보호하시는 것은 아브라함과 맺은 언약 때문입니다.

너를 축복하는 자에게는 내가 복을 내리고 너를 저주하는 자에게는 내가 저주하리니 땅의 모든 족속이 너로 말미암아 복을 얻을 것이라 하신지라(12:3).

이 말씀으로 인해 아비멜렉으로 하여금 하나님께 대해 범죄하지 못하도록 할 뿐 아니라 아브라함을 끝까지 보호하시는 것입니다. 아비멜렉이 아무리 도덕적으로 모범생이라 할지라도 하나님의 언약 백성이 아닙니다. 아무리 거짓말하고 또 넘어졌어도 아브라함은 언약 백성입니다. 하나님은 언약에 신실하신 분이십니다.

우리가 예수를 믿고 하나님의 자녀가 된다고 하는 것은 이렇게 엄청난 은혜요 축복입니다. 우리가 우리의 육신의 자녀가 어떤 행위 때문이 아니라 우리의 자녀라는 한 가지 사실 때문에 끝까지 참고 사랑하는 것처럼 하나님은 우리를 사랑하시고 택하셨다는 단 한 가지 이유 때문에 우리를 포기하지 아니하시고 끝까지 함께하시며 보호하시는 것입니다.

아비멜렉의 책망

본문 9-10절을 보면 아비멜렉이 아브라함을 책망하는 부분이 나옵니다.

9아비멜렉이 아브라함을 불러서 그에게 이르되 네가 어찌하여 우리에게 이렇게 하느냐 내가 무슨 죄를 네게 범하였기에 네가 나와 내 나라가 큰 죄에 빠질 뻔하게 하였느냐 네가 합당하지 아니한 일을 내게 행하였도다 하고 10아비멜렉이 또 아브라함에게 이르되 네가 무슨 뜻으로 이렇게 하였느냐.

하나님을 만난 아비멜렉이 아브라함에게 책망하는 것은 '죄'에 관한 것입니다. 아브라함 때문에 자신들이 하나님께 범죄할 뻔하였다는 것입니다. 하나님의 은혜를 공급하여 모든 사람이 죄로부터 구원받게 해야 할 복의 근원 아브라함이 다른 사람들을 범죄하게 할 뻔한 것입니다. 우리가 예수 믿는 자답게 살지 못하면 우리 때문에 실족하고 오히려 멸망 길을 고집하는 사람들이 우리 곁에서 나올 수 있다는 것입니다.

예수님은 누가복음 17장 1-2절에서 우리 때문에 실족하는 사람이 없기를 강력하게 경고하셨습니다.

1예수께서 제자들에게 이르시되 실족하게 하는 것이 없을 수는 없으나 그렇게 하게 하는 자에게는 화로다 2그가 이 작은 자 중의 하나를 실족하게 할진대 차라리 연자맷돌이 그 목에 매여 바다에 던져지는 것이 나으리라.

우리는 세상에서 예수 믿는 자답게 살아야 합니다. 세상 사람들이 우리 때문에 자신들의 죄를 발견하고 사도행전의 말씀처럼 "형제들아 우리가 어찌할꼬 하거늘(행 2:37)." 하고 죄를 자복하는 역사가 일어나야지 오히려 예수님 믿는 우리 때문에 범죄하게 하는 일은 없어야 할 것입니다. 예수를 믿는다고 하는 것은 영향력의 문제입니다. 나 때문에 사람들이 예수님께로 달려 나와야지, 나 때문에 잘 믿던 사람들이 상처받고 실족케 되어 오히려 예수님에게서 멀어지면 안 되는 것입니다.

아브라함의 변명

아비멜렉의 책망에 대해 아브라함의 변명이 이어지고 있습니다. 첫 번째 아브라함의 변명은 11절에 나타나 있습니다.

아브라함이 이르되 이곳에서는 하나님을 두려워함이 없으니 내 아내로 말미암아 사람들이 나를 죽일까 생각하였음이요(20:11).

하나님에 대한 믿음을 전혀 찾아볼 수 없습니다. 특별히 자신이 가지고 있었던 신앙적 장점 두 가지, 자신의 무기라고 할 수 있는 예배와 기도가 보이질 않습니다. 가는 곳마다 예배하고 제단을 쌓았던 아브라함 그리고 소돔과 고모라를 위해 기도하던 아브라함의 기도가 사라진 것입니다. 두 번째 변명은 실제로 사라가 자신의 이복누이라는 것입니다(12절).

과거에는 누이였던 것이 사실입니다. 하지만 현재는 분명한 아브라함의 아내입니다. 신앙은 언제나 현재가 중요한 것입니다. 과거는 모두 잊혀져야 하는 것입니다. 현재의 위기를 돌파하기 위해 과거에 의지하는 사람은 반드시 실패하게 되어 있습니다. 진정한 믿음의 사람은 현재에 서서 과거를 돌아보는 것이 아니라 미래를 돌아보는 것입니다. 예수님 안에 있는 사람은 과거를 잊어버리고, 장차 일하시고 역사하실 하나님을 현재에 기대하는 것입니다.

18너희는 이전 일을 기억하지 말며 옛날 일을 생각하지 말라 19보라 내가 새 일을 행하리니 이제 나타낼 것이라 너희가 그것을 알지 못하겠느냐 반드시 내가 광야에 길을 사막에 강을 내리니 [20]장차 들짐승 곧 승냥이와 타조도 나를 존경할 것은 내가 광야에 물을, 사막에 강들을 내어 내 백성, 내가 택한 자에게 마시게 할 것임이라 [21]이 백성은 내가 나를 위하여 지었나니 나를 찬송하게 하려 함이니라(사 43:18-21).

진정한 하나님의 사람들은 위기의 때에 과거로 돌아가는 것이 아니라 위기를 하나님이 일하시는 기회로 보고 오히려 하나님이 행하실 새 일을 기대하는 사람인 것입니다. 과거에 발목 잡히지 마시고, 오직 나와 함께하시며, 나를 인도하시는 하나님이 행하실 새 일만을 기대하시고 꿈꾸기를 바랍니다.

세 번째 변명은 가는 곳마다 자신을 오라비라고 하기로 한 약속 때문이라는 것입니다. 그리고 그 약속을 "사라가 베푸는 은혜"라고 말하고 있습니다. 은혜는 하나님이 베푸시는 것입니다. 사람과의 약속이 중요한 것이 아니라 하나님과의 약속이 중요한 것입니다. 이 모두가 하나님에 대한 확신이 없기 때문에 일어난 사건입니다.

아비멜렉의 선대

아브라함에게 이르되 내 땅이 네 앞에 있으니 네가 보기에 좋은 대로 거주하라 하고(20:15).

이 말씀 어디서 많이 듣던 말씀 아닌가요? 바로 소돔과 고모라 앞에서 아브라함이 롯에게 한 말입니다.

네 앞에 온 땅이 있지 아니하냐 나를 떠나가라 네가 좌하면 나는 우하고 네가 우하면 나는 좌하리라(13:9).

아비멜렉은 아브라함에게는 땅을 사라에게는 은 천 개를 주어 수치를 가리게 합니다. 하나님을 알지 못하는 아비멜렉이 아브라함을 선대하고 무엇보다 사라의 수치를 가려 준 것을 보십시오. 하나님을 알고 하나님과 동행하던 아브라함보다 이 장면만 보면 훨씬 낫습니다. 아비멜렉은 자신의 소유를 과시한 것이 아닙니다. 자신이 왕이라는 권세를 높인 것도 아닙니다. 오직 연약한 여인인 사라의 수치를 가리우기 위해 최선을 다하는 것을 볼 수 있습니다. 사실 이것이 예수 믿는 사람들의 삶이어야 합니다. 다른 사람의 수치와 허물을 가리우기 위해 내게 있는 것을 희생할 줄 아는 삶, 이것이 예수님 닮은 삶이 아니겠습니까? 올 한 해를 살면서 다른 사람들의 허물과 수치를 가려 주기 위해 예수님처럼 우리 스스로를 희생할 수 있는 복 있는 자들이 되기를 바랍니다.

기도에 응답하시는 하나님

아브라함은 아비멜렉을 위해 기도합니다. 아브라함이 기도하자 사라의 일로 닫혔던 아비멜렉과 그 아내와 여종을 치료하여 출산하게 되는 것을 볼 수 있습니다. 하나님은 아브라함이 도덕적으로 정서적으로 불완전한 인간적인 면을 보신 것이 아니라 '선지자, 특히 기도하는 선지자'라는 하나님이 주신 사명의 관점에서 아브라함을 대하시고 계신 것을 알 수 있습니다. 그가 기도할 때에 사람의 생명이 죽기도 하고 살기도 합니다. 여인들의 태가 닫히기도 하고, 열리기도 하는 하나님이 역사하시는 통로가 되었습니다. 하나님의 선지자인 아브라함 앞에서 애굽의 왕 바로도, 그랄의 왕 아비멜렉도 아무것도 아니었습니다. 모두 하나님이 아브라함을 위해 사용하시는 하나님의 도구에 지나지 않았습니다. 이것이 하나님이 함께하는 사람들의 삶입니다.

우리가 하나님 안에 있으면 이 모든 축복이 우리의 것이 되는 것입니다. 베드로전서 2장 9절에 보면 우리를 선지자 정도가 아니라 얼마나 존귀한 자로 표현하고 있는지 모릅니다.

그러나 너희는 택하신 족속이요 왕 같은 제사장들이요 거룩한 나라요 그의 소유가 된 백성이니 이는 너희를 어두운 데서 불러 내어 그의 기이한 빛에 들어가게 하신 이의 아름다운 덕을 선포하게 하려 하심이라(벧전 2:9).

우리는 하나님 앞에서 이렇게 존귀한 자들입니다. 세상에 주눅들고 세상에 눈치를 보며 비겁하게 살아가야 하는 사람들이 아니라 왕처럼 정복하고 다스리고 충만한 삶을 살아야 하는 것입니다. 하나님을 신뢰하므로 우리에게 주신 권세를 깨닫고 이 땅을 위해 기도할 때마다 하나님의 놀라운 역사를 경험하시는 복된 한 해가 되기를 바랍니다.

21장

이삭의 출생

: 창세기 21장 1-7절 :

1여호와께서 말씀하신 대로 사라를 돌보셨고 여호와께서 말씀하신 대로 사라에게 행하셨으므로 2사라가 임신하고 하나님이 말씀하신 시기가 되어 노년의 아브라함에게 아들을 낳으니 3아브라함이 그에게 태어난 아들 곧 사라가 자기에게 낳은 아들을 이름하여 이삭이라 하였고 4그 아들 이삭이 난 지 팔 일 만에 그가 하나님이 명령하신 대로 할례를 행하였더라 5아브라함이 그의 아들 이삭이 그에게 태어날 때에 백 세라 6사라가 이르되 하나님이 나를 웃게 하시니 듣는 자가 다 나와 함께 웃으리로다 7또 이르되 사라가 자식들을 젖먹이겠다고 누가 아브라함에게 말하였으리요마는 아브라함의 노경에 내가 아들을 낳았도다 하니라.

앞 장에서 우리는 아브라함의 반복되는 실패를 살펴보았습니다. 아브라함은 애굽에서의 동일한 실수를 그랄에서 범하게 됩니다. 아브라함의 반복 되는 실수를 통해 우리는 아무리 믿음의 사람이라 할지라도 하나님의 약속의 말씀을 떠나고 하나님을 바라보지 아니하면 또다시 넘어질 수밖에 없다는 사실을 깨달은 것입니다. 하지만 아브라함의 반복되는 실수 이야기 내면에는 변치 않으시는 하나님의 사랑 이야기가 더 크게 자리하고 있다는 것을 알아야 합니다. 아브라함이 불신앙으로 인해 넘어지고 위기에 처할 때마다 하나님이 급히 개입하셔서 구원해 주시기 때문입니다. 아브라함을 사랑하시되 끝까지 사랑하시는 하나님을 볼 수 있습니다. 이처럼 실수하고 넘어지는 것이 사람의 본성이라면 끝까지 용서하시고 사랑하시는 것은 하나님의 본성입니다.

아브라함의 반복되는 실패 이야기를 통해 우리는 우리를 향하신 하나님의 사랑은 결코 변하지 않는다는 것을 알 수 있습니다. 비록 실수하고 넘어지는 아브라함이지만 아브라함에게 주신 하나님의 모든 약속은 하나도 남김없이 다 이루어지고 있기 때문입니다. 본문을 보면 하나님이 약속하신 이삭이 드디어 태어나게 됩니다. 만약에 아브라함이 인간적으로 실수없이 완벽하게 신앙생활 하다가 21장의 이삭이 태어난 사건을 대한다고 한다면 "아브라함은 이러한 복을 받을 만하다."고 생각할지도 모릅니다. 그러나 실수투성이고 허물로 가득찬 인생뿐인 아브라함에게 하나님의 모든 말씀이 이루어지게 되는 것은 '은혜' 외에 그 어떤 것으로도 설명될 수 없기 때문입니다. 아브라함의 인생 속에는 하나님의 은혜와 사랑 밖에 없다는 것을 잘 알 수 있습니다.

이삭의 탄생 이야기를 통해 인간의 모든 부족함과 허물을 덮고도 남음이 있는 하나님의 조건 없는 사랑과 은혜를 보게 됩니다. 우리는 실제로 아브라함보다 더 연약한 자들입니다. 그러나 우리를 향하신 하나님의 사랑은 영원함을 믿어야 합니다.

우리가 아직 죄인 되었을 때에 그리스도께서 우리를 위하여 죽으심으로 하나님께서 우리에 대한 자기의 사랑을 확증하셨느니라(롬 5:8).

로마서 5장 8절의 말씀처럼 하나님은 우리의 자격을 보고 조건을 보시고 사랑하신 것이 아닙니다. 우리가 아직 죄악 중에 있을 때에 우리가 늘 넘어지고 실수하고 연약할 때부터 우리를 향하신 하나님의 사랑은 완전하였음을 알 수 있습니다. 죄인된 우리를 위해 십자가에 못 박혀 죽으신 예수님의 그 사랑은 영원히 변함없이 우리와 함께하실 것입니다. 그러면 우리를 향한 하나님의 영원하신 사랑을 본문 말씀을 통해 구체적으로 살펴보도록 하겠습니다.

돌보시다

하나님이 '말씀하신 대로 사라를 돌보셨다.'고 하셨습니다. 여호와께서 말씀하신 대로 사라를 돌보셨고 여호와께서 말씀하신 대로 사라에게 행하셨으므로 사라가 드디어 아들을 낳았습니다. 여기 '돌보시다'라는 원어상 의미는 '방문하다'의 뜻입니다. 하나님이 특별히 행하실 계획을 가지고 찾아가는 것, 그것이 '돌보시다'라는 말씀입니다.

13여호와께서 아브라함에게 이르시되 사라가 왜 웃으며 이르기를 내가 늙었거늘 어떻게 아들을 낳으리요 하느냐 14여호와께 능하지 못한 일이 있겠느냐 기한이 이를 때에 내가 네게로 돌아오리니 사라에게 아들이 있으리라(18:13-14).

능하지 못한 일이 없으신 하나님은 약속하신 대로 사라를 다시 방문하신 것입니다. 따라서 하나님이 돌보시는 것은 전능하신 하나님의 능력이 우리 삶 속으로 들어오는 것을 의미합니다. 인간적으로 보면 전혀 방법이 없고 모든 것이 막혀 있다고 할지라도 하나님은 하실 수가 있습니다. 하나님이 돌보시면 모든 문제는 끝이 납니다. 어떠한 고난과 환란이라 할지라도 하나님이 돌보시면 축복과 환희로 바뀌게 되는 것입니다. 전능하신 하나님의 능력으로 전혀 새로운 인생을 살게 되는 것입니다.

'돌보시다'라는 단어가 동일하게 사용된 곳이 있습니다. 바로 사무엘상 2장 21절에 나오는 한나의 또 다른 자녀를 얻는 장면입니다.

여호와께서 한나를 돌보시사 그로 하여금 임신하여 세 아들과 두 딸을 낳게 하셨고 아이 사무엘은 여호와 앞에서 자라니라.

사무엘을 약속대로 여호와께 드린 후 한나의 모든 형편과 사정을 익히 알고 있는 하나님이 적당한 때 출산의 은혜를 베푸셨던 것입니다. 하나님이 사무엘 대신 다른 자녀들을 주시므로 그동안 대적 브닌나에게 당했던 모든 서러움을 어루만져 주신 것입니다. 이처럼 사라나 한나, 둘 다 하나님이 돌보시므로 불가능이 가능으로 바뀌고 인생의 모든 슬픔과 아픔이 기쁨으로 바뀌게 된 것입니다. 이것이 하나님으로부터 돌보심을 받은 인생들이 누리는 축복입니다. 하나님이 우리를 돌보시고 우리에게 찾아오셔서 인생의 진정한 행복이 시작되기를 바랍니다.

그뿐이 아닙니다. 모든 사람에게 잊혀졌다고 생각하며 광야에서 외로이 양을 치는 모세를 돌보시므로 이스라엘의 구원은 시작되었습니다. 양을 치던 목동인 다윗을 하나님이 돌보시므로 이스라엘은 강성해지기 시작합니다. 갈릴리 어부에 지나지 않았던 제자들을 예수님이 돌보시므로 복음이 땅 끝까지 이르러 온 인류가 하나님의 구원을 보게 되었습니다. 인생을 복되게 하는 비결은 다른 것이 아닙니다. 하나님의 돌보시는 은혜가 우리에게도 있어서 모든 불가능한 것이 가능하게 되고 우리가 붙잡은 말씀대로 모든 것이 이루어지는 역사가 있기를 바랍니다.

말씀하신 대로

본문 1절에 "말씀하신 대로"라는 말씀이 두 번 반복되고 있습니다. 하나님이 정확하게 말씀하신 대로 행하시는 신실하신 분이심을 강조하고 있습니다. 하나님은 인간이 아니시기에 식언치 아니하시며, 변역치 아니하시는 신실한 분이십니다. 하나님의 말씀은 상황과 처지에 따라 바뀌지 않습니다. 오히려 변함없으신 하나님의 말씀을 따라 상황과 처지가 바뀌는 것입니다. 사람이 보기에는 가능성이 없어 보여도, 인간의 상식으로는 맞지 않는 것 같아도 하나님이 말씀하신 일은 반드시 이루어집니다.

그러므로 우리는 하나님의 말씀만 붙들어야 합니다. 아들을 낳을 것이라는 천사의 수태고지를 들은 마리아가 어떻게 그런 일이 있을 수 있느냐고 물었을 때 천사가 하신 말씀을 기억하십니까?

대저 하나님의 모든 말씀은 능하지 못하심이 없느니라(눅 1:37).

하나님의 모든 말씀에는 불가능이 없습니다. 능치 못한 일이 없는 것입니다. 우리의 지식과 학벌과 능력을 의지하지 마십시오. 사람을 의지하지 마십시오. 오직 하나님의 말씀을 붙잡으십시오. 그 말씀이 더디게 이루어진다고 해서 초조해 하거나 포기하지 마십시오. 우리가 믿음으로 붙잡은 하나님의 말씀은 우리의 삶 속에서 반드시 이루어집니다. 우리도 마리아처럼 "주의 여종이오니 말씀대로 내게 이루어지이다(눅 1:38)."라며 우리 인생을 하나님의 말씀만 이루어지는 하나님의 역사의 현장으로 내어 드려야 됩니다. 그것이 하나님의 종된 우리가 드릴 수 있는 최고의 영광인 것입니다. 오늘부터 우리 인생에 우리의 뜻이 아닌 하나님의 모든 말씀만 성취되는 역사가 일어나기를 간절히 바랍니다.

하나님의 기한

사라가 임신하고 하나님이 말씀하신 시기가 되어 노년의 아브라함에게 아들을 낳으니(2절).

이삭이 태어난 것은 어쩌다가 우연히 일어난 사건이 아니었습니다. 정확히 하나님이 정하신 시간에, 하나님이 말씀하신 때에 된 것이었습니다. 본문 5절에서 "아브라함이 그의 아들 이삭이 태어날 때에 백 세라."고 분명하게 언급하고 있습니다. 아브라함의 100세가 하나님의 기간이었던 것입니다. 왜 하나님은 이렇게 25년을 기다린 후 정확하게 100세가 되어서야 아들을 주셨을까요? 하나님은 아브라함과 사라가 인간적으로 볼 때 도저히 자식을 낳을 수 없게 될 때까지 기다리신 것입니다. 그 이유는 이 아들은 오직 하나님의 능력으로 태어난 것임을 분명히 하시기 위해서였습니다. 하나님의 역사는 인간의 어떤 조건이나 능력을 배제함을 알아야 합니다. 그래서 아브라함의 나이 100세 때, 그들의 힘으로 그들의 능력으로 아무것도 할 수 없을 때, 하나님이 그들을 돌보신 것입니다.

조카 롯을 의존하고 다메섹의 엘리에셀을 의지하고 하갈과 이스마엘로 가득찬 아브라함과 사라에게는 이삭이라는 순전한 하나님의 능력은 나타날 수 없는 것입니다. 아직도 육신의 소유, 육신의 능력, 육신의 방법이 있다고 생각하는 사람들에게 하나님의 침묵은 계속됩니다. 전능하신 하나님은 육신의 모든 것이 다 없어지고 포기될 때까지 기다리셨다가 하나님의 온전하고 순전한 능력을 나타내는 것입니다. 우리의 모든 생각과 방법 그리고 계획을 포기하고 온전히 내려놓을 때 우리의 삶에 이삭은 찾아오는 것입니다. 오직 전능하신 하나님만을 바라고 신뢰할 때까지 하나님은 기다리십니다.

아브라함은 믿음으로 하나님의 시간을 기다리고 또 기다려야 했습니다. 이 기다림을 통해 아브라함은 믿음을 배우게 되었고, 마침내 그의 믿음이 견고히 세워지게 되었습니다. 로마서에서 사도 바울은 믿음의 조상으로 세워져 가는 과정을 이렇게 말씀하고 있습니다.

18아브라함이 바랄 수 없는 중에 바라고 믿었으니 이는 네 후손이 이같으리라 하신 말씀대로 많은 민족의 조상이 되게 하려 하심이라 19그가 백 세나 되어 자기 몸이 죽은 것 같고 사라의 태가 죽은 것 같음을 알고도 믿음이 약하여지지 아니하고 20믿음이 없어 하나님의 약속을 의심하지 않고 믿음으로 견고하여져서 하나님께 영광을 돌리며 21약속하신 그것을 또한 능히 이루실 줄을 확신하였으니 22그러므로 그것이 그에게 의로 여겨졌느니라(롬 4:18-22).

아브라함이 한 것은 하나님의 약속을 믿고 기다린 것뿐입니다. 하나님이 다 하신 것입니다. 믿음이란 하나님이 하시도록 인생의 주권을 하나님께 드리는 것입니다. 그럴 때 하나님의 순전한 역사가 우리의 삶 속에 일어나는 것입니다. 7절을 보시면 이 사실을 잘 알 수 있습니다. 7절은 사라의 하나님을 향한 찬송입니다.

또 이르되 사라가 자식들을 젖먹이겠다고 누가 아브라함에게 말하였으리요마는 아브라함의 노경에 내가 아들을 낳았도다 하니라.

사람으로는 할 수 없다는 것입니다. 사람들은 다 '안 된다. 불가능하다.'고 말하였지만 하나님이 하셨다는 것입니다. "하나님이 하셨습니다." "하나님이 내게 이 일을 행하셨습니다." 이것이 하나님을 향한 사라의 믿음의 고백이요 찬송인 것입니다.

이처럼 우리에게 인간의 시간이 아니라 하나님이 이루시는 하나님의 시간이 있다는 사실보다 큰 위로와 소망을 주는 말씀은 없습니다. 우리는 믿음으로 살다가도 일이 빨리 이루어지지 않으면 조급해져서 불안해하고 두려워합니다. 그럴 때면 다른 인간적인 생각과 방법들을 놓고 갈등하기도 합니다. 그러나 하나님이 우리를 위해 예비하신 가장 선하고 아름다운 때가 있음을 믿어야 합니다. 하나님이 내 인생의 시간표를 주관하시고 우리의 모든 일을 가장 선하게 이루어 가시는 것을 믿으십시오. 사도 바울이 고백한 것처럼 "우리가 알거니와 하나님을 사랑하는 자 곧 그의 뜻대로 부르심을 입은 자들에게는 모든 것이 합력하여 선을 이루느니라(롬 8:28)." 믿음으로 하나님을 신뢰하면 우리 인생에 일어나는 모든 일은 가장 아름다운 것으로 성취되는 것입니다. 그러므로 하나님을 더욱 신뢰하며 오직 믿음으로 전진하십시오. 오직 의인은 믿음으로 사는 것입니다. 우리는 세상의 돈, 명예, 권력으로 사는 사람들이 아니라 오직 믿음으로 살아야 하는 사람들입니다.

인생에 찾아온 웃음
3절을 보겠습니다.

아브라함이 그에게 태어난 아들 곧 사라가 자기에게 낳은 아들을 이름하여 이삭이라 하였고.

아브라함은 사라가 낳은 아들의 이름을 이삭이라고 지었습니다. 이삭이라는 이름은 하나님이 미리 지어 주신 이름이었습니다(17:19). 이삭이라는 이름은 웃음이라는 뜻을 가지고 있습니다. 하나님이 아브라함에게 사라가 아들을 낳게 될 것이라고 말씀하셨을 때 아브라함은 이 말씀을 듣고 웃었습니다.

아브라함이 엎드려 웃으며 마음속으로 이르되 백 세 된 사람이 어찌 자식을 낳을까 사라는 구십 세니 어찌 출산하리요 하고(17:17).

사라도 하나님의 말씀을 듣고 웃었습니다.

사라가 속으로 웃고 이르되 내가 노쇠하였고 내 주인도 늙었으니 내게 무슨 즐거움이 있으리요(18:12).

그들은 하나님의 말씀을 선뜻 받아들일 수 없었던 것입니다. 그래서 웃었던 것입니다. 이 웃음에는 의심과 쓰라림과 지나간 세월동안 겪었던 아픔과 갈등이 묻어 있었습니다. 그러나 사라가 이삭을 낳았을 때는 너무나도 기쁘고 감사해서 웃었습니다. 의심과 쓰라림과 포기와 아픔의 웃음이 큰 기쁨과 감사의 웃음으로 변하게 되었습니다.

때로는 기다림보다 더한 고통은 없을 것입니다. 그러나 믿음으로 기다린 자들은 반드시 말할 수 없는 인생의 기쁨을 경험하게 되는 것입니다. 시편 126편에 보면 도저히 이루어질 수 없을 것 같았던 바벨론 포로생활이 드디어 끝나고 예루살렘에서 예배하는 예배자의 기쁨을 누리는 과정을 이렇게 묘사하고 있습니다.

1여호와께서 시온의 포로를 돌려 보내실 때에 우리는 꿈꾸는 것 같았도다 2그 때에 우리 입에는 웃음이 가득하고 우리 혀에는 찬양이 찼었도다 그때에 뭇

나라 가운데에서 말하기를 여호와께서 그들을 위하여 큰 일을 행하셨다 하였도다 ³여호와께서 우리를 위하여 큰 일을 행하셨으니 우리는 기쁘도다 ⁴여호와여 우리의 포로를 남방 시내들 같이 돌려 보내소서 ⁵눈물을 흘리며 씨를 뿌리는 자는 기쁨으로 거두리로다 ⁶울며 씨를 뿌리러 나가는 자는 반드시 기쁨으로 그 곡식 단을 가지고 돌아오리로다(시 126:1-6).

도저히 이루어질 수 없을 것 같던 하나님의 약속이 성취되었을 때 그 약속을 믿고 기다려 왔던 아브라함과 사라가 얼마나 기뻤겠습니까? 하나님은 그 약속을 믿고 기다리는 자에게 이렇게 큰 기쁨의 웃음, 승리의 웃음을 주십니다.

창세기가 시작되면서 웃음이 있었던 곳은 어디입니까? 인생에게서 웃음은 언제 사라졌습니까? 하나님이 보시기에 심히 좋으셨다고 하는 기쁨이 있었던 곳은 에덴 동산입니다. 이 기쁨은 죄 때문에 사라졌습니다. 죄 때문에 사라진 웃음을 하나님은 이삭을 통해 인류에게 주기를 원하신 것입니다. 하나님이 아브라함에게 주시고자 하시는 것은 물질이 아닙니다. 세상에서 성공과 출세가 아니라 바로 예수 그리스도입니다. 하나님은 하나밖에 없는 독생자 예수 그리스도와 인간의 죄를 바꾸고자 하신 것입니다. 죄로 말미암아 잃어버린 인생이 하나님과 동거하는 기쁨이 회복될 것을 이삭의 출생을 통해 아브라함과 사라에게 맛보게 하신 것입니다.

그러므로 이삭은 예수 그리스도를 예표하는 인물입니다. 그가 하나님의 약속의 말씀을 따라 태어났다는 것부터가 이것을 보여 줍니다. 예수 그리스도께서도 하나님의 약속의 말씀을 따라 이 세상에 오셨습니다. 이삭은 인간적으로 볼 때 도저히 불가능한 상황에서 태어났습니다. 그의 아버지는 백 세였고 어머니는 구십 세였습니다. 예수 그리스도 역시 인간적으로 불가능한 상황에서 탄생하셨습니다. 처녀 마리아에게 성령으로 잉태되어 탄생하셨던 것입니다. 이삭은 태어나기 전에 하나님이 그 이름을 지어 주셨습니다. 예수님도 탄생하시기 전에 그 이름이 주어졌습니다. 이삭의 출생은 모든 사람에게 기쁨을 주었습니다. 예수 그리스도의 탄생은 온 인류에게 기쁨과 큰 축복이 되었습니다. 이렇게 이삭은 예수 그리스도를 예표하는 인물이었습니다. 예수 그리스도야말로 우리의 진정한 이삭이 되십니다. 그분은 우리에게 진정한 기쁨과 웃음을 주시는 분이십니다. 오늘 예수 그리스도로 말미암아 구원을 얻은 성도는 기뻐하지 않을 수 없습니다. 예수 그리스도는 구원받은 모든 자들에게 진정한 기쁨과 웃음이 되십니다. 주님께서 주시는 구원의 감격과 기쁨이 당신의 삶 속에 충만하기를 바랍니다.

이스마엘에게 베푸신
하나님의 자비

창세기 21장 8-21절

8아이가 자라매 젖을 떼고 이삭이 젖을 떼는 날에 아브라함이 큰 잔치를 베풀었더라 9사라가 본즉 아브라함의 아들 애굽 여인 하갈의 아들이 이삭을 놀리는지라 10그가 아브라함에게 이르되 이 여종과 그 아들을 내쫓으라 이 종의 아들은 내 아들 이삭과 함께 기업을 얻지 못하리라 하므로 11아브라함이 그의 아들로 말미암아 그 일이 매우 근심이 되었더니 12하나님이 아브라함에게 이르시되 네 아이나 네 여종으로 말미암아 근심하지 말고 사라가 네게 이른 말을 다 들으라 이삭에게서 나는 자라야 네 씨라 부를 것임이니라 13그러나 여종의 아들도 네 씨니 내가 그로 한 민족을 이루게 하리라 하신지라 14아브라함이 아침에 일찍이 일어나 떡과 물 한 가죽부대를 가져다가 하갈의 어깨에 메워 주고 그 아이를 데리고 가게 하니 하갈이 나가서 브엘세바 광야에서 방황하더니 15가죽부대의 물이 떨어진지라 그 자식을 관목덤불 아래에 두고 16이르되 아이가 죽는 것을 차마 보지 못하겠다 하고 화살 한 바탕 거리 떨어져 마주 앉아 바라보며 소리 내어 우니 17하나님이 그 어린 아이의 소리를 들으셨으므로 하나님의 사자가 하늘에서부터 하갈을 불러 이르시되 하갈아 무슨 일이냐 두려워하지 말라 하나님이 저기 있는 아이의 소리를 들으셨나니 18일어나 아이를 일으켜 네 손으로 붙들라 그가 큰 민족을 이루게 하리라 하시니라 19하나님이 하갈의 눈을 밝히셨으므로 샘물을 보고 가서 가죽부대에 물을 채워다가 그 아이에게 마시게 하였더라 20하나님이 그 아이와 함께 계시매 그가 장성하여 광야에서 거주하며 활 쏘는 자가 되었더니 21그가 바란 광야에 거주할 때에 그의 어머니가 그를 위하여 애굽 땅에서 아내를 얻어 주었더라.

하나님이 말씀하신 대로 아브라함은 100세에 아들 이삭을 얻었습니다. 인간적으로 도저히 불가능하다고 생각되는 그때, 그때가 하나님이 역사하시는 때입니다. 하나님의 능력으로 태어난 이삭 때문에 아브라함의 가정뿐 아니라 이삭을 바라보는 모든 사람이 웃을 수 있게 되었습니다. 중요한 것은 웃음이라는 뜻의 이삭이라는 이름을 하나님이 예비하셨다는 것입니다. 인간의 타락 이후 하나님이 처음으로 '웃음'을 언급하신 것입니다. 이삭의 탄생이 하나님과 인류의 웃음을 예고하고 있는 것입니다. 이삭을 통해 예고된 웃음은 예수 그리스도를 통해 완성되는 것입니다.

예수님이 우리에게 주시는 기쁨을 생각해 보십시오. 예수님 때문에 우리는 죄에서 구원받으므로 기쁨과 행복을 누릴 수 있게 된 것입니다. 예수님을 믿으면 그 어떠한 죄라도 사함받고 하나님의 자녀가 되는 권세를 찾을 수 있게 된 것입니다. 죄의 저주로 인한 죽음이 물러가고 영원한 생명을 허락받게 되는 것입니다. 그리고 고통과 눈물과 슬픔과 죽음이 없는 천국이 우리의 것이 됩니다. 예수님 때문에 우리 인생에 웃음이 찾아오게 된 것입니다. 하나님은 인류가 예수님 때문에 이러한 구원의 은혜를 누리는 것을 이삭을 통해 미리 바라보신 것입니다.

이삭과 이스마엘

이 장의 본문은 이삭이 건강하게 자라 드디어 젖을 떼는 날이 이르러 잔치를 벌이는 장면으로부터 출발합니다. 우리나라 사람들은 아이가 태어나면 첫 생일인 돌을 중요시 여깁니다마는 고대 근동 사람들은 아이가 젖을 떼고 온전히 걸을 수 있는 것을 중요하게 생각합니다. 약 3-4세 정도에 젖을 떼었다고 합니다. 이삭이 젖을 떼고 온전한 아이로 성장하고 있다는 즐거움도 잠시 아브라함의 가정에 근심이 드리우기 시작합니다. 아브라함이 인간적인 방법으로 14년 전에 얻은 아들 이스마엘 때문입니다. 이스마엘이 이삭을 놀리는 것을 사라가 본 것입니다. '놀리다'라는 말은 원어로 '메차하크'인데 단순히 '함부로 군다', '비웃다', '멸시하다'는 뜻으로 사용되기도 하지만 창세기에서는 또 다른 단어로 사용되고 있습니다. 바로 '희롱'이라는 단어입니다.

대표적인 예가 요셉을 유혹하는 보디발의 아내를 묘사할 때 이 단어가 사용되었습니다. 보디발의 아내가 요셉이 자신의 유혹을 뿌리치고 도망하자 자신의 남편에게 요셉이 자기를 '희롱'했다고 할 때 '메차하크'라는 동일한 단어가 사용된 것입니다. 또 다른 예는 이삭이 흉년 때문에 그랄에 내려가게 되었을 때 리브가를 누이라고 속이게 됩니다. 그런데 어느 날 그랄 왕 아비멜렉이 창문으로 바라보니 이삭이 리브가를 껴안고 있는 것입니다. 여기 '껴안다'라는 단어가 바로 '희롱'이라는 단어입니다. 그러니까 창세기에서 '메차하크'는 모두 성적인 단어로 쓰이고 있는 것입니다.

그러므로 이스마엘이 이삭을 '놀렸다'라는 말은 단순히 괴롭히는 것을 의미하는 것이 아니라 이삭에게 성적인 수치심을 느끼도록 육체적 고통을 주는 것을 의미하는 것입니다. 특히 이스마엘에게 소돔과 고모라 사람들의 죄성이 그대로 나타나는 것을 보여 주고 있습니다. 그러므로 사라가 이스마엘이 이삭을 놀리는 것을 보고 하갈과 이스마엘을 내쫓으라고 하며 "내 아들 이삭과 함께 기업을 잇지 못한다."고 하는 것은 대단한 영적인 통찰력을 의미하는 것입니다. 한마디로 하나님의 거룩한 씨를 하나님께 멸망받았던 소돔과 고모라의 음란한 죄가 역습하고 있는 상황인 것을 사라가 깨달은 것입니다.

그러면 사라가 말하고 있는 기업은 무엇입니까? 첫째, 재산 상속권을 의미합니다. 둘째, 가정의 재판권을 의미하는 것입니다. 이 재판권을 통해 가정의 중요한 일을 결정하는 것입니다. 셋째, 가장 중요한 것으로서 하나님께 나아가 제사하고 하나님과 교제할 수 있는 권리를 말하는 것입니다. 하나님이 아브라함에게 나타나 말씀하시고 교제하신 것은 아브라함에게 그러한 기업적 특권이 있었기 때문입니다. 하나님께 나아가고 하나님의 뜻을 들을 수 있는 권리 이것이야말로 가장 중요한 영적인 기업입니다. 이것이야말로 재산을 상속하고 재판을 하는 것보다 훨씬 더 중요한 특권입니다. 사라는 이 기업, 즉 하나님을 만나고 하나님의 언약 안에서 말씀을 소유할 수 있는 이 특권을 이스마엘에게 줄 수 없다는 것입니다.

오늘날 우리에게 가장 중요한 특권은 세상에서 재산을 얻는 물질적 기업이 아닙니다. 또한 세상에서 명망을 얻고, 재판하고, 존경을 받는 것도 아닙니다. 십자가 보혈을 의지하고 하나님께 나아가 하나님을 예배하며, 하나님의 말씀을 듣고, 하나님의 뜻을 분별하여 그 뜻대로 살아가는 것이야말로 기업 중의 기업이요, 축복 중의 축복인 것입니다. 그런데 오늘날 한국 교회는 세 번째 중요한 축복은 사라지고 물질적 기업과 세상의 권세만 물려줄 이스마엘만 존재하는 곳으로 전락하고 만 것입니다.

육체가 아닌 성령을 따라 살라

이 본문을 사도 바울이 갈라디아에서 그대로 인용하여 육적인 삶과 영적인 삶을 대조시키는 것을 보면 이스마엘의 죄가 얼마나 큰 죄인가 하는 것과 사라의 결단이 예수 그리스도의 십자가 보혈로 구속받은 우리에게 얼마나 중요한 것인지를 깨닫게 해 줍니다.

> 22기록된 바 아브라함에게 두 아들이 있으니 하나는 여종에게서, 하나는 자유 있는 여자에게서 났다 하였으며 23여종에게서는 육체를 따라 났고 자유 있는 여자에게서는 약속으로 말미암았느니라 24이것은 비유니 이 여자들은 두 언약이라 하나는 시내 산으로부터 종을 낳은 자니 곧 하갈이라 25이 하갈은 아라비아에 있는 시내 산으로서 지금 있는 예루살렘과 같은 곳이니 그가 그 자녀들과 더불어 종 노릇 하고 26오직 위에 있는 예루살렘은 자유자니 곧 우리 어머니라(갈 4:22-26).

사도 바울은 이 장의 본문 사건을 하나님이 주신 비유라고 설명하고 있습니다. 두 아들은 대조가 됩니다. 하나는 여종에게서 난 자요, 다른 하나는 자유 있는 여자에게서 난 자입니다. 여종에게서 난 자는 육체를 따라 난 자이며 자유 있는 여자에게서 난 아들은 약속을 따라 난 자입니다. 육신을 따라 난 아들은 율법을 주고 끝나 버린 시내산이요 약속을 따라 난 아들은 영원한 하나님의 도성 예루살렘을 상징하는 것입니다.

그러므로 이스마엘이 이삭을 희롱한 것은 단순히 육체를 따라 혹은 이삭을 질투하기 때문에 벌어진 사건이 아니라 육신의 자녀가 영적인 자녀가 무를 기업에 대한 심각한 도전으로 해석한 것입니다. 즉 육체를 따라 난 자가 성령으로 거듭나서 하나님의 기업 무를 자가 된 사람을 핍박하는 사건으로 보고 있습니다. 이 사실을 이어지는 갈라디아서 4장 28-31절을 보면 잘 이해할 수 있습니다.

> [28]형제들아 너희는 이삭과 같이 약속의 자녀라 [29]그러나 그때에 육체를 따라 난 자가 성령을 따라 난 자를 박해한 것 같이 이제도 그러하도다 [30]그러나 성경이 무엇을 말하느냐 여종과 그 아들을 내쫓으라 여종의 아들이 자유 있는 여자의 아들과 더불어 유업을 얻지 못하리라 하였느니라 [31]그런즉 형제들아 우리는 여종의 자녀가 아니요 자유 있는 여자의 자녀니라.

그러므로 우리가 예수님을 믿어 자유 있는 여자의 후손이 되어 하나님 나라를 기업으로 무를 자가 되었으면 육체를 따라 살던 시절의 모든 것을 끊어 버려야 합니다. 만약에 예수님을 믿고 성령으로 사는 하나님의 자녀가 되었음에도 육신을 따라 살던 시절의 이스마엘의 모습이 남아 있다면 그것들이 우리 안에 있는 모든 하나님의 약속을 더럽힐 것이고 끝내는 파괴하고 말 것입니다. 그러므로 육체의 생각을 내어 쫓아야 합니다. 우리에게서 육적인 것을 내어 쫓지 아니하면 육체가 우리의 영을 핍박하여 영을 죽게 만드는 것입니다. 아무리 육체를 따라 났지만 아브라함에게 이스마엘은 자식입니다. 너무나도 소중한 아들입니다. 하지만 하나님은 아브라함에게 그 아들을 버리라고 말씀합니다. 아무리 사랑스러운 존재라 할지라도 영을 위협하는 것을 끊어 버리지 아니하면 거룩한 씨를 통한 구원의 은혜를 맛볼 수 있는 진정한 믿음의 조상이 될 수 없다는 것입니다.

오늘날 우리의 가장 큰 문제는 나의 옛 사람, 옛 습관, 옛 자아를 내어 쫓지 아니하고 영적인 유업도 함께 받으려 하는 것입니다. 진정한 예수님의 제자요 영원한 하나님의 기쁨이 되기를 원하신다면 우리 안에 있는 육신의 옛 사람을 끊어 버려야 합니다. 내쫓아야 합니다. 내쫓기 위해서는 아브라함과 같이 하나님 앞에서의 특별한 결단이 필요합니다. 아브라함은 두 자식을 모두 하나님께 드린 사람입니다. 육신을 따라 난 아들은 하나님의 말씀대로 광야에 바치고 약속을 따라 난 아들은 말씀대로 모리아 산 제단에 바치는 신앙의 결단을 보인 사람입니다. 이러한 특별한 결단 없이는 믿음의 조상이 될 수 없습니다. 복의 근원이 될 수 없습니다. 하나님의 말씀보다 더 사랑하는 것이 없게 되었을 때, 아니 아들보다 말씀이 더 소중하게 느껴져서 말씀대로 살게 되었을 때 우리는 진정으로 하나님의 기쁨이 되는 인생을 살게 되는 것입니다.

순종하는 아브라함

"아브라함아, 사라의 말을 듣고 하갈과 그 아들을 내쫓으라."

아브라함은 하나님의 말씀이 들려지자 망설이지 않습니다. 그다음 날 아침에 일찍 일어나 말씀대로 행합니다. 자신에게 칼로 찌르는 듯한 고통이 따른다 할지라도 하나님의 뜻이 분명해지면 잠시도 망설이지 않고 행동에 옮기는 것이 아브라함 신앙의 최대 장점입니다. 아브라함이 이렇게 결단하고 순종한 것은 하나님의 말씀 때문입니다. 말씀 가운데서도 "씨"에 관한 말씀 때문입니다.

하나님이 아브라함에게 이르시되 네 아이나 네 여종으로 말미암아 근심하지 말고 사라가 네게 이른 말을 다 들으라 이삭에게서 나는 자라야 네 씨라 부를 것임이니라(12절).

아브라함은 이스마엘에 대한 자신의 정과 사랑과 아픔을 생각한 것이 아니라 하나님의 인류 구원이라는 꿈을 생각한 것입니다. 하나님의 꿈이 무엇입니까? 인간을 죄에 빠지게 한 사탄의 머리를 깨뜨리고 하나님의 영광을 다시 보게 할 씨를 아브라함을 통해서 얻고자 하시는 하나님의 소원을 바라본 것입니다. 하나님은 이스마엘은 그 사람이 아니라고 말씀하십니다. 분명하게 "이삭에게서 나는 자가 그 씨"라고 말씀하십니다. 이삭은 그 씨가 이 세상에 오게 하는 하나님의 중요한 도구입니다. 아브라함은 자신의 모든 것을 내려놓고 이삭을 통해 인류를 구원하기 위해 올 자, 즉 하나님의 소원을 붙들기로 한 것입니다.

어떤 사람이 진정한 믿음의 사람입니까? 자신은 고통스럽고 감당하기 어려워 뼈가 녹는 근심 중에 있다 할지라도 자신의 문제 해결이 아닌 하나님의 소원을 붙들 수 있는 사람, 그 사람이 이 시대가 요구하는 사람인 것입니다. 자신을 돌볼 수 있음에도 자신은 과감하게 포기하고 하나님의 꿈을 붙들 수 있는 사람, 그 사람이 우리 주님 다시 오실 길을 예비하는 사람이 될 것입니다. 우리가 그러한 사람이 되었으면 좋겠습니다. 하나님의 말씀에 제대로 설득당하여 내 앞에 있는 형통과 번성을 버리고 고통스러운 길이지만 하나님의 꿈을 붙들고 달려갈 수 있는 그런 사람이 우리가 되었으면 좋겠습니다. 인간의 정을 초월하고 인간의 소유를 초월하고 인간의 아픔을 초월하여 하나님의 말씀만 붙드는 신실한 아브라함과 같은 사람이 우리가 되기를 바랍니다.

하나님의 대책

하나님은 아브라함이 하나님의 소원이라는 하나님 나라와 의를 구하자 이스마엘에게 필요한 복을 예비하셨음을 분명하게 말씀하셨습니다.

¹³그러나 여종의 아들도 네 씨니 내가 그로 한 민족을 이루게 하리라 하신지라. ¹⁸일어나 아이를 일으켜 네 손으로 붙들라 그가 큰 민족을 이루게 하리라

하시니라. [20]하나님이 그 아이와 함께 계시매 그가 장성하여 광야에서 거주하며 활 쏘는 자가 되었더니(21:13, 18, 20).

하나님이 말씀하신 그대로 약속을 지키셨음을 보여 줍니다. 아브라함이 하나님을 위해 결단하고 순종하니 모든 인간적인 근심이 사라지게 되는 것을 보게 됩니다. 아브라함의 삶의 방식이 우리의 삶이 되어야 합니다. 우리는 우리의 것을 포기하고 하나님의 꿈을 붙들고 나아가고 하나님은 우리의 육신의 모든 일을 책임져 주시는 삶이 가장 은혜로운 삶이고 성경적인 삶입니다.

너희는 먼저 그의 나라와 그의 의를 구하라 그리하면 이 모든 것을 너희에게 더하시리라(마 6:33).

듣고 찾아와 물으신 하나님

하갈과 이스마엘이 집을 떠나서 브엘세바 들판에서 헤매는 사이에 떡과 물이 모두 떨어졌습니다. 하갈은 자기가 낳은 아이가 목말라 죽어 가는 모습을 차마 가까이서 볼 수가 없었습니다. 그녀는 이스마엘이 쓰러진 곳에서 '살 한바탕'쯤 떨어져서 앉았습니다. 살 한바탕이란, 화살을 쏘면 닿을 만한 거리를 말합니다. 그곳에서 그녀는 통곡을 하기 시작했습니다. 그리고 그녀의 통곡소리를 하나님이 들으셨습니다. '이스마엘'이라는 의미는 '하나님이 들으셨다'는 뜻입니다. 하나님은 이스마엘의 소리를 지나치지 않으셨습니다. 하나님이 하갈과 이스마엘과 동행해 주시며 그들의 부르짖음을 들으셨다고 한다면 자녀된 우리야 오죽하겠습니까? 지금 이 시간에도 하나님은 우리와 함께하시며 우리의 작은 신음에도 응답하시는 좋으신 분이심을 믿으시기 바랍니다. 하나님은 절대로 우리를 버리시지 않으십니다. 세상 사람들 모두 우리를 버려도 하나님은 우리와 영원토록 함께하시며 우리를 선한 길로 인도하시는 신실하신 분이심을 믿으시기 바랍니다.

이런 의미로 보면 아브라함에게 내쫓김을 당한 것이 하갈과 이스마엘에게는 복된 것입니다. 내쫓기어 아무도 의지할 이 없는 광야가 오히려 그들에게는 하나님을 만날 축복의 장소가 되었습니다. 인생에서 의지할 이 없고 고통스럽다고 좌절하지 마십시오. 지금이 하나님을 만날 때이고 인생의 눈이 열어져 지금까지 보지 못한 하나님의 은혜의 샘물, 축복의 샘물을 발견할 수 있는 기회인 것입니다. 절망 중에 있는 하갈에 대한 하나님의 해결책은 하갈의 눈을 밝히신 것입니다. 지금 우리가 당하고 있는 곤란한 문제도 우리의 눈만 열리면 해결될 수 있는 것이 많습니다. 우리 영혼의 눈을 뜨게 하셔서 바로 보게 하시는 것은 하나님의 크신 능력과 사랑입니다.

하나님이 예비하신 축복의 샘물을 마신 그들의 인생은 이제 달라지게 됩니다. 분노와 슬픔 가운데서 죽음의 그림자를 두려워하던 그들에게 이제 새로운 삶의 장이 마련된 것입니다. 이제는 그 거친 광야가 죽음의 땅이 아니었고 하나님이 함께하시는 축복의 장소요 그곳에서 활을 쏘며 새로운 인생의 꿈을 펼치게 되는 축복의 장소가 된 것입니다. 하나님이 눈을 열어 샘물을 보게 하시니 새로운 생명의 은혜를 마음껏 누리게 되고 하나님이 함께하시니 광야가 새로운 축복의 터전이 된 것입니다. 그러므로 예수 믿는 우리에게는 환경이 문제가 아닙니다. 영적인 눈이 떠지는 것이 문제입니다. 신령한 눈을 떠서 날마다 신령한 말씀의 생수를 발견하고 마시면 새로운 삶을 살 수 있는 것입니다. 그러면 풀 한 포기 자라지 않는 광야라 할지라도 그곳이 나만을 위한 축복의 장소임을 깨달아 그곳에서 신비로운 삶을 살게 되는 것입니다. 오직 하나님과 동행하며 함께하는 자들이 이러한 축복을 누리게 됩니다.

하나님은 사람으로부터 버림을 받은 자, 상처를 받은 자, 귀한 자, 천한 자를 차별하지 않으시고 은혜를 베푸십니다. 이 하나님을 발견하고 영적인 눈을 뜨는 것이 중요합니다. 새로운 영안이 열려 하나님이 예비하신 우리 각자를 위한 샘물을 발견하시고 인생 광야에서 새로운 축복의 길이 열리는 것을 경험하기를 간절히 바랍니다.

브엘세바

: 창세기 21장 22-34절 :

22그때에 아비멜렉과 그 군대 장관 비골이 아브라함에게 말하여 이르되 네가 무슨 일을 하든지 하나님이 너와 함께 계시도다 23그런즉 너는 나와 내 아들과 내 손자에게 거짓되이 행하지 아니하기를 이제 여기서 하나님을 가리켜 내게 맹세하라 내가 네게 후대한 대로 너도 나와 네가 머무는 이 땅에 행할 것이니라 24아브라함이 이르되 내가 맹세하리라 하고 25아비멜렉의 종들이 아브라함의 우물을 빼앗은 일에 관하여 아브라함이 아비멜렉을 책망하매 26아비멜렉이 이르되 누가 그리하였는지 내가 알지 못하노라 너도 내게 알리지 아니하였고 나도 듣지 못하였더니 오늘에야 들었노라 27아브라함이 양과 소를 가져다가 아비멜렉에게 주고 두 사람이 서로 언약을 세우니라 28아브라함이 일곱 암양 새끼를 따로 놓으니 29아비멜렉이 아브라함에게 이르되 이 일곱 암양 새끼를 따로 놓음은 어찜이냐 30아브라함이 이르되 너는 내 손에서 이 암양 새끼 일곱을 받아 내가 이 우물 판 증거를 삼으라 하고 31두 사람이 거기서 서로 맹세하였으므로 그 곳을 브엘세바라 이름하였더라 32그들이 브엘세바에서 언약을 세우매 아비멜렉과 그 군대 장관 비골은 떠나 블레셋 사람의 땅으로 돌아갔고 33아브라함은 브엘세바에 에셀나무를 심고 거기서 영원하신 여호와의 이름을 불렀으며 34그가 블레셋 사람의 땅에서 여러 날을 지냈더라.

이 장의 본문은 하나님의 말씀대로 이스마엘과 하갈을 쫓아낸 이후의 아브라함의 삶을 조명하고 있습니다. 그 사건이 어떻게 아브라함에게 영향을 미쳤는지를 우리에게 보여 주고 있습니다. 그래서 본문은 이렇게 시작합니다. "그때에" 즉 '아브라함이 하갈과 이스마엘을 집에서 내쫓은 후에' 어떠한 일이 벌어지게 되었는가를 소개하는 말입니다.

아브라함은 여전히 블레셋 땅에서 그들과 불편한 동거를 하고 있음을 알 수 있습니다. 예컨대, 아브라함이 판 우물을 아비멜렉의 종들이 빼앗아 갔지만 아브라함은 아무 말도 할 수 없었습니다. 물론 이 일에 대해 나중에 아비멜렉을 책망하기도 합니다만 아직 긴장과 갈등의 연속이었던 것을 알 수 있습니다.

이렇게 불편하고 힘든 블레셋 생활이 당당하게 조약을 맺고 마음껏 거주할 수 있는 축복의 땅으로 변하게 됩니다. 그 이유는 아브라함이 이스마엘과 하갈을 쫓아내고 이삭에게서 나게 될 언약의 씨를 선택한 이후라는 것을 성경이 말씀하고 있습니다. 인간의 정과 사랑을 포기하고 하나님의 언약과 비전을 붙잡게 되자 하나님이 아브라함을 축복하신 것입니다.

믿음의 결단을 하면 손해인 것 같고 망하는 것 같고 죽을 것 같아도 그 믿음의 결단을 보시고 하나님은 우리가 헤아리지 못하는 엄청난 일을 행하는 것을 볼 수 있습니다. "죽으면 죽으리이다."라는 에스더의 고백을 통해 하나님이 마지막 아말렉 후손인 하만을 멸하시고 이스라엘에게 구원을 베푸신 것을 알 수 있습니다. 에스더가 왕후라는 자리는 물론 자신의 생명을 내려놓고 하나님의 말씀을 붙들게 되었을 때, 하나님이 일하시고 역사하셨습니다. 신앙생활에서 중요한 것은 깨달은 대로, 감동받은 대로 결단하고 실천하는 것입니다. 그러면 그 결단은 하나님의 역사가 되는 것입니다. 하나님의 응답이 더딘 것이 아니라 우리의 결단이 더딘 것입니다.

하나님이 함께하는 사람 아브라함

애굽 왕의 공식 칭호를 '바로'라고 하듯이 '아비멜렉'은 블레셋 왕의 공식 칭호입니다. 아비멜렉은 '아버지 왕,' 곧 '왕은 나라의 아버지'라는 뜻으로 블레셋 지경에서는 막강한 권세를 가지고 있었습니다. 이러한 아비멜렉이 그의 군대장관과 함께 아브라함에게 찾아와서 자신의 후손들까지 부탁하며 조약을 맺자고 사정하고 있는 것입니다. 이 장면을 보면 아브라함이 그 땅의 주인 같고 오히려 그 땅의 주인인 아비멜렉이 아브라함에게 무언가를 부탁하지 않으면 안 되는 나그네 같습니다. 주객이 완전히 전도되어 있다는 것을 알 수 있습니다.

아브라함에게 찾아온 아비멜렉의 첫 마디는 "네가 무슨 일을 하든지 하나님이 너와 함께 계시도다."입니다. 원어성경에 보면 "하나님이 바로 네 곁에 서 계시도다."입니다. 하나님을 모르는 아비멜렉조차 아브라함 바로 곁에 서 계신 하나님을 바라본 것입니다. 아비멜렉의 이 고백은 아브라함의 신앙의 상태를 알 수 있는 상당히 중요한 고백입니다.

하나님이 하란에서 아브라함을 75세에 부르신 후부터 중요한 순간에 나타나셔서 언약을 맺으시고 축복하신 것을 우리는 잘 알고 있습니다. 특별히 기근 때문에 애굽이나 그랄로 내려갔을 때에는 아브라함에게 나타나신 것이 아니라 바로와 아비멜렉에게 직접 개입하셨습니다. 게다가 아브라함이 이스마엘을 낳았을 때에는 무려 10년 동안이나 한번도 아브라함을 찾아오시지 않았다는 것을 알 수 있습니다. 그런데 이스마엘과 하갈을 내어쫓은 후에는 하나님은 아브라함 곁에서 언제나 함께하시는 하나님으로 나타나고 있다는 것입니다. 물론 그동안에도 하나님이 아브라함과 함께하지 않으신 것이 아닙니다. 하나님은 아브라함과 동행하시며 그의 인생의 위기 때마다 도우시고 구원하셨습니다. 하지만 이스마엘을 내쫓은 후부터는 믿지 않는 사람들도 아브라함을 통해 하나님을 볼 수 있을 정도로 하나님이 모든 일마다, 때마다 아브라함과 함께하시며 그를 축복하신 것입니다. 이 하나님을 아비멜렉이 본 것입니다.

예수 그리스도를 믿는 사람들이 들을 수 있는 칭찬 중에 "하나님이 너와 함께하신다."는 말보다 귀한 칭찬은 없습니다. 예수 그리스도를 믿는 하나님의 백성은 어디를 가든, 무엇을 하든, 어떤 환경에 있든, 다른 어떤 말보다 "당신은 무슨 일을 하든지 하나님이 함께하는 사람입니다."라는 말을 들어야 합니다.

아브라함뿐만 아니라 언약의 후손인 이삭(26:28)과 야곱(30:27)과 요셉(39:3)도 이방인들로부터 모든 일에 하나님이 함께하는 사람이라는 소리를 들었던 사람들입니다. 특히 요셉의 이야기는 우리가 익히 잘 알고 있지 않습니까? 창세기 39장 2-3절에 있습니다.

> 2여호와께서 요셉과 함께 하시므로 그가 형통한 자가 되어 그의 주인 애굽 사람의 집에 있으니 3그의 주인이 여호와께서 그와 함께 하심을 보며 또 여호와께서 그의 범사에 형통하게 하심을 보았더라.

보디발은 하나님이 요셉과 함께하심을 보았다는 것입니다. 그리고 하나님이 그의 모든 일이 형통하게 되는 것을 보았다는 것입니다. 그렇습니다. 무슨 일을 하든지 하나님이 함께하는 사람은 형통하게 됩니다. 세상의 권세를 갖고 있는 사람들도 함께하시는 하나님 때문에 그 사람을 선대하게 되어 있는 것입니다. 하나님을 모르는 이방인들로 하여금 하나님이 함께하는 자의 삶을 보여 주는 것, 그것이 우리의 삶이어야 합니다.

우리가 예수 그리스도를 구주로 믿음으로 받게 되는 가장 큰 복이 무엇인 줄 아십니까? 바로 우리와 함께하시는 하나님과의 동행입니다. 항상 나와 함께하시는 전능하신 하나님을 느끼며 살아가는 것보다 귀한 복은 없습니다. 아브라함은 지금 그 복을 누리고 있는 것입니다. 정말로 연약하고 보잘 것 없는 아브라함이 함께하시는 하나님 때문에 형통한 인생을 살고 있는 것입니다. 우리는 세상 사람들처럼 내 능력과 지혜와 힘을 의지하며 살아가는 사람들이 아니라 나와 함께하시는 하나님을 믿고 의지하고 동행하므로 어떠한 상황 가운데서도 복이 되는 인생을 살도록 부름 받은 사람임을 잊지 말아야 합니다.

평화 조약

블레셋의 최고의 통치자 아비멜렉이 아브라함을 찾아간 이유는 한 가지입니다. 평화 조약을 맺기 위해서입니다. 하나님의 간섭(20:3-7)을 체험한 바 있는 그는 하나님이 함께 계시므로 점점 강성해 가고 있는 아브라함이 두려웠던 것입니다. 뿐만 아니라 그의 자손들도 아브라함의 자손들 때문에 해를 받을까 봐 두려웠던 것입니다. 아비멜렉은 아브라함이 받은 축복을 일시적인 것으로 보지 않았습니다. 영원한 것으로 보았습니다. 이것이 예수를 믿지 않는 사람의 신앙고백일진대 우리의 신앙은 어떻습니까? 나와 함께하시는 하나님이 나의 자식은 물론 그의 후손들과도 함께하시며 그들을 지키시고 안보하실 것을 믿고 있습니까? 중요한 것은 언제나 나입니다. 내가 하나님을 만나고 하나님의 사람으로, 온전한 예배자로 서기만 하면 나와 함께하시는 하나님이 우리의 자손 천대까지 축복하시며 함께하실 줄 믿습니다.

그래서 아비멜렉은 아브라함에게 조약 체결을 요청했습니다.

그런즉 너는 나와 내 아들과 내 손자에게 거짓되이 행하지 아니하기를 이제 여기서 하나님을 가리켜 내게 맹세하라 내가 네게 후대한 대로 너도 나와 내가 머무는 이 땅에 행할 것이니라(21:23).

이 아비멜렉의 말 중에 아브라함의 가슴이 뜨끔하게 하는 말이 있습니다. 바로 '거짓되이 행하다'라는 말입니다. 하나님이 그렇게 함께하는 하나님의 선지자임에도 그에게 사라를 누이라고 속인 일을 염두에 두고 한 말입니다. 그의 거짓 때문에 자신은 물론 모든 블레셋 여자들의 태의 문이 닫힌 것을 경험한 이후에 그에게는 두려움이 생긴 것입니다. 그래서 아브라함에게 '제발 나와 우리 후손들에게 정직하게 행하라.'고 충고하는 것입니다. 하나님이 함께하는 사람답게 진실되게 행하라는 것입니다.

예수 믿지 않는 사람이 예수 믿는 사람보다 더 하나님을 더 두려워하며 진실하게 살라고 충고하는 이 장면을 우리의 마음에 새겨야 합니다. 우리가 진실한 그리스도인으로 서지 못하면 우리 주변 사람들이 고통을 받게 됩니다. 아비멜렉은 그만큼 아브라함의 영향력을 두려워하고 있습니다. 아브라함에 따라서 자신들의 죽고 사는 문제가 달렸다고 믿고 있습니다. 하나님이 함께하는 사람들만이 이러한 영향력을 끼칠 수 있는 것입니다.

그런데 오늘날 우리의 삶은 그렇지 못합니다. 오히려 교회가 세상에 끌려 가고, 판단을 받고 있습니다. 예수 믿는 자들이 세상에 영향력을 끼치기는커녕, 세상으로부터 영향을 받으며 살아가고 있습니다. 왜일까요? 입으로는 하나님을 믿는다고 하면서도 실제 삶에서는 하나님과 동행하지 않고 있기 때문입니다. 우리는 하나님이 함께하시므로 세상에 영향을 주고 세상을 변화시킬 수 있는 능력 있는 크리스천이 되어야 합니다. 세상이 우리들을 두려워하고 우리에게 그들의 미래가 달려 있다고 고백할 만큼 하나님과 동행하는 믿음의 사람이 되어야 합니다.

브엘세바

아브라함은 아비멜렉의 제안대로 맹세하면서 아비멜렉의 종들이 아브라함의 우물을 강제로 빼앗은 일에 관하여 아비멜렉을 책망하였습니다. 작은 일인 것 같지만 아브라함 생애에 극적인 순간이라고 할만 합니다. 이러한 순간이 올 때까지 아브라함은 억울해도 인내하고 참아 낸 것입니다. 하나님의 때를 기다린 것입니다. 그 전에는 하나님의 때를 기다리지 못하여 인간적인 감정을 따라 반응하였지만 이제 믿음의 사람 아브라함은 하나님의 때를 기다릴 줄 아는 지혜로운 사람이 되었습니다. 그때가 이르자 아브라함은 담대히 아비멜렉을 꾸짖은 것입니다(훗날에 그의 손자 야곱은 바로를 축복하는 사람으로 서게 된다. 이런 일을 상상이나 했겠는가?). 완전히 아브라함의 시대가 도래한 것입니다. 아브라함의 인생의 어두움은 물러가고 새날이 밝아온 것입니다.

명심하십시오. 성경의 시간은 밤이 먼저 오고 그 다음에 낮이 온다는 것을요. 우리는 아침부터 시작해서 밤이 오는 것으로 생각하지만 성경은 그 반대입니다. 그래서 창조시에도 "저녁이 되며 아침이 되니 이는 첫째 날이니라."고 말씀하고 있습니다. 찬란한 아침이 오기 위해서는 하나님이 준비하는 밤이 반드시 존재해야 합니다. 지금 우리가 당하는 인생의 풍파와 고난은 하나님이 우리를 준비시키는 밤입니다. 그러나 그 밤은 반드시 지나가고 최고의 날이 밝아오게 되어 있습니다.

아비멜렉은 누가 그리하였는지 알지 못한다고 말합니다. 그러자 아브라함은 양과 소를 아비멜렉에게 주고 그와 언약을 맺었습니다. 그는 이 언약을 위해 일곱 암양 새끼를 따로 주었습니다. 자신의 우물임에도 자신의 것을 희생하며 평화로운 방법으로 우물을 찾아오는 아브라함을 볼 수 있습니다. 아브라함은 일곱 암양 새끼를 주면서 자신이 그 우물을 판 증거를 삼으라고 말합니다. 그래서 그곳을 브엘세바라고 이름하였습니다. '브엘세바'는 '일곱의 우물'Bires Seba이라는 뜻으로서 '맹세의 우물'을 뜻하기도 합니다. 원래 '맹세(쉬바)'라는 말이 '일곱(세바)'에서 파생되었습니다. 그 당시 고대 근동의 관례에 따르면 맹세는 일곱 번의 제사나, 일곱 명의 증인 및 일곱 번의 서약에 의해서 확증되었기 때문입니다. 이것이 아브라함의 지혜입니다. 아브라함은 그 당시의 관례를 무시하거나 터부시하지 않고 오히려 이용하여 하나님이 주신 축복을 관리하는 것을 볼 수 있습니다.

아브라함은 그 나라 최고 통치자의 예방을 받고 평화적인 방법으로 우물을 되찾았으므로 다른 사람들이 함부로 할 수 없는 실력자로 급부상하게 되었습니다. 하나님이 아브라함을 높이신 것입니다. 그 당시 우물은 쉽게 팔 수 있는 것이 아닙니다. 사막에서 물을 얻는다는 것은 특별한 능력이요, 축복의 상징입니다. 게다가 우물을 파는 일은 어지간한 물질의 소유자가 아니면 감히 엄두도 내지 못할 일이기 때문입니다. 광야에서 가축을 기르는 유목민들에게 우물은 최고의 재산입니다. 하나님이 함께하시는 아브라함은 어느 곳에서든지 우물을 얻고 형통할 수 있었던 것입니다. 이 하나님의 은혜에 대해 아브라함이 어떻게 반응하는지를 살펴보겠습니다.

온전한 예배자로 서는 아브라함

아브라함은 아비멜렉과 평화 조약을 맺은 후 브엘세바에 에셀나무(위성류)tamarisk tree를 심고 거기서 영원하신 하나님(엘 올람)의 이름을 불렀습니다. 창세기 4장 26절에서 셋의 후손에 의하여 여호와의 이름이 비로소 불려지기 시작한 것을 알 수 있습니다. 아브라함은 창세기 12장 8절에서도 하나님의 이름을 부르므로 자신이 하나님의 택한 경건한 후손임을 고백한 적이 있습니다. 이 장의 본문에서도 아브라함은 영원하신 하나님의 이름을 부르므로 자신이 경건한 셋의 후손임을 스스로 입증한 것입니다. 아브라함 신앙의 장점은 언제나 하나님께 무릎 꿇고 예배하는 예배자로 서는 것입니다. 그는 결코 자기도취나 자기만족에 빠지지 않고 영원하신 하나님께 소망을 두었으며 하나님께 영광을 돌리고자 했던 것입니다.

특별히 그가 '영원하신 하나님'을 부른 것은 아비멜렉이 말한 '무슨 일을 하든지 하나님이 함께 계시도다.'는 말의 확증입니다. 이 세상에 오직 하나님만이 영원하신 것을 깨달았습니다. 그 영원하신 하나님은 신실하시며, 변함이 없으시고, 그 하나님의 말씀은 반드시 성취된다는 것을 깨달은 것입니다. 그래서 그는 영원하신 하나님의 이름을 부르며 감사와 찬송으로 하나님께 예배드렸던 것입니다. 예배는 하나님의 하나님 되심을 인정하는 최고의 헌신 아닙니까? 이 예배를 통해 아브라함은 자신이 누리는 모든 축복이 하나님이 주신 것임을 인정하고 감사하는 것입니다.

그가 브엘세바에 심은 에셀나무는 사막의 모래 언덕이나 염분이 많은 늪지대에서 잘 자라는 나무로서 목질이 단단하고 수명이 긴 나무이며, 많은 그늘을 주고, 수분 증발을 막아서 광야를 지나는 나그네들에게 '최고의 안식'을 주는 나무라고 합니다. 그가 에셀나무를 심고 하나님을 부른 것은 자신의 광야 같은 인생길에서 언제나 안식을 주시고 평화를 주시는 하나님의 은혜를 상징적으로 표현한 것입니다. 그의 인생은 지금까지 진정한 안식이 없었습니다. 하나님의 말씀에 순종하여 가나안으로 이주해 온 후 언제나 이곳저곳을 불안하게 떠돌아 다녀야 하는 인생이었습니다. 지금도 블레셋 땅으로 들어와 잠시 거주하는 나그네 아닙니까? 단 한 순간도 평화로운 삶을 살지 못하였다고 해도 과언이 아닐 것입니다. 게다가 아내를 빼앗길 위기를 두 번이나 겪기도 했습니다. 모두가 그의 허물 때문입니다. 하나님의 말씀을 신뢰하지 못하고 이스마엘을 얻어서 곤욕을 치루기도 하였습니다. 고통과 갈등의 나날이었습니다. 그런데 드디어 가나안 땅이 아닌 브엘세바에서 하나님이 주시는 평화를 맛보게 된 것입니다. 광야와 같은 거친 삶을 나그네처럼 살다가 이제야 에셀나무 아래에서 평안히 쉬는 것처럼 안식의 때를 맞이한 것입니다. 그 땅의 최고의 실력자와 평화 조약을 맺게 되었습니다. 모든 것이 다 하나님이 주신 은혜였음을 알게 되었습니다. 이제 그에게 영원한 것은 하나님 밖에 없습니다. 그 영원하신 하나님을 발견하게 된 순간 그의 인생에 진정한 평화와 안식이 찾아온 것입니다.

우리 인생의 행복의 비결, 평화의 비결은 다른 데 있지 않습니다. 비록 광야를 떠도는 비참한 인생이라 할지라도, 고통과 갈등이 연속되는 인생이라 할지라도 그곳에서 함께하시는 하나님을 발견하는 것이 행복의 비결입니다. 그리고 그 하나님이 바로 내 곁에서 영원히 함께하실 신실하신 하나님임을 깨닫게 될 때, 내 인생의 최고의 행복과 안식을 누릴 수 있게 되는 것입니다. 그 당시 광야를 여행하는 나그네들이 그토록 찾고 또 찾는 에셀나무의 안식을 맛보게 되는 것입니다. 그렇습니다. 영원하신 하나님은 우리로 하여금 이 광야 같은 세상에서 최고의 안식을 얻게 하고 평화를 얻게 하며 형통하게 하시는 하나님이신 것입니다. 우리의 인생도 마침내 아브라함처럼 안식을 누리며 온전히 영원하신 하나님의 이름을 부르는 예배자로 설 때가 분명히 오게 될 줄로 믿습니다.

22장

하나님의
테스트

⋮ 창세기 22장 1-4절 ⋮

1그 일 후에 하나님이 아브라함을 시험하시려고 그를 부르시되 아브라함아 하시니 그
가 이르되 내가 여기 있나이다 **2**여호와께서 이르시되 네 아들 네 사랑하는 독자 이삭
을 데리고 모리아 땅으로 가서 내가 네게 일러 준 한 산 거기서 그를 번제로 드리라
3아브라함이 아침에 일찍이 일어나 나귀에 안장을 지우고 두 종과 그의 아들 이삭을
데리고 번제에 쓸 나무를 쪼개어 가지고 떠나 하나님이 자기에게 일러 주신 곳으로 가
더니 **4**제삼일에 아브라함이 눈을 들어 그 곳을 멀리 바라본지라.

말씀대로 이스마엘을 쫓아낸 아브라함을 하나님이 축복하셨습니다. 하
나님으로부터 복을 받는 아브라함의 모습을 블레셋 왕 아비멜렉은 "네가
무슨 일을 하는지 하나님이 너와 함께하시도다."라고 요약하였습니다. 아
비멜렉은 무슨 일을 하든지 하나님이 함께하는 인생 아브라함과 평화 조
약을 맺기를 원하였습니다. 평화 조약에 앞서서 아브라함은 아비멜렉을
꾸짖습니다. 자신의 우물을 아비멜렉의 종들이 빼앗았기 때문입니다. 아
비멜렉을 책망한 이 사건은 하나님이 함께하는 사람, 아브라함이 다스리
고, 정복하고, 번성하며, 땅에 충만한 복을 받아 누리고 있음을 암시하고
있습니다. 하나님이 함께하시니 세상이 감당하지 못할 사람이 되었습니
다. 믿음의 조상으로 선택받은 아브라함은 블레셋 왕을 책망하고 그의 손
자 야곱은 대제국의 왕인 바로를 축복하는 장면으로 창세기가 끝납니다.
아비멜렉과 브엘세바에서 맹세를 맺은 아브라함은 그곳에 에셀나무를

심고 '영원하신 여호와의 이름'을 부르며 예배하였습니다. 성경에서 하나님을 '영원하신 하나님'이라고 표현한 유일한 곳입니다. 아브라함은 잦은 실수로 넘어지고 깨지는 자신을, 변함없이 영원토록 함께하시며 진정한 안식을 주시는 하나님을 '영원하신 하나님'이라고 고백했습니다. 하나님의 인도로 가나안 땅에 들어와서 벧엘 동편에 거주하며 여호와의 이름을 처음으로 불렀던 아브라함이 다시 하나님의 이름을 부르며 예배하는 이 모습은 아브라함의 하나님을 향한 처음 사랑의 회복입니다.

이처럼 하나님을 향한 아브라함의 처음 사랑이 회복이 되고 온전한 예배자로 서게 되었을 때 그의 믿음과 신앙고백에 대한 하나님의 시험이 임하게 됩니다. 그 시험은 그가 그토록 사랑하고 아끼는 독자 이삭을 번제로 바치라는 것입니다. 번제물로 바친다는 것은 사랑하는 아들을 칼로 죽여서 그 몸을 쪼개어 놓고 불로 태우라는 것을 의미합니다. 이스마엘을 내쫓는 시험과는 비교할 수 없는 엄청난 명령인 것입니다. 이 명령은 '가라'는 말씀으로 시작됩니다.

성경을 보면 아브라함에게는 두 번의 '가라'는 명령이 주어집니다. 이 '가라'는 명령에 순종하기 위해 아브라함은 언제나 소중한 것들을 버려야만 했습니다. 첫 번째는 갈대아 우르를 떠나 하나님이 지시하는 땅을 향하여 가라는 것입니다. 이 명령에 순종하기 위해서는 고향과 친척과 아버지의 집을 포기해야만 했습니다. 두 번째 '가라'는 명령은 모리아 땅으로 가라는 명령입니다. 이 명령에 순종하기 위해서는 하나 밖에 없는 아들을 포기해야만 했습니다. 궁극적으로는 이 두 번의 명령에 대한 순종이 아브라함의 인생을 바꾸어 놓은 것입니다. 비록 갈 바를 알지 못하였지만 첫 번째의 순종을 통해 아브라함과 그의 후손들은 가나안 땅에서 하나님의 선민으로 살 수 있게 됩니다. 자식을 죽여야 하는 제사장으로서 두 번째 '가라'에 대한 순종을 통해 '모리아 땅'은 후에 '아리우나 타작마당'이 되었으며 다윗은 그곳을 은 오십 세겔에 사서 여호와의 명령대로 단을 쌓고 제사를 드림으로 여호와를 경험하게 됩니다(삼하 24:18-25; 대상 21:18-27). 솔로몬은 바로 이곳에 여호와의 전을 건축하게 됩니다(대하 3:1). 그러므로 아브라함의 두 번째 순종을 통해 그들의 생명보다 더 중요한 하나님의 임재의 처소인 성전이 마련되는 것입니다. 정확히는 진정한 성전되시는 예수님이 예비되는 것입니다. 아브라함의 순종이 예수 그리스도의 오심까지 연결되고 있는 것을 보십시오. 우리가 하나님의 말씀에 순종하는 것이 이처럼 중요합니다. 하나님은 우리의 순종을 통해 그분의 역사를 이루어 가시는 것입니다.

하나님의 대답과 부르심

1절 말씀을 보면 아브라함의 하나님을 향한 관계가 얼마나 성숙했는지를 알 수 있습니다. 하나님이 아브라함을 부르실 때 "내가 여기 있나이다."라고 대답합니다. 성경에서 "내가 여기 있나이다."라는 대답은 무엇이든지 순종할 준비가 되어 있는 신앙이 성숙한 사람에게서만 나타나는 고백입니다. 아무리 이삭에게 푹 빠져 있어도 그의 귀와 눈은 늘 하나님을 향하고 있었다는 것입니다.

아브라함과 동일한 고백을 한 사람이 이사야 선지자 아닙니까? 이사야 6장을 보면 이사야 선지자는 하늘 궁정회의를 목격하게 되고 자신의 죄인 됨을 깨닫게 됩니다. 그때 그는 "누가 우리를 향하여 갈꼬?"라고 탄식하시는 하나님의 음성을 듣게 됩니다. 그 음성을 듣고 이사야 선지자가 "내가 여기 있나이다 나를 보내소서."라고 대답합니다. 그러므로 "내가 여기 있나이다."라는 아브라함의 대답은 하나님이 무엇을 말씀하시든지 이미 순종할 준비가 되어 있는 아브라함의 성숙된 믿음을 의미하는 것입니다. 항상 왕 앞에 서 있는 신하처럼 하나님 앞에서 하나님의 입만 바라보며 하나님이 말씀하시는 것은 무엇이든지 들을 준비가 되어 있는 깊은 교제를 이루고 있었던 것입니다.

앤드류 머레이Andrew Murray가 쓴 유명한 고전 『순종』The School of Obedience 이라는 책이 있습니다. 그 책 3장 "참된 순종의 비결"에서 그는 이렇게 말합니다.

하나님과 교제가 친밀하지 않으면 절대로 온전한 순종을 할 수 없는 것입니다. 우리는 어느 날 갑자기 순종할 수 없는 것입니다. 하나님과 깊은 교제 속에서 하나님의 신실하심을 날마다 심령으로 맛보아 살 때에 어떤 명령을 하시든지 순종할 수 있는 것입니다. 훗날 하나님은 아브라함을 친구로 인정하실 정도로 아브라함은 하나님과 친밀한 교제를 나누며 살았던 것입니다(대하 20:7; 사 41:8; 약 2:23).

날마다 말씀과 기도를 통해 하나님과 친밀한 교제를 이루시므로 하나님이 부르실 때에 "내가 여기 있나이다."라며 고백하며 무슨 말씀이든지 순종하실 수 있는 복된 삶을 살기 바랍니다.

우리의 이삭은 무엇인가?

시험의 출발은 이삭에 대한 아브라함의 태도에서 시작됩니다. 본문 2절에 보면 "네 아들 네 사랑하는 독자"라는 말이 나옵니다. 반복되는 말이 있습니다. 바로 '나'라는 말입니다. 이삭을 너무나 사랑한 아브라함은 이삭을 내 아들이라고 생각하고 있었던 것입니다. 여기에서 하나님의 시험은 출발합니다. 인간적으로 보면 아브라함이나 사라는 도저히 이삭을 얻을 수 없었습니다. 생산 능력이 소멸되어 죽은 몸과 같은 상태에서 하나님의 능력으로 얻은 아들입니다. 그러므로 이삭은 하나님의 선물입니다. 그런데 아브라함은 이삭을 자기 아들이라고 생각하며 이삭을 사랑하는 데 몰두하고 있었던 것입니다. 이러한 아브라함을 바라보며 하나님은 아브라함의 믿음을 시험하시고자 한 것입니다.

그러면 믿음의 사람들은 어떻게 말씀 앞에 자신의 모든 것을 포기하고 내려놓을 수 있을까요? 하나님 앞에서 자신과 자신에 속한 것에 대한 올바른 정체성을 갖고 살아가기 때문입니다. 무슨 말인가 하면 진정한 믿음의 사람에게는 내 것이란 존재할 수가 없는 것입니다. 믿음으로 사는 사람들은 이렇게 고백합니다. "나의 생명 소유 모두 하나님의 것입니다." 만약 우리가 어느 것이든지 그것을 내 것이라고 주장한다면 그것이 바로 우상이요 시험입니다.

믿음의 사람 다윗을 보십시오.

> ¹¹여호와여 위대하심과 권능과 영광과 승리와 위엄이 다 주께 속하였사오니 천지에 있는 것이 다 주의 것이로소이다 여호와여 주권도 주께 속하였사오니 주는 높으사 만물의 머리이심이니이다 ¹²부와 귀가 주께로 말미암고 또 주는 만물의 주재가 되사 손에 권세와 능력이 있사오니 모든 사람을 크게 하심과 강하게 하심이 주의 손에 있나이다(대상 29:11-12).

다윗은 모든 것이 하나님의 소유임을 겸손하게 고백하였습니다. 자신의 왕의 자리, 자신의 모든 소유 심지어 하나님께 드리는 예물과 생명까지도 모두 하나님의 손에 있다고 고백한 것입니다. 이러한 믿음이 하나님의 백성다운 진정한 삶의 정체성인 것입니다.

오늘 우리에게도 나의 것으로 생각하고 사랑하는 나만의 이삭이 있을 수 있습니다. 어떤 사람에게는 아브라함처럼 자녀가, 어떤 사람에게는 물질이, 어떤 사람에게는 능력과 달란트가, 어떤 사람에게는 출세와 성공이 이삭일 수 있습니다. 하지만 이 모든 것이 우리의 것이 아닙니다. 다 하나님의 것이므로 주님이 원하시면 주님을 위해 언제든지 기꺼이 내어 드려야 진정한 믿음의 사람인 것입니다. 그러므로 믿음은 더 소유하고 누리고 높아지는 것이 아닙니다. 진정한 믿음은 하나님 앞에서 생명보다 소중하고 귀한 것을 포기하고 내려놓는 것을 의미하는 것입니다. 아무리 신앙생활을 오래했어도 하나님 앞에서 포기하고 내려놓는 것이 없는 사람은 진정한 믿음의 사람이 아닌 것입니다.

이 시간 이삭을 요구하시는 하나님이 내게 무엇을 요구하시는지를 깨달아 드릴 수 있기를 원합니다. 주님이 원하시면 나의 물질, 재능, 시간, 성공을 기꺼이 드릴 수 있어야 "모든 것을 드릴지라도 이것만큼은 안됩니다."라는 불순종의 삶을 살아서는 안 되는 것입니다. 믿음이란 이삭을 얻는 것처럼 무엇인가를 얻음에서 출발하지만 그 믿음의 완성은 내게 주신 것을 하나님의 말씀과 맞바꿀 수 있을 때 이루어지는 것입니다. 나를 포기하고 하나님을 바라보며 말씀대로 행하는 것이 진정한 믿음의 모습인 것입니다.

아브라함의 반응

하나님이 주신 독자 이삭을 바치라고 했을 때 아브라함은 도저히 이해할 수 없었을 것입니다. 그러나 아브라함에게 중요한 것은 자신의 이해가 아니라 말씀하시는 하나님이었습니다. 아브라함은 분명히 하나님께 "왜 이런 명령을 하시느냐?"고 따지고 원망할 상황입니다. 하나님은 일찍이 이삭을 통해 약속하신 씨는 물론 수많은 자손들을 주시겠다고 여러 번 약속하셨기 때문입니다. 이삭이 장가를 든 것도 아니고 자식을 낳은 것도 아닙니다. 그런데 하나님은 이삭을 번제로 드리라고 하시는 것입니다. 이 하나님의 말씀은 분명히 하나님의 약속과 모순되는 명령입니다. 그런데도 아브라함은 한마디의 질문도, 원망도, 불평도 하지 않습니다. 우리 같으면 어떻게 했겠습니까?

"하나님, 나는 고향을 떠나라고 했을 때도 아무 소리하지 않고 떠나왔습니다. 소돔의 비옥한 초원도 버렸습니다. 전리품으로 얻은 소돔과 고모라의 재물도 버렸습니다. 하갈에서 난 이스마엘도 버렸습니다. 그런데 이번에는 이삭을 바치라니요? 이삭을 줄 때는 언제고, 번제로 드리라니요? 안됩니다. 아닙니다."

이렇게 반응했을 것입니다. 사실 이 말씀을 받고 있는 광야 교회의 이스라엘 백성이 그러했습니다. 조금만 자기들의 뜻에 맞지 않으면 모세를 향하여 돌을 들고 죽이려 하며 하나님을 향하여 원망하고 불평하기를 서슴지 않았던 사람들입니다. 그들과 달리 그들의 조상인 아브라함은 다만 어떻게 하나님의 말씀에 순종할 것인지만 생각합니다.

종교개혁자 마틴 루터는 말했습니다.

진실한 성도는 언제나 '왜'라고 묻지 아니하고 '무엇을 할까요?'라고 묻는다.

우리가 이 세상을 살아가다 보면 우리의 이성으로는 도저히 이해할 수 없는 일이 일어날 때가 있습니다. 그럴 때에 우리에게 중요한 것은 우리의 이해가 아니라 그 일을 주관하고 계시는 하나님을 인식하는 것입니다. 어떠한 상황 속에서도 하나님을 인식하고 믿는 사람은 왜 나에게 이런 일이 일어났느냐고 묻기보다는 하나님을 향하여 "주님 지금 이 순간에 제게 무엇을 원하십니까? 제가 무엇을 할까요?"라고 물어야 하는 것입니다. 바로 이때 하나님의 더 크고 놀라운 은혜를 발견하게 되는 것입니다.

야고보 사도는 1장 2-4절에서 우리에게 이렇게 말씀합니다.

2내 형제들아 너희가 여러 가지 시험을 당하거든 온전히 기쁘게 여기라 3이는 너희 믿음의 시련이 인내를 만들어 내는 줄 너희가 앎이라 4인내를 온전히 이루라 이는 너희로 온전하고 구비하여 조금도 부족함이 없게 하려 함이라.

우리가 시험을 당할 때에 '왜입니까?'를 묻지 말아야 될 이유가 여기에 있습니다. 하나님이 우리에게 주시는 시험은 우리로 하여금 조금도 부족함이 없는 온전한 인생으로 하나님 앞에 서게 하시기 위함인 것입니다. 시험을 통해서 우리가 얻는 유익 중의 유익은 하나님을 새롭게 만나게 되고 부족함이 없는, 하나님의 사람다운 사람으로 빚어지는 것입니다. 아브라함은 시험의 끝에서 이런 하나님의 음성을 듣습니다.

내가 이제야 네가 하나님을 경외하는 줄을 아노라(22:12).

아브라함은 이 시험을 통해 마침내 하나님을 경외하는 인격으로 빚어지게 된 것입니다. 온전히 부족함 없이 하나님을 경외하는 신앙의 사람이 되게 하는 것, 이것이 아브라함을 시험하신 하나님의 의도였던 것입니다.

일찍 일어나는 아브라함

3절에 "아브라함이 아침에 일찍이 일어나" 그는 순종하기 어려운 문제가 있을 때마다 항상 동일하게 반응하고 행동했습니다. 창세기 21장 14절을 보면, 하나님이 이스마엘을 내보내라고 하셨을 때도 아침에 일찍이 일어나 내보냈습니다. 그렇게 한 이유가 무엇일까요? 자기 자신의 연약함을 잘 알고 있었기 때문입니다. 조금이라도 지체하면 순종할 수 없다는 것을 알기에 하나님의 말씀이 떨어지자마자 순종한 것입니다. 아브라함은 생각하고 순종하는 사람이 아니라 순종하고 난 이후에 생각하는 사람입니다.

그는 아침 일찍이 일어나 번제에 쓸 장작을 준비합니다. 스펄전 목사님은 이렇게 말씀했습니다.

사환과 노족장이 도끼를 휘두를 때마다 장작은 갈기갈기 찢기었다. 그러나 사랑하는 자식을 죽여야 되는 아비의 마음보다 더 모질게 갈라지지는 않았을 것이다.

그에게는 아비로서의 고통보다 하나님이 명하신 번제를 최선을 다하여 준비하는 것이 중요했습니다. 이삭의 아비가 아닌 하나님께 제사를 드려야 하는 제사장이라는 사명이 훨씬 더 중요했던 것입니다. 어쩌면 하나님이 말씀하신 모리아 산에 이르러 번제에 쓸 나무를 준비할 수도 있을 것입니다. 그러나 아브라함은 제사에 꼭 필요한 나무를 정성들여 준비하는 것을 보게 됩니다. 아브라함은 번제에 쓸 장작을 이삭에게 지게 합니다. 나무를 지고 모리아 산으로 오르는 이삭은 완벽하게 예수님의 십자가 순종을 실제적으로 보여 주고 있는 것입니다.

삼 일간의 인내

모리아 땅으로 향하는 아브라함의 사흘간의 여정은 그의 일생에서 가장 고통스러운 순간이었을 것입니다. 이 사흘의 광야 여정을 스펄전 목사님은 이렇게 설명했습니다.

> 헤브론 광야길은 적막했다. 그러나 사랑하는 자식을 죽여야 하는 아비의 마음보다 적막하지는 않았을 것이다.

덴마크의 실존주의 철학자이자 신학자였던 키에르케고르Kierkegaard, Søren Aabye는 이 장면을 두고 "삼 일 동안 걸어가면서 아브라함은 먼저 자신이 죽임을 당하는 시간이었고, 자신을 십자가에 먼저 못 박아야 했던 걸음이었다."고 말했습니다.

사흘 동안에 아브라함에게는 수많은 갈등이 있었을 것입니다. 그 인간적인 갈등을 죽이고 말씀을 붙들기 위해서는 자신이 죽어지지 않으면 안되었을 것입니다. 아브라함은 사흘 동안에 이러한 자신을 쳐서 복종시키므로 하나님 앞에 자신을 먼저 드린 것입니다. 그 이후에 이삭을 드릴 수 있었던 것입니다. 내가 죽어지지 않고는 하나님 앞에 온전히 순종할 수 없는 것입니다. 온전한 순종은 자신을 십자가에 못 박아 죽게 한 사람들만이 할 수 있는 것입니다.

> 내가 그리스도와 함께 십자가에 못 박혔나니 그런즉 이제는 내가 사는 것이 아니요 오직 내 안에 그리스도께서 사시는 것이라 이제 내가 육체 가운데 사

는 것은 나를 사랑하사 나를 위하여 자기 자신을 버리신 하나님의 아들을 믿는 믿음 안에서 사는 것이라(갈 2:20).

십자가에 예수님과 함께 못 박혀 죽은 사람은 아브라함처럼 아무리 소중한 것이라도 주님을 위해 포기할 수 있습니다. 어떠한 명령이라도 순종할 수 있습니다. 이것이 예수님을 믿는 믿음의 의미이며 하나님은 아브라함의 이 믿음을 시험하신 것입니다.

이 고통을 아브라함만 겪은 것이 아닙니다. 하나 밖에 없는 독생자를 범죄한 인간을 위해 십자가에 못 박히도록 내어 주시므로 고통당하며 죽어 가는 아들 예수님을 바라보시는 하나님 아버지의 마음입니다. 하나님은 아들 예수님이 십자가에서 피와 물을 흘리며 서서히 죽어 가는 모습을 지켜보셔야 했습니다. 심지어 "엘리 엘리 라마 사박다니"라고 하나님을 향하여 부르짖는 아들의 처절한 목소리마저 외면해야 하셨던 분이 하나님이십니다. 하나님의 고통을 아브라함이 미리 경험하고 있는 것입니다. 아브라함은 사흘 동안 고통을 겪었지만 하나님은 인간이 타락한 이후 줄곧 아들을 십자가에 못 박혀 죽도록 내어 주셔야 할 것을 묵상하셨습니다.

그러므로 이 장의 본문은 아들을 요구하는 잔인하신 하나님의 모습이 아니라 예수 그리스도를 우리에게 주시고자 하시는 하나님의 사랑 이야기를 그리고 있는 것입니다. 그 하나님의 사랑 때문에 우리가 오늘도 하나님 앞에서 크신 구원의 은총을 노래하는 예배자로 서 있게 된 것입니다.

말씀에
순종하여

: 창세기 22장 1-8절 :

¹그 일 후에 하나님이 아브라함을 시험하시려고 그를 부르시되 아브라함아 하시니 그가 이르되 내가 여기 있나이다 ²여호와께서 이르시되 네 아들 네 사랑하는 독자 이삭을 데리고 모리아 땅으로 가서 내가 네게 일러 준 한 산 거기서 그를 번제로 드리라 ³아브라함이 아침에 일찍이 일어나 나귀에 안장을 지우고 두 종과 그의 아들 이삭을 데리고 번제에 쓸 나무를 쪼개어 가지고 떠나 하나님이 자기에게 일러 주신 곳으로 가더니 ⁴제삼일에 아브라함이 눈을 들어 그 곳을 멀리 바라본지라 ⁵이에 아브라함이 종들에게 이르되 너희는 나귀와 함께 여기서 기다리라 내가 아이와 함께 저기 가서 예배하고 우리가 너희에게로 돌아오리라 하고 ⁶아브라함이 이에 번제 나무를 가져다가 그의 아들 이삭에게 지우고 자기는 불과 칼을 손에 들고 두 사람이 동행하더니 ⁷이삭이 그 아버지 아브라함에게 말하여 이르되 내 아버지여 하니 그가 이르되 내 아들아 내가 여기 있노라 이삭이 이르되 불과 나무는 있거니와 번제할 어린 양은 어디 있나이까 ⁸아브라함이 이르되 내 아들아 번제할 어린 양은 하나님이 자기를 위하여 친히 준비하시리라 하고 두 사람이 함께 나아가서.

하나님은 아브라함의 믿음을 시험하시고자 독자 이삭을 바치라고 말씀하셨습니다. 성경에서 '시험'이라고 말씀하는 것을 보면 쉽게 순종할 문제가 아님을 알 수 있습니다. 아무 생각 없이 하나님의 말씀에 기계적으로 반응할 수 있는 문제가 아니라는 것입니다. 아브라함에게는 자신의 전부이자 생명보다 귀한 이삭을 하나님의 말씀과 맞바꾸어야 되는 엄청난 희생을 요구하는 시험입니다. 아브라함은 하나님의 말씀에 순종을 하기로 결단합니다. 아침에 일찍 일어나 하나님이 지시하신 모리아 땅으로 출발할 준비를 합니다. 이 준비 과정을 보면 이미 이삭의 아버지가 아닌 하나님께 제사를 드려야 하는 제사장으로서의 아브라함만 존재할 뿐입니다. 모든 것을 얻고도 처음 사랑을 회복하여 에셀나무를 심고 영원하신 하나님의 이름을 부르며 예배하였던 제사장의 사명이 엄청난 시험 속에서도 지속되고 있는 것입니다. 제사장의 사명을 감당하기 위해 인간적인 정을 철저히 배제한 아브라함은 하나님께 이삭을 드릴 준비를 철저하고 숭고하게 준비하는 것을 볼 수 있습니다.

모리아에 이르는 사흘 동안의 시간은 아브라함이 먼저 하나님 앞에 완전히 죽어지는 시간입니다. 아브라함이 죽어지지 않고는 아들 이삭을 드릴 수 없기 때문입니다. 수많은 갈등과 고민을 뒤로하고 오직 하나님이 말씀하신 곳을 향하여 가야 하는 아브라함은 모리아로 향하는 사흘 길에서 자신이 먼저 예수 그리스도와 함께 십자가에 못 박혀 죽은 것입니다. 자신은 죽고 그 안에 예수 그리스도만 사는 상태가 되었을 때 기꺼이 독자 이삭을 제물로 드릴 수 있게 된 것입니다. 본문을 보면 이삭을 번제로 드리기 위해 아브라함이 먼저 준비한 일이 있습니다.

순종의 장애물을 제거하라

아브라함은 하나님의 말씀에 순종하기 위해 먼저 자신의 순종에 방해가 되는 것을 제거합니다. 앞 장에서 말씀드린 대로 아브라함은 아침 일찍 일어나 하나님이 자기에게 지시하는 곳으로 향하여 가게 됩니다. 그가 즉시 일어나 순종한 것은 자기 자신의 연약함을 잘 알기 때문입니다. 조금만 지체하면 자신의 마음이 변하여 순종할 수 없다는 것을 잘 알고 있기 때문입니다. 그는 약간의 틈만 보이면 이삭을 데리고 모리아가 아닌 다른 곳으로 살 길을 찾아 요나처럼 도망할 사람이라는 것을 잘 알고 있습니다. 아브라함은 이미 약속의 땅에 찾아온 기근을 피하여 은근슬쩍 애굽과 그랄로 도망한 과거가 있는 사람입니다.

　이러한 자기 자신의 나약함을 아브라함은 잘 알고 있었던 것입니다. 그는 이 나약함이 발동하기 전에 말씀을 향하여 즉시 움직여야 했던 것입니다. 여기서 우리는 아브라함의 믿음의 성숙을 볼 수 있습니다. 진정한 신앙의 성숙은 우리 안에 있는 나약함이나 약점이 없어지는 것이 아닙니다. 예수를 수십 년 믿어도 나의 기질과 성품은 변화되지 않습니다. 마귀도 그러한 점을 잘 알고 있습니다. 그러나 신앙이 성숙했다는 것은 내 안에 있는 나약하고 변덕스러운 기질에게 틈을 주지 않는 사람입니다.

　"하나님 저는 정말로 순종하고 싶었는 데 아시잖아요? 제 마음은 원이로되 육신이 약하다는 것을. 하나님 저도 순종하기 싫은 것은 아닙니다. 그런데 이번만큼은 가족들의 반대로 도저히 순종할 수 없었어요." 이러한 핑계를 대는 사람은 "내 신앙이 성숙하지 못한 유치한 신앙의 상태에 있습니다."라고 광고하는 사람입니다.

　이러한 핑계를 하나님은 용납하지 않으십니다. 오히려 하나님은 이렇게 질문하실 것입니다. "너는 신앙생활 좀 한다면서, 기도 좀 한다면서, 전도도 하고 봉사도 한다면서, 네가 그렇게 나약한 줄 몰랐던 말이냐? 그런 일이 생길 줄 정녕 몰랐던 말이냐? 사실은 네가 순종하기 싫은 것 아니냐? 세상 친구들과 약속을 하고 그 자리에 나가면 세상의 문화와 놀이에 빠져서 너의 거룩함을 상실할 줄 몰랐던 말이냐? 원래부터 네 마음에는 순종할 마음이 없었던 것이다." 아무런 핑계 없이 순종할 마음이 있는 사람은 아브라함처럼 빠져나가거나 변명할 여지를 남기지 않고 말씀을 향하여 즉시 똑바로 나아가야 하는 것입니다.

　또한 모리아 산으로 갔다가 거기에 번제에 쓸 나무가 없으면 그것을 핑계 삼아 불순종하리라는 것을 잘 알고 있기 때문에 출발할 때 완벽하게 나무를 준비하여 떠나게 됩니다. 이처럼 아브라함은 자그마한 것에서부터 완벽하게 순종할 수 있는 준비를 합니다. 이 준비가 자기 자신과의 싸움에서 승리하게 된 원동력이 되는 것입니다. 신앙은 자기와의 싸움입니다. 자기 자신을 알아야 합니다. 무엇에 약한지, 어떻게 하면 하나님의 말씀으로도 자신이 통제가 안 되는지, 어떻게 하면 이성으로도 내 감정을 통제하지 못하는지 잘 파악해야 합니다. 아브라함은 자신의 연약함을 잘 알고 있었고 그 연약함들이 자신을 통제하지 못하도록 철저하게 미리 차단하고 순종하였던 것입니다.

마지막으로 가장 넘기 어려운 사라라는 장벽 앞에서 아브라함은 하나님이 이삭을 번제로 드리라고 말씀하셨다는 사실을 이야기하지 않습니다. 이삭을 바치라는 것은 분명히 하나님이 아브라함을 시험코자 하신 것이지 사라를 시험코자 하는 것이 아닙니다. 그는 이 사실을 분명하게 알고 있었습니다. 자신이 홀로 이 시험을 극복해야 함을 잘 알고 있었습니다. 그래서 하나님 앞에서 시험을 받고 있는 아브라함의 결단의 과정과 실천이 외롭고 고독한 것입니다. 예수님의 십자가의 길이 그토록 외롭고 힘든 것도 예수님 홀로 그 길을 감당해야 했기 때문입니다. 중요한 것은 이삭을 바치라는 것은 사라에게 시험이 될 수 없다는 사실입니다. 사라는 애초부터 그만한 믿음이 없었기 때문입니다. 아브라함은 사라의 믿음의 분량을 잘 알고 있었습니다. 믿음이 연약한 사라에게 하나님의 계획을 이야기한다는 것은 하나님의 시험을 거부하는 것이요, 하나님이 시험 뒤에 예비하고 있을 여호와 이레의 축복을 거절하게 되는 것임을 잘 알고 있기 때문입니다.

또한 모리아 산에 왔을 때 하인들을 산에 올라오지 못하게 합니다. 힘이 좋아서 이삭을 묶었다 하더라도 지금의 신앙적 상황을 알지 못하는 하인들이 양손을 잡아 버리거나 말리면 아들을 바치고 싶어도 못 바치기 때문에 방해가 될 수 있는 것은 미리 다 제거하고 올라가는 완전한 순종의 의지를 표현하고 있습니다.

하나님이 우리에게 요구하시는 것이 무엇입니까? 도저히 감당하기 어려운 시험이지만 하나님을 신뢰하므로 아브라함처럼 철저하고 완벽하게 순종하는 것입니다. 마지못해서 억지로 순종하거나 다른 사람의 도움으로 시험을 회피하는 것이 아닙니다. 하나님이 우리에게 원하시는 것은 완벽한 순종을 위해 장애가 되는 것들을 모두 믿음으로 제거하고 순도 100%의 순종으로 하나님께 나아가는 것입니다. 내 자신을 십자가에 못 박아 죽게 하므로 오직 주님만이 나를 주장함에서 우러러 나오는 즐거이 헌신하는 것을 주님이 원하시는 것입니다. 아브라함처럼 피하려고 한다면 얼마든지 핑계하고 피할 수 있었지만 그러한 상황과 환경들을 믿음으로 철저히 배제시키고 오직 말씀하시는 대로 기꺼이 헌신하는 순종을 하나님이 원하시는 것입니다. 이렇게 자기 자신을 이기는 자만이 마지막 순간에 예수님처럼 "내가 다 이루었다."라는 이 세상 그 무엇으로도 형언할 수 없는 성취감과 기쁨을 누리는 것입니다.

하나님의 뜻에 순종하기 위해 내게 유익한 모든 것을 포기하는 것이 진정한 신앙의 모습인 것입니다. 진정한 신앙은 단순히 말씀을 듣고 감정적인 만족을 얻는 정도를 말하는 것이 아닙니다. 때로는 내 이성으로는 도저히 이해되지 않는 말씀으로 나를 교훈하시고 감동하신다 할지라도 순종하기 위해 온 힘과 열정을 기울이며 우리 삶의 전부를 드리는 것을 의미하는 것입니다. 그리하여 하나님의 뜻을 모두 이루어 드리는 것을 의미합니다.

우리의 신앙의 수준을 점검해 봅시다. 정말로 하나님의 말씀대로 살기 위해 나의 온 열정과 힘을 다하며 내 삶 전부를 하나님께 드리고 있는지, 아니면 마지못해서 겨우 따라가고 있는지, 아니면 남는 시간, 내가 쓰고 남은 일부만 헌신하고 있는지 이왕에 신앙생활하는 것, 아브라함처럼 우리 인생의 전부라도 주님이 원하신다고 하면 기꺼이 드릴 수 있는 진정한 믿음의 거장들로 거듭나시는 역사가 있기를 바랍니다.

아브라함의 믿음의 지경

함께하던 하인들을 나귀와 함께 모리아 산이 눈에 보이는 곳에 머물게 한 아브라함이 이렇게 말합니다.

내가 아이와 함께 저기 가서 예배하고 우리가 너희에게로 돌아오리라(22:5).

이 아브라함의 고백 속에는 죽음이나 슬픔, 고통 같은 말은 하나도 담겨져 있지 않습니다. 오히려 하나님께 대한 선택받은 경배자로서의 자존감과 "우리가 너희에게로 돌아온다"라는 믿음의 확신으로 가득합니다. 원문에는 "우리가 같이"라고 더 분명하게 말하고 있습니다. 하나님은 분명히 아브라함에게 이삭을 '번제'로 드리라고 했습니다. '번제'는 이삭이 죽어야만 하는 제사입니다. 그러나 아브라함의 고백 속에는 이삭의 '죽음' 대신 하나님에 대한 경배만 들어 있습니다. 그에게는 이미 죽음을 초월한 죽은 자를 다시 살리시는 하나님의 부활의 능력에 대한 확신으로 가득했던 것입니다. 그러므로 '경배' 혹은 '예배'는 죽음을 부활로 바꾸실 수 있는 하나님의 능력을 확신하는 자들만이 드릴 수 있는 것입니다.

아브라함이 이렇게 죽음을 초월한 부활의 능력을 확신하는 예배자로 설 수 있던 이유가 무엇입니까? 그것은 말씀에, 언약에 신실하신 하나님에 대한 믿음 때문입니다. 하나님의 말씀은 영원하다는 것을 아브라함은 믿은 것입니다. 하나님이 이스마엘을 쫓아낼 때 분명하게 말씀하셨습니다.

이삭에게서 나는 자라야 네 씨라 부를 것임이니라(21:12).

이 말씀대로 이삭은 아들을 낳을 것입니다. 하나님이 약속하신 씨는 분명히 이삭을 통해 이 세상에 오게 되어 있는 것입니다. 그러니까 이삭은 죽지 않을 것입니다. 설령 자기 손으로 죽여 제물로 드린다 할지라도 하나님이 분명히 다시 살리실 것이라는 확신이 아브라함에게 있었던 것입니다.

예수님이 마리아와 마르다에게 하신 말씀이 무엇입니까?

25예수께서 이르시되 나는 부활이요 생명이니 나를 믿는 자는 죽어도 살겠고 26무릇 살아서 나를 믿는 자는 영원히 죽지 아니하리니 이것을 네가 믿느냐(요 11:25-26).

이삭이 죽지 않으면 그대로 살 것입니다. 그러나 만약 죽는다고 하더라도 하나님이 그를 살리실 것입니다. 그래야 이삭에게서 씨가 날 것이기 때문입니다. 히브리서 기자는 아브라함의 이 부활 신앙을 분명하게 기록하고 있습니다.

> 18그에게 이미 말씀하시기를 네 자손이라 칭할 자는 이삭으로 말미암으리라 하셨으니 19그가 하나님이 능히 이삭을 죽은 자 가운데서 다시 살리실 줄로 생각한지라 비유컨대 그를 죽은 자 가운데서 도로 받은 것이니라(히 11:18-19).

이 말씀을 보면 아브라함은 분명하게 이삭을 번제로 죽여서 드릴 준비를 하고 있으며, 하나님은 분명히 이삭을 죽은 자 가운데서 다시 살리실 줄로 확신하고 있었던 것을 알 수 있습니다.

지금까지 아브라함의 인생을 움직여 온 것이 무엇입니까? 하나님의 말씀입니다. 갈대아 우르를 떠나 본토 고향 친척 아버지의 집을 버리고 가나안으로 이주한 것도 하나님의 말씀 때문입니다. 소돔과 고모라의 초원을 포기한 것도, 가나안 다섯 왕과의 전쟁에서 승리한 후에 재물을 포기한 것도, 이스마엘을 쫓아 낸 것도 다 하나님의 말씀 때문이었습니다. 하나님의 말씀 외에 그 어떤 것으로도 아브라함을 움직일 수 없습니다.

지금 우리 인생을 움직이고 있는 것은 무엇입니까? 아브라함처럼 하나님의 말씀만이 우리를 움직일 수 있는 유일한 것이라고 한다면 우리 인생은 하나님이 부활의 능력으로 책임져 주실 것입니다. 하지만 돈에 의하여 이리 휩쓸리고 저리 휩쓸리며 표류하는 인생을 살거나 명예와 권력에 의하여 불나방처럼 이리 뛰어들고 저리 뛰어들고 있거나 세상의 성공이라는 신기루에 의하여 이리 방황하고 저리 방황하는 인생을 살게 되면 결국 우리 인생 결말도 롯처럼 절망적인 인생이 되고 말 것입니다.

하나님은 아브라함의 스토리를 통해 우리에게 묻고 계십니다. 우리의 삶에 아무리 소중하고 귀한 것이 있어도 하나님의 말씀을 선택할 수 있는지를 묻고 계시는 것입니다. 우리 모두에게는 찬란한 미래와 꿈과 비전이 있습니다. 아브라함에게 자신의 전부인 이삭이 있듯이 우리에게도 소중한 미래가 있고 전부인 꿈이 있습니다. 하나님이 내 전부와 말씀 사이에서 선택을 요구하실 때 어떤 것을 선택하시겠습니까? 도저히 내 이성으로 이해할 수 없는 선택을 하나님이 요구하실 때에도 말씀만을 선택할 수 있다면 그 사람이 진정한 그리스도의 제자인 것입니다.

여호와 이레

이삭은 자기가 죽을 나무를 등에 짊어지고 모리아 산으로 오르고 있습니다. 십자가를 지시고 골고다로 오르시는 예수 그리스도의 모습입니다. 이삭이 번제에 쓸 장작을 짊어지고 모리아 산에 오르듯이 하나님의 아들이신 예수님이 등에 나무를 지고 모리아 산, 골고다 언덕을 오르고 있습니다. 여기 아브라함의 마음은 하나님 아버지의 마음이었습니다. 여기 죽으러 가는 이삭은 예수님의 그림자였습니다. 성서학자들은 신약 최대의 사건이 갈보리 십자가 사건이었다면 구약 최대의 사건은 모리아 산 아브라함의 이삭 번제 사건이었다고 합니다.

그때에 이삭이 질문을 합니다.

"번제할 어린 양은 어디 있습니까?"

이삭의 질문은 아브라함의 마음을 몹시도 아프게 하였을 것입니다. 자신이 번제할 어린 양이라는 사실을 알지 못하는 채 아버지를 따라나선 이삭을 바라보는 아브라함의 심정은 오죽했겠습니까? 자식을 죽여야 하는 아비로서의 아픔을 아브라함은 위대한 신앙고백으로 승화시킵니다.

아브라함이 이르되 내 아들아 번제할 어린 양은 하나님이 자기를 위하여 친히 준비하시리라(22:8).

이 고백 속에는 하나님에 대한 철저한 신뢰가 담겨져 있습니다. '여호와'는 스스로 계신 하나님이라는 뜻이고, '이레'라는 말은 '미리 본다' 혹은 '미리 준비한다'는 뜻입니다(영어로 "God will provide"입니다. provide, '공급한다'는 단어는 명사로 provision인데 pro+vision은 미리 봄이라는 뜻). 여호와 이레의 하나님은 미리 미래를 내다보시고 우리의 미래를 준비해 주시고 공급하여 주시는 하나님이라는 말입니다.

"순종하면 하나님이 필요한 것을 준비하고 계신다."

이것이 아브라함의 신앙의 원칙입니다. 순종으로 나아가는 아브라함에게 언제나 하나님은 준비하시는 하나님이십니다.

우리말 성경에는 "자기를 위해"라고 했습니다만 원문에는 "위해"라는 말이 없습니다. 정확히 번역하면 "여호와께서 자신을 준비하시리라"입니다. 이 말은 하나님의 위대한 약속입니다. 그것은 죄로 말미암아 죽을 수밖에 없었던 인류를 위해 하나님 자신이 속죄 제물이 되어 자신 스스로를 친히 준비하신 것입니다. 그 제물은 바로 하나님 자신의 아들 예수 그리스도이셨습니다. 하나님은 우리를 심판하시는 대신 우리의 죄를 대신 자신의 아들에게 짊어지게 하시고 그를 십자가에서 희생의 제물이 되게 하심으로 우리가 죄 사함 받고 구원받는 길을 예비해 주신 여호와 이레의 하나님이십니다.

아들을 바친 아브라함은 여호와 이레의 하나님을 통해 아들은 물론 예수 그리스도까지 얻었습니다. 이것이 신앙생활의 결론입니다. 종종 우리를 위해 모든 것을 예비하고 계시는 하나님을 믿지 못하고 말씀에 순종하지 못하여 육신의 것도 잃어버리고 결국 예수 그리스도까지 잃는 사람이 있습니다. 세상의 온갖 것을 다 얻어도 예수님을 잃어버리면 실패한 인생입니다. 그러나 세상의 모든 것 다 잃어버려도 예수님을 얻으면 그 인생은 복된 인생을 사는 사람입니다.

하나님은 말씀에 순종하는 사람을 위해 이 세상의 것이 아니라 하나님 자신을 준비하고 계십니다. 하나님 자신을 우리에게 주기를 원합니다. 하나님을 주기를 원하신다는 말씀은 하나님은 하나님의 모든 것을 다 우리에게 주실 준비가 항상 되어 있다는 말씀입니다. 힘들고 고통스러워도 말씀을 선택하는 사람들에게는 하나님이 예비하신 축복이 있습니다. 응답이 있습니다. 병든 사람에게 건강을 준비하시고, 마음에 감당할 수 없는 상처를 입은 사람에게는 하늘 위로와 치유를 준비하시고, 갈등하고 좌절하고 요동하는 사람에게는 평안을 준비하시는 하나님! 지치고 낙심하여 피곤한 사람에게 새 힘을 주시고 근심과 두려움에 사로잡혀 있는 사람에게 평강을 준비하시는 하나님! 죄악의 짐이 무거워 견디다 못해 쓰러진 사람에게 사죄의 은총을 준비하시고, 가난에 지친 사람들을 위해 부요를 준비하시고 기다리시는 하나님을 우리는 바라보아야 합니다. 아브라함처럼 자기 자신을 주시기 위해 우리의 순종의 끝에서 우리를 기다리고 계시는 하나님을 바라보시는 은혜가 임하기를 바랍니다.

제물을 친히
준비하시는 하나님

: 창세기 22장 9-14절 :

⁹하나님이 그에게 일러 주신 곳에 이른지라 이에 아브라함이 그 곳에 제단을 쌓고 나무를 벌여 놓고 그의 아들 이삭을 결박하여 제단 나무 위에 놓고 ¹⁰손을 내밀어 칼을 잡고 그 아들을 잡으려 하니 ¹¹여호와의 사자가 하늘에서부터 그를 불러 이르시되 아브라함아 아브라함아 하시는지라 아브라함이 이르되 내가 여기 있나이다 하매 ¹²사자가 이르시되 그 아이에게 네 손을 대지 말라 그에게 아무 일도 하지 말라 네가 네 아들 네 독자까지도 내게 아끼지 아니하였으니 내가 이제야 네가 하나님을 경외하는 줄을 아노라 ¹³아브라함이 눈을 들어 살펴본즉 한 숫양이 뒤에 있는데 뿔이 수풀에 걸려 있는지라 아브라함이 가서 그 숫양을 가져다가 아들을 대신하여 번제로 드렸더라 ¹⁴아브라함이 그 땅 이름을 여호와 이레라 하였으므로 오늘날까지 사람들이 이르기를 여호와의 산에서 준비되리라 하더라.

"하나님이 자기를 친히 준비하시리라."

자신의 생애에 찾아온 최고의 신앙의 위기 앞에서 아브라함이 외친 신앙고백입니다. 하나님의 능력으로 이삭을 죽음 가운데서 돌려 받게될 뿐 아니라 이삭을 대신할 제물은 하나님이 자기를 친히 준비하시리라는 것을 아브라함은 믿은 것입니다. '여호와 이레'의 신앙은 이삭을 하나님께 번제로 드리기 위해 모리아 산을 오르며 아브라함이 바라본 하나님의 구속사의 결론입니다. 아브라함은 자신이 준비한 번제에 쓸 나무를 이삭에게 지우고 자기는 이삭을 죽일 칼과 불을 들고 이삭의 뒤를 따르는 모습을 통해

(6절) 장차 하나밖에 없는 아들 예수 그리스도께 십자가를 지우게 하시고 그 뒤를 침묵으로 따르시는 하나님을 바라본 것입니다. 아브라함이 사랑하는 독자 이삭을 희생의 번제물로 드려야 했던 것처럼 하나님이도 사랑하는 아들 예수 그리스도를 십자가에 못 박아 죽게 하시므로 인류를 죄에서 구속하시는 것입니다. 십자가를 통한 인류 구원 이야기가 모리아 산에서 아브라함이 이삭을 드린 제사를 통해 나타나는 것입니다.

번제로 드려진 이삭

모리아 산에 오른 아브라함은 장성한 아들을 들어 장작더미 위에 눕힙니다. 하나님이 지정하신 장소에서 하나님의 정하신 방법대로 이삭을 번제로 드리는 아브라함의 마음은 아무리 믿음의 사람이라 할지라도 엄청난 고통으로 가득하였을 것입니다. 스펄전 목사님은 이 장면을 이렇게 말했습니다.

> 늙은 아비가 장성한 아들을 들어 올릴 때 몹시도 무겁게 느껴졌을 것이다. 그러나 자식을 죽여 바치기 위해 그 자식을 들어야 하는 아비의 심정만큼 무겁지는 않았을 것이다.

아들을 죽여야 하는 엄청난 고통의 자리에서도 아브라함은 말씀을 향하여 순종으로 나아갑니다. 순종하기 위해 아브라함은 아들을 죽이는 고통을 감당하기로 작정합니다. 진정한 순종에는 언제나 고통과 고민이 따르기 마련입니다. 대가를 감수하며 순종하는 것이 믿음입니다. 하나님에 대한 확신 없이는 절대로 순종할 수도 또 그 순종에 대한 대가를 치룰 수도 없는 것입니다.

지금 아무런 희생없이, 댓가없이 신앙생활을 하고 있다면 우리의 믿음이 진짜인지 가짜인지 생각해 보아야 합니다. 하나님께 순종하기 위해는 우리의 친척 본토 아버지의 집을 떠나야하고, 내 인생의 소중한 것들을 버리는 고통이 있어야 합니다. 때로는 가장 사랑하는 독자 이삭이라 할지라도 하나님의 말씀에 순종하기 위해 드려야 되는 때가 있습니다. 이것이 믿음입니다. 진정한 믿음은 버리고 떠나는 데서 출발합니다. 마치 예수님이 제자들을 부르실 때처럼 배도 삯군도, 그물도 고기도 다 버려 두고 말씀을 향하여 달려나가는 결단과 희생이 있어야 진정한 믿음의 사람들이 되는 것입니다.

우리는 말씀을 좇아가기 위해 무엇을 버리셨습니까? 무엇을 희생하셨습니까? 하나님의 뜻을 이루어 드리기 위해 어떤 대가를 지불하셨습니까? 희생이 없는 헌신은 헌신이 아닙니다. 수고가 없는 봉사는 봉사가 아닙니다. 내 자아마저 완전히 버리지 못한 사랑은 사랑이 아닙니다. 시간의 희생 없이, 물질의 헌신없이, 내 자아의 깨어짐 없이는 예수님이 걸어가신 십자가의 길을 걸을 수 없습니다. 예수님은 우리를 위해 십자가에서 목숨까지 버리셨습니다. 우리를 살리시기 위해 예수님은 모든 것을 버리셨습니다. 이제는 우리가 예수 그리스도를 위해 우리의 것을 버리고 말씀하시는 대로 순종하며 따라갈 때가 된 것입니다.

아프리카 선교를 위해 크게 쓰임받은 C.T. 스터드(1862~1931) 선교사가 있습니다. 그는 학생 복음 운동의 조상으로 유명한 영국의 '캠브리지 세븐' 중 한 사람으로 졸업 후 46년 동안 중국, 인도 선교를 하고 중앙아프리카를 개척한 선교사입니다. 20여 년간 중국에서 사역하였던 스터드는 1913년 아프리카로 사역지를 옮기면서 W.E.C.Worldwide Evangelization for Christ이라는 유명한 선교단체를 창설하였던 인물입니다. 그는 대학시절 예수님을 만나고 촉망받는 지위, 막대한 유산, 세상에서의 성공을 포기하고 선교사로 헌신하였습니다. 그는 평생 아프리카에서 초라한 움막에서 살았다고 합니다.

그는 이러한 말을 하였습니다.

만일 예수 그리스도가 하나님이고, 나를 위해 죽으셨다면, 내가 그분을 위해 아브라함처럼 여호와께서 자기를 친히 준비하시는 여호와 이레의 신앙을 통해 예수 그리스도의 십자가 죽으심을 확신하는 사람들의 삶에는 오직 순종만 있을 뿐인 것입니다. 우리의 삶을 하나님을 위해 쓸 수밖에 없는 것입니다.

이삭의 믿음

이삭의 제물됨을 통해 이삭 또한 아브라함 못지않은 믿음의 사람임을 알 수 있습니다. 장성한 10대의 나이이지만 자신을 결박하는 아버지를 저지하지 않고 제물이 되어 장작더미 위에 뉘어진 이삭은 스스로 제단 위에 올랐다고 해도 과언이 아닐 것입니다. 어떻게 스스로 번제물되는 일이 가능하였을까요? 이삭은 이 순간 아버지 아브라함이 자신에게 들려준 "하나님이 자기를 준비하시리라."는 여호와 이레의 하나님을 믿은 것입니다. 비록 나는 제물이 되어 죽지만 하나님이 예비하신 하나님이 제물되는 사건이 반드시 있을 것이라고 믿은 것입니다. 자신의 생명보다 하나님이 제물되시는, 하나님의 뜻이 이루어지기를 소원한 것입니다.

마치 예수 그리스도께서 "내 아버지여 만일 할 만하시거든 이 잔을 내게서 지나가게 하옵소서 그러나 나의 원대로 마옵시고 아버지의 원대로 하옵소서(마 26:39)."라고 기도하시며 십자가의 잔을 묵묵히 받아들이신 예수 그리스도의 모습이 이삭의 스스로 제물됨에 투영되고 있는 것입니다. 이삭이나 예수님처럼 스스로 제물되는 곳에서 하나님의 뜻은 이루어지는 것을 보게 됩니다. 우리 가정이, 우리 교회가, 우리나라가 변화되는 비결은 다른 데에 있지 않습니다. 내가 고통을 감수하고 믿음의 대가를 자원하여 온전한 번제물이 될 때에 우리를 위해 예비하신 여호와 이레의 하나님의 기적이 우리의 삶에도 일어나는 것입니다. 우리를 위해 준비하시고 공급하시는 하나님의 은혜는 이렇게 자원하여 십자가를 지는 자들을 위한 것입니다.

아브라함의 칼

"하나님이 자기를 친히 준비하시리라."는 말을 마친 아브라함은 8절을 보시면 "두 사람이 함께 나아가서"라고 말씀하고 있습니다. 자신의 고백대로 하나님이 친히 준비하실 제물을 향하여 아들 이삭을 이끌고 아브라함이 나아가고 있는 것입니다. 즉 믿음대로 행하고 있는 것입니다. 이것이 아브라함 신앙의 위대성입니다.

한편 신약에서 가장 위대한 신앙고백을 한 사람을 꼽자면 베드로를 들 수 있습니다.

주는 그리스도시요 살아 계신 하나님의 아들이시니이다(마 16:16).

아주 유명한 고백 아니겠습니까? 그 고백 위에 주님께서 교회를 세우시겠다고 축복하셨습니다. 그러나 이 고백 후에 베드로는 예수님으로부터 "사탄아 내 뒤로 물러가라."는 책망을 바로 받게 됩니다. 그는 그 고백을 통해 예수님의 십자가에까지 나아가지 못했기 때문입니다. 베드로는 고백 따로, 삶 따로의 신앙을 유지하고 있었던 것입니다. 그는 그의 고백에다가 인간적인 생각과 욕심을 덧칠했기 때문입니다.

하지만 아브라함은 "하나님이 친히 자기를 준비하시리라."는 고백을 통해 하나님의 말씀대로 이삭을 제물로 드리는 데까지 나아가는 것입니다. 그는 손을 내밀어 칼을 잡고 그 아들을 죽이려 합니다. 그 순간 황급히 하나님의 음성이 들렸습니다.

11여호와의 사자가 하늘에서부터 그를 불러 이르시되 아브라함아 아브라함아

하시는지라 아브라함이 이르되 내가 여기 있나이다 하매 ¹²사자가 이르시되 그 아이에게 네 손을 대지 말라 그에게 아무 일도 하지 말라 네가 네 아들 네 독자까지도 내게 아끼지 아니하였으니 내가 이제야 네가 하나님을 경외하는 줄을 아노라(11-12절).

가장 급박한 순간에 하나님이 개입하십니다. 이삭을 죽이려는 아브라함을 중지시키시는 하나님의 말씀은 바로 아브라함을 하나님을 경외하는 사람으로 인정한다는 것입니다. '하나님 경외'라는 말씀이 지금 성경 상에 처음으로 등장하는 순간입니다. 그러므로 우리는 아브라함을 통해 우리는 하나님 경외가 무엇인지를 알 수 있습니다. 하나님을 경외하는 사람은 독자라도 하나님 앞에 아끼지 않는 것입니다. 진정으로 하나님을 경외하는 사람은 하나님을 위해 전부를 내려놓을 수 있는 사람인 것입니다.

이 세상에서 가장 지혜로운 사람으로 알려진 솔로몬은 자신의 인생 결론을 전도서에서 이렇게 맺습니다.

¹³일의 결국을 다 들었으니 하나님을 경외하고 그의 명령들을 지킬지어다 이것이 모든 사람의 본분이니라 ¹⁴하나님은 모든 행위와 모든 은밀한 일을 선악 간에 심판하시리라(전 12:13,14).

사람의 본분은 재산을 모으는 것도, 지혜자로 명성을 떨치는 것도, 엄청난 권력을 소유하는 것도 아닙니다. 하나님을 경외하여 하나님의 말씀에 순종하는 것이 사람의 본분인 것입니다. 이 본분을 어떻게 감당하였는가에 의하여 선악간에 심판받게 되는 것입니다. 아무리 믿음이 좋아도 말씀에 순종하지 못하고 행함이 없으면 아무것도 아닌 것입니다. 여호와를 경외한 삶이 아니었기 때문입니다.

경외한다는 히브리 원어(야레-)의 의미는 "완전한 영광과 위엄의 하나님 앞에서 죽은 것처럼 되는 것"을 말합니다. 한마디로 하나님 앞에서 철저한 자기부정이 이루어지는 상태가 '경외'입니다. 하나님 앞에서 죽은 자 같은 삶을 사는 사람이 순종하지 못할 말씀이 어디 있겠습니까? 중요한 것은 우리가 예수님을 믿으면서도 예수님 앞에서 죽은 자처럼 되어 말씀에 순종하는 사람으로 살아가는 것이 아니라 오히려 십자가에서 예수님과 함께 못 박혀 죽어야 될 자아가 살아나서 믿음을 지배하는 것이 문제입니다.

예수님이 제자들에게 부탁하신 말씀이 무엇입니까?

이에 예수께서 제자들에게 이르시되 누구든지 나를 따라오려거든 자기를 부인하고 자기 십자가를 지고 나를 따를 것이니라(마 16:24).

철저한 자기부정 즉 예수님 앞에서 죽은 자처럼 되지 아니하면 예수 그리스도를 온전히 따라 갈 수 없다는 것입니다. 내 모든 것을 버리고 하나님 앞에서 온전히 죽은 자가 되어 하나님의 말씀이 내 전부가 될 때 우리도 하나님을 경외함에서 나오는 놀라운 기적과 축복을 받게 되는 것입니다.

하나님이 아브라함에게 말씀하셨습니다.

이제야 네가 하나님을 경외하는 줄을 아노라(12절).

당신의 '이제야'가 무엇입니까? 당신이 아직 포기하지 못하고 붙들고 있는 것이 무엇입니까? 그것마저 포기하고 하나님 앞에 드릴 수 없다면 우리 인생에 '이제야'라는 시간은 없을 것입니다. 당연히 하나님을 경외하는 삶을 살 수 없는 것입니다. '이제야'라는 말씀을 통해 하나님이 아브라함에게 원하신 것은 이삭을 죽이는 것이 아니었음을 알 수 있습니다. 하나님이 아브라함에게 요구하신 것은 "절대적으로 말씀에 순종하는 사람으로 서라는 것"입니다.

신앙은 단순히 헌금 몇 푼 하고 적당히 봉사하고 그저 기도하는 흉내만

내는 것이 아닙니다. 때로는 하나님의 말씀에 순종하기 위해 내 생명마저 포기하고 내려놓을 수 있는 상태에 이르는 것이 우리에게 하나님이 원하시는 신앙의 기준인 것입니다. 지금 이 말씀을 받고 있는 이스라엘 백성은 자신들의 뜻에 맞지 않으면 항상 하나님을 원망하고 불평하며 애굽으로 돌아가기를 힘썼던 자들입니다. 그들에게 모세를 통해 주셨던 율법의 핵심인 '여호와 경외'가 무엇인지를 실제적으로 예를 들어 말씀하고 있는 것입니다. 아브라함처럼 여호와를 경외하기 위해서는 내 생명과 같은 것을 포기하고 내려놓아야 함을 그들이 배운 것입니다. 그럴 때에 우리를 위해 모든 것을 준비하시는 하나님을 경험할 수 있게 되는 것입니다. 내가 하나님 앞에서 죽은 자처럼 되지 않으면 절대로 우리 삶에 여호와 하나님이 준비하시고 공급하시는 '여호와 이레'의 복은 오지 않는다는 사실을 잊지 말아야 합니다.

예비하시는 하나님

하나님은 이삭 대신 한 숫양을 준비하셨습니다. 하나님은 아브라함의 순종을 통해 하나님이 친히 자기를 준비하시는 십자가의 죽음을 예비하시고 계셨던 것입니다. 하나님이 예비하신 '한 숫양'이 예수 그리스도를 상징하고 있는 것입니다. 세례 요한의 예수님을 향한 말을 기억하실 것입니다. "보라 세상 죄를 지고 가는 하나님의 어린 양"이로다. 예수님을 묘사한 이 '하나님의 어린 양'이 바로 수풀에 뿔이 걸려 있는 그 양인 것입니다. 이삭을 대신하여 죽어야 할 그 양이 바로 우리의 죄 때문에 십자가에서 대신 죽으신 예수 그리스도를 상징하는 것입니다.

아브라함이 하나님이 예비하신 숫양으로 제사를 드리면서 어떤 생각을 하였겠습니까? 그 양이 바로 내 사랑하는 독자 이삭이라는 심정으로 예배를 드렸을 것입니다. 이전에는 단순히 양 한 마리를 번제로 드리는 정도의 막연한 의미로 예배에 임하다가 이제는 제물된 양이 자기 자신이 가장 사랑하는 이삭이며 자신의 생명임을 깨달았을 것입니다. 이제 아브라함의 예배는 하나님 앞에서 가장 소중한 것들을 내려놓는 것이며 자기 자신을 드리는 가장 거룩한 예배로 거듭나게 된 것입니다. 아브라함은 거듭난 예배를 통해 하나님이 자기를 친히 준비하신 어린 양으로 오실 예수님만을 사모하게 된 것입니다. 아브라함은 이제 모든 예배 때마다 오직 예수님만을 사모하고 죄 사함의 은총을 사모하는 진정한 제사장으로 준비되게 된 것입니다.

우리의 예배가 이런 것입니다. 적당히 한두 시간 시간만 때운다거나 물질 몇 푼 드리는 것이 아니라 내가 가장 사랑하는 것들을 드리고 더 나아가 나 자신을 드리는 것이 예배입니다. 하나님 앞에서 나의 가장 사랑하는 것들, 소중한 것들을 향하여 칼을 들어 찌르는 것이 예배입니다. 나의 전부를 포기하고 드리며 내 자신을 죽이지 못하면 예배가 아닌 것입니다. 우리가 지금까지 주인 삼고 살았던 모든 것을 내려놓지 못하면 결단코 예수님의 십자가의 대속의 은혜를 발견할 수 없습니다. 내가 가장 소중히 여기는 것들, 사랑하는 것들, 자존심, 물질, 욕심 모든 것을 결박하고 그것들을 향하여 말씀의 칼을 들 수 있을 때 우리는 진정한 예배자가 되는 것입니다. 이처럼 나의 전부를 드리되 오직 나의 죄를 위해 십자가에 못 박혀 죽으신 예수님을 바라며 사모하는 것이 예배입니다. 예배를 통해 하나님이 예비하신 예수 그리스도를 발견하고 예수 그리스도와 함께 십자가에 못 박혀 죽고 다시 살아나는 부활의 능력에 참여하는 것이 예배인 것입니다.

아브라함의 시험은 이삭의 죽음을 전제로 출발해서 여호와의 산에서 준비 되리라는 모든 사람에게 소망을 주는 메시지로 끝이 납니다. 아브라함처럼 말씀에 순종하는 사람들의 생의 모든 것은 '여호와의 산'에서 준비 될 것입니다. 인생을 살아가는 데 필요한 것들이 어디로부터 공급되어지는가 하면 여호와 하나님께 내 자신이 번제로 드려지는 제단에서 준비되어지고 공급되어지는 것입니다. 우리가 세상에서 누구보다 더 치열하게 살아야 되는 것 맞습니다. 그러나 우리의 치열한 노력들이 결실을 맺기 위해서는 반드시 여호와의 산에 올라 내 자신의 가장 소중한 것들을 내려놓고 하나님이 원하시는 경배를 드려야 합니다. 그때에 하나님은 우리에게 여호와 이레의 하나님이 되어 주셔서 우리에게 있어야 할 것들을 공급해 주시는 것입니다. 오늘 우리가 드리는 이 예배 한 시간이 아무것도 아닌 것 같지만 예배를 통해 우리에게 있어야 모든 것을 공급받는 중요한 시간입니다. 예배에 성공하지 못하면 하나님이 우리를 위해 예비하신 어떤 것도 누릴 수 없는 것입니다. 예배를 통해 예수 그리스도를 우리 심령 속에 충만히 허락받는 인생들에게는 하나님이 예비하신 놀라운 은총과 축복이 넘치게 되는 것입니다.

아브라함의 이삭을 드리는 신앙이 위대한 것은 그 예배의 결과가 아브라함 뿐 아니라 모든 사람에게 '여호와 이레'의 복을 누리게 했습니다.

오늘날까지 사람들이 이르기를 여호와의 산에서 준비되리라 하더라(14절).

14절 말씀처럼 아브라함의 뒤를 이어 믿음으로 하나님께 순종하는 사람은 여호와의 산에서 준비된 하나님의 특별한 복을 누리게 된 것입니다.

순종의 복

15여호와의 사자가 하늘에서부터 두 번째 아브라함을 불러 16이르시되 여호와께서 이르시기를 내가 나를 가리켜 맹세하노니 네가 이같이 행하여 네 아들 네 독자도 아끼지 아니하였은즉 17내가 네게 큰 복을 주고 네 씨가 크게 번성하여 하늘의 별과 같고 바닷가의 모래와 같게 하리니 네 씨가 그 대적의 성문을 차지하리라 18또 네 씨로 말미암아 천하 만민이 복을 받으리니 이는 네가 나의 말을 준행하였음이니라 하셨다 하니라 19이에 아브라함이 그의 종들에게로 돌아가서 함께 떠나 브엘세바에 이르러 거기 거주하였더라 20이 일 후에 어떤 사람이 아브라함에게 알리어 이르기를 밀가가 당신의 형제 나홀에게 자녀를 낳았다 하였더라 21그의 맏아들은 우스요 우스의 형제는 부스와 아람의 아버지 그므엘과 22게셋과 하소와 빌다스와 이들랍과 브두엘이라 23이 여덟 사람은 아브라함의 형제 나홀의 아내 밀가의 소생이며 브두엘은 리브가를 낳았고 24나홀의 첩 르우마라 하는 자도 데바와 가함과 다하스와 마아가를 낳았더라.

광야를 행진하여 가나안으로 향하고 있는 이스라엘 백성은 "사랑하는 독자 이삭을 번제로 드리라."는 하나님의 말씀에 순종하는 아브라함을 통해 하나님을 경외하는 것이 무엇인지를 깨닫게 되었을 것입니다. 아브라함의 후손이라는 자존심 하나로 먹고 사는 이스라엘 백성이 먹을 것, 입을 것 때문에 하나님을 원망하고 불평하고 있는 모습은 무조건적인 순종을 통해 하나님을 경외하던 아브라함과는 너무나도 거리가 멀었던 것입니다. 하나님을 경외하며, 하나님의 백성으로 살아간다는 것은 자신을 십자가에 철저히 못 박아 죽게 하므로 하나님 앞에서 완전하게 죽은 자로 서 있는 것을 의미합니다. 그럴 때 하나님이 무엇을 말씀하시든지 아브라함처럼 순종할 수 있는 것입니다. 아무리 소중한 것이라 할지라도 때로는 자신의 하나밖에 없는 목숨이라도 하나님이 요구하시면 바칠 수 있는 것이 여호와를 경외하는 사람의 삶의 태도인 것입니다. 하나님이 원하시는 것은 이삭의 목숨이 아니라 아브라함 안에 있는 하나님을 향한 경외심이었던 것입니다.

하나님은 우리의 물질이나 건강, 명예에 관심을 갖고 계신 것이 아니라 우리 자신에게 관심이 있습니다. 우리가 진심으로 하나님을 경외하는지를 알고자 하시는 것입니다. 하나님 경외를 통해 하나님은 인류의 모든 죄를 십자가에서 구속하실 예수 그리스도를 아브라함에게 보여 주셨듯이 우리의 하나님 경외를 통해 우리에게 예수 그리스도를 보여 주시고자 하신 것입니다. 우리가 하나님을 경외하므로 나의 죄를 위해 십자가에 못 박혀 죽으신 예수님을 날마다 두 눈으로 바라보면서 살아가기를 바랍니다.

하나님의 맹세

두 번째로 아브라함을 찾아오신 하나님은 아브라함을 축복하십니다. 축복을 하시기 전에 먼저 스스로의 이름으로 맹세하시므로 아브라함에 관한 축복이 반드시 이루어질 것을 보여 주십니다. 하나님보다 크신 분은 없고 하나님보다 능력이 있으신 분은 없기 때문에 하나님은 스스로의 이름으로 아브라함을 축복하신 것입니다. 히브리서 기자는 히브리서 6장 13-14절에서 이렇게 말씀하십니다.

[13]하나님이 아브라함에게 약속하실 때에 가리켜 맹세할 자가 자기보다 더 큰 이가 없으므로 자기를 가리켜 맹세하여 [14]이르시되 내가 반드시 너에게 복 주고 복 주며 너를 번성하게 하고 번성하게 하리라 하셨더니.

그러므로 아브라함을 향한 모든 하나님의 축복의 약속은 반드시 이루어지는 것입니다.

> 하나님은 사람이 아니시니 거짓말을 하지 않으시고 인생이 아니시니 후회가 없으시도다 어찌 그 말씀하신 바를 행하지 않으시며 하신 말씀을 실행하지 않으시랴.

민수기 23장 19절을 보면 하나님의 모든 말씀은 반드시 이루어짐을 보증해 주셨습니다. 여호와께서는 아브라함에게 복을 주실 뿐 아니라 이삭과 그 후손들에게 영원한 복을 주실 것입니다. 그의 후손들은 하늘의 별과 같이 바닷가의 모래와 같이 번성하게 될 것이며 그들은 땅을 기업으로 받아 이 세상에 대해 복의 근원이 될 것입니다.

"내가 나를 가리켜 맹세하노니"라는 하나님의 스스로를 향한 맹세는 창세기에서 이곳에 처음이자 마지막으로 등장합니다. 아브라함이 하나님의 축복의 맹세를 들은 이후에 그 후손들은 종종 이 맹세를 인용하게 됩니다 (24:7, 26:3, 50:24; 출 13:5). 그의 후손들은 인생 위기를 만날 때마다 여호와께서 아브라함에게 하나님 스스로를 가리켜 맹세하신 것을 인용하면서 구원을 얻기도 하고, 대적의 손에서 벗어나기도 하며 모든 일에서 하나님의 축복과 은혜를 받게 되는 것입니다. 그만큼 아브라함을 향한 하나님 스스로의 맹세는 의미가 큰 것입니다.

순종에 대한 축복

우리는 아브라함의 이삭을 바친 순종 이야기를 통해 노아의 순종을 들여다보아야 합니다. 노아 홍수 이야기는 하나님의 자비와 인간의 순종이 인간의 구원과 그 구원의 보전에 어떻게 영향을 끼치고 있는지를 잘 보여 주는 이야기입니다. 무슨 말씀인가 하면 홍수 심판으로부터 노아와 그의 가족들이 구원받은 것은 전적인 하나님의 자비와 은혜 때문입니다. 그러나 다시는 홍수로 세상을 심판하지 않으시겠다는 구원받은 노아의 후손에 대한 보전은 노아의 방주를 지으라는 하나님의 말씀에 대한 순종 때문임을 알 수 있습니다(8:21-9:17). 아브라함 언약도 마찬가지입니다. 아브라함이 이삭을 기꺼이 번제로 드리는 순종이 하나님으로 하여금 아브라함의 후손들의 미래를 보증하도록 하였다는 것입니다. 그래서 노아의 순종과 아브라함이 이삭을 번제로 드린 순종은 후손에 대한 하나님의 전적인 보호와 축복이라는 공통점이 있다는 것입니다. 둘 다 순종을 통해 하나님의 미래에 대한 인도하심을 보증받은 경우라는 것입니다.

그러므로 우리 인생에 가장 중요한 것은 순종입니다. 하나님의 말씀에 순종하는 사람들을 하나님은 인도하시고 책임져 주시는 것입니다. 본문에 보면 하나님은 놀라운 축복을 약속하실 때 "네가 이같이 행하였은즉"이라는 말씀으로 시작하시며 "네가 나의 말을 준행하였음이니라."고 아브라함의 순종으로 하나님의 믿을 수 없는 축복을 에워싸서 약속하십니다. 순종이 얼마나 중요한지를 아브라함의 인생을 통해 조명해 보면 더 잘 알 수 있습니다.

아브라함의 인생에 있어서 중요한 세 번의 고비가 있었습니다.

1. 약속의 땅 가나안에 찾아온 기근과 이와는 정반대로 애굽에서 돌아온 후 많아진 소유 때문에 조카 롯과의 분쟁의 원인이 되었던 물질의 문제
2. 하나님의 말씀이 아닌 아내 사라의 말을 들었다가 생긴 하갈과 이스마엘의 문제, 즉 사람의 문제
3. 하나님의 말씀과 그의 생명보다 귀한 아들인 이삭 사이에서 선택을 해야 하는 신앙의 문제

아브라함은 물질 문제와 사람의 문제에 있어서는 전혀 믿음의 조상답지 않았습니다. 실패했습니다. 그러나 신앙의 문제에 있어서만큼은 성공합니다. 하나님의 말씀에 순종하므로 신앙의 위기에서 벗어나 오히려 커다란

축복을 받게 됩니다. 신앙의 성공 때문에 후손, 씨라는 사람의 축복도, 또 큰 복으로 번역된 바라크라는 물질의 축복도 받게 됩니다. 이 축복은 그의 후손들에게까지 영향을 미치게 될 것입니다. 그러므로 하나님이 부르실 때 약속하신 "너는 복이 될지라." 옛날 성경에 "너는 복의 근원이 될지라." 는 말씀이 성취되는 것입니다. 세상 일에 실패해도 신앙에서만은 실패하지 않으시면 반드시 기회가 옵니다. 오직 말씀에 순종하므로 우리 후손에게 그리고 세상 사람들에게 복의 근원으로 우뚝 서기를 바랍니다.

네 씨가 그 대적의 성문을 차지하리라(17절).

이 축복은 그동안 하나님이 반복적으로 약속해 주신 씨에 관한 축복에다가 더해 진 것입니다. 아브라함이 갈대아 우르를 떠나 가나안에 들어갈 때에도 그리고 가나안에 들어온 후 10년 후에도 또 100세가 다 되어갈 무렵에도 하나님은 씨와 후손에 관한 축복을 변함없이 약속하셨습니다. 이 후손에 관한 축복에다가 "네 씨가 대적의 성문을 차지하리라."는 말씀이 이삭을 번제로 드린 순종 이후에 첨가된 것입니다. 그러므로 네 씨가 대적의 성문을 차지하리라."는 축복은 아브라함의 순종과 밀접하게 관련이 있습니다.

그리고 이 '씨'는 아브라함의 전체 후손을 가리키지만 특히 그 씨의 중심사상은 예수 그리스도와 관련이 있다는 것을 우리가 잘 알고 있습니다. 그러므로 아브라함이 이삭을 드리는 순종을 통해 바라보게 된 어린 양되신 예수께서 십자가 대속의 죽음을 통해 원수의 성문을 차지하는, 즉 사탄의 나라를 완전히 깨뜨리는 승리의 주가 된다는 것입니다. 그동안 창세기에서 성이 어떤 의미로 사용되었는지를 생각해 보십시오. 처음으로 성을 쌓은 사람은 가인입니다. 아벨을 죽인 후 하나님의 낯을 피하여 동쪽으로 이동한 가인이 처음으로 한 일은 성을 쌓은 것입니다. 그가 왜 성을 쌓았는가하면 바로 하나님과 분리 내지는 하나님으로부터 도피를 위한 것입니다. 그 이후에 가인의 후손들은 성에 살면서 하나님을 대적하고 온갖 악을 저지르게 됩니다. 그러므로 창세기에서 성은 죄의 본질인 사탄의 제국으로 이해되어 왔습니다. 그런데 이 사탄의 제국인 성이 하나님이 예비하신 어린 양 예수 그리스도가 십자가에서 죽으시고 부활하시므로 깨뜨려지게 되는 것입니다. 결국 "네 씨가 대적의 성문을 차지하리라."는 말은 성문이 성의 머리이듯이 사탄의 머리를 깨뜨리실 원시 복음 즉 창세기 3장 15절 말씀의 실현인 것입니다.

하나님은 여호와 이레의 신앙고백을 통해 자기 자신을 이기고 아들 이삭을 하나님께 기꺼이 드린 아브라함에게 그의 씨로 오실 예수님이 사탄의 머리를 깨뜨리시고 영원히 승리하실 것을 약속하신 것입니다. 이제부터 아브라함과 그의 후손들은 영원한 승리자의 반열에 서게 될 것입니다. 그래서 창세기 22장이 인류 구속사에서 중요하게 다루어져야 하는 것입니다. 이제 아브라함과 그의 후손들은 예수님이 오시기까지 어린 양을 제사로 드리며 진정한 어린 양 되신 예수 그리스도의 십자가 대속의 은혜만을 사모하는 삶을 살아야 하는 것입니다. 그날이 오면 원수 마귀의 머리가 깨뜨려지고 잃어버린 에덴 동산을 회복하며 하나님과 함께 하나 되어 교제하는 놀라운 삶을 살게 될 것입니다. 주님은 아브라함과 그의 후손들에게 이처럼 사탄으로부터 승리하게 될 것임을 분명하게 약속받은 것입니다.

시편 24편 7-10절에 보면 예수님의 육적인 계보의 중심에 있는 다윗이 이렇게 찬송합니다.

7문들아 너희 머리를 들지어다 영원한 문들아 들릴지어다 영광의 왕이 들어가시리로다 8영광의 왕이 누구시냐 강하고 능한 여호와시요 전쟁에 능한 여호와시로다 9문들아 너희 머리를 들지어다 영원한 문들아 들릴지어다 영광의 왕이 들어가시리로다 10영광의 왕이 누구시냐 만군의 여호와께서 곧 영광의 왕이시로다(셀라).

다윗 또한 대적의 성문을 깨뜨리시고 차지하게 될 여호와께서 스스로 준비하신 예수 그리스도의 십자가 대속의 은혜와 부활의 승리를 사모하고 있는 것을 보게 됩니다.

그래서 십자가를 지시기 전에 예수님은 제자들에게 "이것을 너희에게 이르는 것은 너희로 내 안에서 평안을 누리게 하려 함이라 세상에서는 너희가 환난을 당하나 담대하라 내가 세상을 이기었노라."고 승리를 약속해 주신 것입니다. 우리는 이 승리의 약속을 믿고 오직 아브라함처럼 예수 그리스도를 사모하고 예수 그리스도만 구해야 하는 것입니다.

우리가 이 땅에서 잘되고 형통하고 부자로 살고 건강하게 사는 것도 물론 복일 것입니다. 그러나 진정한 복은 물질적인 것이 아니라 바로 예수 그리스도입니다. 세상의 모든 것으로 풍성해도 예수 그리스도를 믿지 못한다면 그것은 복이 아닌 것입니다. 우리의 모든 죄를 사하시고 하나님의 자녀삼아 주신 예수님의 십자가 은혜가 아브라함이 받은 '믿을 수 없는 큰 복'인 것입니다. 하나님의 구원의 그 신비, 나같은 죄인까지 사랑해 주신 하나님의 그 사랑의 신비 속에서 남은 인생 오직 예수 그리스도만을 사모하여 살기를 소원합니다.

이번 고등부 제주 선교에서 우리 학생들이 '예수 믿으세요'.라며 제주 유명 관광지에서 전도하는 모습을 보면서 얼마나 큰 은혜를 받았는지 모릅니다. 그중에서도 예수 믿으신지 몇 년 안 되는 집사님이 자신의 생업을 중단하고 복음을 전하는 모습을 뒤에서 지켜보면서 얼마나 감사했는지 모릅니다.

브엘세바로의 귀환

아브라함은 남겨 두었던 종들과 함께 브엘세바로 귀환하게 됩니다. 브엘세바로 돌아가는 사흘 길은 부활의 능력을 경험함은 물론 승리를 확신하는 환희의 발걸음이었을 것입니다. 불과 사흘 전에 브엘세바에서 모리아로 오를 때 자기 자신과의 치열한 영적인 갈등과 싸움 대신 이제는 영원히 자신과 함께하며 여호와 이레의 축복으로 인도하실 하나님의 은혜에 감사하고 감격하는 발걸음이었을 것입니다. 십자가에 자신을 못 박아 죽게 하는 모리아로 향하는 사흘 길이 없었다면 승리와 감사와 감격의 브엘세바로의 귀환도 없었을 것입니다. 자기를 죽여야 하는 시험에서 승리한 자만이 누릴 수 있는 승리의 개선행진입니다. 오늘날 우리는 모리아로 향하는 고난과 시험의 길은 원하지 않고 모리아에서 브엘세바로 내려가는 평탄할 길만 원하는 것이 문제입니다. 하나님께 우리 자신을 드려봅시다. 말씀에 순종하는 인생을 삽시다. 그러면 아브라함이 맛보았던 이 개선의 기쁨을 우리도 누리게 될 것입니다.

만약에 모리아 산에서 이삭을 번제로 드리지 못하였다고 한다면 브엘세바로 돌아오는 길이 비록 육적으로는 살아 있으나 영적으로는 패배자요 사망 선고를 받은 비참한 길이 되었을 것입니다. 그러나 하나님의 말씀대로 순종한 아브라함은 완전한 승리자요 영원한 복을 약속받고 환희의 개선가를 부르며 돌아왔습니다. 순종을 통해 하나님의 능력과 은혜를 체험한 아브라함은 세상의 모든 것을 새로운 시각으로 바라볼 수 있었습니다. 그의 집도, 아내 사라도, 종들도 예수 그리스도의 십자가의 죽으심과 부활의 시각으로 바라볼 수 있었습니다. 이것이 순종의 사람들이 얻는 복입니다. 모든 것을 바라보는 시각이 달라진다는 것입니다. 죽음 속에서도 생명을 바라보고, 패배 속에서도 승리를 확신하며, 고난으로 가득찬 오늘 속에서도 하나님이 주시는 평강으로 넘쳐나는 내일을 바라볼 수 있습니다. 아브라함의 귀환은 부활의 능력으로 한층 더 업그레이드 된 승리의 개선이었습니다. 이제 그의 삶 속에는 예수 부활의 능력과 은혜가 충만하였을 것입니다. 오직 모든 것을 말씀대로 이루시며 축복하시는 하나님의 은혜로만 충만할 것입니다.

나홀의 아들들

이삭의 출생은 하나님의 능력으로 이루어진 초자연적 역사입니다. 그리고 그의 생존 또한 하나님의 긴급하신 섭리로 죽음의 자리에서 생명의 자리로 옮겨진 특별한 은혜입니다. 이렇게 하나님의 특별하신 은혜로 살아오게 된 이삭을 위해 하나님은 이삭의 아내 리브가를 예비하시는 것을 볼 수 있습니다. 오래전에 헤어진 둘째 동생 나홀이 밀가와 결혼하여 아들을 여덟을 낳았다는 것입니다. 아브라함의 아버지 데라는 아들을 셋을 낳았습니다. 아브라함, 나홀, 하란이었습니다. 그런데 하란이 갈대아 우르에서 일찍 죽습니다. 하란의 아들이 롯입니다. 그리고 롯의 여동생, 즉 하란의 딸이 바로 나홀의 아내 밀가입니다. 당시에는 근친 결혼이 원칙이던 시대입니다. 그리고 나홀의 여덟 아들 중 브두엘에게서 리브가가 나오게 되는 것입니다.

하나님이 이미 이삭을 번제로 바치라고 하기 전부터 이삭을 위해 아내를 준비하고 있었던 것을 알 수 있습니다. 하나님이 아브라함이 시험에서 승리하실 줄도 그리고 이삭이 생존할 것도 알고 계신 것입니다. 하나님이 아브라함의 모든 것을 붙들고 계셨다는 것입니다. 심지어 아브라함의 순종조차도 하나님이 붙드시는 은혜라는 것을 알아야 합니다. 하나님의 은혜 없이는 아브라함의 순종도 불가능하다는 사실을 놓쳐서는 안됩니다. 아브라함을 부르셔서 복의 근원이 되게 하신 하나님, 그에게 말씀을 따라 순종의 사람이 되도록 훈련시키시며 때에 맞게 은혜를 베풀어 주신 하나님 그리고 아브라함의 단 한 번의 순종을 통해 영원한 복을 주시는 하나님, 이삭을 통해 예수 그리스도를 바라보도록 하신 하나님의 눈은 이제 이삭과 리브가를 향하기 시작한 것입니다. 이렇게 22장은 아브라함의 모든 것을 주관하시고 자신의 말씀대로 신실하게 역사를 이끌어 가시는 하나님에 관한 이야기로 끝을 맺는 것입니다. 앞에 나타난 족보와 마찬가지로 사람의 계보는 그 사람들을 주관하고 계시는 하나님에 관한 이야기입니다.

하나님은 아브라함의 삶 뿐 아니라 우리의 삶도 이처럼 완전하게 주관하고 계십니다. 모든 것을 버리고 떠나야 하는 아픔 속에도, 하나님의 말씀대로 살고 있는 데도 찾아오는 인생의 기근 속에서도, 하나님을 붙잡고 살고자 세상의 좋은 것들을 포기하고 척박한 헤브론을 선택하였음에도 찾아오는 방랑과 이방 땅에서의 불안한 동거 속에서도 하나님은 우리를 향하여 여전히 일하고 계시는 신실하신 하나님이심을 믿으시기 바랍니다. 반드시 우리를 향한 하나님의 말씀은 반드시 이루어지실 것입니다.

23장

사라의
장례식

창세기 23장 1-20절

1사라가 백이십칠 세를 살았으니 이것이 곧 사라가 누린 햇수라 2사라가 가나안 땅 헤
브론 곧 기럇아르바에서 죽으매 아브라함이 들어가서 사라를 위하여 슬퍼하며 애통
하다가 3그 시신 앞에서 일어나 나가서 헷 족속에게 말하여 이르되 4나는 당신들 중에
나그네요 거류하는 자이니 당신들 중에서 내게 매장할 소유지를 주어 내가 나의 죽은
자를 내 앞에서 내어다가 장사하게 하시오 5헷 족속이 아브라함에게 대답하여 이르되
6내 주여 들으소서 당신은 우리 가운데 있는 하나님이 세우신 지도자이시니 우리 묘
실 중에서 좋은 것을 택하여 당신의 죽은 자를 장사하소서 우리 중에서 자기 묘실에
당신의 죽은 자 장사함을 금할 자가 없으리이다 7아브라함이 일어나 그 땅 주민 헷 족
속을 향하여 몸을 굽히고 8그들에게 말하여 이르되 나로 나의 죽은 자를 내 앞에서 내
어다가 장사하게 하는 일이 당신들의 뜻일진대 내 말을 듣고 나를 위하여 소할의 아들
에브론에게 구하여 9그가 그의 밭머리에 있는 그의 막벨라 굴을 내게 주도록 하되 충
분한 대가를 받고 그 굴을 내게 주어 당신들 중에서 매장할 소유지가 되게 하기를 원
하노라 하매 10에브론이 헷 족속 중에 앉아 있더니 그가 헷 족속 곧 성문에 들어온 모
든 자가 듣는 데서 아브라함에게 대답하여 이르되 11내 주여 그리 마시고 내 말을 들으
소서 내가 그 밭을 당신에게 드리고 그 속의 굴도 내가 당신에게 드리되 내가 내 동족
앞에서 당신에게 드리오니 당신의 죽은 자를 장사하소서 12아브라함이 이에 그 땅의
백성 앞에서 몸을 굽히고 13그 땅의 백성이 듣는 데서 에브론에게 말하여 이르되 당신
이 합당히 여기면 청하건대 내 말을 들으시오 내가 그 밭 값을 당신에게 주리니 당신
은 내게서 받으시오 내가 나의 죽은 자를 거기 장사하겠노라 14에브론이 아브라함에
게 대답하여 이르되 15내 주여 내 말을 들으소서 땅 값은 은 사백 세겔이나 그것이 나
와 당신 사이에 무슨 문제가 되리이까 당신의 죽은 자를 장사하소서 16아브라함이 에
브론의 말을 따라 에브론이 헷 족속이 듣는 데서 말한 대로 상인이 통용하는 은 사백

세겔을 달아 에브론에게 주었더니 **17**마므레 앞 막벨라에 있는 에브론의 밭 곧 그 밭과 거기에 속한 굴과 그 밭과 그 주위에 둘린 모든 나무가 **18**성 문에 들어온 모든 헷 족속이 보는 데서 아브라함의 소유로 확정된지라 **19**그 후에 아브라함이 그 아내 사라를 가나안 땅 마므레 앞 막벨라 밭 굴에 장사하였더라(마므레는 곧 헤브론이라) **20**이와 같이 그 밭과 거기에 속한 굴이 헷 족속으로부터 아브라함이 매장할 소유지로 확정되었더라.

이 장의 본문은 사라가 향년 127세를 일기로 이 세상을 떠났다고 보도하고 있습니다. 사라의 죽음을 통해 두 가지를 깨달을 수 있습니다. 먼저는 믿음의 조상인 사라도 죽음을 피하여 가지 못하는 것을 볼 수 있습니다. 죄 아래서 태어난 모든 사람은 이처럼 죽음을 피할 수 없는 것입니다. 인간은 반드시 죽는다는 사실을 잊지 말아야 합니다.

미치 앨봄이 쓴 『모리와 함께 한 화요일』이라는 책이 있습니다. 운동세포가 파괴되어 가는 불치의 병을 앓고 있어서 서서히 죽어 가는 모리 교수가 그의 제자 중 한 사람과 매주 화요일마다 인생을 논하는 내용을 담은 글입니다. 그 글 가운데에 이런 내용이 나옵니다.

사람들은 모두 다 죽게 된다는 것은 알고 있지만 자기가 죽는다는 것을 믿는 사람은 하나도 없네. 만일 자기가 죽는다는 것을 진실로 믿는다면 사람들은 금방 딴 사람이 될 걸세.

모리 교수의 말처럼 대부분의 사람들은 죽음은 인정하지만 자기가 죽는다는 것은 믿지 못하고 살아갑니다. 반드시 나도 죽는다는 사실을 잊지 마기를 바랍니다.

또 하나는 아브라함보다 10살 연하인 사라가 먼저 죽는 것을 보면 역시 죽음에는 순서가 없는 것을 알 수 있습니다. 나이에 상관없이 사람은 누구나 죽음을 피할 수는 없는 것입니다. 히브리서는 이렇게 인간의 죽음을 정의합니다.

> 한번 죽는 것은 사람에게 정해진 것이요 그 후에는 심판이 있으리니(히 9:27).

죽음은 사람에게 정해진 것입니다. 그리고 그 이후에는 반드시 심판이 있습니다. 지난 삶에 대한 심판이 있다는 것입니다. 이처럼 분명히 내가 죽는다는 것과 심판이 있다는 사실을 알고 있다면 우리의 삶은 오직 예수 그리스도 안에서만 발견되어야 하는 것입니다. 요한복음 11장 25-26절에 보면 죽은 나사로를 살리실 때 예수님이 이렇게 말씀하시잖습니까?

> 25예수께서 이르시되 나는 부활이요 생명이니 나를 믿는 자는 죽어도 살겠고 26무릇 살아서 나를 믿는 자는 영원히 죽지 아니하리니 이것을 네가 믿느냐.

예수님을 믿는 자들은 삶과 죽음을 초월한 영생을 이미 허락받은 것입니다. 부활이요 생명이신 예수님과 영원토록 동행하기를 소원합니다.

사라의 나이

창세기는 물론 성경 전체에서 여자의 죽을 때의 나이를 밝히는 것은 사라가 유일합니다. 구속사에서 사라가 차지하는 위치가 얼마나 크고 중요하였는지를 알 수 있습니다. 사라의 죽을 때의 나이를 기록하고 있는 것은 그녀가 어떤 위대한 업적을 남기거나 엄청난 일을 행하였기 때문이 아닙니다. 아브라함처럼 믿음의 삶을 살았기 때문입니다.

사라는 믿음으로 아브라함의 부르심에 응답하여 하나님의 약속을 믿고 동행한 여인입니다. 못난 남편 때문에 두 번이나 다른 남자의 아내가 될 뻔한 위기가 있었던 사람입니다. 그러함에도 아브라함을 주로 부르며 섬기며 사랑한 사람입니다. 무엇보다 불임의 고통을 안고 사는 여인이었습니다. 그 고통을 견디지 못하여 인간적인 방법을 사용하여 아브라함 인생과 그의 후손들에게 큰 화를 불러오기도 한 여인입니다. 그러나 마지막 순간에는 하나님의 약속을 믿음으로 마침내 죽은 몸과 같았던 여인이 잉태하여 이삭을 낳게 됩니다.

믿음으로 사라 자신도 나이가 많아 단산하였으나 잉태할 수 있는 힘을 얻었으니 이는 약속하신 이를 미쁘신 줄 알았음이라(히 11:11).

사라가 잉태하게 된 것을 성경은 믿음 때문이라고 분명하게 말씀하고 있습니다. 사라는 하나님을 향한 믿음이 흔들리지 않는 여인이었습니다. 그 믿음을 통해 '열국의 어미'가 되라는 하나님의 언약을 성취하는 삶을 산 것입니다.

얼마나 크고 위대한 일을 했느냐는 중요하지 않습니다. 하나님을 신뢰하므로 하나님의 말씀을 성취하는 하나님의 도구가 되는 인생이 되는 것이 중요합니다. 하나님의 말씀을 이루기 위해 인간적인 모든 가능성을 포기하고 십자가의 길, 좁은 길을 걷는 인생만이 하나님이 의미를 부여해 주는 복된 삶을 사는 사람인 것입니다. 사라나 예수님의 어머니 마리아를 생각해 보십시오. 두 사람의 공통점은 "주의 말씀대로 내게 이루어지이다."라는 신앙의 소유자들이라는 것입니다. 예수님의 어머니 마리아가 한 일은 말씀을 성취하기 위해 죽음을 무릅쓰고 예수님을 성령으로 잉태하여 출산하고 양육하고 십자가에 못 박혀 죽으실 때까지 돌보고 뒷바라지 한 것뿐입니다. 그녀가 한 것은 예수님의 어머니 역할 뿐입니다. 하지만 그녀는 모든 사람에게 가장 영광스러운 생애를 산 여인으로 기억되고 있습니다. 왜 그렇습니까? 하나님의 말씀을 따라 그 말씀을 성취하기 위해 자신의 모든 것을 내려놓았기 때문입니다. 하나님의 말씀을 이루는 데 그녀의 모든 인생을 드렸기 때문입니다. 우리의 인생이 이처럼 하나님의 말씀을 온전히 이루어 드리는 영광스러운 인생이었으면 좋겠습니다. 말씀을 이루어 드리기 위해 내게 있는 모든 가능성들을 포기하고 말씀을 향하여 믿음으로 달려가는 그 인생을 하나님은 기억하시는 것입니다.

약속의 땅에 머무르는 믿음

2절에 보면 사라가 죽을 당시에 아브라함은 창세기 13장에서 하나님이 허락해 주신 헤브론에 머무르고 있는 것을 볼 수 있습니다. 사라의 인생 마지막이 물질이 풍부하고 목축하기에 적합한 애굽도 아니요 그랄도 아니요 하나님이 약속해 주신 척박한 땅 헤브론에 머무르고 있는 것입니다. 그것도 나그네와 거류자로 머무르고 있습니다. 이 땅에서 많은 것을 소유하고 인간적으로 성공하고 출세하는 것이 중요한 것이 아닙니다. 하나님이 원하시는 곳, 하나님이 약속해 주신 나의 영적인 기업이 있는 곳에 머무는 것이 중요한 것입니다.

사라는 비록 나그네 삶이지만 그 땅이 자기와 후손들에게 반드시 주어질 것을 믿었던 것을 알 수 있습니다. 히브리서 11장 13절은 이렇게 증거하고 있습니다.

이 사람들은 다 믿음을 따라 죽었으며 약속을 받지 못하였으되 그것들을 멀리서 보고 환영하며 또 땅에서는 외국인과 나그네임을 증언하였으니.

사라는 비록 멀리 있지만 이 땅을 주신다는 하나님의 확실한 약속을 믿고 그곳에서 외국인과 나그네로 산 것입니다.

우리는 지금 하나님이 원하시는 곳에 있습니까? 우리 삶의 주소는 어디입니까? 힘들고 척박해도 하나님의 약속이 성취될 줄 믿고 끝까지 믿음으로 인내하는 삶을 살고 있습니까? 아니면 먹고 사는 문제 때문에 하나님의 약속도 비전도 내팽개치는 롯과 같은 삶을 살고 있지는 않습니까? 아브라함과 사라는 하나님의 약속이면 충분했습니다. 하나님의 약속이 확실히 이루어질 것을 믿었기 때문에 하늘 나그네로 산 것입니다.

「경향신문」 2월 1일자 칼럼에 "할매 수녀의 귀환"이라는 제목의 글이 실렸습니다.

> 어린 사슴 얼굴을 닮았다고 '소록도(小鹿島)'라 했다. 그러나 1916년부터는 한센병 환자들을 격리한 '버림받은 섬'이었다. 1962년과 1966년 이 섬에 꽃다운 20대 수녀 둘이 찾아왔다. 당시 소록도병원장이던 조창원 씨는 "백로 두 마리가 사뿐히 섬에 내려앉았다."고 표현했다. 오스트리아 교구청 소속의 마리안 스퇴거와 마거릿 피사렉 수녀였다. 수녀들은 소록도를 사랑과 희망의 땅으로 바꿨다. 장갑도 끼지 않고 짓물러가는 환자들의 손발가락에 약을 바르고 붕대를 감았다. 피고름이 튀었지만 얼굴색 하나 변하지 않았다. 마스크와 장갑, 방역복까지 칭칭 동여매고 환자들을 다루던 의료진조차 처음엔 '미친 짓'이라고 만류했다. 마리안 수녀는 훗날 "6,000명 환자를 일일이 치료하려면 평생 이곳에서 살아야 했다."고 밝혔다. 버림받은 환자들을 보살핀 두 수녀에게 '큰 할매(마리안), 작은 할매(마거릿)'란 수식어가 붙었다. 그저 숨은 곳에서 베풂과 기적을 펼쳤다. 모든 상과 인터뷰 제의를 거부했다. "그냥 할머니 자원봉사자가 하는 일인데 뭘."이라 했다. 그러던 2005년 11월21일 새벽 두 수녀는 작별인사도 없이 귀국길에 올랐다. 멀어지는 섬을 바라보며 눈물을 흘렸다. 둘은 광주에 도착해서야 편지 한 장을 부쳤다. 짐이 될까 두려웠던 것이다.
> 떠나는 두 수녀의 손엔 40여 년 전에 가져왔던 낡은 가방 하나씩만 들려 있었다. 두 분 중 '큰할매' 마리안 수녀(82)가 5월 소록도병원 개원 100주년 기념식에 참석한다는 소식이 들린다. '작은할매' 마거릿 수녀(81)는 치매 때문에 올 수 없다고 하니 안타깝기만 하다. 흐릿해진 정신이지만 소록도의 추억만은 또렷하다는데.

이것이 하늘 나그네들의 삶인 것입니다. 더 소유하고 싶고 누리고 싶어서 우리가 이 땅의 나그네요 거류자라는 사실을 잊어버리고 살고 있는 것은 아닌지 돌아보아야 합니다.

사라의 죽음과 아브라함의 삶

사라의 죽음 이야기는 너무나 짧습니다. 단 한 구절로 마칩니다. 그리고 아브라함이 슬퍼했다는 말씀 한절이 뒤따른 이후에 성경 전체의 장은 사라의 매장지를 구하는 과정에 관하여 길고 자세하게 다루고 있습니다. 그 이유는 무엇일까요? 본문을 자세히 들여다 보면 아브라함이 세 차례에 걸쳐서 막벨라 굴을 팔 것을 요구하는 장면이 기록되어 있습니다. 세 번 간구한 것을 보면 히브리인의 숫자 개념상 최선을 다하여 끝까지 노력한 것을 볼 수 있습니다. 그런데 세 번의 요구와 헤브론 사람들과의 대화에는 그곳에서의 아브라함의 삶이 어떠했는지를 추론해 볼 수 있는 단서가 비교적 자세하게 기록되어 있습니다. 그러므로 창세기 23장은 사라의 죽음을 통해서 아브라함의 신앙과 그 신앙에 따른 세상에서의 삶이 어떠했는지를 말씀하고 있는 것입니다.

아브라함은 창세기 22장에서 이삭을 하나님께 드리므로 진정으로 하나님을 경외하는 사람으로 인정받아 하나님께 최종적인 축복을 확인받습니다. 그의 하나님과의 관계는 대단히 성공적입니다. 그렇다고 한다면 세상에서의 삶, 사람들 속에서의 아브라함의 삶이 어떠했을까요? 이 장의 본문을 보면 사라의 죽음이라는 렌즈를 통해 아브라함의 세상에서의 삶을 우리에게 소개하고 있는 것입니다.

본문을 보면 아브라함은 약속의 땅에서 모든 사람들에게 인정받는 신실한 삶을 살아낸 것을 볼 수 있습니다. 헤브론 사람들이 하나같이 아브라함에게 호의적일뿐만 아니라 아브라함을 부를 때 '주' 혹은 '하나님이 세우신 지도자'라고 불리는 것을 보십시오. 아브라함은 세상 사람들이 존경할 만한 삶을 살았을 뿐 아니라 그들에게 자신이 섬기는 하나님을 보여 주는 삶을 살고 있었음을 알 수 있습니다. 아브라함을 그곳에서 복의 근원으로서 그들을 복되게 한 것입니다. 그래서 그들은 아브라함은 "우리 가운데 있는 하나님이 세우신 지도자이시니(6절)"라고 부르고 있는 것입니다.

우리의 모습은 어떻습니까? 롯처럼 성공해서 성문에서 다스리는 자로 앉아 있어도 세상에 선한 영향력을 한번도 끼치지 못하여 가장 결정적인 순간에 버림받는 인생은 아닌지요? 아니면 아브라함처럼 인생의 위기 가운데서도 사람들로부터 '주'라고 고백받으며 모든 사람이 함께 그의 슬픔에 동참해 주는 복된 삶을 살고 있는지요? 나를 보면서 "나도 당신이 믿는 예수님을 믿고 싶다."고 하는 사람이 있는지? 아니면 우리를 바라보면서 앞에서는 말은 못하지만 뒤에서 나는 예수를 잘 믿고 싶다가도 저 사람만 보면 신앙생활하는 것 자체에 회의가 온다고 하는지, 혹은 저 사람 때문이라도 나는 절대로 교회는 가지 않을 거야? 하고 말하는 사람은 없는지, 이 시간 세상에서의 우리의 삶을 돌아보아야 합니다.

사도 바울은 빌립보서 1장 20절에서 이렇게 고백합니다.

나의 간절한 기대와 소망을 따라 아무 일에든지 부끄러워하지 아니하고 지금도 전과 같이 온전히 담대하여 살든지 죽든지 내 몸에서 그리스도가 존귀하게 되게 하려 하나니.

세익스피어는 햄릿에서 "사느냐 죽느냐"가 문제라고 하였지만 우리들에게는 사느냐 죽느냐보다 더 중요한 문제가 있습니다. 바로 우리에게서 그리스도가 존귀히 되는 것입니다. 그래서 사도 바울은 그리스도를 존귀히 여기는 삶을 위해 하늘의 기대와 소망을 따라 이 땅에서의 삶을 전혀 부끄러울 것이 없게 산 것입니다. 이것이 하늘 나그네들의 삶인 것입니다.

약속의 땅을 향한 아브라함의 믿음

우리가 신앙생활을 하면서 종종 착각하는 것이 있습니다. 하나님이 땅을 주신다고 하셨으니 주실 때까지 기다리자는 것입니다. 그렇지 않습니다. 하나님이 땅을 주시기로 약속하셨다면 그 땅을 우리의 소유가 되게 하는 노력은 우리가 해야 합니다. 노력없이 수고없이 하나님이 약속하신 땅이 굴러올 때까지 가만히 앉아 있는 것은 믿음이 아닙니다. 하나님이 그 땅을 주신다는 것을 분명히 믿는다면 결단하고 나아가야 하는 것입니다. 아브라함은 하나님이 그 땅을 주실 것을 믿었기 때문에 그 첫 조각의 땅 막벨라 굴을 사서 하나님의 약속 안으로 이제는 실제적으로 들어가고자 한 것입니다.

앞에서 말씀드린 대로 아브라함은 세 차례에 걸쳐서 땅을 팔 것을 요구합니다. 1차 요구는 1-6절, 2차 요구는 7-11절, 3차 요구는 12-20절입니다. 이 과정을 보면 아브라함이 얼마나 끈질긴 믿음의 사람인지를 알 수 있습니다. 아들 이삭을 번제로 드리라는 시험에 통과하여 약속을 확인한 아브라함은 하나님이 약속하신 땅도 주실 것이라는 확신을 가지고 끈질기게 땅에 대한 요구를 하고 있는 것입니다. 세 번만에 아브라함은 은 사백 세겔을 주고 에브론으로부터 땅을 사게 되어 확실한 소유지로 확인합니다.

아브라함이 기어이 땅값을 지불한 이유는 무엇입니까? 창세기 14장에서 그돌라오멜로부터 소돔과 고모라 사람들과 그들의 재산을 구하여 올 때를 생각해 보십시오. 그는 소돔 왕에게 "네 말이 내가 아브람으로 치부하게 하였다 할까 하여 네게 속한 것은 실 한 오라기나 들메끈 한 가닥도 내가 가지지 아니하리라(14:23)."고 말했습니다. 그에게 속한 것은 모두가 다 하나님이 주신 것입니다. 아니 그의 인생 자체가 다 하나님의 은혜입니다. 막벨라 굴을 산 것도 이방인들에게 도움을 받지 않고 정당한 값을 치르므로 훗날에 그의 후손들이 거주하러 왔을 때 그 땅을 "우리가 아브라함에게 준 것이니 우리의 소유다."라는 주장을 못하게 하려는 것입니다. 하나님이 그 땅을 반드시 자신의 후손들에게 줄 것을 믿고 있는 믿음의 행위인 것입니다. 그 땅이 분명히 자신과 후손들에게 주어진 땅이므로 값을 지불하여 하나님의 약속이 분명히 이루어질 것을 이방인들에게 먼저 천명한 것입니다. 이제 막벨라 굴은 약속의 땅에서 얻은 최초의 땅이 되는 것입니다. 그러므로 그 땅은 모든 약속의 땅을 대표하는 땅이 되는 것입니다.

그 당시 사백 세겔은 엄청난 금액입니다. 예레미야 32장 9절에 보면 밭 하나 값은 은 십칠 세겔 정도인 것을 감안하면 상당한 금액임을 알 수 있습니다. 훗날에 솔로몬 성전을 지을 때에 그 땅 값이 은 오십 세겔이었습니다. 그러니까 아브라함이 아내 사라를 장사하기 위해 산 땅이 은 사백 세겔이니까 솔로몬 성전의 땅 값보다 무려 8배나 많은 엄청난 액수의 돈을 지불하였던 것입니다. 가장 소중한 하나님의 약속의 성취를 확신하며 아브라함은 비싼 대가를 기꺼이 지불한 것입니다.

하나님의 사람은 이처럼 하나님의 약속의 말씀에 대하여는 대가를 지불할 줄 아는 사람이었습니다. 특히나 그 약속의 말씀이 나와 내 후손이 영원히 하나님 앞에 예배자로 서는 존귀한 복을 누리는 것과 연관된 것이라면 그 어떠한 대가라도 기꺼이 지불하는 것입니다. 문제는 요즘 세대는 신앙에 관한 희생과 대가 지불하기를 싫어하거나 두려워한다는 것입니다. 신앙생활을 제대로 하기 위해서는 대가를 지불해야 합니다. 그래야 완전한 축복의 사람으로 이 땅을 살아갈 수 있습니다. 하나님을 잘 섬기기 위해 내가 좋아하는 것을 포기하고, 내려놓을 줄 아는 사람이 진정한 믿음의 족장입니다. 예수 그리스도를 위해 포기하고 내려놓은 것이 하나도 없는 사람이 신앙생활을 제대로 하는 것을 보지 못했습니다. 오늘부터 하나님이 약속하신 축복을 위해 대가를 지불하는 역사가 일어나기를 바랍니다.

아브라함이 이처럼 거금을 주고 산 막벨라 굴이 광야를 여행하는 이스라엘 백성에게는 희망봉이자 광야 여행의 이유가 된 것입니다. 사라의 죽음을 통해 막벨라 굴을 사는 것이 후손들에게는 그들 인생 여정의 등대가 되어 주고 축복에 대한 확실한 근거가 되어 준 것입니다. 우리의 죽음이 그랬으면 좋겠습니다. 적어도 우리의 후손들에게 이 땅에서 하나님의 자녀로 살아야 할 이유, 끝까지 믿음으로 승리해야 할 이유, 무슨 일이 있어도 말씀에 순종해야 할 이유, 어떠한 세상의 유혹과도 타협하지 않고 말씀대로 살아야 할 이유를 가르쳐 주는 죽음이 되었으면 좋겠습니다.

24장

아브라함의
며느리 맞이

¹아브라함이 나이가 많아 늙었고 여호와께서 그에게 범사에 복을 주셨더라 ²아브라함이 자기 집 모든 소유를 맡은 늙은 종에게 이르되 청하건대 내 허벅지 밑에 네 손을 넣으라 ³내가 너에게 하늘의 하나님, 땅의 하나님이신 여호와를 가리켜 맹세하게 하노니 너는 내가 거주하는 이 지방 가나안 족속의 딸 중에서 내 아들을 위하여 아내를 택하지 말고 ⁴내 고향 내 족속에게로 가서 내 아들 이삭을 위하여 아내를 택하라 ⁵종이 이르되 여자가 나를 따라 이 땅으로 오려고 하지 아니하거든 내가 주인의 아들을 주인이 나오신 땅으로 인도하여 돌아가리이까 ⁶아브라함이 그에게 이르되 내 아들을 그리로 데리고 돌아가지 아니하도록 하라 ⁷하늘의 하나님 여호와께서 나를 내 아버지의 집과 내 고향 땅에서 떠나게 하시고 내게 말씀하시며 내게 맹세하여 이르시기를 이 땅을 네 씨에게 주리라 하셨으니 그가 그 사자를 너보다 앞서 보내실지라 네가 거기서 내 아들을 위하여 아내를 택할지니라 ⁸만일 여자가 너를 따라 오려고 하지 아니하면 나의 이 맹세가 너와 상관이 없나니 오직 내 아들을 데리고 그리로 가지 말지니라 ⁹그 종이 이에 그의 주인 아브라함의 허벅지 아래에 손을 넣고 이 일에 대하여 그에게 맹세하였더라.

믿음이란 무엇일까요? 하나님을 철저히 신뢰하는 것이 믿음입니다. 그런데 하나님을 진실로 신뢰한다면 그 신뢰함에 따른 행동이 수반되기 마련입니다. 믿음이란 말을 히브리 원어에서는 'emunah(이뮤나, 소리)'라는 단어로 사용합니다. 이 'emunah'는 하나님에 대한 완전한 신뢰가 행위로

이어지는 것을 의미합니다. 하나님을 전적으로 신뢰하기 때문에 하나님께 완전히 순종하여 굴복합니다. 그 순종하여 굴복함이 행동으로 나타나는 것이 믿음입니다. 그러므로 행동으로 표출되지 않는 믿음은 믿음이 아닌 것입니다. 하나님을 철저히 신뢰한다면 삶에서 나타나는 그 사람의 모든 행동들이 그 믿음에서 나오는 것입니다.

아브라함은 하나님의 모든 것을 철저히 신뢰하였기 때문에 자신의 모든 것을 버리고 말씀을 붙잡고 가나안으로 나아갔습니다. 하나님에 대한 신뢰가 얼마나 확고한지 아들 이삭을 제물로 바치라고 했을 때 단 한번의 망설임 없이 하나님께 드렸습니다. 하나님이 그 땅을 자신과 후손들에게 주실 줄을 믿었기 때문에 은 4백 세겔이나 되는 거금을 주고 막벨라 굴을 사게 됩니다. 이 장의 본문을 보면 아브라함은 하나님이 약속하신 후손을 얻기 위해 구체적으로 행동하기 시작합니다. 이제 자신이 나이 많아 늙었기 때문에 지금까지 하나님의 시간을 기다려오다가 드디어 행동하기 시작하는 것입니다. 자신이 죽기 전에 이삭이 하나님이 원하시는 씨를 갖도록 하나님의 인도하심 아래서 결혼을 진행하고 있는 것입니다. 하나님이 약속하신 땅에 이어서 후손에 대한 약속 또한 허락해 주신 줄 믿고 믿음으로 행하는 것입니다.

앞 장에서 살펴본 창세기 23장에서 사라에 대한 죽음을 단 한 줄로 언급하고 있는 것을 알 수 있습니다. 사라의 죽음보다 하나님의 약속의 성취라는 비전을 향하여 달려가는 아브라함의 믿음이 더 부각되어 있습니다. 한편 비전을 향하여 도전하는 아브라함의 세상에서의 삶의 모습을 사라의 죽음이라는 시각을 통해 아름답게 그리고 있었습니다.

이 장의 본문도 사라가 죽은 이후의 아브라함의 삶에 대하여는 단 한 줄로 언급을 마치고 있다는 사실을 주목해야 합니다.

아브라함이 나이가 많아 늙었고 여호와께서 그에게 범사에 복을 주셨더라 (1절).

그리고 이삭의 아내를 얻어오는 과정을 길고 은혜롭게 그리고 있습니다. 그러므로 23-24장은 같은 의도를 가지고 쓰여져 있음을 구조상으로도 알 수 있습니다. 그 의도가 무엇입니까? 사라의 죽음을 뛰어넘는 약속의 땅에 대한 비전의 성취 그리고 이제는 땅과 더불어 하나님이 창세기 12장에서부터 지속적으로 약속해 주신 후손을 위한 비전을 향하여 아브라함이 믿음으로 도전하는 장면을 보여 주고 있는 것입니다.

약속에 신실하신 하나님

본문 1절은 하나님이 얼마나 약속에 신실하신 분이신지를 우리에게 보여 주고 있습니다. 아브라함이 나이가 많아 늙었지만 하나님은 22장 17절의 말씀대로 큰 복을 주신 것을 볼 수 있습니다.

내가 네게 큰 복을 주고 네 씨가 크게 번성하여 하늘의 별과 같고 바닷가의 모래와 같게 하리니 네 씨가 그 대적의 성문을 차지하리라.

아브라함은 '범사' 즉 그가 행하는 모든 일에서 복을 받게 되는 것을 알 수 있습니다. 특별한 때 특별한 일에서만 복을 받은 것이 아니라 항상 여호와께 복을 받아 살고 있는 아브라함을 볼 수 있습니다. 하나님 앞에 인정받는 것이 이렇게 중요합니다. 아브라함처럼 우리 사랑하는 성도님들도 모든 일에서 복을 받기를 바랍니다.

그런데 중요한 것이 있습니다. 본문을 들여다 보면 복을 주시는 하나님은 강조되어 있지만 아브라함이 그 복에 대해 어떻게 반응하고 있는지를 말해 주고 있지 않습니다. 무슨 말인가 하면 아브라함은 분명히 물질적인 큰 복을 받았습니다. 그러나 아브라함이 그 복을 받아 세상에서 떵떵거리고 잘 살았다든지, 커다란 집을 장만하였다든지 하는 그 물질적 복에 어떻게 반응하였는지를 언급하고 있지 않습니다. 왜 그럴까요? 아브라함은 물질적 복을 생각하지 않았습니다. 어떻게 하면 하나님의 약속을 이룰 것인가? 어떻게 하면 하나님의 소원을 이룰 것인가? 하는 자신에게 주어진 사명이 더 중요했던 것입니다. 아브라함은 물질적 복에 눈이 가려져 하나님이 주신 사명을 잃어버리지 않은 것입니다. 아브라함에게는 오직 자신을 통해 성취될 하나님의 언약이 더 소중했던 것입니다.

믿음이 연약한 사람 같았으면 그 복을 세상에서 누리느라 하나님도 잊어버리고 사명도 잊어버렸을 것입니다. 그러나 우리는 아브라함이 오직 자신의 인생 전부를 하나님의 언약의 성취를 위해 드리는 것을 볼 수 있습니다. 아무리 재물이 많아도 비전이 없는 인생은 죽은 인생인 것입니다. 우리는 아브라함처럼 살아 있는 믿음의 소유자입니까? 아브라함처럼 하나님이 어떠한 복을 주셔도 오직 하나님의 뜻을 이루는 데 생명 다하는 날까지 달려가는 사람이 되어야 할 줄로 믿습니다. 성공하는 것은 중요하지 않습니다. 그 성공을 하나님을 위해 사명을 위해 사용할 줄 아는 사람이 진정한 영적인 성공자인 것입니다.

환도 아래와 할례 언약

아브라함은 믿음을 가지고 자신의 신실한 늙은 종에게 이삭의 배필을 구하는 일을 맡기면서 이해할 수 없는 행동을 합니다. 그것은 바로 자신의 허벅지 밑에 그 종의 손을 넣게 하는 것입니다. 허벅지 밑은 바로 남성의 생식기가 있는 곳을 의미합니다. 이것은 할례 언약처럼 중요하고 엄숙한 약속의 의식으로 알려져 있습니다. 남성의 생식기를 생명의 시작으로 여기던 고대 근동의 사고를 감안해 보면 아브라함은 그 종에게 지금 하나님 앞에서 생명을 건 약속을 하자고 제안하는 것입니다. 아브라함이 얼마나 이삭의 결혼을 중요한 것으로 여기고 있는 것인지를 알 수 있습니다.

아브라함은 이삭의 결혼을 단순히 인간적인 관점에서 바라볼 것이 아닙니다. '원수의 머리'를 깨뜨리고 '대적의 성문을 차지하게 될' 하나님의 구원을 이룰 거룩한 씨의 시작으로 여기고 있는 것입니다. 이삭의 결혼을 통해 오게 될 인류의 구원자되신 메시아를 소망하는 아브라함의 믿음을 볼 수 있습니다. 결혼을 의례적인 것으로 이해한 것이 아니라 하나님의 언약의 성취로 이해하고 있는 것입니다. 이 하나님의 언약의 성취를 위해 아브라함은 자신의 생명을 걸고 언약하고 있는 것입니다. 하나님이 자신에게 주신 사명을 감당하는 아브라함의 신앙적 태도가 얼마나 진지한지를 눈여겨보아야 합니다.

우리도 하나님이 우리에게 주신 사명을 감당하기 위해 대충대충 감당하거나 아니면 마지못해서 순종하는 것이 아니라 적극적으로 생명을 내걸고 충성해야 하는 것입니다. 우리가 잘 아는 요한계시록 2장 10절의 말씀을 기억하실 것입니다.

네가 죽도록 충성하라 그리하면 내가 생명의 관을 네게 주리라.

예수님이 우리에게 요구하시는 신앙의 수준은 '죽도록 충성하는 것'입니다. 아브라함처럼 주님 오시는 그날까지 생명을 내 걸고 충성하시는 복된 성도가 되기를 바랍니다.

아내의 선정 기준

23장의 땅을 사는 것이 대외적인 사람과의 관계라고 한다면 24장의 후손을 위한 준비는 자신과의 관계의 문제입니다. 즉 아브라함 스스로의 신앙의 문제입니다. 만약 아브라함이 하나님의 뜻을 헤아리지 못하였다고 한다면 지금 살고 있는 가나안 땅에서 얼마든지 이삭의 아내를 구할 수 있었을 것입니다. 아브라함은 세상적이고 인간적인 방법을 취하지 않습니다. 그때문에 이삭의 결혼이 늦어졌을 것입니다. 아브라함의 이삭에 대한 결혼의 원칙은 철저한 거룩에 있음을 알 수 있음을 알 수 있습니다.

내가 너에게 하늘의 하나님, 땅의 하나님이신 여호와를 가리켜 맹세하게 하노니 너는 내가 거주하는 이 지방 가나안 족속의 딸 중에서 내 아들을 위하여 아내를 택하지 말고(3절).

아브라함은 가나안 땅에 살면서 아모리 족속과 헷 족속등 그들의 성적으로 타락하고 음란한 삶을 두 눈으로 보았습니다.

창세기 15장 16절을 보면 하나님이 가나안 족속에 대해 말씀하십니다.

네 자손은 사대 만에 이 땅으로 돌아오리니 이는 아모리 족속의 죄악이 아직 가득 차지 아니함이니라 하시더니(15:16).

하나님의 말씀을 신뢰하는 아브라함은 죄악으로 가득하여 하나님으로부터 심판받게 될 가나안 사람을 이삭의 아내로 맞이할 수 없었던 것입니다. 아브라함은 이삭의 아내에 대한 분명한 신앙적인 원칙과 기준이 있는 것을 알 수 있습니다. 아브라함은 이삭의 아내는 하나님이 택하신 족속에서 선택되어야 한다는 원칙을 고수하고 있는 것을 볼 수 있습니다. 아브라함은 세상적인 조건이나 환경이 아니라 하나님이 택하신 거룩한 족속 중에서 이삭의 아내를 구하기를 소망한 것입니다.

우리는 어떻습니까? 신앙적인 기준이 아니라 세상적인 기준으로 학벌 좋고 외모 좋고 가정환경이 부유하면 예수님을 믿느냐 믿지 않느냐는 중요하게 생각하지 않습니다. 종종 예수님을 믿는 가정에서 태어나 불신 가정으로 결혼하여 신앙적으로 갈등하고 평생 고통받는 성도를 보게 됩니다. 결혼 전에야 사랑 하나면 모든 것이 이해되고 해결될 것 같았는데 그것이 아니라는 것을 뒤늦게 깨닫게 되는 것입니다. 영적인 것은 인간적인 사랑으로 결코 해결되지 않습니다. 하나님의 기준을 버리고 자신의 기준이나 세상의 기준으로 예수 믿지 않는 사람과 결혼하여 제사도 지내고, 교회도 눈치 봐 가며 겨우 출석만 하다가 결국 나중에는 이마저도 여의치 않아 교회도 나가지 못하면서 영적으로 죽어 가는 사람들이 얼마나 많은지 모릅니다. 우리에게 제일 중요한 결혼의 원칙은 신앙입니다. 아브라함은 세상의 기준이 아니라 하나님의 기준에서 이삭의 결혼을 생각하고 결단을 한 것입니다.

하늘의 하나님, 땅의 하나님

성경에서 아브라함만이 유일하게 하나님을 하늘의 하나님, 땅의 하나님이라고 부르고 있음을 알 수 있습니다. 아브라함은 하나님을 우주적인 하나님Universal Sovereignty으로 믿고 있는 것입니다. 온 우주를 다스리시는 하나님이 이곳에서 뿐 아니라 그곳 밧단 아람에서도 선히 역사하시고 인도하실 것을 분명하게 믿는 것입니다. 그런데 아브라함의 이 신앙고백은 지금까지 하나님의 말씀에 대한 아브라함의 반응임을 알 수 있습니다. 하나님은 후손, 씨를 약속하실 때마다 "하늘의 별과 같이 땅의 티끌과 같이(바닷가의 모래와 같이)" 번성하게 하실 것을 약속하셨습니다. 하나님이 후손에 관하여 보여 주신 축복이 하늘과 땅이었고 아브라함 또한 하나님을 하늘의 하나님, 땅의 하나님으로 묘사하고 있는 것입니다. 하나님의 후손에 대한 약속을 분명히 믿고 있다는 것을 '하늘의 하나님, 땅의 하나님'으로 고백하고 있는 것입니다.

그리고 그 약속의 핵심은 절대로 이삭을 자신의 고향으로 돌아가게 하지 않는 것입니다. 아브라함은 자신과 자신의 씨가 절대로 하나님의 부르심 이전의 삶으로 돌아가는 것을 원치 않은 것입니다. 이삭도 그 부르심에 포함된 것으로 간주한 것입니다. 이삭은 절대로 아브라함의 고향으로 돌아갈 수 없습니다. 언약 안에서 이삭도 자신의 고향을 이미 떠나 약속의 땅에 이른 상태이기 때문입니다. 만약에 이삭이 결혼 때문에 고향으로 돌아간다면 하나님의 언약은 파기되는 것입니다. 아브라함의 신앙의 정수를 볼 수 있습니다. 자신에게 주신 하나님의 언약이 이삭은 물론 그의 후손에게까지 그대로 이루어질 줄 믿는 영원한 미래적 언약으로 믿고 있었다는 것입니다.

이 믿음은 이삭의 아내에게도 그대로 적용이 됩니다. 만약 엘리에셀이 선택한 여인이 그를 따라 오지 않고자 할 때의 대처방안에 대해서 물었을 때 아브라함이 이렇게 대답합니다.

> 5종이 이르되 여자가 나를 따라 이 땅으로 오려고 하지 아니하거든 내가 주인의 아들을 주인이 나오신 땅으로 인도하여 돌아가리이까 6아브라함이 그에게 이르되 내 아들을 그리로 데리고 돌아가지 아니하도록 하라(5-6절).

이 말씀을 보면 이삭의 아내의 두 번째 기준은 그 여인이 '이 땅 즉 가나안 땅'에 관한 영적인 이해도가 있는 믿음의 여인이어야 합니다. 아브라함과 그의 후손들에게 이 땅이 어떤 의미인지를 알고 믿음으로 아브라함처럼 이삭처럼 결단할 수 있어야 하는 것입니다. 그러니까 남자를 보고 결혼을 결정하는 것이 아니라 아브라함과 이삭을 인도하고 계신 하나님을 알고 하나님의 계획을 신뢰할 수 있는 믿음의 여인이어야 하는 것입니다. 아브라함처럼 무조건적으로 말씀을 따라 자신의 고향 친척 아버지 집을 떠날 수 있는 믿음의 여인이어야 하는 것입니다. 아브라함은 자신의 삶과 신앙의 비전에 부합한 믿음의 여인, 말씀 하나에 자신의 모든 운명을 맡길 수 있는 믿음의 여인을 원하고 있는 것입니다.

왜 믿음의 여인이어야 합니까? 하나님은 아브라함에게 그리고 이삭을 언제나 약속의 말씀으로 인도하셨습니다. 그 말씀에 대한 믿음이 없다면 그들의 삶에서 하나님으로부터 얻을 수 있는 것은 아무것도 없습니다. 이처럼 하나님의 우리를 인도하심은 모두가 약속의 말씀으로 이루어져 있습니다. 말씀을 듣고 말씀대로 준행할 믿음의 사람이 아니라면 절대로 행복할 수 없습니다. 말씀을 따라 행하는 믿음의 길이 우리가 살아가야 하는 인생인 것입니다. 그러므로 믿음이 없는 사람은 하나님의 나라에서 얻을 수 있는 것이 아무것도 없다는 사실을 알아야 합니다.

신부를 고를 때 거룩한 사람 그리고 하나님의 말씀에 모든 것을 걸 수 있는 믿음의 사람이어야 합니다. 결혼을 앞두고 있는 청년들이여, 부디 거룩하고 하나님의 말씀에 무조건적으로, 우선적으로 순종할 수 있는 사람을 만나기를 바랍니다.

하나님을 향한 아브라함의 믿음
7-8절 말씀입니다.

> 7하늘의 하나님 여호와께서 나를 내 아버지의 집과 내 고향 땅에서 떠나게 하시고 내게 말씀하시며 내게 맹세하여 이르시기를 이 땅을 네 씨에게 주리라 하셨으니 그가 그 사자를 너보다 앞서 보내실지라 네가 거기서 내 아들을 위하여 아내를 택할지니라 8만일 여자가 너를 따라 오려고 하지 아니하면 나의 이 맹세가 너와 상관이 없나니 오직 내 아들을 데리고 그리로 가지 말지니라.

무엇보다 이삭의 결혼에 대해 아브라함은 하나님이 선히 인도하실 것이라는 확실한 믿음을 갖고 있음을 알 수 있습니다. "여호와께서 그 사자를 너보다 앞서 보내실지라."는 고백을 보십시오. 아브라함은 이미 소돔과 고모라의 심판 때 여호와의 사자들을 대접한 적이 있습니다. 하나님이 반드시 어떠한 일을 행하실 때에는 사자를 미리 보내시어 모든 것을 준비하신다는 것을 체험으로 알고 있는 것입니다. 그 하나님이 가장 중요한 후손을 얻는 일에 사자를 미리 보내어 역사하실 것을 분명하게 믿고 있는 것입니다. 아브라함은 종과 중요한 언약을 맺어도 종이 그 일을 이루는 것이 아니라 하나님이 모든 것을 예비하시고 친히 이루실 것을 믿고 있는 것입니다. 아브라함은 철저히 하나님의 인도하심과 섭리를 확신하고 있는 것입니다.

여호와의 사자가 앞서서 인도하실 것이라는 말씀을 가장 잘 이해하는 사람은 누구일까요? 지금 이 말씀을 듣고 있는 이스라엘 백성들 아닙니까? 그들은 지금 두 눈으로 구름 기둥과 불 기둥으로 앞서서 인도하시는 하나님을 보고 있습니다. 그러므로 그들은 분명히 아브라함의 늙은 종을 하나님이 앞서서 인도하실 것이라는 사실을 알고 있는 것입니다. 하지만 그들의 신앙의 태도는 엘리에셀과 너무나 다릅니다. 엘리에셀은 오직 하나님의 인도하심을 믿으며 매 순간 기도하므로 하나님의 준비하심을 체험하게 됩니다. 모든 것이 순적하게 이루어집니다. 그러나 이스라엘 백성은 하나님의 인도하심을 두 눈으로 보고 있으면서도 아브라함이나 엘리에셀처럼 하나님의 약속이 성취되는데 헌신하는 것이 아니라 육적인 행복과 안일만을 추구하다가 광야를 방황하는 인생을 살고 있는 것입니다. 엘리에셀처럼 모든 것이 순적하게 인도함받는 인생의 비결은 하나님이 우리 인생을 앞서서 인도하심을 믿고 오직 하나님의 비전을 이루기 위해 우리의 인생을 헌신하는 것입니다. 만약 우리 인생이 하나님의 인도하심을 보고도 광야의 이스라엘 백성들처럼 나의 꿈, 내 생각 그리고 나의 육신적인 안일을 추구하는 삶을 살게 되면 광야에서 방황하다가 끝내는 하나님이 약속하신 축복의 동산에 오르지 못하고 죽게 될 것입니다.

하나님은 분명히 우리의 모든 일에 여호와의 사자를 보내어 준비하시고 은혜를 얻게 하실 것입니다. 우리의 방법과 지식이 아니라 하나님의 인도하심을 신뢰하시고 모든 것을 주님께 맡기기를 바랍니다. 하나님을 신뢰하고 의지하는 사람들에게는 반드시 함께하시는 역사가 일어나게 될 줄로 믿습니다.

리브가와의
만남

∶ 창세기 24장 10-27절 ∶

10이에 종이 그 주인의 낙타 중 열 필을 끌고 떠났는데 곧 그의 주인의 모든 좋은 것을 가지고 떠나 메소보다미아로 가서 나홀의 성에 이르러 **11**그 낙타를 성 밖 우물 곁에 꿇렸으니 저녁 때라 여인들이 물을 길으러 나올 때였더라 **12**그가 이르되 우리 주인 아브라함의 하나님 여호와여 원하건대 오늘 나에게 순조롭게 만나게 하사 내 주인 아브라함에게 은혜를 베푸시옵소서 **13**성 중 사람의 딸들이 물 길으러 나오겠사오니 내가 우물 곁에 서 있다가 **14**한 소녀에게 이르기를 청하건대 너는 물동이를 기울여 나로 마시게 하라 하리니 그의 대답이 마시라 내가 당신의 낙타에게도 마시게 하리라 하면 그는 주께서 주의 종 이삭을 위하여 정하신 자라 이로 말미암아 주께서 내 주인에게 은혜 베푸심을 내가 알겠나이다 **15**말을 마치기도 전에 리브가가 물동이를 어깨에 메고 나오니 그는 아브라함의 동생 나홀의 아내 밀가의 아들 브두엘의 소생이라 **16**그 소녀는 보기에 심히 아리땁고 지금까지 남자가 가까이 하지 아니한 처녀더라 그가 우물로 내려가서 물을 그 물동이에 채워가지고 올라오는지라 **17**종이 마주 달려가서 이르되 청하건대 네 물동이의 물을 내게 조금 마시게 하라 **18**그가 이르되 내 주여 마시소서 하며 급히 그 물동이를 손에 내려 마시게 하고 **19**마시게 하기를 다하고 이르되 당신의 낙타를 위하여서도 물을 길어 그것들도 배불리 마시게 하리이다 하고 **20**급히 물동이의 물을 구유에 붓고 다시 길으려고 우물로 달려가서 모든 낙타를 위하여 긷는지라 **21**그 사람이 그를 묵묵히 주목하며 여호와께서 과연 평탄한 길을 주신 여부를 알고자 하더니 **22**낙타가 마시기를 다하매 그가 반 세겔 무게의 금 코걸이 한 개와 열 세겔 무게의 금 손목고리 한 쌍을 그에게 주며 **23**이르되 네가 누구의 딸이냐 청하건대 내게 말하라 네 아버지의 집에 우리가 유숙할 곳이 있느냐 **24**그 여자가 그에게 이르되 나는 밀가가 나홀에게서 낳은 아들 브두엘의 딸이니이다 **25**또 이르되 우리에게 짚과 사료가 족하며 유숙할 곳도 있나이다 **26**이에 그 사람이 머리를 숙여 여호와께 경배하고 **27**

이르되 나의 주인 아브라함의 하나님 여호와를 찬송하나이다 나의 주인에게 주의 사랑과 성실을 그치지 아니하셨사오며 여호와께서 길에서 나를 인도하사 내 주인의 동생 집에 이르게 하셨나이다 하니라.

아브라함은 하나님이 자신에게 약속하여 주신 복중 아직 실현되지 않은 '후손'에 관한 약속의 성취를 위해 믿음으로 신앙의 여정을 계속합니다. 이제 아브라함은 나이 많아 늙었으므로 이삭의 아내를 예비해야 했습니다. 이삭의 아내를 예비하는 과정에서 결정적인 역할을 하는 것은 아브라함의 성숙한 믿음입니다. 아브라함의 성숙한 믿음은 두 가지로 나타납니다. 하나는 이삭의 아내의 기준이 철저히 신앙 중심이라는 것과 둘째는 하나님이 앞서서 모든 일을 예비하시고 주관하실 것이라는 하나님에 대한 신뢰입니다.

아브라함은 죄악이 관영한 가나안 족속의 딸들 대신에 자신의 고향, 자신의 족속 중에서 이삭의 아내를 택하기로 결단합니다. 세상중심이 아닌 신앙중심의 결정입니다. 무엇보다 아브라함은 늙은 종을 자신의 고향으로 보내면서 하늘의 하나님이 그 사자를 앞서 보내실 것을 확신하고 있는 것을 볼 수 있습니다. 아브라함은 하나님이 이삭의 배필을 준비하셨다는 사실을 분명하게 믿고 있는 것입니다. 이 장의 본문은 이 약속을 믿은 아브라함의 늙은 종이 하나님의 인도하심으로 모든 것을 순조롭게 이루는 첫 번째 과정을 보여 주고 있습니다.

지시하는 땅으로

아브라함의 늙은 종은 주인의 고향인 메소보다미아로 곧장 향하여 가는 것을 보게 됩니다. 아브라함이 하나님으로부터 "갈대아 우르를 떠나 내가 너에게 지시할 땅으로 가라."는 말씀에 순종하여 즉시 하나님이 지시하신 가나안에 이른 것처럼 그의 종도 주인이 가라고 지시해 준 메소보다미아의 나홀 성으로 즉시 향하는 것을 볼 수 있습니다. 자신의 임의대로 진로를 바꾸거나 목적지를 바꾸지 않습니다. 주인의 명령에 최선을 다하여 주인이 가라는 곳을 향하여 즉시 달려가는 종의 모습을 볼 수 있습니다. 우리의 인생도 하나님이 명령하시는 일에 대해 고민하거나 뒤돌아보지 아니하고 최선을 다하여 순종하는 삶을 살아야 하는 것입니다.

그는 이스마엘이나 이삭이 태어나지 않았다고 한다면 당연히 아브라함의 상속자가 될 수 있었을 것입니다. 아브라함이 하나님께 이 종을 자신의 상속자라고 창세기 15장 2-3절에서 말한 적도 있습니다. 그러나 이삭의 탄생으로 말미암아 이런 인간적인 생각은 모두 물거품이 되고 말았습니다. 그러함에도 엘리에셀은 끝까지 자신의 위치를 정확하게 깨닫고 겸손하게 아브라함이 명한 일을 신앙적인 입장과 인간적인 입장 두 가지 모두의 입장에서 최선을 다하여 성실하게 감당하는 모습을 보여 주고 있습니다.

본문 12절을 보면 하나님을 향한 신앙도 뛰어났지만 그의 주인 아브라함을 얼마나 사랑하고 신뢰하므로 헌신하고 있는지를 잘 알 수 있습니다.

그가 이르되 우리 주인 아브라함의 하나님 여호와여 원하건대 오늘 나에게 순조롭게 만나게 하사 내 주인 아브라함에게 은혜를 베푸시옵소서.

진심으로 아브라함이 하나님의 은혜를 받아 모든 것이 순조롭게 이루어지기를 소원하는 선한 청지기의 모습을 보이고 있는 것입니다. 그는 자신에게 가장 중요한 일을 부탁한 주인인 아브라함만을 생각하였습니다. 오늘 이 늙은 종을 보면 모든 일 앞에 반드시 "내 주인"이라는 말을 앞에 붙입니다. 자신에게 이 일을 맡기신 분이 자신의 주인임을 잊지 않은 것입니다. 우리도 우리에게 사명을 맡기신 분이 나의 죄를 구속하신 예수님임을 잊지 말아야 합니다.

아브라함의 종은 하나님을 "우리 주인 아브라함의 하나님"으로 부르며 기도합니다. 기도의 내용은 "아브라함에게 은혜를 베푸시어 그의 며느리 될 사람을 순적히 만나게 해 달라는 것"입니다. 이 종은 하나님이 아브라함을 얼마나 사랑하는지를 알고 있었던 것입니다. 그래서 하나님을 부를 때 "주인 아브라함의 하나님"이라고 부르는 것입니다. 이 늙은 종은 하나님이 아브라함을 사랑하셔서 언제나 함께하시며 그의 주인의 삶을 예비하고 인도하심을 분명하게 보았던 것입니다. 그러므로 지금까지 아브라함을 인도하신 하나님이 아브라함을 위해 자신의 선하심과 인자하심으로 인도하실 것을 분명하게 믿고 있는 것입니다.

엘리에셀은 아브라함의 모든 소유를 맡아서 주관할 정도로 아브라함을 아주 가까이서 보필하고 지켜온 사람입니다. 그는 아브라함의 인간적인 나약함과 부족함 그리고 그의 반복되는 신앙적인 실수도 알고 있었습니다. 그럼에도 아브라함을 통해 역사하시는 하나님을 발견하고 신뢰한 것을 볼 수 있습니다. 그는 아브라함의 삶을 통해 하나님을 바라보고 신뢰한 것입니다. 즉 아브라함을 통해 육적인 상속보다 귀한 하나님을 향한 믿음을 상속한 것입니다. 가장 귀한 것을 유산으로 받은 것을 알 수 있습니다.

엘리에셀이 기도하는 것을 누구에게서 배웠을까요? 아브라함 아니겠습니까? 비록 아무것도 보이지 않지만 하나님을 신뢰하고 나아가는 것을 아브라함을 통해 습득하였을 것입니다. 이처럼 성도의 삶은 모든 사람들에게 하나님을 보여 줄 수 있는 투명한 거울이어야 합니다. 우리는 삶을 통해 하나님을 보여 주어야 할 사명이 있는 사람들입니다. 나의 삶이 어떻하느냐에 따라서 하나님의 이름이 높아지기도 하고 땅에 떨어지기도 하는 것입니다. 하나님이 우리에게 주신 은혜가 헛되지 않도록 아브라함처럼 하나님의 약속의 말씀을 붙들고 고통스러워도 그 말씀을 붙들고 거룩하고 성결한 삶을 살아야 하는 것입니다. 그래서 진정한 신앙의 사람으로 세상 사람들에게 인정을 받아야 하는 것입니다. A.W.토저는 "세상에 있는 수많은 성경 번역본 가운데 가장 위대한 번역본이 신자의 삶"이라고 말하였습니다. 우리가 하나님의 말씀을 가장 정확하게 해석한 성경적인 삶을 살게 될 때 하나님의 구원이 온 열방까지 흘러가게 되는 것입니다.

무엇보다 이 늙은 종은 하나님의 은혜가 아니면 주인 아브라함의 집이 설 수 없다는 것을 알고 있었던 것입니다. 그래서 무엇보다 간절히 하나님의 은혜를 사모하는 것을 볼 수 있습니다. 이삭의 아내를 구하는 일에서 종이 가장 중요하게 생각하는 것은 하나님의 은혜입니다. 이 사실을 분명하게 알고 있는 종은 하나님의 도우심을 위해 간절히 기도하는 것을 볼 수 있습니다. 우리 인생도 하나님의 은혜 아니면 설 수 없다는 사실을 알아야 합니다. 하나님의 은혜 아니면 설 수 없다는 사실을 아는 사람은 아브라함의 종처럼 간절히 기도하기 마련입니다. 우리 인생에서 기도보다 우선되어야 하는 일은 없습니다. 하나님은 기도하는 사람에게 반드시 은혜로 응답하신다는 사실을 믿으시고 언제나 기도로 하나님께 나아가 하나님을 만나시는 역사가 있기를 바랍니다.

응답의 여부에 대한 조건

기도 응답의 여부를 알기 위해 다음과 같은 조건을 서원합니다. "그가 우물에 물 길으러 오는 한 소녀에게 마실 물을 청하였을 때 그에게 물동이를 기울여 물을 마시게 해 줄 뿐 아니라 자원하여 자신의 약대에게도 물을 주는 여인"이 있으면 하나님이 아브라함을 위해 예비하신 며느리로 알겠다는 것입니다. 간혹 이 기도를 흉내내고 싶어 하시는 분들이 있는 것 같습니다. 흉내 내셔도 좋습니다. 단 이 종처럼 처음부터 기도로 시작하고 말씀 안에서 인도함받은 후에 결정적인 순간에 흉내 내셔야 합니다. 이 종은 자신이 필요한 순간에만 이 기도를 드린 것이 아니라 지금까지 말씀으로 인도함받은 이후에 말씀이 지시하는 곳에 이르러서 결정적인 요소들을 구하였다는 사실을 아셔야 합니다. 아무데서나 아무때나 기분 내키는 대로 조건을 정하고 구하는 것은 기도가 아니라 도박임을 잊지 말아야 합니다.

그런데 이 조건 속에는 평소 그 나름대로의 이삭의 배필로서 합당하다고 여기는 인품들이 포함되어 있는 것을 볼 수 있습니다. 그의 주인 아브라함이 제시한 것이 신앙적인 요소라면 늙은 종이 제시한 기준은 인격적이고 성품적인 요소인 것입니다. 그 요소는 첫째로, 나그네를 긍휼히 여기는 마음이 있어야 하며, 둘째로, 스스로 자원하는 봉사심이 있어야 하고, 셋째로 심지어 짐승들까지 긍휼히 여기고 돌아보는 어진 마음을 가진 사람이어야 하는 것입니다. 이런 인격적 요소를 갖추어야 언약의 후사를 이을 자격이 있는 것으로 본 것입니다.

이 기준은 오늘날 우리에게도 적용이 되어야 합니다. 언약의 후사가 될 사람은 신앙 하나만으로 되지 않습니다. 성숙한 신앙적 인격이 수반되어야 합니다. 날마다 성전에 살며 주여, 주여 하며 기도하고 성경에 온갖 색의 형광펜으로 줄그어 가며 말씀은 열심히 읽는데 인격이 변화되지 않아 항상 자기만 생각하는 이기주의에다가, 다른 사람을 배려하고 섬기며 대접하는 삶을 살기는커녕 항상 인정받고 사랑받고 대접받기를 원하는 삶을 살고, 공동체를 위해 봉사를 해도 마지못해 하면서 입에다 온갖 불평을 달고 사는 사람, 게다가 낮고 불쌍한 사람에 대해 일말의 긍휼히 여기는 마음조차 없는 사람이라면 하나님의 놀라운 축복의 씨를 잉태할 자격이 없는 것으로 본 것입니다. 신앙으로만 되지 않습니다. 우리의 인품도 중요합니다. 신앙만큼 삶이 달라져야 합니다.

열 마리의 약대에게 물을 한 통씩만 준다 하더라도 그 당시 형편상 깊은 우물에서 물을 길어 올려야 하는 상황은 힘든 노동을 요구하는 행위입니다. 힘도 많이 들고 시간도 많이 들며 자신의 약대와 가축들을 희생해야만 가능한 일인 것입니다. 해가 기우는 저녁 시간에 자신의 가축을 제쳐 두고 다른 사람을 먼저 섬기는 이타적인 사랑의 실천을 위해서는 완전히 자신을 희생해야만 가능한 일인 것입니다.

응답하시는 하나님

아브라함의 늙은 종의 기도가 마저 끝나기도 전에 리브가가 물 항아리를 어깨에 메고 바로 그 우물가에 나타난 것입니다. 하나님을 신뢰하고 자신의 일에 최선을 다하여 충성하는 사람에게 즉각적으로 응답하시는 하나님을 볼 수 있습니다. 우리의 삶에 어떠한 장벽이 가로막혀 있다 할지라도 하나님을 신뢰하고 우리의 일에, 특별히 주님이 맡겨주신 일에 충성한다면 우리의 모든 기도는 즉각적으로 응답되는 것입니다. 응답받아야 될 문제가 있습니까? 하나님을 끝까지 신뢰하시기 바랍니다. 그리고 사명에 충성하기를 바랍니다. 그럴 때 하나님은 아브라함의 늙은 종에게 즉각적으로 응답하신 것처럼 우리에게도 응답하실 것입니다. 많은 사람이 인생의 위기가 오면 하나님을 떠나거나 혹은 사명을 내려놓고 인간적인 방법으로 그 위기를 벗어나고자 노력합니다. 성경적이지 않습니다. 고난과 위기가 찾아올 때에 오히려 하나님을 신뢰하고 더욱 하나님이 주신 사명을 귀히 여기고 충성하는 것이 문제 해결의 지름길임을 알아야 합니다.

인도하시고 섭리하시는 하나님

성경이 이삭의 아내 구하는 것을 이처럼 길게 보도하는 이유가 있습니다. 눈앞에 아무것도 보이지 않아도 하나님을 신뢰하고 기도하며 나아가는 사람의 발걸음을 하나님이 정확하게 인도하신다는 것을 이스라엘 백성에게 보여 주기 위해서입니다. 또한 하나님이 아브라함의 늙은 종과 함께 하셔서 모든 것을 하나님이 예비하신 대로 인도하신다는 사실을 통해 이스라엘 백성이 어려운 결정을 내려야 할 때마다 하나님을 의지하고 결정하면 하나님이 그 걸음을 인도하셔서 하나님이 원하시는 목적지로 이끄신다는 확신을 갖게 하기 위해서입니다. 한마디로 인생 광야를 두려워하지 말고 이 종처럼 하나님을 신뢰하고 잠잠히 하나님의 도우심을 구하라는 것입니다. 그러면 그들이 있어야 할 곳으로 하나님이 정확하게 인도하신다는 것입니다.

우리 인생도 마찬가지입니다. 수많은 선택 앞에서 두렵고 염려될 때도 많이 있지만 하나님을 신뢰하고 기도하며 나아가면 하나님이 원하시는 곳에 언젠가는 내가 서 있을 것이라는 믿음을 가져야 합니다. 중요한 것은 미래가 어떠하냐가 아니라 지금 믿음으로 하나님과 동행하느냐가 더 중요한 것입니다. 하나님과 동행하는 사람은 비록 원하지 않는 좋지않은 일과 불행한 일이 생겨나도 두려워하거나 염려하지 않습니다. 자신을 사랑하시고 지키시는 하나님이 그 고난을 통해 이루실 선하신 뜻이 있음을 믿기 때문입니다. 그리고 그 고난 속에서도 우리를 지켜 주시고 인도하셔서 하나님이 원하시는 최선의 결과를 우리에게 주실 줄을 확신하기 때문입니다. 오늘 이 종과 리브가의 이야기를 통해 우리가 깨달아야 할 교훈이 이것입니다. 이 세상의 모든 일은 하나님이 주관하시고 섭리하십니다. 그 하나님과 동행하는 삶의 귀결은 언제나 은혜와 축복이라는 사실을 믿으시고 끝까지 감사와 찬송으로 하나님만 사모하기를 바랍니다.

종의 기도와 리브가

리브가는 아브라함의 동생이자 나홀의 아내인 밀가가 낳은 아들 브두엘의 딸이었습니다. 성경은 리브가를 용모가 보기에 심히 아름다울 뿐 아니라 순결한 여성임을 강조하고 있습니다. 리브가가 우물에 내려가서 항아리에 물을 채워 가지고 올라왔을 때, 아브라함의 늙은 종은 기도한대로 마주 달려가서 물을 주기를 청합니다. 리브가는 급히 그 물 항아리를 기울여 그에게 마시도록 할 뿐 아니라 그의 약대들에게도 물을 배불리 마시게 하겠다고 자청하는 것을 볼 수 있습니다. 우리는 이러한 리브가의 태도에서 그녀의 성품을 알 수가 있습니다. 먼저 '급히'라는 원어의 뜻은 활동성, 근면성, 적극성을 나타내는 말입니다. 도움이 필요한 사람들을 향하여 고민하거나 계산하지 않고 자동적으로 몸이 먼저 움직이는 신앙으로 잘 훈련된 리브가의 성품을 엿볼 수 있습니다.

그리고 '배불리'라는 말은 히브리어로 '카라'라는 말로서 리브가가 인색

하지 않고 부요하며 넓은 마음의 소유자임을 나타내는 말입니다. 아브라함의 늙은 종은 다만 그의 약대들에게 자청하여 물을 줄 수 있는 여인을 찾았지 이처럼 리브가가 배불리 마시게 하겠다는 말을 할 줄은 기대하지 않은 것을 알 수 있습니다. 게다가 "우리에게 짚과 사료가 족하며 유숙할 곳도 있나이다(25절)."라고 더 큰 호의를 베푸는 것을 볼 수 있습니다. 자신 안에 있는 모든 것으로 처음 보는 나그네를 긍휼히 여기고 섬기는 모습을 통해 하나님이 꿈꾸시는 나라를 이루게 될 여인이라는 사실을 확인할 수 있는 것입니다.

이 모습은 창세기 18장에서 온갖 정성을 다하여 지나가는 나그네를 대접하다가 하나님을 대접한 아브라함의 모습과 정확하게 일치합니다. 신앙의 정서와 삶의 양식이 아브라함의 집안과 동일함을 알 수 있는 것입니다. 이 섬김과 배려를 통해 리브가도 언약의 후사를 이을 수 있는 여족장의 반열에 서게 되는 것입니다. "사람이 무엇이든지 심는 대로 거두게 되어 있는 것"입니다. 선을 심으면 선을 거둡니다. 악을 심으면 악을 거두게 되는 것입니다.

하나님의 뜻을 확인하는 종

이렇게 분명히 자신의 기도대로 모든 상황이 전개되고 있음에도 아브라함의 늙은 종은 속단하지 아니하고 여호와의 인도하심을 확인하려 하는 것을 볼 수 있습니다.

그 사람이 그를 묵묵히 주목하며 여호와께서 과연 평탄한 길을 주신 여부를 알고자 하더니(21절).

마지막까지 신중하게 하나님의 뜻을 확인하므로 행여나 인간적인 생각이 하나님의 뜻을 대신하지 않도록 최선을 다하는 신앙의 모습을 보여 주고 있습니다.

아브라함의 늙은 종은 리브가에게 금고리와 금 손목걸이를 주며 그녀의 가정 배경과 그녀의 집에 유숙할 곳이 있는지의 여부에 대해 묻습니다. 그리고 그는 약대에게 먹일 짚과 보리가 풍족하여 그와 그의 약대들이 유숙할 곳이 있는 그의 주인 아브라함의 동생 집에 도착한 것을 알았을 때는 또다시 머리를 숙여 여호와 하나님께 경배를 드리며 이렇게 고백합니다.

이르되 나의 주인 아브라함의 하나님 여호와를 찬송하나이다 나의 주인에게 주의 사랑과 성실을 그치지 아니하셨사오며 여호와께서 길에서 나를 인도하사 내 주인의 동생 집에 이르게 하셨나이다(27절).

모든 것을 아브라함의 하나님의 은혜와 성실이라고 고백하며 오직 여호와 하나님만 높이는 것을 볼 수 있습니다.

그토록 수고하고 고생하였음에도 모든 것을 하나님의 은혜로 여기고 하나님께 영광 돌리는 이 종의 모습이야 말로 우리가 본받아야 할 진정한 신앙인의 모습입니다. 우리의 삶에 하나님이 어떠한 축복과 성취를 이루게 하셔도 오직 하나님만 높이는 겸손한 신앙의 사람들이 되기를 바랍니다.

하나님의
인도하심

창세기 24장 28-49절

28소녀가 달려가서 이 일을 어머니 집에 알렸더니 29리브가에게 오라버니가 있어 그의 이름은 라반이라 그가 우물로 달려가 그 사람에게 이르러 30그의 누이의 코걸이와 그 손의 손목고리를 보고 또 그의 누이 리브가가 그 사람이 자기에게 이같이 말하더라 함을 듣고 그 사람에게로 나아감이라 그때에 그가 우물가 낙타 곁에 서 있더라 31라반이 이르되 여호와께 복을 받은 자여 들어오소서 어찌 밖에 서 있나이까 내가 방과 낙타의 처소를 준비하였나이다 32그 사람이 그 집으로 들어가매 라반이 낙타의 짐을 부리고 짚과 사료를 낙타에게 주고 그 사람의 발과 그의 동행자들의 발 씻을 물을 주고 33그 앞에 음식을 베푸니 그 사람이 이르되 내가 내 일을 진술하기 전에는 먹지 아니하겠나이다 라반이 이르되 말하소서 34그가 이르되 나는 아브라함의 종이니이다 35여호와께서 나의 주인에게 크게 복을 주시어 창성하게 하시되 소와 양과 은금과 종들과 낙타와 나귀를 그에게 주셨고 36나의 주인의 아내 사라가 노년에 나의 주인에게 아들을 낳으매 주인이 그의 모든 소유를 그 아들에게 주었나이다 37나의 주인이 나에게 맹세하게 하여 이르되 너는 내 아들을 위하여 내가 사는 땅 가나안 족속의 딸들 중에서 아내를 택하지 말고 38내 아버지의 집, 내 족속에게로 가서 내 아들을 위하여 아내를 택하라 하시기로 39내가 내 주인에게 여쭈되 혹 여자가 나를 따르지 아니하면 어찌하리이까 한즉 40주인이 내게 이르되 내가 섬기는 여호와께서 그의 사자를 너와 함께 보내어 네게 평탄한 길을 주시리니 너는 내 족속 중 내 아버지 집에서 내 아들을 위하여 아내를 택할 것이니라 41네가 내 족속에게 이를 때에는 네가 내 맹세와 상관이 없으리라 만일 그들이 네게 주지 아니할지라도 네가 내 맹세와 상관이 없으리라 하시기로 42내가 오늘 우물에 이르러 말하기를 내 주인 아브라함의 하나님 여호와여 만일 내가 행하는 길에 형통함을 주실진대 43내가 이 우물 곁에 서 있다가 젊은 여자가 물을 길으러 오거든 내가 그에게 청하기를 너는 물동이의 물을 내게 조금 마시게 하라 하여 44

그의 대답이 당신은 마시라 내가 또 당신의 낙타를 위하여도 길으리라 하면 그 여자는 여호와께서 내 주인의 아들을 위하여 정하여 주신 자가 되리이다 하며 **45**내가 마음속으로 말하기를 마치기도 전에 리브가가 물동이를 어깨에 메고 나와서 우물로 내려와 긷기로 내가 그에게 이르기를 청하건대 내게 마시게 하라 한즉 **46**그가 급히 물동이를 어깨에서 내리며 이르되 마시라 내가 당신의 낙타에게도 마시게 하리라 하기로 내가 마시매 그가 또 낙타에게도 마시게 한지라 **47**내가 그에게 묻기를 네가 뉘 딸이냐 한즉 이르되 밀가가 나홀에게서 낳은 브두엘의 딸이라 하기로 내가 코걸이를 그 코에 꿰고 손목고리를 그 손에 끼우고 **48**내 주인 아브라함의 하나님 여호와께서 나를 바른 길로 인도하사 나의 주인의 동생의 딸을 그의 아들을 위하여 택하게 하셨으므로 내가 머리를 숙여 그에게 경배하고 찬송하였나이다 **49**이제 당신들이 인자함과 진실함으로 내 주인을 대접하려거든 내게 알게 해 주시고 그렇지 아니할지라도 내게 알게 해 주셔서 내가 우로든지 좌로든지 행하게 하소서.

아브라함과 할례 언약에 버금가는 생명을 내 건 맹세를 한 아브라함의 늙은 종은 아브라함과의 맹세대로 메소보다미아 나홀성에 이르게 됩니다. 그는 먼저 하나님께 기도하므로 그곳에서의 하나님의 인도하심을 간구합니다. 하나님이 자신의 주인 아브라함에게 은혜를 베푸셔서 하나님이 예비하신 사람을 만나게 해 줄 것을 간구합니다. 하나님이 예비하신 사람은 자신에게 물동이를 기울여 물을 마시게 할 것과 자원하여 자신의 낙타에게도 물을 마시게 하는 사람이어야 한다는 것입니다. 그가 하나님께 간구하는 이삭의 아내의 자격은 세상적인 조건이 아닙니다. 자신의 주인을 닮아 자원하여 사람에게 은혜를 베풀며, 자비를 베풀되 짐승까지도 배려할 수 있는 사랑이 풍성한 사람을 위한 것입니다. 기도를 마치자마자 리브가를 만나게 되고, 리브가가 그가 하나님께 기도한 대로 행하는 것을 보고 하나님께 경배와 찬송을 드리게 됩니다. 아브라함 못지않은 하나님을 의지하는 믿음으로 자신에게 주어진 사명을 충실하게 감당하는 종의 이야기를 앞 장에서 살펴보았습니다.

이 장의 본문을 보면 리브가는 자신에게 되어진 일을 달려가서 자신의 어머니 집에 알리게 됩니다. 그러자 리브가의 오라비 라반이 아브라함의 늙은 종을 영접하게 됩니다. 라반의 영접의 첫 마디는 '여호와께 복을 받은 자여'입니다.

여호와께 복을 받은 자여

이 말은 아브라함의 종에게는 완전한 기도응답임을 알 수 있습니다. 아브라함이 가나안 사람의 딸들 가운데서 이삭의 아내를 선택하지 않은 이유가 바로 이 신앙적 이유 때문 아닙니까? 그런데 라반의 이 말을 통해 리브가가 아브라함이 섬기는 여호와 하나님을 동일하게 경외하고 예배하는 가정에서 자란 여자임을 알 수 있었던 것입니다. 무엇보다 신앙적 일치가 이 종에게는 복음 중의 복음이었을 것입니다. 결혼할 때 가장 큰 복은 신앙의 가치관이 동일한 사람을 만나는 것입니다. 예수 안에서 같은 꿈을 갖고 같은 비전을 공유하며 함께 하나님이 주신 비전을 향하여 달려가는 만남보다 행복한 만남은 없습니다. 물론 예수 믿지 않는 배우자를 만나서 예수 믿게 하고 자신도 더 큰 주님의 일을 감당하는 사람도 종종 있습니다. 하지만 믿음으로 만나지 않은 대부분의 경우는 신앙 때문에 갈등하다가 나중에는 그 신앙마저 포기해 버리는 경우가 많습니다.

이 종은 라반의 "여호와께 복을 받은 자여"라는 한마디를 통해 하나님이 자신을 선히 인도하셨다고 확신하게 됩니다. 배우자를 예비하신 하나님에 대한 믿음, 이것이 결혼에서 가장 중요한 것입니다. 우리도 마찬가지입니다. "나의 배우자는 하나님이 예비하시고 인도하여 주신 사람이다."라고 믿는 것이 행복한 결혼을 위해 가장 중요한 요소입니다. 이 믿음으로 결혼을 바라보면 어지간한 어려움들은 극복할 수 있습니다. 죄송합니다. 혹시 결혼에 대해 아픔을 갖고 계신 성도가 계시다면 용서하시고 이해하시기 바랍니다. 왜 많은 사람들이 행복한 결혼 생활을 유지하지 못하거나 이혼을 하게 되는 걸까요? 그 사람에게 현격한 문제가 있거나 허물이 있어서가 아닙니다. 이 땅을 살아가는 사람들 중에 단점 없고 부족한 점이 없는 사람들이 어디 있겠습니까? 모든 사람은 허물도, 단점도, 실수도, 이기적인 욕심도 있기 마련입니다. 문제는 부족한 이 사람을 하나님이 예비하셨고 나에게 인도하셨다는 믿음이 부족하기 때문입니다. 하나님이 나의 결혼의 주관자요 나의 좋지 않은 것을 좋은 것으로 바꾸어 주시기 위해 이 결혼을 허락하셨다는 믿음을 갖게 되면 앞에서 말씀드린 대로 어지간한 단점은 눈 감아지게 되는 것입니다.

종의 진술

리브가의 오빠 라반은 아브라함의 종을 기쁨으로 영접하며 지극한 정성으로 대접하며 섬깁니다. 이 영접과 섬김 앞에서 늙은 종은 자신의 일을 진술하기 전에는 음식을 먹지 않겠다고 말하며 자신이 이곳에 오게 된 목적과 과정을 세세하게 이야기합니다. 그의 진술은 자신이 아브라함의 종이라는 자기 정체성의 선언으로 시작합니다. 이 종은 하나님 앞에서도 사람 앞에서도 자신이 누구인지를 분명하게 인식하고 그 정체성에 걸맞는 삶을 항상 추구하고 있는 것을 볼 수 있습니다. 그는 그리고 크게 다섯 가지로 나누어 자신이 이곳에 온 목적과 과정을 설명하고 있습니다.

첫째, 여호와 하나님이 자신의 주인 아브라함에게 복을 주셔서 크게 창성하게 하셨다는 것입니다. 그 결과 아브라함은 소와 양과 은금과 종들과 낙타와 나귀 등 물질적인 복을 풍성히 받아 누리고 있습니다. 우리에게도 하나님이 복주셔서 크게 창성케 하시는 역사가 일어나기를 바랍니다.

둘째, 아브라함이 사라를 통해 노년에 아들을 낳았는데 그 아들이 상속자가 되어 아브라함의 모든 소유를 상속하게 되었다는 것입니다.

셋째, 그 주인의 유일한 상속자인 아들의 배우자를 얻기 위해 자신은 아브라함의 명령대로 아브라함의 아버지의 집, 아브라함의 족속에게로 왔다는 것입니다.

넷째, 자신이 여기까지 인도함받은 것은 자신의 주인인 아브라함의 말대로 아브라함이 섬기는 여호와께서 그의 사자를 나와 함께 보내어 평탄한 길을 주셨다는 것입니다. 그리고 그 증거는 자신의 기도대로 하나님이 리브가를 인도하셨다는 것입니다.

다섯 번째는 이제 자신의 모든 소임을 다하였기 때문에 이제는 자신이 아브라함과 한 생명의 맹세로부터 자유로워졌다는 것입니다. 이제 모든 결정은 당신들에게 있다며 그들의 결단을 촉구하는 것으로 이루어져 있습니다.

이 종의 이야기를 종합해 보면 하나님으로 시작해서 하나님으로 끝나는 것을 볼 수 있습니다. 그만큼 하나님을 신뢰하는 종임을 알 수 있습니다. 그는 시종일관 하나님의 뜻만이 이루어지기를 소원할 뿐만 아니라 그 뜻이 이루어질 것을 분명하게 믿고 있는 것을 볼 수 있습니다. 우리가 이 종에서 본받아야 할 점이 바로 이 믿음입니다. 광야의 이스라엘 백성을 보십시오. 애굽을 떠날 때 경험한 10가지의 재앙을 보면서 하나님만 신뢰하기로 결단합니다. 그러나 홍해를 앞에 두고 금방 추격해 오는 애굽 군대를 보면서 두려워하고 의심하기 시작합니다. 모세의 기도로 홍해가 갈라지는 것을 경험하고는 또 믿음이 하늘을 찌를 듯합니다. 그러나 그것도 잠시 사흘을 못 넘기고 먹을 음식과 마실 물 때문에 원망하고 불평하며 하나님을 불신합니다.

이와 마찬가지로 오늘날 우리가 직면해 있는 문제는 바로 믿음의 문제입니다. 우리는 하나님의 사역을 감당하면서도 언제나 의심하고 때로는 인간적인 방법을 생각하기도 하는데 모두 믿음에 일관성이 없기 때문입니다. 우리의 문제는 믿었다가 의심하는 데 있습니다. 고난이 오고 실패가 오면 믿음을 포기하고 하나님으로부터 뒤돌아서는 것이 문제입니다. 우리 모두는 엘리에셀처럼 끝까지 하나님만을 신뢰하고 하나님의 뜻을 구하고 하나님만을 추구하는 진정한 믿음의 사람들이 되기를 바랍니다.

반복의 이유

그런데 성경을 보면 지금 아브라함의 종의 진술은 우리가 다 알고 있는 이야기의 반복임을 알 수 있습니다. 왜 그렇게 다 알고 있는 이야기를 반복할까요? 여호와의 사자가 앞서서 인도하시는 사람은 반드시 하나님이 예비하신 축복을 경험한다는 사실을 광야를 여행하는 이스라엘 백성에게 반복하고 강조하여 설명하는 것입니다. 지금 이스라엘 백성은 여호와 하나님이 친히 구름 기둥과 불 기둥으로 인도하시는 것을 두 눈으로 목도하고 있습니다. 그들의 광야 행진이 반드시 축복과 승리로 끝나게 될 것을 미리 예표로 보여 주는 것입니다.

오늘날 우리도 마찬가지입니다. 우리의 삶이 하나님을 신뢰한다면 하나님이 사자를 보내시어 우리보다 앞서서 우리의 길을 형통하도록 인도하시는 것을 믿어야 한다는 것입니다. 예수님은 세상 끝 날까지 우리와 함께하실 것을 약속해 주셨습니다. 이 약속을 믿으시고 끝까지 믿음으로 하나님과 동행하는 사람만이 하나님이 예비하신 축복을 경험하게 되는 것입니다. 하나님이 함께하시고 도우시는 인생은 실패가 없습니다. 반드시 하나님이 베푸시는 놀라운 은혜와 기적을 경험하는 것입니다. 우리의 삶이 이처럼 하나님이 함께하시며 날마다 은혜를 베푸시는 인생이 되었으면 좋겠습니다. 우리의 일 뿐 만 아니라 우리 자녀들의 인생의 모든 중요한 것들을 하나님이 인도하시며 형통하게 하시는 축복을 누릴 수 있도록 아브라함처럼 언제나 하나님과 동행하시며 하나님을 신뢰하고 경외하기를 바랍니다.

사명 우선순위의 삶

본문을 보면 이 아브라함의 늙은 종 엘리에셀의 삶의 우선순위는 사명 감당에 있음을 잘 알 수 있습니다. 아브라함의 종은 라반이 마련한 자신의 육신을 위해 즐겁고 평안함을 추구하기 보다는 자신이 이곳에 보내진 목적 즉 아브라함과 하나님을 가리켜 맹세한 사명을 이루는 일을 우선적으로 처리하고자 합니다. 거리상으로 약 800km 가까운 거리를 쉴 새 없이 달려왔습니다. 피곤하고 지쳤을 것입니다. 편안하고 안락한 잠자리에서 지친 몸을 쉬고 맛있는 음식을 먹으며 재충전하고 싶었을 것입니다. 그러나 그는 이러한 자신의 육신을 위해는 조금도 관심을 보이지 않습니다. 오직 우선순위가 사명 감당에 있음을 잘 알 수 있습니다. 그는 자신이 왜 이곳에 보내졌는지, 그에게 무엇이 중요한 것인지를 잘 알고 있었습니다.

이 종뿐만이 아닙니다. 우리 모두를 이곳에 보내신 분은 하나님이십니다. 나보다 앞서서 인도하시는 하나님이 우리를 이곳으로 이끄신 것입니다. 하나님이 이곳으로 우리를 인도하셨을 때에는 이루고자 하시는 그분의 뜻이 있습니다. 그런데 그 목적과 동떨어진 삶을 살거나 그 목적을 위해 부수적으로 주어진 물질적인 만족이나 육체적 편안함을 먼저 선택한다면 삶의 우선순위를 잘못 이해한 것이며 자신의 사명이 무엇인지 모르고 살아가는 어리석은 삶을 살고 있는 것입니다. 하나님이 우리에게 주신 삶의 목적을 우선적으로 이루어 드리는 것이 돈을 벌고 맛있는 음식을 먹고 좋은 집에서 사는 것보다 훨씬 더 중요한 것입니다. 그래서 예수님은 산상설교의 결론에 들어가시면서 말씀하셨습니다.

> 31그러므로 염려하여 이르기를 무엇을 먹을까 무엇을 마실까 무엇을 입을까 하지 말라 32이는 다 이방인들이 구하는 것이라 너희 하늘 아버지께서 이 모든 것이 너희에게 있어야 할 줄을 아시느니라 33그런즉 너희는 먼저 그의 나라와 그의 의를 구하라 그리하면 이 모든 것을 너희에게 더하시리라(마 6:31-33).

부디 이 종처럼 우리의 삶의 우선순위가 하나님이 뜻하시는 사명 감당에 있기를 바랍니다.

우리를 신부로 부르시는 하나님

아브라함의 종이 우려하는 것은 두 가지입니다. 하나는 리브가의 신앙적인 문제인데 이 문제는 해결이 되었습니다. 이제는 과연 리브가가 얼굴도 모르는 이삭의 아내가 되기로 결단하고 따라 나서냐 하는 문제입니다. 사실 이 종은 맨 처음부터 이 문제를 제일로 고민한 것을 알 수 있습니다. 그래서 아브라함에게 신부가 신랑을 보지 못했다는 이유로 따라 나서지 않을 경우 이삭을 그곳으로 데려가도 좋으냐고 질문한 것입니다. 그러나 아브라함은 단호하게 그 제안을 거절합니다. 그러므로 아브라함의 종은 신랑을 보여 주지 못한 채 리브가를 데려가야 하는 것입니다. 그래서 그는 하나님이 아브라함에게 복을 주신 내용을 구체적으로 이야기하고 있습니다. 리브가는 오직 이 종의 말을 신뢰해야 따라 나설 수 있는 것입니다.

이 종의 말에 의하면 하나님은 아브라함에게 특별한 은혜를 베푸셨고 아브라함의 삶에는 부족함이 없을 만큼 크게 창성하게 하셨다는 것입니다. 아브라함에게는 무엇보다 하나님의 축복이 있었고 하나님의 말씀이 있었습니다. 물질적인 복이 충만하여 우양도 은금도 약대나 나귀도 많이 있다는 것입니다. 그리고 사라가 노년에 아브라함에게 아들을 하나 낳아 주었는데 그 아들이 아브라함의 모든 것을 상속한 상속자라는 것입니다. 그 상속자를 위해 가나안이 아닌 아브라함의 족속 중에서 아내를 구하기 위해 자신이 이곳에 왔다는 것입니다.

이것은 리브가에게는 복음입니다. 아브라함의 집에는 모든 것이 다 갖추어져 있습니다. 언제나 하나님이 함께하시며 인도하시는 집안으로서 영적인 축복 육적인 축복이 넘쳐나는 집안입니다. 이 집안에서 수많은 사람들 가운데 리브가를 택하여 상속자의 아내가 되게 하여 주겠다는 말입니다. 그래서 그 먼 길을 쉬지 않고 달려 왔다는 것입니다. 이것은 그 집안에는 복음 중의 복음입니다.

이 이야기를 반복하여 가장 길게 들려주는 이유는 광야의 이스라엘 백성 때문입니다. 하나님이 리브가를 아브라함의 상속자인 이삭에게로 인도

하시는 것처럼 하나님은 이스라엘 백성을 거룩한 신부로 영접하시기 위해 인도하고 계시다는 것입니다. 모세가 이 아브라함의 늙은 종처럼 그들을 하나님께로 인도하기 위해 얼마나 하나님의 뜻을 구하며 충성하였는지 모릅니다. 젖과 꿀이 흐르는 모든 것이 풍부한 가나안 땅으로 인도하기 위해 하나님이 그들을 부르신 것입니다. 하나님은 그들과 예배를 통해 교제하시며 그들을 마음껏 축복하시기 위해 종 되었던 애굽에서 건져 내고 아브라함이 있었던 가나안으로 자신들을 인도하여 들이시는 것입니다. 그러므로 리브가 이야기를 통해 하나님은 이스라엘 백성이 하나님의 거룩하고 신실한 신부로 준비되기를 바라고 계시는 것입니다.

뿐만 아닙니다. 이 이삭의 아내를 구하는 이야기는 우리를 그리스도의 신부로 영접하기 위한 하나님의 특별한 사랑 이야기입니다. 하나님은 우리의 모든 것을 예비하시고 그분의 풍성한 사랑 안으로 우리를 초대하시는 것입니다. 그 사랑의 초대를 위해 예수님은 하나님께 죽기까지 충성하셨습니다. 십자가에서 살을 찢기셨고 피를 흘리시므로 우리를 그리스도의 신부라고 인정해 주시고 영접해 주신 것입니다. 십자가에 죽으시기까지 우리를 사랑하시는 예수님은 우리를 위해 거할 집을 예비하고 계십니다. 그래서 제자들에게 "내 아버지 집에는 거할 집이 많도다."라고 말씀하신 것입니다. 하나님은 우리를 맞이하기 위해 하나 밖에 없는 독생자를 죽게 하셨습니다. 그 십자가의 죽음을 통해 우리는 하나님의 생명과 영광과 존귀를 이 땅에서도 누리게 된 것입니다. 그래서 예수님은 "내가 온 것은 양으로 생명을 얻게 하고 더 풍성하게 하려는 것(요 10:10)"이라고 말씀하신 것입니다. 예수님이 우리를 위해 예비하신 삶 속에는 언제나 풍성한 은혜가 있습니다. 넘치는 축복이 있습니다. 그 풍성한 은혜와 축복은 다름 아닌 우리 안에 십자가의 능력으로 하나님의 존귀와 영광이 회복되는 것입니다.

이 축복을 위해 리브가가 결단하고 이 종을 따라 나서야 하듯이 우리도 결단하고 세상의 것을 버리고 오직 예수님을 따라 나서야 하는 것입니다.

우리의 문제는 세상의 것을 버리지 아니하고 예수님을 따르려고 하는 것입니다. 세상과 예수 그리스도 둘 다를 움켜쥐려고 하니 회색 신앙인이 되고 마는 것입니다. 우리는 마치 예수님의 제자들이 예수님을 만나고 "사람을 낚는 어부가 되게 하리라."라는 한마디의 말씀에 지금까지 의지하고 사랑했던 모든 것을 버리고 예수 그리스도를 좇은 것처럼 우리는 지금까지 사랑하고 의지했던 모든 것, 즉 물질, 세상에서의 성공, 권세 모든 것을 버리고 말씀이 인도하는 곳을 향하여 결단하고 나서야 하는 것입니다. 말씀을 의지하고 결단하고 모든 것을 버리고 예수님을 따라나서는 순간 우리의 인생이 바뀝니다. 세상적인 영광이나 명예가 아니라 이 세상의 것으로 비교할 수도 맛볼 수도 없는 하늘의 신비한 영광과 능력과 권세를 경험하게 되는 것입니다. 버리지 않으면 떠나지 않으면 절대로 아브라함의 상속자가 될 권세를 얻을 수 없는 것입니다.

결단해야 합니다. 입으로만 하늘의 신령한 복과 은혜를 사모하지 마시고 죄악 많은 세상을 살면서 누리고 싶어 하는 세상의 것들, 편안함과 안락함, 익숙한 죄악들 모두 버리시고 오직 하나님의 말씀을 따라 리브가처럼 하나님이 예비하신 축복을 향하여 여행을 떠나시는 복된 인생을 살기를 바랍니다.

믿음으로
길을 떠나자

ː 창세기 24장 50-67절 ː

50라반과 브두엘이 대답하여 이르되 이 일이 여호와께로 말미암았으니 우리는 가부를 말할 수 없노라 **51**리브가가 당신 앞에 있으니 데리고 가서 여호와의 명령대로 그를 당신의 주인의 아들의 아내가 되게 하라 **52**아브라함의 종이 그들의 말을 듣고 땅에 엎드려 여호와께 절하고 **53**은금 패물과 의복을 꺼내어 리브가에게 주고 그의 오라버니와 어머니에게도 보물을 주니라 **54**이에 그들 곧 종과 동행자들이 먹고 마시고 유숙하고 아침에 일어나서 그가 이르되 나를 보내어 내 주인에게로 돌아가게 하소서 **55**리브가의 오라버니와 그의 어머니가 이르되 이 아이로 하여금 며칠 또는 열흘을 우리와 함께 머물게 하라 그 후에 그가 갈 것이니라 **56**그 사람이 그들에게 이르되 나를 만류하지 마소서 여호와께서 내게 형통한 길을 주셨으니 나를 보내어 내 주인에게로 돌아가게 하소서 **57**그들이 이르되 우리가 소녀를 불러 그에게 물으리라 하고 **58**리브가를 불러 그에게 이르되 네가 이 사람과 함께 가려느냐 그가 대답하되 가겠나이다 **59**그들이 그 누이 리브가와 그의 유모와 아브라함의 종과 그 동행자들을 보내며 **60**리브가에게 축복하여 이르되 우리 누이여 너는 천만인의 어머니가 될지어다 네 씨로 그 원수의 성 문을 얻게 할지어다 **61**리브가가 일어나 여자 종들과 함께 낙타를 타고 그 사람을 따라가니 그 종이 리브가를 데리고 가니라 **62**그때에 이삭이 브엘라해로이에서 왔으니 그가 네게브 지역에 거주하였음이라 **63**이삭이 저물 때에 들에 나가 묵상하다가 눈을 들어 보매 낙타들이 오는지라 **64**리브가가 눈을 들어 이삭을 바라보고 낙타에서 내려 **65**종에게 말하되 들에서 배회하다가 우리에게로 마주 오는 자가 누구냐 종이 이르되 이는 내 주인이니이다 리브가가 너울을 가지고 자기의 얼굴을 가리더라 **66**종이 그 행한 일을 다 이삭에게 아뢰매 **67**이삭이 리브가를 인도하여 그의 어머니 사라의 장막으로 들이고 그를 맞이하여 아내로 삼고 사랑하였으니 이삭이 그의 어머니를 장례한 후에 위로를 얻었더라.

이삭의 아내 리브가를 데려오는 과정을 길게 보고 하는 이유는 가깝게는 이스라엘 백성의 구원 때문이며 멀게는 우리의 구원 과정을 함축하고 있기 때문입니다. 이삭과 리브가의 결혼에 결정적인 역할을 하는 것은 하나님입니다. 이삭이나 리브가는 마지막 순간에 말씀을 향하여 믿음으로 나아가기만 하면 됩니다. 우리가 얻는 구원도 이삭과 리브가의 결혼 이야기와 흡사합니다. 우리가 믿음으로 받아 누리는 구원의 은총은 하나님의 일방적인 선택과 사랑 때문입니다. 신실한 종을 보내신 분은 하나님이십니다. 리브가는 완벽하게 준비된 결혼에 믿음으로 화답하기만 하면 되는 것입니다. 만일 리브가가 준비된 은혜와 사랑을 거절한다면 엘리에셀도 아브라함도 이삭도 리브가도 그 결혼의 언약에서 자유합니다.

이와 마찬가지로 우리의 구원도 하나님이 모든 것을 다 이루어 놓으셨습니다. 나 같은 죄인을 위해 자신의 하나 밖에 없는 아들을 십자가에 죽게 하시므로 나의 모든 죄 값을 지불하시고 구원을 성취시켜 놓으셨습니다. 그러므로 구원은 전적인 하나님의 섭리요 은혜인 것입니다. 우리가 예수님을 믿기만 하면 그 구원은 우리의 것이 되는 것입니다. 하나님이 이스라엘 백성에게 요구하는 것은 한 가지입니다. 오직 하나님을 신뢰하고 하나님이 이끄시는 대로 순종하기만 하면 그들은 가나안의 구원의 은혜와 축복을 누리게 되는 것입니다. 예수님은 지금 우리 모두를 위해 구원과 은총을 이루어놓고 기다리십니다. 오늘 결단하시고 믿음으로 예수님 품 안으로 들어가시므로 하나님이 예비하신 구원의 은총을 영원히 누리기를 바랍니다.

리브가에게 나타난 하나님의 은혜

이 종의 고백과 경배를 종합해 보면 하나님은 리브가가 태어나기 전부터 이삭의 아내로 준비하셨던 것입니다. 이 사실을 아브라함의 늙은 종은 잘 알고 있었던 것입니다. 무명의 평범한 시골 처녀가 아브라함의 언약 안에 있는 축복을 누리게 된 것이 하나님이 리브가에게 행하신 일입니다. 만약에 하나님이 리브가를 택하시고 부르시지 않았다고 한다면 리브가는 시골에서 평생 가축이나 돌보아야 하는 평범한 인생을 살 수밖에 없었을 것입니다.

리브가는 아브라함의 늙은 종을 만나기전까지는 자신을 향한 하나님의 위대하신 계획을 알지 못하였습니다. 자신이 얼마나 하나님에게 중요한 사람이며 아브라함이 자신의 생명을 내 걸고 언약을 맺으며 찾는 사람인지를 알지 못하였습니다. 하지만 아브라함의 늙은 종의 말을 듣고 자기를 하나님이 태초부터 아브라함의 언약을 이을 축복의 후사로 예비하셨고 자기를 인도하기 위해 많은 수고와 희생이 있어야 했는지를 깨닫게 된 것입니다. 이 사실을 통해 자신에 대한 하나님의 사랑이 너무도 놀랍고 위대할 뿐 아니라 자신이 하나님의 계획을 위한 특별한 사람임을 깨닫게 된 것입니다.

예수님의 어머니 마리아를 생각해 보십시오. 마리아는 베들레헴 시골에 사는 무명의 어린 소녀에 지나지 않았습니다. 그러나 그에게 하나님의 말씀이 임하고, 주의 천사가 문안한 이후로 그녀의 인생은 180도 달라지게 됩니다. 그녀는 달라진 자신의 인생을 이렇게 찬양합니다.

> [47]내 마음이 하나님 내 구주를 기뻐하였음은 [48]그의 여종의 비천함을 돌보셨음이라 보라 이제 후로는 만세에 나를 복이 있다 일컬으리로다(눅 1:47-48).

마리아도, 리브가도 하나님의 말씀이 임한 후에 자신들을 향한 하나님의 놀라운 계획을 깨닫고 하나님의 은혜를 따라 살아가는 위대한 인생으로 변화하였듯이 우리도 하나님의 말씀이 임하면 내가 원하는 인생이 아니라 하나님이 원하는 특별한 인생을 살게 되는 것입니다. 우리 인생의 가치는 내가 무엇을 소유하며, 무엇이 되느냐가 아닙니다. 과연 내 인생이 하나님 손에 있으며 하나님 말씀 위에 세워진 인생인가? 하는 것만 가치가 있을 뿐입니다. 하나님의 말씀이 임하기 전까지 우리는 우리 자신이 하나님 앞에 얼마나 소중한 존재인지 하나님이 나를 위해 얼마나 위대한 계획을 갖고 계신지 알 수 없습니다. 말씀과 내가 부딪치기 전에는 내가 하나님 앞에 얼마나 존귀한 인생인지를 알 수 없습니다. 하지만 말씀이 임하면 하나님이 이 세상을 창조하시기 전부터 나를 알고 계셨고 나를 사랑하셨으며, 나를 통해 이루시게 될 엄청난 축복의 계획이 있다는 사실을 깨닫게 되는 것입니다.

예레미야 선지자는 "여호와의 말씀이 내게 임하니라 이르시되 내가 너를 모태에 짓기 전에 너를 알았고 네가 배에서 나오기 전에 너를 성별하였고 너를 여러 나라의 선지자로 세웠노라 하시기로(렘 1:4-5)"라고 말씀하고 있습니다. 또한 사도 바울은 "곧 창세 전에 그리스도 안에서 우리를 택하사 우리로 사랑 안에서 그 앞에 거룩하고 흠이 없게 하시려고(엡 1:4)"라고 말씀하고 있습니다. 우리는 이처럼 창세 전부터 하나님께 붙잡힌 바 된 인생입니다. 우리가 하나님을 몰라 범죄하고 불순종의 아들로 살아갈 때에도 우리를 향한 하나님의 사랑은 한 번도 변하지 않았습니다. 로마서 5장 8절에 나오는 말씀처럼 "우리가 아직 죄인되었을 때에 그리스도께서 우리를 위해 죽으심으로 하나님이 우리에 대한 자기의 사랑을 확증하셨느니라(롬 5:8)."고 말씀하고 있습니다. 우리에게 중요한 것은 사랑받을 만한 자격이 없는 우리를 하나님이 창세 전부터 택하시고 사랑하셨다는 것입니다. 이 사랑의 발견은 오직 하나님의 말씀이 내게 임할 때 확신으로 다가오는 것입니다.

우리에게도 하나님의 말씀이 임하기를 바랍니다. 오늘부터 하나님의 말씀을 붙들고 나를 향하신 하나님의 특별한 계획을 발견하기를 소원하며 하나님께 내가 너무도 중요한 사람임을 확신하며 살아가기를 바랍니다.

오직 여호와께 영광

라반과 브두엘이 "이 일이 여호와께로 말미암았으니 우리는 가부를 말할 수 없노라(50절)."는 고백을 합니다. 라반과 브두엘은 리브가의 결혼을 하나님의 뜻으로 받아들인 것입니다. 결혼에서 가장 중요한 것은 배우자의 조건이 어떠한가 하는 것이 아니라 하나님의 뜻이냐 아니냐인 것입니다. 그들은 리브가의 결혼을 하나님의 뜻으로 받아들이며 하나님의 뜻 앞에서 인간적인 생각들을 입으로조차 꺼내지 않는 결단을 보입니다.

리브가의 가족들이 결혼을 하나님의 뜻으로 받아들이자 아브라함의 늙은 종은 땅에 엎드려 여호와 하나님께 절하고 경배합니다. 이삭의 아내를 얻기 위해 지금까지 수고하고 고생한 자신은 하나님의 뒤로 숨고 하나님께 경배를 돌리는 아브라함의 늙은 종의 신앙도 최고의 믿음이라고 이야기 할 수 있을 것입니다. 아무리 크고 놀라운 일을 이루어도 오직 하나님께 영광을 돌리고 자신은 하나님 뒤로 숨을 수 있는 사람, 모든 것을 하나님이 이루셨다고 고백하는 겸손한 신앙의 사람들로 거듭나게 될 때에 우리를 통해 더 크고 위대한 일을 하나님이 이루실 줄로 믿습니다.

오직 주인의 시각으로

아브라함의 종은 모든 것이 순적하게 하나님의 뜻 안에서 이루어지는 것을 보고 하나님의 역사하시는 시간을 놓치지 않기로 결단합니다. 비록 고단하고 힘이든 상황이었지만, 다음날 아침 일찍이 가나안으로 돌아가기로 결정을 합니다.

> 나를 만류하지 마소서 여호와께서 내게 형통한 길을 주셨으니 나를 보내어 내 주인에게로 돌아가게 하소서(56절).

아브라함의 종이 왜 그렇게 하루만에 빨리 돌아가려고 합니까? 자신을 보낸 아브라함을 기억하고 있기 때문입니다. 자신이 중요한 것이 아니라 자신에게 사명을 부탁한 아브라함이 훨씬 더 중요했던 것입니다. 하나님이 약속하신 민족, 하늘의 별같이 많아져서 천하만민을 복되게 할 민족을 낳게 될 이삭의 아내를 데려오는 일이 어떻게 되었는지 궁금해 하는 아브라함을 생각한 것입니다. 그래서 그는 자기의 평안한 휴식을 포기하고 주인에게로 당장에 달려가겠다는 것입니다. 이것이 진정한 종의 모습 아니겠습니까? 우리가 하나님의 진정한 종이라고 한다면 나를 생각하는 것이 아니라 나를 이곳에 보내신 하나님의 입장에서 모든 것을 생각하고 판단해야 하는 것입니다.

아마 아브라함의 종이 그들의 제안대로 열흘을 머물렀다고 한다면 열흘 후에 또 다른 열흘, 또 한달 그리고 아마도 1년 이상을 지체하였을 것입니다. 그러다가 하나님의 계획의 성취는 물거품이 되고 말았을 것입니다. 그뿐 아닙니다. 이삭을 아예 이곳으로 데려오자고 제안할 수도 있는 상황이 될 것입니다. 하나님의 일이란 하나님이 기회주실 때 순종해야 하는 것입니다. 하나님이 감동도 주시고 시간도 주시고 물질도 주실 때 순종하지 못하면 쏜살같이 모든 것들이 지나가고 결국 은혜와 축복을 허비하고 말 것입니다. 그래서 진정한 믿음의 사람은 세월을 아끼며 죽도록 충성하는 것입니다. 하나님이 주신 시간과 감동을 놓치면 결국 내 안에 있는 불순종의 사람이 순종의 사람을 이기기 때문입니다.

북쪽 여로보암 왕 때 어떤 선지자는 하나님이 분명히 아무것도 먹지도 마시지도 말고 여로보암에게 말씀만 전하고 바로 돌아오라고 명령하였지만 자기에게 하나님의 말씀이 새로이 임했다는 북이스라엘의 늙은 선지자의 꾀임에 빠져 음식을 먹고 마시므로 사자에게 물려 죽게 되는 일이 일어납니다. 사명을 맡은 사람은 사명 감당이 우선입니다. 자신의 육체의 안일함과 사람의 정에 이끌리게 되면 우선 몸은 평안하고 사람들이 높여 주는 것 때문에 잠시 동안의 우월감에 취할 수 있을지는 모르지만 결국 하나님의 일은 망치고 마는 것입니다. 이 늙은 종은 하나님의 사명을 감당함에 있어서 자신의 육체의 욕구도 인간적인 정도 초월하여 충성하고 있는 것을 볼 수 있습니다.

하나님의 일을 하면서 우리의 육체적 상황이 우선한 적은 없습니까? 인간적인 정이나 사람과의 관계 때문에 하나님의 일을 감당하는 것을 미룬

적은 없습니까? 이 종의 자세를 우리 온 성도들과 제가 본받아 오직 하나님의 말씀을 이루고 사명을 감당하는 일을 우리 삶의 최우선 순위로 삼는 역사가 일어나기를 바랍니다.

결단하는 리브가

리브가는 엘리에셀을 따라 나서기로 결단합니다. 마치 아브라함이 하나님의 말씀을 듣자마자 갈대아 우르를 떠난 것처럼 리브가도 하나님이 아브라함과 엘리에셀에게 행하신 일에 관하여 듣자마자 홀로 부모와 친척과 자신의 고향을 버리고 말씀을 향하여 떠나가게 되는 것입니다. 진정한 믿음은 말씀을 듣는데서 그치는 것이 아닙니다. 말씀을 향하여 떠나 가야합니다. 내게 익숙하던 것들, 나를 평안하게 하였던 것들을 모두 내어 버리고 말씀안에 있는 비전과 사명을 향하여 달려가는 것이 진정한 믿음인 것입니다. 오늘날 한국 교회의 약점은 말씀을 듣기는 하지만 결단하고 말씀을 향하여 지금까지 내가 누리던 안락함과 평안함을 버리고 나아가지 못하는 것입니다.

하나님의 말씀은 우리에게 언제나 결단하게 만듭니다. 지금까지 나의 가치관의 중심에 서 있던 세상의 좋은 것들을 버리게 만듭니다. 말씀은 내 삶이 전부가 되어 말씀이 인도하는 광야를 즐거움으로 행진하게 하는 삶을 살 것을 요구합니다. 돈이 인생에 최고로 여겼던 사람은 말씀 앞에서 물질을 포기합니다. 누구나 다 알아 주던 자랑할 만한 직장에 근무하며 안정된 삶을 추구하던 사람은 그 직장을 통해 얻었던 자기만족 대신에 말씀이 인도하는 십자가의 길을 기쁨으로 걷게 됩니다.

누가복음 5장에 나오는 베드로는 보십시오. 예수님이 "이제 후로는 네가 사람을 취하리라."는 말씀이 들려지게 되었을 때 "모든 것을 버려 두고 예수를 따르니라."고 말씀하고 있습니다. 베드로는 인생의 전부와 같았던 배도, 고기도, 또 어부로서의 경험도, 삶도 포기하고 말씀 안에서 새롭게 태어나게 된 것입니다.

언약으로의 초대: 창세기 1~25장

만약에 리브가가 하나님의 말씀을 듣기만 하고 말씀을 향하여 달려가지 않았다고 한다면 아브라함의 언약 안에 있었던 축복과는 아무런 상관이 없게 되는 것입니다. 그러면 그 축복은 다른 사람의 것이 되었을 것입니다. 우리도 우리의 것을 포기하고 말씀을 향하여 결단하고 나아가야 합니다. 이 세상에서 추구하던 기쁨, 명예, 성공 또 나만의 삶의 방식과 가치관을 내어버리고 오직 말씀을 향하여 달려가게 되면 그 인생은 지금까지 경험하지 못한 하나님 안에 있는 축복과 은총의 삶을 살게 되는 것입니다.

리브가를 향한 축복

천만 인의 어미란 것은, 자손이 번성할 것을 축복하는 말이고, 원수의 성문을 얻는다는 것은 승리의 생활을 가리키는 말입니다. 그런데 놓치지 말아야 할 것이 하나 있습니다. 그것은 리브가의 가족이 리브가에게 빌어 준 축복이, 과거에 하나님이 아브라함에게 주셨던 축복과 똑같다는 것입니다. 하나님이 아브라함에게 주신 약속은 아들인 이삭에게서 이루어질 내용이었습니다. 그런데 그와 똑같은 축복을 이삭의 배필인 리브가에게 그의 가족들이 빌어 주고 있는 것입니다.

우리 누이여 너는 천만인의 어머니가 될지어다 네 씨로 그 원수의 성 문을 얻게 할지어다(60절).

이삭의 묵상

본문에서 이삭이 들에 나가 묵상했다는 말은, 히브리어로 "슈아"인데, '생각한다, 기도한다, 애곡한다'는 의미로서 구약 성경에 단 한차례 등장하는 말입니다. 이삭은 그 종을 보내고 계속 기도하면서 하나님이 행하실 일을 기대하고 묵상하고 있는 것을 알 수 있습니다. 중요한 일을 앞에 두고 오직 하나님을 묵상하고 있는 것을 알 수 있습니다. 아마도 이삭은 들에 나가 묵상하면서 어머니 사라의 자리를 대신할 수 있는 하나님이 예비하신 아내를 달라고 기도했을 것입니다. 계속되는 묵상기도 이것이 이삭의 결혼준비였습니다.

한편 이삭이 들에 나가 묵상하는 모습을 발견한 리브가가 엘리에셀에게 질문을 던졌습니다.

들에서 배회하다가 우리에게로 마주 오는 자가 누구냐(65절).

종에게서 우리 주인 이삭이라는 대답을 들은 리브가는, 면박을 취한 채 낙타에서 내려 자기 남편될 사람에게 경의를 표했습니다. 낙타에서 내리는 것은 상대방에 대한 존경의 표시였습니다. 리브가가 면박을 취하여 스스로 얼굴을 가린 것은, 정숙하고 교양 있는 여성이었다는 것을 보여 주는 것입니다. 둘 다 하나님 앞에서 경건하고, 교양 있고, 생각이 깊은 사람이었고, 하나님이 미리 찾아놓고 준비시키신 정말 잘 맞는 짝이었습니다.

66-67절을 보겠습니다.

66종이 그 행한 일을 다 이삭에게 아뢰매 67이삭이 리브가를 인도하여 그의 어머니 사라의 장막으로 들이고 그를 맞이하여 아내로 삼고 사랑하였으니 이삭이 그의 어머니를 장례한 후에 위로를 얻었더라.

종은 자기의 주인 이삭에게 그동안의 경과를 자초지종 보고했습니다. 그러면서 바로 이분이 하나님이 당신을 위해 준비하신 분이라고 보고했을 것입니다. 그러자 이삭은 리브가와 마찬가지로 하나님의 뜻으로 여기고 리브가를 자기 어머니 사라의 장막으로 영접했습니다. 그리고 그녀와 결혼하여 아내를 삼았습니다. 리브가 때문에 어머니의 죽음 이후로 그를 덮고 있었던 슬픈 그늘에서 벗어나 새로운 삶을 살게 된 것입니다. 리브가가 이삭의 위로자가 된 것입니다. 또한 이삭은 아내 리브가를 진심으로 사랑하였습니다.

진정한 아내의 역할은 남편을 위로할 수 있는 위로자가 되는 것입니다. 이 '위로자'라는 말이 바로 하나님이 하와를 창조하실 때 사용하신 '돕는 배필'이라는 말인 것입니다. 아내에게는 이보다 더 큰 역할이 없습니다. 아내의 역할은 성령이 우리 곁에서 우리를 위로하고 인도하며 교통하듯이 영적인 힘으로 남편의 마음을 위로하고 새 힘을 불어넣어 하나님 앞에서 온전한 모습으로 서게 하는 것입니다. 아내를 향한 진정한 사랑 그리고 남편에게 진정한 위로자가 되어 주는 이들의 모습을 통해 하나님이 아브라함에게 약속하신 자손이 번성하여, 그들로 하나님의 백성을 이루고, 천하만민을 복되게 할 기반이 만들어집니다. 그 이삭과 리브가 사이에서 에서와 야곱이 나고, 그들의 손자들이 이스라엘 열두 지파를 이루게 되는 것입니다.

한 사람이 하나님의 섭리를 따라서 결혼한 것이 자기 자신의 행복만 된 것이 아니라 인류를 구원하려는 하나님의 뜻을 이루었습니다. 한 여자가 한 남자를 위로하고, 한 가정을 돌본 것이 세상을 구원하는 하나님의 일을 이루는 방법이 되었습니다. 그러므로 하나님의 섭리를 따라 이루어지는 한 가정은, 수많은 가정 중의 하나가 아니라, 세상역사의 중심에 서서 하나님의 뜻을 이루는 도구가 되는 것입니다. 우리 성도들의 가정이 그렇게 되기를 바랍니다. 그리고 우리 청년들이 이룰 가정이 그렇게 되기를 주의 이름으로 바랍니다.

25장

열조에 돌아간
아브라함

: 창세기 25장 1-11절 :

¹아브라함이 후처를 맞이하였으니 그의 이름은 그두라라 ²그가 시므란과 욕산과 므단과 미디안과 이스박과 수아를 낳고 ³욕산은 스바와 드단을 낳았으며 드단의 자손은 앗수르 족속과 르두시 족속과 르움미 족속이며 ⁴미디안의 아들은 에바와 에벨과 하녹과 아비다와 엘다아이니 다 그두라의 자손이었더라 ⁵아브라함이 이삭에게 자기의 모든 소유를 주었고 ⁶자기 서자들에게도 재산을 주어 자기 생전에 그들로 하여금 자기 아들 이삭을 떠나 동방 곧 동쪽 땅으로 가게 하였더라 ⁷아브라함의 향년이 백칠십오 세라 ⁸그의 나이가 높고 늙어서 기운이 다하여 죽어 자기 열조에게로 돌아가매 ⁹그의 아들들인 이삭과 이스마엘이 그를 마므레 앞 헷 족속 소할의 아들 에브론의 밭에 있는 막벨라 굴에 장사하였으니 ¹⁰이것은 아브라함이 헷 족속에게서 산 밭이라 아브라함과 그의 아내 사라가 거기 장사되니라 ¹¹아브라함이 죽은 후에 하나님이 그의 아들 이삭에게 복을 주셨고 이삭은 브엘라해로이 근처에 거주하였더라.

 창세기 12장에서부터 시작된 아브라함의 일대기가 이 본문을 끝으로 막을 내리게 됩니다. 믿음의 조상이요, 하나님의 친구로 인정받던 아브라함도 죽음이라는 죄의 열매를 피해갈 수는 없었던 것입니다. 아브라함은 갈대아 우르에서 태어났고 75세까지 하란에 머물다가 하나님을 만났습니다. 하나님을 만나기 전 75년의 삶을 성경은 관심이 없습니다. 그러나 하나님을 만나고 하나님의 말씀을 따라 살게 된 그의 75세 이후의 삶을 성경은 밀도 있게 우리에게 보여 주고 있습니다. 하나님을 만나지 못한다고 한다면 100년을 살든, 200년을 살든 무의미합니다. 우리는 몇 살까지 살 것인가에 관심을 가져야 하는 것이 아니라 과연 하나님을 만난 인생인가에 관심을 가져야 합니다. 하나님을 만나면 인생이 바뀌게 됩니다. 무의미한 인생이 아니라 의미 있는 인생으로, 무가치한 인생이 아니라 가치 있는 인생으로, 평범한 인생이 아니라 존귀한 인생으로 바뀌게 됩니다.

하나님을 만난 아브라함은 주님의 명령대로 "자신의 본토 친척 아비집을 떠나" 하나님이 명하신 가나안으로 들어가게 됩니다. 하나님을 만나고 가나안으로 이주한 후 처음 25년 동안은 실수와 실패의 연속이었습니다. 그 원인은 하나님을 섬기되 자신의 방법과 자신의 생각으로 섬기려 하였기 때문입니다. 조카 롯에게 땅을 양보하기도 하며 그돌라오멜의 연합군을 자신의 사병과 함께 무찌르기도 합니다. 하지만 여전히 자신을 의지하므로 하갈을 통해 이스마엘을 얻기도 합니다. 그러나 이삭의 출생을 기점으로 그의 신앙은 전적으로 하나님과 동행하는 삶을 살기 시작합니다. 심지어 이삭을 번제물로 바치라는 말씀에 즉각적으로 순종할 정도로 그의 신앙은 하나님의 절대 주권을 신뢰하고 따르는 진정한 믿음의 조상으로 성숙하게 됩니다.

아브라함의 믿음이 이렇게 아름답게 성숙해 가는데 결정적 요인은 하나님의 무한 자비와 긍휼 그리고 인내임을 배우게 됩니다. 아브라함이 아브라함이 된 것은 전적으로 하나님의 은혜입니다. 하나님이 얼마나 아브라함을 기다려 주고 참아 주셨는지를 생각해 보십시오. 하나님을 사모하며 실패해도, 넘어져도 끝까지 하나님께 나아가면 언젠가는 우리도 하나님을 기쁘시게 하는 진정한 믿음의 사람으로 변화될 줄로 믿습니다. 하나님의 변치 않는 사랑, 영원하신 하나님의 은혜가 우리를 진정한 축복의 근원으로 만들어 주실 줄로 믿습니다.

본문은 이렇게 하나님께 특별한 사랑을 받아 하나님의 언약의 성취자가 된 아브라함이 175세에 기운이 진하여 자신의 열조에게로 돌아가게 된 그의 죽음을 보고하고 있습니다.

후처와 다른 소생들

이 장의 본문은 의외의 말씀으로 시작됩니다. 아브라함에게 후처가 있었다는 것입니다. 그리고 그녀의 이름은 그두라이며 그녀의 자손을 무려 3대까지 소개하고 있습니다. 본문은 그두라를 후처라고 말하고 있지만 역대상에서는 첩이라고 말하고 있으며, 그녀의 자녀 여섯이 소개되고 있습니다(대상 1:32). 우리는 그두라에 관한 이야기를 들으며 두 가지 의문이 들게 됩니다. 하나는 언제 그두라를 후처로 두었는가 하는 점입니다. 하나는 사라가 살아 있을 때인가 아니면 사라의 사후인가, 또 하나는 하나님이 왜 이 일에 대해 침묵하고 계시다가 아브라함의 죽음을 눈앞에 두고 이 일을 공개하는 것일까 하는 문제입니다.

먼저는 성경이 그두라를 '후처'와 '첩'으로 표현하고 있는 것으로 보아서 사라가 죽기 이전에 하갈처럼 아브라함이 맞이한 아내일 가능성이 높습니다. 물론 사라의 죽음 이후에 맞이한 여인일 가능성도 있습니다. 이것보다 중요한 것은 왜 성경이 죽음을 앞둔 아브라함의 생을 마감하는 순간에 이를 언급하는가 하는 점입니다. 그러면 사라가 죽기 전에 얻었던 첩으로 보는 견해가 훨씬 설득력이 있어집니다. 이 장의 본문은 아브라함의 죽음을 하나님께 받은 축복의 견지에서 기록하고 있다는 사실을 기억해야 합니다. 즉 아브라함이 얼마만큼 축복을 받은 사람인지를 죽음을 통해 이야기하고 있는 것입니다.

특히 자녀 문제에 있어서 고대 근동의 사람들에게는 다산을 복 중의 복으로 여겼습니다. 그러므로 성경은 아브라함이 이삭과 이스마엘 외에 다른 아들들을 많이 얻은 것은 하나님이 그를 사랑하셨고 축복하셨다는 사실을 말하고 있는 것입니다. 특히 아브라함이 많은 자녀를 둔 것을 창세기 17장 5절 말씀의 성취로 보는 견해가 지배적입니다.

이제 후로는 네 이름을 아브람이라 하지 아니하고 아브라함이라 하리니 이는 내가 너를 여러 민족의 아버지가 되게 함이니라.

그러므로 아브라함이 그두라를 후처로 맞이하고 많은 자녀를 얻은 것은 사라 생전에 하나님이 허락하신 일이며 그 자녀들을 통해 아브라함에게 약속하신 열방이 이루어지는 것이 하나님의 뜻이라는 것입니다.

그두라를 통해 많은 자녀를 둔 것은 하갈을 통해 이스마엘을 얻은 사건과 완전하게 구별되어야 합니다. 이스마엘은 아브라함의 믿음이 부족하여 하나님의 언약을 인간적인 방법으로 이루려고 얻은 아들입니다. 하나님의 은총을 자신의 노력으로 대신하려 한 것이 이스마엘 사건이라고 한다면 그두라를 통해 자녀를 얻은 사건은 하나님의 일방적인 은총입니다. 이삭 외에 하나님이 은혜로 더해 주신 선물입니다. 이 사실을 어떻게 알 수 있는 가 하면 이들을 내보낼 때 그냥 보내지 아니하고 재산을 분배하여 정당한 아들로 대우하며 보내는 것을 보면 알 수 있습니다(6절).

또 하나 아브라함이 이스마엘을 낳았을 때에는 하나님과의 교제가 끊어졌습니다. 무려 10년 이상을 하나님은 아브라함을 찾지 않으셨습니다. 만약에 그두라를 통해 자녀를 둔 것도 이스마엘 사건과 동일하다고 하였다면 이에 대해 하나님의 특별한 언급이 있었을 것입니다. 이삭의 출생 이후에 한 번도 성경은 하나님과 아브라함의 교제가 문제가 있었다거나 하나님이 아브라함에 대해 침묵하는 일을 단 한번도 언급하지 않고 있습니다. 더구나 이삭 출생 이후에는 아브라함이 지속적으로 하나님과 깊이 교제하며 하나님의 뜻을 이루기 위해 더욱더 신실하게 말씀을 좇아 살게 됩니다.

그러므로 이 사실을 통해 우리가 깨달아야 할 것이 있습니다. 우리가 이 세상을 살아갈 때에 하나님의 방법이 아닌 사람의 방법으로 무엇인가를 이루었다고 한다면 하나님이 우리에 대해 침묵하시거나 우리의 일을 방치하시므로 우리와 하나님과의 관계가 멀어져 버리고 말 것입니다. 이러한 경우는 우리가 이스마엘을 취한 경우입니다. 그러나 아무리 많은 것을 소유하고 누리고 있어도 하나님과의 교제가 이상이 없고 매 순간 하나님을 향한 찬양과 감사가 쏟아지며 예수님 없이는 하루도 살 수 없을 것 같은 예수님에 대한 목마름이 있다면 그것은 그두라의 축복입니다.

이처럼 하나님은 무조건 하나님만 선택하기 위해 우리에게 포기하고, 버리고, 절제하라고 말씀하시지 않습니다. 우리가 말씀 안에서 얼마든지 하나님이 허락하신 축복을 받아 누리며 이 땅에서 풍성한 삶을 살기를 원하시는 것입니다. 예수님도 "내가 문이니 누구든지 나로 말미암아 들어가면 구원받고 또는 들어가며 나오며 꼴을 얻으리라(요 10:9)."고 말씀하셨습니다. 주께서 우리에게 주기를 원하시는 것은 예수님으로 말미암은 구원뿐이 아닙니다. 우리에게 필요한 꼴을 주시려고 십자가에 못 박혀 죽으신 것입니다. 그것도 그냥 꼴을 주시는 것이 아니라 풍성히 주시려고 십자가에서 죽으신 것입니다. 이어지는 요한복음 10장 10절을 보면 "도둑이 오는 것은 도둑질하고 죽이고 멸망시키려는 것뿐이요 내가 온 것은 양으로 생명을 얻게 하고 더 풍성히 얻게 하려는 것이라."고 말씀하신 것입니다. 예수님 안에는 풍성한 은혜와 생명이 있으며 그 생명을 예수님은 우리가 누리기를 원하시고 또 기뻐하시는 것입니다. 이것이 아브라함이 받은 그 두라의 축복입니다.

유산 분배

⁵아브라함이 이삭에게 자기의 모든 소유를 주었고 ⁶자기 서자들에게도 재산을 주어 자기 생전에 그들로 하여금 자기 아들 이삭을 떠나 동방 곧 동쪽 땅으로 가게 하였더라(5-6절).

이삭에게는 모든 '소유'를 주었습니다. 그러나 그의 서자들에게는 일정량의 '재물'을 주어 이삭을 떠나 동방, 즉 동쪽 땅으로 가게 하였습니다. 이 아브라함의 조치는 단순한 재물이나 소유의 분배가 아닌 영적인 분배입니다. 아마도 그두라라는 여인이 가나안 여인이었던 것 같습니다. 아브라함의 후처가 되어 살고는 있지만 그녀는 가나안의 문화와 종교를 배경으로 하고 있었던 여인이었을 것입니다. 그녀의 소생인 아브라함의 서자들도 당연히 지금 아브라함이 살아 있을 때에는 혹시 하나님을 섬기는 듯하지만 아브라함이 죽은 이후에는 하나님을 버리고 그들 어머니의 신들에게로 돌아갈 것이라는 것을 아브라함이 알고 있습니다.

특히 그들을 '동방' 내지는 '동쪽'에 살게 했다는 것을 생각해 보십시오. 적어도 창세기에서 가인 이후부터 바벨탑을 쌓은 하나님의 말씀에 대적하는 불경건한 사람들이 거주하기를 기뻐하는 곳이 바로 '동쪽' 아닙니까? 아브라함은 그들을 그들이 원하는 '동쪽'으로 보냄으로 영적으로 이삭의 경건하고 하나님만 예배하는 거룩한 삶이 오염되지 않기를 원한 것입니다. 이삭에게 가나안의 종교가 틈타지 못하도록 강제 분리시킨 것입니다. 언약의 자녀가 세상의 타락한 문화와 종교에 의하여 영향을 받지 않도록 보호하는 특별한 신앙적 결정인 것입니다.

이는 하나님이 모세에게 가나안에 들어갈 때에 가나안 백성을 진멸시키라는 명령과 일치합니다. 사람은 환경의 지배를 받게 되어 있습니다. 아무리 경건한 사람이라고 할지라도 죄악의 물결 속에서 거룩함을 하나님의 뜻대로 유지하기란 쉽지 않습니다. 대표적인 사람이 아브라함의 조카 롯 아닙니까? 소돔과 고모라라는 범람하는 죄악의 파도 앞에서 롯의 신앙은 연약한 갈대에 지나지 않았음을 우리가 이미 살펴보았습니다. 아브라함은 이삭만큼은 영적으로 거룩하고 하나님을 예배하는 온전한 환경 속에서 하나님의 언약을 온전히 이루어 드리는 복 있는 인생을 살기를 원한 것입니다. 아브라함은 자신의 죽음을 통해 재물보다 더 중요한 것이 하나님 앞에서의 거룩임을 교훈하고 있습니다. 하나님의 사람은 거룩을 잃으면 모든 것을 잃는다는 것을 확인시켜 준 것입니다.

우리 자녀들에게도 중요한 것이 무엇입니까? 건강한 신앙생활을 통한 하나님과의 거룩한 교제의 지속입니다. 특별히 이 세대같이 음란하고 폭력적인 문화가 주도하는 이 세상에서 우리 자녀들이 탁월하고 공부를 잘하는 것도 중요하지만 그들의 영이 하나님의 거룩으로부터 멀어지지 않도록 부모된 우리가 영적으로 깨어서 더 많이 기도하고 말씀으로 거룩해지는 것이 중요합니다. 우리 자녀가 거룩한 하나님의 예배자로 서 있게 되면 하나님이 이삭을 축복하신 것처럼 우리를 축복하실 것입니다.

아브라함의 장사

아브라함이 죽자 그의 아들들인 이스마엘과 이삭은 아브라함을 사라를 매장한 마므레 앞 헷 족속 소할의 아들 에브론의 밭에 있는 막벨라 굴에 장사하였습니다. 이곳이 아브라함의 후손의 소유가 될 것을 거듭 암시하고 있는 것입니다.

창세기 15장에 보면 하나님이 아브라함과 죽음의 언약을 맺으시면서 아브라함을 축복하시는 장면이 나옵니다. 그 복 중 한 가지가 "너는 장수하다가 평안히 조상에게로 돌아가 장사될 것이요(15:15)."라는 아브라함의 죽음에 관한 복입니다. 본문 7-10절에 보면 아브라함의 죽음에 관한 하나님의 이 약속이 성취됨을 알 수 있습니다. 75세에 하나님의 부름을 받아 100년 동안 하나님의 언약 아래서 복된 삶을 살다가 "나이가 높고 늙어서 기운이 다하여 죽어 자기 열조에게로 돌아"가는 것을 볼 수 있습니다. 하나님이 정하신 시간까지 장수하다가 자연사한 것입니다. 게다가 믿음의 아들 이삭에게 자신의 신앙, 자신의 꿈, 자신이 하나님께로부터 받은 약속 등 모든 것을 넘겨 주고 평안히 눈을 감게 된 것입니다. 한마디로 마음에 걸리거나 아쉬울 것, 후회함이 하나 없는 죽음을 맞이한 것입니다.

사명 면에서는 예수님처럼 "다 이루었다."고 선언한 사람만이 누릴 수 있는 평안함을 아브라함이 누리고 있습니다. 축복 면에서는 자신과 함께 하시고 축복하신 하나님이 이삭과 함께하시며 축복하실 것을 확신하는 것에서 오는 평안함입니다. 이보다 더 행복한 죽음이 어디 있겠습니까? 저의 죽음이 이러하기를 기도합니다. 아브라함처럼 주님과 동행하다가 주님 품에 평안히 안길 수 있는 죽음이야말로 복 중의 복입니다.

특별히 '자신의 열조에게로 돌아갔다'는 말을 통해 인생은 죽음이 끝이 아니라는 것입니다. 반드시 돌아갈 곳이 있다라는 것입니다. 또한 그가 돌아간 '자신의 열조'는 그 패역한 시대 가운데서 하나님 앞에서 경건한 삶을 산 '셋'을 의미하는 것입니다. 하나님 보시기에 아브라함은 경건한 '셋'의 반열에 들 만큼 신앙적으로 경건한 삶을 산 것을 의미합니다. 그러므로 '자기 열조에게로 돌아갔다'는 말은 아브라함의 인생 성적표입니다. 하나님 앞에서 믿음으로 승리한 아브라함의 죽음을 향하여 하나님이 후세에 전하는 아브라함의 성적표인 것입니다. 이 말씀을 읽는 모든 아브라함의 후손들이 아브라함처럼 자신들의 믿음의 열조에게로 돌아가기를 하나님이 소원하고 계시는 것입니다.

이삭에게 복 주심

아브라함이 죽은 후 하나님은 그의 아들 이삭에게 복을 주셨습니다.(11절) "~가 죽은 후"라는 표현은 모세 오경에서는 오직 이곳에서만 사용되고 있으며, 특별히 그 이후에는 '모세(수 1:1), 여호수아(삿 1:1) 그리고 사울(삼하 1:1)에서 사용되고 있습니다. 이를 보면 이 단어가 역사적 전환점에 사용되는 구절임을 알 수 있습니다. 한 세대가 가고 새로운 세대가 시작되었으며 이와 더불어 새로운 역사의 주인공이 등장하고 있음을 알리는 단어인 것입니다. 그러므로 이제 아브라함은 역사의 무대에서 사라지고 이삭이 새로운 역사의 주인공으로 등장하고 있음을 알 수 있습니다. 그 주인공의 등장은 하나님이 복 주심으로 시작됩니다.

이삭이 아브라함이 죽은 후에 받은 복은 무엇입니까? 이제 이삭이 하나님의 언약의 파트너가 된 것이 복 중의 복입니다. 그러므로 사탄의 머리를 깨뜨리고 대적의 성문을 차지하게 될 메시아의 조상이 될 복이며, 어디로 가든지 하나님이 그 밟는 땅을 자신의 것으로 허락하시는 복이며, 어떤 대적을 만나도 승리하게 하시는 복이며, 무엇보다 하나님이 모든 것을 미리 준비하시는 여호와 이레의 복이 이삭의 복이 된 것입니다.

모든 복을 이삭이 계승하는 장면을 통해 아브라함의 인생이 얼마나 복된 인생인지를 성경은 말씀하고 있는 것입니다. 아브라함의 인생이 우리의 인생의 기준이 되어야 합니다. 죽어서 자녀들에게 무엇을 계승시킬 것인가? 복을 계승시킬 것인가? 저주를 계승시킬 것인가? 자녀들을 진심으로 사랑하고 그들을 위한다고 한다면 아브라함처럼 부모된 우리가 말씀을 좇아가야 합니다. 말씀을 좇아가기 위해 내가 사랑하고 내게 익숙하던 모든 것을 버릴 수 있어야 합니다. 하나님이 원하시는 것이라면 아브라함이 이삭을 바친 것처럼 생명보다 소중한 것도 드릴 수 있어야 합니다. 아브라함처럼 우리의 의지와 생각을 하나님의 말씀에 복종시킬 수 있어야 합니다. 하나님과 이처럼 믿음으로 동행하는 사람의 죽음은 자녀의 축복으로 이어지게 되는 것입니다. 오늘 우리의 믿음이 중요합니다. 우리의 미래인 자녀들이 하나님 안에서 축복된 인생을 살기를 원하는 사람은 오늘 하나님과 관계에 성공해야 합니다. 말씀하시는 대로 순종하는 삶을 살게 될 때에 하나님이 우리를 통해 이루기를 작정하신 언약은 반드시 이루어지게 될 것입니다.

교회도 마찬가지입니다. 교회의 미래를 걱정하고 염려하고 기도하는 사람이라면 자신이 아브라함처럼 축복의 계승자가 되어야 합니다. 우리의 후진들이 마음껏 예배하고 마음껏 선교하고 진정한 사랑으로 교제하는 예수님이 원하시는 교회를 이루며 살기를 소원한다고 한다면 우리가 그 일을 위해 썩어지는 한 알의 밀알이 되어야 합니다. 진정으로 우리 교회가 세상의 희망이 되는 교회로 서기를 원한다면 오늘 누구보다 더 순종하고 누구보다 더 눈물로 기도하고 누구보다 더 하나님의 일에 충성해야 하는 것이 우리의 사명입니다. 미래를 걱정하고 우리의 후손들을 걱정한답시고 가만히 앉아서 불평이나 원망만 하고 살아가는 사람들을 통해서 보다 나은 미래가 준비되겠습니까? 진실로 우리 교회가 하나님의 축복을 계승할 수 있는 세상의 희망이 되는 교회가 되기를 간절히 소원합니다.